MANUELS VISUELS DE LICENCE

500 Photos et Schémas Sites web

Cours Exercices Corrigés

Psychologie Cognitive

DUNOD

Édition : Marie-Laure Davezac-Duhem
Fabrication : Nelly Guilbert, Christelle Daubignard
Composition et mise en pages : Compo 2000
Impression : Imprimerie Moderne de l'Est
Documentation iconographique : Natacha et Sabine Lieury, Maroussia Henriet
Conception couverture : Pierre-André Gualino
Relecture et correction : Isabelle Chave

11 rue Paul Bert, 92240 Malakoff
www.dunod.com

ISBN 978-2-10-080118-3

MANUELS VISUELS DE LICENCE

Cours Exercices Corrigés

500 Photos et Schémas Sites web

PSYCHOLOGIE COGNITIVE

Alain Lieury

DUNOD

觀自
菩薩
波羅
弟子
佛光山修持

Table des matières

Introduction

1 – Histoire & Panorama

2 – La variété des sens

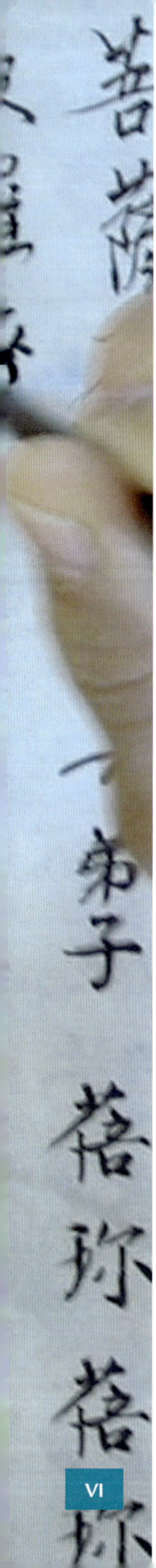

3 – La perception visuelle

4 – L'apprentissage

8 – L'intelligence

9 – La motivation

10 – Les émotions

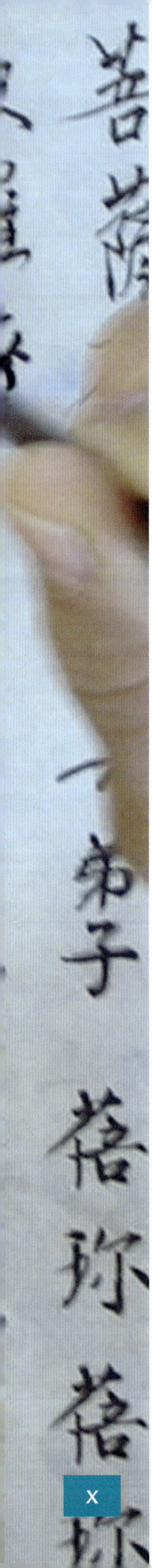

Introduction

Plus de deux millénaires séparent la psychologie des penseurs grecs de la psychologie d'aujourd'hui. Dans cet intervalle, l'homme est passé de l'écriture sur une tablette d'argile à l'écran tactile. Dans cette longue histoire, la psychologie scientifique n'occupe qu'un temps très court, un peu plus d'un siècle. Non seulement il a fallu vaincre les barrières religieuses comme pour toutes les sciences (ex. interdiction de disséquer des morts pour la médecine) mais du temps supplémentaire fut nécessaire pour considérer l'homme, c'est-à-dire soi-même, comme un objet d'étude, ou plutôt, un animal d'étude. Il a fallu des génies à la forte personnalité, comme Darwin, Freud, Watson, pour imposer contre l'opinion courante un regard objectif sur l'esprit humain et pour appliquer à cette étude les méthodes scientifiques de la chimie et de la physiologie.

La révolution informatique a, plus récemment (à partir des années 1950), transformé profondément notre vision du fonctionnement psychologique comme, au temps de Descartes, la mécanique avait suggéré l'automate comme modèle de la machine humaine. Le cerveau, siège de l'esprit, moteur des comportements, est vu dorénavant comme un ordinateur. Certes, il n'est pas fabriqué de composants électroniques, mais l'ordinateur a beaucoup évolué lui-même en passant des diodes aux microprocesseurs. Avec ses deux cents milliards de neurones (le cerveau proprement dit contient cent milliards de neurones mais le cervelet en contient lui aussi cent milliards), le cerveau humain capte l'information et l'interprète (perception), code l'information venue de l'extérieur et fait de la synthèse d'objets mentaux (mots et images), stocke des informations (apprentissage, mémoire) pour profiter des expériences passées et les recombine pour apporter des solutions nouvelles (intelligence). Ces grandes fonctions mentales sont regroupées sous le terme de « cognition » ou « processus cognitifs » du latin *cognitio* = connaissance ; action d'apprendre (Gaffiot, *Dictionnaire abrégé latin-français*, Hachette, 1936). Ces termes ont été réintroduits par l'américain Edward Chace Tolman (*cf.* chap.4), pour désigner les mécanismes de représentations mentales, plan, intention, etc., mais existaient déjà dans le vocabulaire de la philosophie européenne, chez Kant (philosophe allemand du XVIIIe) et plus lointainement utilisés dès le XIVe par le théologien français Oresme (E. Littré, *Dictionnaire de la langue française*, Librairie Hachette & Cie, 1883). Cependant si les fonctionnements de certains processus sont abstraits au point de parfois présenter des analogies avec ceux des machines (ordinateur, images virtuelles des films ou jeux vidéo), d'autres mécanismes, lointainement hérités de nos ancêtres les animaux, sont d'origine biologique, les motivations, les émotions, c'est le domaine de l'affectif. L'intégration des mécanismes cognitifs et affectifs produit une synthèse moins homogène qu'on ne le croit, la personnalité.

Ces grands thèmes étaient regroupés sous le terme générique de « psychologie expérimentale » depuis la naissance de la psychologie scientifique, à la fin du XIXe. Mais le qualificatif d'expérimental évoque plus la méthode qu'un contenu et s'applique aussi à d'autres secteurs (psychologie sociale, du développement). J'avais donc intitulé mes deux premiers livres « Psychologie Générale », terme proposé par Georges Dumas (1866-1946) puis titre d'un certificat de licence en France jusqu'en 1968, et qui me semblait approprié pour intégrer l'affectif et le cognitif. Cependant, le qualificatif de « cognitif » étant largement admis, au niveau international, dans un sens général (c'est-à-dire incluant également l'affectif et le comportemental), ce manuel s'intitula ensuite « Psychologie Cognitive ».

Quoique le fonctionnement psychologique soit lié à la fois au biologique et au cognitif, certaines fonctions reposent plus ou moins sur l'un ou l'autre. Ainsi est-il indispensable de connaître de nombreux mécanismes biologiques des voies sensorielles pour comprendre la perception, par exemple la structure de la rétine ou les découvertes en micro-électrophysiologie pour la vision. À l'inverse, certains fonctionnements apparaissent un peu plus comme des logiciels, comme l'intelligence ou le langage : à l'instar de l'ordinateur qui peut traiter du texte, des photos ou de la musique grâce à des logiciels différents, le cerveau peut générer du français, du solfège ou des mathématiques. La religion, puis la biologie, ont montré que, dans l'homme, on trouvait à la fois l'ange et la bête ; l'ordinateur nous montre que le neurobiologique et le cognitif sont le *hardware* (composants) et le *software* (logiciels) de l'esprit humain.

La psychologie est aujourd'hui une discipline scientifique très populaire et son public d'étudiants à l'université est nombreux (environ 40 000 étudiants en France dans les années 2000). Contrairement à une idée répandue, les étudiants ne s'inscrivent pas en « psycho » pour devenir des psys mais des enseignants comme c'est d'ailleurs l'intention des étudiants d'autres filières. Ainsi les enquêtes réalisées à l'université Rennes 2 (et c'est le cas dans les autres universités) ont montré que, selon les années, la moitié et jusqu'à deux tiers des étudiants de psychologie s'inscrivant en 1re année ont l'intention de se préparer au métier d'enseignant. Par exemple, dans l'enquête la plus récente (rentrée 1999-2000 ; d'après les données d'enquête du Service d'Information et d'Orientation de l'Université Rennes 2, merci à Sylvie Dagorne), environ 50 % des principaux métiers envisagés par les étudiants de psychologie à leur entrée concernent l'éducation et la formation (IUFM). C'est le cas des autres filières et les étudiants qui s'inscrivent en Anglais, Histoire, etc. sont près de 100 % à déclarer leur intention de devenir enseignants. La psychologie, avec AES, sont donc les deux filières où les étudiants manifestent les choix les plus variés. Ainsi 30 % des étudiants s'inscrivant en psychologie déclarent vouloir s'orienter vers des métiers de la santé (kiné, orthophonistes) tandis que seuls 20 % veulent devenir psychologues. Pour beaucoup, les premières années de psycho sont une préparation à différents métiers. Ces étudiants font un bon choix car la psychologie est scientifique et apporte de nombreuses connaissances utiles tant à l'enseignement qu'à la santé. Mais l'enseignement comporte également (ce qui décourage ceux qui n'ont pas de goût pour les sciences) un volume horaire important en biologie et statistique, ainsi qu'en anglais et informatique. La formation est donc multiple et les étudiants ont ainsi une base leur permettant une bonne adaptation à divers métiers. Parmi mes anciens étudiants, certains sont maintenant chercheurs ou professeurs, neuropsychologues, psychologues ergonomes, mais d'autres sont directeur d'un grand magasin, responsable des ressources humaines, avocat dans un cabinet américain, journaliste... J'ai même eu une étudiante qui est partie aux États-Unis afin d'étudier, c'était sa passion, les requins !!!

Afin de répondre à ces diverses aspirations, de formation professionnelle comme de formation scientifique générale, ce livre est conçu comme un manuel de base, prenant pour modèle celui du lycée avec le but de présenter le plus clairement possible, les grandes théories et les résultats fondamentaux. À côté d'ouvrages plus orientés sur le plan théorique, son objectif est de correspondre au mieux à un programme réellement traité dans le cadre d'un cours de psychologie cognitive (ou expérimentale) dans les trois premières années (Licence). De même que chaque science est structurée en grands chapitres (par exemple en physique, la mécanique, l'électricité, l'optique...), la psychologie cognitive a pour grands chapitres des thèmes ayant parfois un long passé historique : la perception, la mémoire, le langage, l'intelligence, la personnalité... Ce sont ces concepts traditionnels et familiers qui ont été préférés comme titres de chapitres afin d'intégrer des résultats et des notions provenant de multiples sources théoriques. Parce que la psychologie évolue sans cesse avec un rythme hallucinant de 100 000 publications par an, un seul chercheur ne peut tout connaître de la psychologie. Je remercie donc les collègues, chevronnés ou jeunes, dont la spécialité a enrichi mes connaissances ou qui m'ont fourni de la documentation sur les théories ou résultats les plus pertinents du moment, notamment sur la personnalité (Géraldine Rouxel), la motivation (Fabien Fenouillet), l'attention (Christophe Quaireau et Christophe Boujon), la lecture et le multimédia (Éric Jamet) ; la plupart d'entre eux sont cités avec un exemple de leurs recherches ou pour une de leurs publications. Quant à mon collègue et ami Jean-Pierre Gaillard, spécialiste de la perception, nous avons partagé les amphis pendant vingt ans et nos échanges ont été si nombreux que je lui dois beaucoup d'idées pour certains chapitres ; en particulier le chapitre sur la perception a été mis à jour (les voies ventrales et dorsales) grâce à lui et ses doctorants, Jing-Quiang Li et Romain Buchot. Je dois aussi des améliorations à Olivier Le Bohec, qui tout comme les jeunes enseignants, ne fait ses cours qu'en multimédia et à ce titre m'a suggéré certaines illustrations. Un hommage à Hervé Allain, pharmacologue de renom, qui m'a fait connaître les neurotransmetteurs et avec qui nous avons fait tant de recherches, tests, conférences et radios. Enfin, la psychologie touchant à tout, des spécialistes ont bien voulu m'accorder du temps, parfois un véritable « cours particulier ». Merci à Christian Darlot, neurophysiologiste CNRS à l'École nationale supérieure des télécommunications, pour son passionnant cours particulier sur le cervelet ; à Stephan Saikali du service anatomopathologie du CHU de Rennes, pour ses infos et photos sur l'hippocampe et à Pascale Trebon, une de mes premières étudiantes, neuropsychologue dans le service d'épilepsie. Merci enfin à Jean-Noël Conan, ancien navigateur et professeur de navigation maritime pour son cours d'astronomie, à l'École marchande de Saint-Malo. Par rapport à mes précédents ouvrages, j'ai abandonné le thème des enfants-loups depuis mes contacts avec le Dr Serge Aroles qui a montré dans son livre « L'Énigme des enfants-loups » qu'il s'agissait le plus souvent d'une dramatique supercherie.

Des échanges quotidiens, autour d'un thé ou d'un café, avec les jeunes doctorants du laboratoire, notamment Dorothée, Guillaume et Amaël, m'ont permis d'enrichir ou de corriger des premières formulations, textes ou illustrations. Tout comme les précédentes éditions, ce livre doit beaucoup aussi aux milliers d'étudiants à qui j'ai fait cours et qui m'ont aidé, en dépit de leur anonymat, par leurs mimiques d'étonnement, d'intérêt ou d'incompréhension, à améliorer mon enseignement au cours d'un long apprentissage par essais et par erreurs. Comme l'apprentissage et la motivation ne sont pas efficaces sans évaluation des réussites et des erreurs, ce manuel est accompagné d'exercices et QCM, au moyen desquels l'étudiant pourra s'entraîner et évaluer son niveau de connaissance.

Bienvenue en psycho...

Alain Lieury

Pour compléter vos connaissances, voir de belles images ou des vidéos, parfois des images d'archives, mettez d'une manière générale le mot clé (ex. « audition», « mémoire ») sur les sités généraux et scientifiques comme :

- Wikipedia
- en.wikipedia (= english wikipedia)
- Futura-sciences
- http://lecerveau.mcgill.ca/

1 Histoire et panorama

Que vous évoque à vous étudiants, le mot « psychologie » ? Le plus souvent, le terme de « psychologie » évoque Freud, car il est souvent traité dans le cours de philosophie au lycée. Ou bien cela vous évoque les émissions de Mireille Dumas qui décortique avec habileté les états d'âme d'une star « people ». Enfin le mot « psychologie » est souvent associé à l'horoscope de votre radio préférée qui vous annonce votre humeur du jour… En effet, pour le grand public, y compris le public cultivé et de nombreux journalistes, la psychologie se confond souvent avec la psychanalyse ou avec la psychologie introspective chère au pays de Bergson. C'est une erreur de perspective car la psychologie scientifique contemporaine est très diversifiée.

Après avoir traversé différents courants théoriques, la psychologie moderne est marquée par la perspective du traitement de l'information (*information processing*). Née dans les années 1950, lors du développement extraordinaire de l'électronique, l'informatique a créé un nouveau mode de pensée. Ainsi voit-on des équipes mixtes de sciences cognitives, informaticiens et psychologues, focalisées sur des recherches en intelligence artificielle, reconnaissance visuelle, synthèse de la parole… qui font naître votre dernier téléphone portable ou console interactive de jeux comme le i-phone et la Wii…

Parallèlement, des outils sophistiqués d'analyses biologiques, micro-électrodes, imagerie médicale, permettent d'éclaircir des mécanismes de plus en plus fins du cerveau. Psychologie, informatique et neurobiologie s'unissent ainsi pour mieux connaître ce qui est resté un mystère pendant des millénaires, l'esprit humain.

Définitions

1. Origine

« Psychologie » est dérivé du nom de la princesse Psyché qui inspira l'amour à Éros. Évanescente comme l'aube ou l'aurore, les Grecs utilisèrent son nom pour désigner le souffle et par analogie l'âme. Après avoir été créé (*psyché* = âme et *logos* = discours, science, in *Littré*, *op. cit.*, note 2) à l'époque de la Renaissance, le mot « psychologie » n'apparaît vraiment qu'au XVIIIe siècle. Il est introduit par le philosophe allemand Wolff (1679-1754) pour désigner l'étude empirique des manifestations de l'âme (*psychologica empirica*) par opposition à la psychologie rationnelle (*psychologica rationalis* : future « métaphysique ») qui a pour objet l'essence de l'âme (par exemple, immortalité, relation avec dieu...).

« Psychologie » :
vient de *psyché* = âme et *logos* = discours, science ; c'est l'étude des mécanismes mentaux et des comportements.

Psyché et l'Amour
(François Gérard, 1798)
« Psychologie » est dérivé du nom de la princesse Psyché. Les Grecs utilisèrent son nom pour désigner le souffle et par analogie l'âme.

Dans son acceptation de base, la psychologie concerne l'ensemble des *processus mentaux et des comportements* : la perception, la mémoire, le langage, l'intelligence... Mais il existe de nombreuses spécialisations (*cf.* § 2, p. 17, Panorama), la psychologie sociale, de l'enfant, pathologique...

Dans le contexte théorique actuel, les grandes fonctions mentales (perception, mémoire...) sont regroupées sous le terme de « cognition » ou « processus cognitifs » (du latin *cognitio* = « connaissance », « action d'apprendre », *in* Gaffiot, *Dictionnaire abrégé latin-français*, Paris, Hachette, 1936).

?

Qu'est-ce que la psychologie ?

2. Relation entre psychologie et neurobiologie

Quoique le psychologue soit centré sur le fonctionnement cognitif, le fonctionnement mental est lié à la fois au biologique et au cognitif.
La connaissance de nombreux mécanismes biologiques des voies sensorielles est nécessaire pour comprendre la perception, par exemple la structure de la rétine ou les découvertes en micro-électrophysiologie pour la vision.
À l'inverse, certains fonctionnements apparaissent plus indépendants du substrat neurobiologique, comme l'intelligence ou le langage.

I. Histoire et grands courants de la psychologie scientifique

?

Quelles sont les quatre grandes périodes historiques de la psychologie ?

Quatre grandes périodes historiques peuvent être distinguées durant lesquelles l'objet même de la psychologie fut différent.

1. La connaissance de l'âme

Quoique le mot « psychologie » lui-même n'existât pas, l'intérêt pour les choses de l'esprit remonte très loin dans l'histoire car il est lié à celui de la philosophie, dont l'origine est attribuée à Pythagore (VIe siècle av. J.-C.).

Philosophes et savants grecs

Dans les temps anciens, la philosophie englobait toutes les connaissances ; c'est manifeste chez Aristote dont le savoir était encyclopédique et englobait la physique, la zoologie, l'astronomie, etc., de sorte que certains penseurs étaient autant savants que philosophes. Vous avez certainement étudié au lycée dans le cours de philosophie, deux savants-philosophes dont l'apport reste fondamental, Platon et Aristote. Platon est le précurseur du courant « idéaliste » ou spiritualiste (Bergson) : les perceptions et réalités ne dérivent pas des sensations mais sont des productions de l'esprit (l'âme à son époque). Aristote est l'ancêtre de l'empirisme et de la science moderne. Le monde extérieur est réel et nos connaissances viennent de la perception.

- Platon : autrefois, l'étude des manifestations de l'âme, pensée, mémoire... était confondue avec l'étude de la nature de l'âme. Platon pensait que la mémoire ou nos connaissances intuitives (par exemple idées du bien, d'égalité) sont des réminiscences du temps où notre âme était aux côtés des dieux. En cela Platon est en quelque sorte le père de l'innéisme (= certaines connaissances sont innées). Ses conceptions ont beaucoup influencé, à la Renaissance, certains philosophes comme Giordano Bruno qui essayaient de trouver des clés magiques pour atteindre la connaissance divine (Yates, 1975 ; Lieury, 2005). Il périt sur le bûcher de l'inquisition à Rome (on ne rigolait pas à cette époque, comme le montre bien le film *Le Nom de la Rose*).

Aristote (– 384/– 322 av. J.-C.)
(Fresque de Raphaël, *L'École d'Athènes*).

- Aristote : successeur de Platon, il est un temps précepteur du futur Alexandre le Grand, rejette la théorie de la réminiscence et pense que nos

idées viennent de la perception et de l'entendement (intelligence). Aristote ne croit pas à une âme distincte du corps, « Si l'œil était un être vivant, la vue serait son âme » (*De anima*, cit. Mueller, 1968 p. 64), anticipant ainsi la conception actuelle selon laquelle l'esprit est produit par le cerveau.
Dans son livre *De la mémoire et de la réminiscence*, le seul livre grec sur la mémoire qui ait été conservé jusqu'à nos jours, Aristote développe en peu de pages des idées remarquables pour son époque :

- l'*empirisme* : il définit les fondements de l'empirisme en admettant contrairement à Platon, que les objets tels que nous les présente l'expérience sont des réalités ;
- le *rôle des images* : la mémoire est fondée sur des images, dérivées des sensations, qui s'impriment comme un sceau sur la cire (ce qui préfigure les conceptions matérialistes d'une trace biologique) ;
- les *associations* : pour retrouver les images, il faut un ordre et un point de départ, c'est la découverte des associations d'idées : « ... les hommes passent facilement d'un point au point suivant : de l'air à l'humidité, après quoi on se rappelle de l'automne, à supposer que l'on essaie de se rappeler cette saison. » Aristote énonce même les trois mécanismes des associations : pour arriver au souvenir, il faut partir de « quelque chose de semblable, ou de contraire ou d'étroitement lié ». Ces principes ont été repris des siècles plus tard par les associationnistes anglais sous la forme des trois lois fondamentales de l'association : la similitude, le contraste et la contiguïté.

Empirisme : courant philosophique selon lequel l'esprit est vierge à la naissance et se construit par les apprentissages.

Associationnisme : idée selon laquelle les mots, les idées sont connectés entre eux et se déclenchent les uns les autres.

Le temps des sciences et des techniques

Dès la Renaissance, la découverte des lentilles (verre poli) ouvre la voie à la compréhension de certains phénomènes de la perception visuelle.

- Léonard de Vinci (1452-1519), peintre, ingénieur et savant à l'époque de François Ier, se fonde sur les propriétés des lentilles pour expliquer la perspective (*cf.* chap. 3) dans son *Traité de la peinture*. Une lentille convergente donne d'un objet une image d'autant plus petite que cet objet est éloigné. Il généralise ce principe d'affaiblissement non seulement à la grandeur mais à la lumière et aux couleurs : avec la distance, la lumière devient ombre et les couleurs sont de plus en plus fades. En appliquant ces principes à la peinture, Léonard de Vinci devient le peintre des ombres et lumières.

Perspective : vision des choses de plus en plus petites au fur et à mesure de leur éloignement ; par exemple les rails de chemin de fer.

- Descartes (1596-1650), philosophe, mathématicien et physicien, vit au siècle des Mousquetaires (sous Louis XIII) qu'il a peut-être croisés en se rendant à la Sorbonne. Grâce à la géométrie, il applique les lois de l'optique à la vision et découvre le mécanisme de la perspective (*cf.* chap. 3). Bien que croyant en l'âme comme ses contemporains, Descartes fournit des explications très matérialistes en représentant l'homme comme animé par des esprits animaux (ancêtres des neurotransmetteurs) avec le modèle de l'automate, comme de nos jours, nous nous inspirons du modèle de l'ordinateur. Le médiateur entre l'âme et les esprits animaux est la glande pinéale que l'anatomie de l'époque avait déjà identifiée comme un « troisième œil » ; la science moderne développera cette intuition en montrant que c'est la lumière du soleil qui déclenche une hormone de la glande pinéale, régulatrice de l'activité végétative de l'organisme (chap. 9). Comme chez les Égyptiens, Dieu c'est le soleil.

L'empirisme-associationniste anglais

De l'époque de Descartes jusqu'au XIXe siècle, plusieurs philosophes anglais, notamment Hobbes (1638-1679), David Hume (1711-1776) et James Mill (1773-1836), développent des principes déjà présents chez Aristote :

- l'*empirisme* : l'esprit est à la naissance une table rase où vont s'imprimer les images, résidus des sensations, c'est l'expérience vécue qui produit l'esprit ;
- l'*associationnisme* : les images, les idées, ne sont pas enregistrées en désordre mais associées entre elles, d'où les expressions « association d'idées », « le fil de la pensée ». Avec différentes variantes, les mécanismes de l'association sont pour l'essentiel, la similitude, le contraste et la contiguïté. Les behavioristes américains s'inspireront de James Mill qui réduit tout à la contiguïté, tout en admettant l'importance de la similitude.

Les limites de la psychologie philosophique

Pendant cette longue période, la psychologie qui peut être qualifiée de « philosophique » a pour objet l'étude de l'âme et de ses manifestations. En cela, elle est limitée par trois caractéristiques essentielles qui l'empêcheront de devenir scientifique : elle est subjective, n'a pas d'objectif de mesure et elle ne concerne que l'homme :

Introspection : analyse de ses propres états mentaux.

- *la psychologie philosophique est subjective*, car le philosophe édifie son savoir principalement par l'introspection, c'est-à-dire en analysant son propre esprit ou prêtant aux gens la capacité de s'analyser en les interrogeant sur leurs mécanismes mentaux ; il n'y a pas de preuves basées sur des faits observables. La méthode introspective a amené quelques bonnes hypothèses, notamment chez Bergson (*cf.* chap. 5, « Mémoire ») mais conduit souvent à des erreurs. Dans les chapitres suivants seront décrits de nombreux exemples montrant que nous sommes très souvent incapables de décrire des mécanismes intimes de notre fonctionnement mental : qui peut deviner le nombre de mouvements oculaires par seconde ou que notre vision des couleurs est une combinaison de trois couleurs fondamentales ;
- *la mesure est absente* : « mais Monsieur, l'esprit ne se mesure pas », voici ce qu'un inspecteur d'une école normale m'avait déclamé à la fin d'une conférence sur la mémoire dans les années 1980. En toute logique, en effet, si l'on pense que le psychologique provient d'un esprit immatériel, celui-ci est inaccessible. D'autre part, l'analyse intuitive ne permet pas de mesurer les phénomènes mentaux ce qui empêche toute vérification précise. Ainsi la plupart des gens sont persuadés de posséder une mémoire visuelle « photographique » ; si elle existe vraiment, sa mesure révélant une durée d'un quart de seconde fait qu'elle n'est pas utile dans la vie courante...

- *la psychologie philosophique ne concerne que l'homme* : dans la philosophie antique, l'âme pouvait être un attribut non humain, Aristote pense qu'un ver de terre ou une grenouille ont autant d'âme qu'un empereur : « Une grenouille vaut Alexandre. » C'est sous l'influence de la religion judéo-chrétienne que l'âme devient une particularité spécifiquement humaine. La philosophie comme « connaissance de l'âme » exclut cette fois l'animal. On ne peut faire appel à l'introspection de l'animal pour l'étudier. Seuls quelques fabulistes, Ésope dans l'Antiquité, La Fontaine sous le règne de Louis XIV et Walt Disney au XXe siècle prêteront une psychologie à nos cousins les animaux. Il faudra l'avènement d'une psychologie objective pour étendre les méthodes d'étude et de mesure à l'animal. Curieusement, ce défaut lié à la méthode introspective empêchera aussi une psychologie de l'enfant, car le bébé et le jeune enfant, ne parlant pas ou insuffisamment, sont incapables d'analyser leur esprit et il faudra attendre l'invention de méthodes d'études en psychologie animale pour voir naître une psychologie de l'enfant.

2. Les débuts de la psychologie scientifique

Au XIXe siècle, les conceptions changent radicalement du spiritualisme au matérialisme, probablement comme une conséquence de la révolution industrielle. Cependant, l'émergence de la psychologie scientifique s'est faite progressivement et en fonction de différentes influences (Boring, 1950 ; Fraisse, 1967 ; Reuchlin, 1966 ; Nicolas, 2001). Pour l'essentiel, le développement de la psychologie scientifique est lié au prolongement des recherches physiologiques en Allemagne, en particulier sur le plan des techniques (la mesure des sensations, les temps de réaction...), mais est aussi lié, en profondeur, à la théorie de l'évolution des espèces de l'anglais Charles Darwin.

La naissance de la psychologie expérimentale

Les grands pionniers de la psychologie expérimentale, Wilhelm Wundt (1832-1920) qui créa le premier laboratoire de psychologie expérimentale en Allemagne et Théodule Ribot (1832-1916) qui est à l'origine du premier laboratoire en France.

En Europe, mais surtout en Allemagne, plusieurs chercheurs contribuent à la naissance de la psychologie scientifique sous l'influence de différentes sciences voisines :

- *la physiologie* : Helmoltz et son traité d'*Optique physiologique*, 1856 ; Wundt et le traité de *Psychologie physiologique*, 1873-1874 ; un peu plus tard et en Russie, Pavlov et le conditionnement ;
- la physique : Fechner et la psychophysique (*Les Éléments de psychophysique*, 1860) ;
- *la médecine* : Ribot (quoique philosophe mais inspiré par la pathologie) en France, Freud en Autriche.

Conventionnellement, les débuts de la psychologie scientifique – on dira « psychologie expérimentale » – sont datés de la fondation du premier laboratoire de psychologie en 1879 par Wundt à Leipzig.

Darwin et l'évolution

Charles Darwin (1809-1882) (portrait de Georges Richmond). La théorie de l'évolution conduit à l'idée que les mécanismes psychologiques ne dépendent pas d'une âme spécifiquement humaine, mais d'un système nerveux issu d'une longue évolution.

Peu de temps auparavant, Darwin publiait son ouvrage sur *L'Origine des espèces* (1859) dont les implications sont considérables pour la psychologie : l'homme fait partie du règne animal. La théorie de Darwin est donc à l'origine de la psychologie animale. Elle influencera plus spécifiquement des théories « évolutionnistes », notamment le philosophe Herbert Spencer. Théodule Ribot publia une thèse sur la psychologie anglaise et sera le point de départ d'une tradition évolutionniste, représentée par Pierre Janet et plus tard Jean Piaget. Dans le domaine de la psychologie pathologique, Sigmund Freud fut, comme il le dit lui-même dans son autobiographie, très attiré par l'œuvre de Darwin : « La doctrine, alors en vogue, de Darwin m'attirait puissamment comme promettant de donner une impulsion extraordinaire à la compréhension des choses de l'univers » (Freud, 1950). Dans sa conception, la pathologie trouve son origine dans l'enfance. Cependant, si certaines de ses idées ont été fructueuses (ego, lapsus, etc.), beaucoup de ses théories sont aujourd'hui dépassées ou contestées (Meyer *et al.*, 2005 ; Onfray, 2010).

La psychologie expérimentale en France

Psychologie expérimentale : étude des mécanismes psychologiques grâce à des méthodes scientifiques (recours à l'expérimentation, groupe contrôle, données chiffrées et reproductibles…).

En France, la définition par Théodule Ribot d'une psychologie scientifique est sans ambiguïté : « La psychologie dont il s'agit ici sera donc précisément expérimentale : elle n'aura pour objet que les phénomènes, leurs lois et causes immédiates ; elle ne s'occupera ni de l'âme, ni de son essence car cette question étant en dehors de la vérification appartient à la métaphysique » (1870, cit. Fraisse, 1967).
La même attitude existe chez Alfred Binet (1857- 1911), créateur du premier test d'intelligence et directeur du laboratoire de psychologie physiologique en 1895 (créé en 1889 par le physiologiste Beaunis) ; chez Benjamin Bourdon, élève de Wundt, qui fonda à Rennes en 1896 le deuxième Laboratoire français de psychologie expérimentale. Ribot, Binet, Bourdon, et d'autres – Pierre Janet (1859- 1947), Henri Pieron (1881-1964) – conserveront les grands concepts hérités de la psychologie philosophique, perception, mémoire, intelligence, etc., en ayant l'objectif de redéfinir les contenus en fonction des résultats vérifiables.

Alfred Binet (1857-1911) (archives du Laboratoire de psychologie expérimentale, université Rennes-II) Il a été le grand directeur du laboratoire de psychologie expérimentale de Paris (fondé par Ribot).

Les premiers laboratoires de psychologie expérimentale utilisaient des instruments pour mesurer les processus mentaux. Ainsi l'horloge de Hipp (archives du Laboratoire de psychologie expérimentale, université Rennes-II) permettait de mesurer des temps de réaction avec la précision du centième de seconde (« Musée Benjamin Bourdon » ; réalisation Christophe Quaireau).

Www.

http://sites.univ-rennes2.fr/crpcc/lpe/musee/page_accueil.html

Sur ces bases scientifiques, la nouvelle psychologie se développe rapidement, ainsi à la date du premier laboratoire en France, onze existent ou sont créés dans le monde et cinquante-trois à la date de la création du second laboratoire en France (Nicolas, 1998).

Psychologie expérimentale et spiritisme

Saniphoto – Fotolia.com

À la fin du XIXe et au début du XXe siècles, certains pensent démontrer l'existence des entités de l'au-delà par leurs manifestations extérieures, tables tournantes, voyance…

Cependant la coupure avec la psychologie philosophique n'est pas radicale pour tous. C'est ainsi que pour Wundt « toute psychologie commence par l'introspection » parlant même d'une métaphysique scientifique (cit. Boring, 1957). En effet, de même que l'on peut, par la psychologie expérimentale, prouver les manifestations de l'âme, perception, mémoire, etc., certains pensent également démontrer, à cette époque, l'existence des entités de l'au-delà par des manifestations extérieures, tables tournantes, voyance... c'est la naissance du spiritisme.

Spiritisme : croyance selon laquelle les esprits ont une existence en dehors du monde matériel.

La parapsychologie, nom actuel du spiritisme, ne fait pas partie de la psychologie scientifique. Les meilleurs démystificateurs du paranormal sont de nos jours des prestidigitateurs comme en France Gérard Majax qui contribua à montrer les supercheries des tours de Uri Geller (qui prétendait tordre à distance des objets métalliques) avant qu'on ne découvre que ce soi-disant médium était lui-même prestidigitateur. Des journalistes américains ont découvert par un récepteur radio qu'un prédicateur « écoutait » tout simplement les informations familiales sur les disciples qui se présentaient ; grâce à un capteur discrètement placé dans l'oreille, le prétendu médium écoutait les informations dictées par un complice (émission télévisée FR3, *Pourquoi-Comment*, dossier « Paranormal », présenté par Sylvain Augier, MIP, mai 2000). « La vérité est ailleurs » comme se plaisent à le dire les héros de la série *X-Files*...

Psychologie expérimentale et spiritisme

L'émergence de la psychologie scientifique, sous le nom « d'expérimentale », ne s'est cependant pas faite sans accrocs. En effet, de même que l'on peut, par la psychologie expérimentale, prouver les manifestations de l'âme, perception, mémoire, etc., certains pensent également démontrer, à cette époque, l'existence des entités de l'au-delà par des manifestations extérieures, tables tournantes, voyance… c'est la naissance du spiritisme. Le spiritisme démarre de manière fulgurante en Amérique en 1848 avec les deux jeunes sœurs Fox, qui dans leur maison d'une localité de l'État de New York, croient reconnaître, dans des craquements, une volonté de communication de l'esprit d'un ancêtre familial, l'équivalent du fantôme écossais, les jeunes filles inventent un système de communication, à base de claquements de doigts (cit. Parot, 1994, p. 422), ancêtre des coups sur la table tournante.

Le spiritisme se répand en Europe et dans le premier congrès de la Société de psychologie, le secrétaire général, le physiologiste Charles Richet défenseur du spiritisme, laisse une large place aux thèmes spirites, comme la télépathie. C'est lors du quatrième congrès présidé par Théodule Ribot que les partisans d'une psychologie « matérialiste » vont vivement s'opposer aux spirites. Ebbinghaus, connu pour la première contribution expérimentale sur la mémoire, est scandalisé par les propos fantaisistes des spirites mais qui paraissent encore majoritaires (cit. Parot, p. 434).
En tant que président de la Société de recherches psychiques de Londres (Bergson en sera le président en 1913), Charles Richet fait un voyage à Alger avec un ami afin de rencontrer une médium qui prétend faire apparaître Phygia, prêtresse du temple d'Héliopolis (Richet croit en la métempsycose, c'est-à-dire avoir une vie antérieure) ; mais selon un paparazzi de l'époque, Richet et son ami auraient eu quelque souper galant avec Phygia et son médium (Parot, p. 439). Le « vaudeville » fera grand bruit dans la presse parisienne et européenne sonnant le glas du spiritisme qui sera dès lors écarté de la psychologie scientifique officielle, suivant en cela l'exemple de l'astronomie à l'égard de l'astrologie.

3. Watson et le behaviorisme

Le behaviorisme

Behaviorisme (*behavior* : « comportement ») : courant de psychologie scientifique, initié par John Watson (1913) pour n'étudier que les faits psychologiques observables objectivement, les stimulus (= stimulations) et les comportements (ou réponses).

Les débuts de la psychologie scientifique sont plutôt caractérisés par un objectif de mesure (Fechner et la mesure des sensations, 1860 ; Ebbinghaus et la mesure de l'oubli, 1885) qui se situe dans le sillage des laboratoires de physiologie et de physique. Mais la rupture avec la psychologie philosophique n'apparaît pas radicale et l'épisode du spiritisme montre bien que l'esprit n'a pas le même sens pour tout le monde.
C'est sans doute pour cette raison qu'une conception très radicale s'est imposée, même si, hors de son contexte historique, elle paraît maintenant exagérée. Les changements profonds qui fondent conceptuellement la psychologie scientifique ont été provoqués par l'américain John Watson vers les années 1910-1920, comme une conséquence des idées darwiniennes. Les aspects introspectifs de la psychologie sont pour lui incompréhensibles et parlant d'un de ses professeurs, il dit « Je n'ai jamais su de quoi il parlait, et malheureusement pour moi, je ne le sais pas encore » (cit. Nicolas, 2001). Travaillant sur l'apprentissage animal dans le tout premier laboratoire de Psychologie expérimentale de l'université Johns Hopkins à Baltimore, il publie un premier article en 1913 « La psychologie telle que le behavioriste la voit » puis d'autres publications présentant sa conception. Dans son premier article, il critique sévèrement l'usage intensif de l'introspection comme méthode d'appréhension des états de conscience. À l'inverse, il propose de n'étudier et mesurer que les comportements ; seuls éléments objectivables ; d'où le nom donné par lui-même de behaviorisme à ce nouveau courant (de l'américain *behavior* : « comportement » ; prononcer « bihavior » ; on peut prononcer à la française « behaviorisme »). Pour Watson, l'observation objective (par définition, qui permet un accord entre plusieurs observateurs) ne peut s'appliquer que sur deux sortes d'éléments vérifiables (Watson, 1924) :

- les stimulations appelées « stimulus » (un congrès de l'Association de psychologie américaine a simplifié les règles d'accord du latin : au pluriel, on peut dire « stimuli » ou « stimulus ») ; par exemple, longueurs d'onde d'un stimulus lumineux ; liste de mots à apprendre ; situation sociale... ;
- le comportement (*behavior* en américain), c'est-à-dire les réactions ou réponses ; par exemple, réponses motrices chez le rat dans un labyrinthe, temps de réponse, dessins et réponses verbales chez l'homme, indicateurs physiologiques.

Dans son effort de rigueur, Watson ne considère que les stimulus et les réponses ; il supprime donc du vocabulaire de la psychologie des concepts dont le contenu lui semble subjectif, comme image, mémoire, pensée, et crée un autre vocabulaire « comportemental », réponses laryngées, apprentissage verbal, résolution de problèmes.

Le néobehaviorisme

Cependant, les recherches s'accumulant à grande allure sur ces bases rigoureuses, les chercheurs vont être amenés progressivement à faire des hypothèses sur des mécanismes internes permettant de comprendre l'apparition de certains comportements en fonction de certaines stimulations : Clark Hull parlera de « mobile » (*drive*), et initiera ainsi le début des recherches expérimentales sur la motivation, tandis que son rival, Edward Chace Tolman, supposera des structures cognitives chez l'animal, une carte mentale afin d'expliquer l'apprentissage dans un labyrinthe (chap. 4).

L'empirisme associationniste

Les limites qui sont apparues dans le behaviorisme, proviennent du fait que Watson et les behavioristes sont loin d'être totalement indépendants de toute idéologie philosophique. Ces psychologues ont été éduqués dans le contexte de la tradition philosophique anglaise de l'empirisme associationniste, dont ils conserveront certains principes sans prendre conscience apparemment que d'autres options sont possibles.
Deux découvertes scientifiques considérables vont conforter cette attitude, le conditionnement et les synapses. Le conditionnement, découvert par Pavlov, indique qu'un nouveau stimulus peut s'associer par contiguïté temporelle à une réaction réflexe ; par exemple, un son peut déclencher la salivation chez un chien. Watson, et à sa suite les behavioristes, verront dans le conditionnement la « brique » du fonctionnement psychologique. Le behaviorisme est ainsi essentiellement une psychologie de l'apprentissage : tout s'apprend, de la résolution de problèmes (*problem-solving* qui remplace le concept d'intelligence) aux règles de conduite (la personnalité). Enfin, la découverte par le physiologiste anglais Sherrington (1897) que le tissu nerveux n'est pas continu mais que les neurones s'associent en des points de jonction, les synapses, justifiera les associations sur le plan neurobiologique.

Stimulus : terme behavioriste signifiant stimulation (ou également information).

Comportement (behavior) : ensemble des réponses ou réactions physiologiques..

John Broadus Watson (1879-1958).
Il fonde le behaviorisme, courant de psychologie scientifique qui ne s'appuie, pour une objectivité parfaite, que sur les stimulations et les réponses.

Empirisme-associationniste : doctrine remontant à Aristote et aux philosophes anglais selon laquelle l'esprit se construit par les apprentissages en créant des associations entre les images, résultant des sensations.

4. La psychologie cognitive

Cependant, l'empirisme-associationniste n'est pas la seule conception générale possible et d'autres conceptions ont permis de dépasser les limites du behaviorisme et d'enrichir considérablement la psychologie, en récupérant des concepts de la psychologie philosophique étudiés cette fois avec une méthode scientifique.

La théorie de la Gestalt

Gestalt **(= « structure, forme ») :** structures, notamment visuelles, qui apparaissent spontanément comme un tout : selon les gestaltistes, ces formes (gestalts) s'imposaient parce qu'elles résultaient de champs électromagnétiques équilibrés, dans le cerveau.

Gestaltistes : psychologues d'origine allemande inspirés par la notion physique des champs électromagnétiques. Les éléments de la structure ne sont pas en chaîne mais en interaction les uns avec les autres.

Certains psychologues, d'origine allemande et physiciens de formation comme Wolfgang Köhler (1887-1967) n'ont pas été formés dans une tradition associationniste et sont inspirés par les découvertes sur les champs de forces éléctromagnétiques (Gauss, Maxwell). Dans un champ électromagnétique (électro-aimant), les éléments de la situation ne sont pas associés comme dans une chaîne mais sont en interaction de sorte que tout équilibre peut être rompu par l'addition d'un nouvel élément. Ces structures d'équilibre, dont le modèle est le champ, sont appelées *gestalt* d'où le nom de « gestaltistes » donné aux psychologues de ce courant.

EXEMPLE

Les effets de champ perceptif : par exemple l'illusion de Muller-Lyer (**Figure 1.1**) : une ligne paraît plus petite si elle est « encadrée » (le champ) par des flèches tournées vers l'intérieur et plus grande si les flèches sont tournées vers l'extérieur.

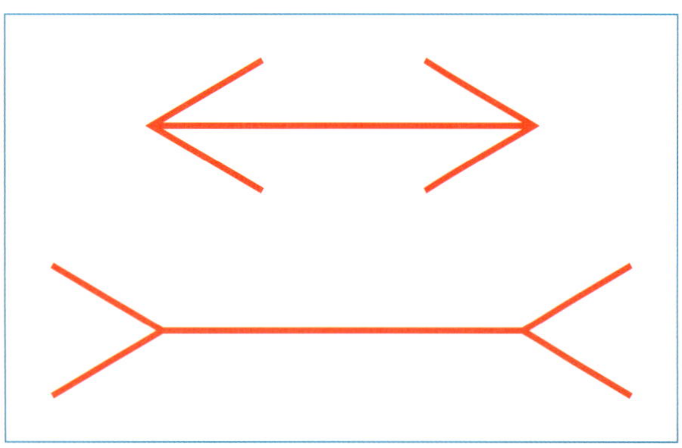

Figure 1.1 – Illusion de Muller-Lyer.

D'autre part, la mesure de l'électricité cérébrale, l'électroencéphalogramme, par le psychiatre allemand Hans Berger (1929), a suggéré à Wolfgang Köhler que le fonctionnement cérébral et psychologique était lié à des champs électriques.

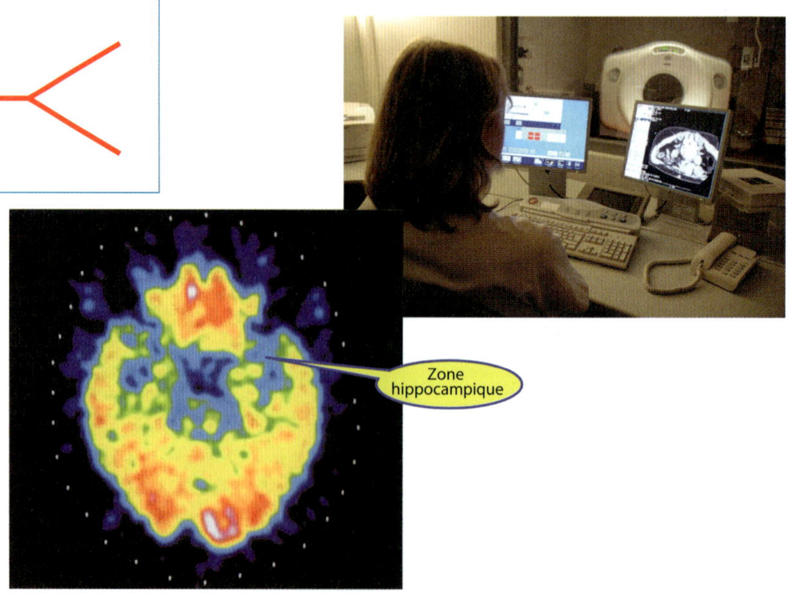

IRM et photo d'un scanner d'un cerveau atteint de la maladie d'Alzheimer (voir de nombreuses illustrations pour des activités cognitives précises dans l'excellent *Cerveau et psychologie* de O. Houdé *et al.*, Paris, PUF, 2002).

Mais cette hypothèse a été infirmée par les neurophysiologistes : l'électricité biologique n'est que le reflet de l'activité moléculaire des neurones (*cf.* p. 21). La Gestalt a influencé de nombreux chercheurs, notamment dans le domaine de la perception.

L'IRM (Imagerie par Résonance Magnétique)

En s'inspirant des découvertes de la physique de leur temps, les gestaltistes n'avaient finalement pas tort sur le fond : l'IRM en est l'exemple le plus frappant. Sauf que ce ne sont pas les champs magnétiques des neurones qui fabriquent les mécanismes psychologiques, et qu'il faut aller bien plus profond au niveau atomique pour détecter ce magnétisme. Les protons des atomes de la matière vivante sont animés d'un mouvement de rotation (spin) qui crée un champ magnétique. Placé dans un gros aimant (le tunnel de l'hôpital), la perturbation magnétique peut être enregistrée et donner une image. En neuropsychologie, l'IRM est utilisée pour suivre les globules rouges du fait d'un afflux sanguin dans les zones du cerveau qui sont actives. Ainsi, peut-on voir en « temps réel » l'activation des zones du cerveau impliquée dans les tâches cognitives.

Www.
Web : wikipedia : « IRM »

La neurophysiologie

Parallèlement, dans les années 1950-1960, l'essor de la neurophysiologie remet en cause l'idée behavioriste selon laquelle ce sont les stimulations qui déclenchent l'activité psychologique. L'enregistrement de l'activité électrique du cerveau indique au contraire que le cerveau a une activité autonome : le sommeil et les rêves.
D'autre part, pour les behavioristes, le cerveau est un gigantesque, mais unique, réseau d'associations alors que d'autres travaux neurophysiologiques démontrent l'existence de zones spécialisées. Ainsi Penfield et Roberts (1959), en explorant le cerveau grâce à des stimulations électriques pendant des opérations de cerveau (le cerveau étant insensible à la douleur, le sujet peut rester conscient), montrent l'existence de structures spécifiques du cerveau, comme la partie temporale de l'hémisphère gauche pour le langage, le cortex occipital pour la vision...

Le structuralisme

Peu à peu donc, l'idée de structure se substitue à celle d'association. Le psychologue suisse Jean Piaget (1896-1980) est resté indépendant à l'égard du behaviorisme et synthétise de manière originale différentes influences, l'évolutionnisme de Pierre Janet, la gestalt, etc., et utilise des concepts structuraux.
Pour Piaget, l'intelligence est constituée de structures analogues à celles de la logique et des mathématiques, les opérations intellectuelles. La psychologie s'insère ainsi dans un courant de pensée assez général qu'on a appelé le structuralisme : en mathématiques, la théorie des ensembles du groupe de mathématiciens rassemblés sous le pseudonyme « Bourbaki » ; en linguistique Chomsky propose des structures de base et des règles de transformation, la grammaire générative, comme analyse du langage...

Jean Piaget (1896-1980) est un des premiers, avec Noam Chomsky, à penser que l'association n'explique pas tout et qu'il faut faire intervenir des structures aux règles plus complexes.

L’influence de la cybernétique et de l’informatique

Cybernétique : science initiée par Norbert Wiener (1948) (kybernetes = gouvernail), pour désigner la science de tout système – machine ou organisme vivant – capable d’autorégulation et de communication.

Dans le prolongement de l’effort de guerre américain, les années cinquante vont connaître un développement extraordinaire de nouvelles techniques dérivées de l’électronique.

- La cybernétique : Norbert Wiener (1948) crée le terme de cybernétique (étymologiquement, le mot grec *kybernetes* signifie « gouvernail »), pour désigner la science de tout système – machine ou organisme vivant – capable d’autorégulation et de communication. Claude Shannon (1948), des laboratoires de la Compagnie des téléphones Bell, publie la théorie mathématique de l’information dans laquelle l’information est indépendante de la nature du code employé et est fonction de la probabilité des événements.
- *L’ordinateur* : pendant la Seconde Guerre mondiale, l’Anglais Allan Turing dirige en grand secret une machine électronique capable de décoder les messages secrets de la machine allemande Enigma (« machine à écrire » avec des roues décalées qui faisait correspondre la lettre tapée à une autre selon un code) (voir le film *U571* qui retrace l’épisode de la capture d’une machine Enigma) ; toutes les combinaisons peuvent ainsi être essayées à la vitesse de l’électron, 200 000 kilomètres par seconde. L’application civile de la machine de Turing sera... l’ordinateur. Le développement de cette technologie s’est accru à une vitesse vertigineuse et nous sommes maintenant très familiarisés avec ce monde de l’informatique : avec les ordinateurs, jeux électroniques, multimédias, portables...

Norbert Wiener (1894-1964) (source : Laboratoire de recherche en électronique au Massachusetts Institute of Technology). Il est le fondateur de la cybernétique, qui prépare aux sciences cognitives, soit du côté du psychologue, soit du côté de l’ingénieur.

- *La perspective du traitement de l’information* : l’informatique va créer un nouveau mode de pensée chez des chercheurs de plus en plus nombreux, surtout à partir des années soixante. Dans cette perspective, les mécanismes psychologiques sont conçus comme un traitement de l’information, c’est la perspective du traitement de l’information (*information processing*). Les informations physiques, son et lumière, sont transformées (« codées » comme dans le langage informatique, à l’instar du MP3 pour la musique, JPEG pour les photos, MPEG pour les films) au niveau de nos organes sensoriels avant d’être synthétisées en objets mentaux, mots et images dans des mémoires spécialisées. Ainsi, l’étude des représentations mentales de la connaissance est réhabilitée contre le behaviorisme strict qui les avait écartées. Cette nouvelle psychologie prend le nom de psychologie cognitive d’après le mot latin (du latin *cognitio* = « connaissance ; action d’apprendre »).

Que de chemin parcouru en tout juste soixante ans, depuis ENIAC (1946), le premier ordinateur, qui occupait une grande pièce !

Complémentairement, les chercheurs en informatique sont intéressés par l'étude des mécanismes psychologiques afin de les « copier ». Ainsi voit-on des équipes mixtes de sciences cognitives, informaticiens et psychologues, axées autour des recherches en intelligence artificielle, reconnaissance visuelle, synthèse de la parole, etc. Aussi, l'analogie cerveau-ordinateur n'est pas un modèle à sens unique, mais un modèle interactif. Jusqu'aux années 1970, les informaticiens utilisaient plutôt la logique mathématique pour programmer l'intelligence artificielle. Mais l'esprit humain n'est pas spontanément logique (chap. 8) si bien que les informaticiens s'inspirent plus récemment des recherches en psychologie et en physiologie : la mémoire est fondamentale et repose en dernière analyse sur des réseaux de connexions entre neurones (*cf.* chap. 5). Ce courant s'est intitulé « néoconnexionnisme » et il rejoint, par un raisonnement similaire (le système nerveux est le support de l'esprit), le principe associationniste de certains philosophes et des behavioristes. Ces recherches conduisent non seulement à des automates (par exemple pour distribuer les billets de train...) mais permettront de fabriquer des implants compensant des structures cérébrales lésées. Un laboratoire californien travaille déjà sur un hippocampe artificiel (*Science et Vie*, dossier « Mémoire », sept. 2003) (l'hippocampe est l'archiviste de la mémoire ; *cf.* chap. 4) qui permettrait d'éviter une amnésie totale.

À partir des années 1950, avec Tolman, aux États-Unis (*cf.* chap. 4), le qualificatif de cognitif est utilisé pour se démarquer du behaviorisme qui ne considère que les comportements (et pas les mécanismes mentaux). De « cognitio » qui signifie « connaissance », la psychologie cognitive est, à l'origine, l'étude des processus de connaissance, perception, mémoire, langage, attention, vus du point de vue du traitement de l'information. Par extension, la psychologie cognitive s'intéresse aujourd'hui à l'affectif, les émotions, la personnalité, et concerne dorénavant tous les aspects des comportements et mécanismes mentaux. En France, le behaviorisme n'a eu qu'une influence marginale et le terme de psychologie expérimentale ou générale était auparavant utilisé ; mais étant donné l'impact international de la psychologie américaine, le terme de psychologie cognitive s'est finalement imposé.

Psychologie cognitive : de « cognitio » qui signifie « connaissance », la psychologie cognitive est à l'origine l'étude des processus de connaissance, perception, mémoire, langage, attention. Par extension, la psychologie cognitive s'intéresse à l'affectif, et concerne dorénavant tous les aspects des comportements et mécanismes mentaux.

Les termes de cognition et de cognitif sont également des termes fédérateurs (anciennement « cybernétique ») et l'on parle de « sciences cognitives » pour désigner aussi bien la psychologie que la cybernétique, les télécommunications ou l'informatique (ex. : mémoire, intelligence artificielle). Ainsi, le premier Centre d'Études Cognitives (« Center for Cognitive Studies ») a été fondé en 1960 par Miller et Bruner à Harvard. Au niveau international, il existe des laboratoires ou centres d'études cognitives, regroupant des ingénieurs et chercheurs en psychologie.

Dans cette nouvelle conception, le cerveau est considéré comme un ordinateur mais réciproquement l'ordinateur est vu comme un « cerveau » électronique, ce qui inspire dans la science-fiction (*Blade Runner*, *Terminator*...) et les mangas (*Ghost in the Shell*, *Gunnm*), des êtres mi-humains, mi-robots comme les androïdes, les cyborgs (*cyb*ernétics-*org*anisms) doués d'un esprit, voire d'une âme. En sommes-nous si loin ? Téléphone ou ordinateur portable, lecteur MP3, I-Pod, GPS, Play-Station, Nintendo-DS... Qui peut se passer dorénavant de ces accessoires cybernétiques ? Certains, par plaisir (s'agissant des femmes, le magazine *Elle* les appellent des *techno-girls*) ou professionnellement, ne peuvent s'en passer...

À quand les psychologues pour cyborgs ?

II. Panorama de la psychologie contemporaine

1. Diversité de la psychologie

Pour le grand public et des générations d'étudiants sortant du lycée, la psychologie se confond le plus souvent avec la psychanalyse. Or la psychologie scientifique contemporaine est d'une extrême diversité : dans le plus grand répertoire informatisé au niveau international « PsycInfo », le nombre d'articles et livres traitant de la psychologie augmente à une allure vertigineuse : vingt mille par an dans les années 1970 pour passer à quarante mille dans les années 1990, pour atteindre le chiffre de 100 000 en 2005 (recensement réalisé avec Christophe Quaireau en 1994 et en 2006). Environ *cent cinquante catégories* sont répertoriées.

Une analyse des principaux thèmes de publications pour l'année 2005 (Figure 1.2) révèle que les grands secteurs concernent d'une part la *psychopathologie*, au sens large du terme, incluant les déficits physiques (cécité, traumatismes crâniens), troubles psychiatriques, et, d'autre part la psychologie de la santé et de la prévention (stress, alcoolisme, criminalité...). La *psychanalyse* comme théorie ou comme thérapie, ne représente que 1 722 publications soit *1,7 % au niveau international.*

Les autres grands domaines sont la *psychologie expérimentale/cognitive* (incluant la psychométrie ou étude des tests, la psychologie animale,...) les *neurosciences* (incluant la psychopharmacologie), la *psychologie sociale*, la *psychologie du développement, de l'éducation*.

On trouve également des secteurs variés en *psychologie appliquée*, incluant la psychologie de la consommation, la psychologie industrielle et des organisations (13 226 titres). Il existe enfin des thèmes divers comme la psychologie des arts et des humanités, la psychologie de la musique, la

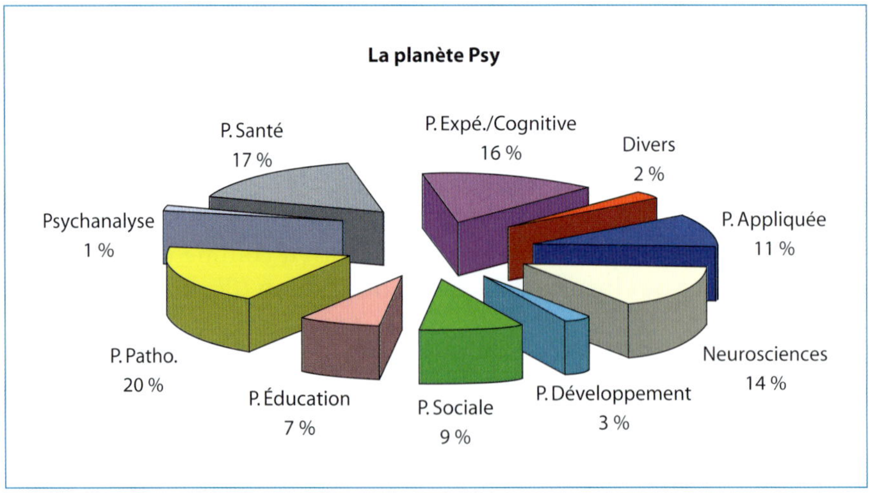

Figure 1.2 – Répartition numérique des publications dans les grands secteurs de la psychologie en 2005 (sur 103 223 titres) (Lieury et Quaireau, 2006 ; source : PsycInfo).

psychologie militaire, la psychologie juridique et de la police… La psychologie est aussi diverse que les activités de l'homme.
Presque tous les grands secteurs de la psychologie et des sciences voisines peuvent être représentés dans un schéma en forme de mappemonde avec deux grands axes et quatre « pôles » : le normal opposé au pathologique et le social opposé au biologique (**Figure 1.3**).

?

Quels sont les principaux domaines de recherche de la psychologie ?

2. Le normal

- *Psychologie cognitive, expérimentale* : le normal concerne l'étude du fonctionnement cognitif (= mental) au sens général (perception, mémoire) : c'est le grand domaine de la psychologie cognitive au sens général du terme, objet de ce livre : les structures ou mécanismes de fonctionnement sont « généraux » dans le sens où ils existent chez tous les individus, à tout âge, et souvent chez plusieurs espèces animales.

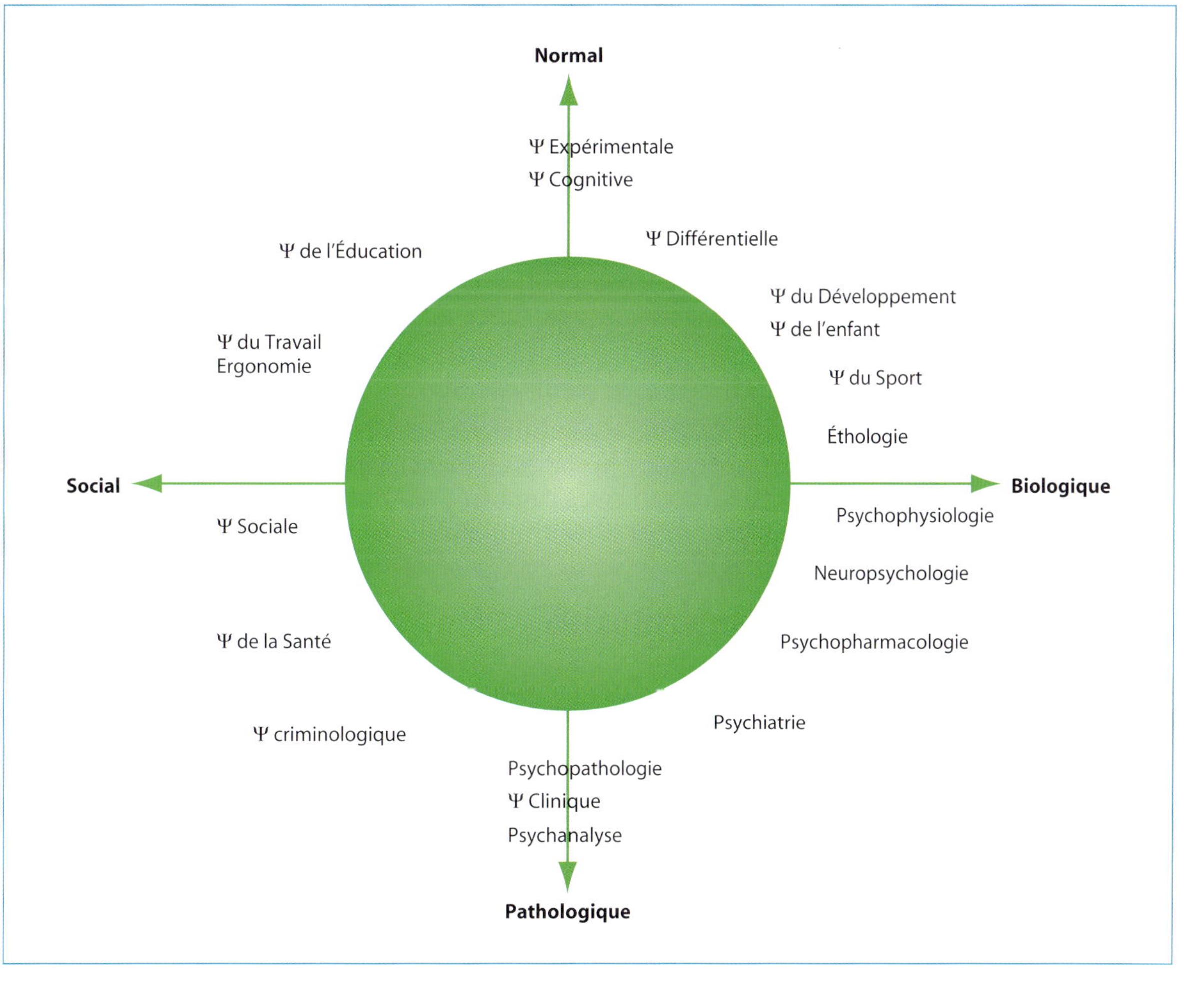

Figure 1.3 – Panorama des grands secteurs de la psychologie.
La lettre grecque ψ (prononcer *psi*) est fréquemment utilisée pour désigner le mot psychologie.

EXEMPLES

La perception des couleurs a des mécanismes identiques ou voisins chez la plupart des individus et chez plusieurs espèces : le singe et certains poissons.
Le singe et le dauphin ont une mémoire à court terme, comme l'homme.

Au début de l'histoire de la psychologie scientifique, l'accent a été mis sur la mesure, la recherche de la preuve par l'expérimentation, d'où le qualificatif de psychologie expérimentale par opposition à la psychologie philosophique ou subjective. La méthode expérimentale (= scientifique) étant désormais dominante, le qualificatif « expérimental » ne permet plus de spécifier un champ de recherche et qualifie essentiellement les laboratoires. Pour l'enseignement, on parle plutôt de psychologie cognitive (autrefois « psychologie générale »).

- *Psychologie différentielle* : cependant, même pour des mécanismes très ressemblants, il existe toujours des différences entre espèces animales, entre l'animal et l'homme, des différences en fonction du développement de l'enfant ou du vieillissement : c'est le domaine de la psychologie différentielle fondé au XIXe siècle par l'Anglais Francis Galton (Reuchlin, 1974 ; Huteau, 2002) : l'intelligence et la personnalité en sont des grands thèmes.
- *Psychologie du développement et psychologie de l'enfant* : très près (dans le schéma en forme de mappemonde) de la psychologie cognitive mais vers le pôle biologique, on peut placer la psychologie du développement (ou développementale) du fait de l'importance de la maturation biologique : la marche ou le langage requiert un développement neurobiologique. Le qualificatif de génétique avait été proposé par Jean Piaget dans le sens de genèse ; mais comme il signifie aussi en biologie, l'étude de l'hérédité (basé sur les gènes des chromosomes), le qualificatif de développemental est devenu plus courant. La psychologie de l'enfant s'attachait plutôt à la description d'un âge particulier, le bébé, l'adolescent, et on tend à lui substituer « psychologie du développement » dans la mesure où c'est souvent l'évolution du fonctionnement mental qui est étudiée à travers les âges, par exemple le langage.
- *Psychologie du sport* : la psychologie du sport est très concernée à la fois par les bases biologiques du comportement (sensations, motricité, stress) mais aussi par des mécanismes cognitifs, représentations imagées des mouvements, en particulier la motivation…

Niko Tinbergen (1907-1988). Avec Konrad Lorenz (1903-1989), Niko Tinbergen a créé l'éthologie, étude de la psychologie des animaux dans leur milieu (*cf.* chap. 9) ; Karl von Frisch a quant à lui découvert le langage des abeilles, sorte de danse qui indique la direction des fleurs. Tous trois ont été prix Nobel en 1973.

3. Le biologique

- *Les neurosciences :* au pôle biologique, correspond le domaine immense des neurosciences où sont étudiées les *bases biologiques des comportements* ; certains aspects de notre fonctionnement psychologique ne peuvent être compris sans la connaissance des mécanismes biologiques : la perception des couleurs ou les émotions en sont des exemples démonstratifs.
- *Éthologie et psychologie animale :* certains secteurs de spécialisation sont plutôt la cristallisation d'influences mixtes, qui apparaissent sur le schéma (**Figure 1.3**) entre des pôles. Ainsi, trouvons-nous entre la psychologie cognitive et le pôle biologique, l'éthologie, autrefois psychologie animale, qui concerne l'observation des animaux dans leur site (ou un environnement proche) de façon à ne pas dénaturer leur comportement.

● *Neurobiologie et psychophysiologie* : la psychophysiologie, ou neurobiologie, a pour objectif d'étudier, principalement chez l'animal (chez l'homme on parle de neurologie), les structures et mécanismes nerveux responsables du fonctionnement psychologique. Le cerveau est composé de matière grise (les fameuses petites cellules grises chères à Hercule Poirot) et de matière blanche. Cela vient de la structure de la cellule nerveuse ou neurone. Le neurone est en effet une cellule (comme les autres cellules, elle a un noyau, des chromosomes,...) mais sa particularité est d'avoir des ramifications qui lui permettent de communiquer avec les cellules voisines. Les ramifications d'entrée s'appellent les dendrites tandis que le prolongement de sortie est l'axone. L'axone est généralement entouré d'une gaine isolante de couleur blanche (c'est une graisse appelée myéline). Si bien que ce qui apparaît gris dans le cerveau correspond à des regroupements de cellules grises, les centres nerveux, et ce qui apparaît blanc constitue les câblages assurant la communication entre différents centres. Les zones grises sont ainsi de véritables « ordinateurs » spécialisés.

?

Quelles sont les grandes structures du cerveau ?

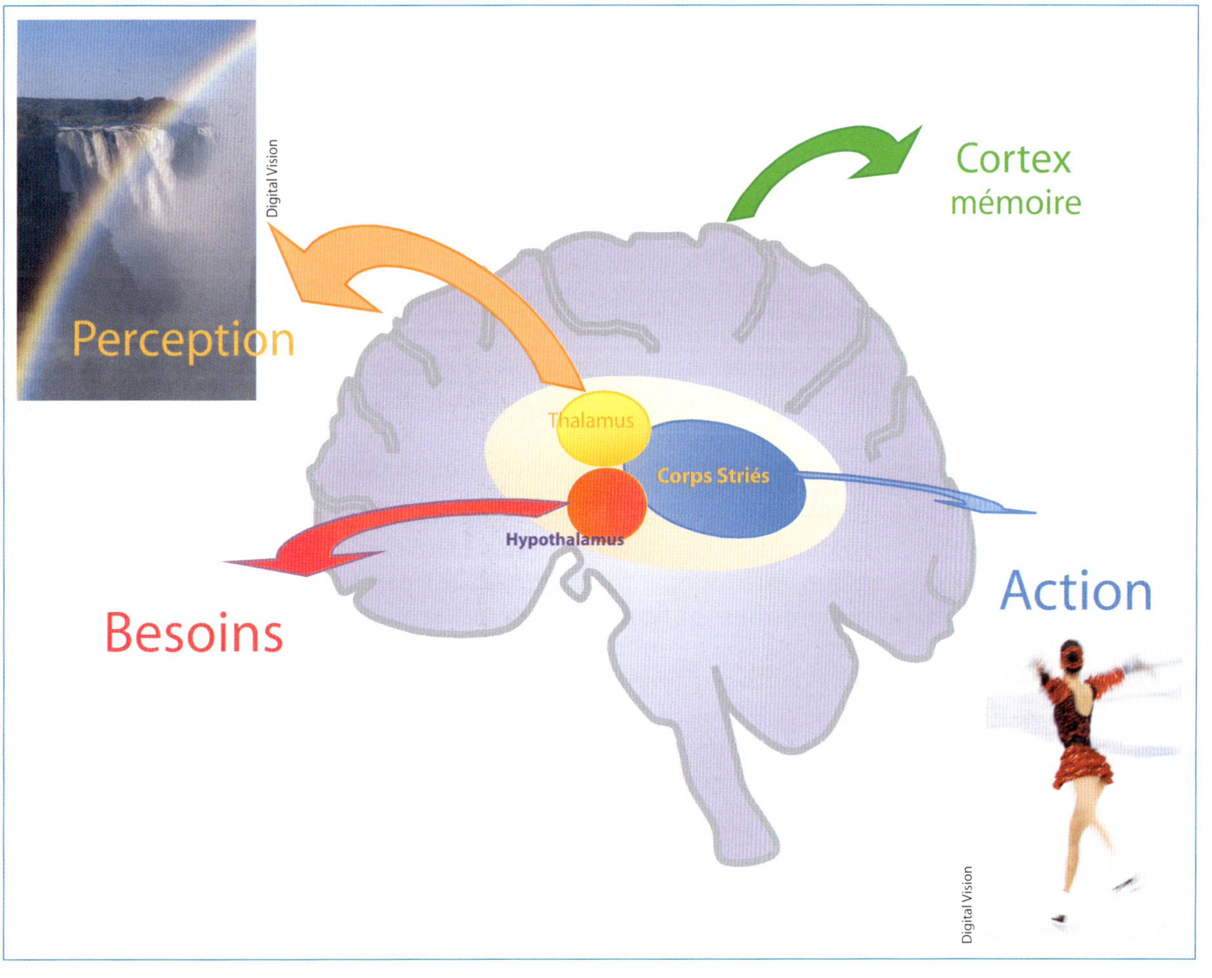

Figure 1.4 – Le cerveau contient principalement des centres sous-corticaux et le cortex ; la matière blanche représente les câbles.
Dans le cadre de ce cours de psychologie, les détails anatomiques ne sont pas représentés ou très schématiquement pour se centrer sur le fonctionnement.

Voici quelques grandes structures. Tout d'abord un manteau, appelé cortex, entoure le cerveau. Le cortex est une couche de 2 millimètres qui recouvre une surface équivalant à un carré de 30 centimètres de côté. Si bien que pour se loger dans une boîte crânienne qui ne fait qu'un litre et demi (une bouteille d'eau classique), le cortex fait des plis appelés circonvolutions ; ce sont ces circonvolutions qui permettent aux neurologues d'établir la cartographie du cortex. Car ces deux millimètres d'épaisseur, qui n'ont l'air de rien, renferment tout de même six étages de cellules, qui permettent l'abstraction. Le cortex renfermerait ainsi quelque vingt milliards de neurones et comme il n'est pas programmé à la naissance, c'est en fait notre « disque dur », l'ensemble de nos mémoires (*cf.* chap. 3 et 5).

Sous ce manteau, centres nerveux et câbles se pressent les uns contre les autres échangeant à grande vitesse (mesurée en millisecondes (ms), c'est-à-dire en millièmes de seconde) des informations sous forme d'influx nerveux. Distinguons trois grands centres :

- le *thalamus* est spécialisé dans la réception et l'intégration des premiers signaux venant des organes sensoriels, c'est en quelque sorte l'ordinateur de notre perception ; il est sectorisé et ainsi existe-t-il une partie qui s'occupe de la vision, un autre de l'audition, un autre du toucher ; toutefois l'odorat a son centre à part, le bulbe olfactif (chap. 2) ;
- les *corps striés* sont les centres de la motricité volontaire ; quand il marche mal comme dans la maladie de Parkinson, les patients éprouvent de grandes difficultés à décider de leur mouvement et le font avec des grands tremblements (la motricité automatique est assurée par le cervelet, *cf.* chap. 4) ;
- et enfin il existe un troisième centre, *l'hypothalamus* (*hypo* en grec signifie « en dessous ») situé sous le thalamus. L'hypothalamus est le cerveau végétatif, celui qui déclenche les besoins primaires (faim, soif, sommeil, sexe...) et représente ainsi une grande part de ce que Freud appelait l'inconscient ou le « ça » (*cf.* chap. 6 et 9).

Neurone : cellule spécialisée dans la communication ; les dendrites sont les prolongements d'entrée et l'axone, le prolongement de sortie.

Influx nerveux : l'activité du neurone se mesure électriquement ; c'est l'influx nerveux ou signal bioélectrique.

Comme nous verrons le fonctionnement de ces centres plus loin, voyons comment marchent les neurones. Les techniques modernes, chimie biologique, microscopie électronique, ont permis d'élucider bon nombre de mécanismes du fonctionnement des neurones. Ainsi, l'influx nerveux n'apparaît plus comme un courant électrique (électrons) se propageant le long de l'axone (= prolongement de sortie du neurone), mais comme un échange d'ions (= atome ou molécule électrisé) : la « pompe à sodium » (pour les étudiants à qui il manque des bases de chimie et biologie, voir Joly et Boujard, *Biologie pour psychologues*, Paris, Dunod, 2005). Schématiquement (Figure 1.5), l'excitation du neurone provoque l'ouverture de vannes réparties sur la membrane de l'axone, ce sont les canaux ioniques (= grosses protéines qui s'ouvrent et se ferment). Tout d'abord les vannes à sodium s'ouvrent laissant passer un flot d'ions sodium (Na^+ car chargé positivement) à l'intérieur de l'axone. Afin de compenser ce changement électrique (flux d'ions positifs), des canaux à potassium (K^+) s'ouvrent, laissant s'échapper des ions potassium. Mais ce flux entraîne l'ouverture des canaux sodium suivants, et ainsi de suite en cascade. Si on place une électrode à l'endroit de la vanne à sodium, il y a une dépolarisation (la surface devient un peu plus négative car des ions positifs tombent à l'intérieur), qui se propage ainsi de proche en proche le long du neurone. Mais ce n'est pas un influx nerveux négatif qui court le long de l'axone, mais une cascade d'échanges de molécules électrisées. La communication neuronale n'est donc électrique que secondairement, le mécanisme premier est chimique, d'où l'impact des médicaments et drogues.

Synapse : contact entre deux neurones, entre le bout de l'axone et les dendrites (ou corps du neurone).

Neurotransmetteur : fine molécule émise au bout de l'axone et qui déclenche l'activité du neurone récepteur.

- La *neurologie et la neuropsychologie* sont directement concernées lorsque le diagnostic fait apparaître un lien de cause à effet entre un trouble organique, par exemple, une lésion, une tumeur, et le trouble psychologique ; ces secteurs ont connu un développement intense depuis l'invention des techniques d'imagerie médicale, notamment celles comme la TEP (*cf.* encart) qui filment le cerveau en action. Nous verrons l'exemple de l'amnésie de Korsakoff (chap. 5) et de l'aphasie (chap. 7).

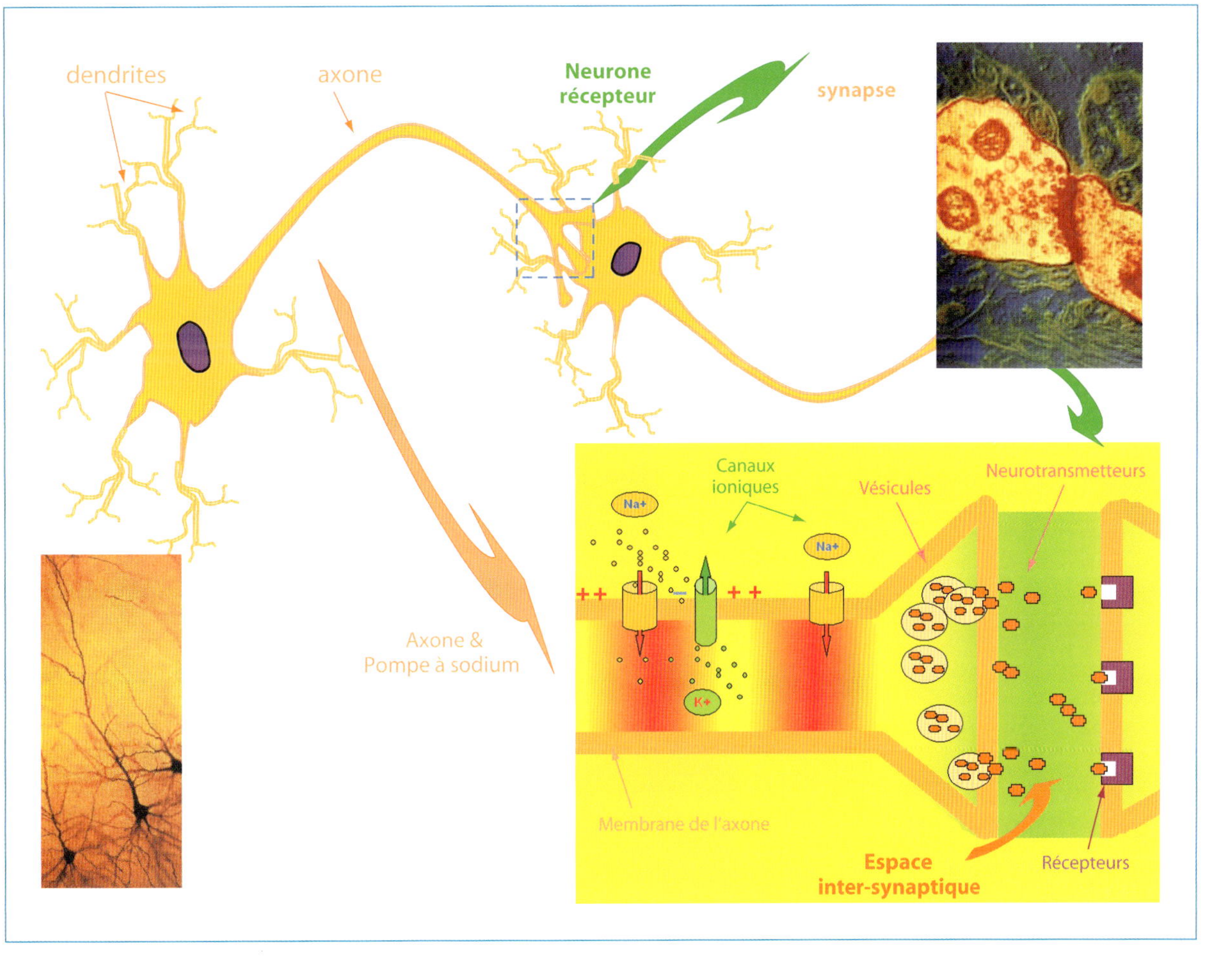

Figure 1.5 – Mécanismes ioniques de l'influx nerveux (pompe à sodium) et action des neurotransmetteurs. La communication neuronale n'est électrique que secondairement, le mécanisme premier est chimique, d'où l'impact des médicaments et drogues.
Sur la photo de la synapse (microscopie électronique), les deux gros « sacs » rouges sont des mitochondries (organites produisant l'énergie) et les petits sont les vésicules contenant les neurotransmetteurs.

La TEP : tomographie par émission de positons

Quand on parle d'antimatière, on pense à *Star Trek* ou toute autre série de science-fiction. Et pourtant, si la plupart des personnes connaissent l'imagerie médicale, peu savent que certaines techniques sont des développements d'une physique dont les applications paraissaient improbables. En cassant des atomes dans les accélérateurs de particules (par exemple le CERN), les physiciens avaient découvert que certaines particules atomiques disparaissaient pour donner place à des rayonnements (photons). Ils ont imaginé que la particule qui rencontrait son antiparticule était annihilée en donnant de l'énergie ; ainsi naissaient les antiprotons, les positons (antimatière de l'électron). Et bien la TEP est basée sur ce principe : un atome radioactif est injecté par voie veineuse et en se désintégrant, il donne des positons qui parcourent quelques millimètres avant de rencontrer des électrons et leur rencontre produit des photons (rayons gamma) qui sont photographiés, ce qui donne une image tridimensionnelle des organes (**Figure 1.6**).

- *La psychopharmacologie et la psychiatrie* : d'autres secteurs sont au confluent du pathologique et du biologique. Tout d'abord, la *psychiatrie* avec des traditions médicales et une tendance à supposer la dominance de facteurs organiques dans l'origine des troubles ; les traitements sont également plus médicaux, notamment médicamenteux, surtout depuis l'essor de la psychopharmacologie. En effet, la découverte des neurotransmetteurs permet d'expliquer l'action de drogues connues depuis, parfois, des millénaires et naturellement de fabriquer des médicaments du cerveau.

Www.
Web et images : mots clés « cerveau, imagerie, TEP ».

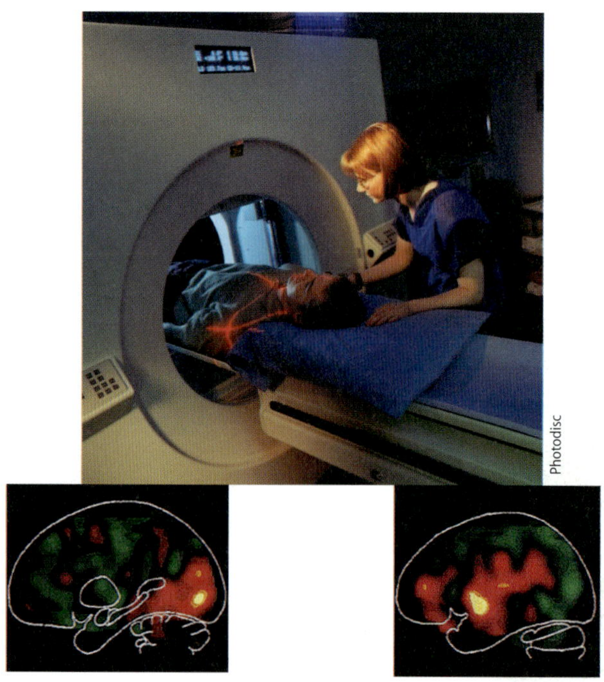

Figure 1.6 – La tomographie par émission de positons. En haut l'appareillage ; en bas à gauche : la personne voit des mots ; à droite, elle entend des mots (Source : web.cern.ch/livefromcern/antimat).

Neurotransmetteurs et drogues psychotropes

Depuis des millénaires, les hommes mangent, mâchent ou fument des substances végétales qui produisent certains effets sur leur mental. L'opium est depuis longtemps connu pour ses effets anti-douleur en Chine. En Amérique centrale et du Sud, certaines substances étaient prises pour entrer en transes et deviner l'avenir, comme chez les Aztèques. Le chanvre indien est consommé dans les pays arabes pour donner une tranquillité d'esprit, et la synthèse chimique de ces substances a conduit à un engouement social comme le mouvement psychédélique des hippies dans les années 1970. Les techniques modernes, chimie biologique, microscopie électronique, ont permis de comprendre en partie ces effets en montrant que ces drogues agissent à la place de substances chimiques naturelles du cerveau, les neurotransmetteurs.

Au niveau de la synapse, aiguillage entre neurones, le neurone libère des molécules. Elles se fixent sur des récepteurs du bouton terminal d'un autre neurone, comme des clés dans les serrures. Comme ces molécules ont pour rôle de transmettre des informations (l'influx nerveux) d'un neurone à un autre, elles ont été dénommées « neurotransmetteurs ». Plusieurs dizaines de neurotransmetteurs sont maintenant découverts dont quelques-uns intéressent la psychologie. L'acétylcholine est le plus célèbre car son absence provoque une nécrose de l'hippocampe (*cf.* chap. 5 sur la mémoire) et par voie de conséquence une amnésie de type Korsakoff, avant que les malades ne glissent lentement vers la démence, c'est la tristement célèbre maladie d'Alzheimer.

L'acétylcholine a deux « serrures » possibles sur la membrane du neurone, des récepteurs muscariniques et des récepteurs nicotiniques. Vous avez bien lu, nicotinique comme nicotine ; la nicotine de la cigarette doit donc ses effets stimulants au fait qu'elle est une fausse clé pour les récepteurs de l'acétylcholine.

La noradrénaline et la dopamine sont de puissants stimulants rendant actif et de bonne humeur, c'est pourquoi certains ont recherché des stimulations artificielles à partir des amphétamines qui interviennent sur ces récepteurs. L'ecstasy, malheureusement populaire dans les soirées des jeunes, est une amphétamine et la cocaïne agit sur les récepteurs de la dopamine. Les neurotransmetteurs sont fabriqués par des petites usines de neurones dans le cerveau si bien que leur destruction aboutit à de graves maladies. Ainsi, la maladie de Parkinson, causée par une dégradation de la motricité volontaire, est due à un manque de dopamine.

La sérotonine est un neurotransmetteur qui semble, entre autres, agir sur les perceptions. La mescaline (voir Barron et coll., *The Hallucinogenic Drugs*, Scientific American, 1964), tirée du cactus peyotl ou la psylocybine, provenant d'un champignon, a une structure chimique qui ressemble à la sérotonine. Ainsi s'explique le pouvoir hallucinogène recherché par les peuples d'Amérique centrale et du Sud. Au Moyen Âge, de telles hallucinations étaient attribuées au diable d'où leur nom de feu de Saint-Antoine. Mais après une intoxication de deux cent cinquante habitants dans la ville de Pont-Saint-Esprit, en 1951, une enquête permit d'identifier le démon en question. Les gens avaient mangé du pain dont la farine de seigle contenait un champignon parasite, l'ergot du seigle. C'est à partir de ce champignon que fut synthétisé le LSD (acide lysergique) bien connu des courants psychédéliques hippies comme produisant une exagération des couleurs et des contrastes, voire chez certains, des hallucinations artistiques ou religieuses comme dans la tentation de Saint-Antoine. La schizophrénie pourrait être due à un déséquilibre de centres qui dépendent de la sérotonine (Besche *et al.*, 2006).

À gauche, cannabis ; à droite, pavot d'où est extrait l'opium.
Beaucoup de drogues sont extraites de plantes qui ont « découvert » des substances ressemblant aux neurotransmetteurs du cerveau.

L'opium doit ses propriétés antidouleur au fait que sa molécule ressemble à des neurotransmetteurs naturels agissant dans les centres de la douleur, les endorphines et enfin le Gaba (*gamma aminobutyric acid*) est un neurotransmetteur qui calme le jeu dans les synapses ; les pharmacologues ont synthétisé des fausses clés qui servent ainsi de tranquillisants, le plus connu étant le valium.
Plus récemment, on a découvert que beaucoup de drogues comme la marijuana, le cannabis, le chanvre indien ou le haschisch ont une molécule commune le tetrahydrocannabinol (ou THC) qui intervient sur des serrures spéciales, les récepteurs cannabinoïdes. Ces récepteurs interfèrent avec les récepteurs du GABA ce qui explique l'action tranquillisante de la marijuana. À l'inverse, son abstinence provoque des états anxieux et irritables. La marijuana est vue par beaucoup de jeunes comme une drogue douce non dangereuse mais des travaux récents (Hampson, *Life Science*, 1999) montrent que le cannabinol qu'elle contient perturbe la perception visuelle et les réponses motrices dans la conduite automobile et baisse la mémoire en provoquant des lésions des neurones (fonctionnant au GABA) de l'hippocampe (l'archiviste de la mémoire)... Préférez donc les tranquillisants psychologiques, relaxation, bain de soleil, une bonne soirée entre amis mais sans stimulants artificiels...

4. Le pathologique

À l'opposé du normal, le pathologique concerne les *maladies et troubles psychologiques*.

- La psychologie pathologique se trouve souvent qualifiée, par sa *méthode, clinique*, et l'on emploie alors le concept de psychologie clinique. Dans l'approche clinique, au *sens thérapeutique*, le psychologue a une approche personnalisée de son malade, qui n'est pas un point sur une courbe, un élément dans une moyenne mais une personne dans son contexte et avec son histoire ; le psychologue ou psychothérapeute doit faire appel à toutes ses connaissances pour obtenir une compréhension globale et unique de l'individu.
Certaines spécificités proviennent de positions théoriques spécifiques, le cas le plus typique étant représenté par *la psychanalyse*, théorie et thérapie basées sur l'œuvre de *Freud*. Mais il existe d'autres types de thérapies, notamment cognitives et comportementales basées sur les progrès réalisés en psychologie. N'oublions pas que Freud est mort en 1939 et que l'explosion des connaissances en psychologie et en neurosciences s'est faite après les années 1950.
- La *psychologie criminologique* étudie les comportements criminels et les thérapies ou préventions adaptées, en relation avec les partenaires de la justice et de la police (par exemple, les *profilers* des films ou séries policières).

Sigmund Freud (1856-1939) a été un grand pionnier de la psychologie en montrant que les comportements et les pensées sont également déterminés par des mécanismes inconscients.

5. Le social

- *Psychologie sociale :* l'homme est un animal grégaire, il ne peut vivre qu'en groupe et en un sens toute la psychologie est sociale : la psychologie de l'homme seul serait une psychologie sans langage, sans temps. La psychologie sociale au sens strict est la prise en compte du social, en particulier des groupes : interactions individuelles dans le groupe, phénomène de direction (*leadership*) ou de soumission à l'autorité, d'influence du groupe sur l'individu. Même l'individu seul a, dans sa mémoire, des représentations de type social, et la psychologie sociale cognitive est actuellement très productive en montrant l'importance dans la motivation, les émotions et la personnalité, des effets de la comparaison sociale, des effets de l'attribution des causes de ce qui nous arrive...

- *Psychologie de la santé :* la prise en compte du social dans le domaine de la pathologie a amené certains à montrer comment des troubles peuvent être attribués à des phénomènes sociaux plutôt qu'à des phénomènes psychologiques ou organiques, notamment le stress, un des grands thèmes de la psychologie de la santé. Ainsi des traumatismes psychologiques peuvent déclencher une cascade de réactions hormonales, le stress, pouvant entraîner un cortège de maladies mortelles, troubles cardiaques, cancers (*cf.* le stress, chap. 10)...
- *Psychologie du travail :* enfin d'autres secteurs sont intermédiaires entre la psychologie sociale et la psychologie cognitive : la psychologie industrielle ou des organisations porte sur les problèmes de groupe ou des individus dans l'entreprise, problèmes de sélection, de hiérarchie... En psychologie du travail ou ergonomie, les objectifs sont plus près de la psychologie cognitive : analyse de tâches, adaptation de l'homme à un poste de travail, problèmes de concurrence cognitive (par exemple l'écoute d'un téléphone portable diminue la vitesse de réaction dans la conduite automobile).
- *Psychologie de l'éducation* : l'institution scolaire est également un environnement social qui détermine des comportements et des problèmes spécifiques, les méthodes de lecture ou l'adaptation de l'enfant aux rythmes qui sont du ressort de la psychologie de l'éducation.

Enfin, il existe bien d'autres domaines de la psychologie, la psychologie de la musique, la psychologie mathématique, la psychologie de la publicité, etc. Il faudrait des schémas plus compliqués que celui de la mappemonde pour les représenter et un autre livre pour les présenter...

Révision du chapitre

Résumé

Qu'est-ce que la psychologie ? 3

La psychologie est l'étude scientifique du comportement et des processus mentaux.

Quelles sont les quatre grandes périodes historiques de la psychologie scientifique ? 4

La connaissance de l'âme, les débuts de la psychologie scientifique, le behaviorisme et la psychologie cognitive.

Quels sont les principaux domaines de recherche de la psychologie ? 17

La psychologie cognitive (ou expérimentale), la psychologie différentielle, la psychologie du développement, la psychologie du sport, les neurosciences et la neurobiologie, l'éthologie et la psychologie animale, la psychologie clinique et la psychopathologie, la psychologie sociale, la psychologie de la santé, la psychologie du travail et la psychologie de l'éducation.

Quelles sont les grandes structures du cerveau ? 19

Le cortex, le thalamus, les corps striés et l'hypothalamus.

Lectures conseillées

Delouvee S. (2013). *Manuel visuel de psychologie sociale, Paris*, Dunod, 2e édition.

Emmanuelli M. (sous la direction de) (2004). *L'examen psychologique en clinique*, Paris, Dunod.

Gaillard J.-P. (1998). *Psychologie de l'homme au travail*, Paris, Dunod.

Gueguen N. (2014). *Psychologie de la manipulation et de la soumission*, Paris, Dunod, 2e édition.

Lieury A., De La Haye F. (2013). *Psychologie cognitive de l'éducation*, Paris, Dunod, coll. Topos.

Ménéchal J. (1997). *Introduction à la psychopathologie*, Paris, Dunod, coll. Topos, nouvelle présentation.

Nicolas S. (2013). *Histoire de la psychologie*, Paris, Dunod, coll. Topos, nouvelle présentation.

Reuchlin M. (1966). *Histoire de la psychologie*, Paris, PUF.

Siksou M. (2012). *Introduction à la neuropsychologie clinique*, Paris, Dunod.

Webographie

Www. Irm

Site de Wikipedia
fr.wikipedia.org

EXERCICES ET QCM

QCM (1 point par question)

Cochez la bonne réponse. Attention, les mauvaises réponses sont comptées – 1. Il n'y a pas de pièges ; dans le doute, ne répondez pas.

1. De quel mot grec vient le mot « psychologie » ?
❑ Psychalelik ❑ Psychadelikos ❑ Psyché ❑ Psykia

2. À quelle époque apparaît la psychologie scientifique ?
❑ Antiquité ❑ Renaissance ❑ XVIIIe siècle ❑ XIXe siècle

3. Entourez un grand philosophe de la « psychologie » dans l'Antiquité :
❑ Hésiode ❑ Aristote ❑ Diogène ❑ Périclès

4. La philosophie empiriste est aussi :
❑ spiritualiste ❑ innéiste ❑ transformiste ❑ associationniste

5. Citez le nom d'une philosophie empiriste :
❑ Hume ❑ Dalton ❑ Young ❑ Burt

6. Qui a créé le premier laboratoire de psychologie expérimentale ?
❑ Helmholtz ❑ Wundt ❑ Titchener ❑ Cattell

7. Qui a fondé le behaviorisme ?
❑ Titchener ❑ Tolman ❑ Hull ❑ Watson

8. Que signifie en américain *behavior* ?
❑ sensation ❑ mental ❑ comportement ❑ objectif

9. Entourez un leader du courant gestaltiste :
❑ Köhler ❑ Berger ❑ Wundt ❑ Suchard

10. Qui a fondé le courant cybernétique ?
❑ Miller ❑ Shannon ❑ Garfunkel ❑ Wiener

Mode de correction : + 1 pour les bonnes réponses, – 1 pour les mauvaises. Faire le total algébrique (soustraire les – des +) ; par exemple, s'il y a autant de – 1 que de + 1, cela fait un total de 0.

Exercices

De préférence, faites les exercices avec un crayon et une gomme pour les refaire plusieurs fois. La répétition est la base de l'apprentissage (cf. chap. 4 et 5).

Exercice 1 : Pourquoi sont-ils célèbres ?

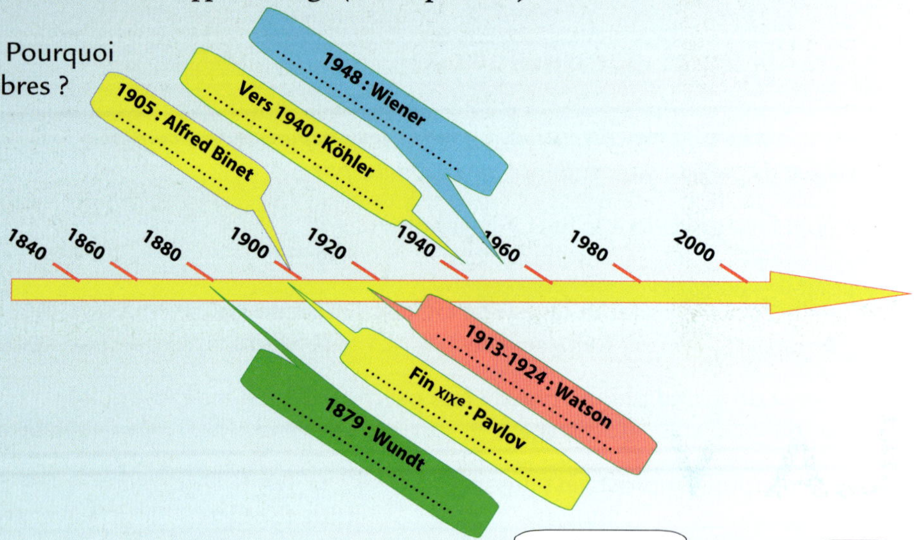

Exercice 2 : Mots croisés

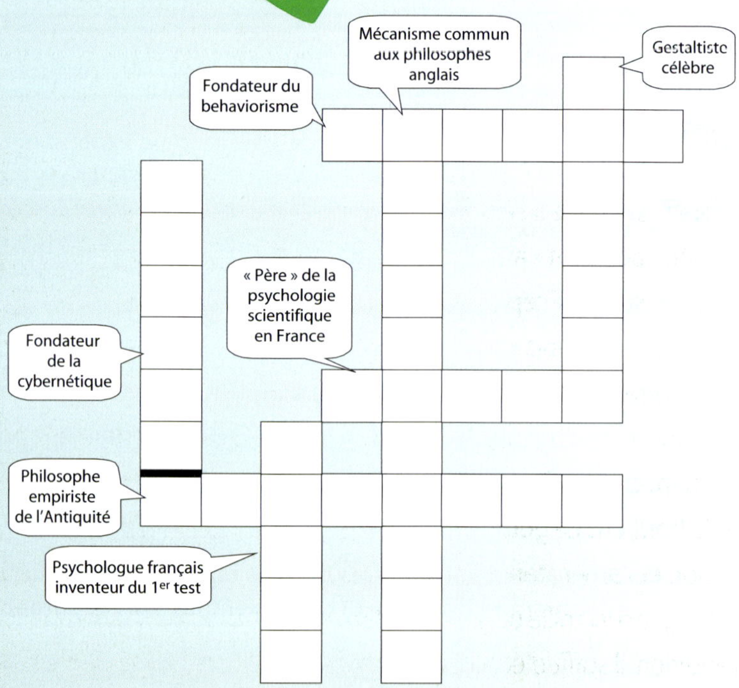

Exercice 3 : Décrivez les principaux secteurs de la psychologie à l'aide d'un schéma en forme de mappemonde.

Exercice 4 : Imaginez un autre type de schéma pour décrire les grands secteurs de la psychologie.

Exercice 5 : Définissez les domaines suivants (non pas par cœur mais par le sens principal) en quelques mots :

- psychologie cognitive/expérimentale ;
- psychologie différentielle ;
- psychologie du développement ;
- psychologie sociale ;
- psychologie pathologique ;
- neuropsychologie.

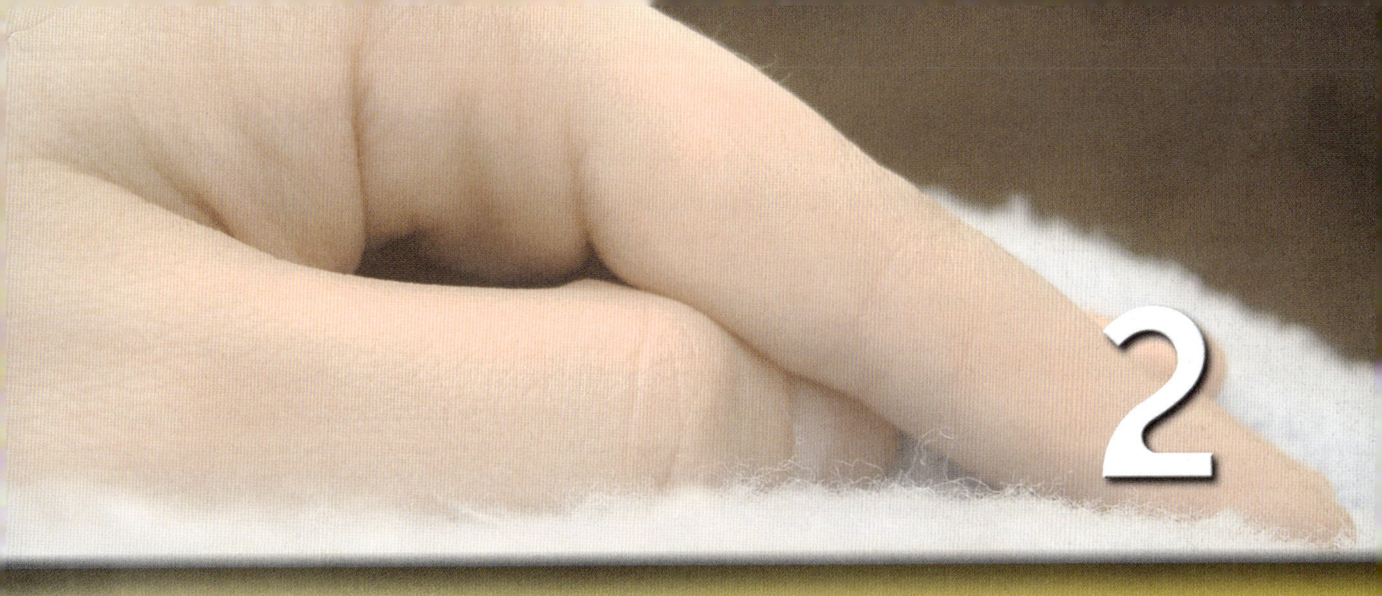

2

La variété des sens

Comme un musée, notre corps est bardé de capteurs qui renseignent le cerveau sur ce qui se passe à l'extérieur comme à l'intérieur de notre organisme. Certains de ces dispositifs de détection sont « automatiques », inconscients (récepteurs de la pression sanguine, récepteurs du taux de sucre, récepteurs des muscles et tendons, etc.) mais d'autres éveillent des sensations conscientes, parfois « descriptibles » qui, pour cette raison, sont étudiées en psychologie. Ces sensations correspondent approximativement aux cinq sens traditionnels : toucher, goût, odorat, audition et vision. Mais chaque sens est compliqué. Grande comme une serviette de plage (2 m^2), la peau contient cinq millions de récepteurs qui détectent la douceur ou le rugueux des textures, le chaud et le froid, etc. Le goût recherche le sucré, l'umami (goût pour les protéines) et le salé, mais rejette l'acide et l'amer ; tandis que l'odorat, pourtant faible par rapport à celui des animaux, permet de distinguer dix mille odeurs différentes, y compris, peut-être, le parfum qui rend amoureux ! Quant à l'audition, il suffit d'écouter un orchestre d'une centaine de musiciens, avec parfois autant de choristes, sans que l'on ressente de confusion ; l'oreille humaine parvient à analyser chaque onde pour entendre la flûte se dégager des violons… Seuls les chauves-souris et les dauphins entendent mieux que nous. Et pourtant il y a un sixième sens qui est bien oublié, car sans lui, nous ne tiendrions pas sur nos jambes, c'est l'équilibre. Grâce à lui, même dans un grand huit, nous connaissons notre position à chaque instant. En revanche, comme il n'y a pas de perception sans récepteurs, la perception extra-sensorielle et la parapsychologie sont du charlatanisme ; mais il faut bien souvent l'habileté de prestidigitateurs professionnels pour en déjouer les tours…

Définitions

Perception : prise d'informations dans le monde extérieur et à l'intérieur du corps avec parfois une interprétation (sensation consciente). « Sensation » est synonyme de perception.

- *Perception :* la perception désigne l'ensemble des mécanismes physiologiques et psychologiques dont la fonction générale est la *prise d'information* (avec parfois son interprétation) dans l'environnement ou dans l'organisme lui-même.
- *Sensation et perception :* les philosophes et les premiers psychologues distinguaient perception et sensation en réservant ce dernier terme pour désigner des processus élémentaires. Mais on ne peut tracer objectivement de frontière entre des processus élémentaires et complexes, de sorte que ces deux termes sont *synonymes* ; on peut parler aussi bien de modalités perceptives que de modalités sensorielles.
- *Capteurs « automatiques » et sens traditionnels :* comme un musée ou une banque, notre corps est bardé de capteurs qui renseignent le cerveau sur ce qui se passe à l'extérieur et à l'intérieur du corps. Mais comme dans les dispositifs de détection des intrus, il en existe deux catégories. Les dispositifs « automatiques » qui se déclenchent quand quelque chose passe devant le capteur (cellule photoélectrique, capteur volumétrique), que ce soit un voleur ou un chat ; et les dispositifs permettant une interprétation, comme les caméras reliées à un poste de surveillance. Et bien, notre perception est ainsi faite. De nombreux capteurs sont inconscients (sauf pour des intensités telles que la douleur est déclenchée) : récepteurs de la pression sanguine, récepteurs du taux de sucre, récepteurs des muscles et tendons. Ces récepteurs « automatiques » ne donnent pas de sensations « conscientes » et sont étudiés en physiologie.

Une erreur fatale !

Les points vitaux sont connus depuis des millénaires dans les arts martiaux asiatiques (karaté, jiu-jitsu). Un point vital important est le sinus carotidien et un coup porté à cet endroit peut souvent provoquer une syncope. L'explication de son importance est qu'à cet endroit, la carotide (vaisseau qui, de chaque côté du cou, apporte le sang au cerveau) est remplie de récepteurs de pression sanguine. Si bien qu'un coup violent est interprété par le cerveau comme un excès de pression sanguine ; la commande en retour d'une chute de la pression provoque alors la syncope par manque d'irrigation du cerveau.

Mais d'autres sens éveillent des sensations conscientes, parfois « descriptibles » et pour cette raison sont étudiés en psychologie. Elles correspondent approximativement aux *cinq sens traditionnels*, toucher, goût, odorat, audition et vision. Mais chaque sens est compliqué (voir les sensations tactiles, p. 31) et il faut en ajouter au minimum un sixième, le sens de l'équilibre. En fait, les « cinq » sens correspondent à une unité anatomique, la peau, la bouche, le nez, l'oreille et l'œil.

Psychophysique : initiée par Gustav Fechner en 1860, la psychophysique est la partie de la psychologie qui étudie les relations entre les stimulations physiques et les sensations qu'elles déclenchent.

- *La psychophysique :* initiée par Gustav Fechner en 1860, la psychophysique est la partie de la psychologie qui étudie les relations entre les stimulations physiques et les sensations qu'elles déclenchent.

I. Les sens tactiles

Les sensibilités tactiles illustrent bien les deux faces des sensations, le côté subjectif et le côté objectif. Le côté subjectif est lié aux descriptions variées mais souvent imprécises dont nous sommes capables : chacun se rappelle la fameuse distinction du docteur Knock de Jules Romains entre « chatouillement » et « gratouillement ».

1. Le toucher, la douleur, le chaud et le froid

?

Qu'est-ce que la perception ?

La découverte des points sensitifs ou sensibles a été faite par Max von Frey (1852-1932) (Boring, 1957). Celui-ci voulait vérifier si, comme on le croyait à l'époque, la douleur naissait d'une stimulation trop intense dans une sensation donnée ; pour le constater, il entreprit d'explorer la peau avec de fines aiguilles et il découvrit l'existence de points sensibles spécifiques, inégalement répartis à la surface de la peau. Certains points stimulés provoquent une sensation de tact (toucher), d'autres de chaud, d'autres de froid et enfin certains points ne donnent naissance qu'à des sensations de douleur mais les stimulations doivent être fortes. Dans les recherches sur le tact et la douleur, les aiguilles sont lestées par un poids calibré de quelques grammes ou dizaines de grammes (10, 20, 30 g) et dans les recherches sur le chaud et le froid, des stimulateurs thermiques renferment un liquide chaud ou froid. Ces recherches mettent en évidence quatre catégories de sensations tactiles, le toucher ou contact, la douleur, le chaud et le froid.

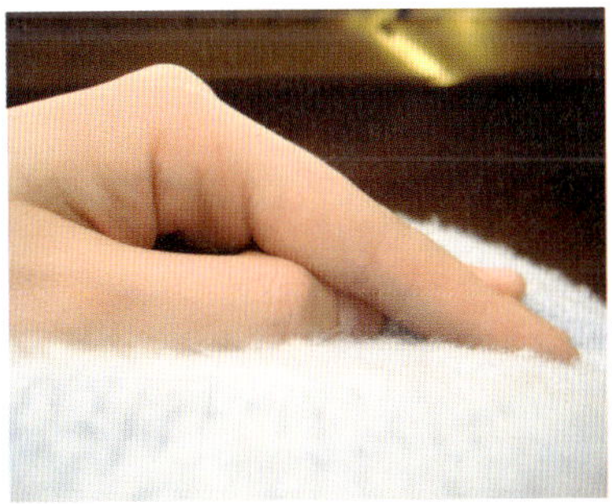

Le toucher est un des sens les plus utiles, alertant sur les parties rugueuses (comme un cordage) ou pointues (comme un cactus) mais nous produisant aussi des sensations de douceur et de chaleur (comme une couverture) ou de froid.

Imaginez que vous vouliez protéger votre maison des voleurs. Vous allez mettre un capteur par fenêtre, par pièce, ce qui va faire une dizaine de capteurs si vous avez un appartement ou quelques centaines si vous habitez un château. Et bien nos 19 000 cm^2 de peau contiennent environ 5 millions de capteurs, mieux qu'un musée ! Mais comme dans un musée, les récepteurs sont très inégalement répartis sur la peau (tabl. 2.1) de sorte que le cerveau est bien informé sur ce qui se passe dans certaines régions et beaucoup moins dans d'autres, un peu comme un centre de surveillance qui placerait plus de caméras ou de capteurs dans des zones à haut risque. En caricaturant, on peut dire que le front informe sur la douleur (protection du cerveau), le nez sur le froid, la main sur le toucher (tabl. 2.1)...

Tableau 2.1
Densité des points sensitifs (par cm² de peau)
en fonction des régions du corps.

	Douleur	Toucher	Froid	Chaud
Front	184	50	8	0,6
Bout du nez	44	100	13	1
Dos de la main	188	14	7	0,5
Bout des doigts	60	180		

(d'après Skramlik, cit. Woodworth, 1949 et diverses sources).

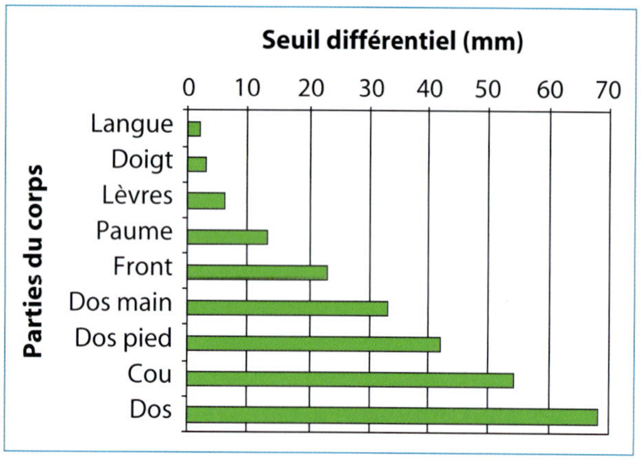

Figure 2.1 – Sensibilité différentielle (distance en mm) en fonction des régions du corps.

Naturellement, la sensibilité dépend de la densité de récepteurs du toucher. Elle varie de façon impressionnante selon les parties du corps. Le record est détenu par le bout de la langue et le bout des doigts qui peuvent détecter un écart de 2 à 3 millimètres entre les deux pointes d'un compas. Tandis que les lanternes rouges sont le cou et le dos qui ne détectent des écarts que de quelques centimètres (Figure 2.1).

L'alphabet braille

DKSTUDIO – Fotolia.com

En 1821, le capitaine Barbier de la Serre invente un système en relief, l'« écriture nocturne », destiné à l'armée afin de lire dans l'obscurité. Ce système est amélioré par Louis Braille qui invente le système alphabétique pour les aveugles. La capacité à lire le Braille n'est possible que par l'extrême finesse de la sensibilité du bout des doigts. La pulpe des doigts contient environ 200 points sensitifs au cm^2 contre 100 pour l'intérieur de la main, 25 pour le poignet et seulement 5 pour la jambe. Cette finesse est telle que le seuil différentiel

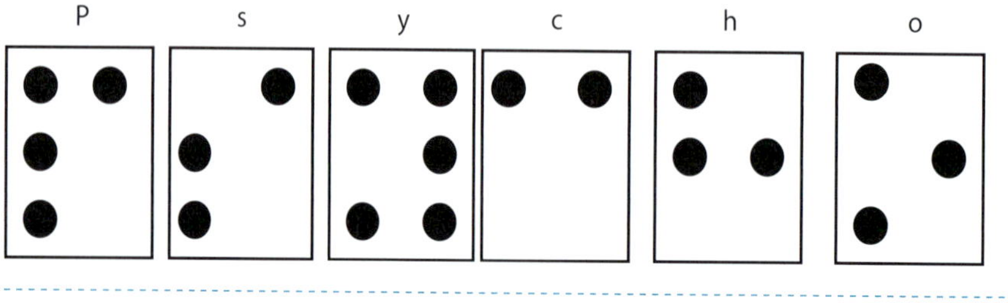

(familièrement « acuité » tactile par analogie avec la vision), c'est-à-dire l'écart le plus fin que l'on puisse détecter est de 3 à 8 millimètres tandis que sur la poitrine, cet écart n'est que de 45 millimètres (Lazorthes, 1986).

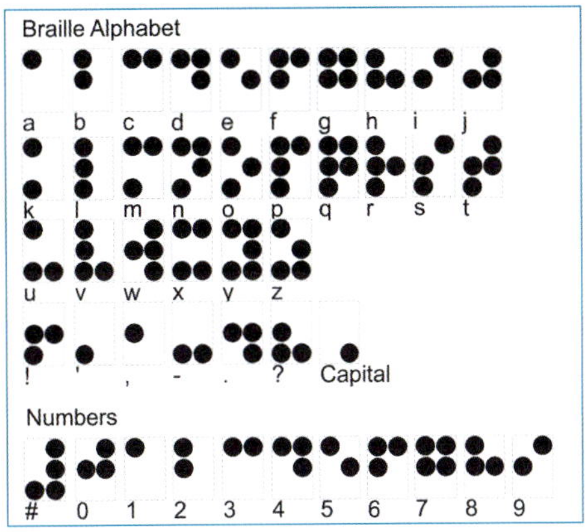

Tootles – Fotolia.com

2. Les récepteurs cutanés

Les anatomistes et physiologistes ont décrit plusieurs récepteurs de la peau correspondant à ces quatre catégories (Figure 2.2). La connaissance de ces récepteurs n'est pas à apprendre avec précision dans un cours de psychologie, mais elle est donnée pour éviter une conception magique de la perception : nous percevons grâce à des capteurs et, sans capteurs, il n'y a pas de sensation. Ainsi la douleur est liée à l'excitation de terminaisons nerveuses libres (au nombre de 1,5 million), mais il y en aurait de trois sortes : des terminaisons sensibles aux piqûres, d'autres sensibles à une température supérieure à 45 degrés, d'autres sensibles à tous les types précédents (y compris chimique).

?

Quels sont les cinq sens traditionnels ?

De même le chaud semble lié également à des terminaisons nerveuses libres. En revanche, le froid et les sensations de toucher sont dus à des petites capsules entourant une terminaison nerveuse et amplifiant le signal (Figure 2.2). Par exemple, le froid semble lié aux bulbes de Krause. Si les quatre sensations sont bien individualisées, c'est qu'elles transitent par quatre voies nerveuses distinctes (Rosenzweig *et al.*, 1998). Mais le toucher (six cent mille récepteurs) possède plusieurs types de récepteurs, d'où la variété des sensations (chatouillement, pression, toucher léger...) : les disques de Merkel, les corpuscules de Meissner et ceux de Golgi-Mazzoni sont responsables de la finesse du toucher et sont très présents au bout des doigts (jusqu'à deux mille terminaisons diverses au bout des doigts), dans les lèvres et les zones érogènes. Les corpuscules de Ruffini nous donneraient les sensations d'étirement tandis que les sensations de vibrations et de pression proviennent des corpuscules de Pacini dont la compression dilate les pores de la membrane axonique, faisant entrer des ions sodium (Na+), démarrant ainsi le signal nerveux (Loewenstein, 1971 ; cit. Rosenzweig *et al.*, 1998).

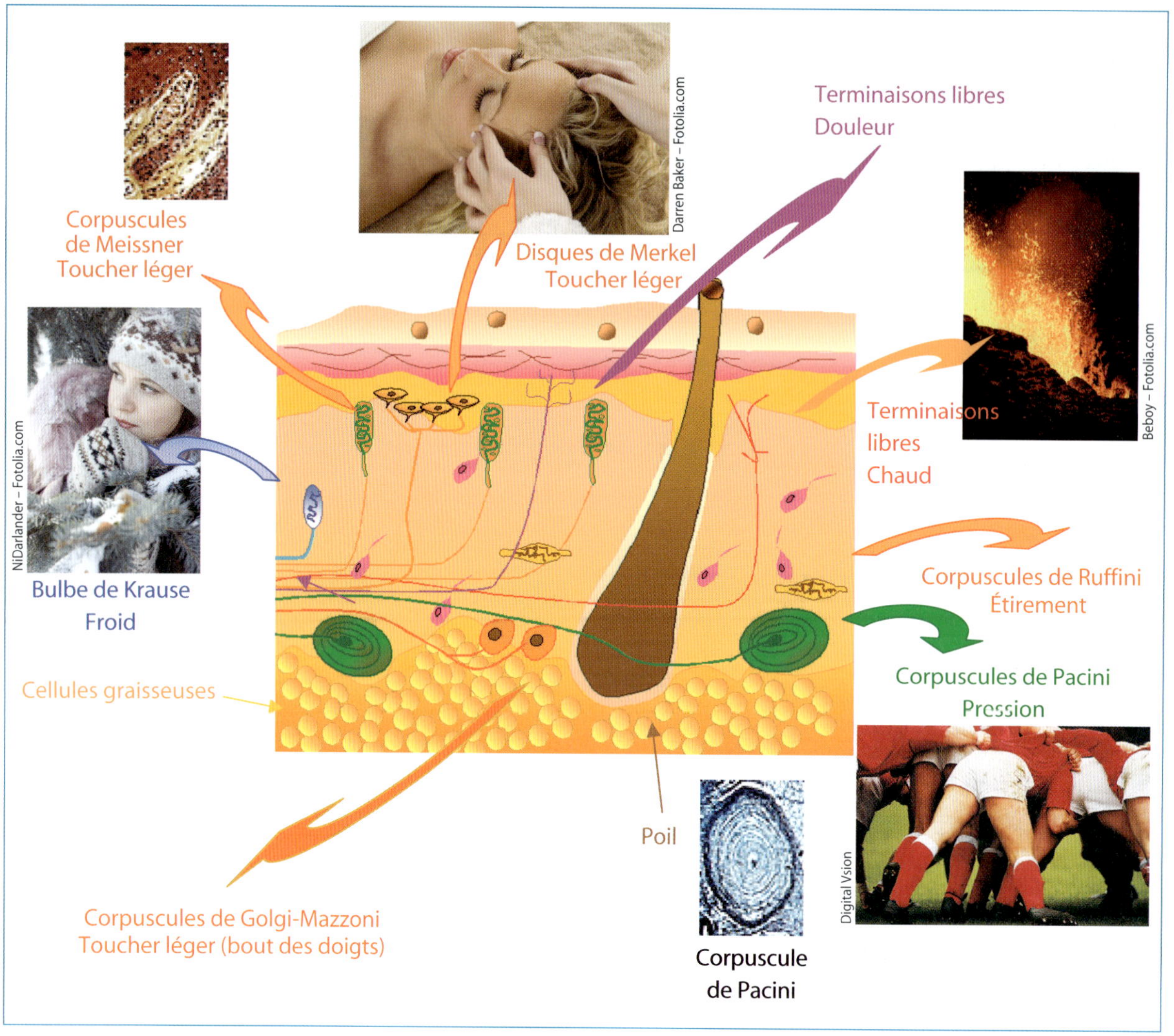

Figure 2.2 – Les récepteurs des sensibilités tactiles.
Grande comme une serviette de plage (2 m^2), la peau contient 5 millions de récepteurs. Certains nous donnent les sensations de toucher léger, d'étirement et de pression, de chaud et de froid et enfin de douleur…

Récepteur cutané : terminaison nerveuse libre ou encapsulée dans les petits organites, qui amplifient le signal. Il en existe une dizaine de types différents.

Pourquoi ne sentons-nous pas nos vêtements en permanence ?

Les récepteurs du toucher sont ultra-spécialisés. Les corpuscules de Meissner qui sont les récepteurs du tact (toucher léger) et sont les plus nombreux dans les régions très sensibles, comme le bout des doigts (cinq fois plus que les autres récepteurs) ont une adaptation rapide ce qui explique que nous ne sentions plus nos vêtements quelques secondes seulement après les avoir mis. À l'inverse, les disques de Merkel et les corpuscules de Ruffini (étirement) sont à adaptation lente ; ils sont actifs dès la stimulation de pression mais cessent dès la fin de celle-ci. Quant aux corpuscules de Pacini, ils ne sont sensibles qu'aux variations rapides d'intensité. Comme ils sont présents dans les tendons, articulations et muscles, ils permettent au cerveau de s'adapter aux forces exercées pour se tenir debout, marcher ou courir. Ce sont eux qui seraient mis en jeu par les basses fréquences des concerts (rock, techno…) qui font vibrer le corps…(d'après le site des neurobranchés : http://neurobranchés-chez-alice.fr et diverses sources.)

?

Qu'est-ce qu'un récepteur cutané ?

3. Notions de psychophysique

Plus les points sensitifs (ou récepteurs) sont nombreux et plus la sensibilité est grande. En psychophysique, depuis Weber et Fechner, on exprime la sensibilité par les seuils ; le seuil absolu et le seuil différentiel :

- le seuil absolu est la grandeur de la stimulation qui est juste perçue ; en pratique, perçue dans 50 % des cas : le seuil de douleur est de 30 grammes par millimètre pour le bout du doigt et il n'est que de 0,2 g sur la cornée de l'œil ;
- le seuil différentiel relatif : le physiologiste Ernst Weber (1795-1878) a établi le fait fondamental en perception, que nous sommes essentiellement sensibles aux différences relatives (Piéron, 1967). Ainsi, dans une expérience typique de sensation de poids, si l'on compare un poids étalon de 100 g, il faudra par exemple un poids de 110 g pour qu'un sujet, ayant les yeux bandés, se rende compte de la différence de poids. On pourrait supposer que pour ce sujet, l'écart sensible est de 10 g mais on s'aperçoit qu'avec un poids étalon de 200 g, il faudra placer cette fois dans l'autre main un poids de 220 g pour que le même sujet sente la différence ; et ainsi de suite, seul un écart de 30 g sera perceptible en référence à un poids étalon de 300 g, 40 g pour un poids de 400 g, etc. Weber montrait ainsi que nous ne sommes pas sensibles à l'écart absolu mais à l'écart différentiel par rapport à une quantité de référence, dans notre exemple, le rapport différentiel, appelé rapport de Weber est de 10 %.

Seuil absolu : plus petite intensité physique déclenchant une sensation.

Seuil différentiel : plus petite différence perçue entre deux stimulations.

Ce rapport, qui est plutôt en réalité de 2,5 % pour les poids, se retrouve dans la plupart des modalités perceptives, très diverses, allant de la vision à l'audition. Par exemple, il est de 5 % pour la sensibilité à la pression alors qu'il est aux alentours de 20 % dans les modalités gustatives. Si cette loi psychophysique est si générale c'est qu'elle correspond à un fonctionnement du cerveau. Les neurones sont souvent organisés de façon verticale et certains neurones d'association ne s'activent que si un neurone cible a une activité supérieure aux neurones de contexte. En somme, nous ne percevons pas dans l'absolu mais seulement les contrastes.

Rapport de Weber

$$\frac{110-100}{100} = 10\ \%$$

$$\frac{220-200}{200} = 10\ \%$$

$$\frac{330-300}{300} = 10\ \%$$

Figure 2.3 – Rapport de Weber.

L'équation du bonheur

Bien avant Weber et Fechner, le mathématicien Daniel Bernouilli, au XVIIIe siècle, avait déjà remarqué que l'avantage moral ne croît qu'avec l'accroissement relatif de la fortune physique ce qui dans le langage moderne représente le rapport de Weber : l'avantage subjectif que procure l'argent est relatif à la richesse de l'individu. Cette observation rend compte des sommes impressionnantes que des milliardaires peuvent perdre au jeu.

En effet, supposons que le rapport de Weber soit de 10 % pour l'argent. Un étudiant ayant un budget mensuel de 300 euros ne considérera pas comme catastrophique toute perte inférieure à 30 euros ; mais pour qu'un milliardaire éprouve des sensations fortes, il lui faudra jouer des sommes de l'ordre du million. À l'inverse (rappelez-vous qu'une division par zéro donne l'infini), un grand plaisir devrait être atteint par une augmentation légère si la référence est très faible. Par exemple, pour les générations d'après-guerre, une simple orange, ou un ours en peluche fabriqué avec du crin de cheval, était un merveilleux cadeau, de même comprend-on mieux le sourire de l'enfant des contrées déshéritées qui se fait un instrument de musique avec une boîte en fer trouvée dans une décharge alors que dans un pays riche, le besoin de consommation est toujours croissant. Le rapport de Weber nous fournit l'équation du bonheur, de l'explication de l'ascétisme à celle de la surconsommation…

Ce phénomène avait déjà été remarqué par les Grecs pour qui le rire se déclenchait d'autant plus qu'il apparaissait après un événement dramatique, c'est la tragi-comédie. C'est un procédé littéraire courant que de valoriser le héros en l'affublant d'un compère distrait ou stupide, comme les valets des *Trois Mousquetaires* ; la brusquerie du coup de théâtre relève encore l'effet de contraste. De même dans la perception de l'humeur : les lendemains de fête sont souvent déprimants.

II. Le goût

1. Le système gustatif

Le goût, tel qu'on l'entend dans la vie quotidienne et chez les gastronomes, est en réalité un complexe de plusieurs modalités sensorielles :

Andrejs Pidjass – Fotolia.com

Benoit photo – Fotolia.com

Le goût de la vie quotidienne est un complexe de sens : le « vrai » goût mais aussi le sens du toucher de la langue et de la bouche, l'odorat de l'œnologue, le chaud et le froid des récepteurs thermiques de la langue.

- *odorantes* : l'odeur des aliments et des liquides enrichissent considérablement le goût et font la saveur des fruits ou le bouquet d'un vin ; en particulier par le passage des molécules odorantes en arrière du pharynx, c'est la rétro-olfaction. À l'inverse lorsqu'on est enrhumé, il ne reste plus grand-chose du « goût » ;
- *tactiles* : les récepteurs tactiles de la langue et de la paroi de la bouche déterminent des sensations de chaud, de froid, de toucher, que l'on retrouve dans le vocabulaire des gastronomes en particulier des goûteurs de vin : chambré (chaleur), râpeux (astringent pour les œnologues), soyeux, velouté (tactile). La langue et les muqueuses de la bouche contiennent même plus de récepteurs tactiles au centimètre carré que le bout des doigts. Par exemple, on ne sent pas l'électricité de la pile d'une lampe de poche (4,5 volts) alors qu'on la sent du bout de la langue d'où les baisers passionnés.

Bourgeon gustatif : groupe de cellules ciliées sensibles à des molécules (par exemple Na, « sodium » contenu dans le sel) contenues dans des liquides.

Le goût, au sens strict, est capté par des bourgeons gustatifs répartis principalement sur la langue (mais aussi dans la bouche, pharynx, œsophage…). Quand on tire la langue, on voit des sortes de boutons, ce sont les papilles qui renferment les organes du goût, les bourgeons gustatifs. Les papilles ont différentes formes et grosseurs (Fitzpatrick, in Purves *et al.*,

2005 et diverses sources). Les papilles fongiformes (en forme de champignon) sont disposées, sur les deux tiers antérieurs de la langue (**Figure 2.4**) ; ce sont les plus nombreuses (30 par cm²) mais elles ne possèdent que trois bourgeons gustatifs à leur sommet. Sur les côtés en arrière, il n'existe que deux papilles foliées sur chaque flanc mais la vingtaine de feuilles superposées contient six cents bourgeons. Enfin, neuf grosses papilles caliciformes (en forme de calice) sont rangées en forme de V à l'envers, comme pour faire une barrière aux aliments dangereux, à l'entrée de l'œsophage ; les caliciformes ont un peu la forme de mûres, dont les parois renferment deux cent cinquante bourgeons, soit plus de deux mille. Il existe enfin au bout de la langue, des papilles filiformes qui sont uniquement tactiles.

Au total, la langue dispose de quatre mille bourgeons gustatifs, 25 % dans les papilles fongiformes et dans les foliées et 50 % dans les grosses caliciformes.

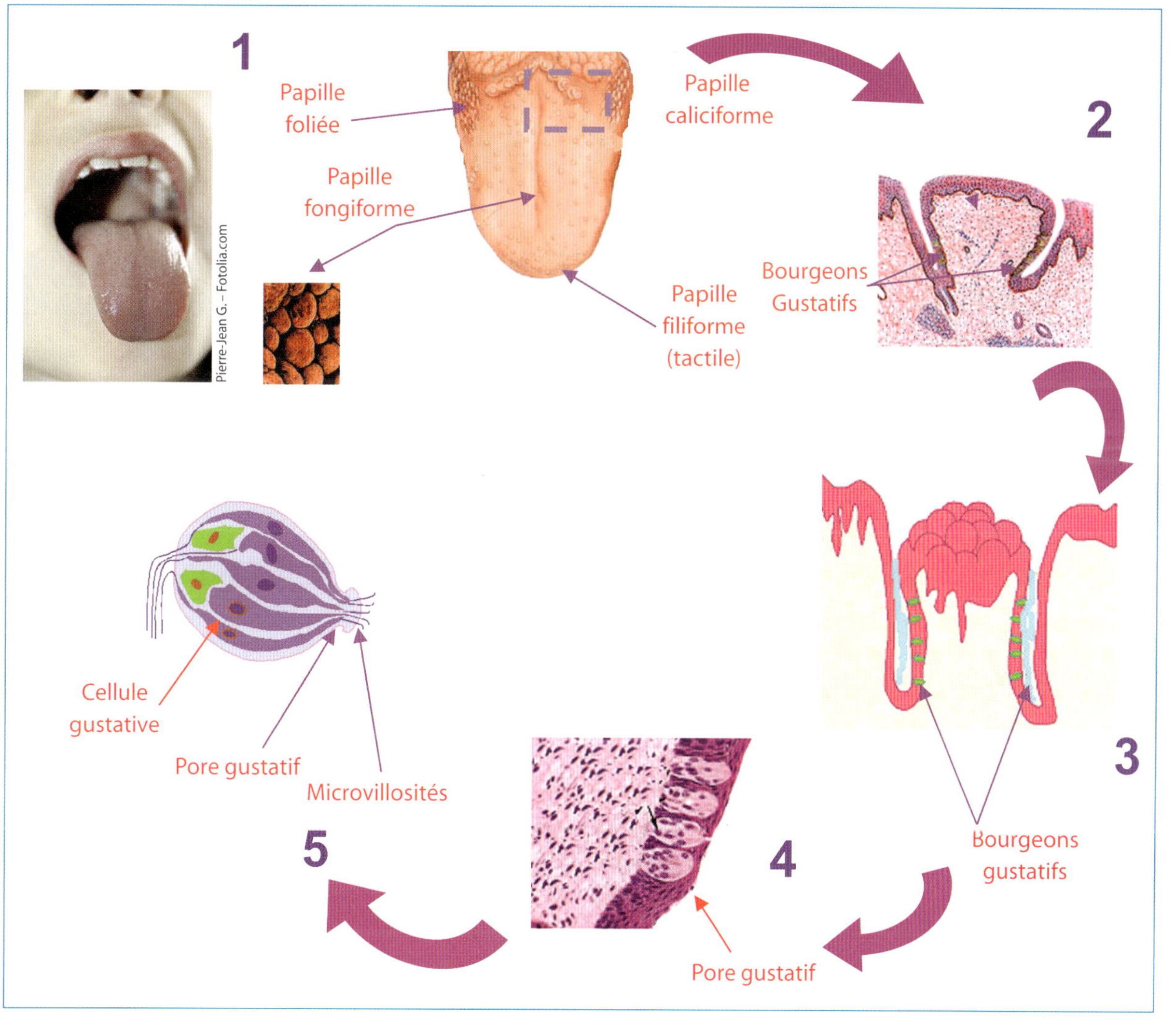

Figure 2.4 – Le fonctionnement du goût.
La langue contient des centaines de papilles (1), sorte de boutons ayant différentes formes et contenant des bourgeons gustatifs. Par exemple, la papille caliciforme contient 250 bourgeons gustatifs (3) sur ses flancs (3 et 4). Chaque bourgeon (4 000 au total dans la langue) contient des cellules gustatives (5) dont les poils (microvillosités) captent les molécules piégées dans la salive (*cf.* **Figure. 2.5** ci-après).

2. Les cinq goûts : carte de la langue ou « ligne directe » ?

Un consensus international existe pour cinq catégories de goût :

- *le salé* dont le prototype est le sel de cuisine (NaCl), correspond à l'élément vital dès l'origine de la vie, l'eau salée de l'eau de mer ; même chez les animaux terrestres, les cellules et organes baignent dans une « mer » interne, le sang, la lymphe. Par exemple, l'influx nerveux fonctionne principalement comme une « pompe » à sodium (Na). Le besoin de sel est tellement vital qu'il était considéré dans les pays chauds comme un élément précieux (par exemple caravanes de sel) ;
- *le sucré :* le glucose est l'aliment apportant l'énergie aux muscles et au cerveau ; pour le goût, le prototype du sucré est le saccharose (sucre ordinaire) qui est composé de deux molécules de glucose ; l'amidon (farine, pomme de terre) est une chaîne de molécules de glucose ;
- *l'acide* dont le prototype est l'acide chlorhydrique, HCl. Les acides détruisent les tissus de sorte qu'il y a nécessité d'une grande sensibilité à la teneur en acide, afin de préserver les tissus ;

Un apéro plutôt « acide » !

Certains connaissent peut-être le cérémonial de la tequila ; il faut lécher du sel placé dans le creux entre l'index et le pouce, mordre dans du citron, et avaler le « petit » verre de tequila… Plutôt risqué comme pratique, car, pour ceux qui ont des souvenirs de chimie du lycée, l'acide « léger » du citron déloge les ions chlore (Cl^-) du sel (Na^+Cl^-), donnant ainsi de… l'acide chlorhydrique, un des acides les plus puissants et qui ronge le fer. L'estomac, lui aussi, doit faire la grimace !

- *l'amer* dont le prototype est la quinine : il semble que l'amer soit une sensation gustative produite par les alcaloïdes ; sachant que beaucoup de poisons, par exemple dans les champignons, sont des alcaloïdes, c'est probablement là que réside l'utilité adaptative d'une telle sensibilité ;
- *l'umami* (prononcer « ouh mamy ») : en 1908, le japonais Kiunae Ikeda avait détecté un goût non réductible aux quatre goûts classiques, il l'a baptisé « umami » de « umaï » et « mi », « délicieux » et « essence » en japonais. Il correspond à la perception des acides aminés (constituant des protéines végétales et animales) dont le glutamate en est la saveur prototype. En découvrant en 2000 un récepteur gustatif spécifique du glutamate (et autres acides aminés), des chercheurs de l'université de Miami ont ainsi confirmé l'existence de ce cinquième goût.

Www.
http://fr.wikipedia.org/wiki/Umami.

Figure 2.5 – Une « ligne directe » pour les cinq goûts.
Des découvertes récentes, alliant des techniques comportementales, génétiques, micro-électrophysiologiques, resolvent le mystère du codage des cinq goûts. En fait, les cellules gustatives de chaque bourgeon ne sont pas quelconques mais spécialisées pour chacun des cinq goûts. Ainsi chaque bourgeon gustatif contient cinq types de cellules gustatives spécifiques (symbolisées par des couleurs spécifiques sur la figure) dont les microvillosités captent les molécules d'un seul goût. Chaque cellule gustative est relayée par un neurone spécialisé qui envoie par « ligne directe » le message au cerveau, permettant ainsi de sentir cinq saveurs uniques.

Mais comment le cerveau distingue-t-il les cinq saveurs gustatives ? On a longtemps pensé que les bourgeons étaient spécialisés selon les papilles sur la base de seuils gustatifs différents découverts par Deiter Hanig en 1901 (cit. Fitzpatrick, in Purves *et al.*, 2005). L'avant de la langue est plus sensible au sucré, les bords à l'acide et l'arrière (les « soldats » caliciformes) à l'amer. C'est ainsi, que l'on trouve dans beaucoup de livres, une carte de la langue mais il ne s'agit que de différences de seuils gustatifs car il est bien établi maintenant que tous les bourgeons « sentent » les cinq saveurs.

Comment font donc ces petits bourgeons ? Ils sont certes petits (50 µ de diamètre) mais contiennent 50 à 150 cellules olfactives. Des découvertes très récentes, alliant des techniques comportementales, génétiques, micro-électrophysiologiques, résolvent le mystère du codage des cinq sens. En simplifiant, le principe est d'utiliser le conditionnement opérant (mesure du nombre de réponses pour des liquides différents) sur des souris génétiquement sélectionnées, qui ont des récepteurs gustatifs absents (les chercheurs disent « KO » ; Huang, Shanker *et al.*, 1999). L'enregistrement micro-électrophysiologique montre les cellules du bourgeon qui réagissent ou non. Avec ce genre de technique sophistiquée, Jayaram Chandrashekar et ses collègues (2006) semblent avoir résolu le mystère. En fait, les cellules gustatives de chaque bourgeon ne sont pas quelconques mais spécialisées pour chacun des cinq goûts. Ainsi chaque bourgeon gustatif contient cinq types de cellules gustatives spécifiques (symbolisées par des couleurs spécifiques sur la **Figure 2.5**) dont les microvillosités captent les molécules d'un seul goût. Chaque cellule gustative est relayée par un neurone spécialisé qui envoie par « ligne directe » le message au cerveau, permettant ainsi de sentir cinq saveurs uniques.

3. Les différences de sensibilités

Luc Viatour

Les papillons ont une grande sensibilité au sucré qui est leur aliment de base.

La sensibilité apparaît différentielle dans les goûts comme pour les autres perceptions et l'on trouve un rapport de Weber (*cf.* supra : sensations tactiles) de 20 % pour le sucre, de 25 % pour l'amer, de 15 % pour le salé et de 21 % pour l'acide. De telles études confirment que les enfants (11-15 ans) préfèrent des concentrations plus fortes (huit fois) en sucre que les adultes (Desor et Beauchamp, 1987).

Il existe d'énormes différences de sensibilités à la fois dans le règne animal et chez l'homme.

Ainsi le papillon Monarque a une sensibilité au sucré estimée comme étant mille fois supérieure à celle de l'homme. Et chez l'homme, certains sels paraissent plus salés que d'autres dans des proportions parfois énormes (jusqu'à quatre cent mille fois). Un tiers des gens ne sentent même pas certaines substances dans une catégorie, par exemple détecte l'amer du café et de la quinine mais pas d'une autre substance (phénylthiocarbamide). Ces différences ont sans doute une origine génétique car les recherches récentes montrent par exemple que l'amer dépend de trente gènes différents, d'où les goûts et les dégoûts.

III. L'ODORAT

1. La diversité des odeurs

À l'inverse du goût qui se réduit à cinq catégories sensitives, l'odorat produit des sensations spécifiques, individualisées pour des milliers de substances chimiques en suspension dans l'air (homme et animaux terrestres) ou dans l'eau (animaux aquatiques).

Mark Sweep

Jaimie Duplass – Fotolia.com

Uwe H. Friese, Bremerhaven

party – Fotolia.com

Nous sommes capables de discriminer quelques dix mille odeurs d'une très grande variété, des odeurs fruitées, florales, balsamiques jusqu'aux odeurs épicées ou de brûlé.

Chez l'homme, quelque dix mille odeurs sont discriminables de sorte que, pour certains, l'habileté du parfumeur à distinguer et à combiner différentes odeurs relève plus de l'art que de la science (Labows et Wysocki, 1984). Plusieurs ont essayé de les classer, en vue d'applications industrielles (industries alimentaires, cosmétiques) mais aucune classification n'apparaît satisfaisante tant les odeurs sont variées. Voici une classification assez complète en dix types d'arômes proposée dans un guide des vins (tabl. 2.2).

Tableau 2.2
Exemples d'odeurs (d'après *L'Art du vin*, Gilbert et Gaillard, 1999).

Type d'arôme	Exemples
Odeurs fruitées	Pomme, poire, raisin, framboise, citron, pamplemousse...
Odeurs florales	Violette, œillet, rose, tilleul, verveine, aubépine, jasmin...
Odeurs balsamiques	Balsamier (arbre à la résine très parfumée), pin, cire, encens...
Odeurs brûlées	Pain grillé, tabac, café, cacao...
Odeurs épicées	Poivre, cannelle, girofle, vanille, laurier, muscade...
Odeurs animales	Cuir, venaison, fourrure, musc...
Odeurs végétales	Herbe, foin coupé, chicorée, artichaut, mousse, feuille morte...
Odeurs boisées	Bois, vieux bois, cèdre, santal...
Odeurs minérales	Argile, schiste, silex, craie...
Odeurs éthérées et chimiques	Acétone, savon, levure, alcool, pétrole, métal, soufre, œuf pourri

Une catégorie est faite par exemple pour les odeurs fruitées et pourtant nous distinguons aisément la framboise de la pomme et du pamplemousse ; donc ces odeurs font-elles partie de la même catégorie ? Et ainsi de suite pour les autres catégories qui apparaissent plus pratiques que scientifiques. Pour mieux rendre compte de cette diversité, un ouvrage de référence sur les parfums et odeurs chimiques (Arctander) présente près de deux mille cinq cents substances pures décrites à l'aide de deux cent cinquante mots (Chastrette, Elmouaffek, Zakarya, 1986).

2. La neuroréception des odeurs

L'odorat commence lorsque les molécules odorantes, inhalées par l'air de la respiration, se fixent sur l'épithélium (= peau) olfactif situé sur le plafond des fosses nasales et séparé du cerveau par une simple couche osseuse percée par des petits canaux (Figure 2.6).

Épithélium : peau (en biologie) : paroi, par exemple de l'intérieur de la bouche ou du nez.

L'épithélium olfactif contient des neurorécepteurs ; les neurorécepteurs contiennent des cils qui retiennent les molécules odorantes par des capteurs. Ces capteurs (sortes de serrures) retiennent seulement leurs molécules odorantes spécifiques, de même que des serrures ne fonctionnent que pour certaines clés (comme les neurotransmetteurs pour certains sites sur les neurones). La liaison d'une molécule odorante sur un capteur déclenche alors un signal bioélectrique qui est communiqué par l'axone du neurone vers le bulbe olfactif puis le cortex olfactif pour la reconnaissance des odeurs comme des « formes » d'objets.

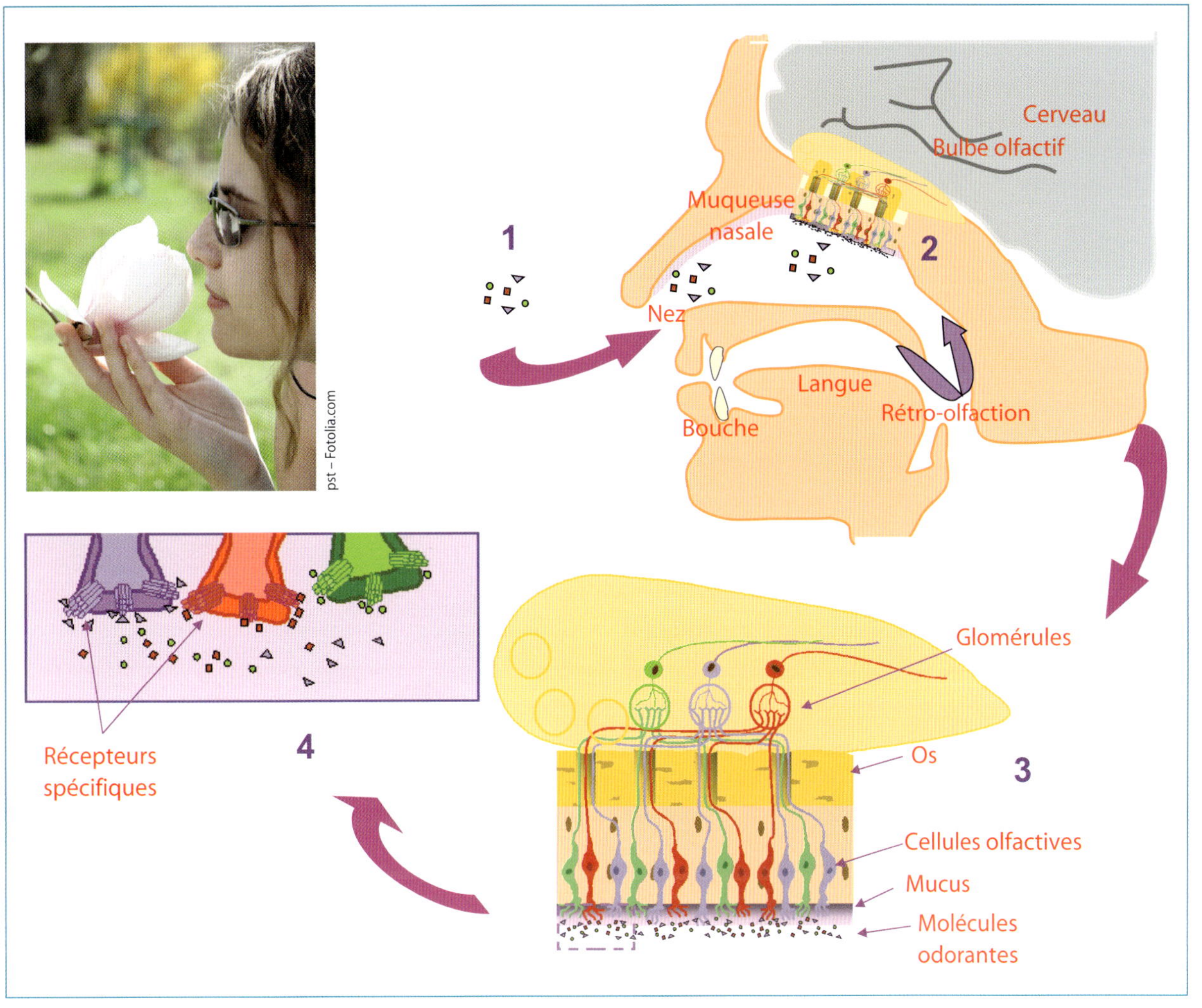

Figure 2.6 – Le fonctionnement de l'odorat.
Les molécules odorantes entrent dans le nez (1). Chimiquement différentes (symbolisées par des formes et couleurs différentes), les molécules odorantes sont captées par des récepteurs spécifiques (4) placés sur les cils des cellules olfactives (2 et 3). Celles-ci envoient leur axone par des petits tunnels qui traversent l'os (3) ; les axones convergent par paquets dans les glomérules du bulbe olfactif (3). Chaque cellule olfactive et chaque glomérule est spécialisée (symbolisé par une couleur) pour une des mille odeurs programmées génétiquement. Le cerveau en faisant la carte des glomérules activés dans le bulbe, reconnaît le profil des odeurs.

Richard Axel et Linda Buck (Axel, 1995) ont fait des découvertes importantes en identifiant les gènes des chimiorécepteurs (les protéines « serrures » des odeurs) ce qui leur valut un prix Nobel. Ils ont découvert que sur les 30 000 gènes humains, il y en avait 1 000 qui codaient les chimiorécepteurs ; c'est énorme mais cela se comprend si l'on se rappelle que chez les animaux (des insectes aux mammifères), les odeurs servent aux fonctions vitales, de la nourriture à la reproduction. Par comparaison, nous verrons que toutes les couleurs sont décryptées à partir de seulement trois récepteurs. Les dix millions de neurorécepteurs envoient leur axone simple par les petits tunnels qui traversent l'os et convergent par paquets de 10 000 dans des petits centres du bulbe olfactif, appelés glomérules. Les travaux de Richard Axel et ses collègues ont montré que tous les neurorécepteurs (2 000 glomérules) détectent la même odeur. Le cerveau, en faisant la carte des glomérules activées dans le bulbe, dessinerait en quelque sorte le profil d'une odeur.

3. Les différences de sensibilités

De même que pour le goût, les sensibilités varient énormément entre les individus et surtout entre certaines espèces. Les systèmes récepteurs de la muqueuse olfactive disposent déjà d'un nombre très variable de cellules réceptrices (Le Magnen, 1969), dix millions pour l'homme et deux cents millions chez le chien berger allemand. Ces différences, peut-être même démultipliées au niveau du cerveau (bulbe olfactif), expliquent les extraordinaires performances de certaines espèces. Le chien berger a une sensibilité un million de fois supérieure à l'homme. Le record cependant est détenu par certains poissons : les anguilles et les saumons dont l'odorat extraordinaire permet aux rescapés des longues migrations de reconnaître « chimiquement » la rivière de leur enfance.

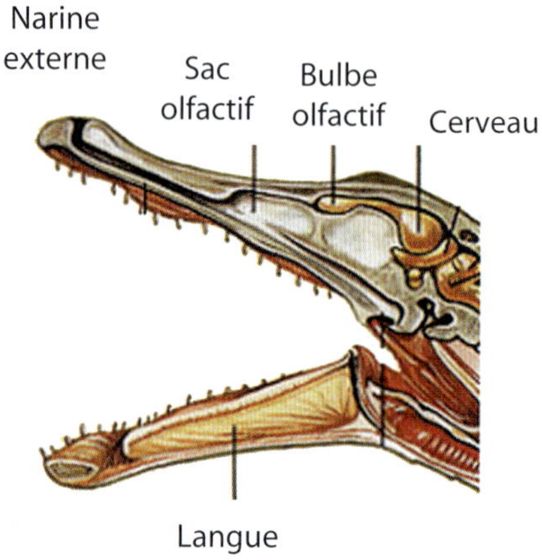

Certains animaux ont un odorat extraordinaire, le chien berger, les poissons migrateurs (saumons et anguilles) mais aussi les prédateurs, comme les fauves et le crocodile dont le cerveau est tout petit à côté de son bulbe olfactif.

Phéromones : odeurs qui déclenchent chez les animaux (et nous-mêmes) des réactions particulières, par exemple les phéromones de peur ou sexuelles.

Sur un plan adaptatif, le rôle biologique de l'odorat s'explique par son importance dans de nombreux comportements : recherche de la nourriture, comportement sexuel, etc. Ainsi, le bombyx, dans la célèbre étude de Fabre (*Souvenirs entomologistes*), repère une femelle à plusieurs kilomètres.

Le parfum qui rend amoureux !

Chez les animaux, certaines odeurs ont un pouvoir d'attraction ou de répulsion (peur) ; elles sont appelées « phéromones » et naturellement, les phéromones sexuelles jouent un rôle primordial dans la parade et l'accouplement. Chez les mammifères, les phéromones sont détectées par un système spécial, l'organe voméronasal, sur le plancher des fosses nasales ; lorsque cet organe est détruit chez les souris, elles ne s'accouplent plus. Chez les vertébrés, cette phéromone correspondrait à une famille de composés chimiques (Amoore et coll., 1977), principalement le musc (chez l'animal) et chez l'homme, l'androsténol et androsténone (de *andros* qui signifie « homme » en grec) ; ainsi, la truie refuse de s'accoupler si cette odeur n'est pas présente. Certains animaux (rat musqué, baleine) fabriquent, grâce à une glande spéciale, une grande quantité d'une substance réputée aphrodisiaque, le musc ou ambre gris, utilisée pour cette raison dans les parfums ; le musc n'existe pas chez l'homme mais des odeurs apparentées existent peut-être dans le sébum. Les odeurs « sexuelles » sont secrétées par une glande liée aux poils de la peau, les glandes apocrines, plus volumineuses chez l'homme, notamment sous les aisselles, raison pour laquelle les femmes de nos cultures se rasent (Doty, 1981). L'effet sexuel de cette odeur est controversé, certains pensant qu'elle est active en montrant que cette odeur stimule des fantasmes sexuels ; d'autres auteurs ne retrouvent pas ces résultats. Les différences de sensibilités pourraient en être la cause ; ainsi certains individus ont une sensibilité telle qu'ils détectent des concentrations de l'ordre de dix parts pour un trillion de volume d'air (10^{-18} un millionième de millionième de millionième) de sorte qu'une concentration supérieure leur apparaît comme une odeur repoussante d'urine ; les femmes ont des seuils trois fois plus bas que les hommes. Pour ceux qui sont sensibles à cette odeur, ce ne serait donc chez l'homme que des doses infinitésimales qui seraient excitantes : pour plaire donc, nul besoin de forcer sur le parfum mais évitez le souper aux chandelles juste après le jogging…

?

Qu'est-ce que les phénomones ?

IV. L'audition

L'audition est le sens qui permet d'analyser les ondes sonores. Celles-ci sont des vibrations dans l'air (ou dans l'eau, etc.), comme des vagues, produites par des chocs (tambour), frottements (violon), ou poussée de l'air, comme dans les instruments à vent (trompette) et la voix humaine.

Djibi – Fotolia.com

Creative Commons

MAXFX – Fotolia.com

Le son est composé d'ondes qui sont des vibrations des molécules de l'air tout comme les vaguelettes dans l'eau. Les ondes sonores sont produites par des chocs (tambour), frottements (violon, train), ou poussée de l'air, comme les avions à réaction, les instruments à vent (trompette) mais aussi la voix humaine.

1. Les mécanismes récepteurs

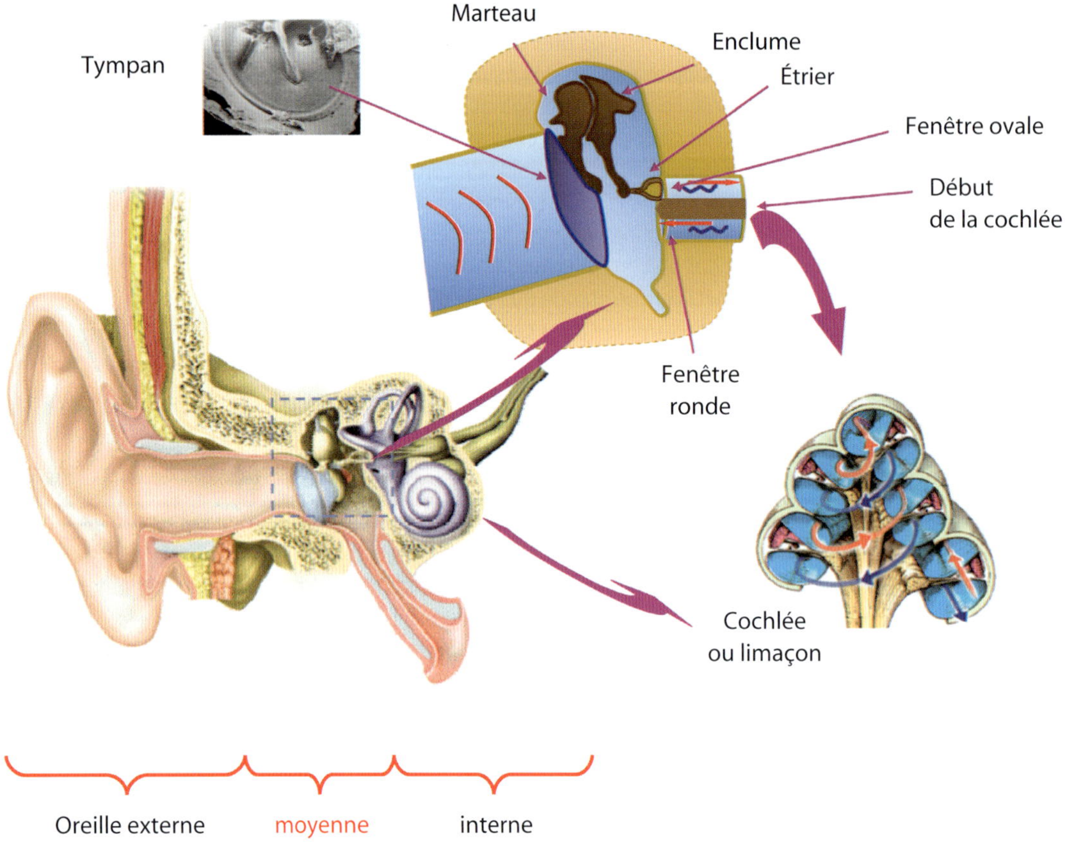

Figure 2.7 – Les trois parties de l'oreille.
L'oreille est composée de trois parties, l'oreille externe (pavillon) canalise les ondes sonores qui font vibrer le tympan ; l'oreille moyenne est composée de trois petits osselets, qui amplifient les vibrations et les communiquent à une membrane (fenêtre ovale) au départ de la cochlée (ou limaçon). C'est dans la cochlée que les vibrations sont analysées (fig. 2.8).

L'organe de l'audition est connu de tous : c'est l'oreille. Mais celle-ci est composée de trois parties et la partie la plus visible n'est pas la plus utile :

- *L'oreille externe* (le pavillon, Figure 2.7) qui fait converger les ondes sonores au niveau du tympan, membrane qui vibre en fonction de la pression des molécules de l'air (= son).
- *L'oreille moyenne* est formée de trois petits os, marteau, enclume et étrier, qui s'emboîtent de manière à amplifier les résonances du tympan.
- *L'oreille interne* est composée d'un os creux appelé « limaçon » ou « cochlée » (prononcer « coclé » ; de *cochléa* = « limaçon, escargot » en latin ; Figure 2.8) en raison de sa forme de coquille d'escargot et qui renferme l'organe nerveux responsable des sensations auditives.

Pavillon : c'est l'oreille au sens commun du terme.

Limaçon ou cochlée (de *cochléa* : « escargot » en latin) : petite coquille en forme d'escargot (de mer) qui constitue l'oreille interne et renferme l'organe nerveux de l'audition.

2. À l'intérieur de la cochlée : l'organe de Corti

L'intérieur de la cochlée (Gribenski, 1964), ou limaçon, est constitué d'une paroi membraneuse tapissant l'intérieur et d'une membrane qui flotte dans le liquide interstitiel comme une algue au gré des vagues. En ondulant, la membrane (dite « tectoriale ») stimule les cils de cellules ciliées de la base de la paroi (**Figure 2.8**). Tout au long des 3,5 centimètres de la cochlée qui fait deux spires et demi, sont placées 3 500 rangées de quatre cellules ciliées (soit 14 000). Ces cellules ciliées sont les neurones récepteurs dont les potentiels bio-électriques représentent le début du signal auditif ; elles sont entourées de cellules bipolaires dont les axones forment le nerf auditif. On estime à 35 000 le nombre d'axones qui se rassemblent pour former le nerf auditif (Bonnet, 1969 ; Futura-Sciences.com).

Organe de Corti :
à l'intérieur de la cochlée ; rampe spiralée de cellules ciliées qui vibrent lorsque le liquide bouge. Les signaux nerveux déclenchés par ces vibrations sont interprétés comme des sons par le cerveau.

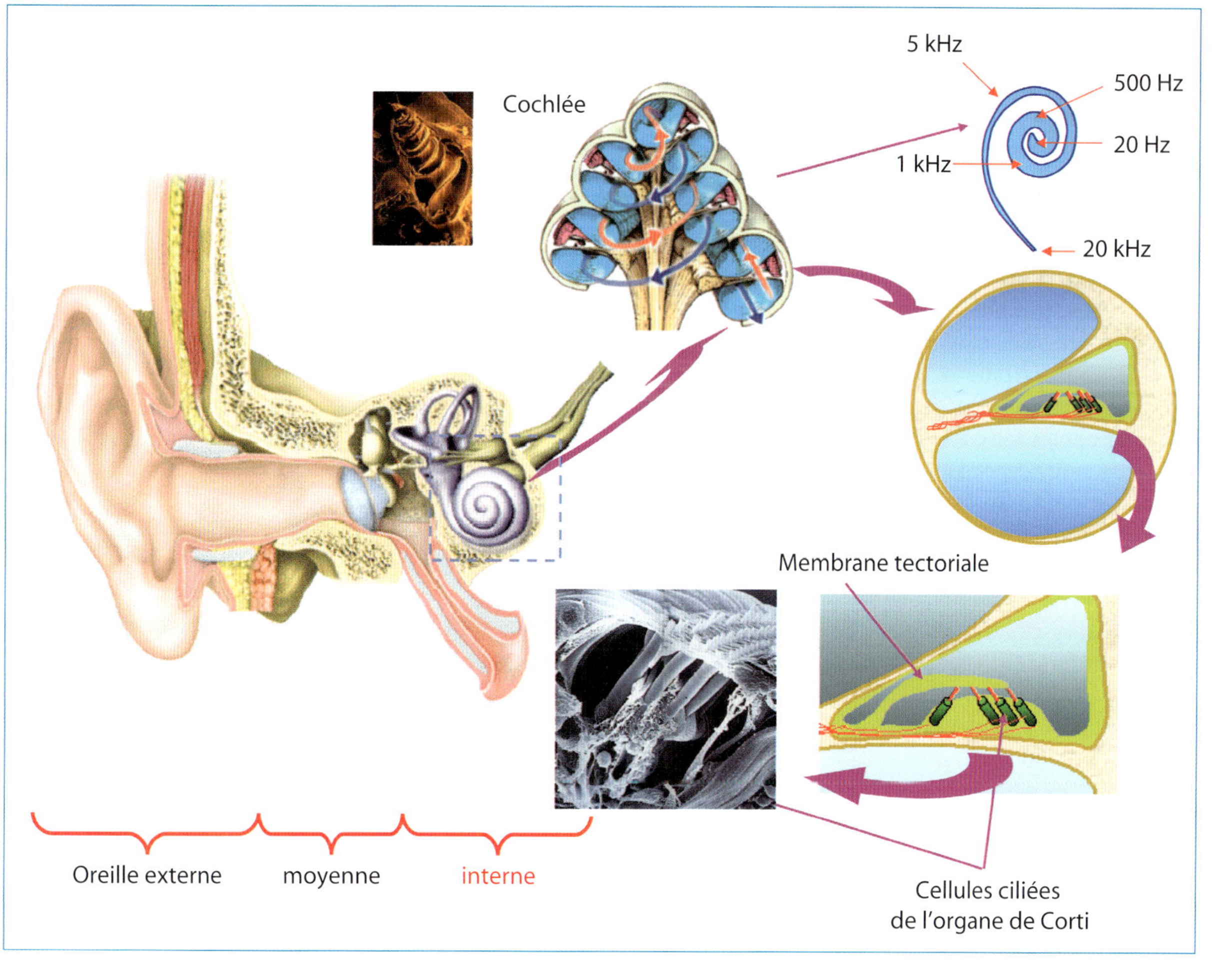

Figure 2.8 – La cochlée et l'organe de Corti.
Les vibrations communiquées (fenêtre ovale) au départ de la cochlée font bouger le liquide contenu dans le tube de la cochlée par deux « aqueducs » ; au milieu, l'organe de corti contient des cellules ciliées (ou stéréocils) qui frottent la membrane tectoriale au gré des vagues du liquide ; l'excitation des cellules ciliées en fonction de leur position dans le limaçon, produit les sensations auditives, aiguës au départ de la cochlée, graves au plus haut (apex) (photo Inserm, Futura-Sciences.com)

Www.
Wikipedia : implants cochléaires

Le physiologiste hongrois Georg von Bekesy (prix Nobel de médecine en 1961) observa les ondulations de la membrane sur de véritables limaçons percés de petites fenêtres. Il montra que le sommet des ondulations est près de l'étrier pour les fréquences hautes (sons aigus) et de plus en plus loin vers le sommet du limaçon pour les sons de basse fréquence (sons graves) (von Bekesy, 1957).

De *L'Homme qui valait 3 milliards* à l'implant cochléaire

À la suite de la vogue de la cybernétique (chap. 1), des séries télévisées mettaient en scène des héros dont les organes étaient remplacés par des prothèses électroniques les rendant surpuissants, c'était *L'Homme qui valait 3 milliards* ou *Super Jaimie*.

Certains pensent que prendre l'informatique ou l'électronique pour expliquer les mécanismes humains, n'est qu'une métaphore, une analogie. D'autres chercheurs et ingénieurs pensent qu'il y a de grandes similitudes de fonctionnement qui permettent de réelles interactions hommes-machines. Cette idée fondatrice de la cybernétique a fait ses preuves en de multiples occasions, l'implant cochléaire en est un exemple spectaculaire.

Dans certaines surdités totales, liées par exemple à l'absence de terminaisons nerveuses, on peut implanter une « guirlande » d'électrodes miniatures à l'intérieur du limaçon, stimulées par une antenne placée sous la peau et en liaison avec un microphone placé derrière l'oreille. « Théoriquement, si le nerf n'était pas endommagé, il suffirait, pour obtenir une audition normale, de découper l'information sonore préalablement transformée en signaux électriques en autant de bandes de fréquences qu'il y a de fibres nerveuses, qu'on injecterait ensuite sur chacune des zones du clavier cochléaire. Mais ceci est impossible, ne serait-ce que parce que le nerf normal contient plus de quarante mille fibres. L'expérience acquise par les télécommunications montre cependant que la parole peut être correctement transmise en découpant l'information en seulement douze bandes de fréquences, pourvu que celles-ci soient bien individualisées. Le nombre d'électrodes mis en place est donc important, mais il est aussi important que chacune d'entre elles donne au patient une sensation fréquentielle différente. »

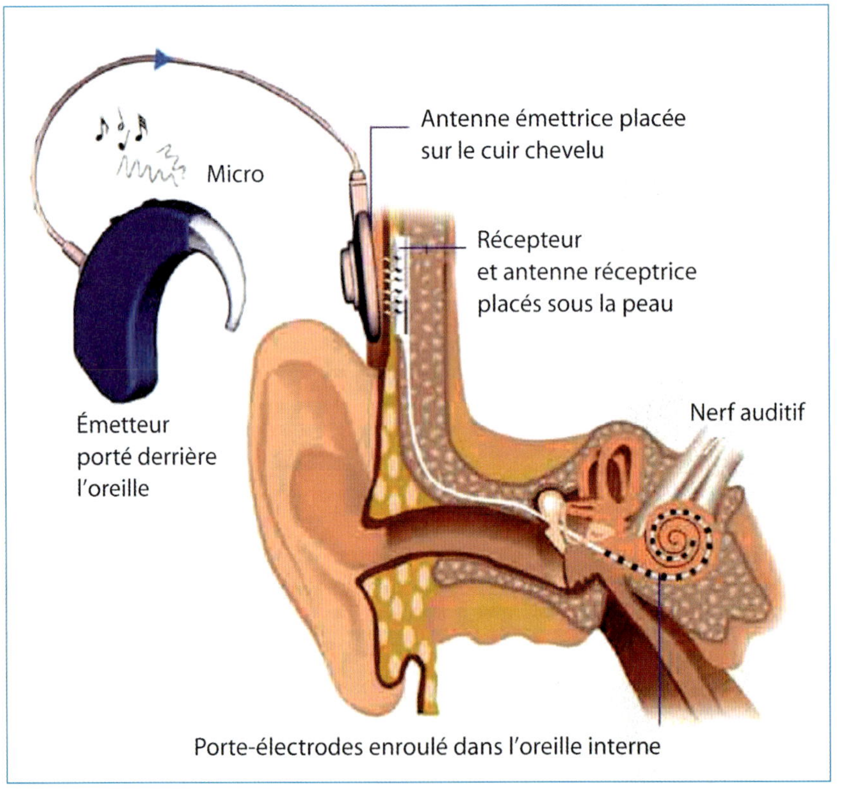

Après l'opération, les terminaisons nerveuses poussent autour des électrodes et recueillent des potentiels électriques distincts selon leur emplacement dans le limaçon, et que le cerveau apprend à décoder comme des sons de hauteurs variés ; après des apprentissages plus ou moins longs, les sujets mêmes sourds de naissance peuvent entendre la musique et les paroles…

3. Psychophysique de l'audition et de la musique

Sur le plan physique, l'onde sonore est la pression des molécules d'un milieu élastique, l'air (l'eau pour les poissons) et dans ce cas se déplace à la vitesse de 340 mètres par seconde, soit 1 200 kilomètres/heure le fameux mur du son. Certains phénomènes sont liés à cette pression (rupture du tympan) mais les neurorécepteurs de l'audition (les cellules ciliées de la cochlée) ne sont pas stimulés par des pressions mais par des ondulations et c'est probablement là l'origine de la danse, c'est-à-dire notre tendance irrésistible à associer des mouvements ondulatoires aux sons.

?

Quelles sont les trois principales parties de l'oreille ?

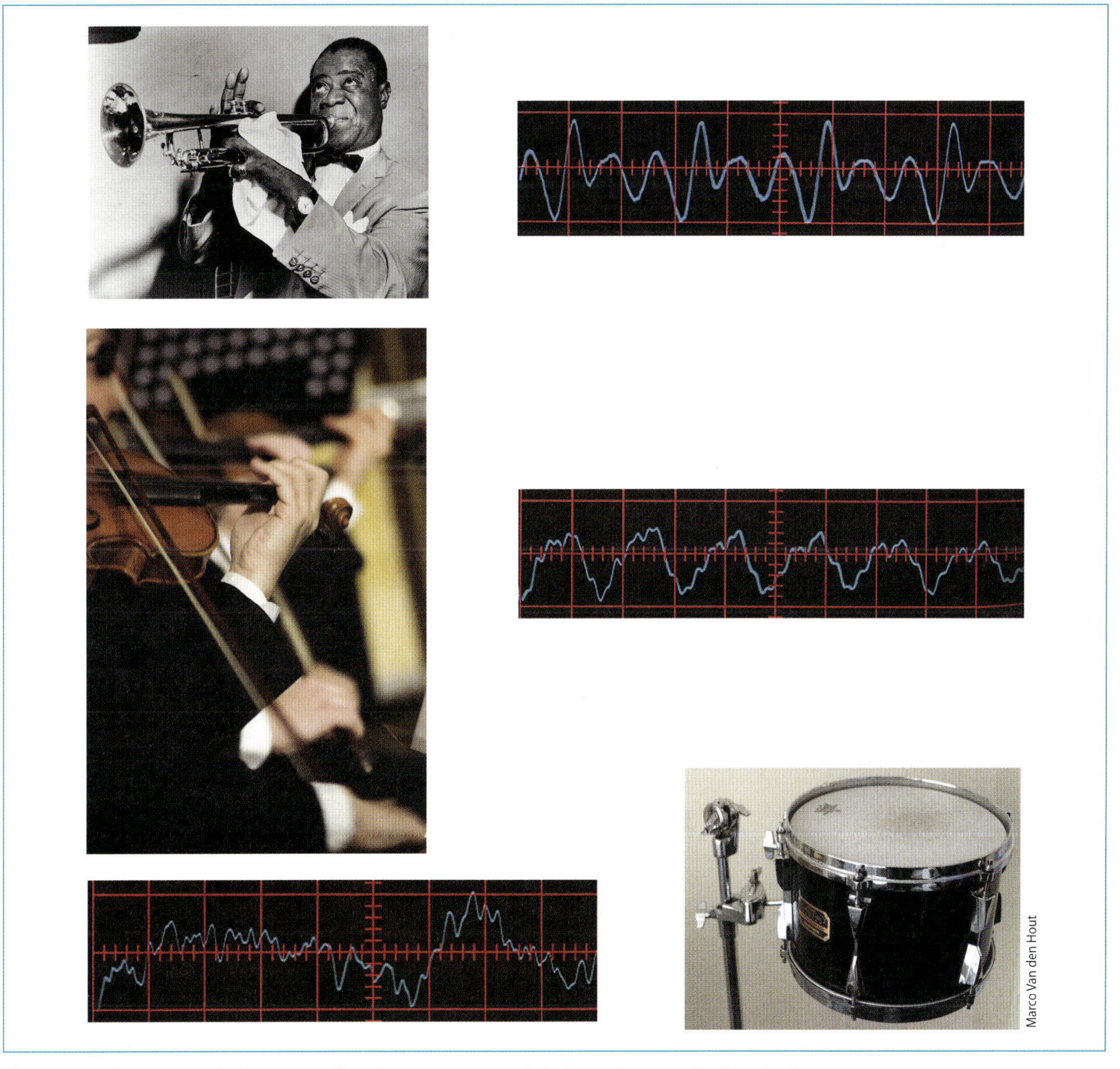

Figure 2.9 – Un son musical est une vibration qui se reproduit de cycle en cycle. Certains instruments, comme la trompette, produisent des vibrations simples tandis que d'autres, violon et piano, produisent des vibrations complexes, riches. À l'inverse, un bruit est une vibration qui n'est pas régulière, comme les tambours ; ils sont donc utilisés en sons rythmiques et non comme sons continus (adapté de Stevens et Warshofsky, 1973).

Physiquement, le son s'analyse comme une onde complexe périodique (qui se reproduit avec la même forme, fig. 2.9) ; lorsque l'onde n'est pas régulière, périodique, elle est perçue comme un bruit. Cette onde complexe s'analyse selon trois paramètres physiques qui correspondent à trois catégories de sensations auditives :

- *intensité :* la force du son (pression) ;
- *fréquence :* la fréquence est le nombre de vibrations par seconde ; elle est perçue comme la hauteur, tonalité ou fréquence (influence de la Hi-fi). Les hautes fréquences (beaucoup de vibrations ou de « vagues ») sont perçues comme des sons aigus tandis que les basses fréquences sont entendues comme des graves ;

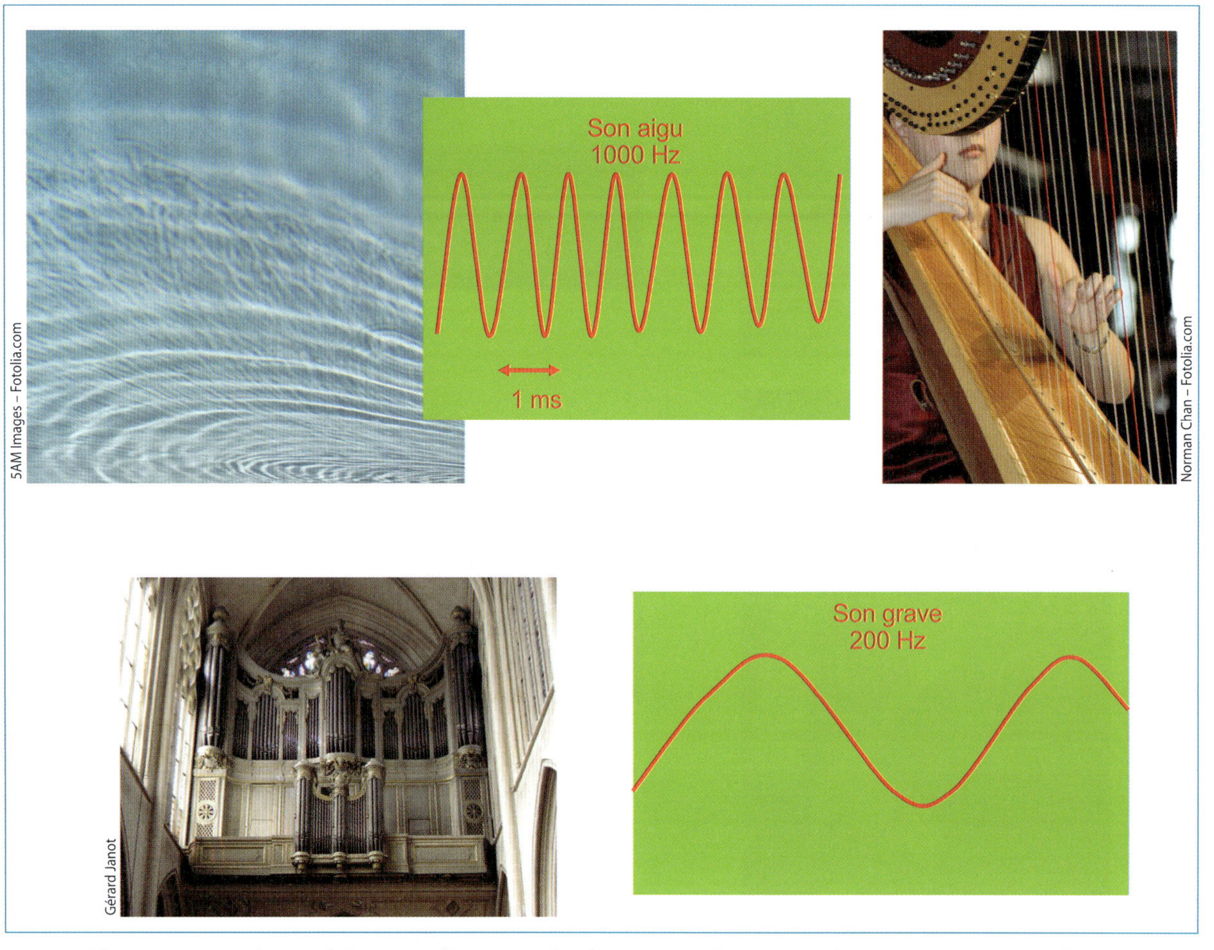

Figure 2.10 – Les hautes fréquences (beaucoup de vibrations ou de « vagues ») sont perçues comme des sons aigus, comme la harpe, tandis que les basses fréquences sont entendues comme des graves, comme l'orgue.

- *timbre :* c'est la perception de la complexité de l'onde ; en effet, une onde sonore (par exemple visualisée sur un écran vidéo) est le produit de plusieurs ondes sinusoïdales simples qu'on appelle en musique les harmoniques ; la spécificité des harmoniques fait la « personnalité » d'un instrument de musique et nous fait percevoir différemment une note identique jouée sur un violon ou par une trompette.

En psychophysique, physiologistes, psychologues expérimentalistes et acousticiens essaient de mesurer les propriétés des sensations auditives.

La fréquence

Fréquence : nombre de vibrations par seconde (mesurée en hertz ou Hz). Les hautes fréquences (beaucoup de vibrations par seconde) sont ressenties comme aiguës et les basses fréquences sont perçues comme des graves.

Les limites moyennes perceptibles vont approximativement de 20 Hz (hertz = nombre de vibrations par seconde) pour les sons très graves de l'orgue, à 20 000 Hz, pour les sons les plus aigus. Voici quelques exemples :

- *voix humaine :* voix d'homme : 100 Hz à 200 Hz ; de femme 150 Hz à 300 Hz ; d'enfant : 200 Hz à 400 Hz ; cependant tout dépend des voyelles, le *o* est environ à 150 Hz tandis que le *i* monte jusqu'à 2 500 Hz ; une chanteuse d'opéra à 80 Hz à 1 150 Hz ;
- *piano :* 27 Hz à 4 150 Hz ;
- *flûte très aiguë :* 4 550 Hz ;
- *orgue :* 16 Hz à 16 700 Hz.

Dans le règne animal, nos performances sont très bonnes et nous ne sommes dépassés que par quelques animaux ; par exemple les chauves-souris entendent, selon leur espèce, jusqu'à 50 kHz et 100 kHz (100 000 Hz). Quant au dauphin, il perçoit des sons jusqu'à 150 kHz (= 150 000 Hz) : s'il appréciait l'opéra, il trouverait que les sopranos ont la voix très grave...

L'intensité

Intensité : force du son ; physiquement, c'est une pression, d'où les dégâts provoqués par des sons trop forts. L'intensité est mesurée en décibels (ou dB).

Comme il est compliqué de mesurer le son par la pression sur le tympan, les ingénieurs du son ont imaginé une échelle basée sur la théorie de Fechner, le fondateur de la psychophysique. Fechner pensait que la sensation augmente de moins en moins vite au fur et à mesure que la stimulation physique augmente (loi du logarithme). De fait, les pressions sonores augmentent infiniment plus que notre capacité de perception. Ainsi, le seuil auditif correspond à une pression sonore de 10^{-16} Watt par cm^2 (1 divisé par 1 suivi de 16 zéros soit 1 dix millionième de milliardième) alors que le maximum supportable, ou seuil de douleur, correspond à 10^{-6} W/cm^2 (1 millionième). Au total, entre le seuil et la douleur, il y a multiplication par 10 zéros (dix milliards).

Or entre le silence de la campagne et un concert de Johnny Halliday, nous n'avons pas l'impression que le son a été multiplié dix milliards de fois ; l'idée des acousticiens (Fletcher) est donc d'ajouter 10 déciBels (en l'honneur d'un des inventeurs du téléphone, Graham Bell) chaque fois que la pression est multipliée par 10 (**Figure 2.11**). L'échelle de l'intensité sonore varie donc de 0 décibel (ou dB) pour la pression sonore la plus basse (10^{-16} $watt/cm^2$) jusqu'à 100 décibels pour la pression sonore la plus forte (10^{-6} $watt/cm^2$). Attention, le son peut être encore plus fort et dépasser les 100 décibels, le seuil de douleur étant en moyenne de 120 dB.

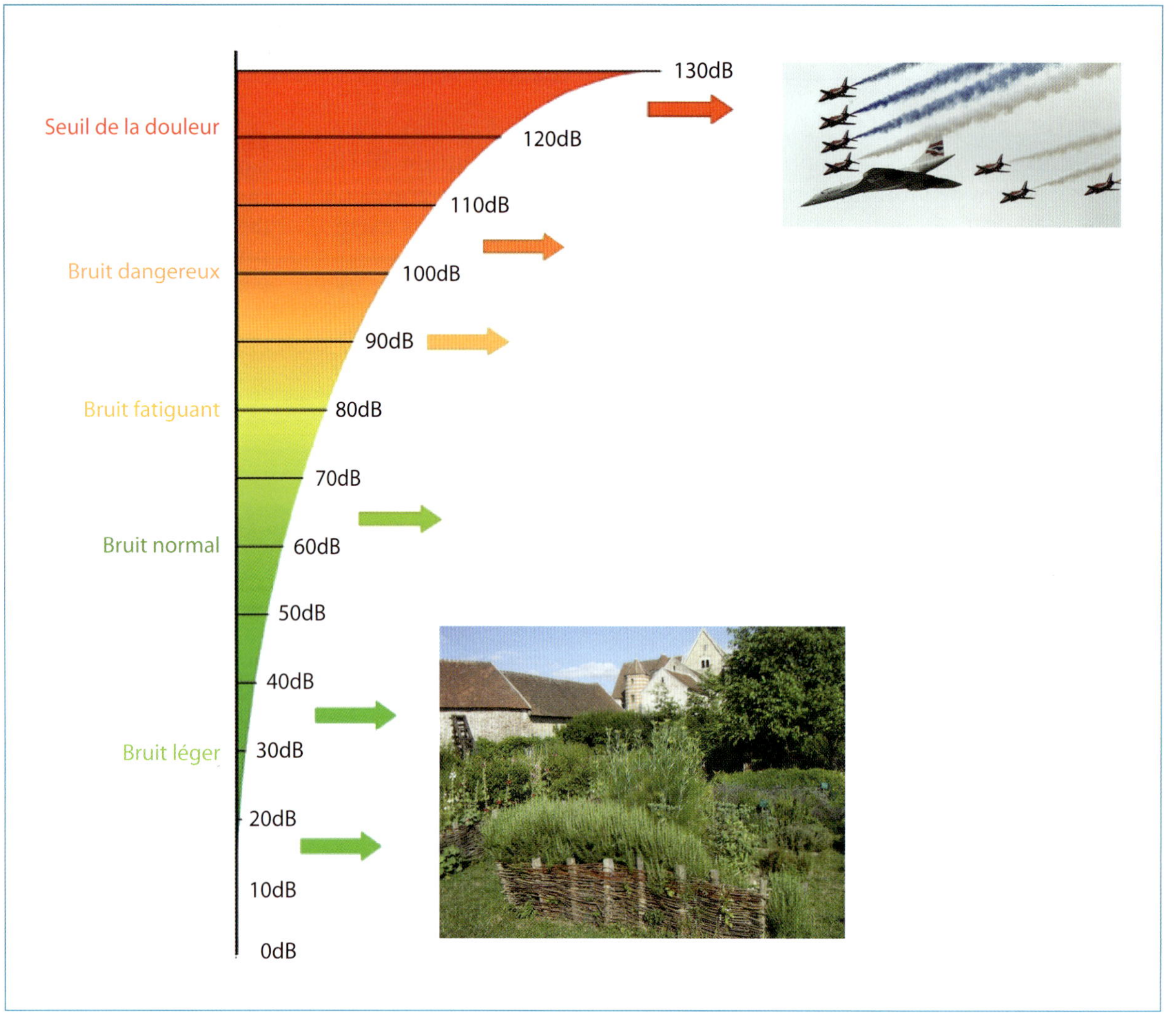

Figure 2.11 – L'échelle des décibels.
Les sons jusqu'à 50 dB (un lave-linge silencieux) sont peu élevés mais à partir de 80 dB deviennent fatigants ou gênants (rue ou restaurant bruyants). C'est le signe d'une pression trop forte sur les organes auditifs qui risquent d'être endommagés au-dessus de 100 dB (encart « Les concerts qui rendent sourds », p. 54) (d'après http://codafi/free.fr, www.finistère.equipement.gouv.fr et autres sources).

Une application très intéressante est l'audiogramme (Figure 2.12). La mesure de l'intensité sonore moyenne montre que le seuil auditif (la plus petite intensité perceptible) n'est que de quelques décibels pour les fréquences médium, comme la voix humaine, alors qu'il faut mettre le son très fort, proche de 100 décibels, pour entendre les fréquences extrêmes. C'est à cause de cette caractéristique de notre audition, que nous écoutons la musique très fort, afin de bien entendre les aigus et les graves, mais c'est une pratique dangereuse (*cf.* encadré p. 54).

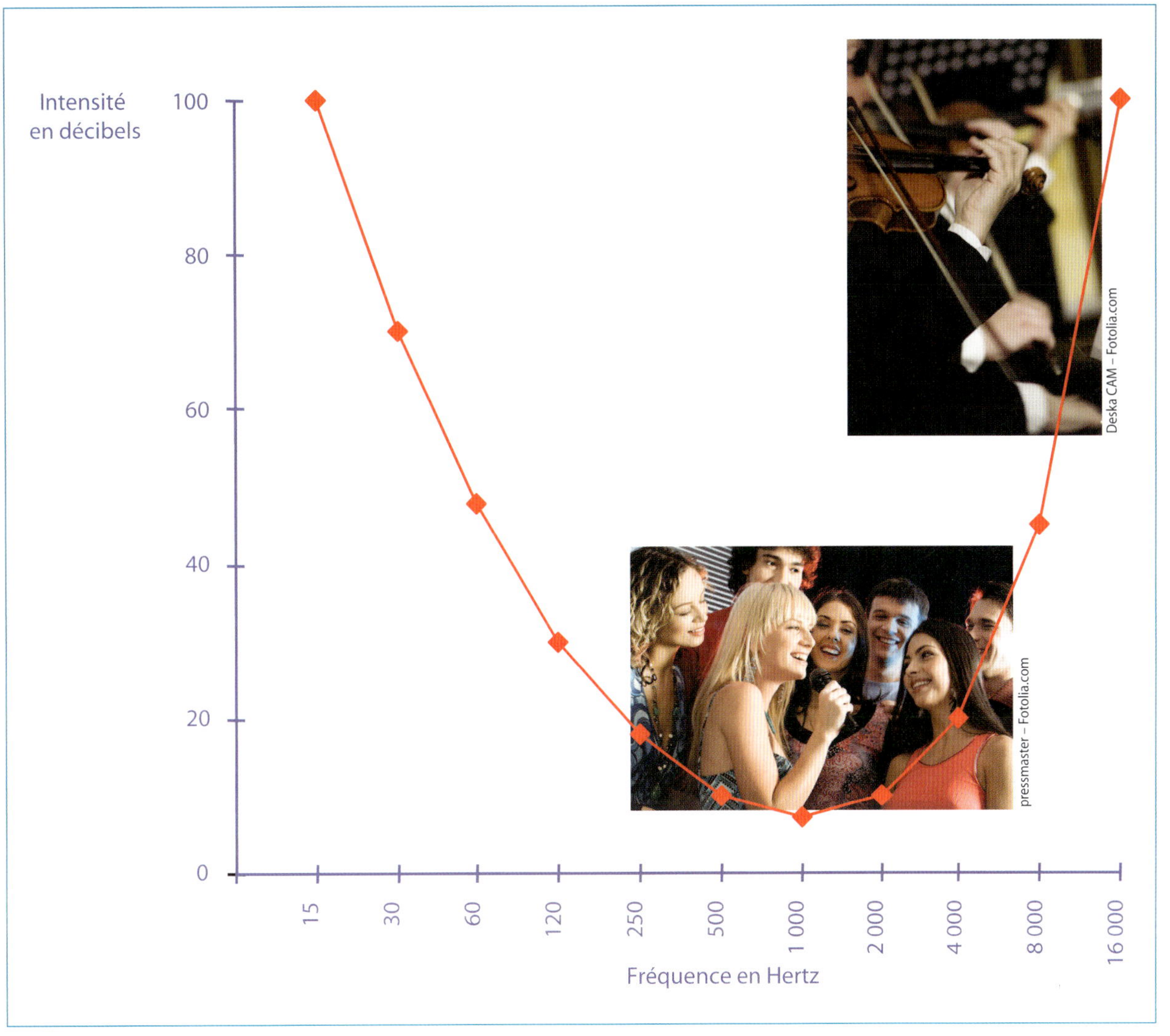

Figure 2.12 – Audiogramme.
La flûte donne un son aigu, le basson un son grave tandis que la voix se situe dans les 100 à 400 Hz. L'audiogramme révèle que la sensibilité auditive est plus grande (seuil plus bas) pour les fréquences médium de la voix (Matras, 1961 et autres sources) ; à l'inverse, il faut mettre plus fort pour entendre les sons extrêmes, graves (15 Hz à 100 Hz) ou aigus (8 000 ou 16 000 Hz).

Le timbre

Le timbre est la perception de la complexité d'une onde sonore. Depuis le mathématicien Joseph Fourier, on sait que l'on peut décomposer toute onde périodique complexe en une série d'ondes simples (= sinusoïde). La plus forte est la fondamentale et les autres sont les harmoniques (Figure 2.13). Les pythagoriciens avaient déjà découvert en faisant vibrer des cordes que les sons harmonieux correspondent à des longueurs de cordes dont les rapports sont des nombres entiers. On sait maintenant que la perception d'un son harmonieux correspond à des concordances de phase (les ondes coïncident à certains moments à l'amplitude nulle). Ce phénomène a trouvé deux grandes applications en musique, l'octave et les accords :

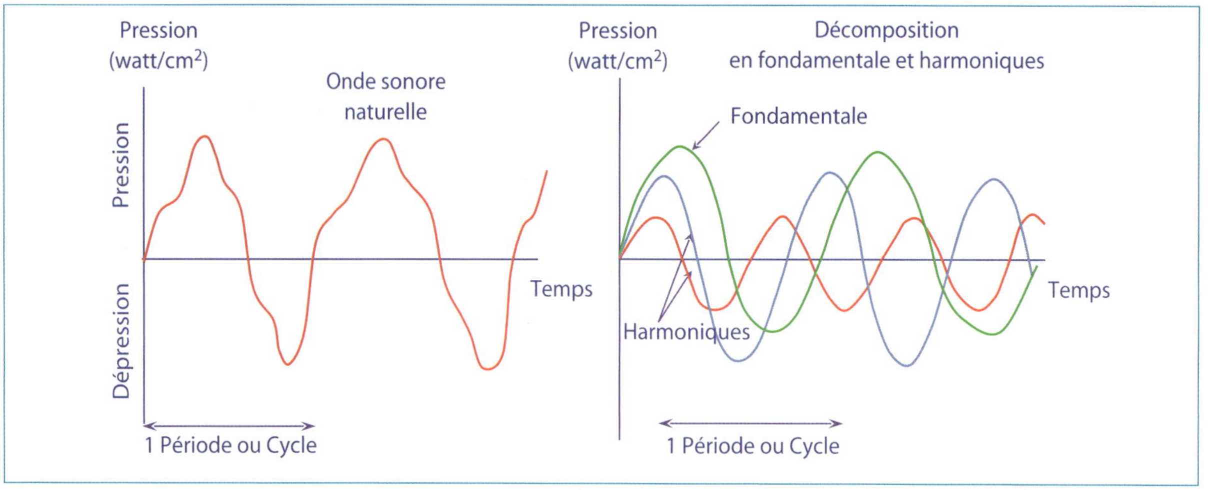

Figure 2.13 – Une onde complexe est l'addition de plusieurs ondes simples (sinusoïdes) de différentes longueurs d'onde ; la plus forte est la fondamentale, les autres, les harmoniques, donnent la personnalité de l'instrument. C'est ainsi que nous reconnaissons si la même note est jouée par un violon, une flûte, une trompette ou un basson.

- *l'octave* : les DO, du plus grave (16 Hz) au plus aigu (16 700 Hz), correspondent approximativement à un doublement de la fréquence à chaque octave, de même pour le LA et les autres notes ;
- *l'accord* : en ce qui concerne les autres notes de la gamme musicale, on s'aperçoit que la première harmonique est la fréquence de la douzième note au-dessus de la note du son fondamental et la deuxième harmonique est la 17e note au-dessus : par exemple pour un do, la 12e est un sol et la 17e est un mi, les trois notes jouées ensemble forment un son agréable, c'est le principe de l'accord parfait.

Les concerts qui rendent sourds...

Le seuil de douleur est par convention d'environ 120 décibels. Or, dans la vie courante, de nombreux bruits sont très intenses.

Il faut toujours se rappeler que l'intensité sonore provient de la pression des molécules de l'air, de sorte qu'une intensité excessive peut détruire les éléments fragiles de la cochlée ; des expériences montrent que des cobayes soumis à des sons de 130 décibels pendant vingt minutes subissent des détériorations définitives de la cochlée : les membranes de celle-ci se cognent et détruisent les neurorécepteurs ciliés de l'organe de Corti, ce qui entraîne la surdité définitive.

Des enquêtes dans différents pays, révèlent que de plus en plus de jeunes gens ont des surdités du fait des habitudes modernes d'écoute à de fortes intensités, les baladeurs (80 à 110 dB), les concerts rock (100 à 115 dB), etc. ; la mesure de l'audiogramme des recrues en Norvège a montré que le pourcentage de jeunes ayant des pertes auditives pour les aigus était passé de 18 % à 35 % de 1981 à 1987 (Rabinowitz, 1992) : les aigus correspondent en effet aux stimulations du début de la cochlée, là où le son est le plus fort (puisque l'énergie va s'épuiser le long du limaçon). Une recherche française (MGEN, octobre 1995) sur plus de deux mille lycéens en 1994 a montré un déficit moyen de 10 décibels dans les aigus. Une enquête de 2006 révèle que 37 % des 15-19 ans auraient des troubles auditifs (www.Ipsos/JNA/AG2R). Faire un audiogramme est donc une nécessité pour ceux qui subissent professionnellement des sons intenses, bruit ou musique, car ils risquent de devenir sourds mais aussi pour les jeunes « techno-boys » qui aiment écouter les derniers hits à plein tube. Attention, comparées à nos 10 millions de cellules olfactives ou 120 millions de cellules visuelles, nous n'avons que 14 000 cellules ciliées dans l'organe de Corti ; préservons-les…

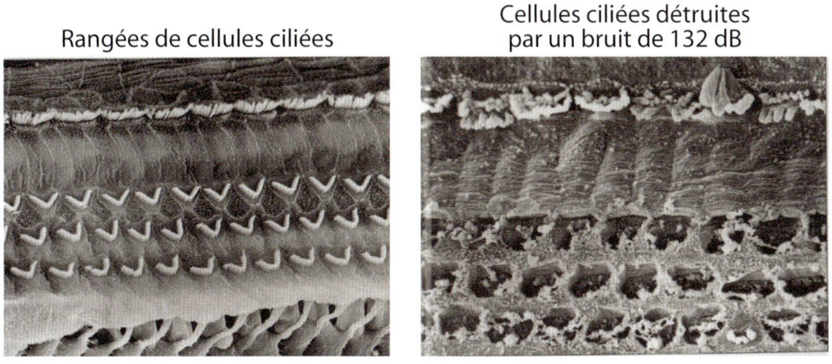

Www.
Mot clé : cellules ciliées de l'oreille interne

V. L'ÉQUILIBRE… DES CRISTAUX DANS LA TÊTE !

L'équilibre, qui n'est pas compté, à tort, dans les cinq sens est basé lui aussi sur des récepteurs qui sont situés dans l'oreille interne. Son fonctionnement est similaire à celui de l'audition puisque lié à l'excitation de cellules ciliées dans des cavités situées dans le vestibule, au-dessus du limaçon

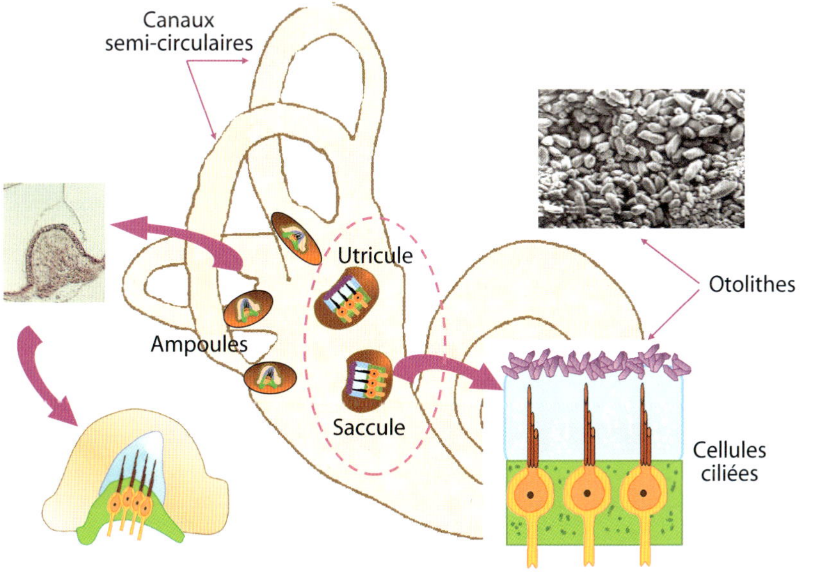

Figure 2.14 – Les organes de l'équilibre.
L'équilibre est permis par le système vestibulaire : l'équilibre statique est permis par deux petits « sacs », le saccule et l'utricule contenant des grains de calcaires (otolithes) qui excitent les cils de cellules cillées. L'équilibre dynamique est produit par les canaux semi-circulaires dont le liquide interne fait bouger des cellules ciliées contenues dans l'ampoule, à chaque base.

Otolithe (*oto* = « oreille » et *lithos* = « pierre » en grec) ; *otoconies* chez les Américains : cristaux de calcite (calcaire cristallisé) dont le poids fait pencher les cellules ciliées, déclenchant ainsi le signal bioélectrique.

Ampoule : évasement à l'entrée des canaux semi-circulaires contenant des cellules ciliées qui bougent avec le mouvement.

Canaux semi-circulaires : canaux remplis de liquide (endolymphe), responsables de l'équilibre dynamique.

Saccule et Utricule : deux petits sacs contenant des cellules ciliées dans une gélatine recouverte d'otolithes, qui bougent avec le poids. Le saccule informe plutôt sur les mouvements verticaux et l'utricule sur les mouvements horizontaux.

(Figure 2.14) : l'utricule et le saccule pour un système statique et trois canaux semi-circulaires pour les sensations de déplacement (sensation de tournis dans la valse, montagnes russes, etc.).

Le saccule et l'utricule contiennent des cellules ciliées dont les cils sont englués dans une gélatine contenant à sa surface les otolithes, petits cristaux de calcaire. Le poids des otolithes, quand on penche la tête ou que notre corps subit une accélération (en voiture, en avion) fait bouger les cils des cellules ciliées, ce qui déclenche un signal bioélectrique. La taille des cils des cellules ciliées est telle que certains chercheurs l'ont comparée à la tour Eiffel qui bougerait sur sa base, exerçant une force énorme ; un infime déplacement suscite donc une sensation de mouvement et voilà pourquoi beaucoup ont le mal des transports ou ne peuvent monter dans un manège.

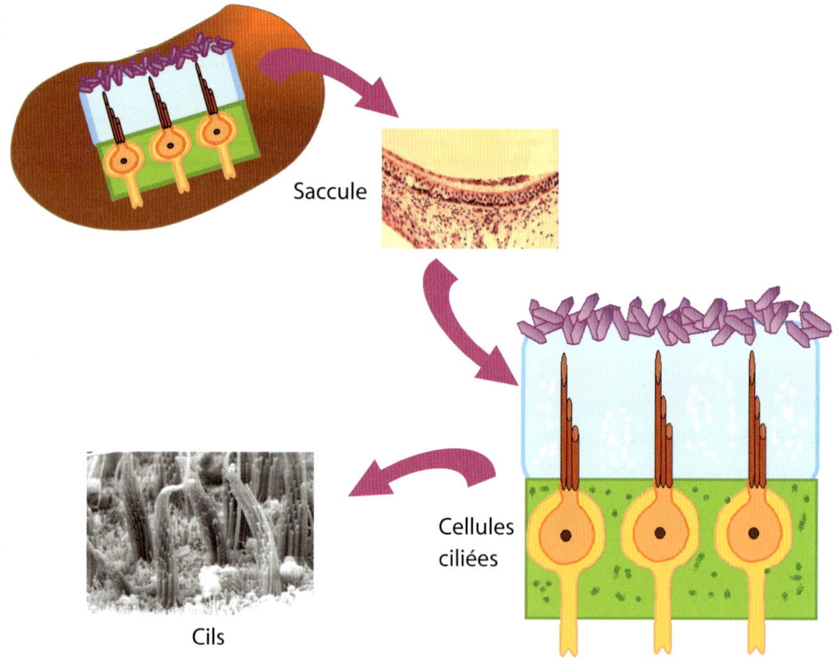

Figure 2.15 – Le fonctionnement des organes de l'équilibre. Le saccule et l'utricule contiennent des cellules ciliées dont les cils sont englués dans une gélatine contenant à sa surface les otolithes. Le poids des otolithes (par exemple quand on penche la tête) fait bouger les cils des cellules ciliées. La taille des cils des cellules ciliées est telle que certains chercheurs l'ont comparée à la Tour Eiffel qui bougerait sur sa base.

VI. Perception extra-sensorielle, télékinésie… Les pouvoirs paranormaux existent-ils ?

1. Ectoplasmes, télékinésie… les illusions du spiritisme

L'enthousiasme spirite de la fin du XIXe et début XXe siècle va permettre la création de l'institut psychique international, pour l'étude scientifique des phénomènes paranormaux ; on y recevait tout médium prétendant avoir des pouvoirs. Ainsi en était-il par exemple de la télékinésie ou transport à distance des objets, qui se faisait en réalité par des fils presque invisibles. Un thème à la mode était celui des ectoplasmes, qui n'évoquent plus pour nous qu'un juron du capitaine Haddock dans les albums de Tintin et Milou. Les ectoplasmes étaient des formes émises par les médiums en transe et qui étaient censés être une matérialisation des esprits. Mais l'observation rigoureuse révéla que l'ectoplasme se trouvait être du coton humide ou une matière équivalente....

Y Yanchento – Fotolia.com

La parapsychologie est de l'escroquerie. Les meilleurs démystificateurs sont des prestidigitateurs, connaissant les tours de magie.

2. La démystification de la parapsychologie

Parfois, cependant les mécanismes sont psychologiques mais du domaine de la normalité : certains tours de magie utilisent des illusions perceptives (une caisse apparaît rectangulaire alors qu'elle est trapézoïdale et contient un double fond). Mais le plus souvent, la parapsychologie est du domaine de la magie ou de l'escroquerie. Lorsqu'il s'agit de supercherie, les meilleurs démystificateurs du paranormal sont de nos jours des prestidigitateurs comme l'Américain James Randi, travaillant comme expert pour des revues scientifiques (*Science* ou *Nature*) ou des scientifiques spécialisés comme le physicien Henri Broch, de l'université de Nice, qui s'est spécialisé dans la démystification des phénomènes paranormaux (Broch, 2005).

Quelques tours dévoilés :

- *Télékinésie :* en France, le prestidigitateur Gérard Majax contribua à montrer les supercheries des tours de Uri Geller (qui prétendait tordre à distance des objets métalliques) avant qu'on ne découvre que ce soi-disant médium était lui-même prestidigitateur. Même savants, on se fait facilement berner par des professionnels, et il faut des spécialistes pour être capable de démystifier des supercheries.
- *Quand la télépathie trouve sa longueur d'onde :* des journalistes américains ont découvert grâce à un récepteur radio qu'un prédicateur « écoutait » tout simplement les informations familiales sur les disciples qui se présentaient ; grâce à un capteur discrètement placé dans l'oreille, le prétendu médium écoutait les informations dictées par un complice et recueillies par un « détective ». N'oublions pas qu'avec les technologies actuelles, certains vont jusqu'à se faire implanter des dispositifs électroniques pour détecter des cartes marquées renvoyant de l'ultra-violet.
- *La divination des numéros gagnants :* l'escroc qui prétend gagner au loto (ou au tiercé) grâce à sa médaille miraculeuse, a en fait racheté (plus cher) des billets gagnants à plusieurs joueurs et peut ainsi faire contrôler devant huissier qu'il a bien plusieurs billets gagnants.
- *La téléportation :* quant à la téléportation (comme dans *Star Trek*) de la jolie assistante d'un endroit de la scène à un autre, celle qui réapparaît n'est que la sœur jumelle de la première...

Harry Potter, *Buffy et les vampires*, *Charmed*, *X-Files*, *Heroes*..., les séries (notamment américaines) montrent l'engouement intemporel pour les pouvoirs mystérieux. Mais ces pouvoirs sont du domaine de la fiction comme ceux de Superman et de Spiderman et ne font plus partie de la psychologie scientifique. La parapsychologie, nom actuel du spiritisme, n'a rien à voir avec la psychologie sauf lorsqu'il s'agit de psychopathologie ou psychiatrie (hallucinations).

Parapsychologie : nouveau nom du spiritisme depuis son discrédit début du XXe : étude des manifestations des esprits dans notre monde.

Télépathie : communication par la pensée, supposée se produire sans contact avec l'autre personne.

Télékinésie : action sur des objets, supposée se produire par la pensée.

Ectoplasme : les médiums prétendaient faire apparaître les esprits sous des formes cotonneuses ou fantomatiques.

Pour plus d'informations

CHARPAK G., BROCH H. (2002). *Devenez sorciers, devenez savants*, Paris, Odile Jacob.

PAROT F. (1994). « Le bannissement des esprits : naissance d'une frontière institutionnelle entre spiritisme et psychologie », *Revue de synthèse*, n° 3-4, 417-443.

« Pourquoi-Comment », dossier *Paranormal*, émission télévisée, FR3 présentée par Sylvain Augier, MIP, mai 2000.

Les plus grands secrets de la magie... enfin révélés, émission télévisée TF6, présentée par Denis Brogniart, Les Productions du Labrador, octobre 2005.

Www.
Site internet « zététique » démystifiant un certain nombre de croyances ou supercheries : www.zetetique.ldh.org/

3. Les pouvoirs spéciaux de nos cousins les animaux

Très souvent nos cousins les animaux ont les mêmes sens que nous (en fait, c'est nous, derniers arrivants dans l'évolution, qui avons hérité de leurs sens) mais leur sensibilité peut être démultipliée par un plus grand nombre de récepteurs (le chien berger a dix fois plus de cellules olfactives) ou par des accessoires. Ainsi, autour du nez du chat et des fauves, se trouvent de grandes moustaches, les vibrisses, qui agissent comme des leviers sur les mécanorécepteurs : le simple déplacement d'air d'une souris qui passe suffit à alerter sa majesté le chat...

Parfois, les animaux ont des sens spéciaux, comme l'écholocation des chauves-souris et des dauphins ; voici quelques exemples plus curieux.

EXEMPLES

Le sens électrique des requins : un des sens le plus étonnant est la détection de petits signaux électriques (de l'ordre du nanovolts, milliardième de volt) par les requins. Ce sens est permis par des capteurs spéciaux appelés « ampoules de Lorenzini » et qui sont sous son museau par centaines, au fond de petits trous qui sont visibles sur de bonnes photos. D'ailleurs, ce sens donne la clé de la morphologie si particulière du requin-marteau dont on se demande comment il peut voir avec ses yeux si excentrés ; les recherches modernes (document télévisé, *Les Requins marteaux*, France 5, août 2007) indiquent qu'au contraire cet aplatissement et cet allongement du museau servent à augmenter la surface de détection et le nombre d'ampoules de Lorenzini ; ainsi le requin-marteau détecte plus facilement des champs électriques émis par des petits poissons cachés sous le sable. C'est pourquoi le requin-marteau a cette forme de « détecteur de métaux ».

Requin-marteau.

La perception des infrarouges par le crotale : si les serpents sortent toujours la langue, c'est que leur odorat est vraiment spécial ; ils ont sur la voûte de leur bouche un dispositif olfactif, l'organe de Jacobson ; leur langue prélève des molécules odorantes et les pose sur cet organe, leur donnant ainsi une trace olfactive précise.

Crotale.

Tim Vickers – Wikipédia

Cependant, certains serpents comme le crotale et le python réticulé ont de plus des détecteurs spéciaux dans les deux fossettes loréales, petit trou situé entre le museau et l'œil. Cet organe simple est une petite cavité remplie d'air et bouchée par une membrane thermosensible, qui détecte quelques millièmes de degrés grâce à des infrarouges émis par la chaleur des animaux vivants (certains missiles s'inspirent de cette capacité comme le missile français Crotale-EDIR (écartométrie différentielle infrarouge)).

New Scientist, cit. dans le site Yahoo ! 360°, article « crotale ».
Et site de l'ENSP-Lyon, « infrarouges, crotale »

Le sens magnétique des pigeons : sens encore controversé. De plus en plus d'études mettent en évidence que les pigeons disposent d'un sens magnétique qui leur permet un guidage d'après le magnétisme terrestre. Une étude a révélé que ce pourrait être grâce à des petits cristaux de magnétite incorporés près de cellules de la base du cerveau.

Www.
http://fr.wikipedia.org/wiki/Crotalinae

Révision du chapitre

Résumé

Qu'est-ce que la perception ? 31

La perception désigne l'ensemble des mécanismes physiologiques et psychologiques dont la fonction générale est la *prise d'information* (avec parfois son interprétation) dans l'environnement ou dans l'organisme lui-même

Quelles sont les cinq sens traditionnels ? 33

Le toucher, le goût, l'odorat, l'audition et la vision.

Qu'est-ce qu'un récepteur cutané ? 34

Il s'agit d'une terminaison nerveuse libre ou encapsulée dans les petits organistes, qui amplifient le signal. Il en existe une dizaine de types différents.

Qu'est-ce que les phéromones ? 45

Ce sont des odeurs qui déclenchent chez les animaux (et nous-mêmes) des réactions particulières, par exemple les phéromones de peur ou sexuelles.

Quelles sont les trois principales parties de l'oreille ? 49

L'oreille externe (pavillon), l'oreille moyenne, la cochlée (limaçon).

Lectures conseillées

CHAUCHARD P. (1965). *Les Messages de nos sens*, Paris, PUF.

GRIBENSKI A. (1964). *L'Audition*, Paris, PUF.

PINEL J. (2007). *Biopsychologie*, chap. 7, Paris, Pearson Education France.

PURVES D., AUGUSTINE G.-J., FITZPATRICK D., HALL W.C. (2005). *Neurosciences*, chap. 10, Bruxelles, De Boeck.

Webographie

Www. Umami

http://www.tigersandstrawberries.com/2006/01/03/do-you-know-umami/

Www. Implant cochléaire

http://www.futura-sciences.com/magazines/sante/infos/dico/d/medecine-implant-cochleaire-4524/

Www. Audition

http://www.audition-infos.org/

Www. Parapsychologie

http://www.zetetique.ldh.org/
fr.wikipedia.org

EXERCICES ET QCM

QCM (1 point par question)

Cochez la bonne réponse. Attention, les mauvaises réponses sont comptées – 1. Il n'y a pas de pièges, dans le doute, ne répondez pas.

1. Quels sont les quatre sens tactiles ?
❑ ❑ ❑ ❑

2. La plus petite stimulation perçue s'appelle :
❑ seuil perçu ❑ seuil absolu ❑ seuil différentiel ❑ seuil relatif

3. Citez quatre goûts :
❑ ❑ ❑ ❑

4. Combien d'odeurs l'homme peut-il discriminer ?
❑ 100 ❑ 1 000 ❑ 10 000 ❑ 100 000

5. Citez quatre catégories d'odeurs :
❑ ❑ ❑ ❑

6. Une odeur déclenchante d'un comportement vital s'appelle :
❑ hormone ❑ phéromone ❑ phanérogame ❑ gymnosperme

7. Le sens de l'équilibre est contenu dans l'oreille :
❑ externe ❑ moyenne ❑ interne ❑ ailleurs

8. L'organe nerveux de l'audition se nomme :
❑ limaçon ❑ organe de Corti ❑ tympan ❑ membrane tectoriale

9. Entourez deux des principaux paramètres du son :
❑ fréquence ❑ sinusoïde ❑ sonie ❑ intensité

10. Au-delà de quel seuil le bruit ou la musique sont-ils dangereux (en décibels) ?
❑ 100 ❑ 200 ❑ 300 ❑ 500

11. Quel nom a servi pour les hauteurs du son ?
❑ Hertz ❑ Watt ❑ Newton ❑ Bell

12. Un son complexe est formé du son fondamental et des ?
❑ hauteurs ❑ harmoniques ❑ octaves ❑ sinusoïdes

Mode de correction : + 1 pour les bonnes réponses, et – 1 pour les mauvaises et faire le total algébrique (soustraire les – des +) ; par exemple, s'il y a autant de – 1 que de + 1, cela fait un total de 0 ; dans le doute, il vaut mieux ne pas répondre.

Exercices

De préférence, faites les exercices avec un crayon et une gomme pour les refaire plusieurs fois. La répétition est la base de l'apprentissage (cf. chap. 3 et 4).

Exercice 1 : Faites le schéma (approximatif) de l'oreille et de l'intérieur du limaçon en indiquant les principales notions.

Exercice 2 : Calculez les rapports différentiels pour ces notes de musique.

1) Ces rapports sont-ils constants approximativement ?

2) Ces rapports sont-ils équivalents au seuil différentiel relatif et comment appelle-t-on aussi ce dernier ?

3) Quelle est la relation entre le do du haut et celui du bas et comment s'appelle cette relation ?

do = 523 Hz	fa = 349 Hz
si = 494	mi = 330
la# = 466	ré# = 311
la = 440	ré = 294
sol# = 415	do# = 277
sol = 392	do = 262
fa# = 370	

Exercice 3 : Sur ce schéma :

1) Situez les fréquences les plus aigües perçues par l'homme.

2) Qu'appelle-t-on ultra-sons ?

3) Situez « Radio-psi » qui a une longueur d'onde de 77.7.

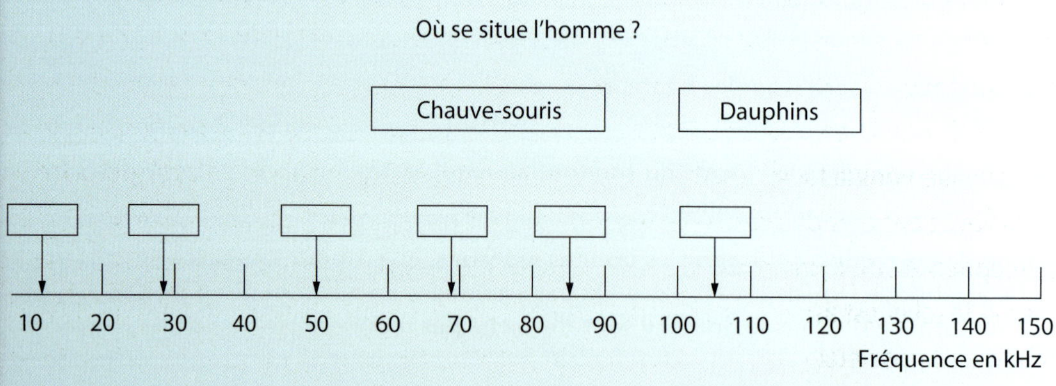

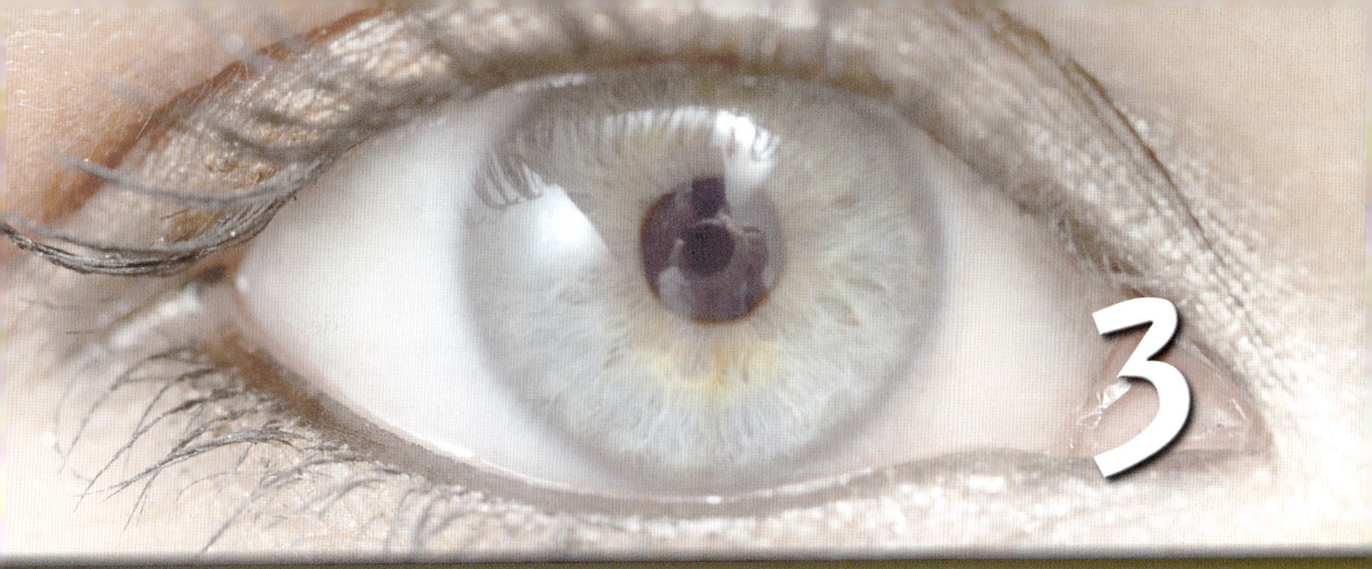

La perception visuelle

Combien de pixels contient votre appareil photo dernier cri : 3, 4, … 8 millions ? Et bien chacun de nos deux yeux dispose de 130 millions de pixels. L'œil est en effet un organe extraordinaire. Il crée une image à partir du reflet lumineux des objets et l'envoie au cerveau pour être analysée et mémorisée. Léonard de Vinci et Descartes avaient bien compris que certains phénomènes de la vision, comme la perspective, viennent des propriétés optiques de l'œil. Mais nous ne voyons pas tout à fait comme un appareil photographique, car de près, nous conservons la taille des objets et des personnages. Si une de vos amies s'approche, vous ne la voyez pas grandir comme ce serait le cas avec une caméra. Ce phénomène de constance perceptive est dû à une correction par nos mécanismes perceptifs situés dans le cerveau. De même, le relief est assuré par une comparaison des deux images légèrement différentes que fabriquent nos deux yeux. Enfin, par rapport à la plupart des animaux (lion, vache, chien, etc.), nous voyons en couleurs grâce à des récepteurs spécialisés. Nos capacités visuelles sont donc extraordinaires et permettent aussi bien d'apprécier les nuances d'une aile de papillon que les gouttelettes de l'écume d'une vague ou d'apprécier les œuvres d'un peintre.

I. La lumière, l'œil et le cerveau

?

Qu'est-ce que la perception visuelle ?

La perception visuelle (ou vision) est la capacité de capter (œil) la lumière renvoyée par les objets et de les analyser (cerveau). La vision est très riche chez l'homme par rapport à beaucoup d'animaux qui sont myopes ou ne voient qu'en noir et blanc (chien, chat, cheval).

1. La lumière

Ondes électromagnétiques : les physiciens (Einstein est le plus connu) ont montré que nous sommes entourés d'ondes émettant des photons qui ont des propriétés électriques et magnétiques (ondes radio, radar, télévision, rayons X, lumière).

Lumière : lorsque la longueur d'onde est entre 400 et 700 nanomètres (milliardième de mètre), c'est la lumière, et les pigments de nos cellules visuelles sont capables de la détecter.

La vision correspond à la réception et à l'interprétation par le cerveau d'une toute petite partie des *ondes électromagnétiques* qui émettent des photons et qui ont des propriétés ondulatoires. Ces ondes, qui se propagent à la vitesse de 300 000 km/s (dans le vide) vont des rayons cosmiques aux ondes radio selon leur longueur d'onde (Figure. 3.1).

EXEMPLE

La radio (grandes ondes : France Inter, Europe 1) a des ondes de l'ordre du kilomètre tandis que les rayons X ont une longueur d'onde en dessous du milliardième de mètre (= nanomètres).

La partie visible de ces ondes, appelée *spectre lumineux* ou spectre visible (§ II), se situe entre *400 et 700 nanomètres*, c'est-à-dire juste en dessous du micron (1 000 nanomètres = 1 micron).

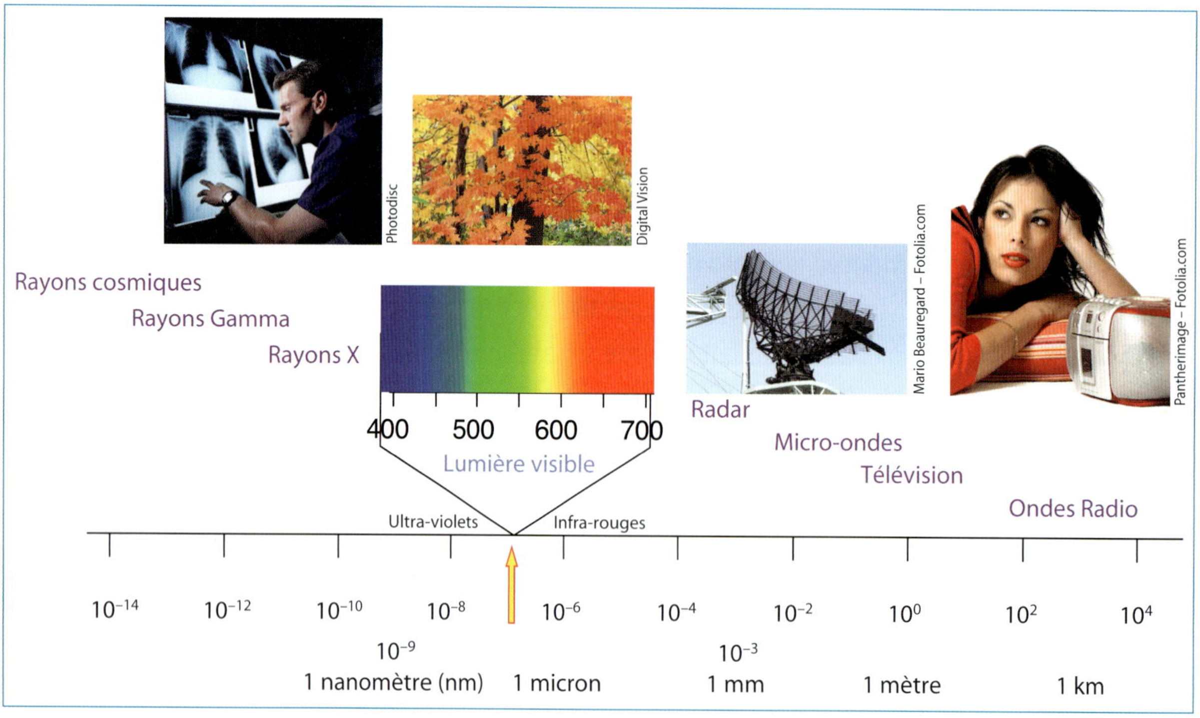

Figure 3.1 – La lumière visible dans l'immensité des ondes électromagnétiques.

La plupart des animaux perçoivent le même spectre mais il y a des exceptions : l'abeille voit une partie des ultra-violets tandis que des papillons de nuit voient des infrarouges.
Unités d'éclairement : les unités de mesure de la luminance sont complexes car elles sont nombreuses, pas toujours équivalentes (bougie, nit, lumen...) ou dérivées d'une unité arbitraire, la candela (qui vient du mot « chandelle »). Mieux vaut prendre une mesure qui correspond à des références courantes, le *lux*, utilisé par les architectes. L'éclairement par une lampe de 75 watts située à un mètre au-dessus de nous, donne 100 lux. Voici quelques chiffres par rapport à ce « standard » pratique :

- plein soleil : 100 000 lux ;
- temps nuageux : 10 000 lux ;
- près d'une vitre par temps clair : 5 000 lux ;
- éclairement pour la lecture : 300 lux ;
- salle à manger : 200 lux ;
- couloirs : 100 lux ;
- éclairement par la lune : 1 lux.

Petit conseil : l'acuité visuelle n'est bonne qu'avec une bonne luminosité (à partir de 100 lux) ; cette acuité baisse de moitié sous un faible éclairage (1 lux).

Nanomètre : milli = 1 millième (par exemple, millimètre) ; micro = 1 millionième (par exemple, 1 micromètre ou micron) ; nano = 1 milliardième (par exemple, 1 nanomètre = 1 milliardième de mètre).

Spectre : non, ce n'est pas un fantôme, mais l'éventail des bandes de couleurs visibles. L'arc-en-ciel correspond au spectre.

2. Rappel d'optique

Pour ceux qui n'ont pas fait de physique au lycée, voici un résumé des lois optiques.
Depuis Léonard de Vinci et Descartes, on sait que les rayons lumineux se propagent en ligne droite mais sont réfractés (« cassés ») en traversant des corps transparents comme les lentilles, morceaux de verre polis. Il existe deux sortes de lentilles, les lentilles convergentes qui réfractent les rayons lumineux vers le centre et les lentilles divergentes qui réfractent les rayons vers l'extérieur.
Voyons la formation de l'image dans le cas de la lentille convergente car c'est le cas de l'œil. Tous les rayons qui partent d'un objet, par exemple d'une lampe (Figure 3.2), pour frapper une lentille convergente, se réfractent de telle façon qu'ils croisent l'axe optique en un seul point, le foyer optique. Pour ceux qui font de la photo, la distance entre le centre optique (milieu de la lentille) et le foyer optique, s'appellent la distance focale, car les rayons se focalisent en ce point. Voilà déjà pourquoi l'image est à l'envers de l'objet sur un écran.
Les physiciens savent qu'il suffit de suivre deux rayons extrêmes qui partent du haut de l'objet pour voir où l'image se forme de façon nette (pas floue) sur un écran. Il suffit de voir le trajet du rayon parallèle à l'axe optique et celui qui passe par le centre optique ; celui-ci représente un cas particulier puisqu'il n'est pas déformé. À l'endroit où ces deux rayons se rejoignent, l'image sera nette. En avant ou en arrière, l'image sera floue (voir myopie et hypermétropie).

Réfracté : un rayon lumineux se casse lorsqu'il change de milieu, car les photons sont plus ou moins ralentis par la densité des corps (même transparents) ; comme la tige que l'on trempe dans l'eau qui paraît cassée.

Lentille convergente : bombée, elle réfracte (casse) les rayons pour donner sur un écran une image plus petite et à l'envers.

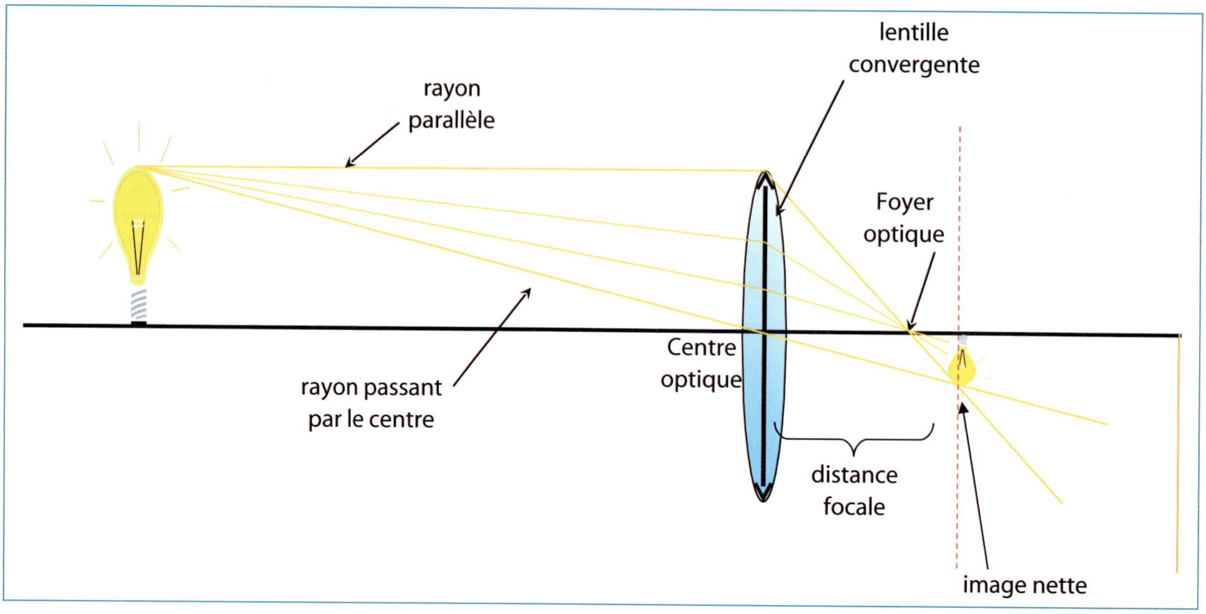

Figure 3.2 – La formation d'une image à travers une lentille convergente et dans l'œil. L'image est renversée sur l'écran (ou sur le fond de l'œil). Remarque : en optique, une lentille convergente est symbolisée par des flèches vers l'intérieur.

3. Le globe oculaire

L'œil peut être comparé à une caméra ou un appareil photographique : sa fonction est de « fabriquer » une image sur le fond de l'œil (Figure 3.3). L'œil contient des couches transparentes courbées qui fléchissent les rayons lumineux, réfléchis (= renvoyés) par les objets ; ces rayons réfléchis forment sur le fond de la rétine des petites images comme la projection d'une diapositive sur un écran.

Une des couches est la membrane transparente en avant de l'œil : la cornée. Derrière elle, se trouve une sorte de petit « œuf » transparent, le cristallin qui joue le rôle d'un zoom. En effet, des muscles ciliaires l'enserrent à chaque bout, comme on sert un ballon pour lui donner des formes. Quand les muscles se contractent, le cristallin est plus bombé, afin de faire varier la convergence (= accommodation). Par exemple, si l'objet est près, le cristallin va se bomber pour faire une image plus petite, sinon l'image serait trop grande pour le fond de l'œil.

Devant le cristallin existe un « diaphragme » constitué de muscles circulaires, l'iris. L'iris contient un pigment qui permet de filtrer l'excès de lumière, comme des lunettes de soleil et c'est ce qui donne la couleur des yeux. Mais contrairement à ce que l'on croit, il n'y a qu'un pigment (mélatonine, comme pour les tâches de rousseur) si bien que c'est la faible densité de pigments qui donne la couleur bleue des yeux tandis qu'une forte densité « piège » la lumière et donne la couleur marron. Le trou formé par l'iris est la pupille ; celle-ci apparaît noire alors qu'en fait il ne s'agit que d'un trou ; la pupille se rétrécit lorsque la luminosité est trop forte pour ne pas brûler la rétine et s'agrandit dans la pénombre.

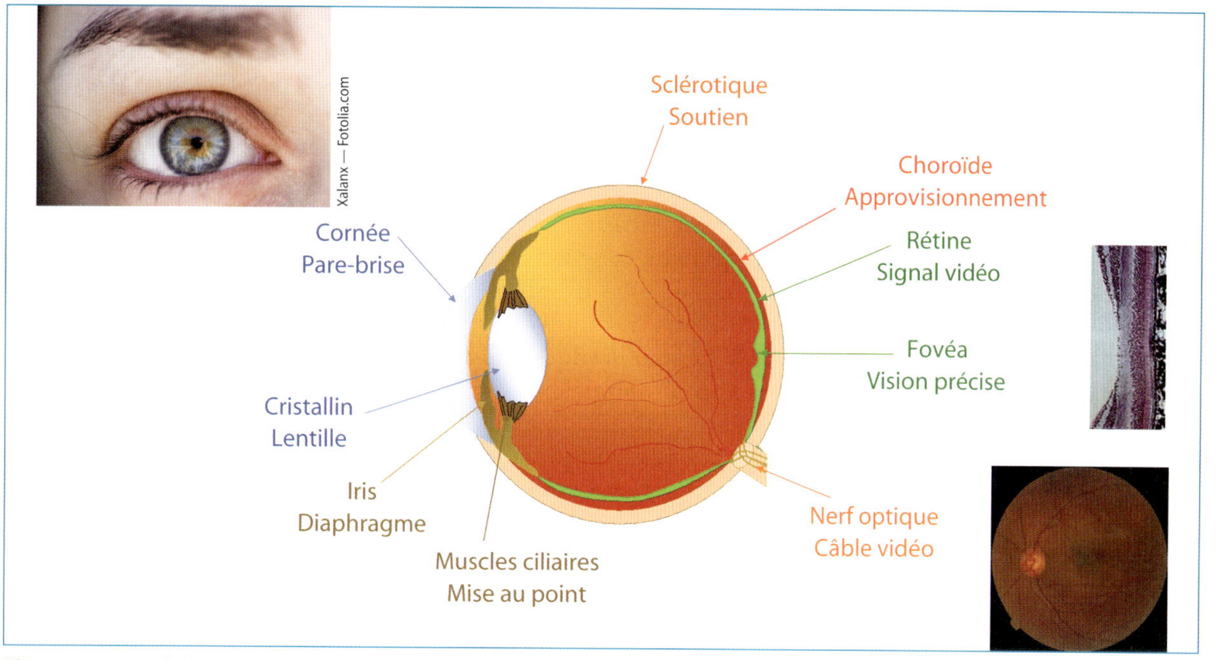

Figure 3.3 – Le globe oculaire.
L'œil est un système optique qui permet de former une image. La lumière renvoyée par les objets passe à travers la cornée transparente, puis par le trou de la pupille et est déformée par le cristallin pour former une petite image au fond de l'œil. La rétine, une couche de photorécepteurs, capte les luminosités et envoie un signal vidéo au cerveau par le nerf optique.

De la structure du globe oculaire dépendent déjà un grand nombre de phénomènes comme la myopie, provoquée par une trop forte convergence de l'œil (*cf.* encart ci-dessous).

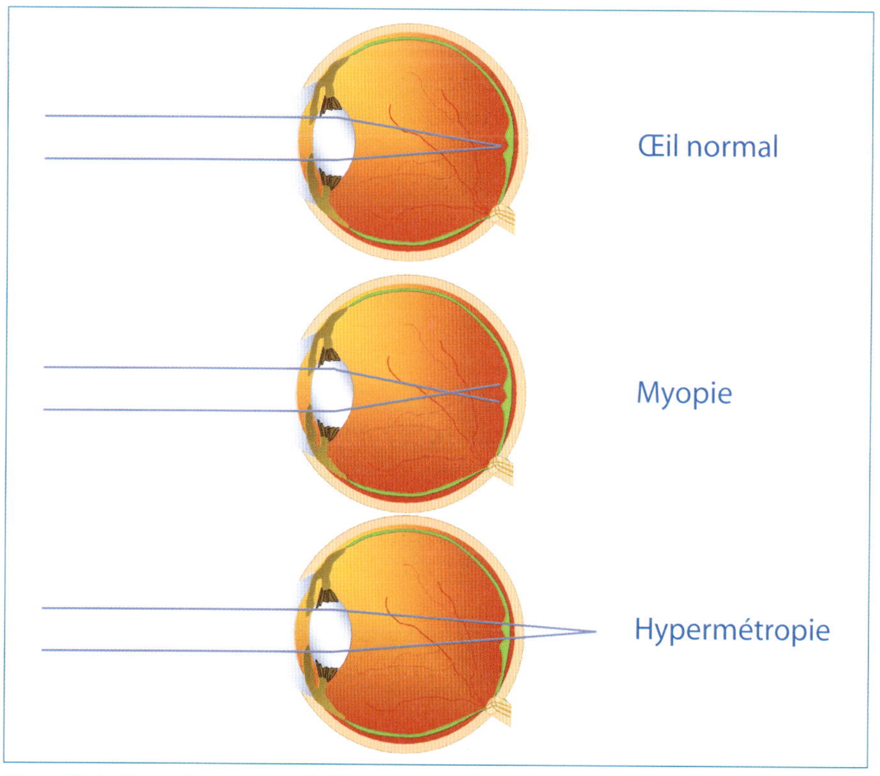

Figure 3.4 – Rappel optique et défauts de l'œil : myopie, hypermétropie et presbytie.

Myopie : l'œil (le cristallin) est trop convergent et l'image nette se forme en avant de la rétine, et donc, l'image rétinienne est floue ; la correction se fait avec des verres divergents.

Hypermétropie : l'œil n'est pas assez convergent et l'image nette se formerait en delà de la rétine ; cette fois, il faut des verres convergents.

Presbytie : avec l'âge (vers 40 ans), l'accumulation de nouvelles cellules du cristallin (comme des peaux successives de l'oignon), le rigidifie et il ne peut plus se bomber pour voir de près. Il faut des lunettes à verres progressifs.

Astigmatisme : les corps transparents, notamment la cornée, ne sont pas homogènes et l'image rétinienne est déformée.

Attention : oculaire ne prend qu'un seul *c* ; ne pas confondre avec occulte.

Notez sur le schéma (**Figure 3.3**) que la propagation des rayons lumineux en ligne droite fait que l'image est inversée sur le fond de l'œil. Et pourtant nous voyons à l'endroit : c'est *le cerveau qui rétablit l'image* dans le bon sens.

4. La rétine

La rétine est un tissu nerveux extrêmement différencié. Elle est sur le plan embryonnaire une excroissance du cerveau et fonctionne comme un véritable micro-ordinateur en analysant et intégrant de très nombreux signaux lumineux qui seront finalement interprétés par d'autres structures du cerveau comme des contours, couleurs, etc. Pour l'essentiel (**Figure 3.5**), il existe une structure verticale et une structure horizontale, constituées de cellules nerveuses spécialisées environnées de cellules gliales (nourricières).

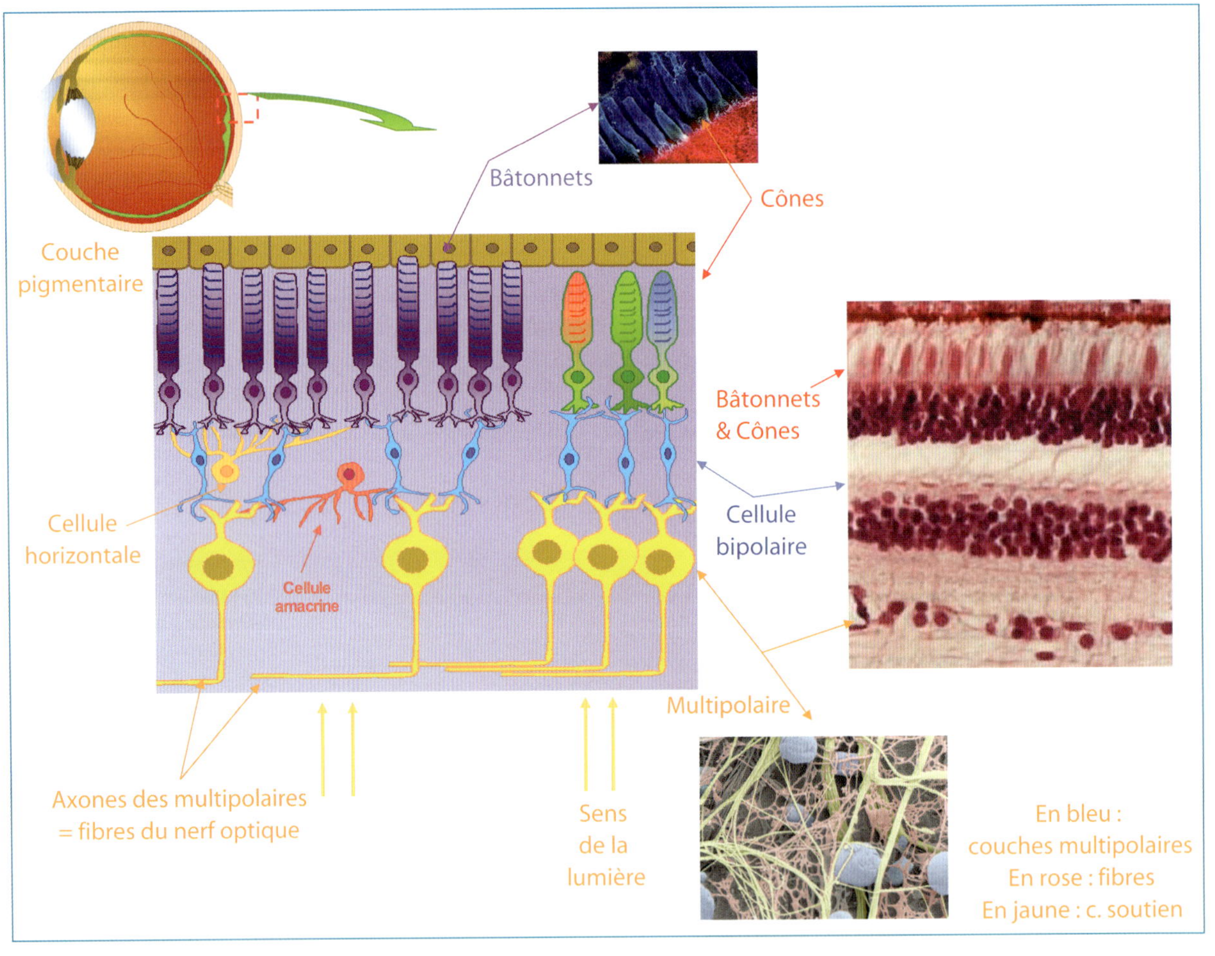

Figure 3.5 – La rétine.
La rétine est constituée de photorécepteurs, bâtonnets pour la vision en faible luminosité et les cônes qui « voient » les couleurs. Des petits disques de pigments se décomposent à la lumière, créant un signal bioélectrique ; relayé par les cellules bipolaires, il est synthétisé par les cellules multipolaires dont les axones sont les fibres du nerf optique. Les cellules horizontales et amacrines créent des contacts horizontaux pour créer des contrastes et améliorer le signal. À noter (encart « Les phosphènes ») que contrairement au « bon sens », la lumière passe par de multiples couches avant d'arriver aux photorécepteurs.

Les phosphènes

Les étudiants sont toujours sceptiques lorsque le « prof » leur dit que la lumière passe d'abord par la couche des multipolaires, des bipolaires avant d'arriver aux cônes et aux bâtonnets. Ils pensent certainement sans oser le dire qu'à passer dans tout ce fatras de cellules et de fibres, on devrait voir des ombres. En effet, on voit parfois des « fantômes » passer, les phosphènes ; les phosphènes sont les ombres causées par une cellule, un globule… Mais pourquoi n'en voit-on pas en permanence ?

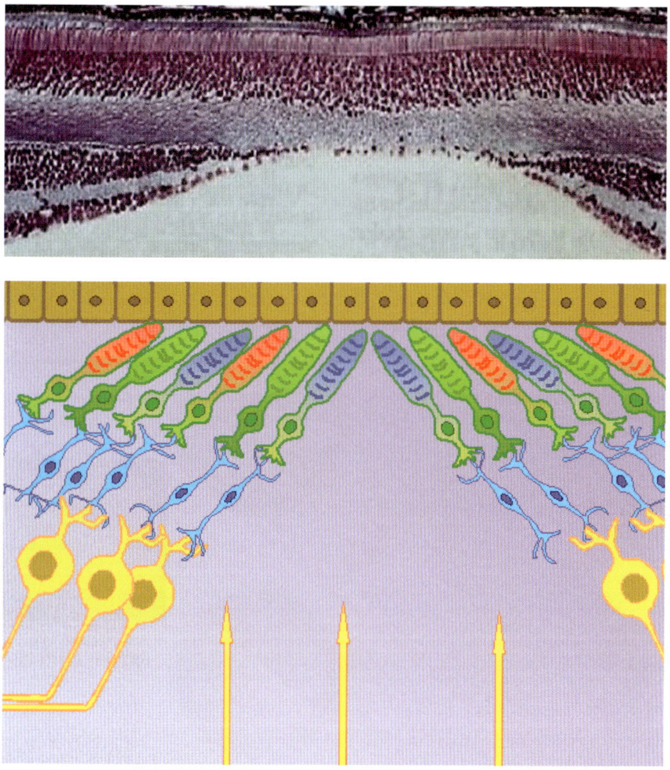

Figure 3.6 – La fovéa.

C'est qu'au niveau de la zone centrale de la fovéa, les colonnes de cellules s'écartent comme lorsqu'on passe dans un champ de blé, et la lumière frappe directement les cônes, permettant ainsi une image plus pure.

Rétine : couche du fond de l'œil, contenant les neurones spécialisés permettant de capter l'image rétinienne et la transmettre au cerveau.

Photorécepteurs : neurones spécialisés dont les dendrites sont des « sacs » à pigments ; ces pigments se décomposent pour une lumière d'une certaine longueur d'onde et déclenche le signal bioélectrique (= influx nerveux).

Cônes et bâtonnets : les cônes sont les photorécepteurs de la couleur et les bâtonnets captent la lumière sans impression de couleur.

Astuce mnémotechnique : cône et bâtonnet, c'est facile à se rappeler, c'est comme les glaces.

Structure verticale

Elle est constituée de trois couches, les photorécepteurs, les cellules bipolaires et les cellules multipolaires. Les photorécepteurs sont appelés les cônes et les bâtonnets. Ce sont des neurones sans dendrites mais qui contiennent des pigments. Le pigment, en se transformant sous l'impact des photons de la lumière, déclenche des modifications physico-chimiques constituant le départ du signal bio-électrique (influx nerveux). Il existe deux sortes de photorécepteurs, les bâtonnets (qu'ont tous les animaux) et les cônes (qu'ont les humains, les singes et quelques animaux).

Cellules multipolaires : ce sont elles qui synthétisent les signaux des photorécepteurs (par l'intermédiaire des cellules bipolaires). Elles sont au nombre d'1 million et leurs axones envoient les messages nerveux au cerveau.

Sauf au niveau central, plusieurs axones de photorécepteurs convergent vers une cellule bipolaire et plusieurs bipolaires convergent elles-mêmes vers les cellules multipolaires. Dans l'ensemble, donc, la structure de la rétine est en grappe. Enfin, les axones des cellules multipolaires longent la paroi interne pour se rassembler dans le nerf optique. Au départ de ce « câble », il n'y a pas de photorécepteurs : c'est le point aveugle.

Le point aveugle

Habituellement, le point aveugle (ou tâche aveugle) ne se voit pas car la vision utile se fait uniquement avec la partie centrale de l'œil (*cf.* fovéa). Il faut donc une petite expérience pour le mettre en évidence. Vus d'en haut, les deux nerfs optiques vont vers le cerveau avec un angle de 20 degrés. Dessinez donc sur une feuille de papier une croix et un petit rond noir espacé de 10 centimètres. En regardant seulement d'un œil (par exemple le droit), la croix, celle-ci va se projeter sur le centre de la rétine, et le rond va disparaître si l'on respecte l'angle de 20 degrés.

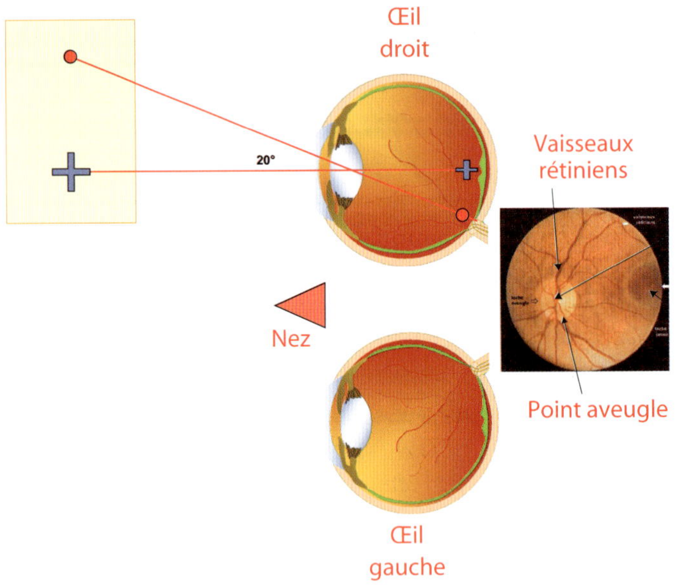

Figure 3.7 – Le point aveugle.

Pour ceux qui ont des souvenirs de maths, la tangente d'un angle de 20 degrés est environ un tiers ce qui fait, pour un écart de 10 centimètres entre la croix et le rond, une distance de 30 centimètres.

Structure horizontale

Sur le plan horizontal les cellules horizontales et amacrines opèrent des associations entre les voies verticales, pour produire les contrastes. Ces cellules interviennent dans la perception des contrastes noir/blanc (voir paragraphe suivant) et très probablement, les contrastes de couleurs (Hubel, 1988).

Les cellules amacrines ont la particularité de ne pas avoir d'axones et l'on a découvert récemment qu'elles émettent un neurotransmetteur, la dopamine, qui contrôle l'activité des cellules voisines ; dans la maladie de Parkinson, caractérisée par un manque de dopamine, les malades ont pour cette raison des troubles de la vision.

5. Les traitements élémentaires

Les mécanismes des contours et des contrastes

L'image rétinienne est une texture lumineuse peu nette car l'image se pose sur une mosaïque de « têtes » de photorécepteurs de même qu'un projecteur sur les têtes des spectateurs d'un stade.

Or nous voyons généralement très bien les contours des objets, des figures et des visages, phénomène sur lequel ont insisté les gestaltistes. Mais ce sont des chercheurs utilisant les ressources de la micro-électrophysiologie, Harline et Ratliff (1972), qui devaient découvrir les mécanismes du contour et montrer que ces mécanismes sont à l'origine de phénomènes très généraux dans le fonctionnement psychologique, les contrastes. Ils sont dus à de véritables mécanismes d'amplification différentielle, assurés par des neurones d'association.

Ces mécanismes ont été démontrés en enregistrant, à l'aide de micro-électrodes, l'activité bioélectrique des photorécepteurs dans un œil primitif (donc très simple), l'œil de la limule (crabe primitif cousin des trilobites de l'ère primaire). L'œil de ce crabe est composé d'environ mille ommatidies (les facettes de l'œil composé des insectes), chacune renfermant une douzaine de cellules simples : il n'y a pas de structure verticale avec des cônes, des bipolaires, etc., mais il existe déjà dans cet œil primitif, une structure horizontale, les connexions latérales, ce qui laisse entrevoir un rôle essentiel dans le codage des signaux lumineux.

L'éclairement est produit par un fin faisceau lumineux de manière à ne stimuler qu'une cellule (**Figure 3.8**).

Or les résultats des enregistrements révèlent des surprises. Lorsqu'une cellule photoréceptrice est au repos (non éclairée), elle émet un train d'onde lent. À l'inverse, si une cellule (A sur la figure 3.8) est éclairée par un spot n'éclairant qu'elle, elle émet un train d'onde rapide (plein de petits pics), elle est activée. Ces résultats sont classiques. Mais alors que la cellule voisine non éclairée devrait réagir comme une cellule au repos, son potentiel est plus lent qu'au repos : elle est inhibée. En fait, lorsque la cellule A est éclairée, elle stimule les connexions latérales qui inhibent les cellules voisines (B sur la figure 3.8). Enfin, si plusieurs cellules voisines sont éclairées, leur potentiel bioélectrique a une fréquence moyenne : elles sont à la fois « excitées » et inhibées (par leur voisine).

Ces phénomènes fournissent l'explication de ce qui se passe au niveau du contour, c'est-à-dire à la frontière entre le bord éclairé et le bord non éclairé. Les cellules correspondant au bord non éclairé ne sont pas excitées mais sont inhibées par leurs voisines du bord éclairé ; par conséquent, cette partie sera perçue plus sombre qu'elle ne l'est physiquement. À l'inverse, les cellules du bord éclairé ne reçoivent pas d'inhibitions de la part des cellules du bord non éclairé de sorte que le bord éclairé paraîtra plus lumineux qu'il n'est en réalité.

D'une façon générale, ce mécanisme de contraste valorise le signal vertical (les photorécepteurs éclairés) en inhibant les signaux des cellules voisines.

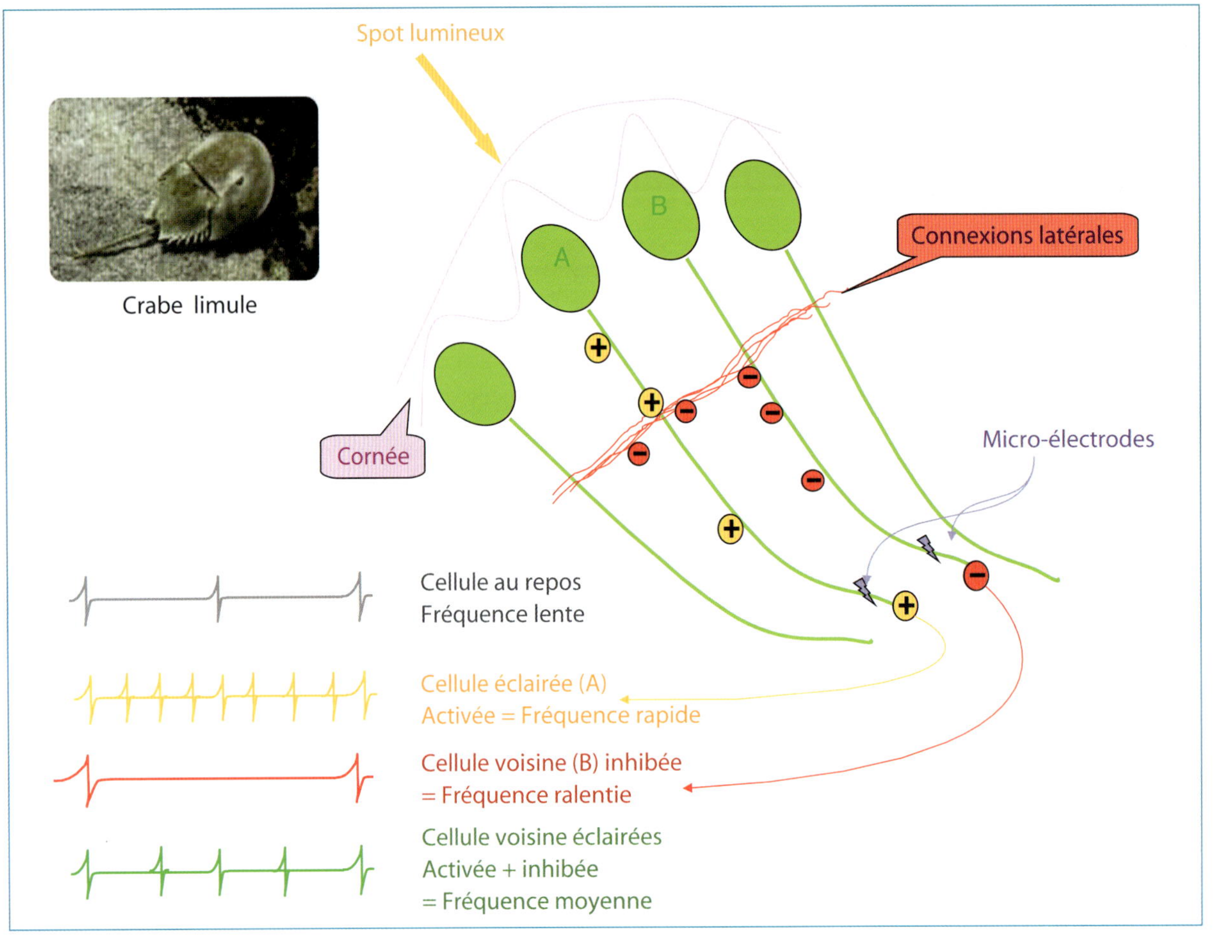

Figure 3.8 – Enregistrement de l'activité bioélectrique de cellules photoréceptrices d'une ommatidie (facette d'un œil composé). Cellule éclairée : elle émet un potentiel bioélectrique rapide : elle est « activée ». Cellule voisine non éclairée : son potentiel est plus lent qu'au repos : elle est inhibée.

Ceci rehausse les contours que l'on voit très nets mais ce mécanisme crée des illusions de contraste quand des bandes sont trop rapprochées : l'éclairement de deux photorécepteurs proches les fait s'inhiber mutuellement si bien que l'on voit des « ombres » (Figure 3.9) ; dans d'autres illusions comme le gilet rayé du majordome à la télévision, c'est un mécanisme simi-

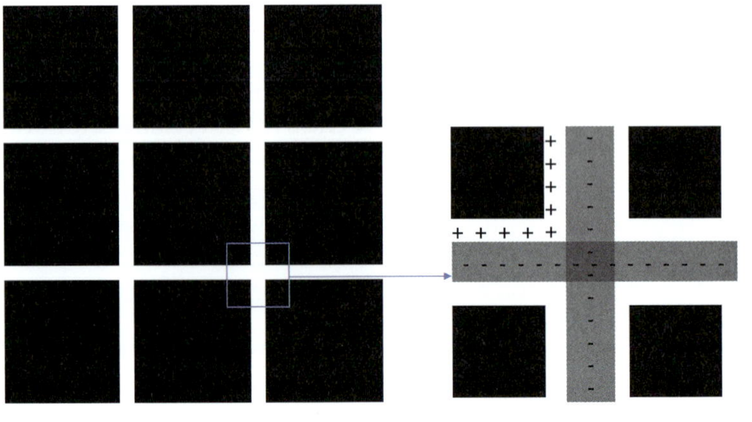

Figure 3.9 – Illusion de contraste de Hering (ou Hermann). Les petits « carrés » noirs qui apparaissent comme des fantômes dans les intersections blanches (à gauche) sont dus aux inhibitions latérales.

laire avec un pixel de l'écran qui s'éclaire par intermittence quand il est à la fois éclairé et inhibé, ce qui créé un effet de papillotement.
Au total, l'inhibition latérale produit un mécanisme d'amplification différentielle qui, en créant un contraste, souligne le contour et rend nette la figure par rapport au fond. Des mécanismes équivalents de contraste excitation/inhibition ont été retrouvés au niveau des corps genouillés latéraux (thalamus) chez le singe (de Valois et Pease ; *cf.* Ratliff, 1972) et dans le cortex (Hubel, 1963) : le système nerveux fonctionne donc comme un amplificateur Hi-fi, en augmentant le rapport signal/bruit.

Hypercolonnes et traits visuels élémentaires

D'autres recherches en électrophysiologie montrent l'existence de cellules ou systèmes très spécialisés à différents niveaux du traitement visuel, rétine, centres sous-corticaux, cortex (Kuffler, cit. Hubel, 1963 ; Hubel et Wiesel, 1979). Une cellule multipolaire de la rétine surveille une portion définie de l'espace ce qui s'appelle un champ récepteur : c'est comme le champ de surveillance de la cellule. La taille des champs récepteurs est très variable selon les cellules et leur position dans la rétine :

- au niveau de la fovéa, un champ a la taille d'un seul cône (ce qui permet l'acuité visuelle) ;
- en périphérie lointaine, une cellule multipolaire « surveille » une portion de l'espace soixante fois plus grande.

Www.
Mots clés
« hypercolonnes, cortex »
et images
http://lecerveau.mcgill.ca/

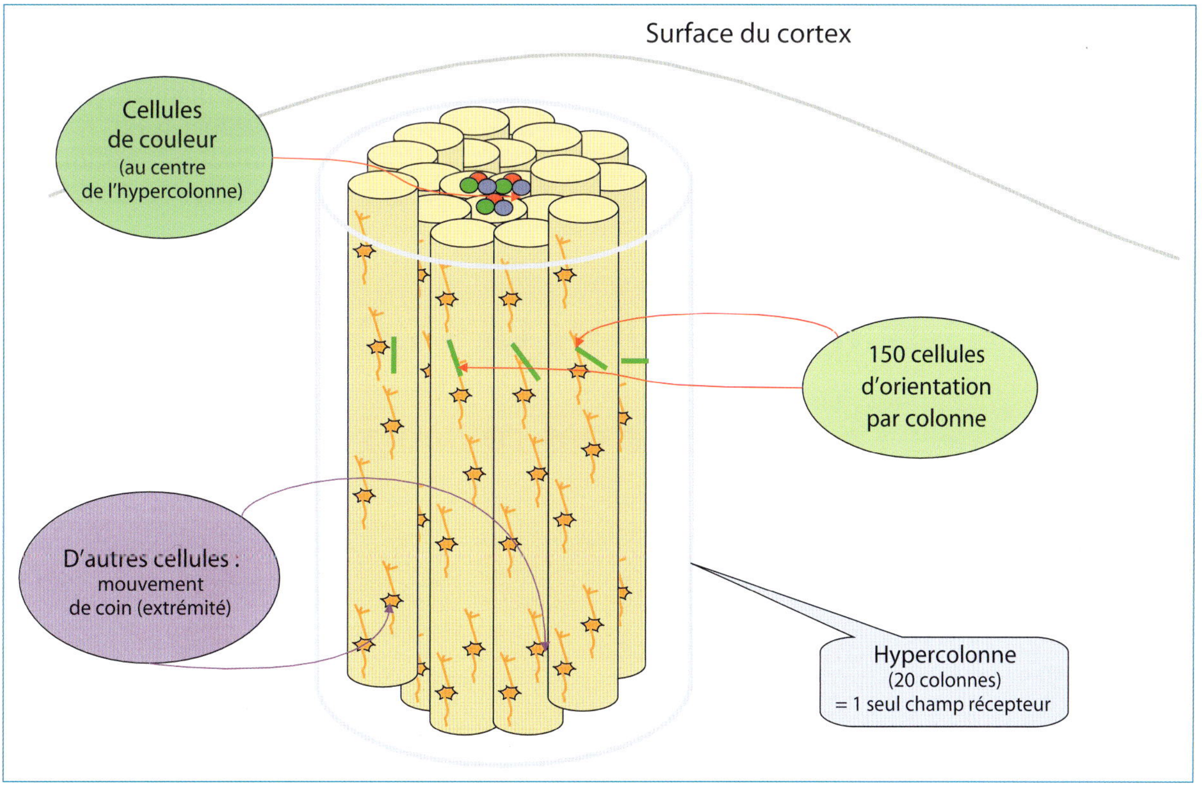

Figure 3.10 – Les hypercolonnes du cortex visuel.
Les neurones du cortex visuel sont rangés par colonnes ; vingt colonnes sont regroupées par une hypercolonne « responsable » d'un champ récepteur (« vue » par une cellule multipolaire). Au centre les colonnes traitent les couleurs tandis qu'autour, chaque colonne traite une orientation, horizontale, verticale, oblique (synthèse d'après Hubel (1988), Lajoie (web) et sources diverses).

Champ récepteur : chaque cellule multipolaire synthétise les signaux d'un à plusieurs cônes, et « voit » une portion de l'espace, à 0 degré, 15 degrés ou 80 degrés. Ce qui est vu dans ce champ récepteur est communiqué au cortex visuel et analysé par hypercolonne.

Hypercolonnes : Hubel et Wiesel (prix Nobel) ont découvert que le cortex visuel est très organisé. Comme une gaine d'un immeuble qui contiendrait tous les câbles et tuyaux de chaque appartement, les cellules du cortex sont rangées verticalement en colonne ; une même colonne s'occupe d'une même portion de l'espace, en face (à 0 degré), à 10 degrés, à 60 degrés.

En recueillant l'activité électrique de cellules dans le cortex visuel (chat et singe), David Hubel et Torsten Wiesel de l'école médicale d'Harvard, qui ont reçu le prix Nobel pour leurs travaux, ont montré comment ces champs récepteurs étaient analysés avec une complexité croissante dans des regroupements de colonnes, les hypercolonnes (**Figure 3.10**).
Les neurones du cortex ne sont pas rangés n'importe comment, mais par colonnes pour une même portion de l'espace, regroupées elles-mêmes, dans une hypercolonne. Chacune des 6 400 hypercolonnes du cortex visuel regroupe vingt colonnes. Les colonnes du centre traitent la couleur et celles du pourtour analysent l'orientation. Ainsi Hubel et Wiesel ont eu la surprise de voir que dans une colonne, les cellules réagissaient (envoient un signal bioélectrique) si on présente devant les yeux de l'animal (chat ou singe), une barre lumineuse verticale. Mais ce sont les cellules d'une autre colonne qui se déclenchent pour une barre horizontale, et d'autres enfin pour des obliques de différents degrés. Au total, il y a 150 cellules d'orientation, ce qui fait un total de 20 millions de cellules d'orientation pour tout le cortex visuel (primaire appelé V1), qui contient un total de 250 millions de neurones. D'autres cellules ont d'autres fonctions, certaines se déclenchent pour signaler qu'une barre lumineuse commence ou s'arrête, on les appelle des cellules de « coin » car elles détectent les extrémités. Ces cellules sont simples car elles réagissent pour une caractéristique visuelle réelle tandis que des cellules complexes, réagissent à des constantes, soit à une orientation quel que soit le mouvement, soit à l'inverse à un mouvement (quelle que soit l'orientation) ; il y a donc une véritable abstraction des traits élémentaires d'une scène perçue. Par ailleurs, un autre résultat montre (voir plus loin) que l'analyse des formes se fait surtout dans la zone centrale de la rétine : 65 % du cortex visuel s'occupe de seulement 10 degrés d'angle (sachant qu'avec les deux yeux, nous voyons 220 degrés).
La perception visuelle, loin d'être une sorte d'intuition, commence donc par un véritable traitement analytique à l'origine de la construction des formes.

II. La vision des couleurs

Couleur spectrale ou monochromatique : couleur d'une même longueur d'onde ; par exemple, la longueur de 600 nm (nanomètres) est vue de couleur orange.

Couleur par absorption ou soustraction : ce sont les couleurs du peintre ; elles contiennent des pigments qui absorbent (soustraient) quelques couleurs de la lumière et renvoient les autres, dont le mélange est perçu comme une couleur.

1. La nature des couleurs

Les couleurs sont de deux natures, les couleurs spectrales et les couleurs par absorption.

Les couleurs spectrales ou monochromatiques

La lumière visible nous apparaît blanche mais elle est physiquement complexe ; elle est composée de longueurs d'onde différentes qui se décomposent dans un prisme pour donner les couleurs de l'arc-en-ciel (dans l'arc-en-ciel, les gouttes d'eau fonctionnent comme des prismes). Seule une lumière de même longueur d'onde, appelée monochromatique, produit une couleur pure, appelée également spectrale.

Les couleurs courantes correspondent aux longueurs d'onde approximatives suivantes ci-contre.

Violet	400 nanomètres
Bleu	450 nanomètres
Vert	530 nanomètres
Jaune	580 nanomètres
Orange	600 nanomètres
Rouge	700 nanomètres

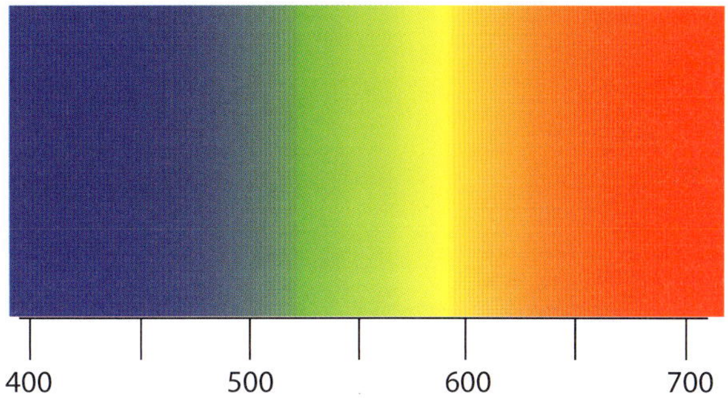

Figure 3.11 – Les couleurs représentent une longueur d'onde pure (mesurées en nanomètres = milliardièmes de mètre).

Richard Griffin – Fotolia.com

Digital Vision

Un prisme sépare les lumières monochromatiques car les photons sont ralentis en fonction de leur longueur d'onde. L'arc-en-ciel produit toutes les couleurs car chaque goutte d'eau fonctionne comme un prisme.

Les couleurs par absorption

La découverte du mystère des couleurs ne pouvait pas se faire à partir des couleurs du peintre ou du teinturier, car ce sont le plus souvent des mélanges. Par exemple, si nous voyons un pull bleu, c'est que la teinture absorbe les rouge, orange et jaune, mais renvoie un mélange de lumières verte, bleue et violette. C'est la raison pour laquelle les mélanges de couleurs spectrales ou par absorption donnent des perceptions complètement différentes.

Par exemple, le jaune est une couleur primaire en peinture, tandis qu'avec des couleurs spectrales, le jaune est un mélange de vert et de rouge. Quand on mélange toutes les couleurs du peintre, on a du marron-noir (= toutes les ondes monochromatiques sont absorbées par le mélange de peintures), tandis que si on mélange les couleurs spectrales, on voit du blanc (c'est ce qui se passe avec la lumière du soleil).

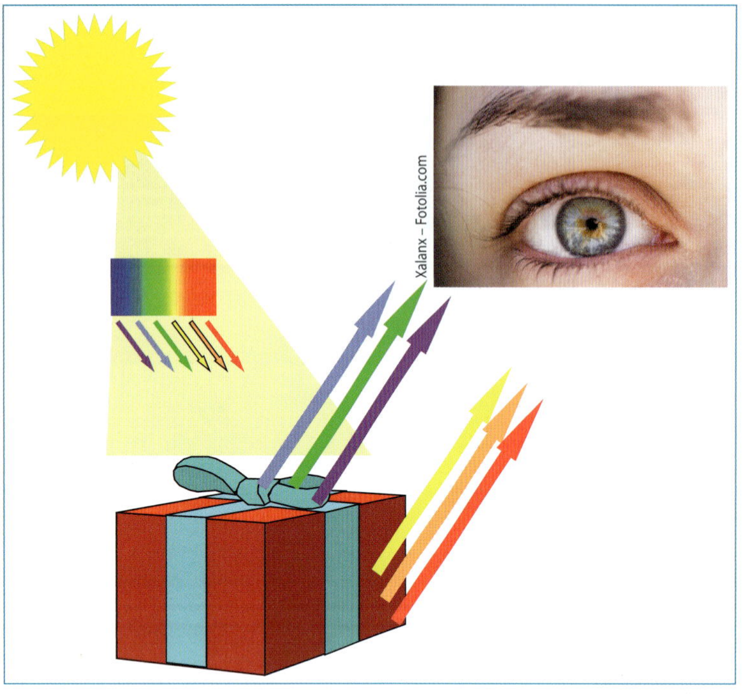

Figure 3.12 – Les couleurs par absorption (ou soustraction) sont des mélanges. Par exemple le bleu turquoise du ruban « piège » (soustrait du spectre) le rouge, le jaune et l'orange, pour ne renvoyer qu'un mélange de bleu, vert et violet. Le papier rouge du cadeau, piège les couleurs violet, bleu et vert, pour ne renvoyer que les couleurs, rouge, orange et jaune. Selon les proportions, on voit ainsi de multiples variantes de couleur.

?

Quelles sont les deux théories de la vision des couleurs ?

2. Les théories de la vision des couleurs

Les recherches récentes aboutissent à la synthèse de deux théories.

La théorie trichromatique de Young-Helmoltz

Thomas Young, physicien anglais (1801) fut inspiré par Newton qui ne pouvait concevoir qu'une multitude de récepteurs soient à l'origine de notre perception des teintes colorées (en moyenne, nous percevons 128 nuances de couleurs). Young réalisa des expériences physiques (nous dirions aujourd'hui « psychophysiques ») de mélange de couleurs spectrales et démontra la possibilité de produire pratiquement toutes les couleurs à partir de trois couleurs, c'est le principe trichromatique (encart ci-dessous). En fait, plusieurs couleurs de base peuvent être utilisées avec des résultats voisins (Mueller et Rudolph, 1967). La théorie ayant sombré dans l'oubli, le grand physiologiste de la vision Hermann von Helmoltz (1821-1894) fit redécouvrir la théorie trichromatique de Young et proposa les couleurs réellement fondamentales : rouge, vert, bleu.

Hermann von Helmholtz (1821-1894)

Figure 3.13 – Comme dans la première expérience de Young, un mélange des trois couleurs, rouge, vert, bleu, donne le blanc et toutes les nuances colorées, dont le jaune.

Une grande application de la théorie trichromatique : la télé !

La télévision couleur est une application de la théorie trichromatique. L'écran est formé d'une multitude de petites rectangles, les pixels. Chaque pixel est formé de deux séries de petits carrés contenant un pigment rouge, un pigment vert, et un bleu. Cette technologie s'appelle le système RVB (rouge, vert, bleu). Vous le verrez très bien en vous approchant de votre téléviseur (même chose sur les écrans plats). Young et Helmoltz étaient loin de se douter que leur théorie aurait des applications dans toutes les maisons et dans tous les bureaux (écrans d'ordinateurs).

La théorie des couleurs complémentaires de Hering

Mais le physiologiste allemand Ewald Hering (1834-1918) fit des observations qui le conduisirent à une théorie différente, basée en particulier sur quatre couleurs fondamentales. Si on regarde fixement une forme de couleur rouge et qu'on reporte les yeux sur une surface blanche, on voit une sorte de halo vert ayant la même forme, c'est le phénomène des effets consécutifs des couleurs (**Figure 3.14**).

Figure 3.14 – Les effets consécutifs.

Effet consécutif de couleur : lorsqu'on regarde fixement une forme de couleur (par exemple, carré rouge) puis qu'on porte le regard sur une feuille blanche, on voit une même forme « fantomatique » d'une couleur complémentaire, vert pour notre exemple.

Couleur complémentaire : les effets consécutifs font apparaître des couples de couleurs complémentaires : le rouge fait place à du vert (et inversement), le bleu à du jaune.

Petits tests

Munissez-vous d'une feuille de papier blanche : vous pouvez faire trois petits tests différents.

1. Regardez fixement, pendant au moins une minute, le drapeau avec un œil (par exemple, droit) ; il ne faut pas bouger (vous pouvez fixer l'étoile pour vous aider). Puis regardez (toujours avec le même œil) la feuille. Vous verrez au bout de quelques secondes un drapeau fantomatique apparaître, mais avec des couleurs différentes. L'étoile est jaune sur fond bleu, la bande du haut est verte (turquoise) et la bande du bas rouge (un peu rose). C'est l'effet consécutif de couleurs, découvert par Hering, qui fait apparaître les couleurs complémentaires jaune/bleu et rouge/vert.

2. Refaites l'expérience mais au moment de regarder la feuille, faites-le avec l'autre œil. Il n'y a plus d'effet consécutif, ce qui montre que c'est au niveau de la rétine de l'œil droit que le phénomène s'est passé (dépigmentation des cônes de la rétine droite), et non au niveau du cerveau.

3. Refaites l'expérience 1 mais cette fois en fixant la croix à droite. Cette fois, la croix apparaît blanche mais l'effet pour le drapeau est très faible ou inexistant ; c'est parce qu'il n'y a que très peu de cônes en périphérie et donc peu d'effet de couleur.

L'inverse se produit également, le vert produisant un effet consécutif rouge et le même phénomène apparaît pour le couple bleu et jaune. En fonction de ces observations, Hering émet l'idée de l'existence de deux couples de récepteurs, rouge/vert et bleu/jaune soit quatre récepteurs pour quatre couleurs fondamentales.

Une théorie mixte

Les deux théories paraissent irréconciliables car Helmholtz pensait que le jaune pourrait provenir de l'excitation modérée des récepteurs du rouge et du vert, point de vue qui est à la base de la théorie contemporaine. Les recherches actuelles proviennent de trois secteurs différents (Mc Nichol, 1964 ; Cornu, 1970, etc. ; *cf.* **tabl. 3.1**).

Tableau 3.1
Les deux théories face aux recherches scientifiques.

Type de recherche	En faveur de Young	En faveur de Hering
Psychologiques	On peut reproduire pratiquement toutes les couleurs du spectre avec trois fondamentales dont les meilleures longueurs d'ondes sont le bleu de 470 nm (nanomètres), le vert de 530 nm et le rouge de 650 nm.	Les effets consécutifs de couleur.
Physico-chimiques	• De nombreux chercheurs se sont orientés vers la recherche de pigments. Le premier pigment découvert a été celui des bâtonnets : pourpre rétinien ou rhodopsine (Bold, 1876) dont le maximum d'absorption de la rhodopsine se situe à 500 nm (bleu-vert). C'est la raison pour laquelle nous voyons tout en bleu au crépuscule (phénomène de Purkinje), ce qui est reproduit dans les films par une dominante bleue. • L'extraction des pigments des cônes est beaucoup plus difficile étant donné leur petit nombre. L'anglais Rushton (1958, *cf.* Cornu, 1967) a été le premier à isoler ces pigments à partir de rétine de banques des yeux, suivi par des chercheurs américains sur le poisson rouge, singe, homme (Mc Nichol, 1964) Les trois seuls pigments découverts sont le rouge, le vert et le bleu.	En défaveur de la théorie de Hering, aucun pigment du jaune n'a été découvert.
Électrophysiologiques	Les premiers travaux sur la couleur utilisant la micro-électrophysiologie ont été faits par Granit (1941), récompensé par un prix Nobel de médecine. Il enregistra les réponses bio-électriques en fonction de lumières monochromatiques sur des rétines de chat (l'exploration se fait sous microscope à l'aide de micro-électrodes). Granit a montré l'existence de deux systèmes, les dominateurs qui ne réagissent qu'à la lumière (réponse blanc/noir) et les modulateurs au nombre de trois qui réagissent respectivement au rouge, au vert et au bleu.	Plus tard, Svaetichin et Mc Nichol (1958) ont trouvé le résultat extraordinaire d'une inversion de potentiel bio-électrique dans la rétine de certains poissons en fonction de la longueur d'onde : une stimulation lumineuse dans le bleu et le vert déclenche un potentiel positif tandis que des stimulations de couleur jaune ou rouge déclenchent un potentiel négatif. C'est le premier résultat électrophysiologique en faveur de la théorie de Hering.

L'ensemble de ces résultats conduit à une théorie mixte des apports de Young et Hering. Dans cette théorie, le traitement de la lumière serait élaboré à trois niveaux : le premier niveau comporte les trois récepteurs (probablement des cônes ou des systèmes associés à des cônes puisque nous voyons la couleur en vision fovéale), un deuxième niveau, combinant certains récepteurs du vert et du rouge, produirait la sensation de jaune (Figure 3.15), ce qui expliquerait que le jaune nous apparaît comme une couleur pure, et enfin un troisième niveau qui comporterait un système antagoniste bleu/jaune ou rouge/vert. Les effets consécutifs de couleur s'expliqueraient dans ce modèle par un mécanisme de période réfractaire du système antagoniste.

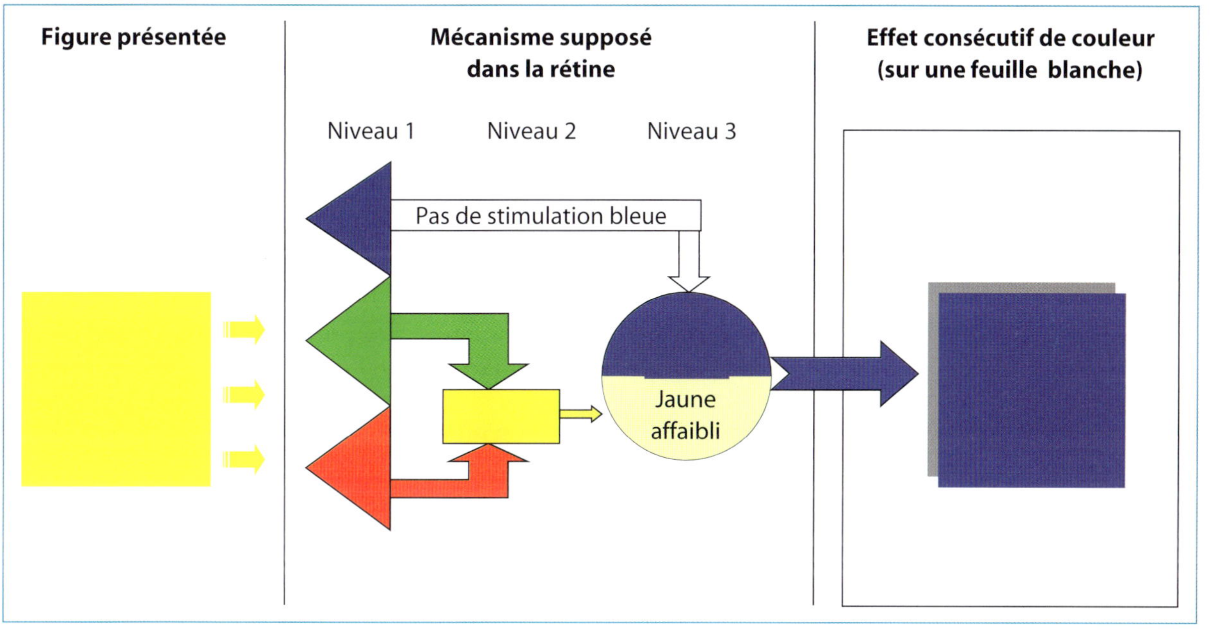

Figure 3.15 – Interprétation d'un effet consécutif (jaune/bleu) par la théorie mixte. On suppose un niveau intermédiaire (rôle des cellules horizontales ?) qui créé un signal « jaune » lorsque les cônes rouges et verts sont stimulés simultanément. Le niveau 3 (cellules multipolaires spécialisées ?) réagit pour un couple de couleurs, rouge/vert ou ici bleu/jaune.

Par exemple, en présence d'une figure jaune, les récepteurs de vert et de rouge, puis le niveau intégrateur du jaune vont saturer ; dans un second temps, en présence de la lumière blanche, ils réagiront moins à ces couleurs ce qui produirait un signal bio-électrique (inversion de potentiel) interprété par le cerveau comme une sensation de bleu.

3. Développements et applications

Les gènes de la couleur et le daltonisme

Chez l'homme, les trois gènes déterminant la fabrication des trois pigments de la vision des couleurs ont été découverts (Nathans, 1989). Le gène du pigment bleu serait sur le chromosome n° 7 tandis que les gènes du vert et du rouge seraient sur le chromosome sexuel X (l'autre étant Y). Ces deux gènes seraient en position terminale du chromosome X, le gène

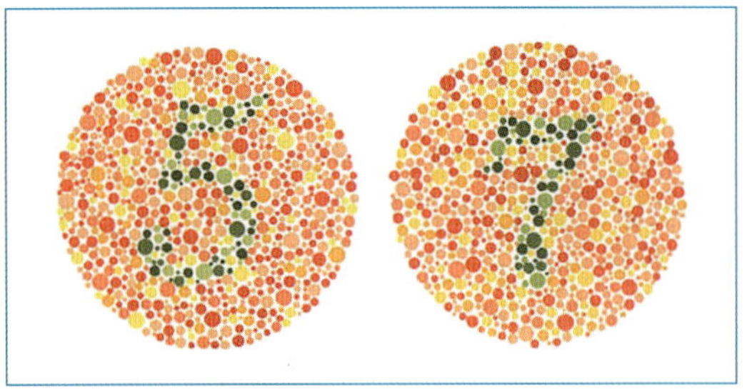

Les planches d'Ishihara ont été conçues pour détecter des anomalies de la vision des couleurs, notamment le daltonisme ou cécité des rouge et vert : sur ces planches, un daltonien ne voit pas les chiffres 5 et 7.

rouge en avant dernier et le gène vert en dernier. Au cours de la duplication des chromosomes dans la division cellulaire, il peut se produire des anomalies de duplication du fait de ces positions terminales. En particulier, un chromosome peut perdre le gène vert, ou même les gènes vert et rouge ce qui donne le daltonisme, cécité au rouge et au vert, du nom du chimiste anglais John Dalton qui avait remarqué sur lui-même cette cécité ; cela ne l'a pas empêché d'être l'auteur d'une des plus grandes théories, les atomes. Des tests spéciaux, comme les planches d'Ishihara permettent de détecter des pathologies des couleurs.

Www.
Pour toutes les planches, voir le site www.daltoniens.fr

La vision des couleurs chez les animaux

Chez nos ancêtres, les animaux, l'harmonie des couleurs n'existe pas comme dans l'arc-en-ciel. Beaucoup de vertébrés diurnes ont des rétines mixtes composées de cônes et bâtonnets et distinguent des couleurs, comme les singes, les oiseaux diurnes y compris les poulets (Wioland et Bonaventure, 1981) ; mais d'autres animaux diurnes comme les ruminants ont des rétines essentiellement composées de bâtonnets, non sensibles à la couleur. Sa majesté le chat lui-même ne paraît pas distinguer les couleurs (procédures de conditionnement : Bonaventure 1965) ; son cerveau n'est donc pas aussi bien « équipé » que sa rétine (*cf.* Granit) pour percevoir les couleurs...

III. L'exploration visuelle

?
Quelles sont les deux principales zones de la rétine ?

À l'époque de Christophe Colomb et Magellan, les navigateurs exploraient les terres lointaines en prenant des repères (boussoles, position du soleil...) qui permettaient aux cartographes de dessiner le monde. La perception ne procède pas autrement, le cerveau est le cartographe et les yeux sont les explorateurs du monde visuel.

1. Fovéa et périphérie

Tout démarre dans la rétine car elle n'est pas une structure homogène. Elle contient deux zones aux qualités complètement différentes. La zone centrale, appelée fovéa, permet l'acuité visuelle tandis que tout le reste, appelé périphérie, permet de localiser les informations intéressantes.

La fovéa

Fovéa : zone minuscule de la rétine (0,4 mm de diamètre, qui « voit » 2 degrés d'angle) au centre du fond de l'œil qui révèle au microscope un câblage individualisé pour un trajet personnalisé jusqu'au cortex visuel.

La fovéa est au milieu de la rétine et se caractérise par :

- un diamètre extrêmement petit d'environ 0,4 millimètre qui ne couvre qu'un angle visuel de 2 degrés à 4 degrés mais qui contient 25 000 cônes ;
- 2 degrés d'angle, c'est tout petit ; cela correspond au trou du capuchon du stylo-bille (trou fait pour qu'un enfant ne s'asphyxie pas

s'il l'avale) ; essayez donc de regarder une page par ce trou, en regardant par la grande ouverture du capuchon, à environ 10 centimètres de votre œil... vous ne verrez qu'un mot de quatre à cinq lettres. Voilà ce que voit la fovéa !

- un « câblage » direct entre les cônes et le cerveau (Figure 3.15).

Au niveau de la fovéa, les signaux envoyés par les photorécepteurs au cerveau ne sont pas confondus (câblage direct). Cela permet une discrimination maximale : c'est l'acuité visuelle.

Acuité visuelle : seule la fovéa permet une finesse de la vue, appelée acuité visuelle.

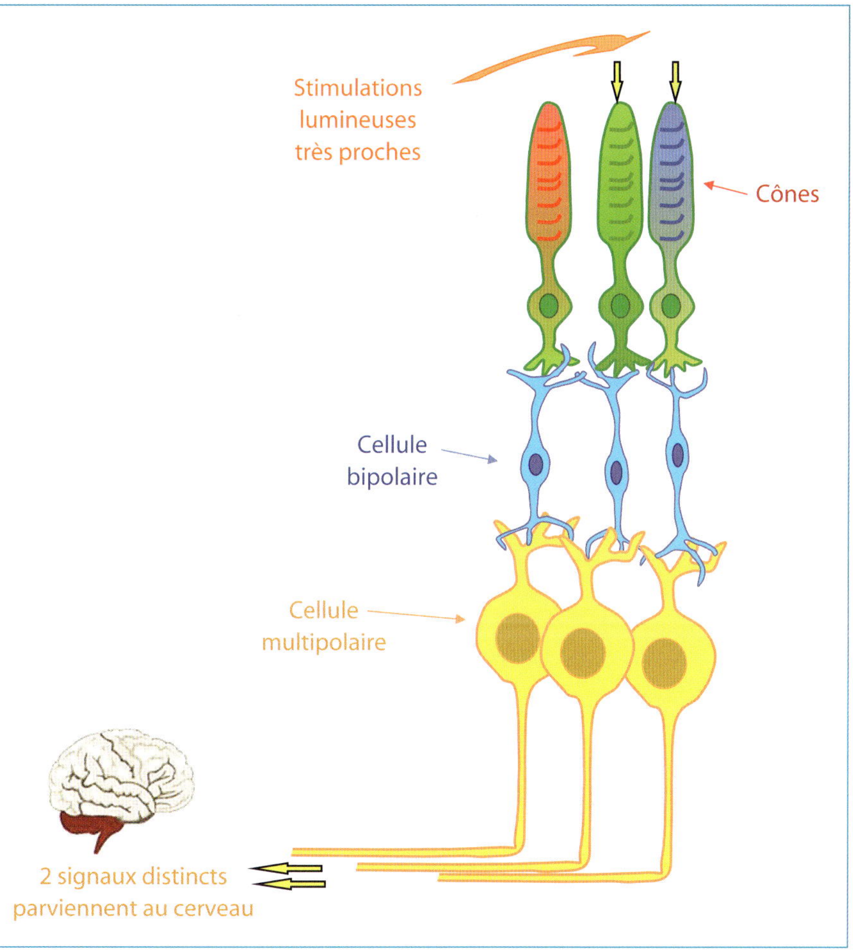

Figure 3.16 – Câblage direct en fovéa.
Au niveau de la fovéa, les vingt-cinq mille cônes ont un câblage direct (avec des relais), jusqu'au cerveau, assurant une acuité extraordinaire.

Au total, c'est la fovéa qui permet de voir en finesse les objets et les personnages, par exemple, les traits d'un visage ou les différences graphiques si ténues entre certaines lettres comme *d*, *c*, *p*, *o*, etc.
En moyenne, chez les jeunes gens, l'acuité visuelle est d'une minute d'angle (1/60e de degré) ; ce qui correspond par convention au 10/10e des ophtalmologistes. Mais certains enfants ou ados ont une acuité de 20/10e (correspondant à une finesse de 30 secondes, soit 1/120e de degré).

L'acuité visuelle chez les animaux

Chez l'homme, l'acuité est d'une minute d'angle (=1/60e de degré) ce qui est une belle performance dans le règne animal car elle n'est que de 7 minutes chez le bœuf, 18 chez les poissons, 1 degré chez l'abeille. À l'inverse, les rapaces nous dépassent avec souvent deux fovéas, comme la buse, l'une pour voir de loin, l'autre pour voir en fort grossissement. L'aigle a, quant à lui, une densité de cônes cinq fois plus grande que l'homme…

Figure 3.17 – Un troupeau de zèbres vu par l'homme, en couleur et avec précision ; vu par un lion, flou et en noir et blanc.

La plupart des animaux qui nous entourent (chiens, chats, fauves) voient flou et en noir et blanc. Pour certains chercheurs, les rayures des zèbres seraient une protection avantageuse car le lion, voyant flou et en noir et blanc, distingue mal un individu dans un groupe compact. Dur, dur d'être un prédateur quand on est myope !

Périphérie de la rétine : tout autour de la fovéa est la périphérie de la rétine ; les photorécepteurs (cônes ou bâtonnets) sont reliés en grappe aux multipolaires, la vision est floue.

Vision périfovéale : immédiatement autour de la rétine, les grappes sont petites et donc la vision est peu nette mais contribue à la vision approximative des grandes formes (pas les lettres).

La périphérie rétinienne

Elle couvre une grande surface peuplée essentiellement de bâtonnets : la structure de transmission est hiérarchique : plusieurs photorécepteurs sont connectés à une cellule bipolaire et plusieurs bipolaires à une multipolaire (Figure 3.17) ; les grappes sont de plus en plus grosses vers l'extérieur de la périphérie :

- à 15 degrés de l'axe optique, il y a soixante bâtonnets pour une fibre du nerf optique (= axone d'une multipolaire) ;
- à 80 degrés, il y a dix mille bâtonnets pour une fibre.

Cette structure en grappe de la périphérie a deux conséquences. La première est la très faible acuité visuelle car deux stimulations voisines (Figure 3.18) vont déclencher des signaux bioélectriques qui seront fusionnés au niveau des bipolaires ou des multipolaires.

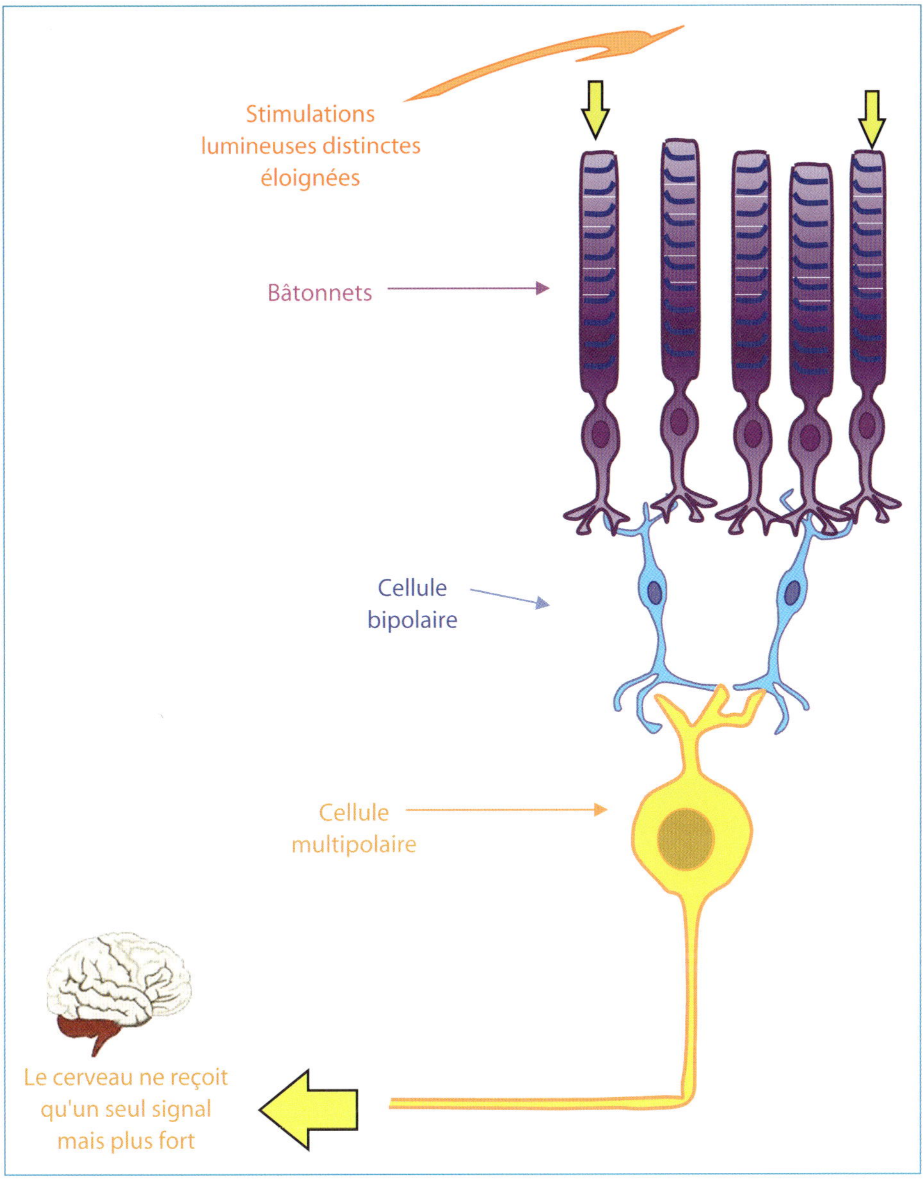

Figure 3.18 – Câblage en grappe en périphérie.

Le cerveau ne sera informé que d'une seule stimulation lumineuse. En périphérie, nous voyons donc de plus en plus flou au fur et à mesure que l'image sera projetée loin de la fovéa.

Test

Prenez un ami et faites-lui faire l'expérience suivante ; faites-lui fixer du regard votre index et présentez-lui sur le côté un livre. Demandez-lui de lire le titre sans déplacer son regard de votre index. Vous constaterez que si le livre n'est pas en face du regard (devant votre index), votre ami ne pourra pas lire le titre. En dehors de la vision fovéale, la vision périphérique est très floue.

La deuxième conséquence est positive, c'est une grande sensibilité aux faibles éclairements car la fusion des signaux permet une addition de toutes les petites stimulations, ce qui apparaît au cerveau comme une luminosité plus forte. Dans la pénombre, c'est ce système périphérique, appelé alors vision scotopique ou crépusculaire, qui fonctionne. Ainsi dans les normes d'architecture, l'éclairage indirect est de 250 lux (une des nombreuses unités de luminance) alors qu'un éclairage plafond pour permettre la lecture doit être de 400 lux (vision fovéale).

Applications

Fovéa et acuité visuelle

Conduite automobile : Il est difficile de regarder la route et le tableau de bord ; dans les véhicules récents (salon de l'automobile, 2004), la vitesse ou des signaux d'alerte (voyant d'huile) apparaissent en fond lumineux sur le pare-brise.
Témoignage oculaire : l'effet de l'arme : des chercheurs ont remarqué que lors d'une agression avec arme, le témoin reconnaît moins bien l'agresseur car il a plus regardé l'arme.
Vente et commerce : dans les supermarchés, les produits devant être valorisés sont placés en face des yeux ; les produits les moins chers sont souvent en dessous des genoux !
Dans certaines maladies où la fovéa est détruite, les malades voient très grossièrement ; par exemple, ils ne voient pas les yeux ou le nez du visage en face d'eux.

2. Deux autoroutes pour le traitement visuel !

Depuis les années 1960, les recherches en neurophysiologie utilisant les micro-électrodes permettent de beaucoup mieux comprendre comment la vision est fabriquée. Quarante années de recherche mettent en évidence qu'il n'y a pas qu'une seule autoroute partant de la rétine par le nerf optique mais deux principales voies (en fait, il existe aussi deux autres trajets : certaines fibres stimulent l'épiphyse à partir de la lumière reçue par l'œil pour la régulation des hormones (chap. 9) ; l'autre trajet comporte mille fibres optiques qui vont dans le noyau suprachiasmatique pour créer l'horloge biologique (chap. 6)) : la voie ventrale et la voie dorsale, qui commencent dès la rétine par des trajets différents des fibres du nerf optique (qui sont les axones des multipolaires). Naturellement ces voies se complètent et sont même en interaction mais examinons-les de façon séparée pour plus de clarté. Bien que ces recherches soient internationales (Mishkin et Appenzeller, 1987), deux équipes en France ont beaucoup contribué aux découvertes dans ce domaine, celle de Jean Bullier de l'équipe INSERM à Lyon (*cf.* site web à ce nom) et celle de Simon Thorpe de l'équipe CNRS de l'Université de Toulouse.

Www.
http://lecerveau.mcgill.ca/

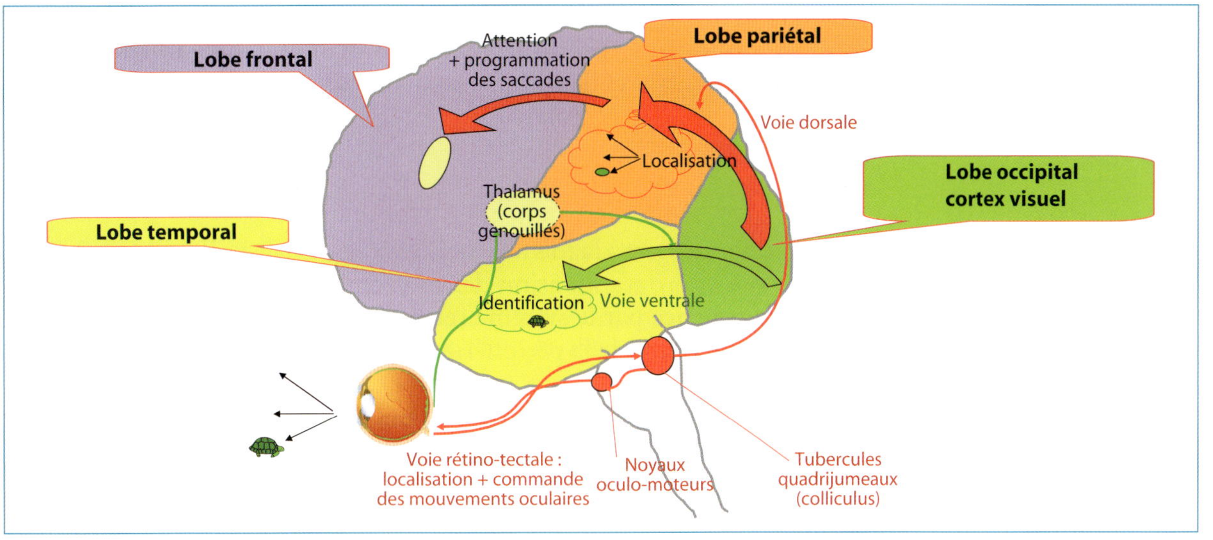

Figure 3.19 – Deux grandes autoroutes pour la vision : la voie ventrale (identification) et la voie dorsale (localisation) (synthèse d'après différentes sources : Jeannerod, 1974 ; Bullier, 2001 ; site web Thorpe, etc.).
Note : en traits fins, le trajet des fibres du nerf optique à partir de la rétine (les corps genouillés du thalamus sont en pointillés pour signaler leur situation à l'intérieur du cerveau) et en flèches épaisses le trajet du traitement cortical soit ventral soit dorsal.

La voie ventrale : l'identification

La voie ventrale finit dans le cortex temporal (plus « ventral » dans le cerveau ; Figure 3.19) mais commence par le trajet des fibres optiques appelé « rétino-cortical » (Jeannerod, 1974). Le système rétino-cortical est le système de l'identification des formes et des scènes visuelles : il englobe les fibres du nerf optique (et leurs relais) qui partent de la rétine, notamment de la fovéa, pour passer par un centre sous-cortical qui est un véritable ordinateur de la perception, le thalamus (et plus spécialement les corps genouillés pour la vision), qui enfin se projettent dans le cortex occipital, spécialisé dans la vision. Grâce à la fovéa, c'est une image ultra-précise qui est envoyée et les milliards de neurones du cortex visuel permettent d'analyser et de stocker les formes et les couleurs. Le traitement se continue ensuite dans le cortex temporal pour permettre l'identification de l'image, animal, fleur,... (certains l'ont appelé le « *what* » *system* ; c'est aussi la mémoire sémantique, *cf.* chap. 5).

Voie ventrale : trajet des voies nerveuses de la rétine (surtout la fovéa), jusqu'au cortex visuel puis dans le cortex temporal (« ventral » dans le cerveau ; **Figure 3.19**) pour permettre l'identification de l'image rétinienne, animal, fleur, etc.

Ce trajet, qui paraît long, est néanmoins très rapide puisque le recueil de l'activité électrique du cerveau montre que l'activation du cortex visuel chez le singe se fait entre 40 millisecondes et 120 millisecondes, selon des couches de traitements variés (traits, formes, couleurs..., Bullier et Nowak, 1995). C'est tout à fait comparable chez l'homme comme le montre la technique des potentiels évoqués. Le sujet est muni d'un casque truffé de 128 électrodes qui captent les ondes du cerveau dans les aires où se produit une activité ; les électrodes sont posées sur le crâne, ce qui est indolore et sans danger. Ainsi peut-on suivre en *live* le cheminement du traitement de l'information. Si l'on sait qu'il faut un temps de réaction moteur (appuyer sur un bouton, oui ou non) de 400 millisecondes pour dire si une image est un animal ou non, l'aire temporale s'est activée en moins de 150 millisecondes (Thorpe, Fize, Marlot, 1996). Le temps restant est dû aux processus de décision (cortex frontal), aux commandes motrices (aire motrice) et au trajet dans la moelle épinière jusqu'au bout des doigts.

La voie dorsale : la localisation et les mouvements oculaires

Voie dorsale : trajet partant de la périphérie de la rétine, jusqu'aux noyaux oculo-moteurs et le cortex pariétal (en haut du cerveau = « dorsal ») qui enregistre la localisation de la cible. C'est le système de la localisation et de l'exploration oculaire.

La voie dorsale sert à la fois à la localisation spatiale de l'objet (ou animal) mais aussi à la programmation des mouvements oculaires. Cette « autoroute » commence par le système rétino-tectal (Figure 3.19) : il regroupe des fibres provenant de la périphérie de la rétine, qui vont se projeter dans les tubercules quadrijumeaux (appelés « colliculus » chez les Américains) puis à l'intérieur du tronc cérébral dans des petits centres nerveux qui commandent les mouvements des yeux, les noyaux oculo-moteurs ; les tubercules quadrijumeaux sont situés sur le tectum (= toit) du tronc cérébral d'où le nom de rétino-tectal donné à ce type de trajet.
Cependant, les tubercules quadrijumeaux envoient également des connexions dans les aires visuelles qui, après traitement, renvoient des signaux dans le cortex pariétal, qui enregistre la localisation de la cible (*« where » system* en américain). Enfin, il existe également des connexions avec le cortex frontal, dans des endroits où l'attention décide une exploration oculaire. Au total, la voie dorsale commande les mouvements oculaires, qu'ils soient automatiques (regard attiré par un mouvement) ou plus élaborés, comme décider de regarder différentes parties d'une scène ou d'un visage.

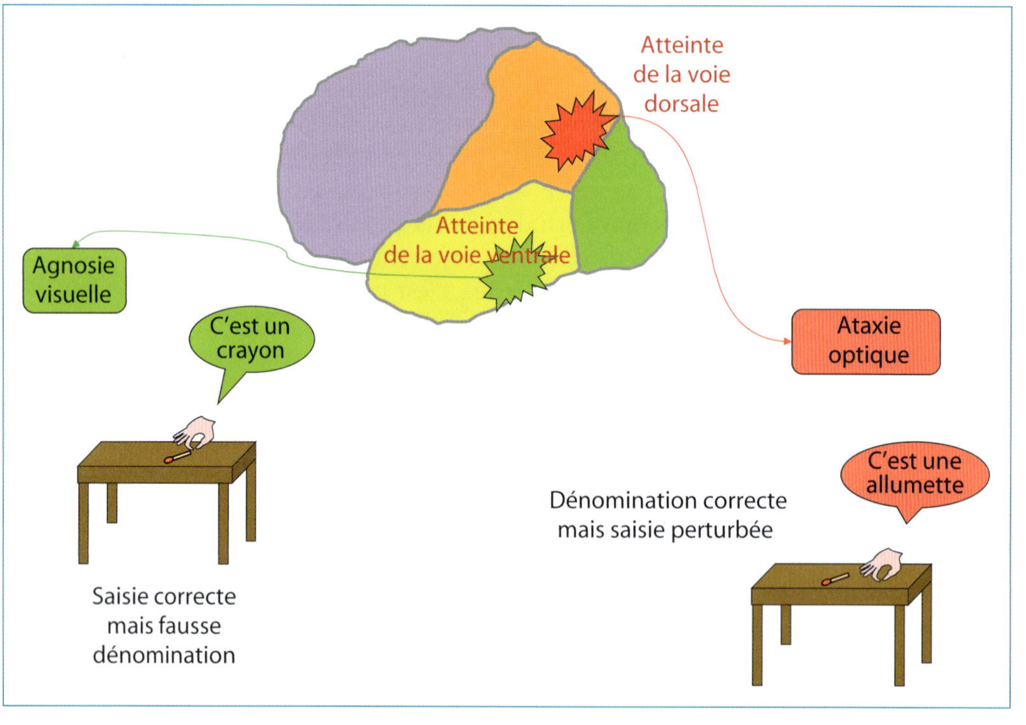

Figure 3.20 – Deux pathologies expliquées par les deux voies, ventrale et dorsale du traitement de l'information visuelle (d'après Rosetti et Pisella, 2001).
Ces pathologies confirment bien l'existence de deux voies séparées (mais en interaction habituellement), dont l'une, ventrale, fabrique l'identification et permet la dénomination des objets, tandis que l'autre, la voie dorsale, construit la localisation de la cible et permet la coordination visuo-motrice.

Pathologie des deux grands systèmes visuels

Deux importantes pathologies du cerveau se trouvent expliquées par la découverte des grandes voies du traitement visuel. Dans l'agnosie visuelle, le patient ne parvient pas à dénommer correctement l'objet, par exemple, il dénomme « crayon » une allumette. En revanche, il n'éprouve pas de difficultés à saisir l'objet. C'est tout le contraire dans l'ataxie visuelle, où le patient dénomme correctement l'allumette mais ne parvient pas à coordonner son geste et sa vision, pour atteindre du premier coup l'objet (Figure 3.20).

Deux systèmes complémentaires

Les deux types de traitement sont absolument complémentaires, l'un assure la localisation et la programmation des mouvements oculaires en direction de la cible mais l'autre assure l'identification et la mémorisation fine de la cible.

L'identification

Le système de l'identification (voie ventrale) est, du fait de l'acuité visuelle de la fovéa et des capacités énormes de mémorisation du cortex, le système de l'apprentissage et de la reconnaissance des formes. L'acuité de la fovéa, d'une minute d'angle, permet de discriminer deux points distincts de 1,5 millimètre à 5 mètres, tandis qu'en périphérie extrême, les points doivent être équidistants de 17 centimètres ; l'acuité fovéale est donc cent fois supérieure à la périphérie extrême. Des expériences d'ablation du cortex visuel (occipital) chez l'animal (Jeannerod, 1974) provoquent une incapacité totale de discriminer des formes, chez le hamster doré, ou de reconnaître des formes apprises, chez le singe, avec une capacité conservée de se déplacer et d'attraper des objets en mouvements ; car cette dernière capacité est liée à l'activité du deuxième système, le système de la localisation.

La localisation

Le système de la localisation (voie dorsale) comprend les voies visuelles, principalement issues de la périphérie de la rétine, donc avec un champ visuel très vaste : 220 degrés chez l'homme ; quasiment 360 degrés chez les animaux qui ont les yeux sur le côté comme les lapins (les proies, en général).

Ces fibres se projettent (*cf.* plus haut) dans les tubercules quadrijumeaux (bijumeaux chez la grenouille et le crapaud ; colliculus chez les Américains) puis dans les noyaux oculo-moteurs pour commander les saccades oculaires. Or les seuils de luminosité et de mouvement étant très bas en périphérie (la sensibilité lumineuse est 60 à 10 000 fois plus grande qu'en position fovéale), ce système est très efficace pour le repérage d'une cible, et d'une proie chez l'animal. L'étude des tubercules bijumeaux a été réalisée chez le crapaud. Comme tous les batraciens, c'est un animal extraordinairement précis et rapide pour attraper les insectes en vol ; l'étude micro-électrophysiologique des gros tubercules bijumeaux de cet animal a révélé une représentation topographique complète de l'espace visuel, un peu comme un poste central de contrôle balistique de missiles, qui permet de suivre une fusée sur un écran (Ewert, 1974).

C'est ainsi, que ces deux systèmes se coordonnent, l'un pour détecter, localiser une cible et commander le regard de façon à ce que la cible soit en face de la fovéa qui peut « photographier » les détails de la cible pour identification. C'est cette coordination qui produit les saccades et fixations oculaires.

3. Les saccades et les fixations

L'œil sort de l'ordinaire par sa mobilité. Mis en mouvement par six muscles, il peut capter de l'information dans de multiples directions. Il existe plusieurs types de mouvements oculaires (par exemple, nystagmus) dont les plus importants sont les mouvements convergents des deux yeux, appelés saccades oculaires.

La lecture est un exemple privilégié d'étude des mouvements oculaires : lorsque nous lisons, notre vue n'est pas panoramique et les yeux ne se promènent pas régulièrement le long des lignes du texte comme la plupart le croient. Les enregistrements des yeux démontrent que la lecture est constituée de sauts et de pauses : les saccades et les fixations oculaires (Figure 3.21) :

Saccades : sauts des deux yeux ayant pour fonction d'amener le centre du regard (et donc la fovéa) en face de la cible (par exemple un mot).

Fixations : pause des deux yeux (en moyenne un quart de seconde) pendant laquelle se fait la prise d'information.

- les *saccades* : ce sont les sauts qui ont pour fonction d'amener le centre du regard (et donc la fovéa) en face de la cible (par exemple un mot) ; les saccades sont très courtes de l'ordre de 20 millisecondes (ms) entre chaque mot et de 80 ms pour un changement de ligne ;
- les *fixations* : elles durent en moyenne 250 ms (un quart de seconde) et c'est seulement pendant la fixation que se fait la prise d'information. Donc, dans une seconde, il y a environ trois fixations ; ce processus étant général et pas seulement lié à la lecture, cela fait un nombre fantastique d'environ dix mille « prises de vue » par heure.

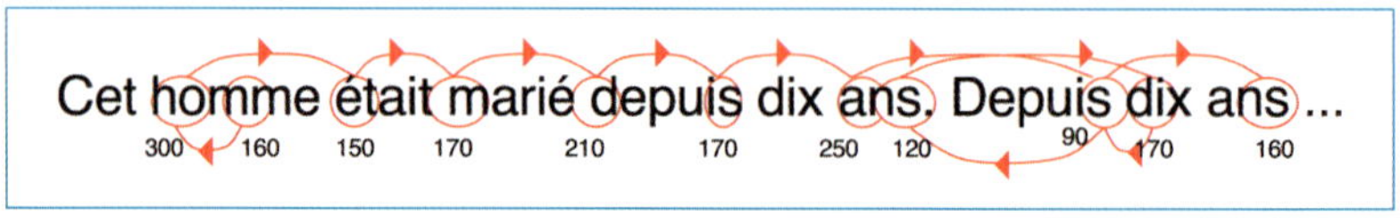

Figure 3.21 – Exemple de saccades et fixations dans la lecture (d'après O'Reagan et Levy-Schoen, 1978).

En général, pour des mots ou pour les détails de dessins, la vision n'est efficace avec une bonne acuité que dans un angle de 2 degrés (1 degré de chaque côté du centre de fixation) ; c'est très réduit, pratiquement cela fait à peu près la longueur d'un mot de quatre lettres, ce qui explique le grand nombre de saccades dans la lecture. On constate d'ailleurs dans les enregistrements au cours de la lecture que toutes les fixations ne sont pas également efficaces et il existe un certain nombre de retours en arrière, ou régressions (Figure 3.21), notamment chez les enfants.

Comment mesurer l'exploration oculaire ?

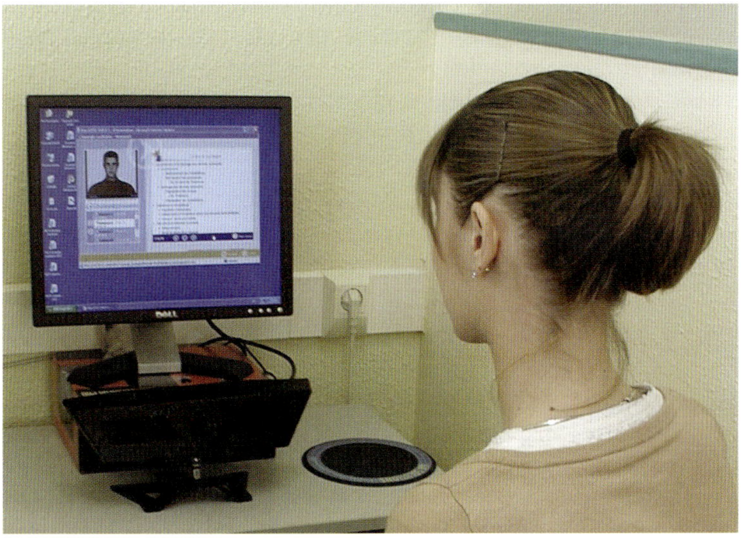

« Eye-Tracker » de type Tobii X50
(source : laboratoire de psychologie expérimentale, université Rennes-II)

Si les premiers appareils de mesure des mouvements oculaires étaient complexes (faisceau infrarouge qui se reflétait sur la cornée et caméra infrarouge, etc.), des appareils de la taille d'une imprimante, appelés « *eye-tracker* » font tout. Un faisceau infrarouge est envoyé vers les yeux (après un test de calibrage) et enregistre les saccades et fixations en liaison avec le document informatisé apparaissant sur l'écran… Magique (mais cher) !

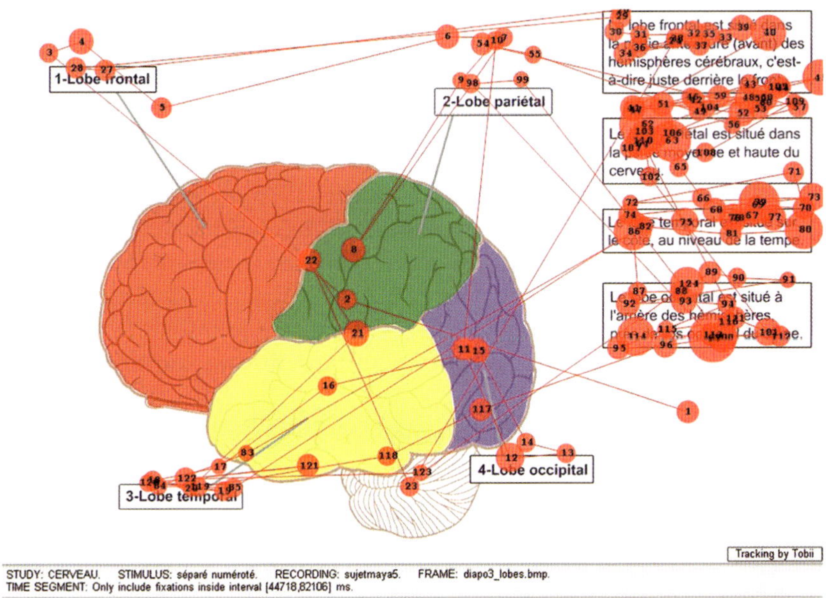

(Jamet et Wrzesien, non publié.)

Exploration oculaire : les yeux bougent sans arrêt, sautant (saccades) pour explorer les scènes visuelles.

Dans les documents multimédias qu'étudient Éric Jamet et son équipe (Jamet, 2008), le regard passe du texte en cherchant la partie correspondante de la figure, et retourne au texte, et ceci des centaines de fois. Le numéro indique l'ordre de succession des fixations (et saccades). La totalité des saccades et des fixations de la figure de gauche (cerveau) ne dure que 45 secondes.
(Merci à Éric Jamet pour ces documents et à Élodie qui sert de modèle, laboratoire de psychologie expérimentale, université Rennes-II.)

4. L'exploration oculaire chez les enfants

La perception des formes est un paradoxe car la plupart du temps la forme d'une figure est trop grande pour que son image entière se limite à la fovéa. Or l'identification est très mauvaise en périphérie (acuité faible) ; ainsi un malade atteint d'un scotome central (fovéa détruite) se comporte presqu'en aveugle. À l'inverse, l'angle en vision fovéale est si petit (2 degrés) qu'il ne permet pas de voir les formes de taille habituelle.

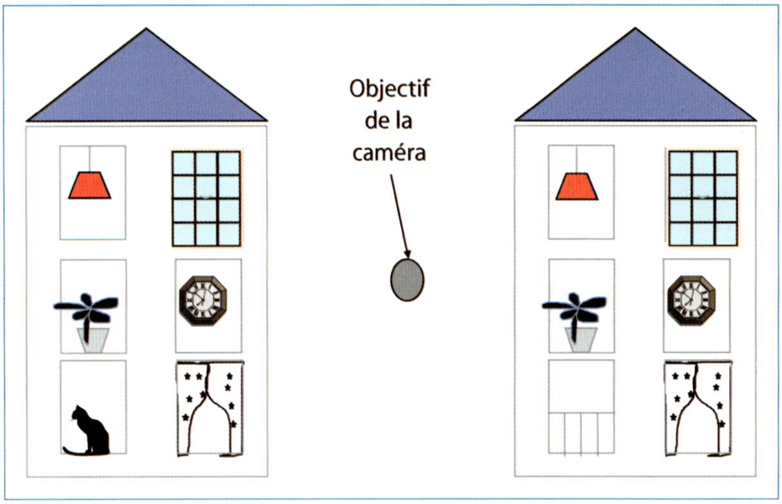

Figure 3.23 – Technique d'étude de l'exploration oculaire chez les enfants (d'après Vurpillot, 1974).

La perception ne pouvant être assurée par un seul des systèmes de la vision est en fait assurée par la coordination de la vision fovéale (fixation) et de la vision périphérique dans de véritables stratégies d'exploration (saccades). L'œil est l'explorateur et le cerveau est le cartographe.
Les recherches sur l'exploration oculaire chez l'enfant montrent bien que l'exploration visuelle est très approximative chez le jeune enfant et qu'elle ne devient systématique qu'au cours de longues années d'apprentissage. L'enfant doit comparer les fenêtres de deux façades de maisons. Une caméra placée au centre (Figure 3.23) enregistre le reflet sur l'œil de la fenêtre fixée par l'enfant. Les résultats indiquent une augmentation des balayages horizontaux (de fenêtre à fenêtre), de 50 % à 70 % entre 5 ans et 9 ans (Vurpillot, 1974).

Applications

Exploration visuelle et méthodes de lecture...

Jean Cliclac – Fotolia.com

La lecture est une exploration complexe et nécessite un long apprentissage où l'enfant doit parfois guider ses yeux avec le doigt...

Du fait de l'exploration visuelle, les méthodes dites « de lecture rapide » sont du charlatanisme ; notamment celles qui promettent par l'entraînement de « photographier » une page entière (la fovéa ne voit qu'un seul mot) ou d'élargir le champ fovéal (le câblage est génétique). En réalité, on ne peut lire rapidement que si on connaît déjà le sujet traité.
À l'école, il faut insister sur la décomposition des lettres et des syllabes (méthode syllabique ou mixte) car l'œil saute de loin en loin (échantillonnage) et ne fait pas une analyse systématique, lettre par lettre. N'oublions pas que le système visuel des vertébrés (des poissons aux mammifères) s'est construit au fil de l'évolution pour détecter des cibles (par exemple proie ou prédateur) pouvant arriver de n'importe où, et non pour analyser des détails (lettres) proches de quelques millimètres : la nature n'avait pas prévu l'écriture !

IV. La perception des formes

De tout temps, l'homme a eu des perceptions organisées. Des groupements d'étoiles ne sont pas vus comme des points brillants séparés mais comme des animaux, objets, personnages, comme dans les constellations. Dans les grottes, stalactites et stalagmites sont vues comme un cierge, une femme, des orgues... Cette tendance à voir des unités construites même dans ce qui ne l'est pas, est utilisée par certains psychologues afin d'étudier les projections et l'imaginaire de sujets ; ce sont les tests projectifs comme le célèbre test des taches d'encre de Rorschach.

Adam Bies – Fotolia.com

De tout temps, l'homme a vu des perceptions organisées, comme les stalagmites et stalactites, alors que la nature n'a produit que du hasard.

1. La forme : « atome » de la perception

Au début du siècle, les psychologues gestaltistes ont attiré l'attention sur le fait que la perception produisait d'emblée des formes, même avec des environnements ambigus. La forme est une structure unique, non analysable, qui s'impose à nous.

Figure de Rubin

Regardez bien cette image ; si vous centrez votre regard sur le blanc, vous verrez un vase tandis que si vous fixez le noir, vous verrez… deux visages se faisant face. Le gestaltiste Rubin s'est fait la spécialité de ce genre d'illusion, montrant qu'une forme (et une seule) s'impose à nous.

« Bonne forme » (*gestalt*) : dans la conception gestaltiste, forme dont les propriétés (symétrie…) font qu'elle s'impose à nous comme une unité.

Gestaltistes : psychologues d'origine allemande qui pensaient que les mécanismes mentaux résultaient de champs électromagnétiques dans le cerveau.

Cette idée remonte à l'Antiquité et certaines formes exercent même par certaines de leurs qualités une véritable fascination comme les entités géométriques des pythagoriciens. Les philosophes-mathématiciens de cette école grecque, autour de Pythagore, voyaient le cercle, le carré, le rectangle d'or comme des entités divines. Les gestaltistes ont d'ailleurs été victimes de cette fascination lorsqu'ils pensaient comme Wolfgang Köhler qu'il existe des « bonnes formes » (*gestalts*) qui sont des équilibres de champs psychologiques. Plusieurs chercheurs de ce courant ont tenté de dégager des lois des bonnes formes :

- *loi de proximité :* des points rapprochés tendent à être facilement vus comme appartenant à un groupe, par exemple les constellations du ciel.

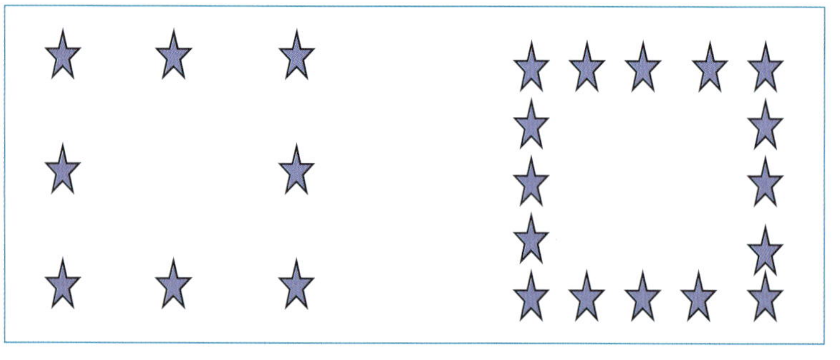

Figure 3.24 – Loi de proximité.

Par exemple, on a tendance à voir la figure 3.24, ci-dessus, comme un carré et non comme huit étoiles. La forme « carré » s'impose encore plus à nous, si les étoiles sont plus proches (à droite) : c'est la loi de proximité. Il en va de même pour les constellations ;

- *loi de similitude :* des points ou parties similaires tendent à être perçues comme un même groupe, par exemple les parties d'une même couleur ;
- *loi de symétrie :* la symétrie évoque une meilleure forme ;
- *loi de clôture :* une ligne fermée évoque plus facilement une forme.

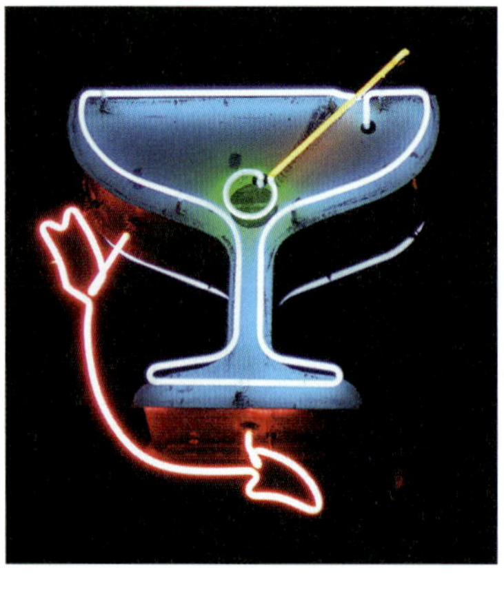

Karin Lau – Fotolia.com

Des lampes de même couleur sont assimilées à la même forme.

Indépendamment des interprétations parfois spéculatives des gestaltistes, de nombreux résultats expérimentaux montrent ce caractère stable, régulier, parfois même insécable, comme l'atome, qu'ont les formes. Les expériences sur les images rétiniennes stabilisées (Pritchard, 1961) le montrent bien. La technique avait pour objectif d'étudier la vision sans les mouvements des yeux, y compris les micro-mouvements ; à cette fin, un projecteur miniaturisé est monté sur une lentille de contact et posé sur la cornée de sorte que le dispositif est entièrement solidaire du globe oculaire et que l'image projetée devient indépendante des mouvements de l'œil. Les sujets déclarent voir disparaître des parties des figures présentées ; on pouvait s'attendre à une saturation ou période réfractaire (fatigue) des photorécepteurs stimulés de façon continue ; mais le plus frappant est que l'effacement ne se fait pas au hasard, par petites touches, mais sur des parties complètes de la figure de façon semble-t-il à respecter une interprétation de la figure. Par exemple, les sujets voient un 3 à la place d'un B ou des formes géométriques ou suffisamment de lettres pour faire des mots significatifs (Figure 3.25).

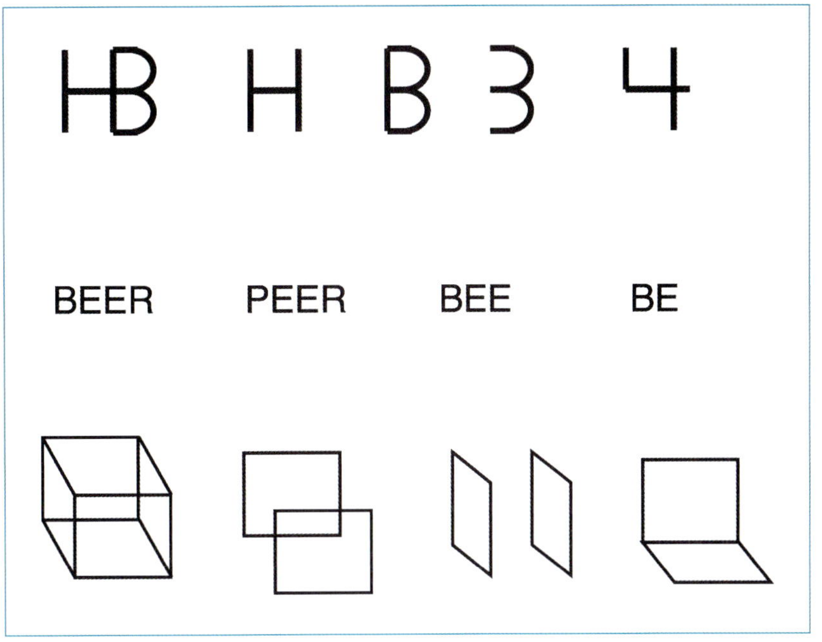

Figure 3.25 – Expérience des images stabilisées (Pritchard, 1961).

Ainsi, un visage s'estompe par parties, yeux, nez, bouche, etc. Dans le cadre de l'analogie ordinateur-système cognitif, ces faits évoquent la notion de sous-programmes d'un ordinateur (encart ci-dessous).

Les sous-programmes

Dans les tout premiers ordinateurs, il fallait que l'informaticien programme chacune des lettres de l'alphabet ; ensuite pour faire le programme d'un mot, il fallait « additionner » les sous-programmes des lettres. Un programme ressemble à un jeu de bataille navale, il faut écrire (lignes du programme) les coordonnées de chaque point ; Par exemple pour la lettre T, les deux premières lignes sont vides ; on met de a1 à j1 que les cases doivent rester vides (0 en informatique) ; pour la ligne 3, il y a deux carrés vides, donc a3 et b3, ensuite les carrés sont noirs (codés 1 en informatique) de c3 à g3, et ainsi de suite pour construire le T.

Sous-programme de la lettre T sur un ordinateur

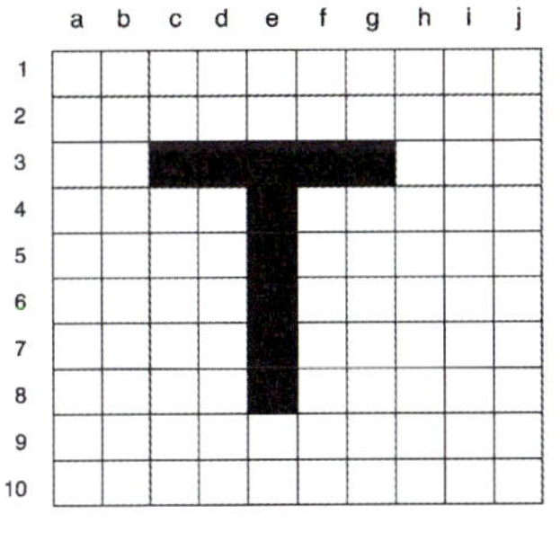

Codage :
une case pleine est codée 1 ;
une case vide est codée 0

a1 à j1 = 0 (que des carrés vides)
a2 à j2 = 0
a3 à b3 = 0 ; c3 à g3 = 1 ; h3 à j3 = 0
a4 à d4 = 0 ; e4 = 1 ; f à j = 0
…
…
a10 à j10 = 0

Les formes seraient selon ce modèle des programmes complexes assemblés à partir de sous-programmes dans notre mémoire visuelle. D'après les recherches sur les mouvements oculaires, l'exploration visuelle serait à l'origine de ces formes vues comme des programmes d'information.

2. Les stratégies d'exploration oculaire

Comment se construisent donc les formes ? La solution nous vient à nouveau de l'exploration oculaire. La perception des formes est un paradoxe car la plupart du temps la forme d'une figure est trop grande pour que son image entière se limite à la fovéa. Or l'identification est très mauvaise en périphérie (acuité faible) ; ainsi un malade atteint d'un scotome central (fovéa détruite) se comporte presqu'en aveugle. À l'inverse, l'angle en vision fovéale est si petit (2 degrés) qu'il ne permet pas de voir les formes de taille habituelle (Levy-Schoen, 1976).

La perception des formes ne pouvant être assurée par un seul des systèmes de la vision est en fait assurée par la coordination de la vision fovéale et de la vision périphérique dans de véritables stratégies d'exploration. Alors que nous avons subjectivement l'impression d'une vision panoramique, tout se passe comme si nous voulions visiter une maison la nuit avec une lampe torche dont le faisceau lumineux ne ferait que 2 degrés d'angle ; on peut encore comparer l'exploration oculaire à l'exploration du géographe, qui, voulant faire le tracé d'un grand fleuve, est obligé de dessiner le fleuve d'un méandre à un autre puis de se déplacer pour voir la forme du fleuve après chaque méandre (avant l'invention des avions et satellites).

David Noton et Lawrence Stark de l'université de Berkeley en Californie ont proposé une théorie très illustrative de ces programmes d'exploration oculaire, la théorie de l'anneau de traits (*feature-ring* ; 1971). Cette théorie est fondée sur une analyse des trajets oculaires d'un sujet lorsque celui-ci regarde des diapositives, visages, paysages, etc. Comme toute technique d'étude des mouvements oculaires, la technique est complexe (Noton et Stark, 1971 ; Vurpillot, 1974 ; Stark et Ellis, 1981) : un mince faisceau infrarouge (donc invisible pour le sujet) est réfléchi sur la cornée et son déplacement, en fonction des rotations de l'œil est enregistré par des cellules photo-électriques. Si une figure est présentée plusieurs fois (apprentissage), les trajets oculaires tendent à se ressembler au cours des essais pour un même sujet ; donc les trajets évoluent vers un trajet optimal, ce qui permet de parler de stra-

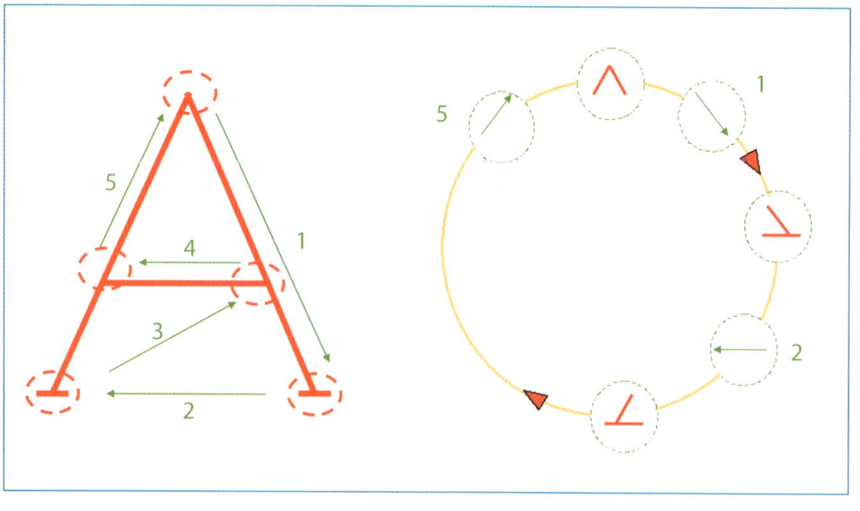

Figure 3.27 – Exemple de saccades et fixations dans la lecture (d'après Noton et Stark, 1971).

tégie. De plus, lorsque le sujet doit ultérieurement reconnaître une figure vue parmi de nouvelles, on s'aperçoit que le trajet oculaire pour la figure reconnue reste similaire aux trajets de la fin de la période d'apprentissage.

Il y aurait donc mémorisation des trajets oculaires, un peu comme notre géographe se rappellerait de ses principaux déplacements le long du fleuve. En fonction de ces résultats, Noton et Stark suggèrent que l'exploration d'une figure détermine le stockage de deux catégories d'informations :

- des informations *sensorielles* extraites à chaque fixation (les traits sensoriels : obliques, verticales, couleurs, etc.) (§ 5, p. 73, hypercolonnes et traits visuels élémentaires) ;
- des informations *motrices* (traits moteurs) concernant les directions et amplitudes des saccades oculaires d'un trajet.

Les recherches sur l'exploration oculaire chez l'enfant (*cf.* III, 4) montrent bien que l'exploration visuelle est très approximative chez le jeune enfant et qu'elle ne devient systématique qu'au cours de longues années d'apprentissage et de maturation. Le mystère des figures géométriques des pythagoriciens et des bonnes formes des gestaltistes s'explique ainsi dans cette conception générale de la perception des formes comme programmes de traits. En effet, plus la figure est simple, symétrique, régulière et plus le programme doit être simple, et plus l'âge d'acquisition doit être précoce. Dans cette hypothèse, les figures les plus élémentaires sont précisément les formes géométriques qui fascinaient les pythagoriciens, le cercle, le carré, le rectangle, le triangle...

Mais comme l'âge de construction de ces formes de base est très précoce (peut-être dans les premières semaines), on ne peut le mesurer. Cependant, la complexité des programmes des formes se retrouve indirectement dans l'évolution de la capacité de l'enfant à copier les figures géométriques : 3 ans en moyenne pour le cercle, 4 ans pour le carré et 5 ans pour le losange.

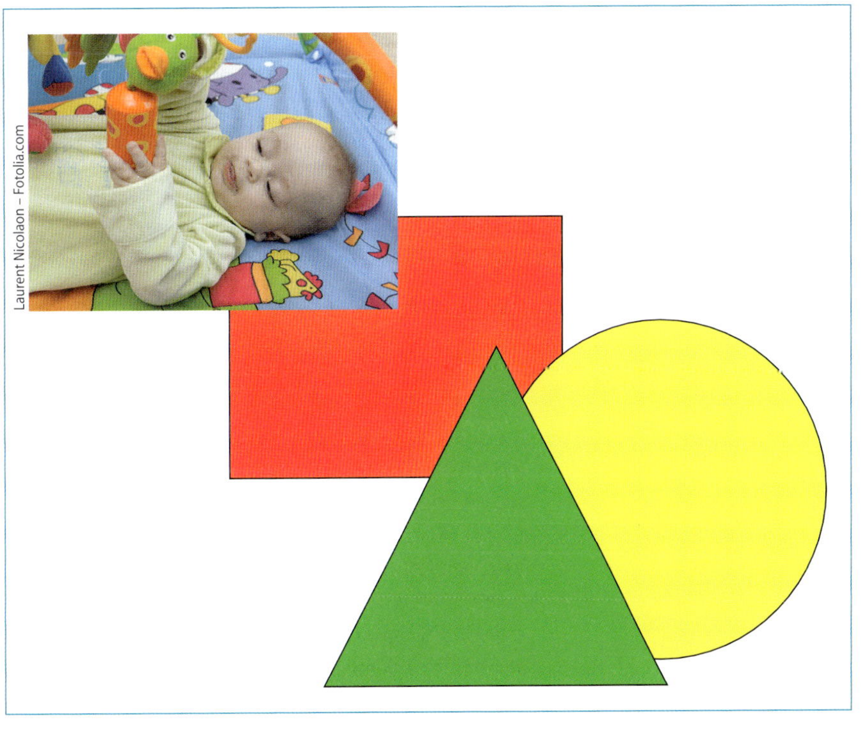

Figure 3.28 – Dans le développement perceptif de l'enfant, les formes pythagoriciennes sont vraisemblablement les premières à être construites.

3. Perception et connaissance

La construction des objets : la théorie des géons de Biederman

Ions : en chimie, les ions sont des atomes ou molécules électrisés (+ ou –) s'assemblant pour faire tous les corps élémentaires de la nature, par exemple le sel de cuisine est l'assemblage de l'ion Cl– (Chlore) et de l'ion Na+ (sodium), l'eau est l'assemblage de deux ions hydrogène H+ et d'un atome d'oxygène O––.

Géons : contraction de Geometric Ions, vus dans la théorie de Biederman comme les briques élémentaires des formes visuelles. Il y aurait 36 géons de base, dont les multiples combinaisons permettent de synthétiser des millions d'objets mentaux.

Polygones : figures à plusieurs côtés, 3 (triangle), 4 (carré) ou dizaines de côtés, s'approchant alors des ovales ou cercles.

Ainsi, se construisent au cours de l'enfance des formes, des images pour aboutir, dans notre mémoire imagée, à une bibliothèque d'images estimée à peut-être 30 000 objets familiers, de la chaise à l'éléphant. Mais ce ne sont pas des images fixes comme des photographies car nous ne pourrions reconnaître des objets différents par la taille, la couleur ou avec certaines déformations, comme dans les dessins animés. Irving Biederman d'une université de New York a donc proposé une théorie de reconstruction des objets mentaux à partir de formes de base, un peu comme dans le jeu de lego, mais en plus souple, c'est la théorie de la reconnaissance par composantes (RBC en anglais) ou théorie des géons (Biederman, 1987), contraction de *Geometric Ions* (les ions étant les briques élémentaires de la chimie).

S'inspirant des recherches sur le langage qui montrent que les dizaines de milliers de mots connus par un adulte sont produits par la combinaison de quarante à cinquante phonèmes de bases, Biederman pense que notre mémoire imagée a synthétisé nos milliers d'objets mentaux à partir de « briques » élémentaires, les géons. Ses recherches avec ses collègues le conduisent à penser qu'il existe 36 géons de base, dont les multiples combinaisons permettent de synthétiser des millions d'objets mentaux : l'imagination artistique n'est donc pas épuisée. Par exemple, avec seulement deux géons (comme la lampe de la figure 3.29), on peut synthétiser 36 multiplié par 36 géons soit 1 296 objets, avec 3 géons on peut faire 46 656 (36^3), plus d'un million et demi avec quatre géons (36^4), sans compter les possibilités de déformations (dissymétrie, etc.)…

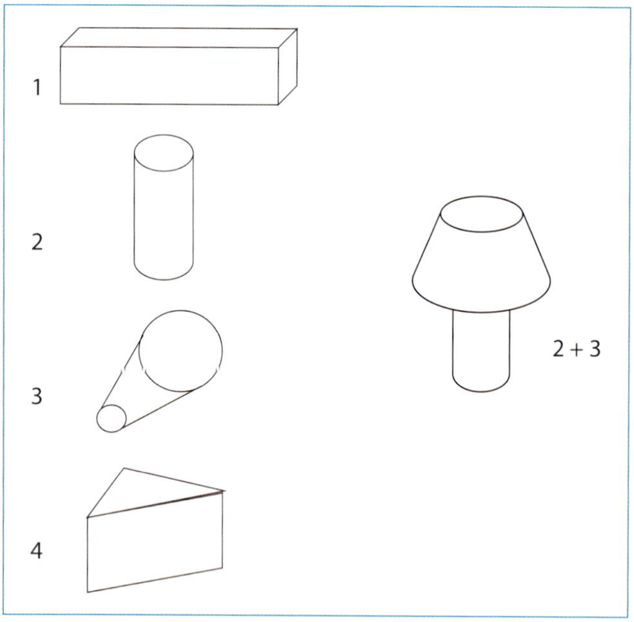

Figure 3.29 – Quelques-uns des trente-six géons de la théorie de Biederman : selon cette théorie, tout objet est l'addition de géons.

Géons, polygones ou nurbs ?

Cependant la nature qui nous entoure et qui entourait les premiers hommes n'est pas géométrique. Comme le remarque Jean-Pierre Gaillard, spécialiste de la perception, comment faire les images de la nature avec des géons (Gaillard et Bourges, 1999), l'image d'un éléphant, d'un hérisson ou des paysages complexes, comme des vagues ou une forêt, ou encore des visages ?

Le système nerveux, avec ses milliards de neurones et de connexions, pourrait avoir « choisi » des solutions plus flexibles (encart « La caméra humaine », p. 98). Par exemple, les graphistes des jeux vidéo utilisent une forme géométrique ultra flexible, le polygone (forme avec plusieurs côtés). Ainsi, les polygones peuvent faire des voitures, des circuits, des dragons ou des personnages comme Lara Croft, qui au fil des versions (et de la puissance de calcul des consoles) a de plus en plus forme humaine (voir sites : www.tombraider.com et www.captain-alban.com).

Mais l'animation 3D pour les dessins animés tels que *Shrek* utilise des formes encore plus souples appelées « nurbs », qui pourraient fort bien ressembler à des réseaux de neurones.

Les nurbs sont issus du travail pionnier de deux ingénieurs français, Pierre Bézier, ingénieur chez le constructeur automobile Renault, et Paul de Casteljau travaillant chez Citroën, qui ont développé la même idée, sans se connaître, pour faire les profils 3D de pièces de voitures. L'idée part (**Figure 3.30**) d'un polynôme qui fabrique une courbe dont on peut tirer (par des petites poignées) des points pour fabriquer des formes élastiques. Au lieu d'une courbe, imaginez une surface qu'on peut déformer au gré de l'imagination, pour faire des sphères, des gouttes, des visages... Voilà qui est sans doute plus près des réseaux de neurones dont la souplesse (un neurone est branché en moyenne à dix mille autres neurones) permet en théorie de faire n'importe quelle forme, y compris en 3D.

Digital Vision

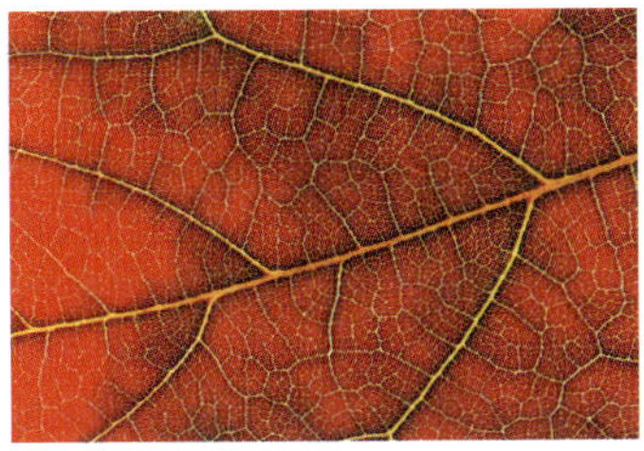

Digital Vision

© Christelle Daubignard

Il est difficile d'imaginer que des images de la nature, gouttes d'eau, poils d'une chenille, arrondis des visages… puissent être constituées de géons, formes géométriques par définition.

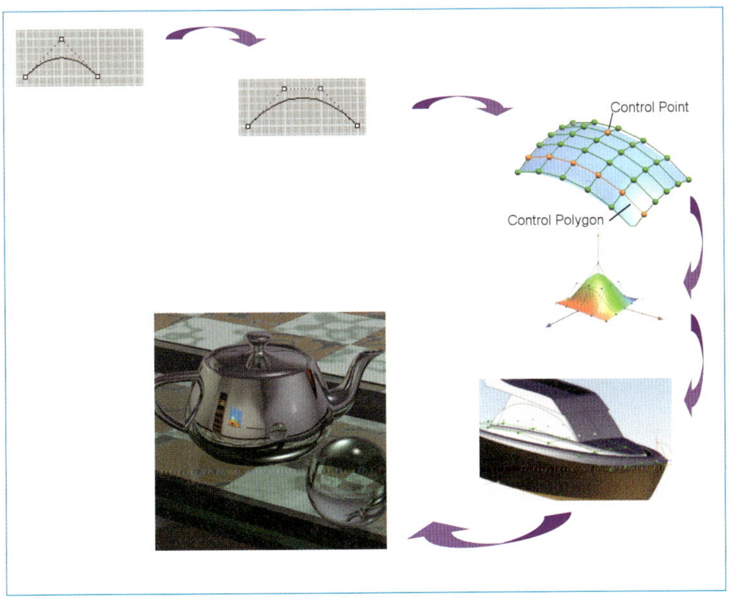

Figure 3.30 – Nurbs.
L'idée des Nurbs part d'un polynôme qui fabrique une courbe dont on peut tirer, avec la souris (par des petites poignées), des points pour fabriquer des formes. Au lieu d'une courbe, imaginez une surface qu'on peut déformer au gré de l'imagination, pour faire un profilé de bateau, des formes fluides comme une théière ou une sphère qui reflète des formes. Ce procédé est utilisé dans l'animation 3D et représente assez bien des scènes de la nature, tout comme les réseaux de neurones savent naturellement le faire.

Www.
www.captain-alban.com

Nurbs (*Non Uniform Rational Bezier Spline*) : procédé de représentation de formes 3D très souples, permettant de représenter des voitures, des humains, etc., en trois dimensions.

Polynôme : équation mathématique qui fabrique des courbes ; vous vous souvenez $y = ax^2 + bx + c$, qui fait une parabole (ou courbe en U).

Www.
Wikipedia : « nurbs »

Www.
www.web3D.fr

Stephen Wiltshire : la « caméra humaine »

Stephen Wiltshire

« Tokyo Panorama » dessiné de mémoire par Stephen Wiltshire (2005) : la précision est « photographique ».

Stephen Wiltshire, appelé « la caméra humaine », est connu depuis tout petit lorsque, dans son centre d'éducation spécialisé, les éducateurs s'étaient rendu compte qu'il pouvait redessiner, après une visite touristique, des édifices avec une précision photographique (nombre de fenêtres, nombre de colonnes…). Devenu grand, les cinéastes lui font survoler la ville de Rome, qu'il ne connaît pas, pendant 45 minutes. Puis sur une grande planche à dessin panoramique de plusieurs mètres, il dessine de mémoire (en trois jours), la ville de Rome telle qu'il l'a vue ; les précisions sont sidérantes, les ruelles, les courbes du Tibre, et la précision photographique des monuments. Les cinéastes réalisent dans leur film une superposition de la vidéo du Colisée avec le dessin de Stephen, et l'on voit que toutes les colonnes et fenêtres sont représentées telles qu'il les a vues. C'est comme si sa perception était enregistrée telle quelle.
Aucune analyse neurologique n'a été faite pour permettre une quelconque explication. Son retard pour le langage – il a prononcé ses deux premiers mots (crayon et papier) à l'âge de 5 ans – laisse penser que son cerveau ne dispose pas de processus d'abstraction et que ses réseaux de neurones enregistrent les scènes telles que la rétine les capte spatialement, comme un appareil photographique ou un caméscope. Bien des mystères subsistent encore…

Www.
http://www.stephenwiltshire.co.uk/
Wikipedia
You Tube

4. Les illusions perceptives

Les illusions sont des échecs spectaculaires de la perception. Spectaculaires car ce que nous voyons est parfois une illusion : nous voyons la Lune aussi grosse que le Soleil, nous voyons une fusion quand les images se succèdent à vingt-quatre par seconde, etc. Cependant, nous sommes habitués à notre façon de voir, ce sont nos références et c'est pourquoi nous ne parlons pas alors d'illusion. Parfois, cependant des phénomènes choquent nos références et c'est alors qu'on parle d'illusion. Dès le début de la psychologie expérimentale, on s'est intéressé à des illusions géométriques (dites « optico-géométriques ») faciles à reproduire et à mesurer. Deux mécanismes explicatifs paraissent assez généraux, l'assimilation et le contraste (Ikeda et Obonaï, 1955 ; *cf.* Fraisse, 1971 ; Piaget, 1961 ; Fraisse, 1971) :

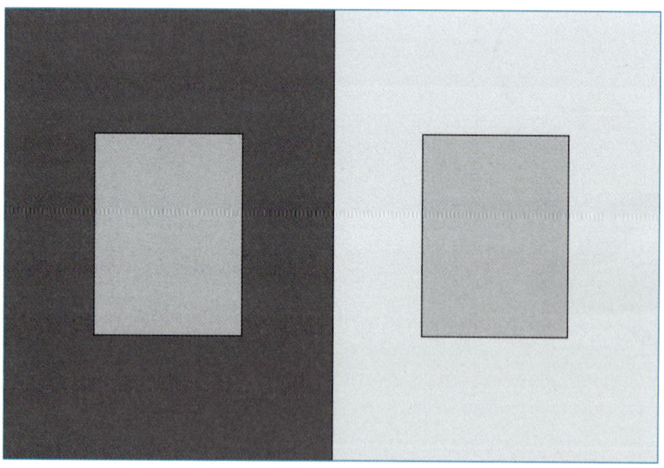

Figure 3.31 – Illusion de contraste : le même gris (au centre) paraît plus clair sur un fond sombre et plus foncé sur un fond clair.

Les illusions de contraste

Les illusions de Delbœuf et Titchener sont représentatives des illusions de contrastes (Figure 3.32). Leur explication est simple si l'on se réfère aux récentes découvertes en micro-électrophysiologie du système visuel qui montrent l'existence de systèmes (par exemple, cellules horizontales dans la rétine ; mécanismes spéciaux dans le cerveau) qui augmentent les contrastes. Ainsi, un gris paraît plus clair sur un fond sombre et inversement (Figure 3.31). D'ailleurs ce phénomène de contraste est général et pas seulement visuel.

Ainsi la même eau tiède paraît chaude si la main a tenu un glaçon et paraît froide pour l'autre main qui a été mise sous une eau chaude…
Ainsi s'expliquent les illusions optico-géométriques de contrastes : un cercle entouré d'un (Delbœuf) ou de plusieurs cercles plus grands (Titchener) semblera plus petit (sous-estimation) et inversement (Figure 3.32).

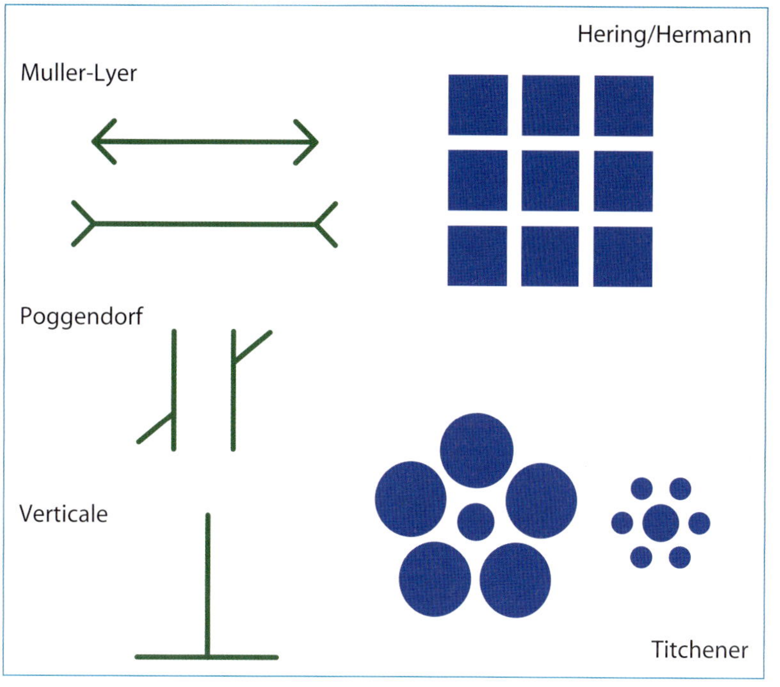

Figure 3.32 – Exemples d'illusions : d'assimilation (à gauche) et de contraste (à droite).

Les illusions d'assimilation

Dans les illusions d'assimilation, l'illusion peut être considérée comme due à l'assimilation d'une partie à un tout. L'illusion de Müller-Lyer (Figure 3.32) et de Poggendorf est représentative de cette catégorie. Comme l'avait déjà suggéré Jean Piaget, les mécanismes oculaires d'exploration pourraient très bien expliquer ces illusions. Ainsi, dans l'illusion de la verticale, la verticale est surestimée par rapport à une horizontale de même longueur, et l'observation des mouvements oculaires indique que les fixations sont plus denses à l'extrémité de la verticale. Sachant que les parties les plus informatives, extrémités, intersections, font l'objet d'un plus grand nombre de fixations, on peut expliquer les illusions en faisant l'hypothèse que la longueur de l'image mentale sera fonction du positionnement moyen des fixations. Kaufman et Richards (1969, *cf.* Fraisse, 1976) ont de plus montré que la densité des fixations était plus grande au centre de gravité des angles.

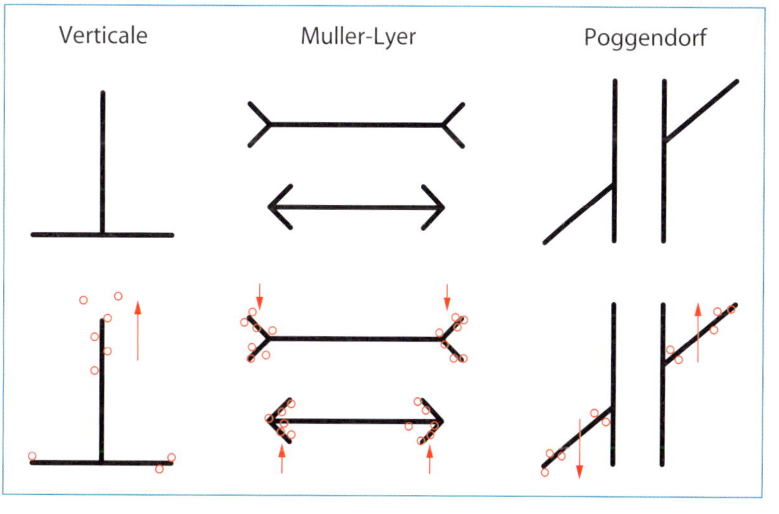

Figure 3.33 – Explication des illusions d'assimilation en termes de densité de fixations.

Les flèches convergentes de l'illusion de Müller-Lyer ont pour effet, dans cette hypothèse, de ramener les fixations vers l'intérieur alors que les flèches divergentes ont l'effet inverse. Dans l'illusion de Poggendorf, les fixations sont déplacées vers le haut ou le bas de la diagonale (Figure 3.33).

Www.
Illusions : mettre sur le net « illusions d'optique »/
http://ophtasurf.free.fr/illusions_extraordinaires2.htm
You Tube

V. Traitement de l'information et perception

La perception peut donc être considérée comme un traitement de l'information. Les programmes d'exploration oculaire concernent l'intégration spatiale de plusieurs fixations. D'autres processus contribuent à la synthèse visuelle dans le temps.

Qu'est-ce que le seuil perceptif ?

1. Seuils perceptifs et perception subliminale

Le seuil perceptif

Seuil perceptif : plus petite intensité physique déclenchant une sensation. Dans ce chapitre, le seuil est la plus petite durée qui donne lieu à une sensation consciente.

Infraliminaire : durée (ou intensité) inférieure au seuil.

Supraliminaire : durée au-dessus du seuil.

Le seuil perceptif est la plus petite valeur physique qui permet une sensation psychologique. Dans le cas de la vision des formes, c'est par exemple le temps le plus court qui permet d'identifier, une forme, une lettre, un mot.
Il est important de noter (ce qui sera important pour les applications), que le seuil est une notion statistique. Comme le seuil est l'intensité tout juste perceptible, il faut faire plusieurs essais (par exemple, dix essais) et le seuil devient la valeur de détection dans 50 % des cas. Lorsque la valeur est en dessous du seuil (statistiquement non ou peu détectable), c'est une valeur subliminaire (= en dessous).
Les seuils varient en fonction des individus (par exemple, de l'âge), de la luminosité (en fovéa, il faut beaucoup de lumière), etc., mais voici quelques données de base dans des expériences de Paul Fraisse, qui fut (laboratoire de Paris-V) un grand chercheur de la perception. Dans ces expériences, le sujet a connaissance du type d'information présentée (on lui présente les figures ou les mots auparavant) car en cas d'incertitude, les seuils augmentent.
Il faut un minimum de 10 à 20 millisecondes pour identifier des choses simples, mot, forme ou dessin.

Tableau 3.3
Exemples de seuils de la vision
(synthèse d'après Fraisse, 1969, 1980).

Mots	Formes géométriques	Dessins (stylisés)
25 ms	10 ms	21 ms

Seuil du successif et seuil d'intégration

Le problème se complique lorsque plusieurs informations se succèdent (cas du cinéma). Plusieurs combinaisons ont été testées en laboratoire selon les durées respectives de la stimulation n° 1 (on dit S1) et de la stimulation n° 2 (S2). Les résultats sont assez simples : lorsque S1 + S2 est inférieur ou égal à 100 ms (= millièmes de seconde), il y a intégration,

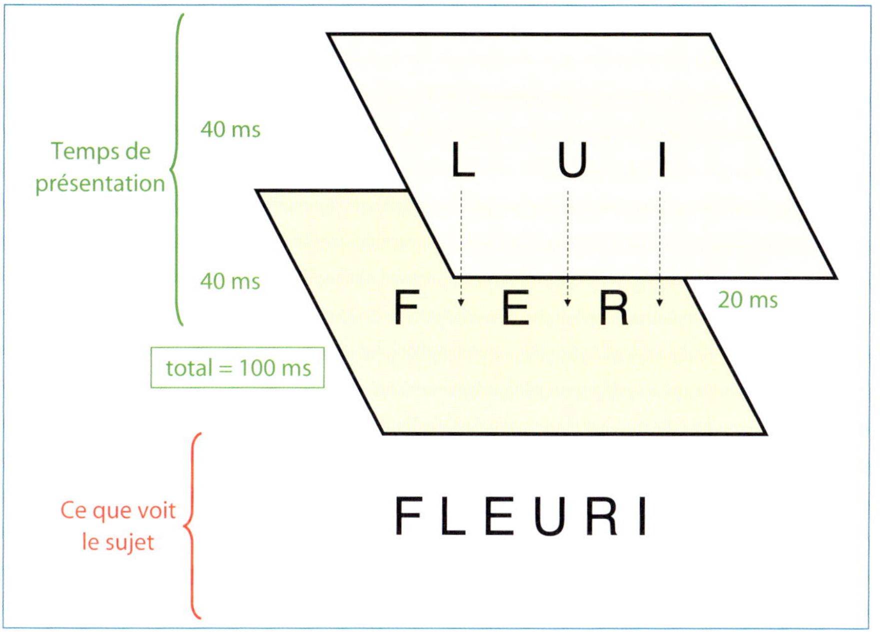

Figure 3.34 – Expérience montrant la fusion temporelle en deçà de 100 ms (d'après Fraisse, 1968).

fusion ; c'est-à-dire que le sujet ne voit qu'une seule stimulation. Au-delà, il y a perception d'une succession, c'est le seuil de succession.
Par exemple, dans une expérience assez spectaculaire de Fraisse (1968), deux mots sont présentés successivement, par exemple F E R et L U I, mais de telle sorte que les lettres de ces mots s'intercalent spatialement : le L se place dans l'espace où viennent de disparaître F et E (Figure 3.34).
Lorsque la somme des temps (durée de présentation des mots et intervalle entre mots) ne dépasse pas 100 millisecondes, les sujets voient FLEURI et non les mots séparés qui ont été physiquement présentés dans le temps F E R et L U I.
Au total, le successif est perçu comme du simultané dans l'intervalle de 100 millisecondes (Fraisse, 1968). Ce fait fondamental avait été découvert empiriquement par les pionniers du cinéma.
Au cinéma, les images se succèdent au rythme de 24 par secondes (25 à la télévision ou en vidéo), ce qui représente un temps d'environ 40 millisecondes par image, deux images successives apparaissent donc à l'intérieur de l'intervalle critique de 100 millisecondes.
Le phénomène est relativement robuste mais au détriment de la sensation de mouvement. Ainsi, les dessins animés de Walt Disney et Tex Avery qui ont 24 images par secondes nous donnent l'illusion d'un mouvement souple et délié tandis que nous percevons de manière saccadée d'autres dessins animés qui ne comportent que huit dessins par seconde.

Les effets de masquage

Au-delà de 100 millisecondes, il se passe des phénomènes complexes appelés masquage (Rossi, 1975) où le mot (ou figure) dont la durée est plus longue efface tout ou partie de l'autre. Ces phénomènes s'expliquent par le temps qu'exige le traitement des informations visuelles ; tant que les voies visuelles traitent une image, les autres ne sont pas prises en compte ;

c'est comme lorsque vous téléphonez, vous ne pouvez faire un second appel en même temps...

Publicité et images subliminales

Jacek Chabraszewski - Fotolia.com

L'insertion d'une seule image (40 ms) dans un film n'a jamais donné de résultat probant.

En 1956, une polémique éclata à la suite d'une annonce indiquant que des spectateurs de salles de cinéma s'étaient rués sur le coca et le pop-corn à la suite de slogans subliminaux projetés pendant le film. En fait, il s'agissait d'une escroquerie d'un agent en marketing au chômage ayant fait une fausse annonce avec la complicité d'un animateur de radio ; il prit la fuite après avoir empoché des contrats d'agences de publicité (Rogers, 1993, cit. Myers, 1997).

L'image subliminale est l'insertion d'une image (= 40 ms) d'un slogan publicitaire (ou politique) parmi les 24 ; elle est censée ne pas être vue consciemment mais agir inconsciemment. On appelle aussi ce phénomène « 25e image » mais improprement au cinéma car c'est une des 24 qu'on enlève.

Ce phénomène est illusoire du fait du phénomène de masquage : une image, présentée seulement pendant 40 ms, est effacée par les images précédentes et suivantes. Dans l'expérience de Fraisse, si le second mot « LUI » dure plus longtemps que le premier (« FER »), le sujet ne voit que « LUI », le premier étant effacé. En outre, une phrase nécessite un temps (plusieurs saccades oculaires) de codage dépassant largement 40 ms (en gros 250 ms par mot), ce qui rend impossible la présentation subliminale (40 ms) d'un slogan du genre : « Votez pour le Parti sans Impôts » ou : « Buvez la boisson Popa-Pola. »

La Canadian Broadcasting Corporation s'est livrée à une expérience en incluant 352 fois le message « TÉLÉPHONEZ MAINTENANT » pendant une émission très populaire du dimanche soir (remarque : une heure de télévision représente 90 000 images). Aucune des 500 personnes contactées n'avait perçu ce message (cit. Myers, 1997) !

En France, le 13 mai 1988, le *Quotidien de Paris* dévoile l'affaire du « générique Mitterrand » (O. Droulers, *Réalité et efficacité des stimulations subliminales en marketing*, thèse de doctorat en sciences de gestion, université Rennes-I, 1996). Entre septembre 1987 et mai 1988, une cinquantaine d'images défilent dans le logo Antenne 2 (actuellement France 2) pendant le journal télévisé et l'image de François Mitterrand y figure dix fois parmi d'autres images (Gorbatchev, le TGV, etc.). Le CNCL (Commission nationale pour la communication et les libertés) note que le générique ayant été diffusé 2 949 fois, le visage de Mitterrand est donc apparu 29 490 fois. Et pourtant aucun téléspectateur n'a remarqué quoi que ce soit. Le directeur de l'information de la chaîne déclarait « même avec le matériel le plus sophistiqué, j'ai eu beaucoup de mal à repérer cette image » (cit. Droulers, 1996, p. 323).

Remarque : certains confondent publicité subliminale et publicité indirecte. Lors d'un prix de Formule 1 ou d'un match de football, de nombreuses marques sont affichées, elles n'ont rien de subliminales et le spectateur peut à loisir fixer ces affiches plutôt que les voitures ou les joueurs, notamment quand il y a peu d'action sur le circuit ou dans le stade...

VI. La perception de l'espace

Notre perception de l'espace oscille entre deux extrêmes, la perspective et la constance.

1. La perspective

Attribuée à l'architecte Fillipo Brunelleschi (1377-1446), l'invention de la perspective, avec des lignes de fuite à partir d'un point central, est clairement expliquée par Léonard de Vinci (1452-1519), peintre, ingénieur et savant, ainsi que Descartes (1596-1650), mathématicien et physicien en assimilant l'œil à une lentille.

Lorsqu'on observe le trajet des rayons lumineux traversant une lentille convergente, on constate que l'image de l'objet de l'autre côté de la lentille est renversée (*cf.* I, § 2 p. 66) et diminue au fur et à mesure que l'objet s'éloigne : c'est le phénomène de la perspective (**Figure 3.35**) :

De nombreux architectes et peintres italiens comme Léonard de Vinci (1452-1519) avaient compris le phénomène de la perspective.

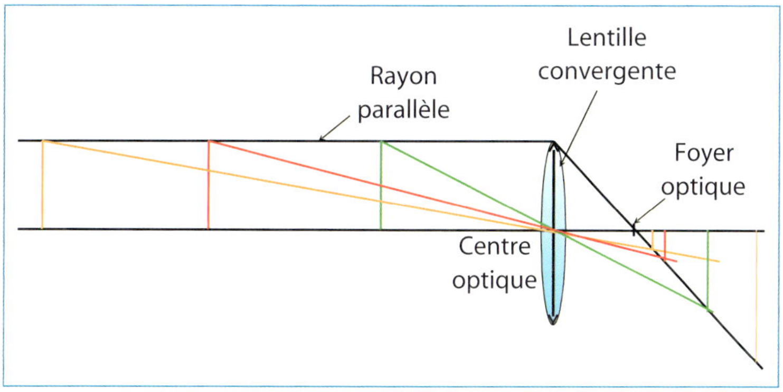

Figure 3.35 – La loi de l'angle visuel et la perspective.

BG – Fotolia.com

C'est ce qui explique les nombreux phénomènes de perspective : les rails de chemins de fer semblent converger à l'horizon ; l'effet est d'ailleurs plus fort avec un appareil photo qu'avec la vision humaine (le cerveau corrige, *cf.* plus loin) ; du haut d'un grand édifice (tour Eiffel), les gens et les voitures paraissent miniaturisés, etc. La perspective est due au fait que la taille de l'image ne dépend que de l'angle visuel qui sous-tend l'objet ; c'est la loi de l'angle visuel.

Les rails de chemin de fer qui « fuient » à l'horizon, sont un très bon exemple de perspective. Remarquez que la perspective s'applique aussi à la largeur (des traverses, à droite) et à la hauteur des montagnes.

Perspective : vision des choses de plus en plus petites au fur et à mesure de leur éloignement ; par exemple les rails de chemin de fer.

Loi de l'angle visuel : l'image rétinienne dépend de l'angle sous lequel est vu l'objet. Plus l'angle est petit et plus l'image est petite.

Ce qu'on savait de l'œil au temps des Mousquetaires

Portrait de René Descartes par Frans Hals (1649).

Descartes (1596-1650), philosophe, mathématicien et physicien vit au siècle des Mousquetaires (sous Louis XIII) qu'il a peut-être croisés en se rendant à la Sorbonne. Grâce à la géométrie, il applique les lois de l'optique à la vision : « [...] si prenant l'œil [...] d'un bœuf [...] vous coupez dextrement vers le fond les trois peaux qui l'enveloppent, en sorte qu'une grande partie de l'humeur demeure découverte [...] puis, l'ayant recouverte... par exemple, d'un morceau de papier [...] que vous mettiez cet œil dans le trou d'une fenêtre [...] tourné vers quelque lieu où il y ait divers objets [...] éclairés par le soleil [...] Cela fait, si vous regardez ce corps blanc, vous y verrez, non peut-être sans admiration et plaisir, une peinture, qui représentera fort naïvement en perspective tous les objets qui seront au dehors [...] », appuyant sa démonstration de schémas géométriques » (*La Dioptrique, Œuvres et Lettres*, Paris, Gallimard, 1953, p. 206-207).

Ce n'est qu'après la Renaissance qu'apparaissent, en peinture, les effets de la perspective, probablement comme une application de la découverte des lois d'optique. Un très bon exemple est donné par l'œuvre de Canaletto (XVIIe).

Vue de Londres par Canaletto (1697-1768).

Pour cette raison, le diamètre apparent de la Lune est sensiblement le même que celui du Soleil. Attention, c'est un hasard dans le temps (la Lune provient d'une collision et s'éloigne de la Terre) et sur d'autres planètes, nous ne verrions pas leurs satellites de la même taille que le Soleil (*cf.* films de science-fiction).

Applications

Cinéma et loi de l'angle visuel

Beaucoup de trucages de cinéma sont basés sur cette loi de l'angle visuel. Par exemple, un hélicoptère qui s'écrase est un modèle réduit ; dans les films de science-fiction, les vaisseaux spatiaux sont des maquettes et paraissent immenses parce qu'une caméra les filme très près et très lentement...

2. La constance perceptive

Le phénomène de constance

Cependant, la perspective ne s'applique pas à tout notre environnement et c'est même plutôt l'inverse dans un espace proche de quelques dizaines de mètres. Dans cet espace, nous percevons les individus et les objets avec une taille approximativement constante : c'est le phénomène de constance perceptive : par exemple, si je regarde une personne s'éloigner de moi, je ne la vois pas rapetisser alors que ce serait le cas si je la filmais. Je ne vois pas une chaise deux fois plus petite si elle est située deux fois plus loin, etc.

Le cerveau est donc capable de corriger l'information rétinienne par d'autres informations : ce sont les indices de la constance. Léonard de Vinci en avait déjà découvert plusieurs : la perspective, en tant qu'indice d'éloignement, lignes, couleur, luminosité... ; les ombres, indiquant le relief ou les rapports spatiaux entre objets et plus subtil, la parallaxe de mouvement, comme le cheval au galop qui semble aller lentement s'il est loin...

Constance : le cerveau rétablit l'aspect réel de l'objet grâce à des indices de profondeur. Sinon, il y a perspective.

Vision binoculaire : vision avec les deux yeux ; c'est la principale source d'informations sur la profondeur pour notre cerveau.

Horoptère : courbe virtuelle correspondant au lieu de convergence des deux yeux ; en deçà et au-delà, l'œil droit et l'œil gauche, envoient deux images différentes : le cerveau « voit » double (en dehors de notre conscience).

Les indices en vision binoculaire

Les expérimentalistes classent les indices en fonction de deux modes de vision, binoculaire ou monoculaire.

Beaucoup d'animaux, en particulier les vertébrés (poissons, batraciens, reptiles, mammifères), ont deux yeux (ce n'est pas le cas chez les araignées qui en ont huit). L'existence de deux yeux a pour fonction le repérage dans l'espace grâce à des mécanismes complexes (Pettigrew, 1972), lié tout d'abord au câblage des nerfs optiques. Le câblage des voies visuelles est compliqué puisque la moitié des fibres provenant d'un œil va dans un hémisphère cérébral (le cerveau est composé de deux hémisphères) et l'autre moitié des fibres va dans l'autre hémisphère.

La fonction de cette anatomie complexe est simple : un objet présenté latéralement est analysé dans le même hémisphère : par exemple, si on présente une orange à droite, son image va se projeter du côté nasal de l'œil droit mais du côté temporal de l'œil gauche. Le croisement complexe des fibres optiques « rattrape » cette inversion de projection et l'image de l'orange va être envoyée dans un seul hémisphère (ici, le gauche, Figure 3.36).

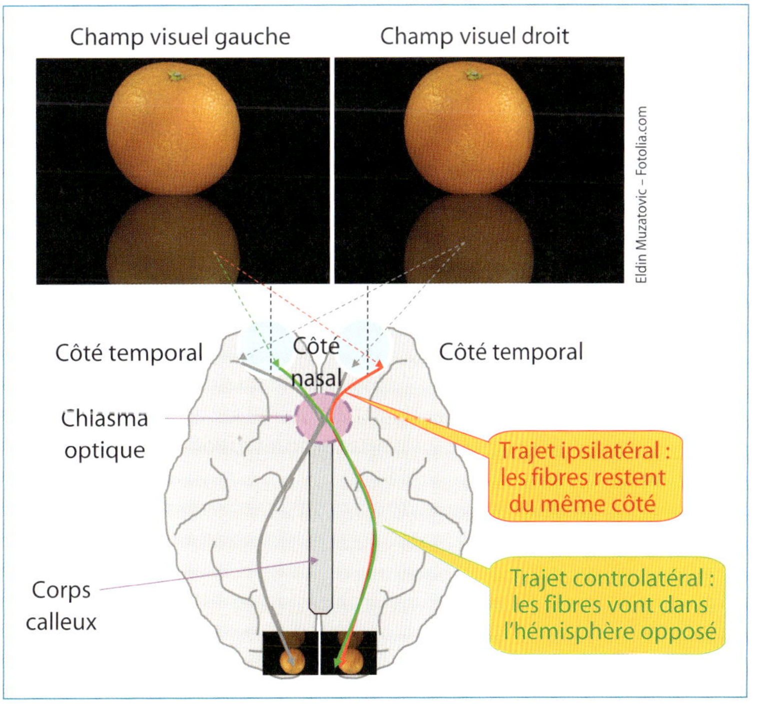

Figure 3.36 – Le câblage des fibres optiques fait que l'image du demi-champ visuel gauche est envoyée dans le cortex visuel droit et inversement.

Disparité rétinienne : différence des deux images rétiniennes ; des neurones spéciaux dans le cerveau réagissent pour des degrés variés de disparité, créant une impression de profondeur.

Www.
La vision
http://lecerveau.mcgill.ca/

Mais ces images se superposent en partie en fonction de la distance, c'est la disparité binoculaire ; plus l'objet cible est près et plus disparates sont ces deux images. Fort heureusement, nous ne voyons pas double car un hémisphère est dominant et impose « son » image. Mais, pour ce qui nous intéresse, le cerveau est capable de déduire la distance de l'objet à partir de la disparité entre les deux images rétiniennes.

Test : quel est l'œil dominant ?

Commencer par aligner un doigt, bras tendu, avec une cible éloignée (poignée de porte, tableau sur un mur) en gardant les deux yeux ouverts ; en fermant alternativement chaque œil, on s'aperçoit que l'alignement persiste pour un œil, c'est l'œil dominant (droit pour les vrais droitiers) alors que pour l'autre œil, le doigt semble être décalé de plusieurs centimètres (effet dû à la disparité des images rétiniennes).

La vision en 3D

Le cinéma utilise toujours le principe de la disparité pour donner une impression d'espace mais avec des technologies diverses. Le premier procédé utilise une caméra avec deux objectifs filmant chacun à l'aide d'un filtre coloré (un rouge et un vert) et les spectateurs doivent porter des lunettes colorées pour avoir une impression de profondeur… mais en perdant au final ces couleurs car il ne reste que les bleus, jaunes et gris, comme dans le dessin animé *Coraline* !

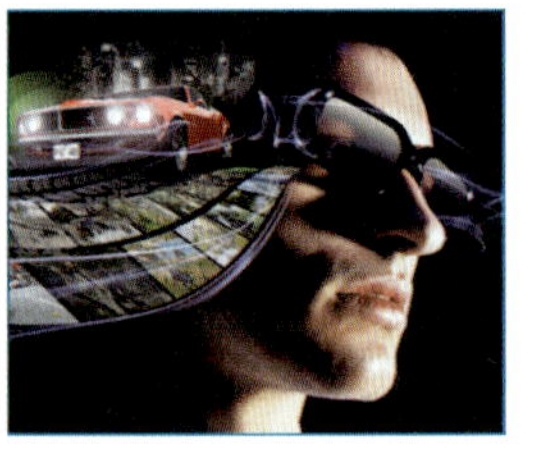

Depuis, des nouveaux procédés plus élaborés ont été créés pour permettre de conserver les couleurs. Le premier utilise le principe de la lumière polarisée (= lunettes qui ne laissent passer, comme un peigne, que les photons horizontaux ou à l'inverse verticaux). Ce procédé nécessite des caméras complexes avec deux objectifs (polarisants) et deux pellicules ; il est utilisé dans les cinémas Imax comme au *Futuroscope* et l'effet de profondeur est tout simplement bluffant. Dans le cinéma Imax, il y a 50 images par seconde, donc 25 pour un « œil » et 25 pour l'autre. L'autre, inaugurée pour le grand public par le célèbre film *Avatar* de James Cameron nécessite des lunettes à cristaux liquides. Des images sont projetées à très grande vitesse : 120 images par seconde, vitesse nettement plus rapide que les 24 images par seconde du cinéma traditionnel ou les 25 images de la télévision. Par alternance, une image contient un signal infrarouge qui va activer le verre gauche ou droit. Au total, 60 images « gauches » et 60 images « droites » alternent à une vitesse vertigineuse (60 de chaque par seconde), pour tromper notre cerveau qui, en les fusionnant, voit la planète Pandora et les chevauchées des Omaticayas en 3D !

Les indices en vision monoculaire

Mais la constance perceptive subsiste encore en vision monoculaire (avec un seul œil) grâce à une variété d'indices, dont voici trois exemples :

- la parallaxe de mouvement : à vitesse constante, l'objet qui se déplace près de l'œil donne une image rétinienne qui bouge plus vite sur la rétine (dans un train, la maison qui est loin se déplace moins que les pylônes électriques de la voie ferrée) ; le même effet se produit (lois de la relativité) si c'est la tête ou le globe oculaire qui bougent et non l'objet. De telles informations sont permanentes car l'œil est perpétuellement en mouvement ;

- l'interposition : un objet qui en cache un autre, est forcément devant ;
- le gradient de texture (illustration ci-contre) : Gibson, un grand psychologue de la perception, a beaucoup insisté sur la perception de la densité de luminosité, appelé gradient de texture : imaginez, par exemple, une grande salle avec un carrelage noir et blanc (comme un jeu de dames) ; la perspective crée une diminution des carreaux dans tous les sens (largeur, profondeur), qui est appelée par Gibson, le gradient de texture. Ce gradient de texture fournit au cerveau des indices de profondeur. Même si ce gradient n'est pas aussi visible que sur un damier, il est toujours perçu, par exemple, au bord de la mer, en montagne, ou même dans des grandes pièces...

U.P.images – Fotolia.com

La perspective crée un gradient de texture sur des figures répétitives comme le dallage d'un sol.

Le rôle des connaissances

Le rôle des connaissances antérieures a systématiquement été étudié par Adelbert Ames en créant des situations de conflit entre les caractéristiques optiques de l'image rétinienne et les connaissances antérieures. La chambre de Ames, restée célèbre, consiste à fabriquer une pièce qui paraît rectangulaire vue en vision restreinte (par un petit trou) mais qui en fait est truquée. La chambre est trapézoïdale dans plusieurs de ses dimensions, hauteur et profondeur, les fenêtres et le plancher étant également dessinés en fonction des lois de la perspective. Tout se passe bien pour le sujet lorsque cette chambre truquée est vide, le sujet la voit comme une pièce rectangulaire tout à fait normale. Mais le conflit survient si l'on place des personnages dans deux parties de la pièce ; l'enfant placé dans la partie située plus près de l'œil va paraître démesurément grand par rapport à l'autre, et l'inverse se produira si l'on permute les places.

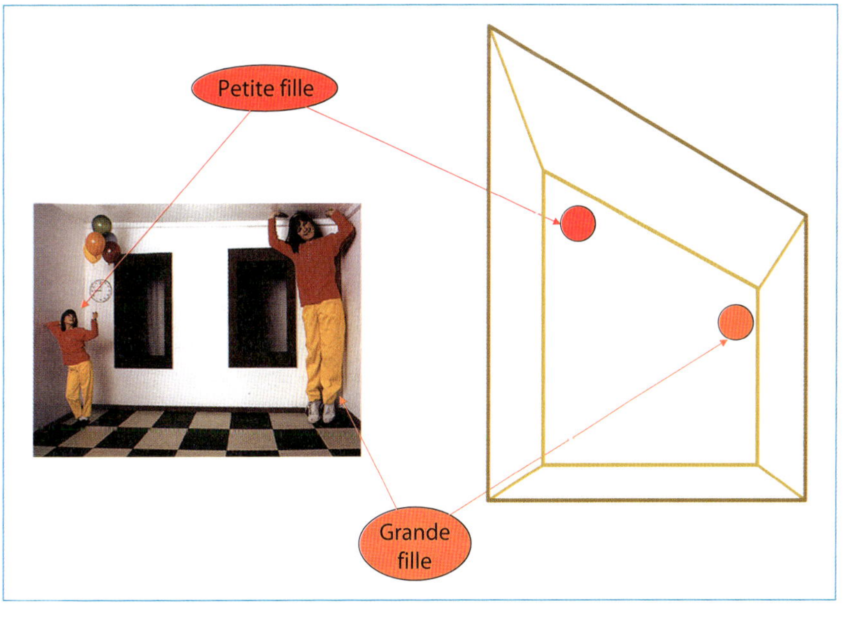

Figure 3.37 – Dans la célèbre chambre de Ames, on a l'illusion d'un petit personnage… tout en ayant l'impression se faire avoir !
En fait la pièce est truquée, les fenêtres et le parquet, respectant les lignes de fuite, donnent l'impression de formes rectangulaires alors que tout est trapézoïdal ;
le cerveau résout ce conflit en se fiant à l'image rétinienne
(personnage plus loin = plus petit).

Ces recherches ont été continuées notamment par Paul Beuchet à Rennes. Un des dispositifs de Beuchet est la chaise truquée qui apparaît comme une chaise normale mais dont le siège est par exemple cinq fois plus grand mais situé cinq fois plus loin que le dossier ; tout est perçu sans conflit jusqu'au moment où une personne s'assoit sur le dossier et paraît minuscule...

Ces truquages sont courants chez les prestidigitateurs, au cinéma et de nos jours en décoration avec les « trompe-l'œil ». Les prestidigitateurs, notamment ceux qui utilisent des appareils, exécutent leur tour dans un décor noir et avec des tentures noires, pour supprimer tout indice de profondeur : par exemple la boîte où l'on scie la jolie assistante paraît étroite mais est suffisamment grande pour en contenir deux dont on voit les pieds de l'une et la tête de l'autre.

Au cinéma, la technique du décor peint inventé par le Français Méliès, utilise la perspective pour filmer une scène dans un « trou » découpé dans le décor peint. Le décor qui paraît immense (à cause de notre habitude de la perspective) tient en réalité sur un panneau de quelques dizaines de centimètres mais il est situé tout près de la caméra. Les studios Walt Disney ont notamment utilisé ce procédé dans *Vingt mille lieux sous les mers* pour représenter le *Nautilus* dans le décor peint d'une crique. Ces truquages se sont perfectionnés avec les films de science-fiction et les extraits de scènes de tournage montrent que le colossal vaisseau spatial de *La Guerre des étoiles* de George Lukas est une maquette.

Révision du chapitre

Résumé

Qu'est-ce que la perception visuelle ? 64

La perception visuelle est la capacité (œil) de capter la lumière renvoyée par les objets et de les analyser (cerveau).

Quelles sont les deux théories de la vision des couleurs ? 76

La théorie chromatique de Young-Helmoltz et la théorie des couleurs complémentaires de Hering.

Quelles sont les deux principales zones de la rétine ? 80

La zone centrale, appelée fovéa, permet l'acuité visuelle. Le reste, ou périphérie, permet de localiser les informations intéressantes.

Qu'est-ce que le seuil perceptif ? 100

Le seuil perceptif est la plus petite valeur physique qui permet une sensation psychologique. Dans le cas de la vision des formes, c'est par exemple le temps le plus court qui permet d'identifier, une forme, une lettre, un mot.

Lectures conseillées

Hubel D. (1994). *Le Cerveau et la Vision*, Paris, Pour La Science-Belin.

Pinel J. (2007). *Biopsychologie*, chap. 7, Paris, Pearson Education France.

Purves D., Augustine G.-J., Fitzpatrick D., Hall W.C. (2005). *Neurosciences*, chap. 12 à 14, Bruxelles, de Boeck.

Jamet E. (2008). *La Compréhension des documents multimédia : de la compréhension à la production*, Marseille, Solal.

Webographie

WWw. Daltonisme
www.daltoniens.fr

WWw. Le cerveau à tous les niveaux
Université McGill

WWw. Polygones
www.captain-alban.com

WWw. Nurbs
Wikipedia : « nurbs »

WWw. 3D
www.web.3D.fr

WWw. Vision
Université McGill

Exercices et QCM

QCM (1 point par question)

Cochez la bonne réponse. Attention, les mauvaises réponses sont comptées – 1. Il n'y a pas de pièges ; dans le doute, ne répondez pas.

1. La lumière visible est comprise (environ) entre 400 et 700 :
❑ mètres ❑ millimètres ❑ microns ❑ nanomètres

2. Comment s'appelle la « lentille » du globe oculaire ?
❑ cornée ❑ cristallin ❑ iris ❑ pupille

3. L'organe nerveux de l'œil qui permet d'analyser l'image s'appelle :
❑ rétine ❑ choroïde ❑ sclérotique ❑ cornée

4. Entourez les deux types de photorécepteurs de l'œil :
❑ cellule bipolaire ❑ cône ❑ bâtonnet ❑ cellule amacrine

5. La zone qui permet une bonne acuité visuelle se nomme :
❑ Nivéa ❑ Nutella ❑ vitella ❑ fovéa

6. Désignez l'intrus dans la théorie trichromatique :
❑ bleu ❑ vert ❑ jaune ❑ rouge

7. Les mouvements oculaires de la lecture comportent les fixations et les :
❑ pauses ❑ dérives ❑ saccades ❑ nystagmus

8. La durée moyenne d'une fixation est de (en ms = millisecondes) :
❑ 250 ❑ 500 ❑ 750 ❑ 1 000

9. Quelle taille d'informations l'œil peut-il capter en une fixation (avec une bonne acuité) ?
❑ 1 lettre ❑ 1 mot ❑ 1 ligne ❑ 1 page

10. Entourez deux mécanismes fondamentaux de la perception de l'espace :
❑ disparité ❑ détection ❑ parallaxe ❑ hypercolonne

Mode de correction : + 1 pour les bonnes réponses, et – 1 pour les mauvaises et faire le total algébrique (soustraire les – des +) ; par exemple, s'il y a autant de – 1 que de + 1, cela fait un total de 0 ; dans le doute, il vaut mieux ne pas répondre.

Exercices

De préférence, faites les exercices avec un crayon et une gomme pour les refaire plusieurs fois. La répétition est la base de l'apprentissage (cf. chap. 3 et 4).

Exercice 1 : Reportez au moins quatre notions sur ce schéma de l'œil.

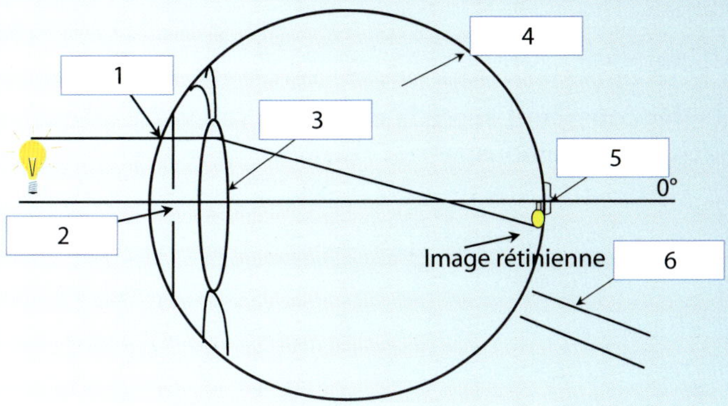

Exercice 2 : Complétez le schéma de la rétine ci-dessous. *Aide-mémoire :* cônes, axone, cellules bipolaires, bâtonnets, fibres (nerf optique), cellules multipolaires, cellules horizontales, cellules amacrines.

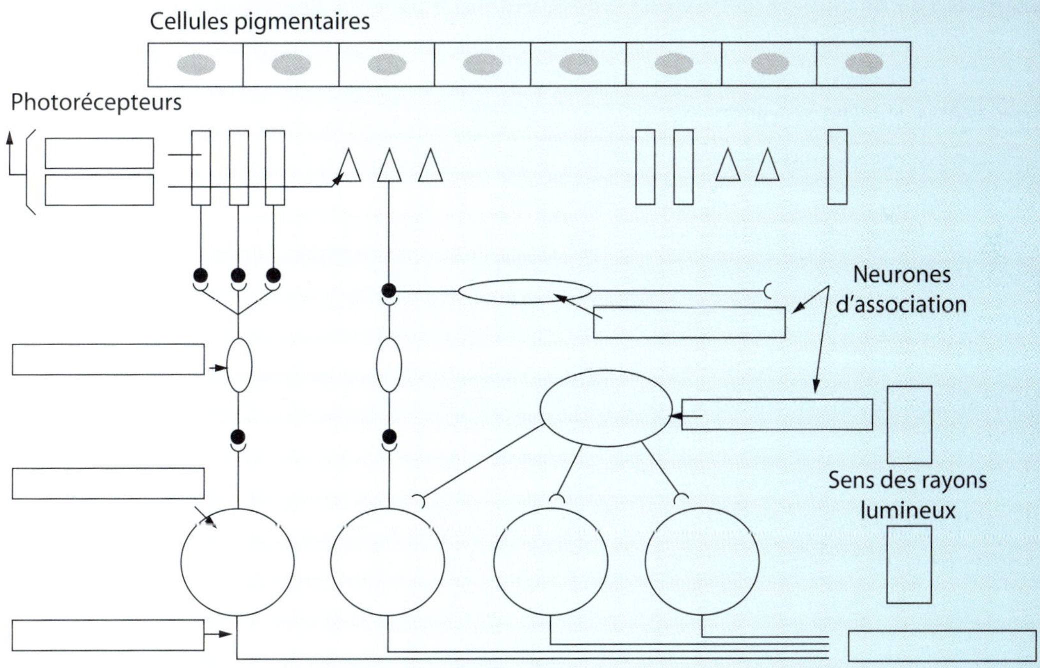

Exercice 3 : Voici les mesures de l'acuité (maximum théorique 1) en fonction de l'excentricité rétinienne pour un sujet.

Remarque : excentricité = éloignement à partir du centre (fovéa).

1) Construisez la courbe à partir du tableau.

2) L'acuité diminue-t-elle régulièrement ?

3) En vous basant sur l'évolution de la courbe, jusqu'à quel angle estimez-vous très efficace la vision ?

	Excentricité rétinienne						
	0°	15′	30′	1°	2°	4°	7°
Acuité visuelle	0,85	0,77	0,80	0,59	45	0,29	0,25

Sujet M.M.
(d'après Millodot, 1966)

Exercice 4 : Quel effet consécutif succède à un rond rouge ? Expliquez-en le mécanisme en complétant le schéma ci-dessous.

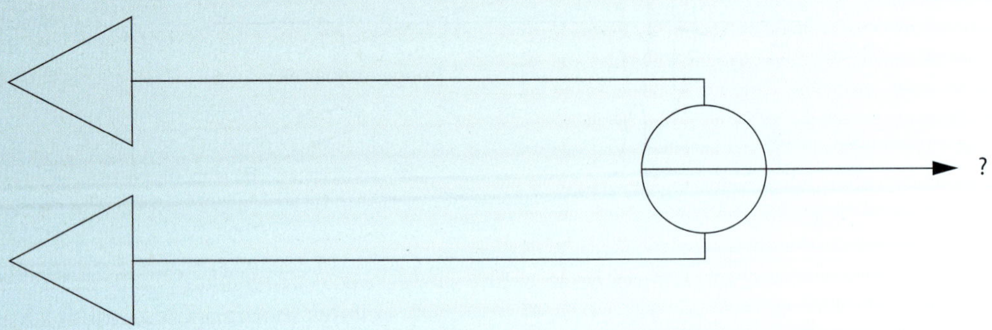

Exercice 5 : Pourquoi la lecture de l'enfant est-elle plus lente que celle de l'adulte ?

	Enfant	Adulte
Durée fixation	364 ms	252 ms
Fixations/ligne	10,7	5,9
Régressions/ligne	2,3	0,5

(d'après Buswell, 1992.)

4

L'APPRENTISSAGE

Étudiant dans une nouvelle ville, vous vous sentez complètement perdu. Puis au fil des jours, vous vous souvenez de tel magasin ou telle place, qu'il faut tourner à gauche après l'arrêt de bus…, et bientôt, après quelques semaines, vous arrivez à la fac sans avoir fait attention au trajet, tout en téléphonant. Votre corps a fait le chemin tout seul, comme un cheval qui rentre à l'écurie. En effet nos capacités d'apprentissage sont extraordinaires. Mais les apprentissages sont très variés et correspondent à des « couches » du système nerveux, héritées d'animaux plus ou moins évolués. Ainsi des parties de notre cerveau apprennent à soulager notre vie végétative en déclenchant les réactions végétatives pour des stimulus nouveaux : c'est le conditionnement, qui fait qu'un chien salive en entendant une clochette. Dans la plupart des cas, comme les sportifs l'ont bien compris, l'apprentissage nécessite beaucoup d'entraînement, car il résulte de connexions entre neurones. Il existe cependant une exception de taille : c'est la phobie, l'apprentissage de la peur, qui peut s'apprendre en une seule fois. Freud pensait à son époque (à la fin du XIXe siècle) que le petit Hans avait peur des gros chevaux foncés parce qu'ils lui évoquaient son père dont il était jaloux (complexe d'Œdipe). Mais l'interprétation moderne met en avant que l'enfant avait été terrorisé par la chute d'un lourd chariot tiré par deux gros chevaux noirs. Enfin, par rapport à la plupart des animaux, l'homme et les singes anthropoïdes ont des capacités d'apprentissage évoluées, par observation et apprentissage de symboles, c'est le commencement de la culture.

Définitions

Qu'est-ce que l'apprentissage ?

1. Apprentissage et mémoire

Les concepts d'apprentissage et de mémoire se réfèrent à la même réalité psychologique mais sont liés à des modes. De l'Antiquité aux débuts de la psychologie expérimentale, le terme « mémoire » domine. C'est le behaviorisme qui (en excluant les termes évoquant des phénomènes mentaux) impose le terme d'apprentissage. À l'inverse, les biologistes, qui n'ont pas subi l'influence du behaviorisme, ont continué à parler de « mémoire biologique ».

De nos jours, les deux termes sont employés de façon presque synonyme : « apprentissage » est plutôt employé pour désigner la modification systématique du comportement en fonction de l'entraînement tandis que le terme de « mémoire » désigne plutôt l'ensemble des structures qui permettent ces modifications.

L'apprentissage comprend une très grande variété de types ou niveaux d'apprentissage, liés en grande partie à la complexité du système nerveux, en particulier du cerveau. Ces niveaux sont représentés ci-dessous sous la forme d'une pyramide (Figure 4.1), qui évoque l'idée que les organismes complexes possèdent les formes inférieures d'apprentissage :

Figure 4.1 – Pyramide des principales formes d'apprentissage en fonction de la complexité biologique.

2. Mémoire biologique

Avant d'aborder les principaux niveaux d'apprentissage, et plus tard la mémoire (chap. 5) l'accoutumance (ou habituation, ou mémoire biologique) est certainement la forme la plus primitive d'apprentissage (Medioni et Robert, 1969) puisqu'elle existe chez des animaux unicellulaires.

EXEMPLE

Si l'on fait bouger le milieu liquide d'une paramécie (animal composé d'une seule cellule, visible sous microscope), la membrane de celle-ci ondule, mais avec la répétition de la stimulation, cette réaction diminuera progressivement. Comme il n'y a pas de cellules nerveuses, puisque l'animal n'a qu'une seule cellule, ce type d'apprentissage primitif montre qu'il est de nature biochimique.

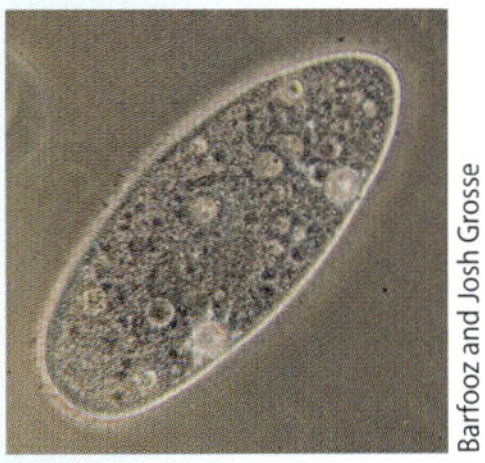
Barfooz and Josh Grosse

La paramécie est un bon exemple d'animal unicellulaire (ou protozoaire), elle n'a qu'une cellule, et donc évidemment pas de cellules nerveuses. C'est un « tout en un »... Beaucoup de « microbes » sont des unicellulaires et certaines de nos cellules, globules blancs, le sont aussi.

De même les réactions immunitaires de l'organisme (vaccin) montrent que certaines cellules « reconnaissent » les agents pathogènes (par exemple, virus d'une grippe) grâce à la reconnaissance de certaines caractéristiques chimiques.

Apprentissage : modification durable du comportement en fonction de l'exercice (entraînement, etc.).

Mémoire biologique : même de simples cellules sont capables d'apprentissage (mais primitif), comme de diminuer une réaction avec la répétition de la stimulation (= accoutumance ou habituation).

Mais les formes d'apprentissage plus élaborées ne sont possibles qu'avec l'apparition de cellules dont la fonction est la transmission d'information, les neurones. Chez certains animaux primitifs, les neurones s'assemblent par milliers pour faire des ganglions qui vont gérer des fonctions spécifiques (mouvements, respiration...) mais chez les animaux plus complexes (par exemple, vertébrés : des poissons aux mammifères), les neurones s'assemblent par millions pour faire un véritable « ordinateur » central, c'est le cerveau. Ainsi, le cerveau humain contient cent milliards de neurones mais le cervelet (siège des apprentissages automatisés) contient lui aussi cent milliards de neurones.

I. Le conditionnement classique ou pavlovien

Vers la fin du XIXe siècle, le physiologiste russe Yvan Pavlov utilisait des chiens dans son laboratoire pour ses études sur la digestion. C'est ainsi qu'il découvrit le phénomène du conditionnement, pour lequel il reçut le prix Nobel.

Ivan Pavlov (1849-1936)

1. Acquisition du conditionnement

Dispositif expérimental

Au cours de ses expériences sur les conditions de la sécrétion salivaire, le chien subit une légère intervention chirurgicale de façon à ce que le canal d'une glande salivaire soit relié à une fistule (petite éprouvette) pour mesurer la quantité de salive en nombre de gouttes ou fractions de centimètre cube (ou millilitre). Les résultats sont simples : seuls deux sortes d'excitants (= stimulus depuis les behavioristes) déclenchent naturelle-

Www.
Wikipedia : Pavlov

?

Qu'est-ce que le conditionnement ?

ment la salivation : un petit morceau de viande dans la gueule (au contact avec la langue) ou une solution acidulée (un peu d'acide ; par exemple les bonbons acidulés font saliver).

Attention : une erreur courante des étudiants est d'écrire dans leur copie « la vue de la viande », ce qui est faux ; un jeune chiot ne salive pas à la vue de la viande ; c'est seulement le contact chimique de la viande avec les papilles gustatives de la langue qui est l'excitant naturel (instinctif).

Conditionnement pavlovien ou classique : apprentissage primitif dans lequel un stimulus neutre se connecte à un stimulus qui déclenche naturellement une réaction.

SN (stimulus neutre) : par exemple un son (qui ne produit pas naturellement la salivation).

SI (stimulus inconditionnel) : sans condition (inné), le SI provoque une réaction réflexe, par exemple la salivation (appelé RI, réaction ou réponse inconditionnelle).

SC (stimulus conditionnel) : grâce à la répétition du couplage avec le SI, le stimulus neutre provoque seul la réaction conditionnelle (par exemple salivation).

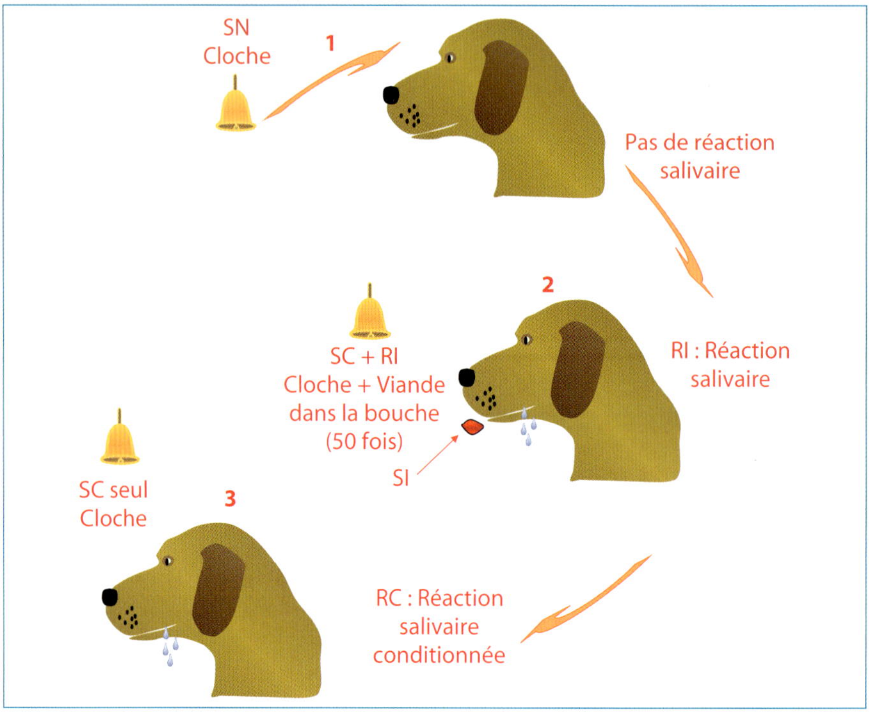

Figure 4.2 – La procédure du conditionnement salivaire chez le chien. (1) Le chien ne salive pas naturellement pour le son de la cloche ; c'est un stimulus neutre (SN). Mais (2) si l'on couple la cloche avec un stimulus inconditionnel (SI) comme la viande dans la gueule, au bout de dizaines d'essais, la salivation se produira (3) que pour le son seul ; le son de la cloche est devenu un stimulus conditionné (SC).

Mais Pavlov avait remarqué que des stimulations diverses avaient aussi une action : vue de la viande ou de la personne qui apporte à manger, d'où son idée d'un « conditionnement » de nouveaux stimulus. C'est ce qu'il a démontré par des expériences célèbres, en mettant notamment en évidence deux paramètres fondamentaux, la répétition et la contiguïté temporelle.

Www.

En mettant « conditionnement pavlovien » sur le web ; ou « classical conditioning » sur Image ou sur You Tube, vous avez plusieurs illustrations ou vidéos, parfois avec des images d'archives.

La répétition

Le conditionnement classique ou pavlovien est basé sur l'existence d'un arc réflexe : stimulus naturel (viande dans la gueule) (réaction salivaire) ; comme ce stimulus est actif sans condition préalable, les behavioristes l'ont appelé stimulus inconditionnel (SI), Pavlov parlait d'excitant naturel. La réponse (ou le réflexe) est symétriquement appelée réponse inconditionnelle. Pavlov parlait de réflexe absolu.

La procédure du conditionnement (Figure 4.2) consiste à présenter le stimulus neutre (SN), par exemple le son d'un métronome, et de le faire suivre très rapidement par le stimulus inconditionnel (viande dans la bouche) :

- ce couplage constitue un essai. Une technique pratique est d'effectuer des blocs de dix essais et de présenter le stimulus neutre seul une fois à l'intérieur de chaque bloc pour observer son effet sur la salivation (Figure 4.3). Au bout de nombreux essais (= répétition), la salivation va se déclencher seulement pour le son du métronome ;
- le son du métronome est devenu un stimulus conditionné (= SC, ou conditionnel). Tout se passe comme si, avec la répétition, le SC s'était « branché » sur l'arc réflexe.

Attention, le conditionnement est un apprentissage primitif, il requiert (par rapport à la mémoire) des dizaines ou des centaines d'essais. Par exemple, le nombre de gouttes de salive chez le chien va être pratiquement au maximum au bout de trente essais (Figure 4.4). Le conditionnement d'autres réflexes peut nécessiter une centaine d'essais ou plus.

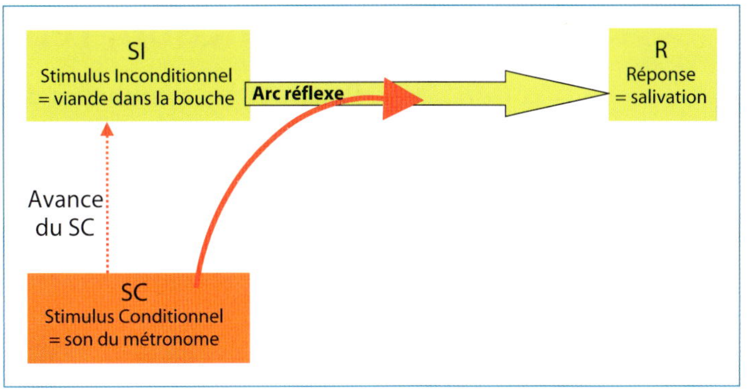

Figure 4.3 – Le conditionnement classique correspond à la connexion d'un nouveau stimulus (SC) sur un arc réflexe existant.

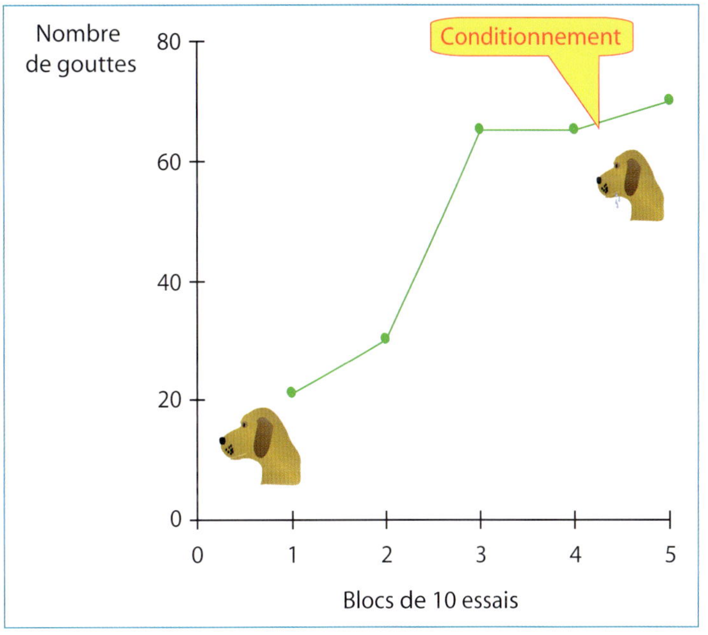

Figure 4.4 – Conditionnement salivaire chez le chien.
Le conditionnement est un apprentissage primitif qui nécessite des dizaines d'essais.

La contiguïté temporelle

À côté de la répétition, le temps est fondamental dans le conditionnement. La procédure la plus efficace correspond au couplage (= en même temps) du SC (stimulus conditionnel) et du SI (stimulus inconditionnel). De meilleurs résultats sont obtenus avec une avance du SC, l'optimum d'avance est de une demi-seconde.

En revanche, dès qu'un intervalle est instauré entre le SC et le SI, le conditionnement est plus difficile, c'est le conditionnement avec délai (ou de trace, si le SI intervient après la disparition du SC).

Dans tous les cas, le SC doit précéder le SI ; l'inverse, appelé conditionnement rétrograde, n'est pas efficace : si l'on donne la nourriture avant le son, le son ne déclenche pas la salivation. Ce dernier critère amena Pavlov à penser que le stimulus conditionnel est efficace parce qu'il joue le rôle d'un signal (biologique) annonçant le stimulus inconditionnel.

2. Extinction, récupération et inhibition

Pavlov et les chercheurs de son équipe ont démontré de façon claire la différence entre un SI et un SC : le SI provoque toujours le réflexe ou la réponse tandis que si l'on présente le SC seul au cours de plusieurs essais successifs, on observe que sa valeur conditionnelle va progressivement diminuer : c'est le processus d'extinction. Voici, comme illustration, une expérience de Tolotchinov du laboratoire de Pavlov (Pavlov, 1963) (tabl. 4.1).

Tableau 4.1
Expérience d'extinction (d'après Pavlov, 1963).

Essai	Heure	SC (1 mn)	Quantité de salive (cm^3)
1	11 h 34	Vue de la viande	0,7
2	11 h 37	"	0,4
3	11 h 40	"	0,2
4	11 h 43	"	0,05
5	11 h 46	"	0

L'extinction se produit pour n'importe quel stimulus conditionnel, son du métronome, lumière d'une lampe, y compris la vue de la viande comme dans le tableau 4.1 ; d'ailleurs des chiots qui ne sont nourris qu'au lait ne salivent pas à la vue de la viande.

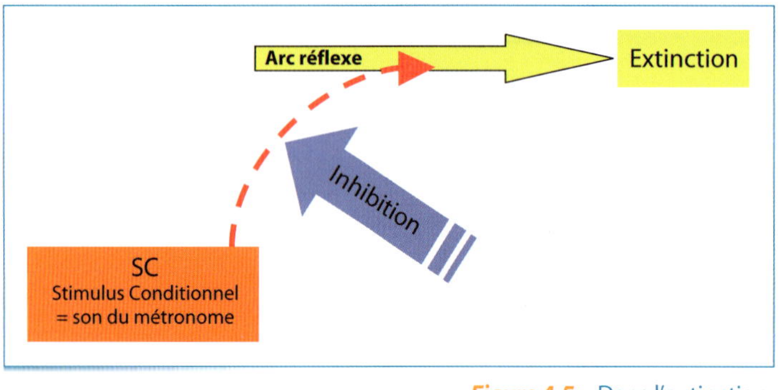

Figure 4.5 – Dans l'extinction, la réponse conditionnelle est bloquée par un processus dynamique d'inhibition.

Extinction : annulation de l'action du stimulus conditionnel (SC) lorsqu'il n'est plus suivi du stimulus inconditionnel (SI).

Récupération spontanée : un simple repos et le SC éteint vont à nouveau déclencher la réponse conditionnée.

Inhibition : mécanisme de blocage actif.

La récupération spontanée : l'extinction n'est pas l'effacement du conditionnement car après un temps de repos le stimulus conditionnel est à nouveau efficace, c'est le phénomène de récupération spontanée. L'extinction n'est pas non plus un processus lié à la fatigue ou à l'absence de salive car si on perturbe l'animal (par exemple par un son très aigu), il y a également récupération spontanée.

Le concept d'inhibition : ces constatations très méthodiques ont amené Pavlov à faire une hypothèse cruciale dans son œuvre et dans la suite de la psychologie, l'hypothèse que l'extinction est provoquée par un processus nerveux dynamique et antagoniste de l'excitation, le processus d'inhibition qui bloque la réponse (Figure 4.4). La récupération spontanée intervient donc quand l'inhibition s'estompe avec le temps.

Sur le plan biologique, il existe de nombreux mécanismes inhibiteurs, il existe ainsi des neurones inhibiteurs et au niveau des contacts entre neurones, il existe des neurotransmetteurs inhibiteurs (*cf.* p. 150).

3. Généralisation

Lorsqu'un stimulus a été conditionné, des stimulus qui lui ressemblent déclenchent la réponse, c'est le processus de généralisation, que Pavlov attribue à une diffusion de l'excitation.

Gradient de généralisation : la généralisation est d'autant plus efficace que le nouveau stimulus ressemble au stimulus d'origine (conditionné), ce qui se traduit sur un graphique par une parabole (courbe en U renversé) dont le maximum correspond au stimulus original ; cette courbe est appelée « gradient de généralisation ». Par exemple si un son de 2 500 hertz est conditionné, la salivation va se produire également pour des sons voisins (par exemple 2 000 Hz ou 3 000 Hz). Mais plus le son est ressemblant et plus la réaction salivaire conditionnelle va être importante (**Figure 4.6**).

Généralisation : un stimulus semblable au stimulus conditionnel (par exemple, un son plus aigu) peut déclencher la réaction conditionnée.

Gradient : plus la similitude est grande et plus intense est la réaction. Ainsi la force de la réaction varie comme une courbe en forme de U renversé (parabole en maths), c'est le gradient de généralisation.

Attention : ne pas confondre le gradient de généralisation avec la courbe de Gauss (*cf.* chap. « L'intelligence ») ; le gradient de généralisation est une parabole (elle atteint zéro pour des stimulus détectés comme différents).

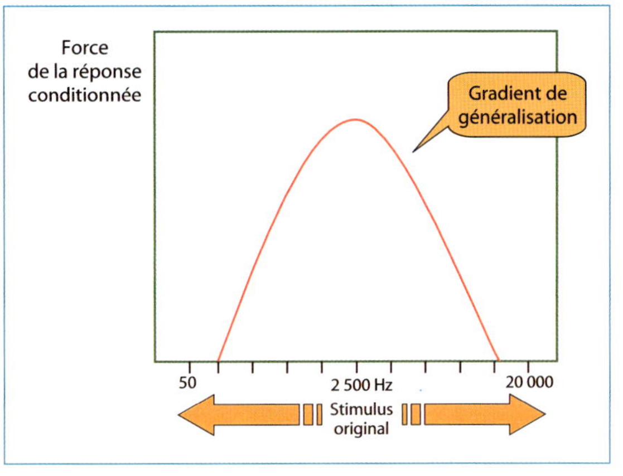

Figure 4.6 – Gradient de généralisation. Plus le stimulus est ressemblant avec le stimulus originalement conditionné et plus la réaction est forte (simplifié d'après Kupalov 1955 ; cit. Le Ny, 1964.)

Phobie : peur très intense, incontrôlable.

APPLICATION

« Chat échaudé craint l'eau froide »

Les phobies (*cf.* 3) sont souvent liées à la généralisation d'un conditionnement. Par exemple, après un accident de voiture, un bruit ressemblant à un choc de voiture va entraîner des réactions viscérales (stress) de généralisation.
Il suffit d'entendre le bruit de la roulette pour avoir peur du dentiste ou même d'entrer dans la salle d'attente. Bruit de la roulette, vue de la seringue, décor de la salle d'attente, sont autant de stimulus conditionnés.
Le proverbe l'exprime avec pertinence : « Chat échaudé craint l'eau froide. »

4. Pourquoi s'intéresser au conditionnement ?

Pourquoi donc passer autant de temps dans les études de psychologie sur le conditionnement salivaire chez le chien et c'est d'ailleurs classiquement dans les programmes au niveau international (*cf.* les manuels américains) ? C'est que Pavlov, avec le cas particulier du réflexe salivaire, étudiait le mode d'apprentissage d'une partie de notre système nerveux qui commande, non seulement la salivation, mais les sécrétions gastriques, intestinales, l'accélération cardiaque, l'augmentation de la tension artérielle, de la température, qui dépendent du système nerveux autonome... (*cf.* § III, p. 126, les phobies).

La suite des travaux de Pavlov l'a bien montré. Dans la célèbre expérience du « repas fictif » de Pavlov et Choumova-Simanovskaïa, un chien est opéré de façon à ce que le tube de l'œsophage ressorte à l'extérieur et ne conduise plus à l'estomac ; par ailleurs, une fistule stomacale permet de mesurer la sécrétion gastrique. Sitôt les aliments absorbés par l'animal, une abondante sécrétion gastrique se produit alors que les aliments tombent à l'extérieur. Les stimulus associés à l'absorption de nourriture, sensations gustatives, tactiles, etc., sont devenus des stimulus conditionnels de la sécrétion gastrique.

Enfin, ce qui double l'intérêt du conditionnement pavlovien, c'est que les émotions, pleurs, jambes flageolantes, rougissement, etc., de la peur, du coup de foudre ou de la colère, sont en fait produites par ce système nerveux autonome. Le conditionnement est donc le mode d'apprentissage des émotions (*cf.* chap. 10, les émotions).

L'effet Placebo

Le célèbre cinéaste Henri Verneuil (*Peur sur la ville* avec Jean-Paul Belmondo...) racontait l'anecdote suivante. Voyageant beaucoup entre la France et les États-Unis à une époque de sa vie, et souffrant d'un manque de sommeil dû au décalage horaire, il prenait le soir un cachet de somnifère. Un soir, dans son hôtel, Verneuil raconte qu'il se déshabille, dépose son cachet sur la table de nuit et se couche. Ne parvenant pas à dormir, il prend en tâtonnant le cachet sur la table de nuit et s'endort immédiatement. Le matin, il se lève, fait sa toilette mais en s'habillant, s'aperçoit qu'il lui manque un bouton de chemise. Pris d'un doute, il regarde sur la table de nuit... le cachet était toujours là !

L'effet placebo, bien connu des médecins et des pharmacologues (et intuitivement des charlatans), est l'apparence du médicament (ou du médecin) qui soigne. Certaines expériences montrent même un effet de la couleur. L'expérimentation en pharmacologie nécessite d'ailleurs toujours pour cette raison un ou plusieurs groupes placebo comme groupe contrôle. Cependant si l'effet placebo est un conditionnement pour partie, d'autres mécanismes d'apprentissage, influence sociale (télévision), effet d'attente, « autorité » de la personne, etc., peuvent intervenir.

II. Le conditionnement opérant ou skinnérien

1. Les travaux précurseurs : l'apprentissage par essais et par erreurs

À la même époque que Pavlov, fin XIXe et début XXe siècle, naissait aux États-Unis l'étude de l'apprentissage animal, dont voici trois grands apports.

Thorndike (1898) et l'apprentissage par essais et par erreurs

Thorndike étudiait ce qu'on appelait alors « l'intelligence animale » chez le chat en le plaçant dans une boîte à problème, cage dont la porte pouvait s'ouvrir par un système de loquets.

Thorndike observa que contrairement aux idées courantes qui attribuent aux animaux une réflexion, le chat n'apprenait à sortir qu'au prix de longs tâtonnements, c'est la notion d'apprentissage par essais et par erreurs et également à condition qu'il y ait une récompense (nourriture, pouvoir sortir) : c'est la loi de l'effet.

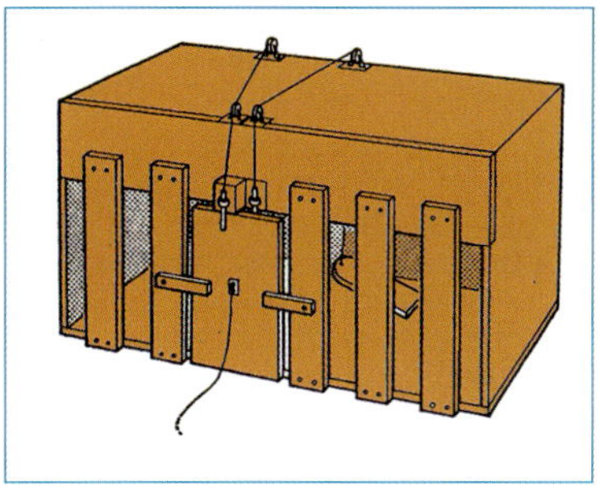

Figure 4.7 – Boîte à problème utilisée par Thorndike (d'après Thorndike, 1898).

Willard Small (1900) et l'apprentissage du labyrinthe

Comme il n'est pas facile de manipuler des chats en laboratoire, Willard Small eut le premier l'idée d'étudier l'apprentissage du rat dans un labyrinthe ; ce premier labyrinthe, en bois et treillage de fils de fer (1901) était une adaptation du labyrinthe fait de bosquets taillés, dans les jardins d'Hampton Court, dont il avait copié le tracé dans l'*Encyclopedia Britannica*. Le « père » de l'apprentissage du labyrinthe anticipera de nombreuses recherches en déclarant que le rat est probablement incapable d'une capacité mentale suffisante pour faire « la relation entre les moyens perçus et la fin » (1900, p. 164).

Apprentissage par essais et par erreurs : Thorndike a montré que l'animal résolvait des problèmes non par intuition mais par de nombreux essais et erreurs.

Loi de l'effet : l'animal n'apprend que si les réponses qu'il apprend sont suivies d'un effet positif (récompense), nourriture, sortir d'un enclos…

Labyrinthe des jardins d'Hampton Court qui servit de modèle à Small (1901).

John Watson (1907) et le rôle des réponses motrices

Watson montre que des rats privés de sensations extéroceptives (visuelles, auditives, tactiles) étaient capables d'apprendre un parcours dans un labyrinthe : il privilégie donc le rôle des sensations kinesthésiques (= sensations résultant du mouvement des muscles) et des réponses motrices qui les provoquent (par exemple tourner à gauche). Dans l'ensemble, cette tradition américaine va conduire à une prééminence de l'action, c'est-à-dire des réponses, contrairement au conditionnement pavlovien d'associations entre stimulus. Les recherches sur l'apprentissage, notamment du labyrinthe, vont continuer, mais vont amener aussi à la mise au point d'une forme hautement standardisée de l'apprentissage, le conditionnement opérant de Skinner.

Www.
En mettant « conditionnement skinnerien » ou « conditionnement opérant » sur le web ; ou « Skinner'operant conditioning » sur Image ou sur You Tube, vous avez plusieurs illustrations ou vidéos, notamment avec B. F. Skinner.

2. Le conditionnement opérant : standard de l'apprentissage

Cette tradition a conduit à élaborer différentes procédures, le plus souvent classées sous le terme générique de conditionnement opérant proposé par Skinner, depuis ses efforts de standardisation méthodologique et théorique.

La boîte de Skinner

L'idée de Skinner est de fabriquer un environnement standard permettant l'étude des lois générales de l'apprentissage et aussi automatisé que possible de façon à éliminer les manipulations humaines (trop variables ou stressantes pour l'animal) et étudier plusieurs animaux en même temps pour réaliser différentes conditions (par exemple essais de différentes doses de médicaments).

L'automatisation est réalisée grâce à des dispositifs électroniques de distribution de nourriture (mangeoire dans laquelle tombe une ration ; pipette délivrant une goutte d'eau), de présentation de stimulus (sons, lumières ou figures) et de mesure de l'activité (appui sur une barre, cellules photo-électriques coupées par les déplacements de l'animal, etc.).

Ce dispositif, appelé boîte de Skinner, est donc une sorte de distributeur automatique à l'échelle de l'animal : souvent le rat ou le pigeon, animaux de petite taille, faciles à élever et à manipuler dans les conditions de laboratoire (Figure 4.8).

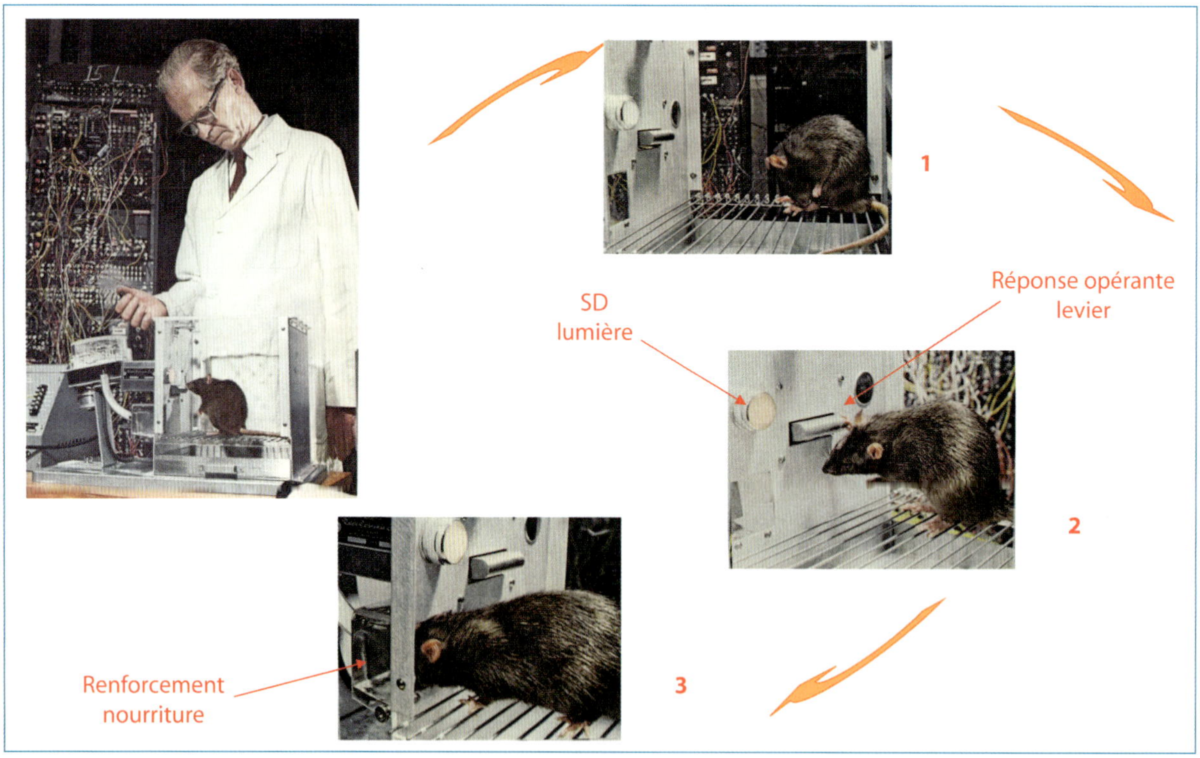

Figure 4.8 – Skinner et le conditionnement opérant.
(1) Le rat commence par explorer puis par hasard appuie sur le levier lorsque la lumière s'allume (SD) ; (2) la nourriture (renforcement) tombe dans la mangeoire ; (3) avec la répétition, le rat appuie plus fréquemment et regarde dans la mangeoire même s'il n'y a pas de nourriture lorsque la lumière s'allume ; la lumière (SD) a été conditionnée (Sd = stimulus discriminatif ; RO = réponse opérante) (source : N. Tinbergen, *Le Comportement animal*, Life-Le Monde vivant, 1965).

Les expériences antérieures ayant montré que l'animal doit être motivé, le rat affamé va explorer, flairer, tâtonner et parmi d'autres réponses (= répertoire comportemental), il arrivera qu'il appuie sur la barre (= réponse opérante), déclenchant ainsi une récompense alimentaire, que Skinner dénomme d'une façon générale un renforcement (Figure 4.9).

Ce succès ne sera pas suivi immédiatement d'un autre appui comme on pourrait l'imaginer par anthropomorphisme. Imaginez qu'un matin un distributeur de la cafétéria délivre gratuitement des cafés, il ne faudrait pas longtemps pour que tous les étudiants de la fac soient là. Chez le rat tout au contraire, il faut de nombreux essais et renforcements : il n'y a pas compréhension, seulement apprentissage.

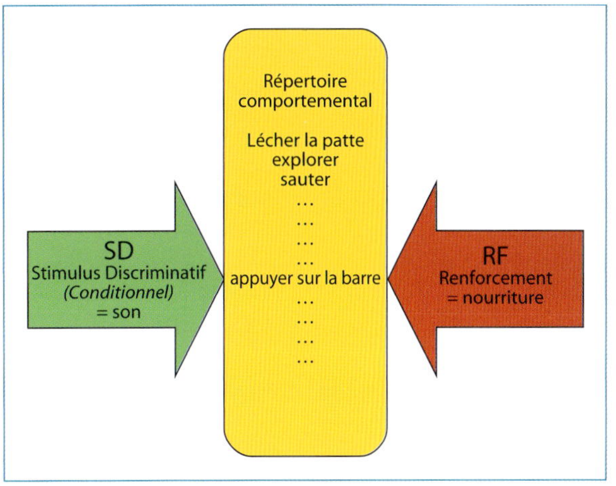

Figure 4.9 – Schéma du mécanisme du conditionnement opérant

Le conditionnement opérant discriminatif

Le conditionnement opérant n'est aussi simple que dans la phase préliminaire de familiarisation de l'animal, phase qualifiée de modelage (*shaping*). L'intérêt principal du dispositif est d'étudier des apprentissages plus complexes en particulier les capacités de discrimination perceptive. Le pigeon est un animal qui s'y prête bien, du fait d'une très bonne perception et mémoire visuelle :

- la boîte de Skinner pour le pigeon est munie d'un tableau, à hauteur de ses yeux, constitué de plusieurs fenêtres en plexiglas dans lesquelles peuvent apparaître différentes figures (cercle, carré, triangle, barres horizontales et verticales, ou couleurs) ;
- l'appui sur le stimulus discriminatif (SD = figure choisie par l'expérimentateur) déclenche un renforcement, constitué par la chute d'une graine dans une mangeoire placée à portée de bec.

Conditionnement opérant ou skinnérien : inventé par Skinner ce conditionnement associe un stimulus et une réponse.

Boîte de Skinner : sorte de distributeur automatique conçu par Skinner pour étudier de façon automatique l'apprentissage chez de petits animaux, rat, pigeon…

Renforcement : tout ce qui augmente la probabilité de la réponse.

Renforcement primaire : renforcement qui agit naturellement (inné) : positif, c'est la récompense ; négatif, c'est la punition.

Renforcement secondaire : renforcement appris, par exemple, le claquement du fouet du dompteur, le bruit de la roulette du dentiste…

Application

Le dressage

Skinner est ainsi parvenu à faire discriminer, à des pigeons, des couleurs, des figures géométriques, des cartes à jouer et même à faire jouer un petit air de musique par des coups de bec sur les touches d'un piano miniature (il faut alors plusieurs mois d'apprentissage). Le conditionnement opérant correspond donc sur un plan plus analytique à ce que l'homme avait découvert empiriquement sous le nom de dressage.

Conduites superstitieuses et contiguïté temporelle

L'intervalle de temps entre la réponse et le renforcement doit être très court, l'optimum étant d'une demi-seconde, pour être efficace. Dans les premiers essais, l'animal peut produire des réponses qui se sont trouvées renforcées par hasard ; par exemple, le rat lèche sa patte en s'appuyant sur la barre, le pigeon lève les ailes en donnant un coup de bec, etc. Skinner les appellent des conduites superstitieuses. L'observation des conduites superstitieuses indique clairement que le conditionnement opérant n'est pas basé sur des mécanismes de réflexion mais d'association en fonction de la contiguïté temporelle. Certains joueurs ou sportifs ne se déplacent pas sans leur objet « porte-bonheur », maillot, médaille... Ainsi naissent peut-être un certain nombre de nos superstitions.

Propriétés du conditionnement opérant

Il existe de nombreux points communs entre le conditionnement opérant et le conditionnement classique (ce qui s'explique par des mécanismes identiques au niveau cérébral) :

- contiguïté temporelle (une demi-seconde) ;
- avance du signal (SC ou stimulus discriminatif) ;
- renforcement (SI dans le conditionnement classique) ;
- extinction ;
- généralisation.

3. Le concept de renforcement

Selon la définition de Skinner, le renforcement est ce qui accroît la probabilité d'émission (ou de diminution) d'une réponse ; on peut distinguer plusieurs catégories de renforcements :

- renforcements primaires : les renforcements primaires sont des stimulus inconditionnels qui correspondent aux besoins biologiques ou à des réflexes. On distingue les renforcements positifs et négatifs : les positifs sont les stimulus des comportements appétitifs, nourriture, sommeil, etc., ce sont les récompenses ; les renforcements négatifs, choc électrique, bruit, etc., sont les stimulus des comportements aversifs, ce sont les punitions ;

Remarque : le retrait d'une récompense joue le rôle d'un renforcement négatif. Par exemple, on ne donne plus la nourriture, on éteint la lumière, etc.

L'homme est-il insensible aux renforcements ? L'exemple de la circulation routière

L'homme, *Homo sapiens* (c'est-à-dire « homme sage »), croit volontiers qu'il est supérieur à ses cousins les animaux par sa sagesse. L'exemple de la circulation routière montre, parmi d'autres, que sans les renforcements négatifs de la civilisation, l'homme serait un fauve.

Alors que l'augmentation du trafic routier après les années 1960 avait entraîné de huit mille morts en 1960 à dix-huit mille en 1972, la loi instaurant les limitations de vitesse (par exemple, 90 km/h) et le port de la ceinture de sécurité ont fait chuter le taux de mortalité à celui de 1960 dans les années 1995. L'instauration, très médiatisée, des amendes par radars automatiques a refait chuter le nombre de morts à moins de cinq mille.

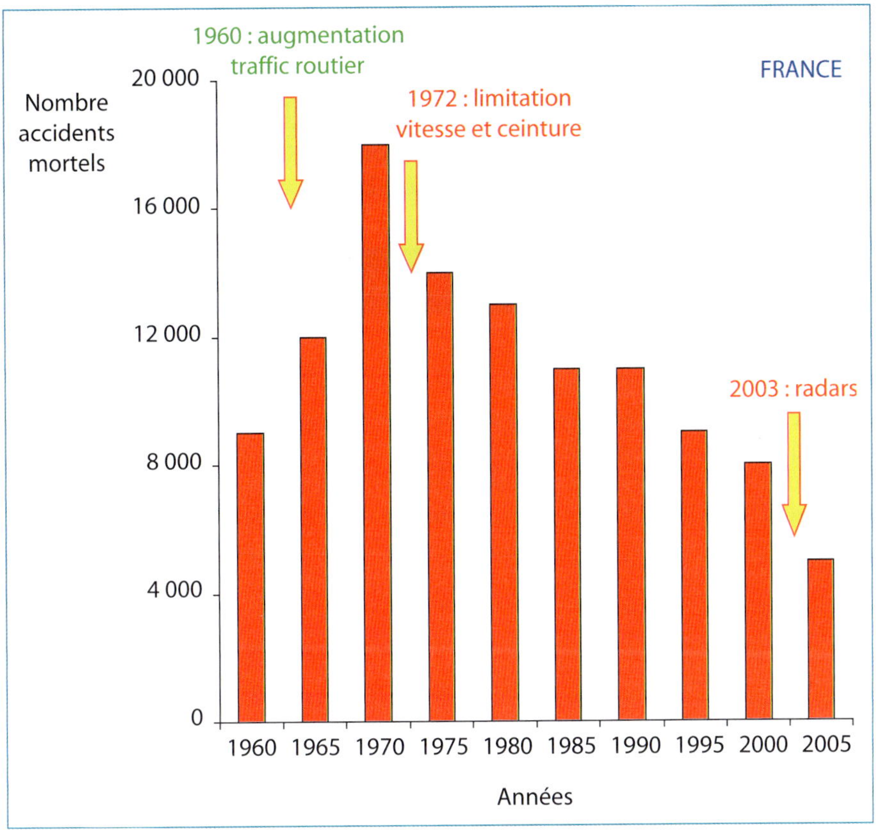

Figure 4.10 – Impact de la loi sur la limitation de vitesse, le port de la ceinture de sécurité et de la pose de radar (simplifié d'après Got, Delhomme et Lassarre, 2007).

- renforcements secondaires : les renforcements secondaires sont les stimulus dont l'efficacité est due à un apprentissage, le plus souvent par un conditionnement classique ; le sifflet ou la voix du dresseur, le claquement du fouet du dompteur ; la vache dans le champ a appris à éviter la clôture électrique dont la vue seule (SD) provoque l'évitement ; seuls quelques chocs (SI) ont suffi. Notre vie motivationnelle et émotive est essentiellement enrichie par les renforcements secondaires, de l'assiette dans laquelle nous mangeons à la blouse blanche du dentiste... C'est à cause des renforcements secondaires que Skinner a proposé le concept de « renforcement » ; en effet pour les renforcements primaires (innés), on peut parler de récompense et punition, mais le sifflet du dresseur n'est pas vraiment une récompense, pas plus que le son du fouet n'est une punition. Il est préférable d'utiliser le terme général de renforcement plutôt que ceux plus restrictifs (mais exacts) de récompense et punition ;
- renforcements affectifs, cognitifs et sociaux : chez les animaux supérieurs, dauphins, chimpanzés et l'homme, il existe des renforcements qui ne sont pas appétitifs ou aversifs mais qui semblent néanmoins primaires ; le singe a besoin de contact social (Harlow, 1959) et de curiosité : l'ouverture de la fenêtre d'une cage donnant sur un spectacle (petit train, etc.) agit comme un renforcement (Butler, 1954) ;
- conditionnement par stimulation intracérébrale : depuis la première démonstration du déclenchement de mouvements par sti-

mulation électrique du cerveau (Fritsch et Hitzig, 1870, *cf.* Doty, 1961) des recherches indiquent une possibilité de conditionnement en couplant une stimulation intra-cérébrale (analogue à l'électricité naturelle du cerveau : de 0,2 à 1 mA, millième d'ampère) dans le cortex sensoriel et une stimulation dans le cortex moteur (qui déclenche un mouvement *cf.* Doty, 1961).

Comment connaît-on ce que perçoivent les animaux ?

Le grand éthologiste Karl von Frisch (prix Nobel 1973), qui découvrit le « langage » des abeilles, utilisa la technique du conditionnement discriminatif pour l'étude des couleurs chez l'abeille (1927). Il dispose sur une table, non loin de la ruche, un papier bleu avec quelques gouttes de miel ; des abeilles (qu'il a marquées de petits points de couleur sur le thorax, pour les reconnaître) se posent sur le papier bleu, vont et viennent plusieurs fois. Dans la phase test, Frisch enlève le papier avec le miel pour disposer un nouveau papier bleu (propre) et un papier rouge : les abeilles continuent à se poser sur le papier bleu. Il reste une phase contrôle pour vérifier que c'est bien la qualité chromatique du papier bleu qui a été conditionnée et non sa brillance ; pour cela Frisch mélange le papier bleu parmi plusieurs papiers de différentes nuances de gris mais les abeilles continuent de se poser sur le papier bleu.

John Severns

La continuation de cette procédure pour les autres couleurs a permis de constater que l'abeille voyait à peu près les mêmes couleurs que l'homme avec un décalage, l'abeille ne voyant pas le rouge mais perçevant les ultra-violets.

III. Les conditionnements aversifs

Aversif : qui créé une aversion (rejet) et par extension, tout ce qui est négatif (douloureux, rejet…).

Conditionnement aversif : les conditionnements aversifs sont généralement très vite appris (parfois un seul essai), ce qui a laissé penser qu'ils dépendaient de mécanismes différents des conditionnements positifs (ou appétitifs).

1. Le conditionnement aversif

Une des lois fondamentales du conditionnement est la répétition. Cependant, il existe une exception à cette loi lorsque le renforcement est négatif et fort ; par exemple un choc électrique à forte intensité. Les expériences montrent alors que le conditionnement est en général très rapide et qu'à l'inverse l'extinction peut être très difficile. Ces deux différences ont amené les chercheurs à distinguer deux catégories de conditionnement en fonction des renforcements, les conditionnements appétitifs (ou positifs) et les conditionnements aversifs (ou négatifs). Des recherches neurobiologiques ont d'ailleurs montré que ces deux types de conditionnements, appétitifs et aversifs, dépendent de centres cérébraux différents (*cf.* « émotions », chap. 10).

La rapidité de l'acquisition s'observe par exemple dans une expérience (Fowler et Trapold, 1962) : les rats doivent parcourir un couloir électrifié (les chocs sont de 120 à 400 volts) pour échapper aux chocs.

Phobie : peur intense, voire incontrôlable.

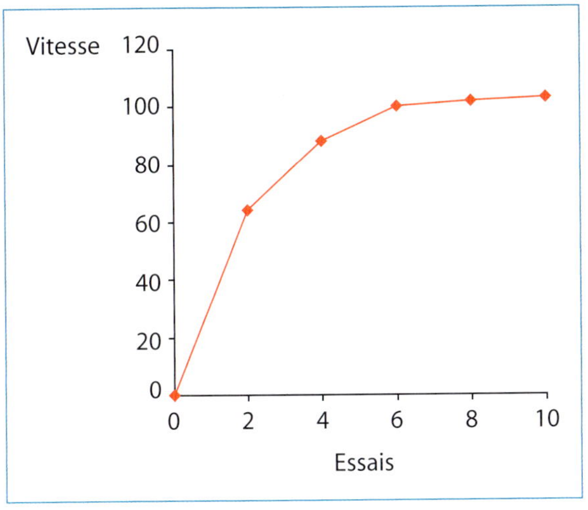

Figure 4.11 – Vitesse d'apprentissage d'un conditionnement aversif (simplifié d'après Fowler et Trapold, cit. Doré et Mercier, 1992).

Les résultats (**Figure 4.11**) montrent que la vitesse maximale est atteinte au bout de six essais ; l'apprentissage est donc très rapide par rapport au conditionnement appétitif (salivaire) qui nécessite plusieurs dizaines d'essais (**Figure 4.4**). L'expression « prendre ses jambes à son cou » prend ici tout son sens...

2. La peur conditionnée dans le conditionnement d'évitement

? Qu'est-ce qu'une phobie ?

La peur se conditionne tout à fait comme la salivation. Plusieurs recherches ont bien montré que le conditionnement d'évitement « contient » une phase de conditionnement à la peur, ressort motivationnel à agir. Par exemple, dans une expérience de Soltysik et Kowalska (1960), les chiens (individuellement) doivent apprendre à fléchir une patte (conditionnement opérant) pour qu'un choc électrique (SC) léger s'arrête. Comme dans le conditionnement salivaire classique, c'est un son (vibreur) qui précède le choc électrique (SI). Les battements du cœur, réponse conditionnée de peur, augmentent très vite (**Figure 4.12**) après l'apparition du SC (vibreur). C'est là que la peur est au maximum, puis elle diminue (battements de cœur diminuant) dès que le chien fléchit la patte (Réponse opérante).

La peur conditionnée est souvent étudiée dans un dispositif appelé « navette » (Neal Miller, 1948), le rat doit sauter d'un compartiment à un autre dans une cage spéciale séparée en son milieu par une barrière (*shuttle box* : littéralement boîte à navette), pour

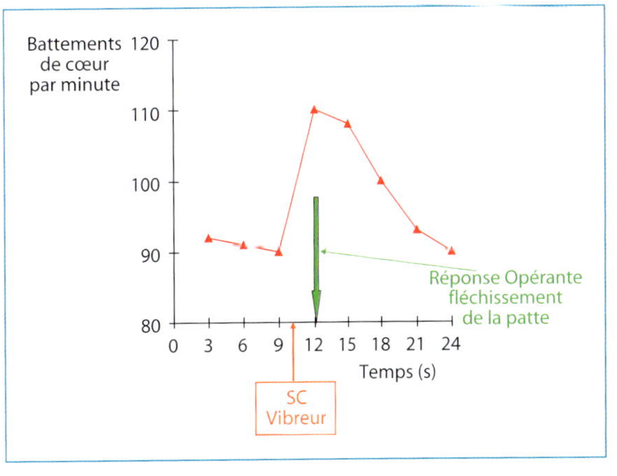

Figure 4.12 – Augmentation et diminution de la peur (battements du cœur) au cours du conditionnement d'évitement (simplifié d'après Soltysik et Kowalska, 1960 ; cit. Le Ny, 1964).

éviter un choc électrique provenant du plancher métallique ; le choc est signalé par un stimulus discriminatif, par exemple un son. Pour Miller, le son devient un stimulus conditionnel de peur par conditionnement classique avec le choc électrique (en général violent dans ce genre d'expérience).

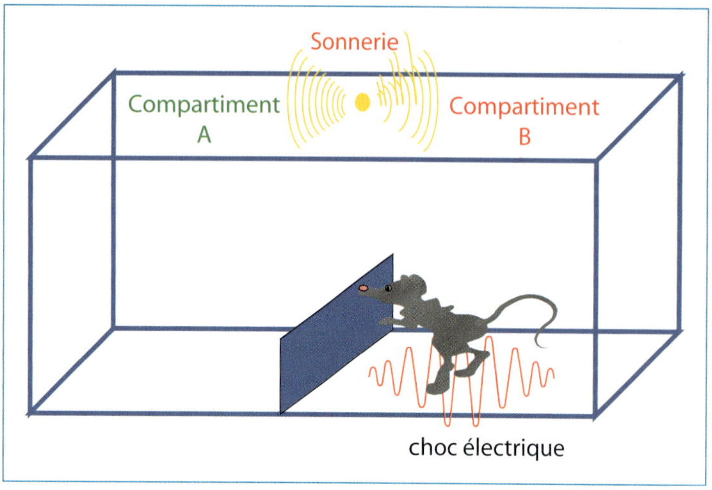

Figure 4.13 – Schéma de la navette : dispositif d'étude du stress.

Cette peur conditionnée est un état motivationnel qui pousse l'animal à agir pour éviter le choc ; la réponse du conditionnement opérant est de sauter dans l'autre compartiment ; au bout de quelques essais, le rat évite donc tous les chocs en sautant après chaque son. Ces recherches, beaucoup utilisées en pharmacologie pour tester les médicaments (par exemple anxiolytiques) donneront par ailleurs une explication du découragement et des phobies (*cf.* résignation, chap. 9).

3. Souvenirs traumatisants et phobies

Beaucoup de phobies peuvent s'expliquer par un conditionnement à une situation traumatisante, peur, grand bruit, accident, etc. Et l'on peut réinterpréter comme un conditionnement aversif la phobie du célèbre « Petit Hans » analysée de façon très différente par Freud. Voici des extraits de « Analyse d'une phobie chez un petit garçon de 5 ans » (« Le petit Hans » dans *Cinq psychanalyses* (voir encart, p. 129)).

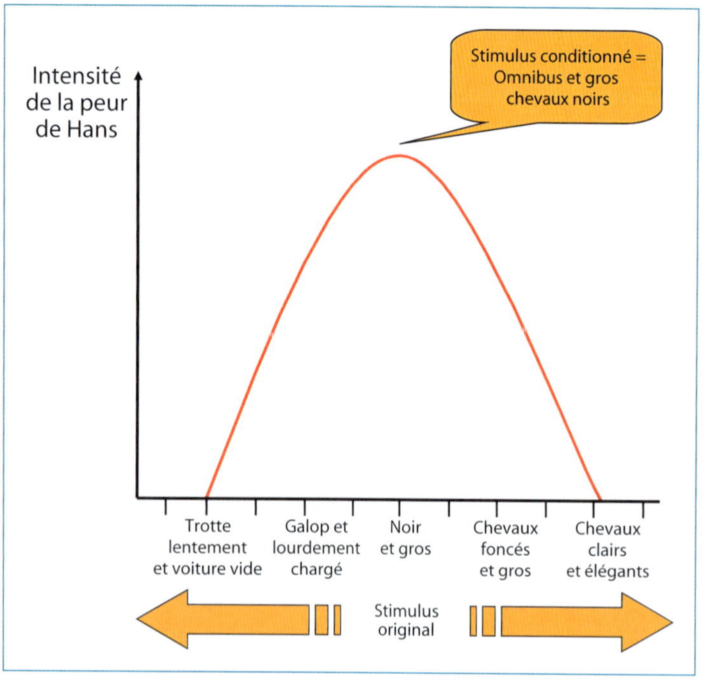

Figure 4.14 – La phobie des chevaux du petit Hans : généralisation reconstituée d'après « l'enquête » de Freud.

Plus vraisemblablement la phobie du petit Hans a été causée par la peur d'être écrasé ou frappé par les sabots, ou mordu par les chevaux lors de l'accident de l'omnibus, accident qui a dû être accompagné de bruits violents, de convulsions des chevaux, et de cris des employés. Imaginez qu'un bus ou un car se renversent à quelques pas de vous.

Tous les ingrédients de la peur conditionnée sont réunis, force du stimulus inconditionnel (« charivari » qui est un grand bruit), et généralisation. Freud, en tant que scientifique, nous donne (même si ce n'est pas son interprétation), tous les éléments (*cf.* encart) pour avoir une autre théorie. On apprend par son interview très systématique, à la manière de Sherlock Holmes, que le début de l'angoisse de Hans est lié à la chute d'un omnibus, que les chevaux étaient gros et noirs. Par la suite, Freud remarque que les voitures vides, ou les chevaux clairs ou aux formes élégantes ne causent pas de pareille peur... Toutes ces indications nous permettent de reconstituer le phénomène de généralisation du conditionnement (Figure 4.14), que Freud ne connaissait pas à cette époque... Mais de là à construire un roman sur les complexes d'Œdipe et de castration, quelle imagination littéraire (*cf.* aussi Van Rillaer, 1981 ; Meyer, 2005) !

Extraits de « Analyse d'une phobie chez un petit garçon de 5 ans (« Le petit Hans ») » (1909) dans *Cinq Psychanalyses* de Freud

« L'histoire de la maladie et de la guérison d'un très jeune patient [...] n'émane pas, à proprement parler, de ma propre observation. J'ai, à la vérité, donné les grandes lignes du traitement et je suis même, une seule fois, intervenu personnellement au cours d'un entretien avec le petit garçon ; mais le traitement même a été appliqué par le père de l'enfant, à qui je dois une grande reconnaissance pour avoir mis à ma disposition ses notes en vue d'une publication » (p. 93). Le père mélange des observations avec ses interprétations : « Je rappellerai que sa peur des chevaux se relie à un épisode de Gmunden... le désir refoulé de me voir partir pour la gare afin de rester seul avec sa mère ("le cheval devrait s'en aller"), se transforme alors en anxiété de voir les chevaux prêts à partir et, de ce fait rien ne le met dans un pareil état d'angoisse que lorsque, de la cour de la Douane Centrale qui est en face de notre maison, une voiture s'ébranle pour partir et que les chevaux se mettent en mouvement [...] » (p. 123). « Le plan des lieux devant notre porte cochère est le suivant [*il joint un schéma, p. 123*] : en face se trouve l'entrepôt [...] avec une rampe de chargement, devant laquelle, toute la journée, des voitures passent afin de charger des caisses [...] J'ai observé déjà, depuis quelques jours, que Hans a particulièrement peur quand les voitures entrent dans la cour et en sortent, ce qui les oblige à prendre un tournant. Je lui ai demandé alors pourquoi il a si peur, sur quoi il a répondu : "J'ai peur que les chevaux ne tombent quand la voiture tourne" [...] De plus, il craint plus les grands chevaux de somme que les petits chevaux, les chevaux de ferme plus que les chevaux aux formes élégantes [...] (p. 123) il a plus peur quand une voiture passe vite que lorsque les chevaux trottent doucement » (p. 124). Freud ajoute ici un dialogue avec l'enfant :

« Hans — Je crois, quand les chevaux de déménagement tirent une lourde voiture, qu'ils vont tomber.

Moi — Ainsi, tu n'as pas peur des petites voitures ?

Hans — Non, je n'ai pas peur d'une petite voiture ni d'une voiture de la poste. C'est aussi quand vient un omnibus que j'ai le plus peur.

Moi — Pourquoi ? Parce qu'il est si grand ?

Hans — Non, parce qu'un jour le cheval d'un omnibus est tombé...

Hans — Parce que le cheval a fait comme ça avec ses pieds (il se couche par terre et me montre comment le cheval donnait des coups de pied). J'ai eu peur, parce qu'il a fait du charivari avec ses pieds. »

[...]

Moi — Le cheval était-il mort quand il est tombé ?

Hans — Oui.

[...]

Moi — Quand le cheval de l'omnibus est tombé, de quelle couleur était-il ? Blanc, roux, brun, gris ?

Hans — Noir, les deux chevaux étaient noirs.

Moi — Était-il grand ou petit ?

Hans — Grand.

Moi — Gros ou maigre ?
Hans — Gros, très grand et gros. [p. 127]
[...]
Nous sortons alors devant la porte cochère. Comme une voiture de charbon approche, Hans dit : "Tu sais, j'ai aussi très peur des voitures de charbon."
Moi — Peut-être parce qu'elles sont également tout aussi grandes qu'un omnibus.
Hans — Oui, et parce qu'elles sont si chargées et que les chevaux ont tant à tirer et pourraient bien tomber. Quand une voiture est vide, je n'ai pas peur.
De fait — ainsi que nous l'avons déjà constaté — seules les grosses voitures chargées le mettent en état d'angoisse ». (p. 130)
[...]
Freud interprète ces faits de la manière suivante : « Il est vraiment un petit Œdipe, qui voudrait "mettre de côté son père", s'en débarrasser, afin d'être seul avec sa jolie maman, afin de coucher avec elle » (p. 172). « La peur résultant de ce désir de mort contre le père [...] fournit le plus grand obstacle à l'analyse [...] » (p. 172-173). « Le cheval devait être son père, dont il avait de bonnes raisons intérieures d'avoir peur. Certains détails comme le noir autour de la bouche et ce qui était devant les yeux des chevaux (la moustache et le binocle du père...) détails qui faisaient peur à Hans, me semblèrent directement transposables du père au cheval » (p. 181). « Sous la peur exprimée par Hans en premier lieu, celle d'être mordu par un cheval, on découvre une peur plus profonde que les chevaux ne tombent et tous deux, le cheval qui mord comme le cheval qui tombe, sont le père qui va punir Hans à cause des mauvais désirs qu'il nourrit contre lui... [p. 182] [...] Hans confirme encore, par tout ce qu'il dit [Freud évoque, d'après les notes du père, d'autres fantasmes, la girafe, le plombier] l'hypothèse d'après laquelle les voitures lourdement chargées représenteraient pour lui la grossesse de sa mère et la chute du cheval... l'accouchement » (p. 186). « Le deuxième fantasme, celui où Hans avoue le désir d'être marié avec sa mère et d'avoir d'elle beaucoup d'enfants, ne fait pas qu'épuiser le contenu des complexes inconscients de Hans réveillés à la vue du cheval tombant et ayant engendré l'angoisse...» (p. 186).

L'extinction dans les expériences de conditionnements aversifs, ici à la peur, est très long, parfois même impossible, car l'animal (et l'homme) ne veut pas « essayer ». D'où l'idée d'une thérapie comportementale et cognitive (TCC) de reconditionnement dans le cas des phobies, consistant à ce que le sujet soit confronté très doucement et progressivement au stimulus de sa peur (Mirabel-Sarron et Vera, 2014). Par exemple, de plus en plus de cours appelés par ironie « aquaphobe » se développent avec des maîtres-nageurs pour habituer les gens, à se mettre dans 50 centimètres d'eau (petit bassin des petits), puis à regarder sous l'eau (tout en se tenant sur la rive), et ainsi très progressivement amener une « extinction » de la peur à la vue de l'eau.

4. Conditionnements classique et opérant

La comparaison du conditionnement opérant et du conditionnement classique a toujours suscité énormément de réflexions et de désaccords car il existe de nombreux points communs mais aussi des différences...

Points communs et différences

Les propriétés du conditionnement classique se retrouvent dans le conditionnement opérant : contiguïté temporelle, avance du signal (SC ou stimulus discriminatif), renforcement (SI ou stimulus d'ordre supérieur), extinction, généralisation et différenciation.

Les différences entre conditionnement classique et conditionnement opérant sont peu nombreuses et ne sont pas toujours spécifiques (Rescorla et Solomon, 1967).

- Conditionnement classique :
  - le stimulus neutre devient conditionnel en s'intégrant à une liaison innée stimulus inconditionnel → réponse inconditionnelle. Le SC s'ajoute en quelque sorte à un arc réflexe ;
  - le conditionnement classique intéresse plutôt les réflexes, les réponses glandulaires et viscérales (muscles lisses).
- Conditionnement opérant :
  - le conditionnement opérant est la sélection par le renforcement d'une réponse dans le répertoire comportemental ;
  - le conditionnement opérant porte spécialement sur la musculature striée des muscles « volontaires » contrôlés par le système nerveux central (cependant dans des conditions particulières, on peut conditionner de manière opérante la musculature lisse, c'est la base du biofeedback).

Les interactions

Mais les deux conditionnements n'apparaissent pas si séparés que cela et de nombreuses interactions existent.

- *Les renforcements secondaires :* dans le conditionnement opérant, les renforcements sont souvent des renforcements secondaires, c'est-à-dire des stimulus déjà conditionnés par conditionnement classique. Par exemple, dans son article « Comment apprendre aux animaux », Skinner (1951) conseille pour un chien, de commencer par associer le clic d'un criquet (le jouet) (les dresseurs emploient souvent un sifflet) à la nourriture, c'est un conditionnement classique.
- *Les réponses « viscérales » dans le conditionnement opérant :* dans une de ses expériences, Martin Shapiro (1962) de l'université de Houston, a eu l'idée d'associer la procédure du conditionnement classique de la salivation à celle d'un conditionnement opérant où l'animal doit apprendre à appuyer toutes les 2 minutes (pour permettre à la réponse salivaire de se manifester). Les chiens sont préparés chirurgicalement comme les chiens de Pavlov, avec l'implantation d'un petit tube en polyéthylène dans le canal de la glande parotide et chaque chien en situation d'expérience est placé dans un dispositif de Skinner adapté à la taille du chien, avec une barre et une mangeoire. Le chien doit apprendre à n'appuyer sur la barre qu'après un intervalle de temps depuis le précédent renforcement. On observe que la réponse salivaire démarre dans l'intervalle qui précède chaque appui, ce qui indique une interaction entre les deux formes de conditionnement. La salivation intervient parfois après l'appui sur le levier ; donc les réponses viscérales, ici la salivation, ne doivent pas être considérées comme la cause déclenchante de la réponse opérante (par exemple appui sur le levier) mais

les deux types de réponse peuvent être vus comme des indicateurs de processus cérébraux qui interviennent dans les deux conditionnements.

- *La peur conditionnée dans le conditionnement d'évitement :* le conditionnement d'évitement dans la navette (*supra* « le conditionnement aversif ») comprend à la fois une phase de conditionnement classique (association du son et du choc électrique produisant la peur) et une phase de conditionnement opérant ; le saut (réponse opérante) est suivi de la disparition de la douleur (renforcement).
- *Le conditionnement par stimulation intracérébrale :* depuis la première démonstration du déclenchement de mouvements par stimulation électrique du cerveau (Fritsch et Hitzig, 1870, *cf.* Doty, 1961) des recherches indiquent une possibilité de conditionnement en couplant une stimulation intra-cérébrale (analogue à l'électricité naturelle du cerveau : de 0,2 à 1 mA, millième d'ampère ; ce n'est donc pas un « choc » électrique) dans le cortex sensoriel et une stimulation dans le cortex moteur (qui déclenche un mouvement, Doty, 1961).

La théorie du processus central

Toutes ces interactions montrent que les deux conditionnements sont liés à des mécanismes communs dans le cerveau et ne diffèrent que par les

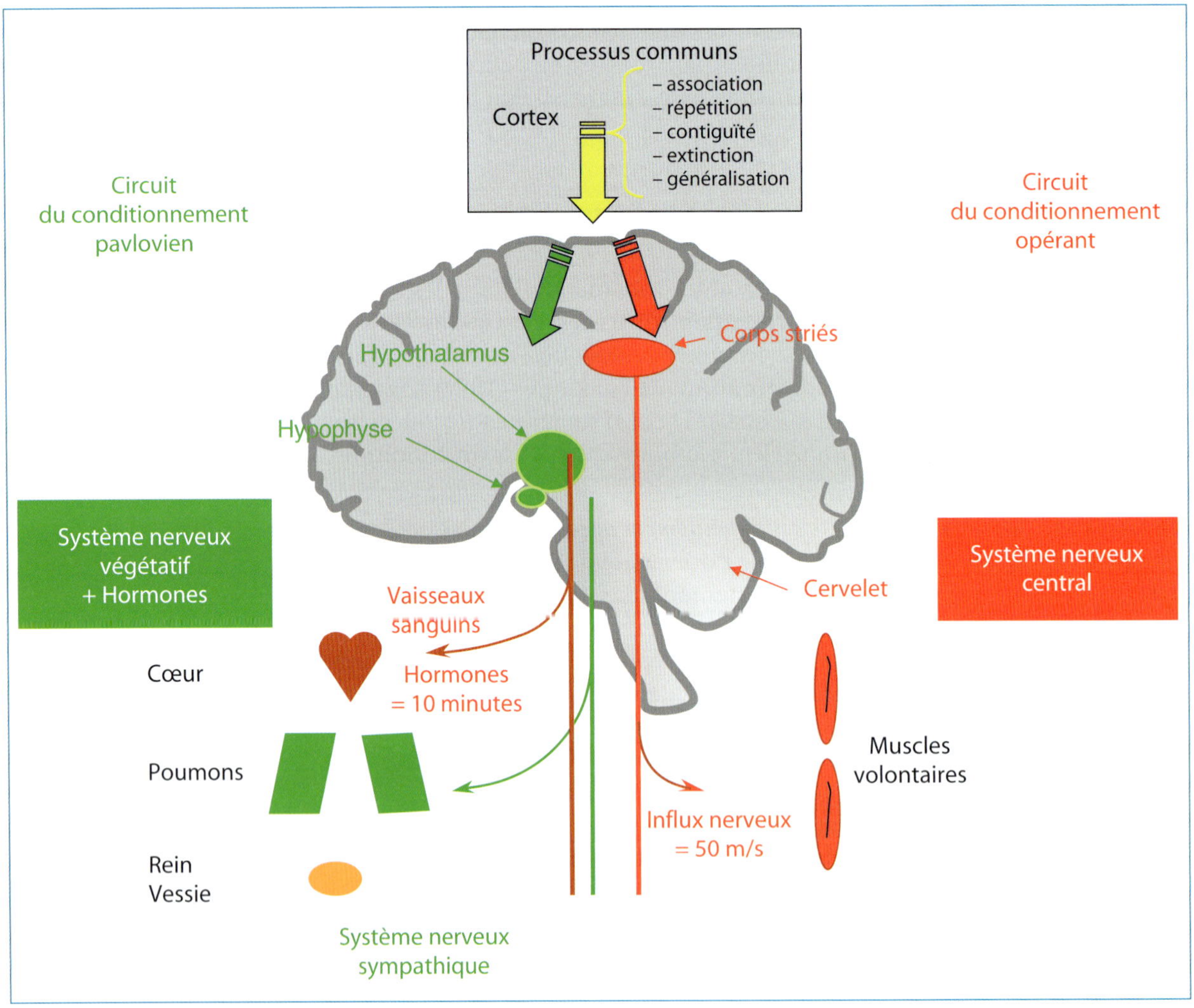

Figure 4.15 – Schéma des points communs (cortex) et circuits différents entre les deux conditionnements.

systèmes nerveux inférieurs et de réponse (musculature lisse ou striée…) ; c'est la théorie du processus central (Solomon et Rescorla, 1967).

Voilà qui explique à la fois les points communs et les différences, ainsi que les interactions. Les points communs sont liés aux processus d'association qui se font entre les stimulus (ou avec une réponse) : contiguïté, généralisation, etc. Des travaux récents montrent que ces associations pourraient se faire dans le cervelet, véritable « ordinateur » de l'apprentissage (*cf. supra* « cervelet » : ordinateur de l'apprentissage, p. 150). En revanche, le cerveau commande deux sortes de systèmes ; le système nerveux autonome qui gère le fonctionnement végétatif et le système nerveux central qui dirige la motricité volontaire.

- *Système nerveux autonome et émotions :* le système nerveux autonome commande le fonctionnement du cœur, des poumons, de l'estomac, des reins et de la vessie… Les commandes se font de deux façons, par le système nerveux autonome (parasympathique notamment) et par voie hormonale (commandée par l'hypothalamus et l'hypophyse). Or ce système est aussi celui qui commande les émotions, les larmes, les jambes flageolantes de la peur, la montée d'adrénaline qui dilate les vaisseaux sanguins et le débit cardiaque dans la colère. Sans le savoir, Pavlov, en étudiant la salivation étudiait ce système. À travers la salivation, ce sont les lois du conditionnement de la vie végétative et des émotions que l'on étudie.
- *Système nerveux central et apprentissages moteurs :* le système nerveux central (cortex, corps striés, cervelet) commande de façon généralement volontaire les mouvements musculaires. Il y a donc choix parmi les réponses et variété. On peut apprendre à un tigre de sauter dans un cerceau en feu alors que ce n'était pas prévu par la nature. On peut, nous humains, conduire une voiture et écrire, alors que la finesse de la préhension des doigts n'avait été « mise au point » que pour cueillir des baies et des fruits. C'est ce système qui est la base du conditionnement opérant et des apprentissages sensori-moteurs. Comme ce système est exclusivement nerveux (et pas hormonal), il est très rapide puisque l'influx nerveux a une vitesse moyenne de 50 mètres par seconde.

La rapidité de l'influx nerveux

Sachant que les sprinters les plus rapides courent le 100 mètres en 10 secondes (donc 10 m/s), l'influx nerveux est cinq fois plus rapide. L'influx aurait le temps de faire tout le tour du stade (400 mètres) et rattraperait les sprinters avant qu'il ne passe la ligne d'arrivée des 100 mètres. Voilà qui explique la vitesse des temps de réaction qui peuvent être de 300 à 400 millisecondes pour les plus rapides.

Ces différences de rapidité expliquent des témoignages qui semblent un paradoxe des émotions : par exemple, que des personnes échappent à un accident, de guerre, immeuble en feu, accident de voiture, par leur rapidité à s'échapper ou à bien réagir, puis sont pris de nausée et ont les jambes flageolantes lorsque le danger est passé ! C'est que les hormones du système des émotions ne voyagent pas si vite dans le sang, et arrivent aux organes en 10 ou 20 minutes.

IV. Les processus associatifs et cognitifs de l'apprentissage

Ayant la conviction d'un fonctionnement associatif des phénomènes psychologiques, les behavioristes ont vu le conditionnement comme le prototype des apprentissages. En effet, le conditionnement est une forme d'apprentissage dans laquelle on identifie facilement une association entre deux stimulus (S-S : conditionnement classique) ou entre un stimulus et une réponse (S-R : conditionnement opérant). Mais comment expliquer les apprentissages plus complexes, comme conduire une voiture, ou apprendre l'itinéraire d'une ville ? Watson considérait que toute séquence comportementale était une chaîne dont chaque maillon était un conditionnement : « le réflexe conditionné est l'unité à partir de laquelle l'habitude totale se forme » (Watson, 1958). Le théoricien du behaviorisme, Clark L. Hull, compléta cette théorie et consacra de gros volumes à démontrer que tout apprentissage, simple ou complexe, est un assemblage de segments de comportement de type S-R.

Www.
Wikipedia : Clark Hull

En opposition à cette vue associationniste, certains auteurs ont proposé des explications basées sur des mécanismes de synthèse des éléments de la situation, ce sont les théories cognitives impulsées essentiellement par Edward C. Tolman et le gestaltiste Wolfgang Köhler. En se basant sur des expériences souvent ingénieuses, ils ont essayé de prouver l'existence de mécanismes cognitifs, « intuition » (*insight*), prévision (*expectancy*), carte cognitive (*cognitive map*)...

Parmi d'autres situations, l'apprentissage du labyrinthe chez le rat a souvent été le « *ring* » où se sont affrontés les protagonistes au cours d'une controverse passionnée car ce dispositif paraît nécessiter toutes les capacités locomotrices et représentatives d'un organisme. Cette polémique a permis de construire de nouvelles procédures, d'affiner les arguments théoriques et ainsi de découvrir des hypothèses fructueuses et des erreurs dans les deux camps. La première utilisation du labyrinthe est due à Willard Small (1901) qui adapta le parcours du labyrinthe des jardins d'Hampton Court.

1. Les théories associatives

Dans la tradition associationniste du behaviorisme, Clark L. Hull de l'université de Yale a fait un effort théorique considérable qui, en dépit d'un formalisme excessif, a permis d'affiner les hypothèses théoriques. Une première version de sa théorie est parue en 1943 dans *Principes du comportement* et pour répondre à des critiques basées sur de nombreux faits expérimentaux, en particulier de Tolman, une deuxième version très élaborée paraît en 1952 dans *Un système de comportement*. La présentation de ces livres s'inspire fortement des ouvrages de mathématiques ou de physique avec des symboles, formules, postulats et théorèmes : dans *Un système du comportement*, il y a cent trente-deux théorèmes et cent symboles dans le glossaire...

Motivation et apprentissage

Dépassant le behaviorisme strict (néobehaviorisme), Hull pense que l'apprentissage est déterminé par des variables intermédiaires, le comportement n'étant lui-même que l'expression d'un potentiel excitatif résultant, dont la valeur est déterminée par la formule suivante (qui ne sera pas utilisée mais qui donne une idée du style de Hull) :

$$E = D * K * V2 * H * V1 * C$$

Où :

D = *drive* c'est-à-dire le mobile, la motivation ;

K = valeur incitatrice du renforcement (par exemple attractivité de la nourriture) ;

V1 et V2 = intensité de deux stimulus dans une discrimination ;

H = la force de l'habitude au départ de l'apprentissage ;

C = constante quantitative (estimée sur des courbes...).

En fonction des expériences, ces formules peuvent se compliquer (puisqu'il y a cent symboles), mais les principes fondamentaux de Hull peuvent se résumer dans une formule simple (Figure 4.16).

$$\text{Performance} = \text{Habitude} \times \underbrace{\text{Besoin} \times \text{Renforcement}}_{\text{Motivation}}$$

Figure 4.16 – Loi du renforcement.

Cette formule exprime un principe fondamental de l'apprentissage selon lequel on ne peut apprendre sans besoin et sans renforcement (*cf.* aussi chap. 9). Dans cette formule, la motivation devient le produit du besoin et du renforcement, ce qui a été appelé la « loi du renforcement » ou « loi de Hull ». Cette loi a été appliquée dans le fonctionnement commercial américain pour parvenir également en France : le vendeur n'a qu'un salaire de base minimum (pour créer le besoin) et le renforcement est la prime ou le pourcentage reçus en fonction des ventes effectuées (par exemple nombre de voitures...). Hull n'a pas inventé les « bons points » ou les « primes » mais a systématisé ce fonctionnement, dont on verra qu'il est fondamental mais pas universel (chap. 9).

Drive : mobile, synonyme de motivation chez Clark Hull.

Théorie de la chaîne et réponses fractionnées

Afin d'expliquer le mécanisme des apprentissages, Watson avait proposé l'hypothèse de la chaîne réflexe : l'apprentissage est une chaîne de conditionnements correspondant à chaque carrefour. Dans un labyrinthe, la réponse de chaque carrefour (par exemple, tourner à droite ou à gauche) est considérée comme associée aux stimulus tactiles et kinesthésiques résultant des mouvements précédents : « L'exécution de chaque mouvement susciterait de nouvelles stimulations tactiles et kinesthésiques qui à leur tour amèneraient le mouvement suivant » (Watson, 1914, cit. Woodworth, 1949).

Réponses fractionnées : pour les behavioristes, le comportement (par exemple apprentissage du labyrinthe) est une chaîne de réponses fractionnées, chacune apprise par conditionnement.

Hull généralisa cette idée avec son concept de réponses fractionnées, c'est-à-dire de conditionnement d'éléments limités. Ainsi, dans le labyrinthe, à chaque carrefour, il y aurait conditionnement d'une fraction du parcours, ce sont les réponses fractionnées. Dans l'exemple (Figure 4.17), le rat vient tout droit de la case départ et ses muscles ont produit des sensations kinesthésiques de venir « tout droit » (symbolisé S_T) qui vont être conditionnées à la bonne réponse (au bout de plusieurs essais) de tourner à droite (R_D = Réponse « tourner à droite ») ; cette réponse de tourner à droite va elle-même produire des sensations S_D d'avoir tourné à droite,

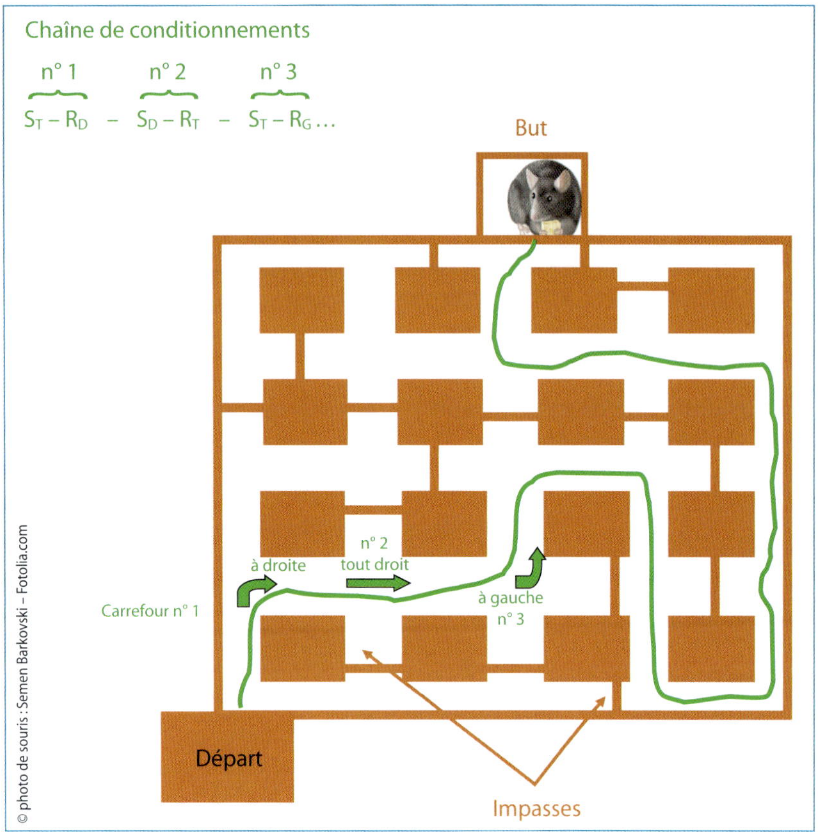

Figure 4.17 – Théorie de la chaîne de Watson/Hull : chaque carrefour créé un conditionnement stimulus-réponse.

associée au carrefour n° 2 à des réponses d'aller tout droit (R_T). Au carrefour n° 3, les sensations S_T vont être conditionnées à la réponse de tourner à gauche (R_G), et ainsi de suite jusqu'à la fin du labyrinthe. Le parcours entier est donc vu par les behavioristes comme une séquence, une chaîne de conditionnements S-R.

Remplacez, dans le schéma, les blocs de bois du labyrinthe par des blocs d'immeubles et la localisation dans une ville devient un problème de labyrinthe à échelle humaine…

Voilà pourquoi, chez les behavioristes, le concept de « réponses fractionnées » était vu comme le chaînon de base de tout apprentissage complexe (remplaçant d'ailleurs la notion d'intelligence chez les behavioristes). Ainsi, on résoudra plus facilement un problème utilisant une sous-partie déjà résolue auparavant. Par exemple, si on connaît un logiciel utilisant des icônes, on apprendra plus facilement un nouveau logiciel utilisant ce type de présentation.

2. Les théories cognitives

Faut-il tourner à droite ou à gauche ? Le labyrinthe représente bien la situation familière de s'orienter dans une grande ville.

À l'encontre des théoriciens associationnistes, Edward Chace Tolman de l'Université de Californie, a tenté d'expliquer le comportement et l'apprentissage par des mécanismes plus cognitifs, c'est-à-dire d'élaboration de la connaissance, mais il se situait lui-même dans le courant behaviorisme en définissant un « behaviorisme de l'intention » (*purposive behaviorism*). Il a publié de nombreux articles, utilisant dans ses expériences des dispositifs très ingénieux, et un livre sur le *Comportement intentionnel chez les animaux et les hommes* (1951). Pour Tolman, le comportement n'est pas une séquence automatisée d'associations établies par conditionnement mais une réponse globale qui se réfère à une représentation mentale du but et des lieux qui permettent d'y accéder, c'est ce qu'il appelle une stucture-signe (*sign-gestalt*) ou dans ses derniers écrits, la carte mentale (*cognitive map*).

Apprentissage de lieu et apprentissage de réponse

Tolman et son équipe marqueront de nombreux points (confirmés par des expériences plus récentes) contre les associationnistes en montrant que les réponses ne sont pas nécessaires à l'apprentissage : un rat apprend plus facilement un lieu qu'une réponse motrice (Tolman, Ritchie et Kalish, 1946 ; Cohen-Salmon et Blancheteau, 1968).

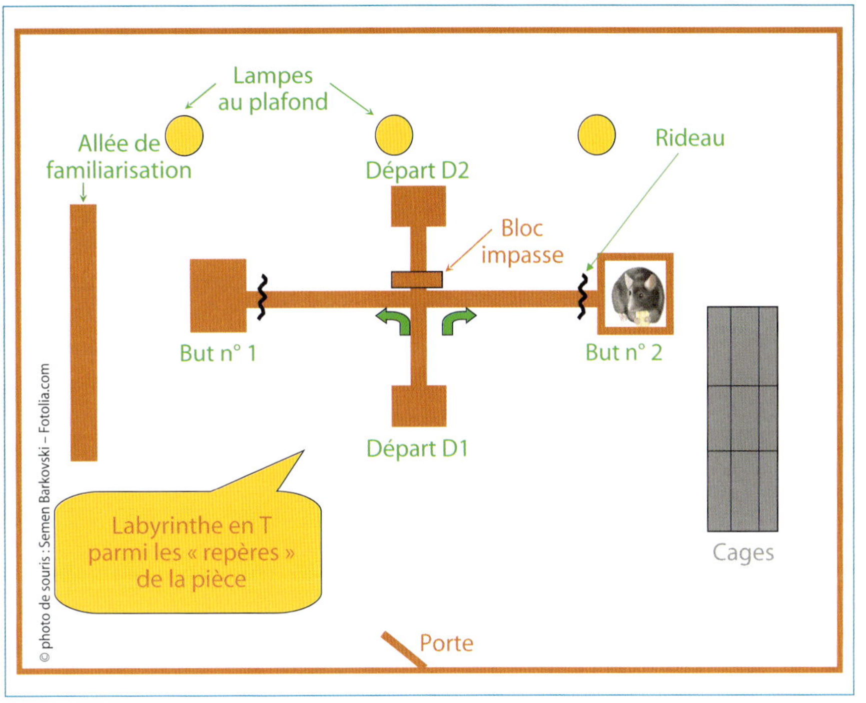

Figure 4.18 – Labyrinthe en T permettant de montrer que l'apprentissage de lieu est plus facile que l'apprentissage de réponse (Tolman, Ritchie et Kalish, 1946).

Le dispositif est un labyrinthe en T, surélevé fait de lattes de bois en hauteur de telle sorte que le rat (même myope) peut voir les repères de la pièce. Le labyrinthe est en forme de croix (**Figure 4.17**) mais l'expérimentateur ferme une des deux allées de départ par un bloc de bois qui peut se mettre soit (comme sur le dessin) au bout de D2 soit au bout de D1. Donc à chaque essai, le labyrinthe a une forme de T. Par exemple, dans le dessin, le rat part du départ n° 1 et a le choix entre aller à droite au but n° 2 ou aller à gauche au but n° 1. Deux sortes d'apprentissage sont alors prévues par Tolman et ses collègues.

Dans l'apprentissage de lieu (par exemple, but n° 2) le rat doit apprendre à aller dans le lieu n° 2 (vers les cages) ; mais s'il part du départ 1 (le bloc de bois ferme l'allée D2), il doit apprendre à tourner à droite ; à l'inverse, si l'expérimentateur le fait partir du départ D2 (le bloc ferme l'accès de D1), il doit tourner à gauche. Dans la théorie behavioriste qui privilégie les réponses motrices dans l'apprentissage, cet apprentissage devrait être difficile puisqu'il faut apprendre des réponses motrices contraires pour aller dans le même but.

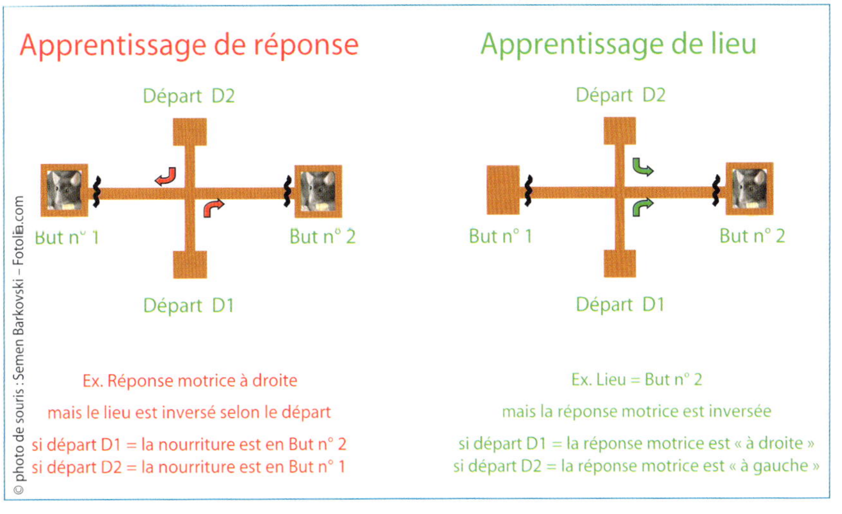

Figure 4.19 – Comparaison entre l'apprentissage de réponse et l'apprentissage de lieu.

À l'inverse, dans l'apprentissage de réponse, le rat doit apprendre une seule réponse motrice : par exemple l'expérimentateur dispose le bloc pour que le rat trouve la nourriture s'il tourne toujours à droite (pour d'autres rats, c'est à gauche). Dans cet apprentissage, le lieu est inversé : si le point de départ est en D1, tourner à droite amène au but n° 2 et si le rat est mis en D2, tourner à droite amène au but n° 1. Cet apprentissage devrait être plus facile chez le rat (et même chez les humains) selon les behavioristes pour qui les apprentissages sont un assemblage de stimulus kinesthésiques (provenant des sensations musculaires) et de réponses motrices.

Les résultats sont spectaculaires en faveur de la théorie de Tolman, les rats du groupe « apprentissage moteur » mettent cinquante et un essais en moyenne pour apprendre la bonne réponse motrice tandis que les rats du groupe « lieu » n'ont besoin que de quatre essais en moyenne. Cependant, il faut remarquer (**Figure 4.18**) que dans l'expérience originale de Tolman, le labyrinthe en T est dans une pièce avec des repères, les lampes, la porte, les cages ce que Tolman indique bien dans son article. Et le rôle des repères visuels est évidemment crucial dans l'apprentissage de lieu car d'autres auteurs montreront que l'apprentissage de lieu est moins rapide si l'on supprime les repères.

Les migrations d'oiseaux

D'autres recherches vont dans le sens de la conception de Tolman. Des rats ou des chiens, transportés dans une sorte de téléphérique, apprennent très vite le parcours d'un labyrinthe (Dodwell et Bessant, 1960 ; Gleitman, 1963 ; Maltzman, 1968). L'étude de l'apprentissage de l'orientation chez les oiseaux montre d'ailleurs qu'il n'y a pas mémorisation de réponses motrices mais de repères visuels. Beaucoup de migrateurs suivent les côtes et les fleuves (Dorst, 1956) et d'autres grands migrateurs comme le bruant indigo ont mémorisé des patterns d'étoiles lors de parcours antérieurs. Skinner a d'ailleurs montré que les pigeons ont une très bonne mémoire de photographies aériennes sur de très longs délais (jusqu'à 4 ans, Skinner, 1950).

Des « ratés » dus à nos conditionnements

Parfois, notre comportement n'apparaît guère plus compliqué. Un de mes amis m'a raconté qu'un matin, croyant entendre le réveil, s'est levé, lavé, a pris son petit-déjeuner puis s'est rendu sur le lieu de son travail. Mais là ne voyant personne, il a enfin regardé sa montre pour découvrir… qu'il était 3 heures du matin. C'est aussi le cas des trajets en voiture ou en métro : au début, on regarde partout, cherchant les noms des rues ou des repères, tandis qu'avec l'habitude, on tourne à droite et à gauche de façon automatique tout en écoutant la radio, en fonction probablement d'un repère simple, une station-service, un immeuble, un rond-point, sans exclure naturellement des sensations kinesthésiques, de longueur de parcours ou de sens de rotation… Une anecdote personnelle le montre bien. Lorsque je travaillais à Paris, j'avais un parcours de métro bien rôdé qui me faisait m'orienter au métro Châtelet (véritable labyrinthe car carrefour de nombreuses lignes de métro) sans problème. Si bien qu'un soir, rentrant d'un spectacle et me retrouvant à la station Châtelet, j'ai pris automatiquement les couloirs de métro du « matin » et je me suis retrouvé dans la direction de mon travail tout à fait opposée à celle de mon domicile… Les recherches sur les petits rats de laboratoire ont donc mis au jour des mécanismes qui sont présents dans nos apprentissages notamment dans les automatismes.

L'apprentissage latent

Prenant à nouveau le contre-pied de Hull, Tolman pense qu'il n'y a pas besoin de motivation pour apprendre : il y a mémorisation d'informations même en l'absence de renforcement. Les expériences de Blodgett (1929) et Tolman et Honzik (1930) faites à la même époque, le montrent en comparant trois groupes de rats. Les rats qui sont renforcés au but ne font que très peu d'erreurs au bout des seize essais de l'expérience (Figure 4.20).

Les rats qui ne sont jamais renforcés font beaucoup d'erreurs et n'apprennent pas le bon parcours. Un troisième groupe est traité de façon particulière : chaque rat n'est pas renforcé lorsqu'il arrive au but jusqu'au onzième essai, où cette fois, le rat est renforcé en trouvant de la nourriture dans le but. Or, si le renforcement était indispensable à l'apprentissage, les rats mettraient à nouveau une quinzaine d'essais après le onzième soit vingt-six ou vingt-sept essais pour faire le parcours sans erreurs. Mais au contraire, on constate que ces rats ne commettent pas plus d'erreurs au seizième essai que les rats toujours renforcés : il y a donc eu mémorisation d'informations spatiales sans renforcement, c'est l'apprentissage latent.

Pribram (1974) a également montré qu'un singe réussit plus vite un conditionnement discriminatif pour une lettre si celle-ci a été affichée auparavant dans sa cage. Le cerveau apprend donc sans nécessairement une motivation. Tolman distingue donc apprentissage et performance. L'apprentissage peut se faire sans motivation mais celle-ci joue sur la performance (par exemple, en sélectionnant le but à atteindre).

Apprentissage latent : mémorisation d'éléments de la situation (par exemple, labyrinthe) sans qu'il y ait de signes visibles avant une phase test.

Www.
Wikipedia : Edward Tolman

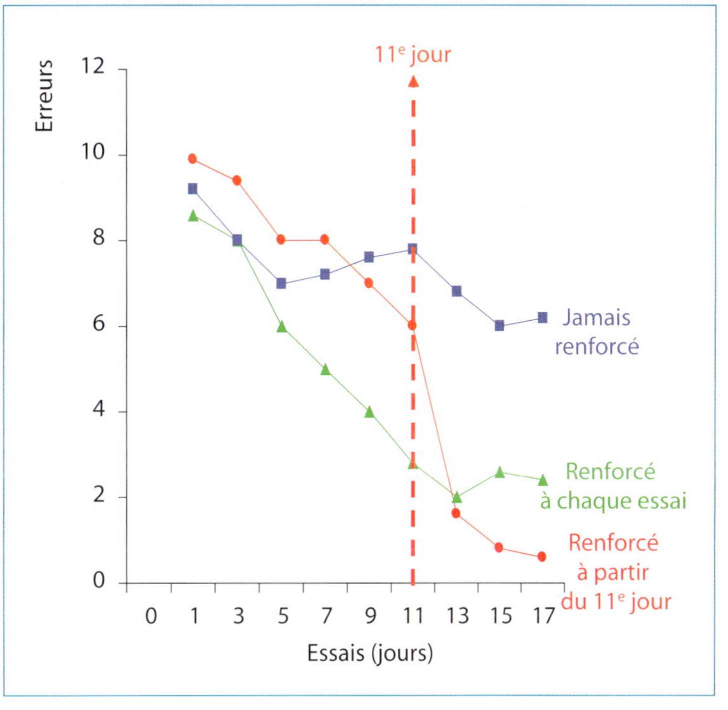

Figure 4.20 – Apprentissage latent.

La carte mentale

La théorie la plus célèbre de Tolman est celle de la « carte mentale » (« cognitive map »), où l'on voit apparaître pour la première fois le qualificatif de « cognitif » dans le vocabulaire de la psychologie. Tolman imagine que l'apprentissage n'est pas une séquence de conditionnement de réponses motrices (aller à droite-gauche-tout droit, etc.) mais requiert des processus cognitifs assemblant des repères pour créer une topographie mentale, la carte cognitive.

Carte mentale (*cognitive map*) : image mentale spatiale d'un parcours.

Le labyrinthe radial

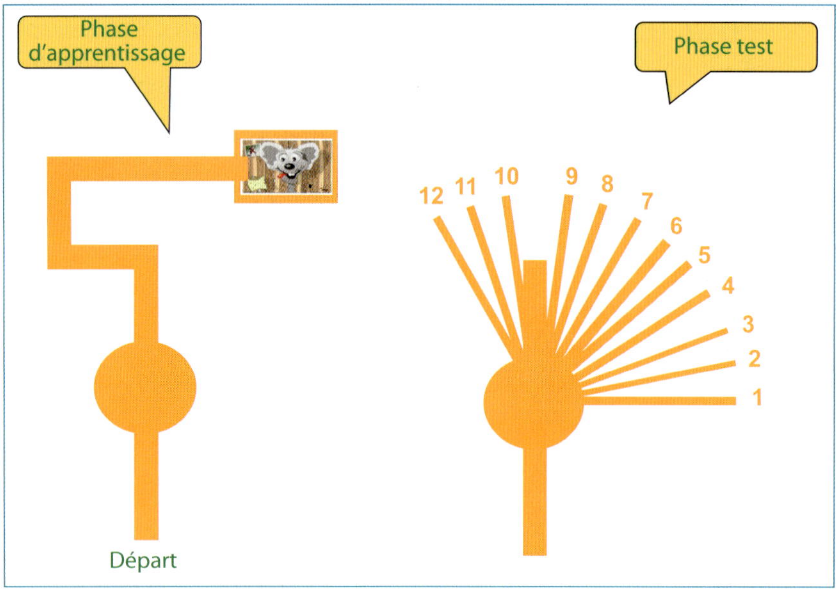

Figure 4.21 – Labyrinthe radial (adapté d'après Tolman et Honzik (Tolman, 1932)).

Avec Charles Honzik, il réalise à nouveau un dispositif très astucieux : le labyrinthe radial. Les rats sont entraînés dans une phase d'apprentissage à suivre un parcours pour trouver le but avec la nourriture ; pour ce parcours, il faut aller à gauche, puis tout droit et enfin à droite, mais les chemins sont de différentes longueurs (Figure 4.21). Comme dans les expériences de Tolman, les chemins sont « aériens » comme un métro aérien, et non des couloirs, si bien que le rat peut voir et s'orienter s'il en est capable par des repères extérieurs (porte, lampe, etc.).

Dans la phase test, chaque rat est placé au point de départ et une plateforme circulaire distribue douze chemins orientés dans l'espace comme les rayons d'une roue, en se restreignant toutefois aux directions après l'allée de départ, de gauche à droite. Si le rat n'a appris que des réponses motrices, les rats devraient choisir l'allée horizontale vers la droite (le chemin n° 1) ; c'est le cas pour 17 % d'entre eux (Figure 4.22). Mais les résultats montrent que c'est le chemin n° 6, correspondant le mieux à l'orientation spatiale du but par rapport à la plateforme circulaire, qui est majoritairement choisi. Les rats ont donc une certaine capacité à se représenter spatialement un parcours : c'est le concept de carte mentale.

Le terme de « carte mentale » va connaître un succès immense et durable, passant dans le vocabulaire scientifique et commun (encart).

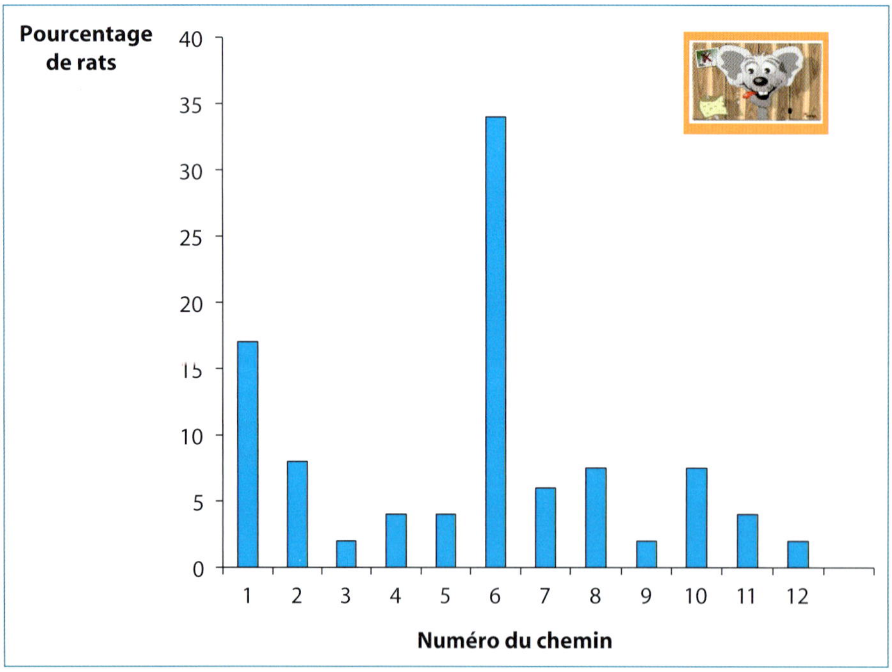

Figure 4.22 – Dans le labyrinthe radial, la majorité des rats choisissent le chemin le mieux orienté vers le but de la phase d'apprentissage (adapté d'après Tolman et Honzik (Tolman, 1932)).

Un prix Nobel sur la carte mentale

Le prix Nobel de médecine 2014 vient d'être attribué à John O'Keefe et à un couple de norvégiens, May-Britt et Edvard Moser. John O'Keefe est connu depuis plus de trente ans pour ses travaux sur l'hippocampe (*cf.* chap. 5 § 4). Avec Lynn Nadel, il avait publié en 1978 un livre ayant connu un grand retentissement, « *The Hippocampus as a cognitive map* » (« L'hippocampe vu comme une carte mentale »), apportant la première théorie du fonctionnement de l'hippocampe. En effet, des éthologistes avaient observé que certains rongeurs, comme le hamster, enterraient des réserves de nourriture dans leurs terriers, jusqu'à 50 kg dans leurs « greniers » que les paysans russes et chinois déterraient en période de disette. Il leur fallait donc une bonne mémoire pour les localiser par la suite. Ce sont les recherches de O'Keefe qui ont révélé que l'hippocampe servait de carte mentale (*cognitive map*). Ce terme avait été inventé par Edward Chace Tolman, qui avait montré que le rat ou la souris utilisaient des repères spatiaux pour apprendre un parcours dans un labyrinthe, alors que les behavioristes (Watson, Skinner, Hull) pensaient que l'apprentissage était l'assemblage de réponses motrices (ex. tourner à gauche, puis à droite...). D'ailleurs à l'occasion de ce prix Nobel, les travaux pionniers d'Edward Chace Tolman ont été honorés lors d'un symposium le 10 novembre 2014, au département de Psychologie à Berkeley, en présence notamment de Lynn Nadel et Edvard Moser.

Le prix Nobel a donc été attribué à John O'Keefe mais il a été associé au couple May-Britt et Edvard I. Moser qui ont révélé l'association du cortex entorhinal (au dessus du bulbe olfactif) à l'hippocampe, pour créer un véritable GPS permettant à l'animal de se positionner dans l'espace. Mais attention, le fonctionnement de l'hippocampe chez l'animal n'est pas entièrement transposable à l'homme. Grâce au langage, l'homme a plusieurs mémoires verbales. Les recherches chez l'homme montrent ainsi une certaine spécialisation des hippocampes : l'hippocampe droit est spécialisé dans la localisation mais les deux hippocampes sont nécessaires pour la mémoire verbale. Attention, les hippocampes ne fonctionnent pas seuls et sont associés à différentes régions du cortex, occipital et pariétal pour la localisation et temporal pour la mémoire verbale.

Le prix Nobel de physiologie et médecine 2014 a pour thème la carte cognitive, concept inventé par Edward Chace Tolman dans ses études sur l'apprentissage du labyrinthe.

Cependant d'autres expériences montrent que le rat n'est pas très perspicace et que ses capacités mentales sont réduites.

L'erreur des premiers cognitivistes comme Tolman a été de se battre sur le terrain de leurs adversaires, les behavioristes, en pensant qu'il n'y a pas de différences qualitatives entre l'organisation nerveuse du rat et celle de l'homme. Le match Hull contre Tolman a permis d'éclairer définitivement ce problème en montrant que le rat est un bon modèle pour les apprentissages associatifs mais que ses possibilités de représentation mentale sont nulles ou faibles. La démonstration de ressources cognitives nécessite de travailler sur des animaux au cerveau plus évolué. Nous le verrons avec les apprentissages symboliques chez les singes anthropoïdes et évidemment chez l'homme avec la mémoire.

V. L'APPRENTISSAGE CHEZ L'HOMME : LA MÉMOIRE PROCÉDURALE

Les capacités de représentation mentale chez l'homme sont telles (le cerveau humain pèse 1 400 g contre 400 g pour le chimpanzé) que la mémoire humaine dispose de ressources défiant toute comparaison avec l'animal, un vocabulaire de dizaines de milliers de mots, la représentation du temps, etc. Cependant, une part de nos apprentissages est plus primitive et correspond à des mécanismes nerveux associatifs communs avec nos ancêtres les animaux, ce qui va, sur ce point, dans le sens de la conception behavioriste. C'est le cas des conditionnements mais aussi des apprentissages sensori-moteurs, comme faire du vélo, conduire une voiture, taper à la machine.

Des chercheurs ont redécouvert l'intérêt de ces apprentissages qui sont regroupés maintenant sous le nom de mémoire procédurale.

Les premières études sur l'apprentissage se basaient sur les situations du travail de tous les jours et non sur des situations créées en laboratoire.

1. La courbe d'apprentissage

Lorsque les psychologues ont étudié l'apprentissage de la fin du XIXe au début du XXe, c'était moins pour des préoccupations théoriques que pratiques (*cf.* le taylorisme). Les recherches, avec pour finalité le travail ou l'éducation, se basaient sur des situations de la vie quotidienne : travail à la chaîne, dactylographie, etc.

Mais les résultats étaient souvent les mêmes et la courbe d'apprentissage chez l'homme avait toujours la même forme, une montée rapide et un plateau définissant les limites biologiques (ou à l'inverse une diminution avec un plateau pour des erreurs ou un temps). Un bon exemple de cette courbe est donné dans l'apprentissage de la télégraphie avec l'alphabet morse, qui requiert quarante semaines, c'est-à-dire presque dix mois. Les résultats indiquent une montée rapide de la performance suivie d'un plateau interprété comme les limites biologiques (Figure 4.23).

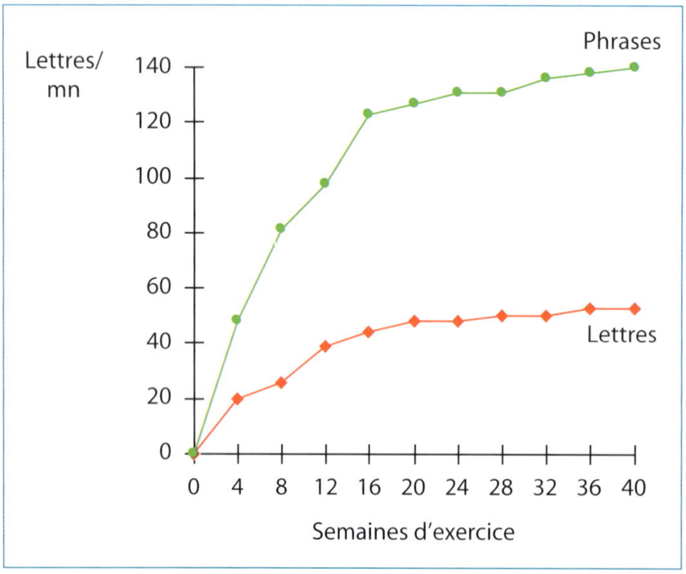

Figure 4.23 – Apprentissage de la télégraphie (envoi de lettres ou de phrases reliées) (d'après Bryan et Harter ; cit. Munn, 1956).

J'ai même trouvé un chapitre sur la « courbe d'apprentissage » (*learning curve*) dans un manuel d'économie : sur la base de cette loi quasi universelle, les économistes prévoient que l'homme trouvera un moyen de fabriquer moins cher un produit, et cette courbe est utilisée pour faire des prévisions de prix dans le temps.

Du reste, l'évolution des performances sportives a souvent la même forme et ne fait un bond que lors de l'invention d'une nouvelle technique (fibre de verre pour le saut à la perche, saut en Fosbury pour le saut en hauteur) ; dans le cas contraire, les performances atteignent un plateau (sauf dopage) comme c'est le cas pour la course de 100 mètres et le saut en hauteur.

Courbe d'apprentissage dans le sport

Les apprentissages sensori-moteurs demandent souvent un temps considérable d'entraînement, ce qui est bien mesuré dans le sport

La performance sportive est un très bon exemple du temps considérable nécessaire dans la plupart des apprentissages sensori-moteurs ; c'est le cas la plupart du temps (par exemple, conduite automobile ; jouer d'un instrument de musique…) mais les habitudes de mesure dans le sport permettent mieux de s'en rendre compte.

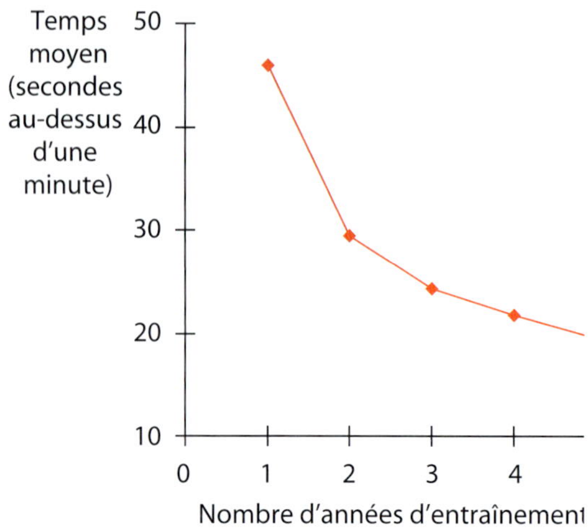

Figure 4.24 – Durée d'un apprentissage sportif. Exemple du 100 mètres dos en natation (données communiquées par J.-P. Gaillard, 2003).

Il a fallu par exemple cinq ans d'entraînement à raison de plusieurs heures de natation par semaine à une jeune athlète de niveau régional pour améliorer nettement son temps dans le 100 mètres dos (Figure 4.24).

2. L'apprentissage massé et distribué

Un des phénomènes ayant été découvert dès le début des recherches sur l'apprentissage est que bien souvent l'apprentissage distribué (entrecoupé de périodes de repos) est supérieur à l'apprentissage massé. Par exemple, dans une situation où les sujets doivent ranger des petits cylindres dans des trous d'une boîte, les auteurs réalisent plusieurs combinaisons de temps d'apprentissage et de temps de repos. Deux groupes apprennent par périodes de 10 secondes et deux autres par périodes de 30 secondes ; le repos étant lui aussi de 10 ou de 30 secondes. Les résultats (Figure 4.25) indiquent que pour chaque temps, le repos le plus long (30 secondes) est plus efficace et cela d'autant que le temps d'exercice est plus long (30 secondes) ce qui suggère un épuisement important dans cette tâche minutieuse et rapide.

Les théories se sont succédées avec des procédures très variées, des dispositifs sensori-moteurs aux apprentissages verbaux, et cependant deux des plus anciennes hypothèses restent toujours d'actualité. Toutes deux sont des hypothèses psychobiologiques :

- hypothèse de la fatigue ou inhibition réactive (chez Hull) : En effet, le substrat de l'apprentissage est biologique comme le confirment les recherches récentes, et le neurone s'épuise en apprenant (perte d'ions, d'acides aminés, d'ARN) ce qui explique la nécessité de périodes de travail courtes ;
- hypothèse de la consolidation : l'apprentissage au niveau des neurones et de leurs connexions nécessite un temps (échanges de neurotransmetteurs, construction de prolongements cellulaires). Si bien que ménager des périodes de repos facilite l'apprentissage.

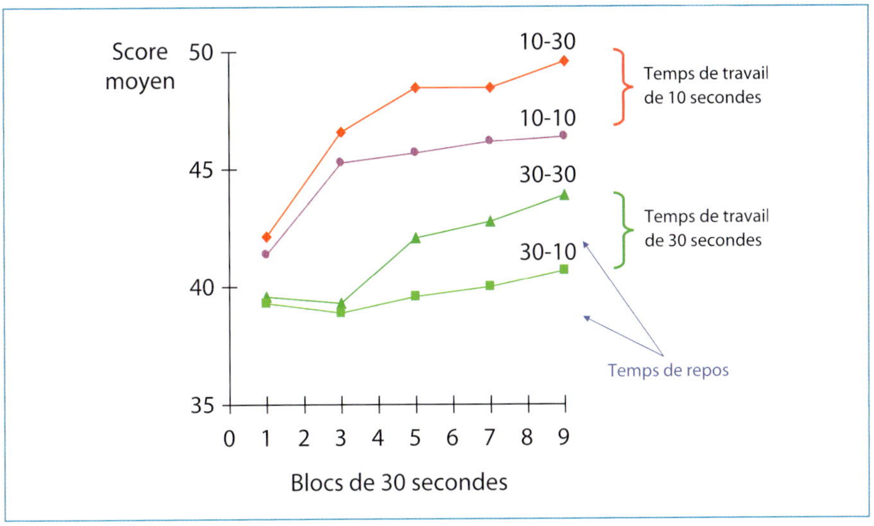

Figure 4.25 – L'apprentissage distribué.
L'apprentissage avec des courtes durées de travail (10 secondes) est plus efficace qu'avec des durées plus longues (30 secondes). Dans les deux cas, l'apprentissage avec repos (30 secondes par rapport à 10 secondes) est meilleur. Au total, l'apprentissage distribué (durée courte pour un long repos) est plus efficace que l'apprentissage massé (durée de travail longue pour un report court) (d'après Kimble et Bilodeau, 1919, cit. Munn, 1956).

Courbe d'apprentissage : en général, l'apprentissage nécessite de multiples essais (plusieurs dizaines ou centaines) ; sur un graphique où l'on porte les bonnes réponses en ordonnées, on voit une courbe monter progressivement au fil des essais pour atteindre un plateau (limites physiologiques).

Apprentissage massé/distribué : apprendre d'un coup sans repos (massé) est en général moins efficace qu'un apprentissage divisé par des périodes de repos.

Selon les cas, l'un ou l'autre de ces mécanismes prédomine : le repos interviendrait dans des périodes courtes (par exemple, entre les essais) tandis que la consolidation biologique nécessite des périodes plus longues (périodes de sommeil notamment). Ces hypothèses ne sont évidemment pas exclusives d'autres mécanismes psychologiques.

En conclusion, avant les examens, il ne faut surtout pas bachoter mais au contraire apprendre régulièrement sur de longues périodes en évitant la fatigue et en ménageant des périodes de repos ou de loisirs.

3. Le transfert d'apprentissage

La vie serait toujours à refaire s'il fallait un nouvel apprentissage à chaque activité nouvelle. Imaginez par exemple, qu'ayant appris à conduire sur une Golf dernier modèle vous passiez autant d'heures à réapprendre à conduire sur la Fiat Panda que vous venez d'acheter d'occasion ! Heureusement, il n'en est pas ainsi grâce à la flexibilité du cerveau. Le plus souvent, un premier apprentissage facilite le deuxième (*a fortiori* si plusieurs apprentissages se suivent), c'est le transfert d'apprentissage (ne pas confondre avec le « transfert » psychanalytique). L'éducation tout entière est basée sur le transfert car il est rare que l'on trouve dans la vie une activité qui est exactement celle qui a été apprise à l'école ou à l'université.

Transfert d'apprentissage : facilitation d'un apprentissage en fonction d'un apprentissage antérieur. Attention : ne pas confondre avec le transfert psychanalytique.

Ce thème important a suscité un nombre considérable d'études (Oléron, 1964), dès les années 1900 (par exemple Thorndike et Woodworth, 1901 ; cit. Woodworth, 1949) jusqu'à l'affaiblissement du courant associationniste dans les années 1960. Les variétés de transfert sont très nombreuses, du transfert d'une habileté d'un membre à un autre jusqu'au transfert de stratégie de résolution de problème. Voici trois catégories typiques.

• *Le transfert bilatéral* : la capacité de faire avec une main ce qui a été appris avec l'autre main (par exemple un dessin) avait déjà été observée par Weber et Fechner (cit. Woodworth, 1949) et a fait l'objet de nombreuses études. Par exemple, dans un exercice de jongleur consistant à lancer deux balles d'une main, il faut 35 essais pour réussir avec la main droite alors qu'il faut moins de 10 essais pour que la main gauche atteigne la même habileté (Swift, 1903, cit. Woodworth, 1949).

• *Apprendre à apprendre* : d'une manière générale, plus on apprend une tâche d'un même type et plus vite on apprend, c'est « l'apprentissage à apprendre » (*learning to learn*). C'est ce que l'on retrouve, dans la vie courante, l'apprentissage d'un nouveau jeu vidéo, d'un logiciel, d'une carte d'histoire ou à faire un commentaire composé, est de plus en plus rapide au fur et à mesure que l'on pratique cette activité. Ceci peut s'expliquer par le fait que de proche en proche, la mémoire repère des sous-parties équivalentes ou des stratégies, qui rendent plus économiques les nouveaux apprentissages. L'usage des icônes, d'un logiciel à un autre, va se retrouver dans un nouveau, etc. D'où la bonne habitude de s'entraîner (les sportifs l'ont bien compris), à faire des fiches, à faire des examens blancs, à stimuler un oral... Plus on apprend, mieux on apprend !

• *Transfert négatif* : mais le transfert n'est pas toujours positif. En effet un premier apprentissage peut gêner le suivant. Par exemple, apprendre à taper sur un clavier (d'ordinateur) avec deux doigts ralentit l'apprentissage avec tous les doigts (dactylographie). L'interprétation de cette gêne ou transfert négatif se fait aisément dans le cadre du conditionnement. Après un conditionnement entre un stimulus et une réponse, si on conditionne le même stimulus à une réponse différente, le même stimulus va quand même déclencher l'ancienne réponse et ainsi retarder l'apprentissage. Un cas typique de la vie courante est l'inversion des commandes d'essuie-glace et de phares d'une marque de voiture à une autre. Croyant mettre les phares, on met les essuie-glaces et il faut de nouveau quelques essais d'apprentissage pour ne pas s'y perdre...

4. La mémoire procédurale

?

Qu'est-ce que la mémoire procédurale ?

Mémoire procédurale : conditionnements et apprentissages sensori-moteurs, dépendant de structures cérébrales spécifiques.

Dans une perspective théorique de connaissance des mécanismes, certaines procédures mises au point chez l'animal servent toujours de test. Voici un exemple de l'utilisation de l'apprentissage du labyrinthe pour étudier les déficits dans la maladie de Parkinson. En effet, différentes études ont montré que le manque d'un neurotransmetteur spécifique, la dopamine, entraîne des lésions dans les corps striés. Or cette structure du cerveau est impliquée dans la motricité volontaire et par conséquent, il pourrait y avoir une difficulté spécifique dans les apprentissages moteurs (Thomas *et al.*, 1996).

Un apprentissage du labyrinthe (tactile, sans regarder le parcours) est utilisé comme test, comparant des malades de Parkinson (néanmoins soignés par un apport de dopamine sous forme de levodopa) et des sujets du même âge (65 ans) ainsi que des jeunes (20 ans). La courbe d'apprentissage (Figure 4.26) montre clairement la grande difficulté des patients parkinsoniens (pourtant traités) avec une diminution d'environ 50 % de la performance par rapport à des sujets jeunes ou du même âge qui ont une efficacité équivalente.

En synthétisant tous ces faits ainsi que des expériences sur l'animal, le neuropsychologue américain Larry Squire (Squire et Zola-Morgan, 1991) proposa la théorie selon laquelle il existe deux systèmes de mémoire différents reposant sur des structures neurobiologiques distinctes. La mémoire déclarative (c'est la mémoire au sens courant) (chap. 4) comprend le rappel et la reconnaissance consciente de faits ou événements et la mémoire procédurale (ou implicite) qui concerne les apprentissages sensori-moteurs (faire du vélo, etc.), le conditionnement..., la mémoire des savoir-faire.

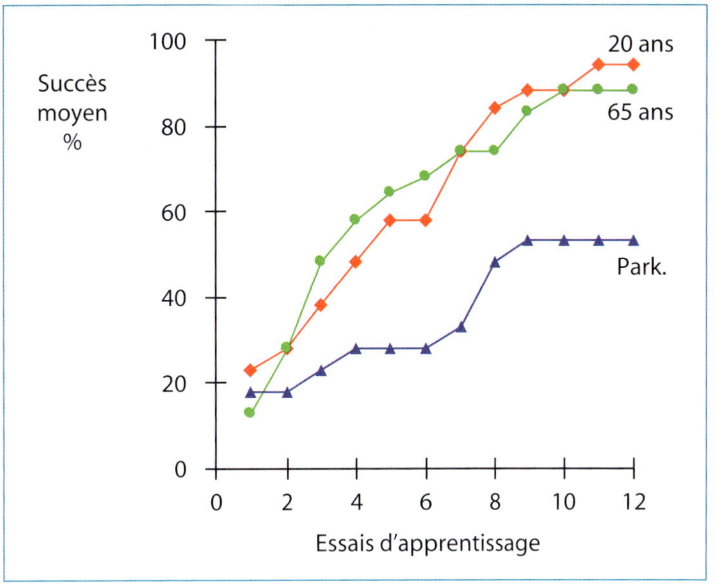

Figure 4.26 – Test d'apprentissage du labyrinthe chez des patients parkinsoniens et contrôles (d'après Thomas *et al.*, 1996).

5. Le cervelet : centre cybernétique des apprentissages

Considéré à tort comme secondaire par rapport au cerveau, le cervelet contient pourtant lui aussi le chiffre effarant de 100 milliards de neurones bien qu'il soit dix fois plus petit que le cerveau (Darlot, 2001). Le cervelet est très étudié et sa structure complexe (encart « Cervelet », p. 149) pourrait bien être le siège de la plupart des conditionnements et des apprentissages moteurs, bref, de la mémoire procédurale.

Ainsi, des études soviétiques ont établi que des conditionnements, notamment le célèbre conditionnement salivaire, ne se produisent plus si le cervelet est enlevé chez le chien (Karamian *et al.*, 1969, cit. Thompson, 1986). Le mécanisme complet est bien reconstitué pour le conditionnement palpébral chez le lapin. Un petit jet d'air sur la cornée de l'œil (SI = stimulus inconditionnel) produit de façon réflexe (RI) un clignement de la paupière ; associé une centaine de fois à un son, le son (SC) finira par déclencher le clignement (Figure 4.27). Le cervelet est principalement constitué par de gigantesques cellules ressemblant à des pommiers en espalier, les cellules de Purkinje (prononcer « purkinié » ; encart « Cervelet »). L'arborisation de chaque cellule de Purkinje, formée par les dendrites, est en contact avec 400 000 fibres parallèles (Darlot, 2001) qui reçoivent des copies des ordres du cerveau et des signaux du corps (par les noyaux de la base du cerveau : pont et bulbe et par les nerfs crâniens) grâce à des fibres verticales (fibres moussues et grimpantes). Les fibres grimpantes s'enroulent curieusement comme du lierre autour des branches d'un pommier (Figure 4.27). Les anatomistes ont sans doute été saisies par la ressemblance avec la nature végétale puisque ces fibres verticales ont été nommées « fibres grimpantes » et « fibres moussues ». Le signal nerveux tactile du jet d'air (SI) serait acheminé par les fibres

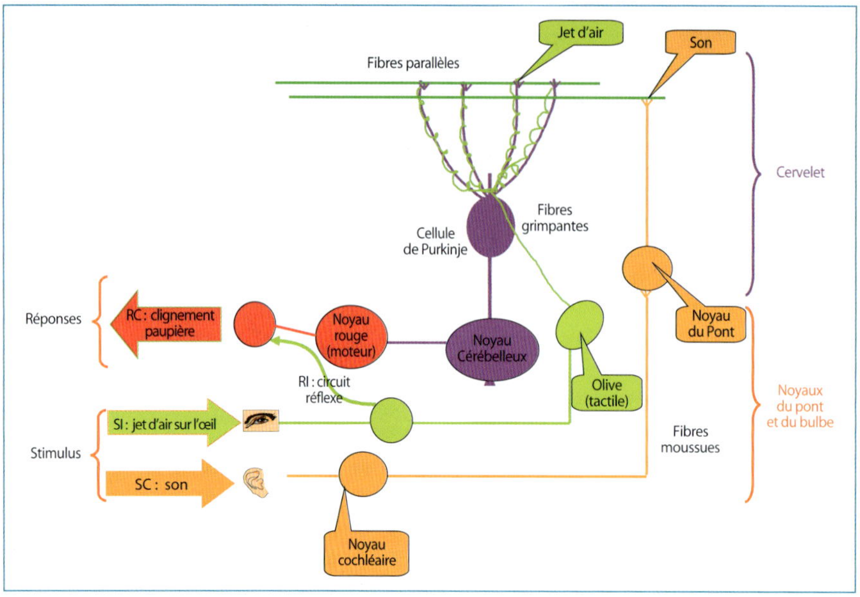

Figure 4.27 – Le cervelet pourrait bien être le support biologique du conditionnement et des apprentissages sensori-moteurs (mémoire procédurale) (adapté d'après Thompson, 1986).

grimpantes jusqu'à une fibre parallèle tandis que le son (SC) serait acheminé par les fibres moussues jusqu'à une autre fibre parallèle. Et c'est la gigantesque cellule de Purkinje qui assure la connexion, le conditionnement. Si bien que lorsque le son seul retenti, la cellule de Purkinje envoie le même signal de réponse que celui du circuit réflexe, par l'intermédiaire de différents noyaux donnant les ordres moteurs (cérébelleux, rouge...).

Enfin, par des circuits plus complexes, associant des cellules de synthèse (cellules de Golgi, de Purkinje...) et des cellules inhibitrices (cellules en corbeille, cellules étoilées...), l'apprentissage serait dû à une longue succession d'inhibitions de toutes les réponses musculaires inadéquates pour parvenir au geste parfaitement efficace. Ce qui va bien dans le sens des études comme l'apprentissage du labyrinthe qui consiste en l'élimination progressive des impasses.

De même, des apprentissages plus complexes comme la conduite automobile ou jouer du piano consistent en l'élimination des réponses musculaires inadéquates, le pied sur la mauvaise pédale, ou le mauvais doigt sur la note musicale.

VI. Les apprentissages symboliques

1. L'apprentissage social

Dans la nature, si l'adaptation ne se faisait que grâce à l'apprentissage par essais et par erreurs, de nombreuses erreurs seraient fatales : faire une chute, se noyer, être dévoré par un prédateur, etc. D'ailleurs, c'est certainement ce qui arrive assez souvent chez les espèces inférieures (ex : poissons, grenouilles). Mais il existe également d'autres mécanismes d'adaptation, plus rapides et moins dangereux car dépendants des comportements des congénères, ce sont les apprentissages par imitation et par observation (de Montmollin ; Bandura, 1980) :

- apprentissage par imitation : l'apprentissage se fait par la reproduction des réponses d'un leader ou modèle. Le concept d'imitation a deux sens ; il y a une imitation sensori-motrice qui concerne essentiellement l'animal et il y a une imitation symbolique (ou différée) qui reflète un développement cognitif élevé avec des mécanismes de représentation mentale qui concerne essentiellement l'enfant et l'adulte (Janet, 1928 ; Claparède, 1964 ; Piaget, 1966) ;

- apprentissage par observation (ou vicariant) : l'apprentissage peut également se faire par l'observation d'indices qui apparaissent au cours de l'apprentissage par un modèle, ou démonstrateur (Pallaud, 1972). L'imitation chez l'animal est parfois possible par une simple répétition des actions du modèle, alors que l'observation semble nécessiter des représentations mentales (au moins élémentaires) ; c'est surtout chez le singe que l'apprentissage par observation est clairement mis en évidence. Chez l'enfant (et l'adulte), les apprentissages par observation sont nombreux et la télévision a ainsi un rôle crucial : ainsi pour donner de « bons modèles », les héros ne fument plus guère dans les films ou séries à succès.

Iryna Kurhan – Fotolia.com

Du maquillage à la *Star Academy*, l'apprentissage par observation (familièrement « imitation ») est fondamental chez les enfants et même les adultes. Mais c'est un apprentissage nécessitant un cerveau évolué, car il n'apparaît vraiment qu'à partir du singe.

En général, l'apprentissage par observation est très développé chez le singe mais il nécessite aussi de nombreuses répétitions, comme le montrent les observations de l'éthologiste japonais Masao Kawaï du Japan Monkey Center à Aichi. Kawaï et ses collègues ont profité du déplacement d'une colonie de singes japonais (*Macaca fuscata*) dans une île pour des raisons écologiques, pour observer les conditions de leur adaptation. Pour les nourrir, des sacs de patates douces et de blé sont lancés sur le rivage, ce qui fait que ces aliments sont salis par le sable. Kawaï (1965) et ses collègues ont vu ainsi apparaître des comportements nouveaux, inventés par un individu et appris par observation de proche en proche par tous les membres de la troupe.

EXEMPLE

Le lavage des patates douces : ce comportement consistant à laver les patates dans l'eau de mer a été inventé par une femelle d'un an et demi six mois plus tard, le comportement était acquis par sa mère et trois de ses compagnons et enfin par toute la tribu au bout de 4 ans.
Le tamisage des grains de blé : le blé se trouve rapidement éparpillé et mélangé au sable de la plage. Les singes ont appris progressivement, par le même processus d'observation, à faire un tamis de leurs mains pour laver les grains de blé dans l'eau de mer.

Pour désigner la transmission de ces comportements nouveaux, Kawaï parle de pré-culture. De plus en plus, les singes se tiennent debout pour pouvoir utiliser leurs mains et cette conduite fournit aux paléontologistes un véritable modèle vivant de l'apparition de la station bipède qui est souvent considérée comme le facteur qui a permis le développement de la boîte crânienne (par mutations favorables) chez l'homme.

2. L'apprentissage d'un langage

L'évêque de Canterbury aurait dit en voyant le premier orang-outan du zoo de Londres : « Il ne lui manque que la parole pour que je le baptise. » Le langage a toujours été considéré en effet comme la frontière ultime entre l'animal et l'homme ; et pourtant...

Washoe et le langage des signes

Wolfe (1936) et Cowles (1937) avaient déjà montré que l'apprentissage était possible chez des chimpanzés en leur donnant non une récompense alimentaire mais des jetons convertis ultérieurement (de retour dans leur cage) en nourriture (cacahuètes...). Mais la démonstration de l'acquisition d'un véritable langage revient à Allen et Beatrice Gardner (1969) (suivis par d'autres, Ann et David Premack, 1972, etc.). Leur idée géniale a été de penser que l'incapacité d'apprendre un langage chez le chimpanzé vient peut-être d'une limite des organes articulatoires et non d'une limite intellectuelle. Or le chimpanzé est très habile de ses mains. Jane Lawick-Goodal (1970) qui a vécu parmi des chimpanzés dans la forêt les a, par exemple, vus attraper des termites en plongeant une tige d'herbe dans les trous d'une termitière. Allen et Beatrice Gardner ont donc eu l'idée d'utiliser un langage des sourds aux États-Unis, l'*American Sign Language* (Ameslan).

Le chimpanzé nous ressemble tant (98 % de gènes communs), comment croire qu'il ne pense pas et ne puisse parler ? Jane Lawick-Goodall (1970) est la première à les voir attraper des termites en plongeant une tige d'herbe dans les trous d'une termitière, comme un outil. Ce sont Allen et Beatrice Gardner qui ont eu l'idée d'utiliser un langage des sourds, pour apprendre à Washoe à parler par signes. Washoe est le premier chimpanzé ayant appris un langage.

L'expérience a débuté dans le campus de l'université du Nevada en juin 1966 avec une jeune femelle chimpanzé d'environ dix mois (le chimpanzé est adulte vers 14 ans et peut vivre, en captivité, jusqu'à 40 ans) et qu'ils ont appelée Washoe du nom d'un comté du Nevada. Washoe est constamment entourée de compagnons humains (qui connaissent l'Ameslan) et qui s'occupent d'elle, jouent et lui témoignent de l'affection, il y a même quelqu'un pendant son sommeil ; dans ces conditions elle imite facilement ses modèles humains (d'autres expérimentateurs ayant élevé un chimpanzé dans un environnement humain, Yerkes, les Hayes, ont noté une très grande capacité d'imitation à condition que les stimulations soient visuelles) : elle se brosse les dents tous les jours, joue à la poupée dès le deuxième mois de l'expérience, et le dixième mois, Washoe lave une de ses poupées exactement comme on la lave dans son bain, la séchant avec une serviette et parfois la savonnant... Le développement de son langage est assez rapide, quatre signes apparaissent durant les sept premiers mois, neuf nouveaux signes durant les sept mois suivants, et à nouveau vingt et un dans les sept autres mois. À 4 ans et demi, Washoe a acquis un vocabulaire de cent trente-deux signes, désignant des actions « viens », « va » « manger », des objets « brosse à dent », « fleur » et des personnes, elle-même et ses compagnons ; elle s'est même montrée capable de faire des « phrases » combinant deux signes « jouer-balle »...

Kanzi, le bonobo aux mille mots

Cependant, les performances de Washoe ont été largement dépassées par un singe d'une espèce récemment découverte, le bonobo. Quoiqu'on ait cru qu'il s'agissait d'une race de chimpanzé, le bonobo, qui ne vit que dans une portion de la forêt du Zaïre, semble un très proche cousin de l'homme, plus proche encore que le chimpanzé qui ne marche qu'à quatre pattes ; le bonobo vit dans les arbres et marche debout ; son squelette est très proche de l'australopithèque, l'homme le plus ancien (3 millions d'années).

Des recherches approfondies ont été entreprises au centre du langage de l'université d'Atlanta en Georgie par Sue Savage-Rumbaugh (1993) et montrent les capacités étonnantes d'un bonobo élevé dès son jeune âge comme un enfant. L'équipe avait construit, pour étudier le langage des primates, un lexigramme d'environ deux cent cinquante symboles. Les primates ne pouvant parler, le lexigramme est une tablette informatique permettant de synthétiser la parole en appuyant sur un signe (ce dispositif est utilisé pour certains handicapés cérébraux). En observant un autre bonobo (sa mère adoptive) lors de séances d'apprentissage, Kanzi apprit spontanément un certain nombre de signes. Plus tard, son apprentissage systématique lui a permis d'associer des mots entendus à des photos d'objets ou de personnages. Kanzi est ainsi capable de comprendre mille mots : des objets, clé, porte ; des fruits, banane, pomme ; de la nourriture, jus de fruits, bonbons ; des personnes, Sue et les autres membres de l'équipe, sa famille ; d'autres animaux, mulot, serpent ; etc.

Www.
Wikipedia : Kanzi
You Tube : Kanzi with lexigram

Spontanément, il est ainsi capable de comprendre des phrases en faisant l'action correspondante, laver une pomme de terre, allumer un feu avec un briquet, et à l'inverse de s'exprimer grâce au lexigramme. Il est capable d'exécuter les actions correspondant à six cents phrases (donc vraisemblablement plus), comme de mettre une clé dans le réfrigérateur, de dénouer les lacets et d'enlever la chaussure.

Chez l'homme, les systèmes de représentation vont se développer d'une manière si considérable qu'il pourra coder et communiquer les événements du passé. Le point culminant des niveaux d'apprentissage est atteint, la mémoire. L'animal, avec les singes comme chaînons intermédiaires, est prisonnier du présent. Avec la mémoire, l'homme ne l'est plus ; pour quelques instants, il peut s'échapper du temps...

RÉVISION DU CHAPITRE

Résumé

Qu'est-ce que l'apprentissage ? 114

L'apprentissage est une modification durable du comportement en fonction de l'exercice (entraînement, etc.).

Qu'est-ce que le conditionnement ? 115

Le conditionnement est l'apprentissage primitif dans lequel un stimulus neutre se connecte à un stimulus qui déclenche naturellement une réaction.

Qu'est-ce qu'une phobie ? 127

La phobie est une peur intense, voire incontrôlable.

Qu'est-ce que la mémoire procédurale ? 147

La mémoire procédurale regroupe les conditionnements et apprentissages sensori-moteurs, dépendant de structures cérébrales spécifiques.

Lectures conseillées

BLANCHETEAU M. (éd. 1982). *L'Apprentissage animal*, Bruxelles, Mardaga.

DORÉ F., MERCIER P. (1992). *Les Fondements de l'apprentissage et de la cognition*, Presses universitaires de Lille/Gaëtan Morin Éditeur.

Exercices et QCM

QCM (1 point par question)

Cochez la bonne réponse. Attention, les mauvaises réponses sont comptées – 1. Il n'y a pas de pièges ; dans le doute, ne répondez pas.

1. Qui a découvert le conditionnement ?
❑ Freud ❑ Piaget ❑ Pavlov ❑ Watson

2. L'extinction du conditionnement est produite par :
❑ l'oubli ❑ l'interférence ❑ la fatigue ❑ l'inhibition

3. Le conditionnement opérant a été standardisé par :
❑ Skinner ❑ Watson ❑ Wiener ❑ Köhler

4. Récompense et punition sont des renforcements :
❑ primaires ❑ secondaires ❑ tertiaires ❑ d'ordre supérieur

5. Une des grandes lois de Thorndike est l'apprentissage :
❑ intuitif ❑ intelligent ❑ par essais et erreurs ❑ par intermittence

6. Une des grandes découvertes du cognitiviste Tolman est :
❑ le renforcement ❑ le mobile ❑ l'apprentissage latent ❑ le gradient de but

7. Le langage du chimpanzé Washoe était formé de :
❑ cris ❑ gestes ❑ dessins ❑ sons

8. La facilitation d'un apprentissage grâce à un apprentissage antérieur est :
❑ l'intuition ❑ le transfert ❑ l'interférence ❑ la conductance

Mode de correction : + 1 pour les bonnes réponses, et – 1 pour les mauvaises et faire le total algébrique (soustraire les – des +) ; par exemple, s'il y a autant de – 1 que de + 1, cela fait un total de 0 ; dans le doute, il vaut mieux ne pas répondre.

Exercices

De préférence, faites les exercices avec un crayon et une gomme pour les refaire plusieurs fois. La répétition est la base de l'apprentissage (cf. chap. 3 et 4).

Exercice 1 : Placez, à l'aide d'un schéma en pyramide, au moins trois types importants d'apprentissage.

Exercice 2 : Si l'on représente schématiquement le conditionnement classique comme « branchement » d'un nouveau stimulus sur u circuit réflexe, mettez les numéros aux bons endroits du schéma de conditionnement classique.

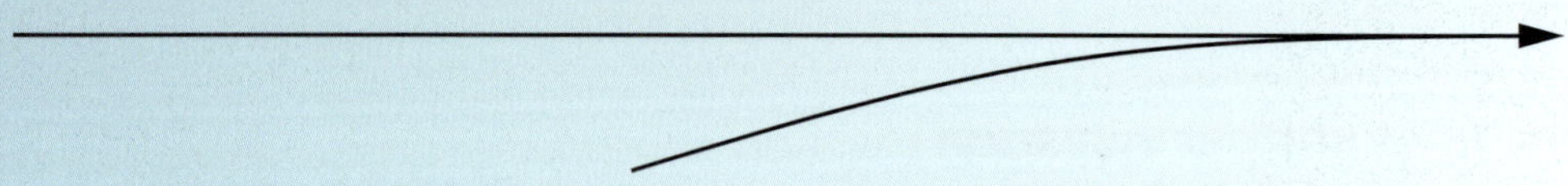

1 SC = Stimulus conditionnel
2 SI = Stimulus inconditionnel
3 RC = Réponse conditionnelle
4 RI = Réponse inconditionnelle
5 SN = Stimulus neutre (avant conditionnement)

Exercice 3 : Deux boîtes de Skinner sont représentées schématiquement, l'une pour le rat, l'autre pour le pigeon. Déduisez quelle est la boîte spécifique pour le conditionnement discriminatif de chaque animal et mettez les bons numéros dans les cases appropriées.

1. Sd
2. R. Opérante
3. Renforcement
4. Levier
5. Bouton
6. Lumière
7. Formes visuelles
8. Mangeoire
9. Pigeon
10. Rat

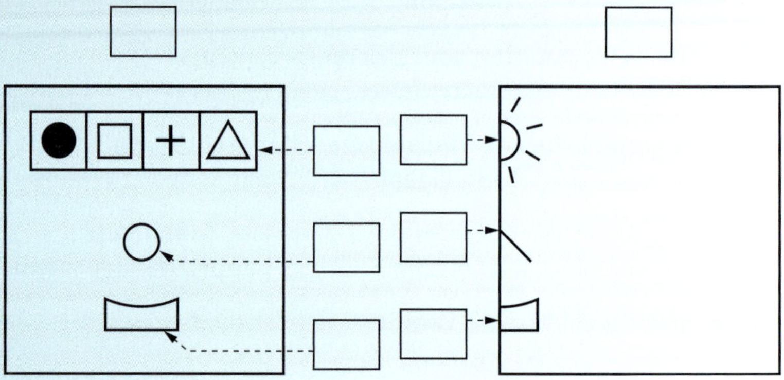

5

La mémoire

« Quelle gaffe, j'ai complètement oublié l'anniversaire de Maman… Ai-je la maladie d'Alzheimer ? » Non, notre mémoire est ainsi faite qu'elle est constituée d'une mémoire à court terme qui ne conserve que sept unités familières pendant quelques secondes et d'une mémoire à long terme, vaste bibliothèque de tous nos souvenirs, mots, images, visages. Ainsi s'explique, paradoxalement, que nous puissions oublier en quelques secondes puis évoquer plus tard des souvenirs anciens, comme des histoires de collège ou des vieux films. Déjà dans l'Antiquité, Aristote avait supposé que les mots, les idées, les images étaient reliés entre eux par des associations. Cette théorie est toujours actuelle : elle est renforcée par la découverte des connexions entre les neurones. Cette nature associative de la mémoire explique de nombreux phénomènes, du rappel de poésies au mot sur le bout de la langue. Quant aux mémoires prodigieuses, certaines sont explicables par un entraînement considérable tandis que d'autres recèlent encore bien des mystères.

I. Mémoire à court terme et mémoire à long terme

Mnémosyne (par Dante Gabriel Rossetti).

Mnémosyne : déesse de la mémoire.

Mémoire : capacité de stocker (conserver) des informations.

Amnésie : perte de certaines capacités de mémoire.

Www.

Futura-sciences : mot clé « la mémoire : chronologie d'une exploration » http://www.futura-sciences.com/magazines/sante/infos/dossiers/d/medecine-memoire-chronologie-exploration-1746/

?

Qu'est-ce que la mémoire ?

De l'Antiquité à l'époque du behaviorisme, la mémoire était considérée comme une seule entité, ce qu'on retrouve bien dans certaines expressions : « J'ai de la mémoire » ou : « Je n'ai pas de mémoire. » Seule exception, le neurologue Charcot au milieu du XIXe observe que des lésions n'affectent que des parties de la mémoire, les mots, les images. L'idée est que la mémoire est spécialisée, c'est la théorie des mémoires partielles, défendue notamment par Ribot dans les « maladies de la mémoire » (1881). Mais cette théorie, française, est oubliée et le behaviorisme dominant impose l'idée d'une mémoire constituée d'un unique réseau associatif, il n'y a qu'une mémoire. Dans cette mémoire, l'apprentissage est progressif, constitué de nombreux essais mais à l'inverse l'oubli est lent. De même, on ne se pose pas de questions sur la capacité de la mémoire, vue comme immense, ayant comme seule limite le temps d'apprentissage.

À l'inverse, vers les années 1950, des chercheurs influencés par le traitement de l'information, mettent en évidence deux grands systèmes de mémoire complètement opposés : la mémoire à court terme, caractérisée par une capacité limitée de stockage et un oubli rapide et la mémoire à long terme dont la capacité est immense avec un oubli progressif, parfois sur plusieurs années (images par exemple). Norbert Wiener, le fondateur de la cybernétique, est d'ailleurs le premier à avoir fait cette hypothèse, dix ans avant sa démonstration expérimentale, en comparant le fonctionnement du cerveau à celui de l'ordinateur : « Cette information est stockée sous une forme physique [...]. Mais une part l'est sous la forme de mémoires circulantes, avec un support physique qui s'évanouit lorsque la machine est éteinte [...] et une autre partie sous la forme de mémoires à long terme [...] » Wiener (1948).

1. La capacité limitée : le nombre magique 7

À la question de savoir combien l'esprit peut saisir d'objets à la fois, le philosophe écossais Sir William Hamilton répondait en proposant l'expérience suivante : « Si vous jetez au sol une poignée de billes, vous trouverez de la difficulté à en voir plus de six ou sept au plus, sans confusion ; mais si vous les groupez par deux, trois ou cinq, vous pourrez embrasser autant de groupes que vous pouvez le faire d'unités car l'esprit n'envisage ces groupes que comme des unités. » Ces remarquables observations ont été vérifiées par les recherches ultérieures, confirmant à la fois la constante d'environ 7 et la capacité de groupement.

Dans son célèbre article « Le nombre magique 7 plus ou moins deux : certaines limites de notre

Dmitry Pichugin – Fotolia.com

K Bwebpro – Fotolia.com

Le chiffre 7 est magique ! On le retrouve partout : les 7 Merveilles du monde, les 7 jours de la semaine, les 7 notes de musique, les 7 nains de Blanche Neige… et James Bond aurait-il eu le même succès s'il avait été numéroté 008 ?

capacité de traitement de l'information » (1956), Georges Miller déclare que toute sa vie il a été poursuivi par ce chiffre 7 ; en effet, étudiant le champ d'appréhension et la capacité de la mémorisation immédiate, il trouve cette constance de 7 (plus ou moins deux) pour différentes informations, sons, lettres, mots, etc. Miller fait également remarquer l'importance de ce chiffre dans les traditions culturelles : les 7 Merveilles du monde, les 7 jours de la semaine, les 7 notes de musiques, Blanche Neige et les 7 nains...

Néanmoins, la mémoire n'est pas limitée en termes d'éléments définis mais plutôt en termes d'unités de sorte que l'on peut mémoriser des groupes. Stéphane Ehrlich de l'université de Poitiers l'a démontré sur des informations linguistiques (1972). La technique est celle de la mémoire immédiate : présentation d'une séquence (liste) d'éléments en prévenant le sujet que le rappel est immédiat ; les séquences sont de 10 éléments. Selon différents groupes de sujets, les éléments sont des mots de 2, 3 ou 4 syllabes ou des phrases de 2, 3 ou 4 mots.

Tableau 5.1
Rappel de mots ou phrases en fonction du nombre d'éléments (syllabes pour les mots, ou mots pour les phrases) (d'après Ehrlich, 1972).

	2	3	4
Mots	6,81	6,58	6,20
Phrases	6,75	6,47	6,23

Dans tous les cas (tabl. 5.1), on observe une relative constance dans le rappel immédiat de mots ou de phrases, alors que le nombre total de syllabes ou de mots augmente, par exemple jusqu'à environ 24 mots pour les phrases de 4. Sur le plan pratique, il apparaît donc que la capacité de la mémoire en situation de mémorisation immédiate est déterminée par le nombre d'unités, de groupements, plus que par des informations strictement définies.

Sur le plan théorique, cette capacité tour à tour constante ou élastique constitue évidemment un paradoxe. Une bonne explication est d'imaginer, dans le cadre de la théorie des indices de récupération (*cf.* § V, p. 196), que la mémoire à court terme fonctionne comme une mémoire fichier en ne stockant que des indices clés (Lieury, 2005), un peu comme un fichier de bibliothèque (ou d'ordinateur) qui stocke une fiche par livre : que le livre comporte cent ou mille pages, la fiche ne prend qu'une seule place... Sur le plan neurologique, le cortex entorhinal (près du bulbe olfactif) couplé à l'hippocampe, pourrait très bien fonctionner comme un fichier.

Stas Perov –Fotolia.com

Richard Villalon –Fotolia.com

La mémoire à court terme fonctionne comme un fichier de bibliothèque (ou d'ordinateur) qui stocke une fiche par livre : que le livre comporte cent ou mille pages, la fiche ne prend qu'une seule place (*cf.* § V, p. 196).

Capacité limitée : limite assez stable dans la capacité de rappel, qui est un indicateur de la mémoire à court terme.

Oubli à court terme : oubli très rapide, inférieur à 30 secondes.

2. L'oubli à court terme

La technique Brown-Peterson

L'existence d'une mémoire à court terme est caractérisée par l'apparition d'un oubli massif et très rapide mais il faut des techniques assez précises pour mettre en évidence cet oubli qui, bien qu'existant dans la vie courante, passe souvent inaperçu. L'Anglais Brown en 1958 et les Américains Margaret et Loyd Peterson en 1959 ont démontré pour la première fois, par des techniques similaires, que des informations simples sont oubliées en quelques secondes. Par exemple, dans l'expérience Peterson, une courte séquence de trois consonnes (par exemple HBX) est présentée à la cadence d'une consonne toutes les demi-secondes et cette séquence est suivie, à la même cadence par un nombre de trois chiffres. Le sujet doit compter à rebours, à voix haute, de 3 en 3 au rythme d'un métronome toutes les demies secondes, par exemple, 357, 354, 351, etc. Cette tâche concurrente (fréquemment appelée « tâche Peterson ») est destinée à empêcher l'autorépétition, activité spontanée qui consiste à répéter à voix basse les informations verbales. La durée de la tâche de comptage varie selon les conditions de 0 seconde (c'est le cas particulier du rappel immédiat) à 18 secondes, chaque séquence de lettres étant différente à chaque fois.

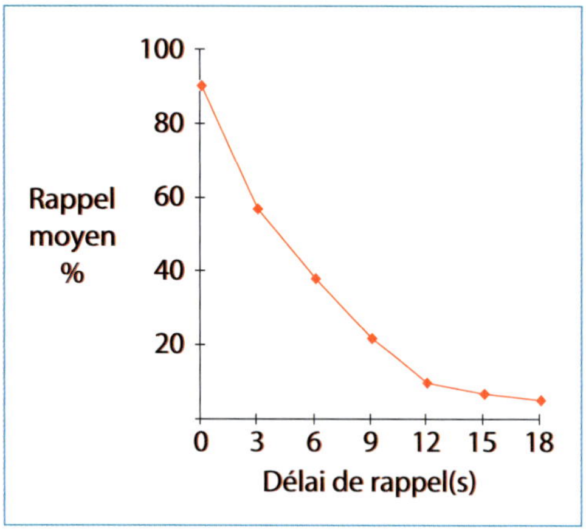

Figure 5.1 – Oubli à court terme (d'après Peterson et Peterson, 1959).

L'expérience des Peterson a montré un oubli spectaculairement rapide puisque le rappel passe de 100 % en rappel immédiat à un oubli total au bout de 18 secondes. Dans la vie courante, l'oubli à court terme se manifeste fréquemment ; par exemple, nous oublions un numéro de téléphone que nous venons de lire si quelqu'un nous parle, nous oublions une idée dans une conversation lorsque quelqu'un d'autre prend la parole, etc.

Gino Santa Maria – Fotolia.com

« Aïe, j'ai oublié ! » La mémoire à court terme ne garde l'information que quelques secondes. Une solution est de mettre un nœud à son mouchoir (peu efficace pour les noms et numéros)… Le mieux est de noter, y compris sur la main, comme l'avait déjà proposé Portae au siècle d'Henri IV (Lieury, 2005).

Effets sériels : dans le rappel d'une série de mots, les premiers et les derniers sont mieux rappelés.

Les effets sériels

En réalité, il n'existe pas de situations pures où interviendrait seulement la mémoire à court terme ou symétriquement seulement la mémoire à long terme ; dans chaque situation, les deux systèmes de stockage interviennent mais de manière plus ou moins importante. La technique des effets sériels en rappel libre est très utilisée, depuis les recherches de Bennett Murdock (1962), car elle permet de distinguer les deux types de stockage sous forme de deux composantes qui s'additionnent. Il existe des effets sériels dès que l'on mesure le rappel d'éléments, par exemple des mots, en fonction de leur position dans la série (le premier, le deuxième..., le dernier) mais les effets ne sont des indicateurs de la mémoire à court terme seulement quand la série est présentée une fois avant le rappel. Classiquement, on compare un rappel immédiat à un rappel différé ; dans le rappel différé, le sujet est distrait par une activité, par exemple un calcul à rebours de 3 en 3 pendant 10 à 30 secondes.

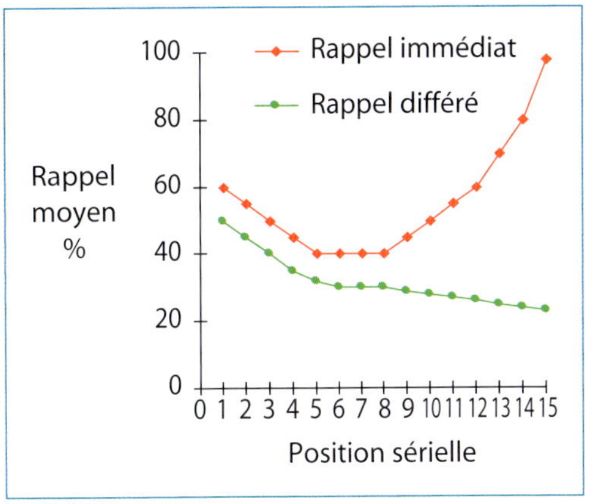

Figure 5.2 – Les effets sériels de la mémoire (d'après Craik, 1970).

En rappel immédiat, la courbe de position sérielle a la forme d'un U non symétrique quelle que soit la longueur de la liste (Figure 5.2) : la branche de gauche appelée effet de primauté correspond au bon rappel des premiers mots de la liste et la branche de droite, la plus haute, correspond au très bon rappel des derniers mots qui sont les mots les plus récents au moment du rappel, c'est l'effet de récence. Différentes expériences montrent que l'effet de récence est constant quelle que soit la longueur de la liste, ce qui indique que l'effet de récence reflète un autre type de stockage que l'effet de primauté, qui baisse en fonction de la quantité de mots dans la liste. Le délai même court (5 à 30 secondes) entraîne les mêmes effets : l'effet de primauté baisse légèrement mais existe toujours mais l'effet de récence est complètement effacé. Ce changement radical entre l'effet de primauté et l'effet de récence en fonction d'un délai de quelques secondes indique l'existence de deux modes de stockage différents (Glanzer et Cunitz, 1966 ; Craik, 1970). L'effet de primauté et la courbe de rappel différé refléteraient le système de stockage à long terme, ou mémoire à long terme, caractérisé par un oubli progressif alors que l'effet de récence en rappel immédiat refléterait un système à court terme, la mémoire à court terme.

3. Le modèle des deux mémoires

L'interprétation des effets sériels se fait bien dans un modèle à deux mémoires inspiré de l'Anglais Donald Broadbent (1958). Broadbent est le premier à décrire la mémoire et l'attention (*cf.* modèle complet dans le chap. 6) comme un modèle informatique ou cybernétique avec des modules représentant des étapes de traitement de l'information. L'originalité de son modèle, fabriqué pour expliquer les phénomènes d'attention, est de placer entre les modules, un canal à capacité limitée, inspiré des circuits dans les télécommunications, qui permet de traiter des informations jusqu'à une certaine limite.

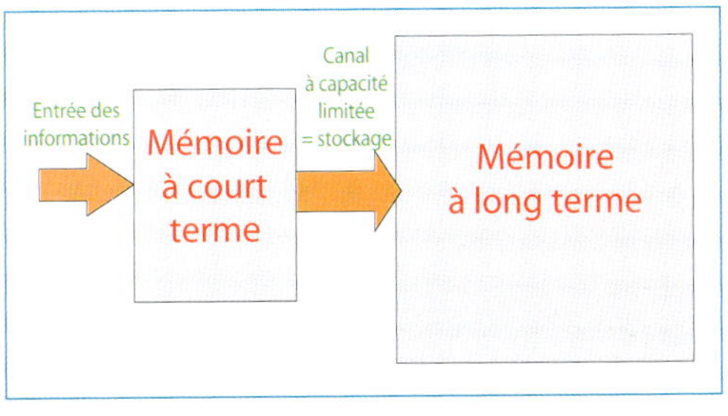

Figure 5.3 – Modèle des deux mémoires (simplifié à partir du modèle de Broadbent, 1958).

Le « tapis roulant » de Murdock

Plus tard, ce modèle a été simplifié par les chercheurs de la mémoire, pour ne présenter que deux modules, la mémoire à court terme et la mémoire à long terme, reliés par un canal à capacité limitée correspondant aux opérations de stockage (ou enregistrement, Figure 5.4).

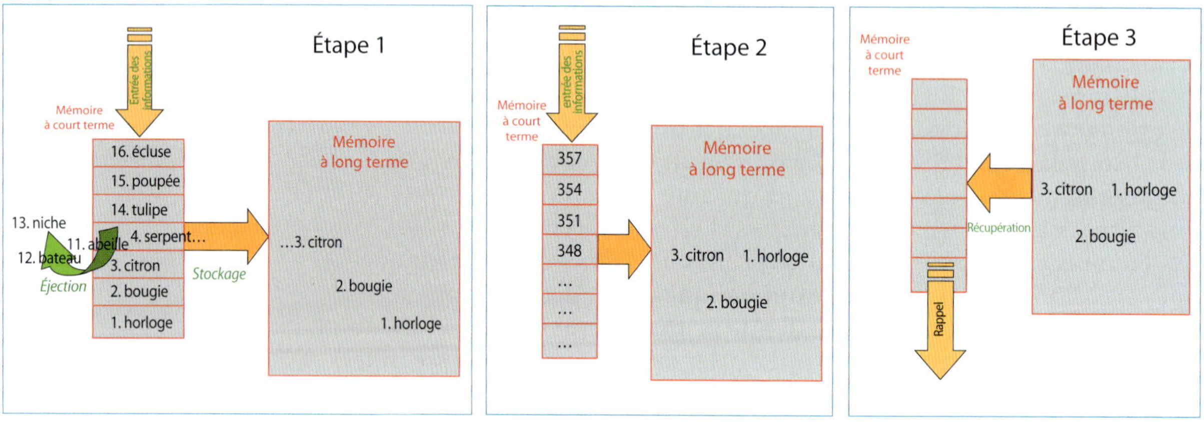

Figure 5.4 – Interprétation des effets sériels par le modèle en deux mémoires : l'analogie du tapis roulant de Murdock.

L'analogie du tapis roulant de Murdock est éclairante. Les valises cheminent à une certaine vitesse (la vitesse de présentation des mots dans la liste). Si le tapis roulant va trop vite, les bagages ne peuvent être rangés dans la soute de l'avion. Dans cette analogie, la soute de l'avion représente la mémoire à long terme et la mémoire à court terme est vue comme le tapis roulant. le tapis roulant ne garde les choses qu'un temps limité, et passé ce temps, les objets sont éjectés. Les opérations d'enregistrement (stockage) sont représentées par le magasinier. Ainsi considérait-on la mémoire à court terme dans les années 1960-1970.

Prenons l'exemple d'une liste de seize mots. Dans ce modèle (Figure 5.4), les mots entrent à la file dans la mémoire à court terme (MCT). Seuls les premiers mots ont le temps d'être enregistrés, stockés, en mémoire à long terme (MLT) étant donné la vitesse de présentation (1 à 2 secondes par mot). Au moment du rappel (rappel immédiat), le sujet n'a dans ses mémoires qu'environ 7 mots (dont 3 sont à la fois en MLT et MCT) ; en revanche après un délai de rappel occupé par une tâche de distraction (par exemple comptage de type Peterson), la mémoire à court terme s'efface et le rappel différé ne repose que sur le contenu des mots enregistrés à long terme. Les mots du milieu sont (en moyenne) éjectés et étaient vus à cette époque comme purement et simplement effacés.

Le traitement en mémoire à court terme dans le « bon sens »

En fait, ce modèle est trop simple et n'explique pas un phénomène essentiel de la mémoire, la reconnaissance. En effet, dans la technique des effets sériels, le rappel immédiat est d'environ 40 % de la liste. Mais on peut faire suivre le rappel d'une technique de reconnaissance : celle-ci consiste à présenter la totalité des mots présentés (par exemple horloge, bougie, niche...) qu'on appelle « cibles » mélangées à autant de « pièges » (mots nouveaux). La tâche étant de désigner les cibles reconnues, on s'aperçoit que la reconnaissance est en général de 70 %. Comment donc expliquer, dans le modèle des deux mémoires, que des mots censés avoir été éjectés, soient « repêchés » par la technique de reconnaissance.

La solution à ce mystère est de considérer que le trajet de l'information se fait à l'envers du sens admis à l'époque. En fait, l'information est d'abord codée dans différents étages de la mémoire à long terme pour aboutir dans la mémoire à court terme, qui a un rôle d'organisateur, d'archiviste (*cf.* chapitre II, l'architecture modulaire de la mémoire).

C'est en fonction de son rôle d'organisateur que certains chercheurs donnent à la mémoire à court terme, le nom de « mémoire de travail » (Shiffrin et Atkinson, 1969 ; Baddeley et Hitch, 1974).

4. L'amnésie de Korsakoff

Amnésie de Korsakoff ou amnésie antérograde générale : perte de la capacité de mémorisation d'informations nouvelles. Le malade vit dans son passé et un présent immédiat.

À la fin du XIXe siècle, un neurologue russe Serguei Korsakoff remarque un trouble spectaculaire de la mémoire chez ses patients alcooliques chroniques. En voici une description :

« Pour mieux me faire comprendre, je vais décrire sommairement un cas de cette maladie. C'était un malade de trente-sept ans, un écrivain russe, qui avait pris l'habitude dans ses voyages en Sibérie de boire beaucoup d'eau-de-vie (de grain). Bien qu'il n'eût jamais été ivre, il absorbait néanmoins une quantité considérable d'eau-de-vie (je dois faire remarquer que l'abus des boissons alcooliques est une des causes les plus fréquentes de névrite multiple). Les amis du malade finirent par remarquer que sa mémoire devenait plus faible, si bien qu'il fallait lui rappeler ce qu'il devait faire ce jour-là ou un autre... Le trouble de la mémoire était nettement visible. Le malade oubliait complètement ce qui lui était arrivé récemment ; il ne pouvait dire s'il avait mangé ce jour-là, si quelqu'un était venu le voir. Ce qui venait de se passer cinq minutes auparavant, il ne pouvait s'en souvenir... Ce qui s'était passé bien avant la maladie, le malade s'en souvenait parfaitement et en donnait des détails ; mais tout ce qui avait eu lieu vers le commencement de la maladie, le malade se le rappelait confusément. Ainsi par exemple, il avait commencé une nouvelle au mois de juin et en avait déjà écrit plus de la moitié, et, à cette heure, il ne se souvenait plus du dénouement qu'il avait voulu lui donner... » (Korsakoff, 1889, p. 501-502).

Www.
Wikipedia : Syndrome de Korsakoff
Wikipedia (anglais) : Brenda Milner

Et ainsi pour plusieurs de ses patients : ils sont capables d'un rappel immédiat (à condition qu'on ne les distrait pas) ; dans les termes actuels, ils ont donc une mémoire à court terme. De même, ils sont capables d'évoquer des souvenirs anciens, leur lieu de naissance, l'école où ils sont allés, etc. ; ils ont donc également une mémoire à long terme. Tout se passe

Hippocampe : structure du cerveau (au niveau temporal) dont la lésion produit l'amnésie de Korsakoff.

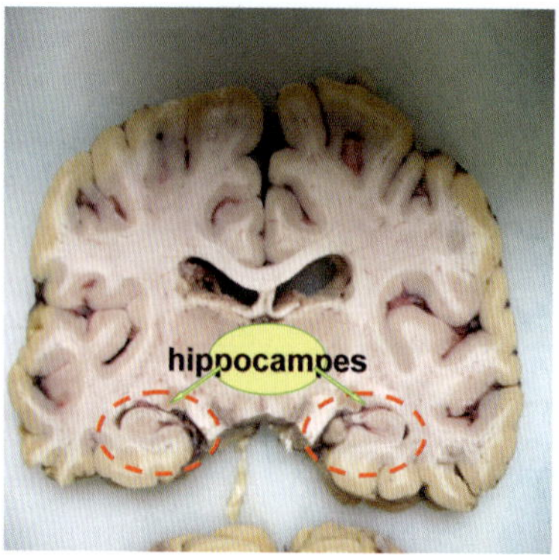

C'est le neurologue Sergueï Korsakoff (1889) qui observa en détail l'amnésie alcoolique, mais ce n'est qu'au milieu du XXe siècle que le neurochirurgien William Scoville et la neuropsychologue canadienne Brenda Milner montrèrent que l'opération des deux hippocampes déclenchait l'amnésie de Korsakoff (merci à Stephan Saikali, anatomo-pathologiste au CHU de Rennes pour la photo de l'hippocampe).

comme s'il n'y avait plus d'enregistrement à long terme. Cette amnésie est dite antérograde générale car elle empêche toute nouvelle information, mot, image, visage, d'être stockée à long terme. En l'honneur de son découvreur, on l'appelle l'amnésie de Korsakoff. Les malades vivent donc dans leur passé et dans un présent qui se renouvelle sans cesse. Un amnésique de Korsakoff qui met du sucre dans son café, ne s'en rappellera plus lorsque le sucre aura fondu, et en remettra sans arrêt. Tel patient ne peut jouer aux cartes, par exemple à la belote, car il ne peut se souvenir des cartes qui sont tombées sur le tapis. Mais à l'inverse, si un malade de Korsakoff savait jouer (avant sa maladie) au jeu d'échecs, il peut continuer à jouer car les pièces sont devant lui sur l'échiquier et il n'a pas à les mémoriser.

Cependant, les lésions étant multiples dans la pathologie alcoolique, c'est la neurochirurgie associée à des tests de mémoire qui permit d'identifier clairement la zone responsable de l'amnésie de Korsakoff. Ce sont les Canadiens William Scoville, neurochirurgien, et Brenda Milner, neuropsychologue, qui montrèrent que l'amnésie était systématiquement provoquée lors de la destruction au niveau temporal d'une zone appelée « hippocampe » en raison de la forme ressemblant au petit poisson en forme de cheval (Scoville et Milner, 1957). En particulier, Brenda Milner (1970) a décrit le cas spectaculaire de H. M., un jeune homme opéré des deux hippocampes pour arrêter des épilepsies graves. Depuis son opération, il est incapable d'apprendre des informations nouvelles, il lit les mêmes journaux, ne se souvient pas de la nouvelle adresse de ses parents, etc., mais son intelligence et ses souvenirs antérieurs restent intacts.

Cependant l'amnésie de Korsakoff est le plus souvent provoquée, comme dans sa description initiale, par l'alcoolisme chronique. L'alcool est donc l'ennemi n° 1 de la mémoire en créant des lésions de l'hippocampe ; mais beaucoup de drogues, cocaïne, cannabis (réputée à tort « douce »), ainsi que le stress (*cf.* chap.10, p. 341), provoquent également des lésions de l'hippocampe. Il est indispensable de respecter une « écologie » de la mémoire en modérant sa consommation d'alcool et en évitant les drogues et le tabac.

II. L'ARCHITECTURE MODULAIRE DE LA MÉMOIRE

Contrairement à l'idée commune, la mémoire « n'imprime » pas des mots, des images, des visages ou de la musique tels quels. Le chien, voit le même journal que son maître et ne peut pourtant pas en rappeler les titres ! En fait, entre le moment où l'information est captée sous forme d'énergie physique (photons, pressions des molécules de l'air, etc.) et le moment où nous rappelons des souvenirs, l'information subit de très nombreuses transformations que l'on appelle codage, dans la perspective du traitement de l'information. Les étapes de codage sont extraordinairement variées et correspondent à des zones spécialisées du cortex (*cf.* chap. 3, voie ventrale et voie dorsale, p. 83). Il semble qu'à certains niveaux de traitement soient associées des « mémoires » spécialisées, que l'on peut appeler modules.

Imaginez que vous vouliez copier une photo de votre artiste préféré, vous ne pouvez pas la mettre dans votre ordinateur comme dans une boîte aux lettres ; il faut la scanner (codage « sensoriel »), retoucher l'image, la cadrer, etc. (codage imagé), mettre un nom (codage lexical) puis l'imprimer (rappel). De même la mémoire est composée de différents modules spécialisés pour coder les informations et fabriquer les représentations auxquelles nous sommes familiers, mots, images, visages, sens. Schématiquement, il existe trois grands « étages », le niveau sensoriel, le niveau symbolique (lexical et imagé) et le niveau sémantique. La mémoire à court terme est, dans cette analogie, la mémoire vive qui a le rôle de planification et d'organisation.

1. Les mémoires sensorielles

La mémoire iconique

Beaucoup de personnes sont persuadées de posséder une mémoire visuelle « photographique ». Rien n'est plus faux ! Un chercheur américain Georges Sperling a été le premier à montrer que nous avons bien une mémoire sensorielle visuelle mais celle-ci n'est pas vraiment photographique.

?
Qu'est-ce que la mémoire iconique ?

Avez-vous une mémoire visuelle « photographique » ?

Test : voici un petit jeu-test qui vous montrera que nous n'avons pas de mémoire photographique. Préparez cinq feutres de couleur, jaune, vert, rouge, bleu et marron et une demi-page blanche. Demandez à un(e) ami(e) de bien « photographier » la phrase suivante (le temps d'une lecture) puis refermez le livre.

Le test est de rappeler la phrase en demandant d'écrire les lettres avec les bonnes couleurs.

pierre qui roule
n'amasse pas mousse

Résultats : si vous faites le test sur plusieurs amis, vous verrez que le rappel est d'environ deux à quatre lettres avec les bonnes couleurs. En revanche, la phrase est rappelée sans problème… Notre mémoire n'est pas photographique mais enregistre des mots et du sens…

Le paradigme de Sperling (1960) consiste à présenter un tableau, par exemple trois rangées de quatre lettres. Le rappel total d'un tableau de ce type n'est d'environ que 4 à 5 lettres. Mais les sujets pensaient « voir » une image du tableau pendant quelques instants, interprétée par Sperling comme une mémoire éphémère de type sensorielle visuelle. Pour démontrer son existence, il mit au point une technique d'échantillonnage appelée rappel (ou report) partiel. Si le sujet entend un son aigu au moment du rappel, il doit rappeler la rangée du haut ; un son médium indique qu'il faut rappeler celle du milieu et enfin (au hasard) un son grave pour rappeler les lettres du bas.

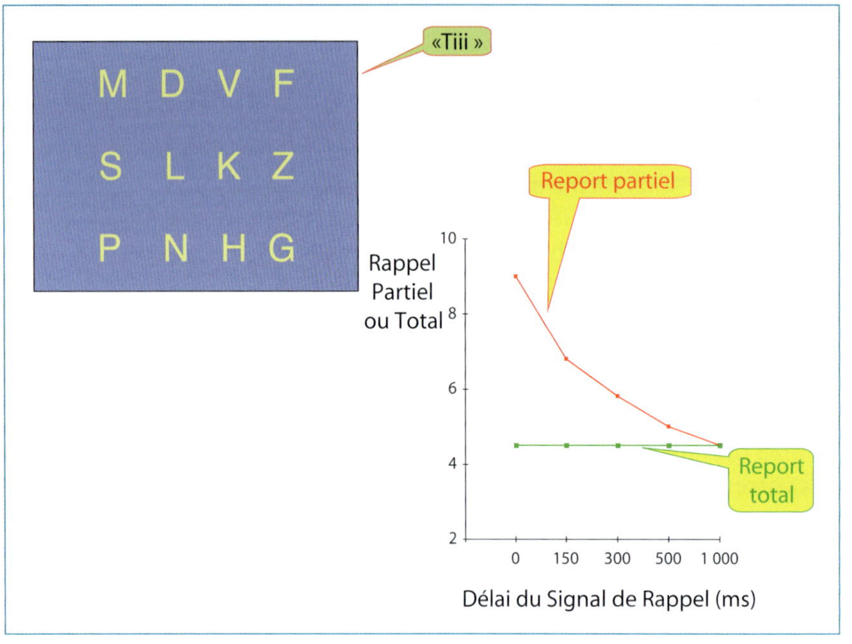

Figure 5.5 – Mise en évidence de la mémoire iconique par la technique du rappel partiel (simplifié d'après Sperling, 1960).

Grâce à ce rappel partiel, les sujets rappellent en moyenne 75 % de chacune des rangées ce qui laisse supposer que la mémoire sensorielle permettait de stocker 75 % du tableau soit 9 lettres (Figure 5.5). Mais cette mémoire sensorielle visuelle ou iconique est éphémère car, si le signal du rappel partiel est différé de quelques centièmes de millièmes de secondes (ms), le rappel partiel diminue fortement. Des expériences plus précises permettent d'estimer la durée de la mémoire iconique à environ 250 millisecondes. Par la suite et pour bien la différencier d'autres mémoires « visuelles », la mémoire sensorielle à très court terme a été dénommée mémoire « iconique ».

Ainsi, nous n'avons pas de mémoire photographique et la mémoire des maîtres au jeu d'échecs est due à une mémoire des stratégies et non à la photographie du jeu (*cf.* III, § 5, p. 194-195, les mémoires prodigieuses). Cependant, il existe peut-être des mémoires tout à fait spéciales chez certains cas de mémoires prodigieuses, comme la mémoire du russe Veniamin, qui enregistrait des tableaux de chiffres sur scène (Luria, 1970).

Code auditif et mémoire auditive

L'existence d'une autre mémoire spécialisée, de type auditif, a été montrée par d'autres chercheurs, notamment Loyd Peterson et Suzan Johnson : la comparaison du rappel de séries de 3 (ou 4) lettres présentées soit en visuel (sur écran) soit en auditif (avec un casque hi-fi) montrent une supériorité du rappel pour les informations auditives (Figure 5.6), ce qui laisse penser qu'il existe un autre type de stockage, auditif, d'une durée plus longue que la mémoire iconique.

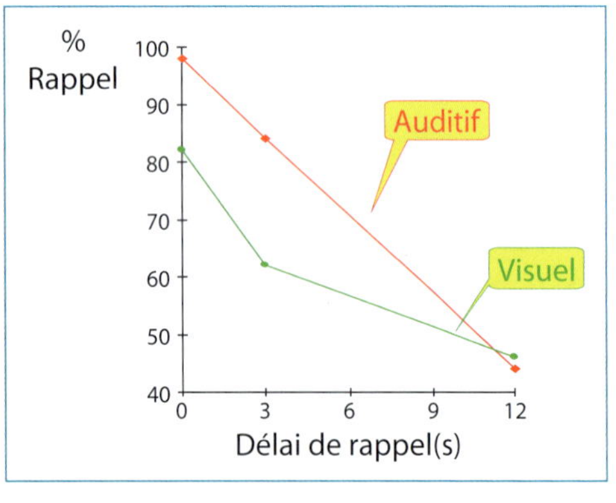

Figure 5.6 – Supériorité de la mémoire auditive pour des délais courts (d'après Peterson et Johnson, 1971).

Cependant, lorsque le rappel est différé de quelques secondes, délai occupé par une tâche de comptage (ou tâche Peterson), les deux modes de présentation sont équivalents au bout de 5 à 10 secondes. On estime donc, que la durée du stockage auditif est d'environ 3 secondes.

Pluralité des mémoires sensorielles

Il est vraisemblable, comme l'ont supposé les deux chercheurs californiens Richard Atkinson et Richard Shiffrin (1968, 1969) qu'il existe des mémoires à court terme pour tous les sens, mais dotés de mécanismes assez différents. Ainsi la mémoire iconique dure un quart de seconde tandis que la mémoire auditive dure 2 à 3 secondes. Certaines expériences laissent penser qu'il existe d'autres mémoires à court terme sensorielles. Ainsi Sullivan et Turvey (1974) reprennent la technique Perterson pour des stimulations tactiles en stimulant selon un certain ordre les phalanges des doigts. L'oubli est maximal au bout de 5 secondes. De même une mémoire motrice à court terme semble exister mais qu'en est-il de la mémoire des odeurs si célèbre depuis l'épisode de la « madeleine de Proust ».

L'épisode de la « madeleine de Proust »

JYF – Fotolia.com

Depuis le récit de la « madeleine » de Proust, beaucoup pensent que les odeurs rappellent avec force les souvenirs. Cependant même si on se souvient bien d'odeurs uniques (vanille, cire… ; Engen, Kuisma et Eimas, 1973), l'association des odeurs avec d'autres éléments montre des résultats décevants (Lieury, 2005). Ainsi, dans une expérience réalisée dans notre laboratoire (Lieury, Cerre, Le Claire, Delahaye et Madiec), on faisait associer à chacune de huit odeurs (santal, citron, mandarine, musc…), pendant deux minutes, une action (ou séquence d'actions) décrite par l'expérimentateur, par exemple « ouvrir une porte, la fermer et empiler trois chaises », « dessiner quelque chose », « lire l'*Iliade* d'Homère », etc. Dans une deuxième condition, d'autres sujets devaient mémoriser une photographie associée à chacune des huit odeurs, par exemple « une femme montrant la photo de son fils », « un karatéka », « un parachutiste »… Les résultats sont très décevants puisqu'un seul sujet sur treize est capable de rappeler après une semaine une action à une odeur, les autres associations sont erronées. Dans la condition « photos », il y a 11 % d'associations correctes d'une photo à l'odeur spécifique. Sauf, « nez » extraordinaire, peu de souvenirs de notre vie sont associés à des odeurs spécifiques ; lorsqu'après un cours, je demandai à mes étudiants de lister leurs souvenirs associés à des odeurs, rares sont ceux qui ont dépassé dix souvenirs. On est loin évidemment de ce que suggère l'épisode de la madeleine. Plus que son odeur, c'est peut-être la vue de la madeleine qui fut efficace !

Code : le codage (informatique, télécommunications…) est la transformation de signaux humains (sons) en signaux physiques, par exemple en variation de fréquences pour des ondes (téléphone, satellite) ou en suites de chiffres numériques (binaires) pouvant être gérées en informatique. Dans cette conception, on pense que des mémoires se différencient par des codes particuliers (code iconique, code phonologique, etc.).

Binaire : les ordinateurs ne « comprennent » qu'un seul code, des suites à deux chiffres, 1 (le courant passe) ou 0 (le courant ne passe pas). Mais des langages à base binaire ont été créés pour stocker et transporter de la musique (MP3), les photos (JPEG), films (MPEG), etc.

Mémoire iconique : mémoire sensorielle à très court terme (un quart de seconde).

2. La mémoire lexicale : interface de la mémoire

Un résultat curieux intervient dans l'expérience de Peterson et Johnson comparant l'efficacité des présentations visuelle et auditive. En effet lorsque le rappel se fait au bout de plusieurs secondes (environ 10), on s'aperçoit que le mode de présentation, visuel ou auditif, ne crée plus de différences : les deux modes sont équivalents. Ce fait, confirmé dans d'autres recherches a été interprété par le chercheur anglais John Morton comme le résultat d'un recodage des informations verbales, visuelles ou auditives, dans un système commun, la mémoire lexicale, du grec *lexi* = mot (schéma ci-contre). Voilà qui explique, dans notre petit test « Pierre qui roule n'amasse pas mousse », qu'on retienne facilement la phrase sans pouvoir décrire la couleur (ou la forme) des lettres. Les lettres, mots et phrases ont été très vite stockés en mémoire lexicale. Celle-ci reconnaît les mots, les proverbes, mais n'a pas la « photographie » d'origine.

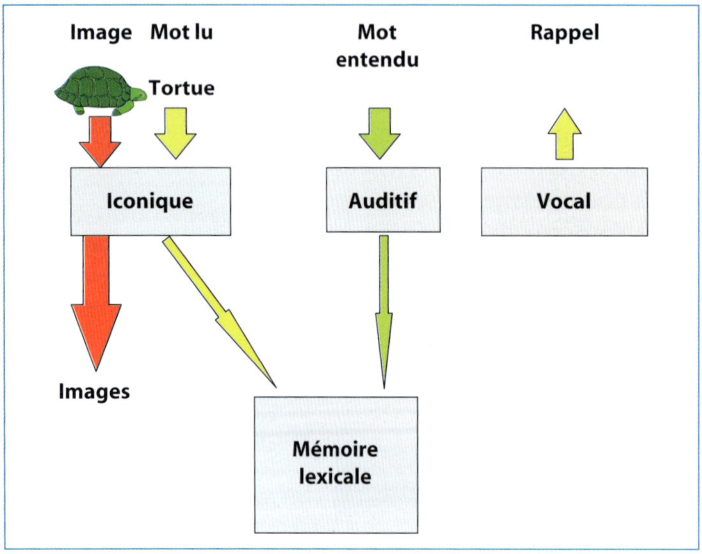

Figure 5.7 – Recodage des informations verbales, visuelles ou auditives, dans un système commun, la mémoire lexicale.

Le recodage phonologique dans la lecture

Dans des expériences de mémoire où la présentation est visuelle (lecture), on s'attendrait à trouver des erreurs de type graphique (M à la place de W) comme en perception visuelle (Wolford et Hollingworth, 1974). Curieusement, les erreurs sont de type auditif comme l'a montré le premier l'Anglais Conrad (1964).

Son expérience comporte deux phases indépendantes, perception auditive dans du bruit et mémoire immédiate visuelle. Dans la phase « perception auditive », les sujets (environ quatre cents personnels des postes) écoutent des lettres diffusées une à une par haut-parleur mais avec un bruit de fond d'intensité calculée pour que les erreurs soient fréquentes. Pour chaque lettre réellement présentée, on établit le nombre de lettres données par erreur ; en voici quelques exemples (tabl. 5.2).

Tableau 5.2
Exemple d'erreurs dans la perception auditive (d'après Conrad, 1964).
Remarque : en anglais « X » se prononce « èx ».

		Erreurs					
		B	P	T	S	N	X
Lettres présentées	C	171	350	232	18	21	6
	M	11	31	12	23	512	2
	F	2	11	14	488	32	245

Ce tableau de confusion auditive fait apparaître des familles phonétiques ou auditives de lettres à l'intérieur desquelles les lettres se confondent beaucoup, par exemple, B, P, D, T, C, et peu ou pas d'une famille à l'autre, F avec B par exemple. La deuxième phase expérimentale est complètement différente puisqu'il s'agit de mémoire immédiate visuelle de lettres (et non perception auditive). Des séquences de six lettres étant présentées sur écran, les sujets doivent les rappeler sur un carnet avec six cases pour écrire les lettres dans l'ordre. Or l'analyse des erreurs indique curieusement les mêmes confusions auditives. Paradoxalement, la mémoire visuelle à court terme « donne » des erreurs auditives ! Afin d'expliquer ces erreurs, Conrad a fait l'hypothèse que l'information visuelle était recodée grâce à l'activité de subvocalisation (comme lorsqu'on répète un numéro de téléphone), qu'il appelait « boîte à écho » (*echo-box*) et que d'autres appellent d'un nom également très évocateur, « boucle vocale » (*verbal loop*) ou « boucle articulatoire » (Baddeley, 1993).

En fait, il ne s'agit pas d'un simple recodage du visuel en auditif car d'autres auteurs ont montré aussi des confusions entre lettres ayant le même point d'articulation (Hintzman, 1967). Il s'agit donc du recodage des graphismes dans le système lexical. Le code lexical correspondrait ainsi à la totalité des caractéristiques du mot : graphique (visuelle), auditive (image sonore du mot) ; le code lexical est en quelque sorte la fiche signalétique du mot et représente l'interface entre les codes graphiques, auditifs, articulatoires et sémantiques. Les études récentes sur la lecture conduisent même à différencier le système lexical en différents systèmes spécialisés (Jamet, 1997), un lexique orthographique (mémoire « visuelle » orthographique), un lexique phonologique et un lexique morphologique (c'est dans ce dernier sens, qu'il est abordé ici et par simplification sera seul représenté).

Lexical : morphologie (carrosserie) du mot, intégrant le graphisme (code visuel) et sa phonologie (code phonologique ou phonétique).

Subvocalisation et autorépétition

Vous avez certainement vu votre petite sœur ou petit frère remuer les lèvres en lisant, ou même murmurer pendant la lecture. Chez l'adulte, au contraire, on a l'impression que la lecture est vraiment silencieuse et seulement « visuelle ». Mais c'est trompeur car la lecture chez l'adulte implique aussi le plus souvent une subvocalisation, mise en évidence par l'électromyographie du larynx (enregistrement de l'activité bioélectrique des muscles du larynx ; Hardyck et Petrinovitch, 1970). Les études tant en psychologie qu'en neurologie montrent que ce système verbal, qui est en quelque sorte l'imprimante de notre mémoire, correspond à un système distinct du lexical d'entrée ; on l'appelle donc système vocal ou lexical de sortie.

Beaucoup de chercheurs ont remarqué que l'activité de mémorisation s'accompagne d'une subvocalisation répétitive, par exemple de la liste de mots à mémoriser, appelée autorépétition, boucle verbale ou articulatoire, et même, nous l'avons vu « echo-box ». Ces termes sont synonymes et de nombreuses expériences montrent que, contrairement à une idée répandue, cette autorépétition est nécessaire à la mémorisation. En effet, dans les situations où l'on supprime l'autorépétition, en faisant répéter autre chose (par exemple, réciter les chiffres de 1 à 9 ou dire sans arrêt *lalalala*...), le rappel est fortement diminué, notamment pour la présentation visuelle (la subvocalisation aide au recodage phonologique et lexical des graphismes de la lecture).

Subvocalisation : vocalisation silencieuse ; si elle est répétitive, c'est aussi de l'autorépétition.

Autorépétition : vocalisation audible (ou silencieuse) répétitive ; le terme américain *rehearsal* évoque la répétition de l'acteur de théâtre.

Larynx : muscles (cordes vocales) qui modulent l'air sorti des poumons pour produire les sons.

EMG : electromyographie (*myo* = « muscles » en grec). Les muscles du larynx, comme le cœur ou d'autres parties vivantes (cerveau) produisent de l'électricité (en très faible voltage) qui augmente avec l'activité, permettant ainsi un enregistrement.

Tableau 5.3
Baisse du rappel et de la reconnaissance lorsque la subvocalisation est supprimée (d'après Levy, 1971).

	Rappel	Reconnaissance
Normale	26	73
Suppression	15	59

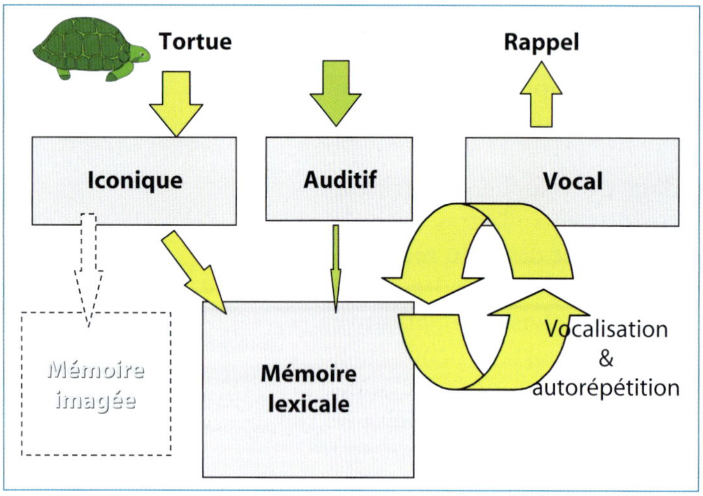

Figure 5.8 – Vocalisation et autorépétition.

Ainsi dans une des nombreuses recherches réalisées par Betty Ann Levy, le rappel et la reconnaissance de listes de mots sont moins performants lorsque la subvocalisation a été supprimée dans la phase de mémorisation (les sujets devaient répéter sans arrêt *hi-ya*...) (tabl. 5.3). La baisse de mémoire provoquée par la suppression de la subvocalisation est d'environ 20 % (reconnaissance) à 40 % (rappel).

L'autorépétition, qui est en quelque sorte une réinjection de l'information vocalisée dans la mémoire, semble avoir plusieurs fonctions, notamment de recodage phonologique dans la lecture et de mémoire temporaire ; c'est ce système d'autorépétition qui est utilisé dans l'apprentissage par cœur, du numéro de téléphone au poème. Mais cette mémoire temporaire permet également le calcul mental en stockant les éléments de l'opération, ou encore de comprendre une longue phrase en stockant le début de la phrase. Ainsi, la suppression de la subvocalisation baisse fortement les performances dans des activités de calcul ou dans la lecture de textes. Sur le plan pédagogique, il faut donc revaloriser les activités de vocalisation et de répétition. Néanmoins, ces activités qui concernent la mémoire lexicale ne sont pas suffisantes car il existe une mémoire du sens.

?
Qu'est-ce qu'un lapsus ?

Lexique et mémoire sémantique : le mot sur le « bout de la langue » et les lapsus

Zut, comment s'appelle-t-il ? Nous sommes en train de raconter un film et au moment de nommer l'actrice ou l'acteur, c'est le trou noir ! Ce nom pourtant, on le sait, d'ailleurs il revient soudainement sans prévenir quelques minutes ou une heure plus tard. On sent qu'on le connaît, qu'il est prêt à sortir, on dit qu'il est « sur le bout de la langue »... À quoi est dû ce bien étrange phénomène, inexplicable si l'on suppose une seule et unique mémoire ? En revanche le mystère s'éclaircit dans la théorie moderne basée sur l'idée que la mémoire est subdivisée en plusieurs systèmes, notamment une mémoire lexicale qui contient la carrosserie des mots et une autre appelée mémoire sémantique (*cf.* III, § 2, p. 182) qui ne stocke que des abstractions, le sens.

Le phénomène du mot « sur le bout de la langue » a été étudié par Brown et Mc Neill (1966) (et d'autres auteurs à leur suite) en présentant des définitions de mots rares (par exemple, « bathyscaphe », « sextant »). Lorsque le phénomène du « mot sur le bout de la langue » se produit, les sujets sont invités à donner la première syllabe ou la rime à laquelle ils pensent, etc. Dans un bon nombre de cas, il s'avère que ces fragments phonétiques sont exacts. Par exemple la lettre initiale devinée est correcte dans 57 %. Puis dans la vie courante comme dans les expériences, le mot ou le nom peut revenir, ce qui prouve que ce mot était bien en mémoire.

Une anecdote personnelle va tout à fait dans le sens de Brown et McNeill. Cherchant le nom de l'acteur qui fait la voix française de Starsky (la célèbre série *Starsky et Hutch*), je ne le retrouvais plus alors que j'avais la certitude de le connaître... blocage ! Le nom « **Bala**dur » me revenait sans cesse, nom du Premier ministre de l'époque, et puis plus tard, le nom de l'acteur m'est enfin revenu, c'était... « **Ballu**tin ». Ces glissements de mots à cause d'une première syllabe ou de la rime ont d'ailleurs été finement analysés dans les lapsus par Freud dans *Psychopathologie de la vie quotidienne* (encart, ci-dessous) ; mais contrairement à sa théorie de blocage lié à un traumatisme sexuel, la plupart des glissements sont purement phonétiques (Van Rillaer, 1981 ; Meyer, 2005).

Aphasie nominale : « mot sur le bout de la langue » en permanence.

Lapsus : oubli d'un mot ou mot exprimé par erreur à la place d'un autre.

Aphasie : perte du langage ; sans qualificatif, il s'agit de la perte du langage articulé, le patient comprenant les conversations.

Les glissements phonétiques ou sémantiques dans les lapsus

Une fresque de Signorelli dans la cathédrale d'Orvieto.

Au cours d'une conversation avec un compagnon de voyage, Freud ne parvient pas à se souvenir du nom du peintre des fresques de la cathédrale d'Orvieto (Signorelli). Les noms « Botticelli », « Boltrafio » lui viennent à l'esprit. Plus tard, Freud, cherchant les causes de cet oubli, se souvient que la discussion avait primitivement porté sur les mœurs des Turcs de Bosnie-Herzegovine, et qu'il s'apprêtait à raconter quelques anecdotes où des propos contenaient souvent l'invocation *Herr* (Seigneur). Par association d'idées, les anecdotes touchant aux mœurs sexuelles lui rappellent un événement désagréable, celle du suicide d'un de ses malades — résidant dans la ville de Trafoi — qui souffrait d'un trouble sexuel incurable. Ainsi c'est le refoulement de ce souvenir qui a provoqué, par déplacement, la substitution de Botticelli et Boltrafio à Signorelli. Ce déplacement est opéré de proche en proche par l'intermédiaire de similitudes sémantiques, « Herr Seigneur ; Turcs-sexualité-Trafoi-suicide ; Turcs-Bosnie » et phonétiques « **Seign**eur-**Signor**elli ; Signor**elli**-Botti**celli** ; **Bo**snie-**Bo**tticelli-**Bo**ltrafio ; Boltra**fio**-Tra**foi** ». Sous le nom d'inconscient, Freud découvrait ainsi les mécanismes associatifs maintenant attribués aux mémoires lexicale et sémantique.

Les lapsus, mots sur le bout de la langue, sentiment de connaître, viennent de la pluralité des mémoires. Différentes facettes du même souvenir sont stockées dans des modules différents, le nom d'un personnage est stocké en mémoire lexicale tandis que son visage est dans une mémoire des visages alors qu'enfin, sa profession et autres informations sont dans la mémoire sémantique.

À l'époque de Jules César, l'avocat très célèbre Cicéron (voir la série *Rome*) apprenait ses discours à l'aide d'images.

Le phénomène du mot sur le bout de la langue peut être plus persistant dans un trouble neuropsychologique appelé « aphasie nominale » : le malade peut comprendre à quoi sert un objet sans être capable de le dénommer, montrant là encore la distinction entre une mémoire lexicale et une mémoire sémantique.

3. La mémoire imagée

Déjà dans l'Antiquité (par exemple, Cicéron, *cf.* Yates, 1966 ; Lieury, 2005*b*) certains avaient remarqué que la mémoire des images était supérieure à la mémoire des mots.

Cependant l'intérêt pour les images a diminué après Descartes et pendant la période behavioriste. C'est sans doute avec l'essor des moyens de communication de l'image, cinéma, bandes dessinées et surtout de la télévision que la recherche fondamentale sur l'image s'est développée, sous l'impulsion de chercheurs comme Allan Paivio au Canada, Gordon Bower aux États-Unis, et en France, Paul Fraisse, Michel Denis.

La supériorité de l'image sur le mot

?

Qu'est-ce que le rappel ?

De nombreuses expériences ont démontré une supériorité en mémoire pour des informations imagées (dessins, photos mais aussi image mentale, Denis, 1980) par rapport aux informations verbales. Voici une bonne illustration de cette supériorité dans l'expérience de Michel Denis et Pierrette de Pouqueville, de l'université d'Orsay (1976). Des sujets voient sur un écran une liste d'actions présentées (pendant un temps constant de 5 secondes) selon différents groupes sous forme de phrases « la femme colle un timbre », « la fille taille un crayon », sous forme d'un film, ou de trois photos extraites du film et représentant trois étapes de l'action, d'une photo en couleur ou d'un dessin.

Tableau 5.4

Supériorité en mémoire d'informations imagées de supports variés (d'après Denis et de Pouqueville, 1976).

	Rappel (sur 24 actions)
Phrase	6,90
Dessin	9,20
1 Photo	8,85
3 Photos	10,40
Film	10,40

Toutes les représentations imagées sont mieux mémorisées que les phrases (tabl. 5.4), et on constate même que pour la mémorisation d'actions, la représentation des étapes de l'action, film ou plusieurs photos, améliore encore le rappel.

Figure 5.9 – Exemple de listes d'images et de mots utilisées dans les expériences.

Le rappel est ici verbal, mais la reconnaissance des images est également supérieure à la reconnaissance des mots. En voici un exemple (Lieury et Pichon, 1991) dans une expérience réalisée avec la participation de 210 lycéens. Les mots (16) ou dessins (16) (dessins en couleurs issus d'un imagier pour enfant) sont présentés en vidéo grâce à un magnétoscope à la vitesse de 2 secondes par item. Typiquement (tabl. 5.5), le rappel moyen des mots est d'environ 7 secondes alors qu'il est de 9 secondes pour les dessins. En reconnaissance (parmi des pièges), c'est le pourcentage qui est constant, avec environ 70 % de reconnaissances pour les mots contre 90 % pour les dessins.

Rappel : donner de mémoire les mots présentés, ou les images sous forme de mots.

Reconnaissance : les mots présentés étant les cibles, le sujet doit trouver les cibles dans une liste où sont placés des mots pièges.

QCM (questionnaire à choix multiple) : application pédagogique de la reconnaissance.

Tableau 5.5

Comparaison du rappel et de la reconnaissance pour des mots et des dessins (210 lycéens de l'enseignement général) (Lieury et Pichon (1991 ; cit. Lieury, 2005).

	Rappel immédiat	Reconnaissance
Mots	6,91 43 %	11,41 71 %
Dessins	9,06 57 %	13,91 87 %

Quelle image du cochon est stockée dans votre mémoire ? Celle que vous aviez comme tirelire ou l'image du cochon dans la nature ? Ni l'une, ni l'autre : la mémoire imagée « fabrique » une image prototypique, synthèse de multiples images que vous avez enregistrées. Ce ne sont pas des photographies de la réalité mais une synthèse d'image, qui permet également les rêves et l'imagination.

Par ailleurs, la capacité de stockage à long terme des images semble considérable. Standing, Conezio et Haber (1970) ont présenté jusqu'à 2 560 photos (il a fallu quatre jours) à des sujets qui, dans un test de reconnaissance portant sur 280 photos, en ont reconnu en moyenne 90 %, ce qui donne à peu près 2 000 photos stockées en mémoire. Il faut donc envisager un stockage spécial pour les images.

Cependant d'autres expériences montrent que les détails ou les couleurs ne sont en général pas bien mémorisés de sorte que l'image stockée en mémoire n'est pas une photographie mais plutôt une image de synthèse, comme celle fabriquée en temps réelle dans les jeux vidéo. Ce côté « fabriqué » explique les erreurs de notre mémoire (erreurs de témoignage, nouvelles images dans les rêves, etc.).

La théorie du double codage

Comment expliquer la supériorité des images sur les mots puisque les détails et la couleur n'améliorent généralement pas la mémorisation (parfois la diminuent) ? En revanche, la dénomination explicite ou implicite est fondamentale, comme l'ont montré les premiers Ducharme et Fraisse (1965), en comparant la mémorisation de 25 mots concrets (panier, bonbon, poire, lion, chaise, etc.) à des dessins équivalents et aussi à une troisième condition où les dessins sont dénommés à voix haute.

Tableau 5.6

Supériorité des conditions « dessin » et « dessin + mot » (dénomination) par rapport à la condition « mot » (d'après Ducharme et Fraisse, 1965).

	Mot	Dessin	dessin + mot
Rappel moyen au 3e essai	16,5	18,1	18,0

Les auteurs ont constaté (tabl. 5.6) que cette condition « dessin + dénomination » ne donnait pas de résultats supérieurs à la condition « dessin seul » et que ces deux conditions étaient supérieures à la condition « mot ». L'hypothèse proposée est que « l'image évoque immédiatement le mot et, en réalite la situation où l'on présente l'image seule est équivalente à celle où l'on présente l'image et le mot » (Ducharme et Fraisse).

Le Canadien Allan Paivio a retrouvé de tels résultats et a en outre remarqué que le rappel de mots abstraits est inférieur à celui des mots concrets : il en a déduit la théorie du double codage. De même que l'image évoque le mot, le mot concret évoque une image mentale, ce qui n'est pas le cas du mot abstrait. Le fait que le dessin est mieux rappelé s'explique par le fait que le mot évoque moins fortement ou moins fréquemment une image mentale que l'image n'évoque le mot, ce que résume Paivio (1971) dans le tableau 5.7.

Tableau 5.7
Théorie du double codage.

	Code verbal	Code imagé	Total
Dessin	+++	+++	++++++
Mot concret	+++	+	++++
Mot abstrait	+++		+++

Au Ier siècle, Quintilien avait déjà remarqué que l'efficacité de l'imagerie était limitée aux mots concrets. De nos jours, on « calcule » la valeur d'imagerie en demandant à des sujets de noter, par exemple de 1 à 7, la facilité avec laquelle ils peuvent imaginer un mot ; voici quelques exemples de Michel Denis qui a réalisé cette expérience à la suite de Paivio :

Tableau 5.8
Valeur d'imagerie pour les mots concrets ou abstraits.

Mots concrets	Mots abstraits
Bougie : 6,78	Critère : 2,00
Carotte : 6,35	Concept : 2,03
Soleil : 6,70	Causalité : 2,01

Les mots concrets apparaissent être ceux dont la valeur d'imagerie est la plus grande.

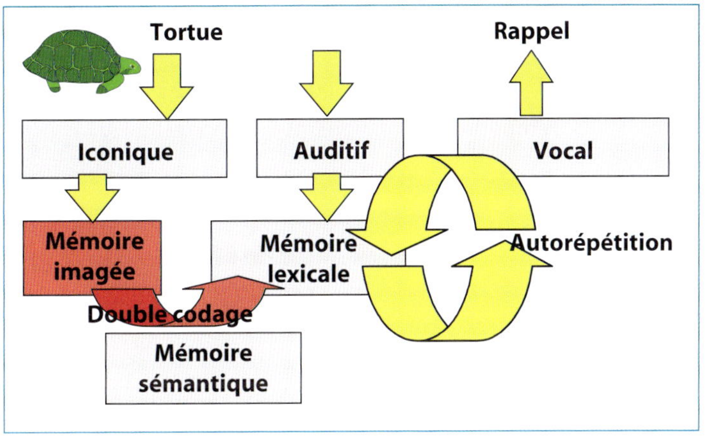

Figure 5.10 – Mémoire imagée et double codage.

Double codage et temps de dénomination

La première démonstration du double codage fut réalisée par Paivio et Csapo (1969), à partir du fait expérimental que le temps de dénomination est supérieur au temps de lecture. En effet, contrairement à l'idée commune, il faut plus de temps pour dire « éléphant » lorsqu'on voit l'image plutôt que lorsqu'on lit le mot « éléphant ».

Le raisonnement de Paivio et Csapo est le suivant : s'il existe un codage verbal (= dénomination interne) des images, comme celui-ci prend plus de temps que la lecture (= codage verbal des mots), l'accélération de la présentation des dessins devrait gêner ce codage verbal des dessins (= double codage). De fait, ils ont ainsi montré que les dessins (séquences de neuf dessins) sont mieux rappelés et reconnus que des mots, concrets ou abstraits, à la vitesse de présentation de 500 ms par item mais qu'à la vitesse de 200 millisecondes, cette supériorité n'existe plus, ce qui paraît démontrer que le temps est insuffisant pour un double codage des dessins. Répliquant la célèbre expérience de Paivio et Csapo, nous avons utilisé une gamme de temps plus variés allant de 1/8e à 2 secondes (Figure 5.11, Lieury et Calvez, 1986). Les résultats sont les mêmes avec une « cassure » du double codage entre 250 et 500 millisecondes.

Double codage : théorie selon laquelle, les images bénéficient d'un codage imagé plus un codage verbal.

Lecture : prononcer le mot correspondant à un graphisme.

Dénomination : prononcer le mot correspondant à une image (ou un objet).

D'autres expériences ont montré des résultats similaires sur des phrases (Fraisse, 1974 ; Fraisse et Léveillé, 1975) mais avec des temps plus longs. L'image est donc supérieure au mot, mais elle l'est grâce au codage verbal. Le langage prend encore le dessus. La théorie du double codage a naturellement beaucoup d'applications ; par exemple en pédagogie, on ne peut attendre une efficacité en soi des illustrations (photos, figures, schémas), il faut des légendes.

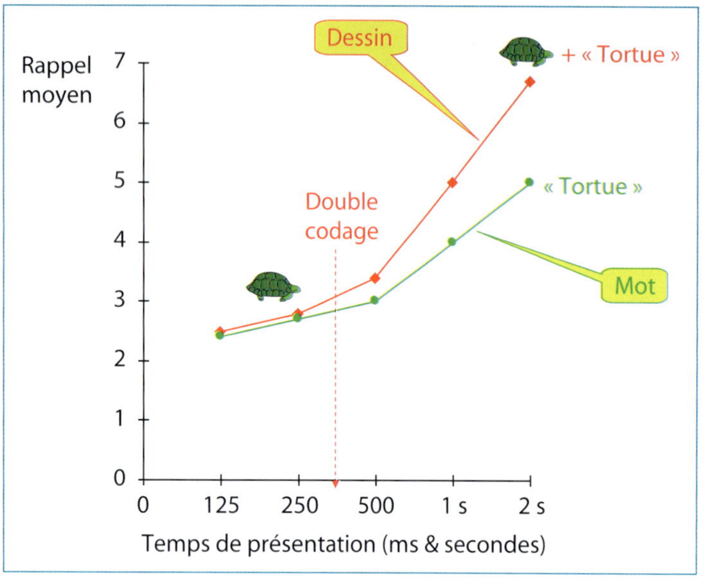

Figure 5.11 – Double codage des dessins en fonction de la vitesse de présentation. Le double codage (codage verbal des dessins) n'est plus possible aux vitesses trop rapides en dessous de 500 ms (d'après Lieury et Calvez, 1986).

4. Les mémoires « visuelles » : l'exemple de la mémoire des visages

Mémoires visuelles : il existe de nombreuses mémoires dont l'entrée est la vision, la mémoire iconique (sensorielle), la mémoire imagée (objets, animaux, plantes), la mémoire des visages, la mémoire graphique, la mémoire visuelle au sens strict concerne les formes, et la mémoire visuospatiale.

Diversité des mémoires « visuelles »

Cependant, la mémoire iconique et la mémoire imagée ne sont pas nos seules mémoires visuelles. Comment s'en étonner ? Le neurobiologiste David Van Essen compte jusqu'à 34 aires visuelles dans le cortex visuel du singe (et donc au moins autant chez l'homme ; cit. Lorant-Royer, 2002). Car si au début des recherches sur la mémoire imagée, les chercheurs pensaient tout expliquer par celle-ci, les nouvelles recherches dévoilent de nouvelles mémoires « visuelles », pour les formes, pour les graphismes, pour les visages, pour le spatial, etc. (*cf.* Lieury, 2005*a* ; Lorant-Royer et Lieury, 2003).

Prosopagnosie : de *prosopon* (visage) et *gnose* (connaissance) et « a » privatif ; c'est la perte du souvenir des visages ;

Visage et expression émotive

En apparence, les visages semblent être des images parmi d'autres (fleurs, animaux, etc.) mais de nombreuses recherches tant sur le plan psychologique que sur le plan neurologique montrent une spécificité (la mémoire des visages n'a pas été placée dans le schéma modulaire par souci de simplicité). Ainsi le grand neurologue français Henri Hécaen a été le premier à remarquer une absence de reconnaissance des visages sans qu'elle soit accompagnée d'agnosie (absence de reconnaissance) d'objets ou de mots (Hécaen et Angelergues, 1962). Pour cette raison, l'amnésie spécialisée pour les visages a un nom spécifique, la « prosopagnosie » (du nom grec *prosopon* = visage).

La spécificité des visages est due à l'association de l'expression émotive. Ainsi s'expliquerait par exemple que sur le plan neurologique (Bruyer, 1983), les visages ne semblent pas stockés dans le cortex occipital (visuel) mais dans les régions pariétale et temporale (hémisphère droit), plus proches des régions émotives (noyau amygdalien, *cf.* « Émotion et mémoire », chap. 10).

Les chercheurs anglais, notamment Vicki Bruce et Andrew Young, ont été les plus inventifs dans l'étude de la mémoire des visages. Utilisant la technique des temps de réaction, ils ont bien montré que les visages sont associés à une composante d'identification visuelle et verbale mais aussi à un processus indépendant d'analyse de l'expression.

Tableau 5.9
Temps de jugement d'identification ou d'expression de couples de visages (visages identiques) (d'après Bruce et Young, 1986).

	Identification	Expression
Visages familiers	952	1 102
Visages non familiers	1 038	1 114

Dans la comparaison de l'identité faciale de visages, les temps de réaction sont plus rapides pour les visages familiers que pour les non-familiers, mais il n'y a pas de différences entre familier/non-familier lorsqu'il s'agit de ne juger que l'expression émotive. Les auteurs concluent donc que le traitement concernant l'expression du visage fait partie d'un autre système. Ce résultat va dans le sens d'observations de cas en neurologie. Plusieurs cas de prosopagnosie ont été décrits où les patients ont une incapacité à comparer l'identité de visages mais sont capables de juger les expressions faciales.

5. Les modèles modulaires de la mémoire

Dans la perspective du traitement de l'information, les théoriciens ont proposé des synthèses en utilisant des schémas de type cybernétique/informatique représentant les différentes fonctions de la mémoire comme des parties d'un ordinateur ou d'un système électronique, les modules : ce sont les modèles modulaires de la mémoire. Ils sont nombreux et se sont compliqués en fonction des nouvelles découvertes. Il est frappant de constater combien cette démarche, qui conduit à des modèles successifs plus compliqués tout en gardant des modèles primitifs pour certains niveaux d'explication, ressemble à la démarche d'autres sciences (encart ci-dessous). Voici trois exemples.

Modèle : théorie qui emprunte à un autre domaine ; par exemple les modèles modulaires utilisent la représentation schématique du traitement de l'information, sous forme de circuits et modules, comme le schéma d'un ordinateur ou d'un système de télécommunication.

Modules : contrairement à l'idée d'un traitement continu de neurones en neurones sans discontinuité, une conception en modules décrit des systèmes indépendants, avec une transmission entre systèmes (câblage et relais) et des recodages.

Les modèles de la mémoire

L'utilisation de modèles, améliorés au fil des découvertes, est une démarche scientifique courante. Ainsi un physicien note à propos des modèles de l'atome : « Les conceptions sur l'atome ont en effet pris la forme d'un certain nombre de modèles (Dalton, Rutherford, Bohr…) chacun conçu pour expliquer les faits expérimentaux connus à une époque. Un modèle nouveau est devenu nécessaire lorsque des faits nouveaux n'ont pu être expliqués par le modèle jusqu'alors accepté. Ainsi le pouvoir explicatif des modèles successifs a été de plus en plus grand, au prix, il est vrai, d'une complexité également de plus en plus grande… Il n'est nullement interdit d'utiliser un modèle par ailleurs dépassé, s'il suffit à expliquer les faits auxquels on s'intéresse (le modèle de Rutherford rend parfaitement compte de l'isotopie ; le modèle de Bohr […] et le modèle de la liaison chimique […] sont parfaitement "suffisants" pour rendre compte de nombreux faits chimiques) » (Arnaud, 1993, p. 16).

Le modèle des deux mémoires

Le premier modèle de type « cybernétique/informatique » fut proposé par Donald Broadbent (1958) de l'université d'Oxford et établissait pour l'essentiel la distinction entre deux mémoires, la mémoire (ou stockage) à court terme et la mémoire (ou stockage) à long terme. Ce modèle (§ I, p. 161) reste toujours une bonne représentation de qui se passe approximativement dans l'oubli à court terme et dans les effets sériels, et je le trouve très utile dans l'interprétation des mécanismes de récupération (§ V, p. 197). Il suffit de se rappeler, néanmoins, que le sens du trajet de l'information est inverse de celui imaginé par les premiers auteurs (Broadbent, Murdock), et commence par la mémoire à long terme, si l'on veut expliquer la reconnaissance et d'autres processus.

Light Storm – Fotolia.com

Dans la théorie de la mémoire-croquis, il est difficile de penser que cette mémoire peut enregistrer toute sorte d'informations visuelles ; des recherches ont montré une plus grande diversité des mémoires visuelles, formes, images, visages…

Les modèles de la mémoire de travail

Après que la mémoire ait été dissociée en mémoires à court terme et à long terme, Baddeley a le premier émis l'hypothèse que la mémoire à court terme est elle-même multiple : il reprend le terme de « mémoire de travail » proposé par Atkinson & Shiffrin (1969) mais auquel il va donner un sens plus précis (Baddeley & Hitch, 1974 ; Baddeley, 1986, 1993, etc.). Selon lui, elle est principalement composée d'un processeur central qui contrôle deux systèmes esclaves, la boucle articulatoire (*cf.* chap. 6, § 4, « Attention divisée et concurrence cognitive ») et une mémoire croquis, le « calepin visuospatial ». La bouche articulatoire est elle-même composée d'un sous-système phonétique et d'un sous-système articulatoire.

Si Baddeley a permis d'attirer l'attention sur la complexité de la mémoire à court terme (de travail), la supposition de deux sous-systèmes, boucle articulatoire et mémoire-croquis, paraît nettement insuffisante (*cf.* § 1 à 4) lorsqu'on connaît la variété des mémoires, mots, formes, images, visages, etc. En particulier, il est difficile de penser que la sémantique n'est pas utilisée en mémoire de travail. Ainsi Hubert Tardieu, de l'université René Descartes à Paris (Tardieu, 1981 ; cit. Lieury, 2005), a généralisé une tâche de concurrence inspirée de Baddeley et Hitch en ajoutant une tâche concurrente de catégorisation sémantique (répondre « oui/non » si un mot est un meuble). Or le temps de réaction pour la tâche principale de mémorisation est beaucoup plus retardé par la tâche de catégorisation sémantique (1087 ms) que par la tâche typographique (707 ms) ou phonétique (871 ms).

Au total, la mémoire à court terme ou de travail est complexe et correspond à une « addition » de nombreux processus. D'ailleurs d'autres auteurs utilisent le terme de mémoire de travail dans un sens général, sans référence spéciale au modèle de Baddeley. Celui-ci, dans une autre version de son modèle (2000), ajoute une mémoire tampon « épisodique ». Mais pour lui, l'accès à la mémoire de travail se fait directement et pas par la mémoire à long terme, ce qui n'est pas cohérent avec les recherches sur les étapes de codage de l'information, du sensoriel au sémantique (*cf.* § 1). De même, sa « mémoire croquis » est toujours un système unique qui traite autant les informations visuelles que les images, ce qui n'est pas le cas (§ 4).

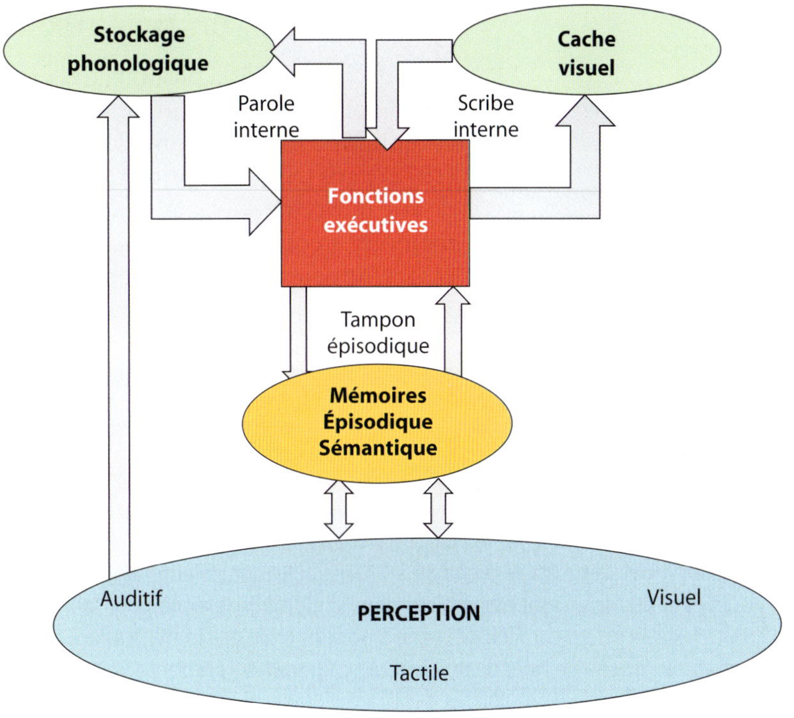

Figure 5.12 - La mémoire de travail comme un espace multi-composants (adapté d'après Logie, 2011).

Au contraire, un développement récent de la mémoire de travail prend en compte les étapes du traitement de l'information et a été fait par un ancien collègue de Baddeley, Robert Logie de l'université d'Edimbourg. La mémoire de travail est cette fois vue comme un espace de travail avec de multiples composants (**figure 5.12**). Les informations provenant des composants perceptifs (ex. visuel, auditif, tactile) activent les connaissances stockées en mémoire à long terme, comme les formes des objets ou leurs noms et sens. Ces connaissances activées sont maintenues temporairement dans les systèmes temporaires de la mémoire de travail, le registre phonologique (*phonological store*) ou visuel, ou la mémoire tampon épisodique/sémantique, selon la spécificité des propriétés (visuelle ou sémantique) Dans ce modèle, il peut y avoir autorépétition à partir du registre phonologique et également à partir du registre visuel (*inner scribe*) ; par exemple, ce dernier peut « répéter » l'ordre d'une séquence de mouvements comme dans les tests de mémoire visuospatiale. Dans ce modèle, Robert Logie (2011), tout comme Baddeley (2007), voit désormais le processeur central de la théorie primitive comme une panoplie de fonctions exécutives (*cf.* chap. 8, § 3.5), qui incluent l'attention focalisée, l'attention divisée, l'inhibition mais aussi les processus d'encodage et de récupération.

Comme les ouvriers qui creusent un tunnel des deux côtés d'une montagne, les chercheurs travaillant sur le modèle de la mémoire de travail et ceux qui travaillent sur des modèles en niveaux de traitement se rejoignent sur plusieurs points, comme nous allons le voir dans le prochain type de modèle.

Les modèles en niveaux de traitement

La découverte de la pluralité des mémoires, iconique, lexicale, sémantique a nécessité la description de la mémoire par des modèles sans cesse plus compliqués. Comme l'ont fait remarquer les premiers Craik et Lockhart (1972) dans leur conception des niveaux de traitement, il ne faut pas perdre de vue que ce ne sont pas des mots ou des images qui entrent tels quels en mémoire à court terme, mais ils sont construits en passant par différents étages, appelés niveaux de traitement, que la neurologie nous permet de situer dans le cerveau (voir encart « Niveaux de traitement », ci-dessous).

Niveaux de traitement

Les techniques électrophysiologiques ou d'imagerie cérébrale nous montrent, avec toujours plus de précisions, le trajet du traitement de l'information : le mot n'est pas une entité simple lorsqu'il est présenté à l'œil. Il est composé de pièces comme une voiture (portes, moteur, volant…). Par exemple, la « pièce » visuelle (le graphisme) est fabriquée au niveau visuel dans le cortex visuel ; cette étape prend 80 à 120 ms. Si le mot est entendu, il est fabriqué dans le cortex temporal. Les « pièces » visuelles et auditives sont assemblées dans la mémoire lexicale pour fabriquer la morphologie du mot (environ 300 ms), l'unité lexicale est en parallèle associée à un sens (voie de l'identification, *cf.* chap. III, § 2, p. 83), tandis que le traitement se continue au niveau de l'aire de Broca pour programmer la réponse vocale au niveau du larynx et de la bouche.

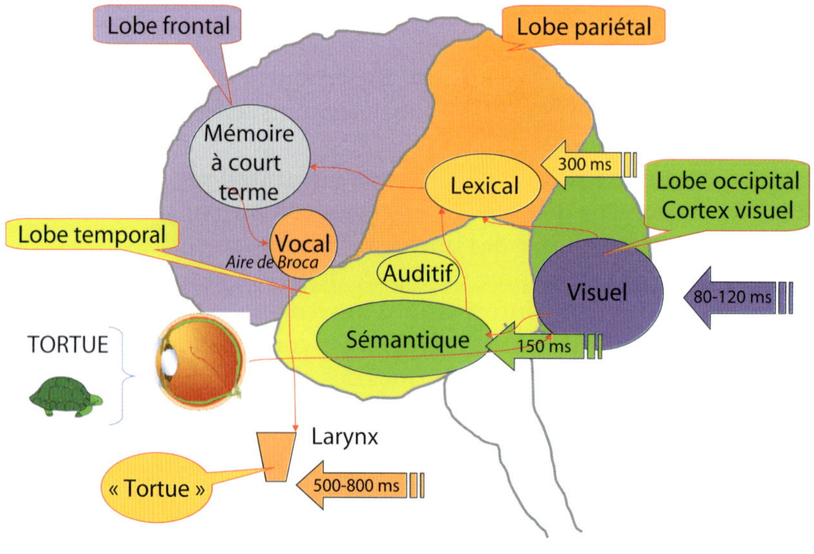

Figure 5.13 – Traitement de l'information par le cerveau.

Au plus vite, la prononciation d'un mot lu prend 500 millièmes de secondes (Jamet, 1997). Si l'image du même mot (tortue) était présentée, il faudrait un double codage, imagé puis un codage sémantique et lexical, ce qui prend plus de temps, pour une réponse vocale finale à 800 millièmes de seconde. Contrairement aux modèles d'origine (Broadbent, 1958), les mots n'entrent pas « préfabriqués » en mémoire à court terme mais après avoir été codés dans les différentes étapes, notamment sémantique et lexicale de la mémoire à long terme.

Imaginez donc que l'on vous fasse, en travaux dirigés, l'expérience des effets sériels avec des mots chinois ; ce serait impossible et bien entendu, on ne trouverait pas de courbe en U faute de rappel. Les mots sont donc codés en mémoire iconique, mémoire lexicale, mémoire sémantique pour enfin être organisés en mémoire à court terme ; de plus, ce traitement de l'information n'est pas linéaire et il existe de nombreux va-et-vient entre différents modules. M'inspirant d'un précédent modèle proposé par Anderson et Bower (1974) distinguant les mémoires iconique, verbale et imagée, et l'autorépétition, je l'ai compliqué au fil du temps pour représenter le mécanisme du double codage, en distinguant la mémoire imagée, le lexical et le sémantique. Plus récemment, nous avons vu avec Sonia Lorant-Royer, que les mémoires visuelles étaient complexes (ce qui est regroupé par simplification, **Figure 5.15**). La mémoire procédurale qui permet la mémoire de l'action, l'écriture et le dessin a été traitée dans le chapitre sur l'apprentissage. Enfin, ce modèle est simplifié car il faudrait ajouter des mémoires, orthographique, phonologique, et la mémoire des visages qui est une mémoire différente de la mémoire imagée...

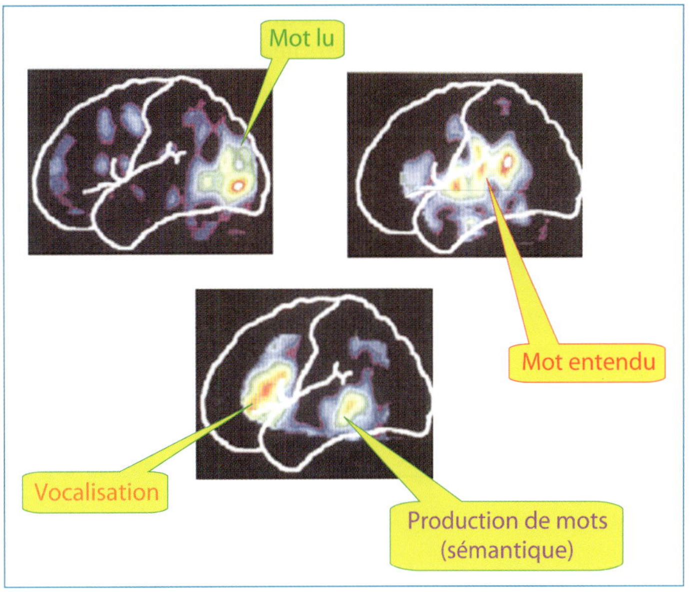

Figure 5.14 – Mot lu ou entendu en imagerie cérébrale.

La mémoire à court terme (ou de travail) peut être vue comme l'écran d'un ordinateur offrant un multi-fenêtrage (comme les fenêtres sur l'écran de l'ordinateur où sont ouverts le texte dans une fenêtre, l'image ou le tableau de chiffres dans d'autres fenêtres).

Ainsi, la mémoire à court terme permet d'activer une ou plusieurs parties spécialisées (lexicale, imagée, sémantique), de la mémoire à long terme ou de recevoir des copies de ces mémoires ; ces parties se trouvent, à ce moment, activées à court terme (Lieury, 1992, 2005).

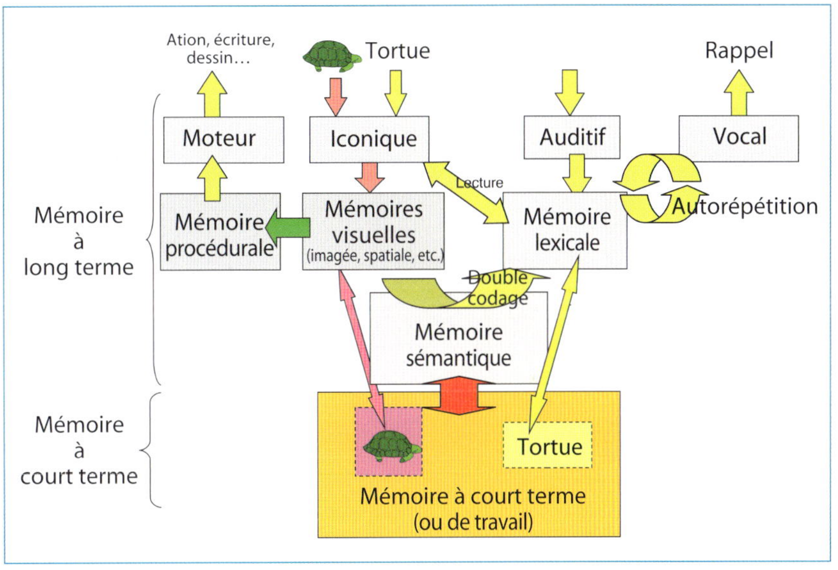

Figure 5.15 – Modèle modulaire de la mémoire.
Remarque : seules les « principales » mémoires sont représentées, mémoires iconique, lexicale, sémantique… La mémoire à court terme (ou de travail) reçoit des copies d'autres mémoires, images, mots… Elle est comme un écran d'ordinateur offrant un « multi-fenêtrage » sur les mémoires spécialisées de la mémoire à long terme (d'après Lieury 1992 ; Lorant et Lieury, 2003).

D'une façon similaire, certains auteurs appellent « mémoire de travail à long terme » ces parties de la mémoire à long terme qui peuvent être activées : par exemple des sous-parties de jeux d'échecs, ou de connaissances pour les experts, médecins, ingénieurs (Guida, Tardieu et Nicolas, 2009).

La mémoire à court terme est comme un écran d'ordinateur avec plusieurs fenêtres ou comme une régie avec ses multiples écrans, ouvrant sur nos mémoires spécialisées (images, mots, idées) et en faisant la synthèse.

Pour certains auteurs, cette fenêtre pourrait représenter la conscience. Il semble bien que la mémoire à court terme n'ait pas accès aux mémoires sensorielles car on ne peut se remémorer une odeur, ou une scène visuelle dans sa complexité, mais elle permet des va-et-vient avec nos mémoires symboliques, lexicale, imagée, sémantique (représentées par des flèches sur la figure 5.15) pour penser, parler et se rappeler des souvenirs.

Par la suite, lorsque le terme seul de « mémoire à court terme » sera évoqué, il le sera de façon générique en le considérant comme synonyme avec celui de « mémoire de travail ».

III. Le fonctionnement associatif de la mémoire

À partir des années 1950-1960, la plupart des chercheurs ont préféré des modes explicatifs radicalement différents des associations des behavioristes en décrivant le fonctionnement de la mémoire sous forme de modules ou de programmes. Mais une fois que des mémoires spécialisées sont mises en évidence, il faut bien expliquer le fonctionnement interne de celles-ci ; personne n'a pensé que les modules étaient des boîtes vides. Parallèlement, d'autres théoriciens expliquaient d'autres phénomènes en termes de réseaux associatifs (reproduisant les réseaux de neurones) si bien que les deux courants d'étude se complètent. D'une part, la mémoire est décrite comme un ensemble de systèmes spécialisés ou modules (mémoire iconique, sémantique, à court terme...) s'inspirant de la description de l'ordinateur en sous-systèmes spécialisés, la mémoire vive, le disque dur, la carte vidéo... D'autre part, le fonctionnement interne des modules est expliqué par des réseaux associatifs (mémoire sémantique, mémoire des visages) renouant avec la tradition associationniste. Dans les sciences cognitives (informatique, communication, intelligence artificielle), les chercheurs et ingénieurs qui n'ont pas connu l'associationnisme des behavioristes, se réfèrent à la théorie du neurophysiologiste canadien Donald Hebb (1949). Mais Hebb se réfère explicitement aux associations – conditionnement, associations verbales –, y compris dans des écrits plus tardifs (1966).

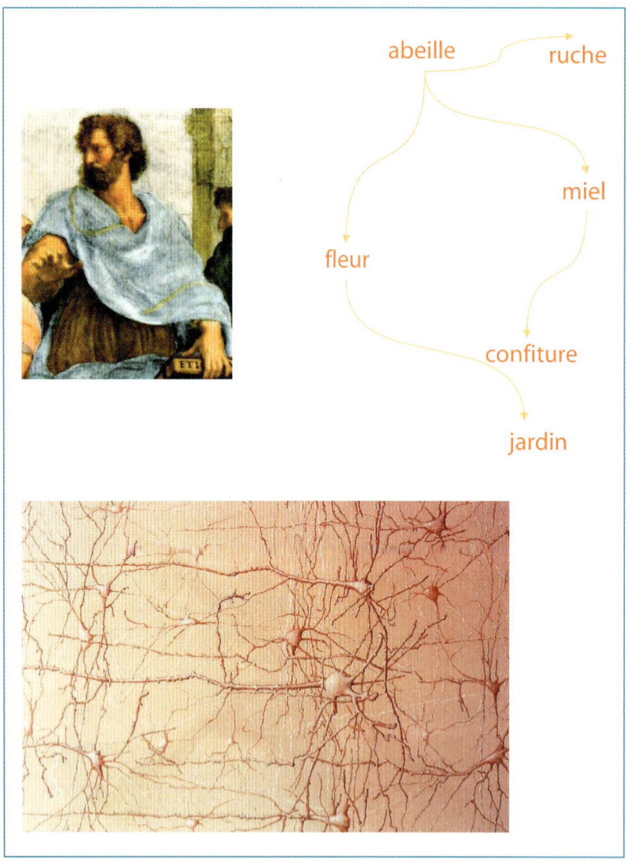

Depuis Aristote, beaucoup ont pensé que la mémoire était formée d'associations. La découverte des neurones et de leurs connexions renforce cette conception.

1. Les associations verbales

Selon une tradition qui va d'Aristote aux philosophes associationnistes anglais (*cf.* chap. 1), certains penseurs avaient bien remarqué que des mots (ou idées) en évoquaient d'autres comme s'ils étaient accrochés comme les mailles d'un filet. L'apport de ces philosophes a laissé des expressions courantes comme « le fil de la pensée », « perdre le fil de ses idées » et Edgar Poe l'utilise dans la bouche du premier détective de la littérature pour deviner les pensées de son ami dans *Double assassinat dans la rue Morgue*.

Mais c'est l'Anglais Francis Galton, le « père » de la psychologie différentielle, qui eut l'idée d'utiliser les associations pour dévoiler l'esprit, en l'occurrence les souvenirs d'enfance. À la suite de ses expériences, il disait des associations qu'elles « mettent en lumière avec une curieuse précision les fondements de la pensée de l'homme et exhibent son anatomie mentale avec plus de crudité qu'il ne souhaiterait lui-même la faire voir » (Galton, 1879 ; cit. Jodelet, 1972). Les psychanalystes, notamment Jung, ont utilisé cette méthode mais en s'attachant plutôt aux associations incongrues permettant d'éclairer l'inconscient du patient.

Association : selon une longue tradition, qui va d'Aristote aux behavioristes, l'association entre mots, lettres, etc., est un mécanisme de base du fonctionnement de l'esprit.

Les normes associatives

Dans le cadre de la psychologie scientifique, les premières normes furent publiées en 1910 par Kent et Rosanoff. Elles furent suivies de nombreuses autres car les behavioristes pensaient que les mots s'associaient entre eux par des connexions neuronales grâce au conditionnement. Les normes permettent ainsi de mesurer pratiquement le réseau associatif et de prévoir des résultats. Ainsi, l'apprentissage de couples fortement associés (par exemple abeille-miel) est beaucoup plus facile que lorsque les couples concernent des mots faiblement associés (abeille-nid).

Ces associations sont mesurées facilement (bien que le dénombrement lui-même soit fastidieux) en proposant une liste de mots dits « associants » à un grand nombre de sujets qui doivent répondre à chaque mot associant par le premier mot qui leur vient à l'esprit ; tous les sujets ne répondent pas de manière identique mais on observe que certaines réponses sont plus fréquentes que d'autres ; voici un exemple dans des normes établies sur 120 mots et 300 sujets (Lieury, Iff et Duris, 1976) :

Connexionnisme : synonyme d'associationnisme pour les ingénieurs et chercheurs de l'intelligence artificielle, qui simulent (mathématiquement ou avec des machines) le fonctionnement associatif du cerveau par des réseaux de neurones artificiels.

Tableau 5.10
Exemple d'associations verbales.
Le nombre d'associés est sur 300 (Lieury, Iff et Duris, 1976).

Abeille	
114	miel
37	ruche
11	pique
9	reine
7	bourdonnement, butine
6	fleur, vole, travail
5	bourdon, insecte, soleil
3	bourdonne, bzz, guêpe, nid, piquer, vol
2	butinante, chaleur, ça pique
1	danse, dard, douceur, épine, essaim, foule, hydromel, ivre, labeur, langage, pollen, sucre, vitre, etc.

Les réponses sont très variées, certaines n'étant évoquées que par un seul sujet sur trois cents ou quelques sujets, ce sont des associations faibles, tandis que certaines associations sont très fréquentes, comme miel, ruche ; ce sont les associations fortes. Les behavioristes pensaient que les associations reflétaient directement des associations apprises par conditionnement du fait de la contiguïté temporelle des mots dans la langue. Cependant de nombreuses études ont montré que les associations étaient de nature variée. Les associations de contiguïté existent bien, par exemple « montagne-ski », « visage-barbe » mais ce sont les relations « logiques » qui apparaissent les plus fréquentes chez l'adulte, par exemple « animal-lion », « chou-légume » notamment les associations de contraste (*cf.* Aristote et Hume, chap. 1) pour les adjectifs « chaud-froid » « dur-doux ».

Associations par contiguïté et associations catégorielles

L'étude de la construction du réseau associatif chez l'enfant montre que les associations enfantines sont basées sur des relations perceptuelles (le chien a quatre pattes, le chat miaule...) tandis qu'elles deviennent plus « logiques » chez les adolescents. Mac Neill (1966) et Marcia Lippmann (1971) pensent que c'est la connaissance progressive des propriétés des concepts qui permet de les regrouper en catégories conceptuelles. Si bien que des auteurs ont constitué des normes catégorielles, reprenant la technique d'associations mais en donnant la consigne de donner des éléments de catégories (Tardieu et Charles, 1977 ; Postal et Lieury, 1994).

Tableau 5.11
Exemple d'associations catégorielles.
Le nombre d'associés est sur 54 (Charles et Tardieu, 1977).

	Oiseaux
31	rouge-gorge
28	perroquet
22	moineau, pigeon
21	aigle, merle
20	corbeau, pie
18	rossignol
15	hirondelle, mésange
...	...
1	angoulvent, bengali, casoar, faucon, mandarin...

2. La mémoire sémantique

Le modèle de Collins et Quillian

Les problèmes de traduction automatique et d'intelligence artificielle (le robot ou l'ordinateur de bord de la voiture qui parlent) ont stimulé de nombreuses recherches fréquemment réalisées de manière conjointe par des informaticiens et des psychologues expérimentalistes (ou cognitivistes). Ainsi, Ross Quillian, informaticien s'associa à Allan Collins, psychologue, pour essayer de valider sur le plan psychologique un premier modèle ; cette coopération fut à l'origine d'un grand domaine de recherche, la mémoire sémantique.

La théorie de Collins et Quillian est partie d'une réflexion de Quillian à propos de la programmation d'un logiciel de traduction. À l'époque (et parfois encore), l'informaticien fabriquait un programme qui créait un lien entre un mot d'un lexique (Quillian emploie le mot « dictionnaire »), par exemple « chien » vers le mot équivalent dans une autre langue, (lexique 2, par exemple *dog*). Chaque fois que l'ordinateur rencontrait le mot « chien » dans un texte, il le changeait par *dog* (Figure 5.16). Mais faire ainsi conduit vite à certaines difficultés. Par exemple, le mot « pêche » dans un article sur la pêche à la ligne était traduit par « pêche » (*peach*, le fruit). Le mot « feuille » dans une page sur l'automne était traduit par « feuille » la page sur laquelle on écrit... et ainsi pour de très nombreux mots, car les mots sont souvent polysémiques. Quillian eut l'idée géniale de faire transiter le mot par un interpréteur sémantique. Cet interpréteur choisit une signification par rapport aux mots du contexte. Si le mot « pêche » est entouré de mots comme « poissons », « hameçon », « cane à pêche », alors c'est de la pêche à la ligne dont il s'agit. Il s'associa à Allan Collins afin d'expérimenter si l'idée d'une mémoire sémantique est plausible pour la mémoire humaine.

Trait sémantique : unité de sens ; par exemple, plume ou jaune pour « canari » ; on dit aussi « propriétés », « attributs ».

Arborescence : le premier modèle de la mémoire sémantique utilise un langage d'arbre, embranchement, nœud, etc. ; modèle appelé « arborescence » et qui est également employé en intelligence artificielle.

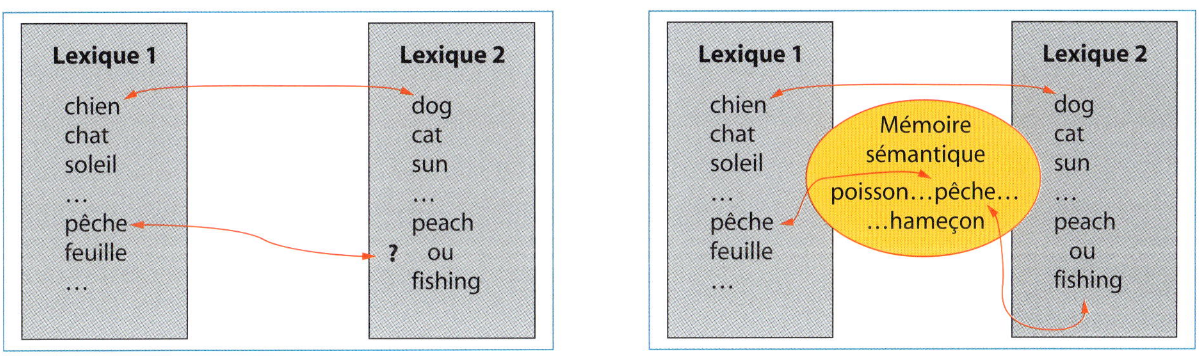

Figure 5.16 – Modèle de Quillian (1969).
Le modèle de Quillian (1969) est parti d'une réflexion sur la programmation des logiciels de traduction : la plupart des mots sont polysémiques et il faut donc un interpréteur de sens pour trouver la bonne signification (adaptation simplifiée d'après Quillian, 1969).

La théorie de Collins et Quillian (1969, 1970, etc.) repose sur deux grands principes, outre l'idée désormais généralement admise que la mémoire sémantique est distincte de la mémoire lexicale (*cf.* aphasie nominale, mot sur le bout de la langue...) :

- principe de *hiérarchie catégorielle* : les concepts de la mémoire sémantique sont classés de façon hiérarchique, les catégories étant emboîtées dans des catégories plus larges comme dans une arborescence ;
- principe *d'économie cognitive* : seules les propriétés (ou attributs) spécifiques sont classées avec les concepts. Leur exemple type est célèbre, un canari est jaune mais non tous les oiseaux, donc la propriété « jaune » est classée avec le concept de « canari » tandis que des propriétés générales comme « a un bec », « a des ailes », etc., sont classées avec le concept d'oiseau (Figure 5.17). Les propriétés encore plus générales sont classées au niveau du nœud conceptuel « animal ».

Hiérarchie catégorielle : les concepts seraient rangés en mémoire sémantique du plus simple (canari), au plus général (oiseau puis animal), comme dans un arbre.

Économie cognitive : hypothèse selon laquelle, seules les propriétés spécifiques sont stockées au niveau d'un concept spécifique ; par exemple, jaune et chante, sont stockées avec le concept « canari » mais « vole, aile... » sont stockées avec le concept général de « oiseau », car ces propriétés sont communes à de nombreux oiseaux.

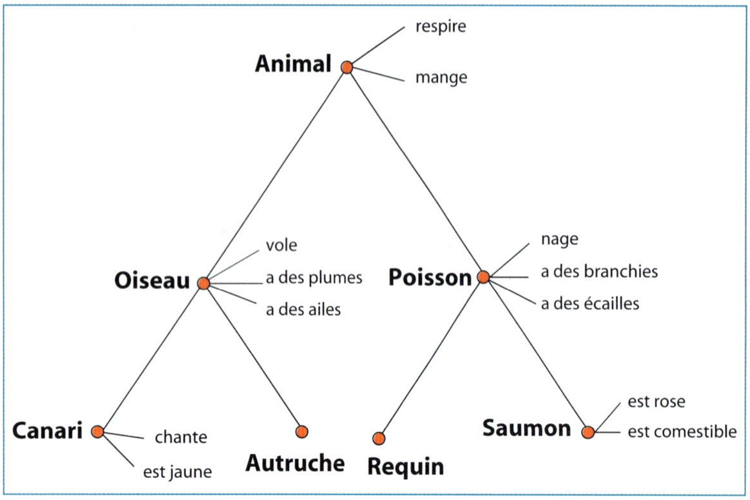

Figure 5.17 – Exemple d'arborescence dans le modèle de Collins et Quillian (1969).

Dans cette théorie, Collins et Quillian inaugurent un processus qui rendra « intelligente » la mémoire, le processus d'inférence (*cf.* chap. 8). C'est par une sorte de déduction dans le réseau de connaissance que la recherche en mémoire trouve que canari a les propriétés générales des oiseaux (vole, a un bec...) ou des animaux (respire, a de la peau). Mais ce processus de recherche doit être d'autant plus long que la distance est lointaine de sorte que Collins et Quillian ont eu l'idée de tester leur théorie par l'ancienne technique des temps de réaction (déjà utilisée par les pionniers de la psychologie expérimentale notamment Donders).

Collins et Quillian utilisent une technique de temps de réaction avec l'idée que le temps de jugement sémantique de phrases de type « un canari est jaune » ou un « canari a de la peau » sera d'autant plus long que la distance sémantique sera grande entre les concepts ou les propriétés. La distance représente un nombre d'étapes appelées « nœuds » dans un fonctionnement tout comme dans l'arborescence d'un logiciel informatique (les répertoires).

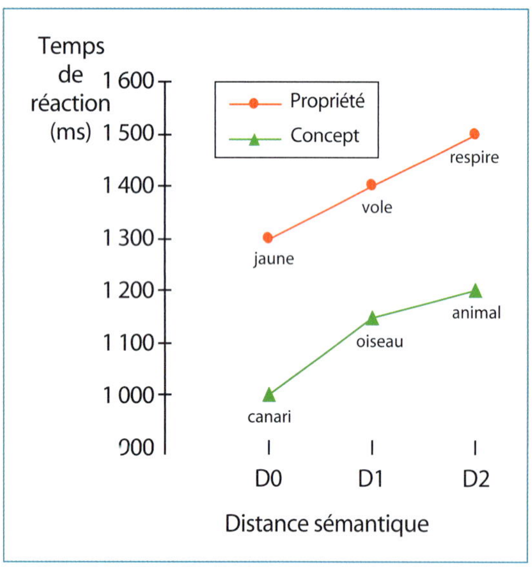

Figure 5.18 – Temps de réaction dans les jugements sémantiques en fonction de la distance sémantique (d'après Collins et Quillian, 1969).

Selon ce modèle, on peut prévoir que le temps de jugement sémantique sera plus long lorsque les propositions comportent des propriétés « un canari peut voler » par rapport aux phrases qui ne mettent en jeu que des concepts catégoriels « un canari est un oiseau » ; en effet, les propriétés étant classées avec les catégories, l'accès aux propriétés demande une étape de plus par rapport à la catégorie. Deuxièmement, le temps de jugement devrait être fonction de la distance sémantique. Chaque proposition apparaît sur l'écran d'un ordinateur et déclenche une horloge qui s'arrête avec l'appui par le sujet sur une touche « oui » (la phrase est correcte) ou une touche « non », c'est la mesure du temps de jugement. Tous les types de phrases (avec d'autres concepts que canari) sont mélangés y compris avec des phrases fausses (un requin a des ailes). On constate d'une part que les temps de jugement sémantique sont relativement courts (Figure 5.18), de l'ordre de 1 000 millisecondes (1 seconde) à 1 500 millisecondes, y compris le temps moteur de réponse et que les résultats vont dans le sens des prévisions du modèle.

Plusieurs recherches ont confirmé dans l'ensemble le principe de hiérarchie catégorielle, ce qui va d'ailleurs dans le sens du rôle important des catégories dans la mémorisation. En revanche, les expériences ultérieures, par exemple de Carol Conrad (1972) ont montré que l'économie cognitive ne fonctionne que pour les propriétés peu fréquentes : les propriétés fréquentes (plumes pour oiseau) semblent stockées plusieurs fois, un peu comme dans les classifications documentaires modernes ou un même livre est répertorié en fonction de plusieurs mots clés. Cela peut sembler peu économique mais l'accès sémantique, donc la compréhension, est plus rapide.

Traits sémantiques et anomalies sémantiques

D'autres chercheurs (Meyer, 1970) ont imaginé un tout autre modèle que celui de l'arborescence et considèrent les concepts comme des listes de propriétés, les traits sémantiques (ou sèmes, Le Ny, 1976). Les jugements sémantiques ne se feraient que par comparaison de listes de traits. Cette idée s'avère très intéressante pour éclairer un résultat très net mais difficile à expliquer dans un modèle en arborescence, ce sont les anomalies sémantiques. On remarque en effet que le temps de jugement des phrases nettement incorrectes comme « manganèse est un animal », est très court alors que la distance sémantique entre les deux concepts ou concept et propriété est grande. Il est donc intéressant dans ce cas de supposer que seules les propriétés des concepts sont comparées, ce qui est plus rapide ; dans notre exemple, il apparaît très vite qu'animal est animé et que manganèse est inanimé. Nous retrouvons donc deux principes de fonctionnement dans la classification des informations sémantiques, la hiérarchie catégorielle et la comparaison de traits ; en informatique et intelligence artificielle, ces deux principes sont courants, l'arborescence et la recherche multi-critères.

Activation et inhibition dans le réseau associatif : les techniques d'amorçage

Si un réseau cognitif reflète le fonctionnement neuronal au niveau des connexions entre neurones, on doit trouver des phénomènes d'activation et d'inhibition, spécifiques du fonctionnement biologique. Ce sont d'ailleurs Freud (médecin) et Pavlov (physiologiste, *cf.* chap. 4) qui ont été les premiers à appliquer ce parallélisme – fonctionnement psychologique/fonctionnement neuronal. Ainsi Freud interprète-t-il certains lapsus dans *Psychopathologie de la vie quotidienne* par des mécanismes d'excitation et d'inhibition.

Le phénomène d'activation n'a été mis en évidence que récemment dans la technique d'amorçage couplée à une mesure de temps de réaction. Deux phases se succèdent très rapidement, l'amorçage et un temps de décision lexicale. Voyons ces phases à l'envers.

- Décision lexicale : le sujet doit indiquer le plus vite possible par l'appui sur une touche d'un ordinateur (mesure du temps de réaction) si la cible qui apparaît est un mot ou non : on mélange au hasard des mots (cible, par exemple tigre et des non-mots, par exemple jalce) ;
- Amorçage : la phase de jugement de la cible (« tigre » dans l'exemple) est précédée par la présentation d'une amorce qui entretient ou non des liens avec la cible. Par exemple (Quaireau, 1995), trois types de couples « amorce-cible » sont présentés :
  - amorces liées sémantiquement aux cibles (rayure pour « tigre ») ;
  - amorces non liées (table-tigre) ;
  - amorce neutre qui définit la condition contrôle (xxxxx-tigre).

Amorçage : présenter une information peut faciliter l'activation d'une cible ; par exemple on répond plus vite « tigre » si on présente l'amorce « rayure ».

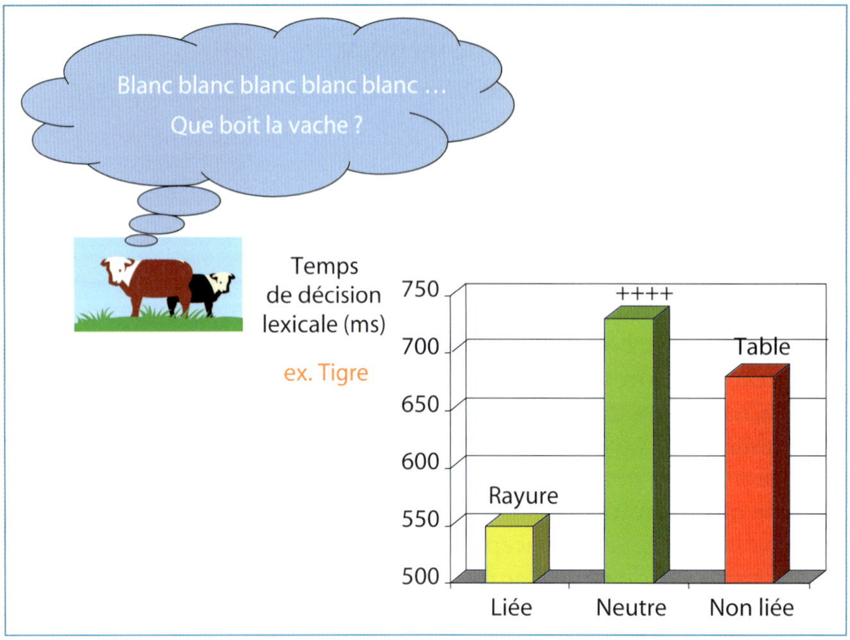

Figure 5.19 – Amorçage dans la décision lexicale.
La décision lexicale est plus rapide si on amorce le réseau associatif avec le mot « rayure » pour TIGRE, qu'avec des amorces neutres ou non liées sémantiquement (+++ et table). Remarque : le SOA est de 250 ms (d'après Quaireau, 1995).

Le délai entre l'amorce et la cible est très important (appelé SOA, *stimulus onset asynchrony*, ou intervalle entre stimulus) qui est en général de l'ordre de 150 millisecondes à 250 millisecondes.

Les résultats montrent effectivement des réponses plus rapides lorsque l'amorce et la cible sont liées sémantiquement (Figure 5.19). La présentation de l'amorce (rayure) produit une activation du réseau sémantique au voisinage de la cible (tigre) qui se trouve ainsi « pré-activée ». La présentation effective de la cible permet, par sur-activation, un temps de réaction plus rapide.

C'est ce phénomène d'activation qui est à l'origine du jeu bien connu qui consiste à faire répéter pendant une minute le mot « blanc, blanc, blanc... » puis à demander « Que boit la vache ? » ; la réponse est souvent « lait » (amorcée sémantiquement par « blanc » dans le réseau associatif). Au fait, que boit la vache, du lait ou... de l'eau ! Ainsi s'expliquent beaucoup de lapsus (Freud disait lui-même clairement que tous les lapsus n'étaient pas sexuels).

À l'inverse, certaines expériences trouvent une inhibition (temps plus long) pour d'autres amorces. Par exemple, Collins et Quillian ont trouvé un retard dans la réponse non à la question « Madrid est au Mexique » (due à la proximité historique et langagière entre Madrid et Mexico). Ces phénomènes expliquent des faits de la vie courante par exemple l'hésitation (inhibition) à dire qu'une baleine n'est pas un poisson !

IV. Organisation et mémoire

Comme l'avaient bien vu certains philosophes, dont John Stuart-Mill en Angleterre et Bergson en France, les associations n'expliquent pas toute la mémoire et il existe des phénomènes d'organisation plus complexes. En psychologie, les gestaltistes ont été les premiers à insister sur le rôle de l'organisation en mémoire, et lorsque les behavioristes pensaient que des couples de mots étaient appris selon un mécanisme de conditionnement, Wolfgang Köhler (1964) pensait à juste titre que les mots d'un couple étaient organisés en une image, ou une phrase comme une fille donnant à manger à un kangourou pour apprendre le couple « fille-kangourou » ou l'image d'une chaussure dans une assiette pour le couple « chaussure-assiette ». Koffka montrait également que des séquences logiques de chiffres comme 123 456 789 sont évidemment plus faciles à apprendre que des chiffres au hasard.

1. Capacité et organisation

Mais c'est Georges Miller (1956) qui montra, dans le cadre de la théorie de l'information, le rôle de la capacité limitée et comment l'organisation des informations permet de la dépasser. Il s'appuya sur une expérience de Smith qui a étudié sur lui-même la mémoire immédiate de chiffres binaires. Sa capacité personnelle était de 12 mais il eut l'idée d'utiliser la correspondance entre le code décimal et le code binaire pour tenter de dépasser sa capacité personnelle. Dans le système binaire, la numération s'effectue seulement avec des 1 et des 0, par exemple 2 s'écrit 10 (on dit un-zéro, et non dix qui appartient au système décimal). Smith va donc apprendre par cœur la correspondance entre les deux codes jusqu'à 25 :

Organisation : combinaison d'éléments qui leur confèrent une autre dimension ; par exemple l'addition de lettres « T » « A » « B » « L » « E », donne autre chose que les lettres elles-mêmes, de même que l'addition d'hydrogène et d'oxygène donne quelque chose de nouveau (eau) dont les propriétés ne sont pas déductibles des propriétés des éléments (c'était l'exemple de Stuart-Mill). Les gestaltistes, l'exprimaient bien « le tout n'est pas réductible à la somme des parties ».

Chiffres binaires : comptage avec deux symboles 1 ou 0, alors que dans notre système décimal habituel, nous utilisons 10 symboles, de 0 à 9.

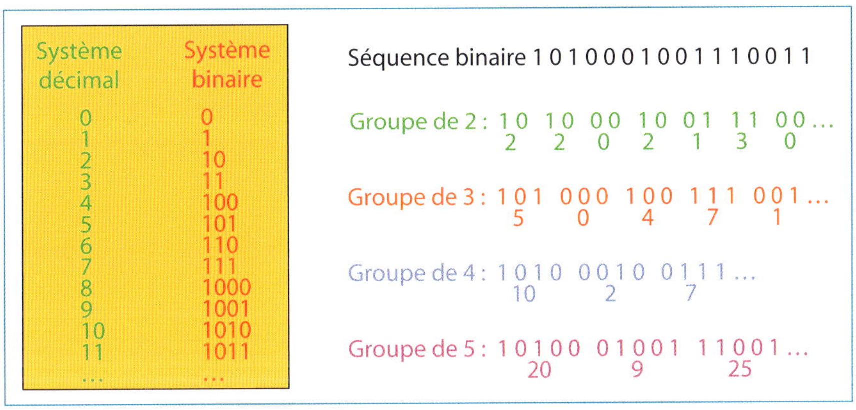

Figure 5.20 – Recodage d'une séquence de chiffres binaires en nombre décimaux selon la taille des chunks (adapté d'après Miller, 1956).

Dans une première phase, il mémorise individuellement les chiffres binaires dictés par un collègue ; dans une seconde phase, il constitue mentalement des groupes de 2 chiffres binaires qu'il code mentalement en chiffres décimaux ; ainsi dans l'exemple de la figure 5.21, la séquence 10100010... est morcelée en 10-10-00, etc., et codé mentalement en 2-2-0, etc. ; Smith s'avère capable de mémoriser jusqu'à 12 chiffres décimaux qui, décodés en chiffres binaires, donnent 24 chiffres rappelés. Dans une troisième phase, il constitue des groupes de 3 chiffres et est capable ainsi de rappeler 36 chiffres binaires et dans une quatrième et cinquième phase où il constitue des groupes de 4 et 5 chiffres, il se montre capable de rappeler environ 40 chiffres binaires (Figure 5.21).

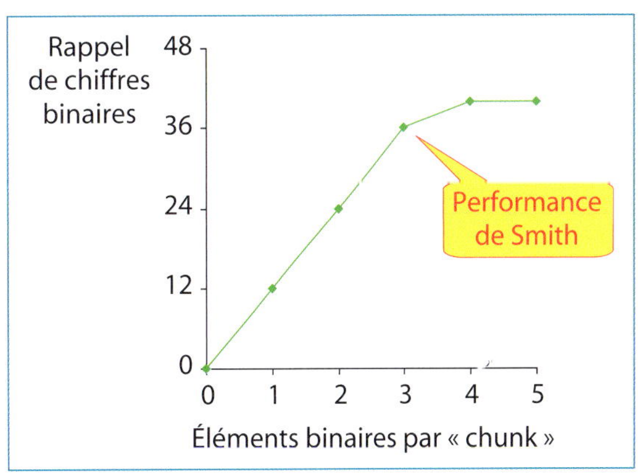

Figure 5.21 – Recodage d'une séquence de chiffres binaires en nombre décimaux selon la taille des *chunks* (adapté d'après Miller, 1956).

Dans ces deux dernières phases, le rappel est à nouveau limité car le codage atteint une limite : les séquences de 4 et 5 chiffres binaires ne sont plus codées en un seul chiffre décimal mais en deux, par exemple, 17 ou 25, ce qui ne représente plus une économie aussi grande. Quoi qu'il en soit, la performance de rappeler 40 chiffres en rappel immédiat après une seule présentation est considérable ce qui démontre de façon spectaculaire le rôle de l'organisation en mémoire.

Le philosophe William Hamilton avait déjà observé que le groupement (Miller parle de *chunking*, littéralement « faire des morceaux ») permet d'augmenter la mémoire. Georges Miller fait une démonstration plus analytique du mécanisme en cause avec le cas particulier des codes binaires et décimaux. L'organisation comporte deux mécanismes, un mécanisme de groupement (les chunks, les morceaux) et un codage de ce groupement dans un code plus économique c'est-à-dire que chaque groupe est codé par un nombre de symboles moins grand ; c'est cette économie du nombre des symboles qui permet en fait de dépasser la capacité de la mémoire. Pour Miller, le groupement en unités supérieures est le prototype du mécanisme de la mémoire. Miller voit ce mécanisme dans nombreuses activités de mémoire ; par exemple, le télégraphiste code les séquences de sons brefs et longs du morse dans des symboles d'ordre supérieur, lettres ou mots, alors que le néophyte n'entend que des sons binaires ; le langage serait ainsi une hiérarchie de codes d'ordre élevé, les sons ou les lettres étant groupés en mots, les mots en phrases, les phrases en idées...

La théorie de Miller va influencer de nombreux chercheurs qui vont mettre en évidence d'autres modes d'organisation basés sur les mêmes principes de groupement et de codage d'ordre supérieur.

2. Les modes d'organisation

La catégorisation

Bousfield (1953) avait déjà montré peu avant Miller que si la mémorisation concerne des listes de mots mélangés mais provenant de catégories conceptuelles usuelles, fleurs, oiseaux, métiers, etc., les sujets ont tendance à reconstituer les catégories au rappel sans qu'on leur demande ; c'est le phénomène de catégorisation au rappel. La catégorisation est donc apparue à certains comme une possibilité d'organisation et a donné lieu à de nombreux travaux. Dans une expérience de Gordon Wood (1969) le rôle des catégories est étudié dans l'apprentissage (trois essais présentation-rappel) en contrastant un groupe de sujets qui apprend les 54 mots d'une liste groupés en 18 catégories à un groupe qui apprend la liste avec les mots mélangés (comme chez Bousfield).

Tableau 5.12
Efficacité de la catégorisation (d'après Wood, 1969).

	1er essai	2e essai	3e essai
Mots groupés	17	28	39
Mots au hasard	11	20	29

L'effet de la catégorisation sur l'apprentissage est très grand puisque dès le premier essai, le rappel est de 17 mots et de 39 au troisième essai ; lorsque les mots sont présentés au hasard, on constate que le rappel au premier essai est quand même supérieur à la capacité de 7, et ceci est dû au phénomène de catégorisation remarqué par Bousfield.

Comme l'avait bien vu Miller, le langage est lui-même une organisation complexe de codes et offre évidemment de grandes possibilités d'organisation en mémoire, les syllabes regroupent les sons ou les graphismes, les mots regroupent les syllabes, les phrases regroupent les mots. De même, au niveau plus élevé du langage que représentent les textes, il existe des structurations qui sont cristallisées dans les thèmes et que l'on peut faire apparaître sous forme de titres, équivalents des noms de catégories.

Image et organisation

L'image, tout comme le langage, a de grandes capacités d'organisation de l'information. C'est surtout Gordon Bower, de l'université de Stanford qui l'a démontré après que le gestaltiste Wolfgang Köhler l'ait suggéré. En donnant à mémoriser des couples de mots, Bower (1970) suggère aux sujets d'un groupe de se représenter l'intégration des deux mots sous forme d'une image, par exemple « un billet qui flotte sur la rivière » pour le couple « argent-rivière » ; dans un deuxième groupe, la consigne est de constituer une image séparée pour chacun des deux mots tandis que dans le groupe contrôle c'est une simple répétition verbale qui est demandée (tabl. 5.13).

Tableau 5.13
Rôle intégrateur de l'image dans la mémorisation de couples de mots (d'après Bower, 1970).

	Rappel des couples %
Image intégrée	53
Images séparées	27
Répétition des mots	30

L'organisation subjective

De même, contrairement à ce que pensent certains étudiants et pédagogues, l'apprentissage par cœur n'est pas une simple répétition mais également une organisation. La technique utilisée pour le montrer est l'apprentissage multi-essais. Il consiste à présenter une liste de mots (par exemple, 21 mots) en plusieurs essais, consistant chacun en une présentation de la liste suivie d'un rappel libre ; l'ordre des mots est différent à chaque essai. L'apprentissage se fait en moyenne en une douzaine d'essais mais alors que les mots sont présentés dans des ordres variés, on s'aperçoit que les rappels consécutifs des derniers essais présentent des suites de mots dans le même ordre, par exemple un sujet rappelle constamment « ours, cigare, chapeau, tente, vélo » : il y a organisation des mots entre eux. Sachant que les sujets ont leur propre organisation et que celle-ci est variée, image, phrase, catégorie, le chercheur canadien Tulving a donné le nom d'organisation subjective (Ehrlich décrit le même phénomène sous le nom de structuration). L'organisation subjective est donc un « cocktail » de

?
Qu'est-ce qu'un procédé mnémotechnique ?

Organisation subjective : organisation propre à chacun, de mots d'une liste ; synonyme de « structuration » chez d'autres chercheurs.

mécanismes d'organisation. Parmi différents moyens de mesurer cette organisation, Tulving a suggéré de distinguer le rappel inter-essais et le rappel intra-essai. Le rappel inter-essai comprend les mots rappelés dans deux essais consécutifs alors que le rappel intra-essai ne comprend que des mots de cet essai (c'est le rappel à court terme). En voici un exemple sur deux sujets opposés dans une expérience d'apprentissage multi-essais :

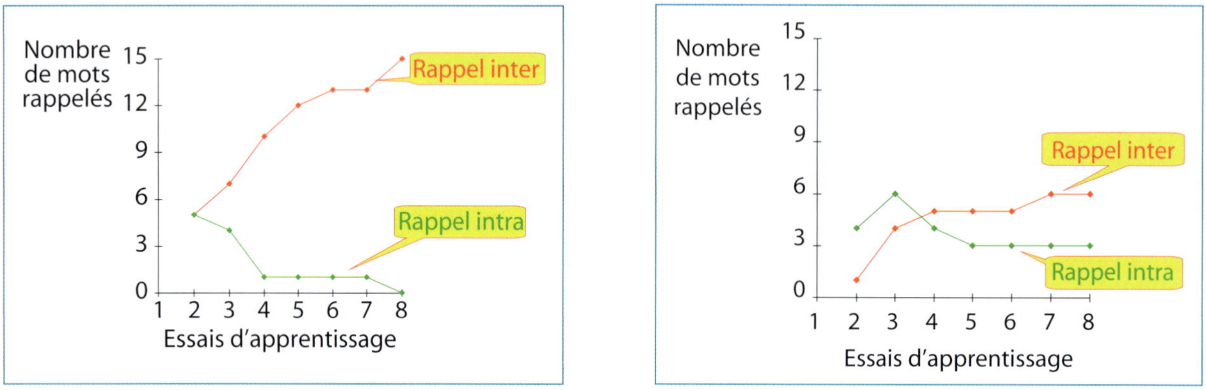

Figures 5.22a et 5.22b – Distinction entre le rappel inter-essais et rappel intra-essais dans l'apprentissage multi-essais pour deux exemples de sujets différents.

Procédé mnémotechnique : méthode qui facilite la mémorisation (ou le rappel).

Un sujet qui organise bien se voit par la montée en flèche de son rappel inter-essais (Figure 5.22a) ; le sujet atteint en huit essais un rappel parfait des 15 mots de cette liste. À l'inverse, le rappel intra diminue et tombe à zéro lorsque la liste est apprise parfaitement. Au contraire, pour un sujet qui n'arrive pas à apprendre, le rappel inter-essais révèle qu'il plafonne autour de cinq ou six mots rappelés avec un rappel intra presque aussi important, démontrant ainsi que le sujet répète sans organiser (Figure 5.22b) ; cette fois, la répétition est passive (ce qui a fait la mauvaise réputation de l'apprentissage par cœur). Mais en général, la répétition est une occasion d'organisation des informations entre elles.

3. L'intégration avec les connaissances antérieures

Pendant longtemps, les mécanismes d'organisation ont été conçus comme s'appliquant uniquement aux informations à apprendre, sans interaction avec les connaissances antérieures. Pourtant, prenant conscience de cette influence majeure, les chercheurs se sont rappelé des théories originales de l'Anglais Bartlett, pour qui la mémoire était fondamentalement une assimilation aux connaissances antérieures et le rappel, une reconstruction de la réalité.

Bartlett : la mémoire assimilatrice et reconstructive

Frederic Bartlett, dans son livre très original *Remembering* (1932), critique vivement la conception d'Ebbinghaus d'un apprentissage à partir du néant comme il avait l'illusion de le faire avec les syllabes sans signification. Bartlett préfère tout au contraire employer le matériel « le plus ressemblant à ce qui correspond à la vie réelle ». Dans de nombreuses expériences, il montre que la mémoire est d'abord une assimilation, notamment verbale, aux connaissances antérieures. Dans son expérience la plus célèbre, il analyse le rappel d'un texte *La Guerre des fantômes* lu à ses étudiants de Cambridge. Ce texte est extrait d'un recueil de légendes indiennes et est parfois ambigu dans le cadre de notre culture (voir encadré ci-dessus).

Alain Lieury

La mémoire n'est pas une copie fidèle mais une assimilation aux connaissances antérieures, avec déformation du vocabulaire, simplification, rationalisation…
Les légendes ou les mythes sont des bons exemples de déformation au cours du temps…

La Guerre des fantômes

Une nuit, deux jeunes hommes d'Égulac descendirent à la rivière pour chasser les phoques, et tandis qu'ils étaient là, le brouillard et le calme s'installèrent. Alors ils entendirent des cris de guerre et pensèrent « Peut-être est-ce une bataille ? » Ils s'enfuirent vers la plage et se cachèrent derrière un tronc. Alors des canoës approchèrent, et ils entendirent le bruit des pagaïes et virent un canoë venant vers eux… (extrait Bartlett, 1964, p. 65).

Bartlett note trois caractéristiques des rappels après un délai de 20 heures : l'histoire est considérablement raccourcie, le langage est plus moderne et enfin l'histoire est plus cohérente. Mettant à profit une rencontre fortuite six ans plus tard avec un de ses étudiants, il lui demande de rappeler l'histoire et retrouve les mêmes caractères dans le rappel à long terme, abréviation, modernisation et cohérence, avec par exemple une addition de commentaires « comme dans les croyances égyptiennes ». Mais il note de plus une succession, sans texte, de mots et phrases « clés » : frères-canoë-totem-un des frères mourut – je crois qu'il y a une référence à une forêt sombre – je ne suis pas sûr que le frère est mort, etc.

La mémoire est donc pour Bartlett essentiellement une assimilation à des connaissances antérieures : « Le souvenir n'est pas la re-excitation d'innombrables traces fragmentaires, fixes et sans vie. C'est une reconstruction imaginative, ou une construction. » Il développe l'idée d'un « schéma » (*schemata*) qui correspond à une idée directrice sur laquelle s'ajoutent des détails.

Le rôle intégrateur du thème et du titre

Certains chercheurs ont repris de manière plus méthodique ces idées, en particulier James Dooling et ses collègues pour montrer que toute organisation ne concerne pas en soi la liste ou le texte présenté mais est une assimilation aux connaissances antérieures. Une expérience de Dooling avec Rebecca Sulin (1974) le montre de manière astucieuse. On lit à deux groupes de sujets la biographie d'un dictateur en la présentant à un groupe

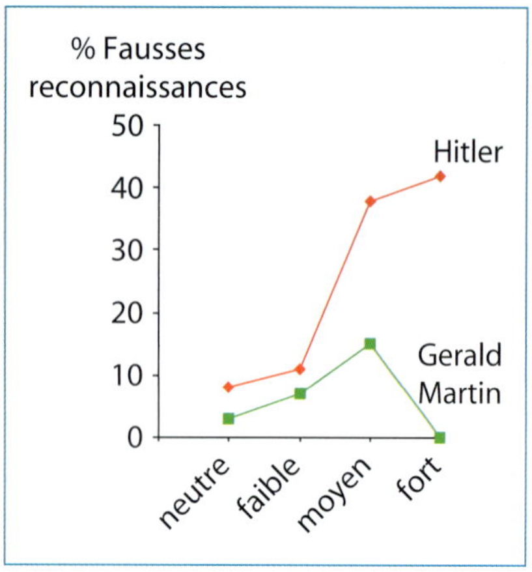

Figure 5.23 – La mémorisation est une intégration des thèmes nouveaux dans les connaissances antérieures (d'après Dooling et Sulin, 1974). Remarque : le délai de reconnaissance est d'une semaine.

comme la biographie du dictateur fictif Gerald Martin et à l'autre groupe comme la biographie d'Adolf Hitler. On teste les souvenirs des sujets une semaine plus tard par une épreuve de reconnaissance mélangeant des phrases vraies (extraites du texte lu) et des pièges. Les phrases pièges sont conçues de manière à présenter une relation croissante avec le thème général du dictateur, de sorte que le piège le plus lié au thème est : « Il haïssait particulièrement les juifs et les persécutait. »

Une semaine plus tard, les sujets du groupe « Gerald Martin » ne commettent jamais l'erreur de reconnaître cette phrase piège mais les sujets qui ont lu exactement le même texte en croyant qu'il s'agissait de la biographie d'Hitler, reconnaissent à tort cette phrase avec un taux très important de 40 % (Figure 5.23). On vérifie, dans cette expérience, à quel point la mémorisation est d'une façon générale une intégration, un enrichissement des connaissances antérieurement mémorisées. Comme l'avait bien vu Bartlett, il peut y avoir, dans les souvenirs, une réinterprétation des détails ou une invention de détails pour plus de cohérence.

4. Les mémoires prodigieuses

De nombreuses mémoires sont « prodigieuses » par la quantité de connaissances acquises dans un domaine : ce sont des mémoires « professionnelles », celle du chimiste, de l'historien, du littéraire… Champollion connaissait de nombreuses langues sémitiques, des concertistes virtuoses jouent sans partition des concertos d'une longueur impressionnante tandis que des chefs d'orchestre d'exception, comme Toscanini ou Karajan avaient en mémoire les partitions d'opéras entiers… Mais la mémoire de l'érudit étonne moins que certaines mémoires prodigieuses qui, par leur spécialisation, frappent les imaginations.

Si l'imagerie médicale essaie de nos jours d'apporter des explications à ces mémoires fabuleuses en révélant parfois des particularités, l'analyse psychologique reste fondamentale pour dissocier certains mécanismes. Voici l'exemple des grands joueurs d'échec (*cf.* Lieury, 2005).

Dans le cortège des mémoires prodigieuses, les capacités des joueurs d'échecs représentent un cas fascinant. Mais s'agit-il d'une mémoire visuelle ? Des recherches montrent bien qu'il s'agit d'une mémoire bien plus abstraite, comme Alfred Binet l'avait déjà montré dans son célèbre livre *Psychologie des grands calculateurs et joueurs d'échecs* paru en 1894. Mais le rôle des connaissances organisées a été clairement mis en évidence par De Groot puis Chase et Simon (1973 ; cit. Frey et Adesman, 1976) qui ont montré que la mémoire des positions des pièces (et pions) sur un échiquier est meilleure chez des joueurs chevronnés mais uniquement lorsque les pièces ont des positions familières comme dans une partie réelle. Lorsqu'au contraire, les pièces sont arrangées au hasard, les bons joueurs ne rappellent pas mieux que les novices. Cette célèbre expérience de Chase et Simon a été répliquée et développée par Peter Frey et Peter Adesman, de la Northwestern University dans l'Illinois (1976). Dans une de ces expériences, des joueurs d'échecs sont sélectionnés d'après leur classement dans la fédération américaine.

Trois types d'échiquiers sont présentés pour la mémorisation avec trois catégories de joueurs classés dans la Fédération américaine des échecs, des novices à un classement élevé (**Figure 5.24**). Comme Chase et Simon, les auteurs montrent que les bons joueurs ont une meilleure mémoire par rapport aux novices seulement lorsque les pièces sont disposées selon un arrangement significatif (les *chunks* de Miller, *cf.* p. 189-190). Cette différence due aux connaissances antérieures est saisissante lorsque l'échiquier présenté pour la mémorisation est l'état d'une réelle partie en cours, arrêtée au 22e coup (22 coups pour chaque joueur) : les novices en rappellent environ 9 sur 24 (40 %) tandis que les très bons joueurs en rappellent une vingtaine soit plus de 80 %. Lorsque les pièces sont disposées au hasard, le résultat est presque nul pour les novices... comme pour les experts !

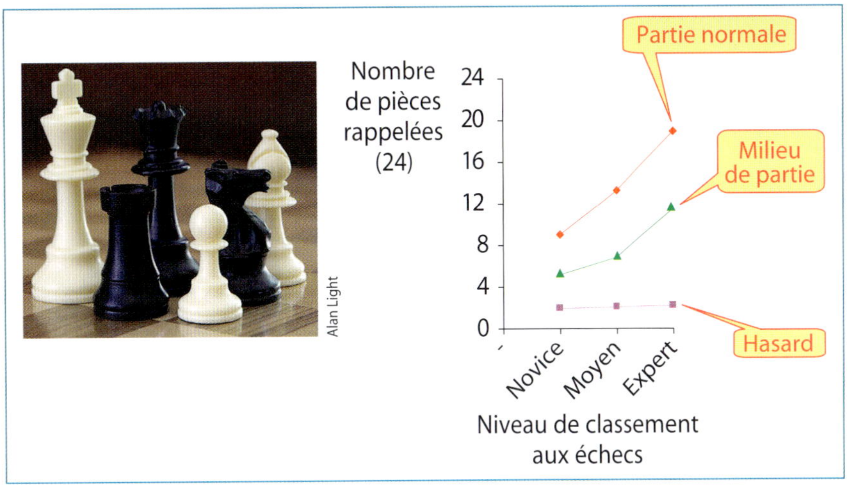

Figure 5.24 – Performance de mémoire en fonction de la position, stratégique ou au hasard, des pièces de jeu d'échecs (d'après, Frey et Adesman, 1976).

Comme nous l'avons vu dans les paragraphes précédents, l'entraînement est toujours considérable, mais encore faut-il expliquer comment des personnes peuvent autant s'entraîner (et ne pas oublier) ; souvent leurs dispositions apparaissent dès le plus jeune âge. Il faut donc bien supposer des capacités hors du commun (encart ; voir aussi encart « La caméra vivante », chap. 3), ce que les techniques d'imagerie commencent à révéler mais bien d'autres mécanismes à découvrir sont probablement d'ordre neuronaux ou biochimiques.

Bien des mystères subsistent encore...

Www.
Wikipedia : Kim Peek
http://www.dailymotion.kim-peek

Les autistes savants : Kim Peek, le vrai « Rainman »

Kim Peek a servi de modèle au film *Rain Man*. À l'âge de 16 mois, il sait lire ; à 4 ans et demi, il a absorbé huit volumes d'une encyclopédie. Il dit lire des deux yeux deux pages différentes en parallèle. Il ne sait pas s'habiller seul, conduire ou se faire à manger et son père s'occupe en permanence de lui et l'accompagne dans des bibliothèques où il dévore les livres, il aurait lu douze mille livres dont il retient tout ou presque. Alors qu'il lit huit pages d'un livre en 53 secondes et retient 98 % du contenu, son père met plusieurs minutes pour n'en retenir que 40 %. Il connaît d'innombrables détails biographiques, sur Charlemagne, Rembrandt, Churchill... L'imagerie médicale montre plutôt des défauts du cerveau, dont une seule explique une particularité. Il n'a pas de corps calleux, les « câbles » qui permettent de connecter les deux hémisphères cérébraux ensemble et de les faire communiquer (*cf.* chap. 7) ; les deux hémisphères fonctionnent comme deux « disques durs » indépendants, ce qui confirme son impression de lire deux pages différentes avec chaque œil. En revanche, d'autres particularités (cervelet gauche plus petit, ventricules plus grands) n'expliquent pas ses prouesses…

(Exemples tirés du documentaire très complet de Petra Höfer et Freddie Röckenhaus, 2006, diffusé sur Arte en mai 2007).

Mettre dans Google « Kim Peek » ou « autistes savants » : il y a par exemple sur plusieurs sites (par exemple YouTube), la vidéo de Stephen Wiltshire mémorisant la vue aérienne de Rome (Colour Field, Productions). Vous pouvez aussi regarder le site du Dr Darold A. Treffert de l'université du Wisconsin qui a consacré sa carrière aux autistes savants ; voir son site et une bibliographie exhaustive sur savants@charter.net. Voir aussi Stephen Wiltshire, la « caméra humaine » chap. 3.

V. Les processus de récupération et l'oubli

La mémoire fonctionne comme une grande bibliothèque, il faut des indices (la cote du livre) pour retrouver les souvenirs…

Dans les ordinateurs, les informations sont munies d'une adresse (par l'intermédiaire du nom de fichier ou de programme) pour être retrouvées parmi des millions d'informations. Ce mode de fonctionnement, similaire d'ailleurs à une bibliothèque, a servi de modèle à certains chercheurs qui se sont demandé si l'oubli ne pouvait être considéré non pas comme une destruction de l'information mais comme l'impossibilité de retrouver une information spécifique faute d'adresse.

1. Les indices de récupération

Indice de récupération (ou de rappel) : notre mémoire à long terme fonctionne un peu comme une grande bibliothèque ; il faut guider la recherche par des repères, appelés en mémoire, les indices de récupération.

Ce modèle des processus de récupération a profondément modifié les conceptions de la mémoire et notamment de l'oubli. Dans ce nouveau domaine, Endel Tulving, de l'université de Toronto au Canada a donné une impulsion considérable par l'originalité de ses idées et de ses expériences. La première démonstration de l'efficacité des adresses, que l'on appelle pour la mémoire, les indices de récupération, a été faite par Tulving et Zena Pearlstone (1966).

L'expérience comporte des listes de 12, 24 et 48 mots structurés soit en catégories d'un seul exemple (ou instance), soit en catégories de deux, soit en catégories de quatre exemples (Figure 5.25). Les mots sont présentés un par un toutes les trois secondes sur un écran de télévision, groupés par catégorie ; les noms de catégorie sont également présentés mais ne sont pas à apprendre.

Chaque groupe est subdivisé au moment du rappel : dans un groupe, le rappel est traditionnel, sur une feuille blanche, c'est le groupe de rappel libre alors que les sujets de l'autre groupe reçoivent une feuille de réponse où sont imprimés tous les noms de catégorie, c'est le groupe de rappel indicé. Ce sont les noms de catégorie qui jouent le rôle d'indices de récupération. Dans l'ensemble le rappel indicé est très efficace, parfois le double du rappel libre (Figure 5.25).

Www.
Wikipedia : Endel Tulving
http://www.larecherche.fr/savoirs/dossier/endel-tulving-j-ai-revele-memoire-episodique

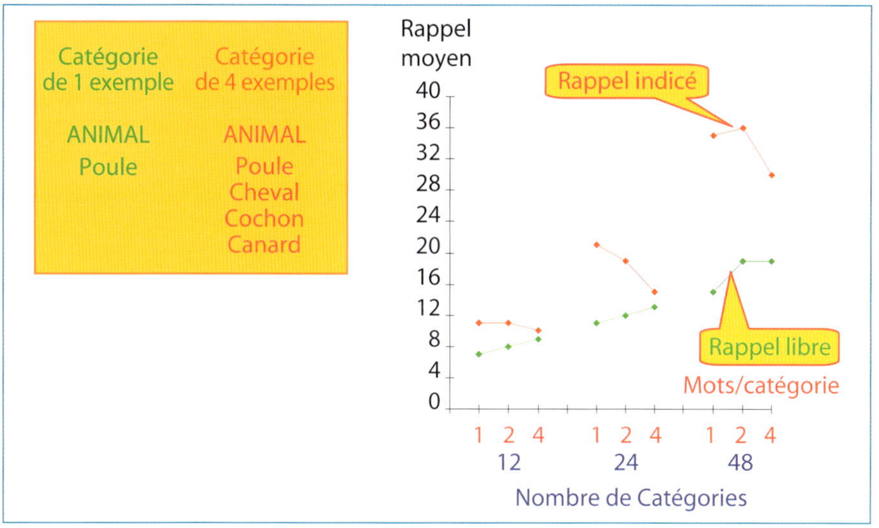

Figure 5.25 – Efficacité spectaculaire des indices de récupération (rappel indicé) (d'autant plus que la liste est longue) (d'après Tulving et Pearlstone, 1966).

L'oubli de certains mots n'est donc pas une perte définitive mais correspond pour une part importante à un manque d'indices.

À la suite de Tulving, de nombreuses recherches ont été menées et ont permis de découvrir que les indices peuvent être de nature variée, indices associatifs (chaud pour froid), indices phonétiques comme la rime, images, comme nous le verrons dans le cas particulier des photos qui évoquent avec une grande facilité des souvenirs parfois très lointains.

2. Capacité et plan de récupération

Capacité et rappel

Plan de récupération (ou de rappel) : organisation d'indices, par exemple catégorie ou phrase unissant les mots à apprendre.

Dans les résultats de Tulving et Pearlstone, existe une exception apparente à l'efficacité des indices pour la liste de 3 catégories de 4 exemples ; dans ce cas, le rappel libre permet une performance maximale de sorte que les indices sont inutiles. Or on remarque que dans cette exception le total de catégories et d'exemples fait 7, le nombre magique de Miller. Est-ce une coïncidence ? Georges Mandler (Mandler et Pearlstone, 1966) a émis l'idée que la capacité qui limite la mémoire, à l'entrée, limite de la même façon à la sortie, c'est-à-dire lors de la récupération de l'information. Dans cette perspective d'une capacité de récupération, le rappel libre est conçu comme un cas particulier de rappel indicé où les indices sont en mémoire à court terme au moment du rappel comme dans la figure 5.26.

La mémoire à court terme, de capacité 7, doit donc être utilisée pour gérer à la fois des indices et des informations à récupérer de sorte que la capacité de 7 se trouve partagée en deux, soit pratiquement 4 indices et 3 mots ou l'inverse 3 indices et 4 mots.

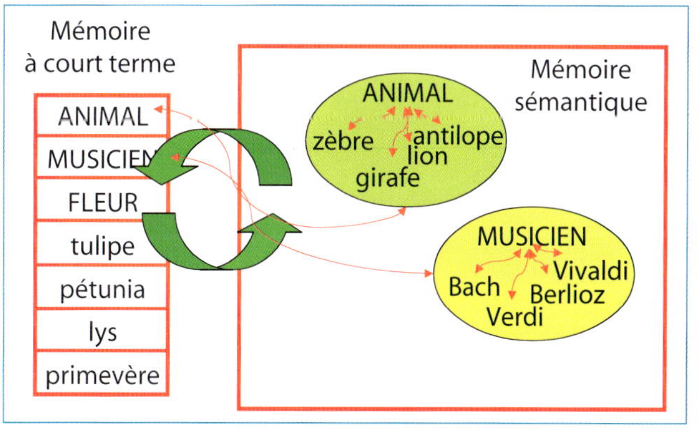

Figure 5.26 – Va-et-vient entre la mémoire à court terme et la mémoire à long terme dans le processus de récupération.

Plan de récupération (ou de rappel)

Dans cette conception du rappel vu comme une gestion de nos deux systèmes de mémoire, on peut prévoir que plus les indices sont organisés entre eux et plus le rappel sera maximisé, c'est la notion de plan de récupération (ou plan de rappel). Gordon Bower et ses collègues (Bower, Clark, Lesgold et Winzenz, 1969) ont étudié l'efficacité d'un plan de rappel hiérarchique en imaginant une liste super-organisée selon une hiérarchie de catégories : une liste de plus de cent mots présentée sous la forme de quatre planches d'une quarantaine de mots emboîtés dans des catégories de niveaux croissants, les animaux, les plantes, les minéraux (notre exemple) et les instruments (**Figure 5.27**).

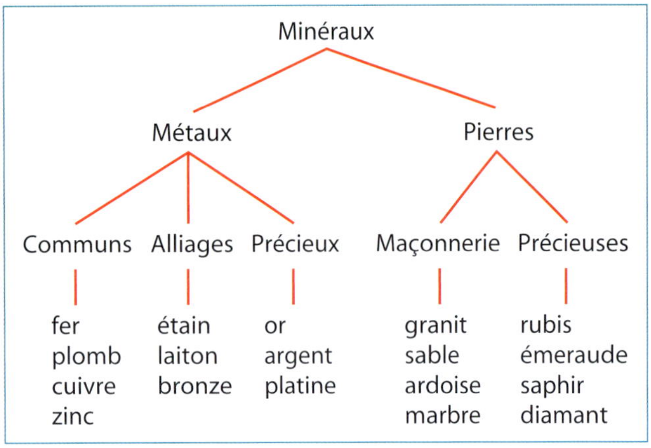

Figure 5.27 – Plan de récupération.

Dans le groupe contrôle, la totalité des mots est mélangée dans quatre planches de présentation. Dans ces conditions, le rappel de la condition organisée est spectaculaire dès le premier essai puisque 73 mots en moyenne sont rappelés dans la condition organisée contre 21 dans la condition contrôle et les sujets apprennent la totalité des 112 mots en trois essais dans la condition organisée.

Les plans de rappel dans les procédés mnémotechniques

Procédé mnémotechnique : astuce pour mieux mémoriser ou rappeler ; beaucoup sont des plans de rappel comme la phrase clé « Me Voici Tout Mouillé, Je Suis Un Nageur Pressé » pour se rappeler l'ordre des planètes : Mercure, Vénus, Terre, etc.

Depuis des siècles, on a cherché à améliorer la mémoire par des techniques appelées procédés mnémotechniques. Souvent, ces techniques sont des cas particuliers, astucieux, de plans de rappel (Lieury, 2005). Ainsi, la méthode des lieux consiste à transformer les mots en images et à les ranger selon un itinéraire connu (par exemple magasins d'une rue familière). D'autres plans sont basés sur le langage comme le procédé de la phrase clé dont les premières syllabes ou initiales sont des indices de récupération phonétiques :

- les périodes géologiques de l'ère primaire : « Cambronne S'il eut été Dévôt n'eut pas Carbonisé Son Père » ; Cambrien, Silurien, Dévonien, Carbonifère, Permien ;
- les atomes : l'ordre des atomes dans la classification périodique : « Napoléon Mangea Allégrement Six Poissons Sans Claquer d'Argent » ; Na = Sodium, Mg = Magnésium, etc. ;
- l'ordre des planètes : « Me Voici Tout Mouillé, Je Suis Un Najeur Pressé » ; Mercure, Vénus, Terre, Mars, Jupiter, Saturne, Uranus, Neptune, Pluton.

Andrea Danti –Fotolia.com

Si vous ne connaissez pas l'ordre des planètes, le procédé mnémotechnique « Me Voici Tout Mouillé, Je Suis un Nageur Pressé » est bien utile.

3. Reconnaissance et mémoire épisodique

La reconnaissance

Depuis la fin du XIXe siècle, la reconnaissance est connue comme le moyen de sondage de la mémoire le plus puissant (Florès, 1968 ; Tiberghien et Lecocq, 1983). La conception des processus de récupération permet d'interpréter cette efficacité en termes de richesse d'information. La reconnaissance est donc le cas particulier où l'on donne l'indice le plus riche, le plus complet, le mot lui-même ou l'image d'origine. Dans la technique de reconnaissance, les mots cibles sont mélangés à des pièges pour éviter les réponses au hasard. Mis à part les cas où les pièges sont ressemblants aux cibles (Tiberghien et Lecocq), les performances sont étonnamment élevées pour divers types d'information (Lieury *et al.*, 1990). La supériorité des images est retrouvée avec une reconnaissance d'environ 90 % contre environ 70 % pour les mots (tabl. 5.14 : sujets de 20 ans). La mémoire enregistre plus d'informations qu'on ne le pense...

Reconnaissance : méthode qui consiste à trouver les mots cibles, réellement mémorisés, mélangés à des pièges. L'impression de « déjà-vu » lorsqu'on voit la cible, est interprétée comme la récupération de l'épisode d'enregistrement.

Tableau 5.14
Efficacité exceptionnelle de la Reconnaissance avec des différences selon la nature de l'information (Lieury et al., 1991).

	Reconnaissance
Mots	74 %
Dessins	91 %
Visages Familiers	94 %
Visages non familiers	78 %

Contexte et mémoire épisodique

Le philosophe français Henri Bergson avait fait dans *Matière et mémoire* (1896) une fine distinction entre deux types de mémoire, la mémoire vraie et la mémoire habitude. « J'étudie une leçon, et pour l'apprendre par cœur, je la lis d'abord en scandant chaque vers ; je la répète ensuite un certain nombre de fois. À chaque lecture nouvelle, un progrès s'accomplit ; les mots se lient de mieux en mieux ; ils finissent par s'organiser ensemble. À ce moment précis, je sais ma leçon par cœur ; on dit qu'elle est devenue un souvenir, qu'elle s'est imprimée dans ma mémoire. Je cherche maintenant comment ma leçon a été apprise, et je me représente les phases par lesquelles j'ai passé tour à tour. Chacune des lectures successives me revient alors à l'esprit avec son individualité propre ; je la revois avec les circonstances qui l'accompagnaient et qui l'encadrent encore ; elle se distingue de celles qui précèdent et de celles qui suivent par la place même qu'elle a occupée dans le temps ; bref, chacune de ces lectures repasse devant moi comme un événement déterminé de mon histoire. »

Le chercheur canadien Endel Tulving a démontré la réalité de cette observation. De façon plus moderne, il distingue la mémoire sémantique de ce qu'il appelle la mémoire épisodique (1972). En effet, de nombreuses expé-

Mémoire épisodique : selon la théorie de Tulving, les choses ne sont pas enregistrées individuellement (par exemple mots d'une liste en laboratoire), mais sont apprises avec leur contexte, sous forme d'un épisode ; on se rappelle par exemple, le lieu de l'expérience, la couleur des murs…

riences montrent que l'encodage de l'information cible (mots à apprendre) se fait avec des informations contextuelles. Ce contexte peut être spatio-temporel, comme la mémoire vraie de Bergson, mais aussi sémantique. Si par exemple, on fait apprendre un mot cible en fonction d'un mot de contexte comme « art-fille », on constate une baisse de la reconnaissance du mot cible « art » si le contexte de reconnaissance est changé comme « art-tige » ou même « art » seul (Tulving et Thomson, 1971).

Guy Tiberghien et ses collègues (Tiberghien et Lecocq, 1983 ; Brutsche, Cisse, Deleglise, Finet, Sonnet et Tiberghien, 1981) ont montré de nombreux effets de contexte, notamment de manière originale sur les visages féminins en changeant ou non le chapeau ; non seulement le changement de chapeau diminue la reconnaissance des visages (de 93 % à 41 %) mais un chapeau déjà vu tend à faire reconnaître des visages pièges. Cette expérience explique en partie les fausses reconnaissances dans les témoignages oculaires...

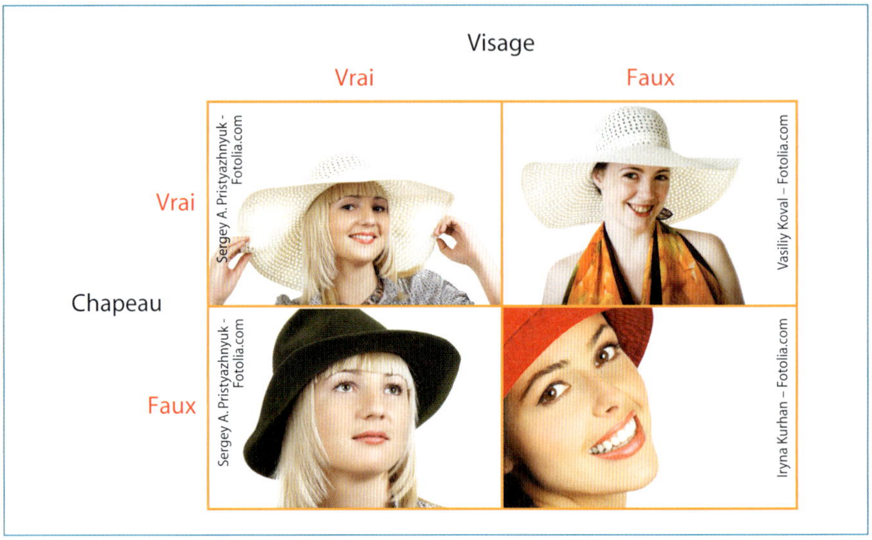

Les quatre conditions de reconnaissance dans l'expérience de Tiberghien. Dur, dur, de reconnaître le bon visage avec le mauvais chapeau ! Remarque : reconstitution libre, les visages étant des portraits robots dans l'expérience de Tiberghien *et al.* (1981).

Ces recherches font penser que la reconnaissance, tout comme le rappel, est un cas particulier de récupération ; si la reconnaissance est le plus souvent très efficace (80 % à 90 %) c'est parce que le maximum d'indices de récupération est donné, le graphisme du mot, le dessin identique, etc. ; mais la variation de contexte modifie les indices et affecte la reconnaissance.

Aspects épisodiques et génériques de la mémoire

La théorie de la mémoire épisodique permet de faire la synthèse entre les deux facettes de la mémoire que nous avons rencontrées à propos de la mémoire sémantique : les relations logiques et les effets de fréquence. Si l'on suppose dans le cadre de la conception épisodique que toutes les informations sont mémorisées avec leur contexte, on peut imaginer que les effets de fréquence reflètent le nombre de fois où chaque mot ou chaque image a été enregistré ; de la même façon, on peut imaginer que la fréquence associative reflète le nombre de fois où deux mots ont été reliés entre eux (physiquement ou après coup en mémoire). La fréquence refléterait tout simplement le nombre d'épisodes.

Les concepts des mots pourraient être vus comme l'abstraction des propriétés des mots communs à plusieurs épisodes (Lieury, 1979 ; Schank, 1980 ; Tulving, 1985). Schank remarque par exemple que chez un enfant le mot « singe » n'évoque pas une définition générale mais une histoire de singe dans un zoo qu'il vient de visiter. Ainsi, la mémoire sémantique, qui n'est pas innée, se construirait par abstraction progressive à partir de multiples épisodes (**Figure 5.28**), ce que j'ai appelé « l'apprentissage multi-épisodique » (Lieury et Forest, 1994 ; Lieury, 2012).

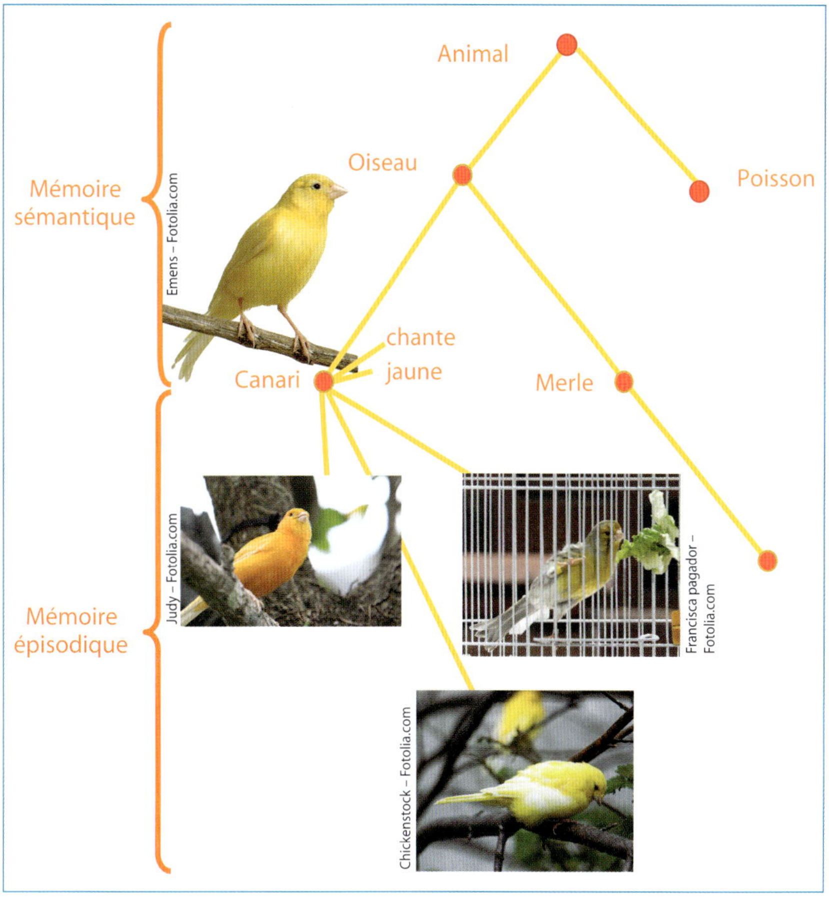

Figure 5.28 – Abstraction des concepts de la mémoire sémantique à partir des épisodes (Lieury, 1979, 2012).

Pour reprendre l'exemple célèbre de Collins et Quillian, le concept de canari pourrait provenir de l'abstraction de multiples épisodes, dont le premier chez l'enfant est souvent le dessin animé *Titi et Gros Minet*, puis des canaris vus dans une animalerie, dans un documentaire pour devenir même chez les étudiants de psychologie, l'épisode « Collins et Quillian » !

VI. Oubli et souvenir

1. L'oubli

Hermann Ebbinghaus est le tout premier dans l'histoire à publier, en 1885, les premières mesures de la mémoire. Il appelle l'indulgence du lecteur car « les tests sont tous faits sur moi-même » mais il pense néanmoins que les phénomènes démontrés ont une valeur générale. De plus, conscient de la variabilité des phénomènes, il reproduit plusieurs fois les mêmes tests ; il apprend ainsi dans les mêmes conditions, dix ou vingt séries, puis de façon très moderne, il calcule la moyenne.

Ebbinghaus et la courbe de l'oubli

Sa méthode est originale et aura une longue descendance : les syllabes sans signification. Afin d'éviter les différences de style et de difficulté des poèmes ou des mots, il utilise des syllabes sans signification de trois lettres de type CVC (consonne-voyelle-consonne, par exemple TEV) : il en construit ainsi environ deux mille trois cents. Il note cependant, sans pouvoir se l'expliquer, que paradoxalement les syllabes ne sont pas toujours plus difficiles à apprendre que du matériel significatif et il trouve avec étonnement que des vers de Byron demandent autant de temps que des listes de syllabes.

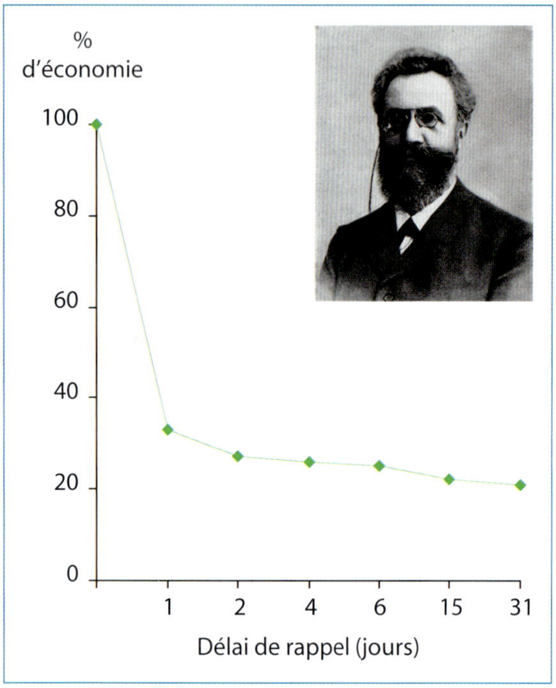

Figure 5.29 – Première étude expérimentale et chiffrée de l'Allemand Hermann Ebbinghaus sur la mémoire et l'oubli (1885).

Pour mesurer la vitesse d'apprentissage, il mesure en secondes le temps total nécessaire pour apprendre une série (par exemple, 13 ou 19 syllabes). Il a ainsi l'idée originale d'une mesure indirecte de la rétention en soustrayant le temps original d'apprentissage du temps de réapprentissage. L'« économie » réalisée mesure le souvenir : c'est la méthode d'économie. Son expérience la plus célèbre reste la première démonstration quantitative de l'oubli dont on peut tirer la courbe suivante (Ebbinghaus ne présente pas de courbes mais des tableaux de résultats). Pour mesurer l'oubli, il apprend 163 séries de 13 syllabes, soit plus de 2 000 syllabes. Il programme leur réapprentissage à des délais s'étalant de 19 minutes à un mois. Par exemple, en simplifiant, l'apprentissage d'une liste de 13 syllabes requiert 1 000 secondes et le temps de réapprentissage est de 800 secondes au bout d'un mois (31 jours) ; le pourcentage d'économie est de 20 % (1 000 – 800 = 200 s divisé par 1 000 = 20 %).

Pour la première fois, on peut « voir » l'oubli, mais il est effroyablement rapide et le « souvenir » mesuré par l'économie n'est plus que de 20 % au bout d'un mois (Figure 5.29). Ce sont les psychologues associationnistes qui trouveront l'explication de cet oubli si brutal.

Les interférences

Oubli : incapacité d'évoquer un souvenir.

Interférences : en physique, ce sont les figures nées du mélange d'ondes, comme deux ronds dans l'eau qui se rencontrent. L'oubli a été vu par des chercheurs comme des « mélanges » entre associations.

C'est un des grands apports du courant behavioriste que d'avoir démontré que l'oubli (en dehors des processus pathologiques) était le résultat de processus dynamiques, les interférences.

C'est John McGeogh de l'université de Chicago qui a découvert la première source d'interférence. McGeogh montre que l'oubli augmente en fonction de la ressemblance entre l'apprentissage cible (dont on mesure l'oubli) et les apprentissages ultérieurs ; par exemple, une liste d'adjectifs est très mal rappelée si les sujets doivent apprendre une nouvelle liste d'adjectifs (McGeogh et McDonald, 1931). De plus l'interférence augmente avec la similitude (tabl. 5.15).

Tableau 5.15
Effet de la similitude dans l'interférence rétroactive (d'après McGeogh et McDonald, 1931).

Activité intercalée	Pourcentage Rappel
Repos	45
Nombres	37
Syllabes	26
Adjectifs différents	22
Antonymes	18
Synonymes	12

L'interférence est rétroactive si l'oubli est provoqué par les apprentissages postérieurs à l'apprentissage cible et l'interférence est proactive si les apprentissages interférents sont antérieurs. Un des « grands » de l'étude des interférences, Benton J. Underwood (1957) et d'autres ont montré que l'interférence peut provoquer énormément d'oubli, il y a parfois même jusqu'à 90 % d'oubli. Dans la vie quotidienne, les deux sources d'interférences se combinent pour provoquer un oubli considérable des noms, dates, formules, etc. Plus on apprend, plus on oublie...

Interférence proactive : l'oubli est provoqué en avant (pro), par le premier apprentissage sur le deuxième dont on demande le rappel.

2. Oubli et mécanismes de récupération

L'oubli est en fait, le plus souvent, l'envers du décor de la récupération de l'information. Si l'étude des interférences apporte une vision pessimiste de la mémoire, on sait maintenant que ces résultats sont liés à la technique de rappel. Or le rappel est le moyen de récupération le plus faible car il est subordonné à la capacité limitée de la mémoire à court terme et à quelques indices à court terme ou contextuels. Tulving a montré (Tulving et Psotka, 1971) que l'interférence est annulée si les indices de récupération sont fournis, ce qui rassure sur nos capacités de mémoire. L'expérience utilise une technique d'interférence rétroactive et si le groupe contrôle n'apprend qu'une seule liste de 6 catégories de 4 mots, les autres groupes apprennent ensuite une à cinq listes d'autres catégories (chacune de 6 catégories de 4 mots). Les résultats montrent une interférence rétroactive classique avec un oubli massif de la première liste lorsque l'interférence est maximale (Figure 5.30). En revanche, si les indices de récupération (noms des catégories de la première liste) sont fournis dans une phase ultérieure de rappel indicé, les sujets retrouvent, comme par enchantement, autant de mots que ceux du groupe contrôle. Les mots n'étaient pas oubliés mais inaccessibles en mémoire sémantique faute des indices pertinents.

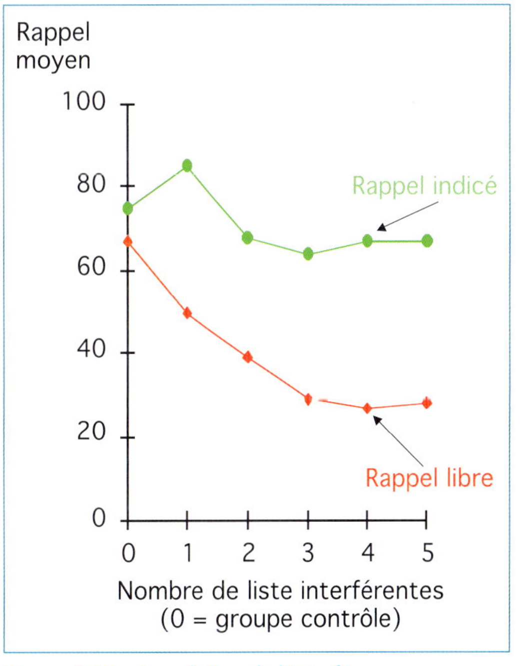

Figure 5.30 – Annulation de l'interférence par la présentation des indices de récupération (d'après Tulving et Psotka, 1971).

Tulvinge en déduit deux mécanismes d'oubli : l'oubli des indices de récupération et l'oubli épisodique.

L'oubli des indices

Harry Bahrick (avec P. Bahrick et Wittlinger, 1975) a eu l'idée remarquable d'utiliser les archives d'un lycée et de retrouver des étudiants, jusqu'à 48 ans plus tard, afin de sonder leur mémoire sur les noms et les photos de leurs camarades de promotion. Les expérimentateurs comparent différents modes de récupération : le rappel libre des noms des camarades de collège ; ensuite ils présentent des photos comme indices de récupération ; en troisième lieu, il y a une épreuve de reconnaissance de noms de camarades de leur promotion parmi des pièges et enfin il y a une épreuve de reconnaissance de visages parmi des photos pièges.

Tableau 5.16

Pourcentage de rappel et reconnaissance de noms et photos de camarades de collège après des délais de 3 mois à 48 ans (d'après H. et P. Bahrick et Wittlinger, 1975).

	3 mois	15 ans	35 ans	48 ans
Rappel libre des noms	15	13	12	7
Rappel indicé avec photos	70	40	30	20
Reconnaissance noms	90	90	80	70
Reconnaissance photos	90	90	90	70

Alors que le rappel des noms est faible (tabl. 5.16), les photographies sont des indices de récupération très puissants sauf au bout de très nombreuses années ; la reconnaissance est à nouveau très forte ; la reconnaissance des photographies (parmi des photos pièges) reste étonnamment stable pendant 35 ans, et ne diminue un peu que chez des sujets âgés puisque les sujets ayant quitté le collège depuis 48 ans ont nécessairement 48 ans de plus, soit environ 70 ans.

L'oubli épisodique

Mais un autre mécanisme intervient qui semble bien lié aux capacités d'abstractions du cerveau. Les épisodes semblent « détricotés » pour que les propriétés communes fabriquent les concepts génériques de la mémoire sémantique. Par exemple, si on a pris l'avion une ou deux fois, on va se rappeler avec précision beaucoup d'anecdotes alors que l'homme d'affaires qui prend l'avion une à deux fois par semaine, va mélanger les situations. C'est encore le cas des épisodes des feuilletons à succès, de *Friends* aux *Experts*, bien malin qui pourrait raconter tel ou tel épisode, y compris les acteurs eux-mêmes (encart ci-dessous). C'est ainsi que le fonctionnement épisodique intervient aussi dans le vieillissement : l'âge ici ne joue son rôle que parce qu'il est une occasion de mémorisation d'un plus grand nombre d'épisodes : un enfant de 7 ans n'aura pas fermé autant de portes au cours de sa courte vie que sa grand-mère de 77 ans...

Chapeau melon et bottes de cuir

Lors d'une interview télévisée (Émission *Continentales,* FR3, 11 août 1992), l'actrice Diana Rigg qui joue Emma dans la série *Chapeau melon et bottes de cuir* fut bien embarrassée lorsque le journaliste lui posa la question « Quel est votre épisode préféré ? » : « Je ne l'ai pas vu depuis si longtemps. Pour moi, c'est comme s'ils étaient fondus en un épisode unique. Parmi les plus anciens, je me souviens bien des "Cybernautes". C'était un des tout premiers, j'avais le trac, c'est pourquoi je m'en souviens. Pour le reste, il faut savoir qu'on faisait un épisode tous les dix jours et même les scénarios étaient parfaits. Ils avaient un moule, c'est donc difficile de faire ressortir un épisode précis. »

La vie est un grand feuilleton et notre mémoire fusionne les épisodes pour extraire des abstractions génériques que sont les mots, les visages de nos proches, les lieux qui nous sont familiers.

3. Les souvenirs

Si la mémoire est omniprésente, de la vie scolaire ou universitaire aux tâches apprises dans le cadre du travail ou des loisirs, ce qui émerge le plus quand on parle de mémoire, ce sont les souvenirs. Les souvenirs peuvent être considérés comme des complexes d'épisodes insérés dans la vie sociale, familiale et politique et peut-être aussi parce qu'ils sont fortement liés à des émotions, du premier baiser à la mort d'un homme politique qui a marqué son temps...

De la masse des souvenirs banals qu'on oublie, certains événements émergent de la mémoire, ce sont les souvenirs-flashs (ou éclairs) selon l'heureuse expression de Roger Brown et James Kulik (1977), de l'université d'Harvard. Leur idée est que, comme le flash met en lumière la scène photographiée, un événement public exceptionnel rehausse un événement personnel. Leur recherche est inspirée par l'enquête d'une revue (type *Paris-Match*) demandant à des personnalités ce qu'elles faisaient et où elles étaient lorsqu'elles ont appris l'assassinat du président Kennedy. Les souvenirs sont généralement très précis : « Julia était dans la cuisine et mangeait de la soupe » ; « Billy était sur le court de golf » ; « Philippe faisait une course de rallye », etc.

Les souvenirs-flashs sont donc les souvenirs des circonstances qui coïncident avec la nouvelle d'un événement public important. Ainsi dans l'enquête de Brown et Kulik, 39 Blancs (sur 40) et 40 Noirs (sur 40), ont un souvenir-flash pour l'assassinat de John Kennedy. Mais on voit l'importance politique de l'événement selon le groupe social dans le fait que les Noirs ont plus souvent un souvenir-flash pour l'assassinat de Luther King ou Malcom X, leaders noirs, et inversement pour la tentative d'assassinat de Gérald Ford (président américain) ou la mort du général fasciste espagnol Franco (**tabl. 5.17**).

Tableau 5.17

Nombre de souvenirs-flashs en fonction de l'événement et de la classe sociale (Noirs ou Blancs américains) (simplifié d'après Brown et Kulik, 1977).

	Sujets blancs (40)	Sujets noirs (40)
John Kennedy Blanc Assassinat	39	40
Martin Luther King Noir Assassinat	13	30
Malcom X Noir Assassinat	1	14
Gerald Ford Blanc Tentative d'assassinat	23	16
Général Franco Blanc Mort naturelle	17	13

Cecil Stoughton

Library of Congress – USA

John Fitzgerald Kennedy et Martin Luther King.
Dans les souvenirs-flashs (ou éclairs), on se rappelle parfois avec vivacité le contexte dans lequel on a appris la nouvelle.

Comme tout souvenir, les souvenirs-flashs peuvent inclure des éléments erronés (Loftus et Kaufman, in Winograd et Neisser, 1992) comme des erreurs de datation (*cf.* Lieury, 2005) mais ce qui est remarquable, c'est le fait que le souvenir se détache particulièrement dans la mémoire du sujet montrant ainsi l'importance des repères sociaux et de l'émotion (*cf.* chap. 10) dans les souvenirs.

VII. Vieillissement normal et pathologique

Aux côtés de la famille et des personnels de la santé, les psychologues interviennent beaucoup dans le vieillissement, d'où l'importance de ce thème en psychologie qui débouche maintenant sur des formations professionnelles. La proportion de personnes âgées devient en effet de plus en plus importante dans nos sociétés grâce à de meilleures conditions de vie (ex. alimentation) et aux progrès de la médecine. Si le pourcentage de personnes de plus de 65 ans était de 5 % en 1850, il sera de 20 % en 2025 dans des pays comme la Suède, la France, le Japon et les États-Unis (Fontaine, 1999). Malgré cette longévité accrue, la mémoire est moins performante. Pourquoi la mémoire vieillit-elle ?

1. Le vieillissement du cerveau

Pourquoi votre voiture vieillit-elle ? Vous me répondrez facilement que tout s'use : le moteur, les joints, les connections électriques, la carrosserie, etc. Il en est évidemment de même pour le cerveau mais de façon démultipliée puisqu'une voiture comporte environ 30 000 pièces y compris les petites vis (Wikipedia) tandis que notre cerveau contient 86 milliards de neurones selon les dernières estimations (Herculano-Houzel, 2009).

Le vieillissement des neurones

- La perte neuronale
  Le cerveau contiendrait 200 milliards de neurones et autant de cellules gliales (« nourricières »). Chaque neurone est en contact avec ses voisins par mille synapses en moyenne. Parmi ces neurones, 5 millions sont des gros neurones qui assurent le contact par de longs axones aux organes effecteurs. Chacun de ses gros neurones reçoit des informations par 10 000 synapses provenant de 5 000 neurones intermédiaires (Robert, 1998). Petits et gros, les neurones meurent petit à petit à la vitesse de 5 à 7 % par décennie à partir de 20 ans (l'âge de l'apogée de la construction du système nerveux), soit une perte pouvant aller jusqu'à 50 % après 90 ans. Voici quelques estimations en fonction de la région du cerveau.

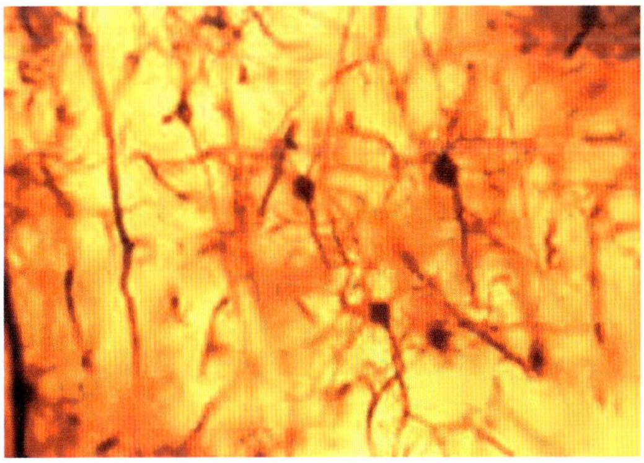

Neurones de l'hippocampe.
Le cerveau est tellement complexe que des milliards d'éléments peuvent s'user ou disparaître avec le grand âge.

Tableau 5.18
Perte neuronale en fonction de différentes aires du cerveau entre 18 et 90 ans ou plus (divers auteurs cités par Robert, 1998).

Région du cerveau	Mémoire	% Perte petits neurones	% Perte gros neurones
Lobe frontal	Mémoire de travail	29	51
Lobe temporal et Hippocampe	Enregistrement épisodique	27	41
Lobe pariétal	Mémoire lexicale visage	41	53
Lobe occipital	Mémoire visuelle imagée	-	42
Perte moyenne par décennie		4,6	6,67

(Remarque : les chiffres indiqués sont des moyennes lorsque plusieurs estimations sont données et j'ai ajouté la fonction supposée de ces régions pour la mémoire)

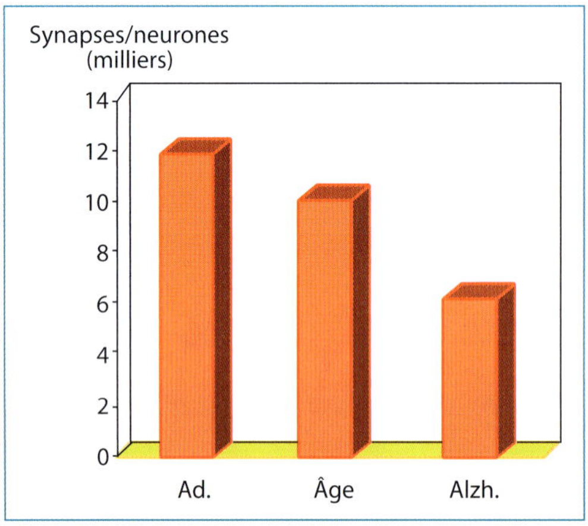

Figure 5.31
Diminution du nombre de synapses par neurone dans la région de l'hippocampe (Ad = adulte ; Alzh = Alzheimer) (simplifié d'après Bertoni-Freddari *et al.*, 1996 ; cit. Robert, 1998).

■ Vieillissement des synapses

Les boutons synaptiques se construisent au cours des apprentissages ou disparaissent dans l'inactivité. Mais l'usure des mécanismes moléculaires permettant l'énergie de la cellule, le transport des matériaux de construction, etc., aboutit à une diminution allant jusqu'à 50 % du nombre de synapses notamment dans certaines régions comme l'hippocampe, l'archiviste de la mémoire.

■ Organites des neurones

En effet, les cellules, neurones ainsi que leurs prolongements (axone, dendrite, synapse) sont de microscopiques usines qui nécessitent de nombreuses machines et ouvriers : les molécules. Par exemple l'énergie est produite par certaines molécules (ATP) à l'intérieur d'un organite de la cellule, la mitochondrie, ancienne bactérie qui a élu domicile dans nos cellules. Le bouton synaptique est par exemple très riche en mitochondries mais celles-ci vieillissent et disparaissent avec l'âge. Par exemple, chaque neurone des corps striés a en moyenne 5 millions de boutons synaptiques. Difficile de fournir l'énergie de tout ce petit monde alors que l'activité mitochondriale chute de 40 % chez des personnes de plus de 60 ans (Shulman, in *Science & Vie*, juillet 2003).

Le vieillissement des mécanismes moléculaires

Comme des grosses usines, les cellules et leur fonctionnement sont des assemblages plus ou moins complexes de molécules (s'il vous manque des notions, voir Boujard, *Manuel visuel de biologie pour psychologues*, Dunod, 2014). À titre d'exemple, il existe 100 000 sortes de protéines qui sont elles-mêmes constituées de quelques (le « Lego » de base) à plusieurs milliers d'acides aminés. Certaines molécules sont simples et ne comportent qu'une dizaine ou quelques dizaines d'atomes (carbone, hydrogène, oxygène, azote, etc.) comme les acides aminés ou quelques neurotransmetteurs : la béta-endorphine (une des opiacées naturelles du cerveau) compte 31 acides aminés. Mais certaines protéines totalisent des dizaines de milliers d'atomes (ce qui représente, à l'échelle d'une usine, de grosses machines-outils ou robots). Par exemple, la protéine qui sert de pompe à sodium dans la transmission nerveuse pèse 250 000 fois un atome d'hydrogène (par comparaison, l'hémoglobine pèse 68 000 fois l'atome d'hydrogène). Or l'axone contient entre 100 et 1 000 pompes à sodium par millimètre carré (Stevens, 1979). Ces quelques chiffres donnent la mesure de la complexité du système nerveux mais aussi de la multiplicité des risques de défaillance et d'usure.

- Diminution de neurotransmetteurs
  La diminution de la densité des neurotransmetteurs ou de leurs sites de réception (protéines complexes qui servent de serrures au niveau de la synapse) est variable selon les âges et les structures de cerveau. Une étude très complète (Rinne, 1990 ; *cit.* Allain, 1992) montre une diminution moyenne énorme de 150 % au niveau des corps striés (motricité volontaire et mémoire procédurale, *cf.* chap. 4), soit une diminution de plus de la moitié, de l'âge de 10 à 90 ans. Lorsqu'on sait que la dopamine est le neurotransmetteur du dynamisme, on comprend pourquoi les enfants sont hyperactifs par rapport aux personnes âgées.
- Radicaux libres : les missiles anti-molécules
  Depuis quelques années, les publicités pour produits de beauté ont fait connaître les grands ennemis de la peau, les « radicaux libres » (Bourre, 1987). En chimie, un radical est un bout de molécule auquel il manque un électron. De ce fait, il est très réactif car il cherche à s'associer à une autre molécule qui met en commun son électron. ce qui lui fait perdre sa fonctionnalité. Par exemple, l'eau oxygénée est un radical libre et est utilisée pour désinfecter, c'est-à-dire tuer les microbes. Or le métabolisme énergétique des cellules produit à certaines étapes des radicaux libres (dont le superoxyde = 2 atomes d'oxygène libres). Avec l'âge, les cellules produisent de plus en plus de radicaux libres qui ratent leur cible normale et détruisent d'autres molécules pour leur voler leurs électrons. Comme les radicaux libres attaquent principalement les acides gras constitutifs des membranes cellulaires, certains chercheurs y voient l'origine d'une grande part du vieillissement, notamment du cerveau dont le métabolisme est très grand. Chez le rat âgé (100 semaines) par exemple, la densité de radicaux libres dans le cerveau est 20 fois plus grande qu'à la naissance (Bourre, 1992 ; *cit.* Robert, 1998).

- L'usure dans la duplication de l'ADN
  Les cellules se reproduisent en produisant des cellules-filles à partir de la transcription de l'ADN des chromosomes. Or le message que contient l'ADN est très long, comparable à plusieurs encyclopédies. Si bien que de copie en copie, le message s'use ou se transcrit avec des erreurs, produisant des défauts de fabrication. Par exemple, les cellules en « éprouvettes » ne se multiplient qu'une cinquantaine de fois ; au-delà, des mutations génétiques se produisent, c'est la limite de Hayflick. Pour le cerveau, c'est encore plus grave puisque, sauf exception, les neurones ne se reproduisent pas.

2. Le vieillissement normal

Le déclin de la mémoire

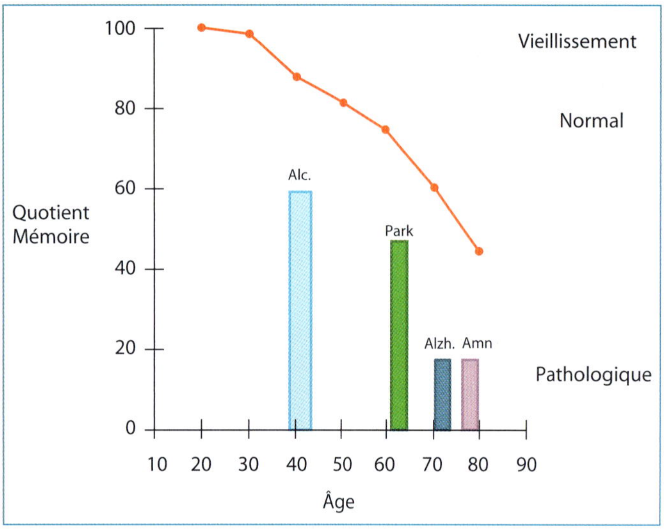

Figure 5.32
Déclin de la mémoire en fonction de l'âge dans le vieillissement normal ou pathologique
(Alc = Alcooliques ; Park = Parkinsoniens ; Amn = Amnésies diverses ; Alz = Alzheimer)
(d'après Lieury *et al.*, 1990 et 1991).

Un des grands points communs entre la psychologie et la neurologie est l'importance accordée à la mémoire. En effet, que ce soit dans le vieillissement normal ou pathologique, le déficit mnésique est un des symptômes les plus graves. Dans le cadre de recherches avec Hervé Allain, neurologue et psychopharmacologue spécialiste de la maladie de Parkinson, nous avons entrepris un bilan de mémoire en fonction de l'âge dans le vieillissement normal et en fonction de différentes pathologies. À cette fin, nous avons construit un test combinant 9 scores, allant du rappel immédiat de mots à la reconnaissance des visages, en passant par l'organisation sémantique (Lieury *et al.*, 1990 ; Lieury *et al.*, 1991 ; Allain *et al.*, 1993). Les résultats les meilleurs étant ceux obtenus par les jeunes âgés de 15 à 30 ans, un Quotient mémoire est calculé en prenant leurs scores comme références. On observe ainsi (Figure 5.32) que la mémoire décline progressivement en fonction de l'âge pour atteindre un quotient mémoire d'environ 50 % pour le groupe de personnes âgées de 80 à 90 ans. Cependant, ce déclin est progressif puisque les capacités diminuent « seulement » de moitié de 20 à 80 ans. De plus, il faut signaler qu'il ne s'agit que d'une moyenne et que, chez les sujets âgés, les performances de mémoire sont très disparates (l'écart-type augmente avec l'âge) ; certaines personnes gardent une mémoire correcte tandis que d'autres subissent un déficit très prononcé.

À l'inverse, dans différentes pathologies, les déficits de mémoire sont très graves voire catastrophiques. Chez des sujets alcooliques de 40 ans, les performances de mémoire sont aussi basses que celles de sujets normaux de 70 ans. On sait d'ailleurs que l'alcool, outre ses méfaits généraux dans le cerveau, atteint plus particulièrement l'hippocampe (*cf.* page 213 l'amnésie de Korsakoff). Les sujets amnésiques s'avèrent incapables de rappeler verbalement l'information verbale. Seule subsiste une capacité moyenne (40 %) de reconnaissance des images (non montrée sur la figure 5.33). Pour d'autres raisons (ex. perte de neurotransmetteurs ; *cf.* page 214 la maladie d'Alzheimer), l'hippocampe est en grande partie détruit dans la maladie d'Alzheimer et dans diverses démences, ce qui explique le caractère amnésique des patients atteints de cette maladie. Leur baisse de mémoire est catastrophique : environ 18 % pour des malades en phase débutante, les maladies évoluant vers une démence générale. Au contraire, la maladie de Parkinson est caractérisée par l'atteinte de noyaux à la base du cerveau (locus niger) qui produisent un neurotransmetteur spécifique, la dopamine. Il n'y a alors pas de lésion de l'hippocampe mais des corps striés qui permettent les apprentissages moteurs (*cf.* chap. 4). Ces lésions spécifiques expliquent que les malades de Parkinson ont des déficits dans des apprentissages moteurs mais que leur déficit mnésique est modéré, environ 20 % de baisse par rapport aux sujets d'âge voisin.

Cependant, ce quotient mémoire est une moyenne de plusieurs épreuves et l'analyse des scores de chaque épreuve montre de grandes différences. Ainsi, les amnésiques et les malades Alzheimer qui ont des rappels quasiment inexistants gardent des possibilités de reconnaissance des dessins familiers d'environ 40 %. De même dans le vieillissement normal (*cf.* Lieury *et al.*, 1990, 1991), la reconnaissance des dessins est conservée jusqu'à un âge très avancé tandis que la reconnaissance des visages et le rappel verbal déclinent rapidement avec l'âge.

Mécanismes de la mémoire et vieillissement

Une diminution des capacités mnésiques apparaît donc mais celle-ci est graduelle si les sujets ont un vieillissement normal. Botwinick et Storandt (1974) trouvent par exemple que de 20 à 70 ans, par groupes d'âge de 10 ans, la capacité du rappel immédiat en présentation visuelle baisse de 7.76 à 7.18 pour des chiffres et de 6,70 à 5,45 pour des lettres, ce qui est une baisse relativement faible.

David Schoenfield (Schoenfield et Robertson, 1966) a été le premier à faire remarquer que la baisse de mémoire chez les sujets âgés apparaît le plus en rappel libre, mais s'atténue ou disparaît en présence d'indices de récupération, en particulier en reconnaissance.

Tableau 5.19
Rappel et reconnaissance en fonction de l'âge (en %)
(Rabinowitz, Ackerman et Craik ; publié dans Craik et Byrd, 1982).

	Rappel		Reconnaissance	
	Mots	Dessins	Mots	Dessins
Jeunes (20 ans)	33 %	52 %	73 %	84 %
Âgés (70 ans)	17 %	36 %	63 %	83 %

Par exemple, dans une des nombreuses recherches de Fergus Craik, de l'université de Toronto, le rappel des mots est pratiquement la moitié du rappel des jeunes alors qu'il n'y a pas de différence dans la reconnaissance des dessins et seulement une différence de 10 % dans la reconnaissance des mots. De même, la présentation d'indices de récupération, catégoriels (fleur, animal, etc.) ou associatifs (abeille-miel), permet aux sujets âgés d'obtenir des performances importantes de l'ordre de 60 à 70 % (Tableau 5.19).

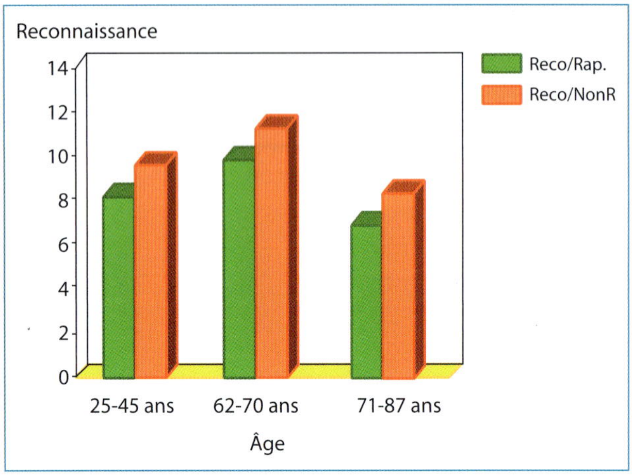

Figure 5.33
Rappel + Reconnaissance (en vert) et Reconnaissance sans rappel (en rouge) selon l'âge (d'après Isingrini, Hauer et Fontaine, 1996).

Cependant, d'autres recherches sur des sujets plus âgés (80 ans) montrent une baisse, y compris pour la reconnaissance (Lieury *et al.*, 1991). En France, Michel Insingrini et son équipe se sont également spécialisés dans le vieillissement de la mémoire et ont réalisés de très nombreuses recherches. Eux aussi trouvent une baisse de la reconnaissance pour les personnes très âgées (Isingrini, Hauer et Fontaine, 1996). S'inspirant du paradigme de reconnaissance/rappel destiné à étudier la mémoire épisodique, les auteurs présentent une longue liste de mots (36) avec une reconnaissance puis un rappel pour des sujets pouvant être très âgés (80-90 ans) mais sans pathologie.

Alors que la reconnaissance de type épisodique (reconnaissance sans rappel du même mot) ne diminue pas jusqu'à 60-70 ans, mais seulement pour les personnes les plus âgées (80-90 ans), les mots à la fois reconnus et rappelés diminuent fortement en fonction de l'âge (Figure 5.33). Ces résultats suggèrent bien qu'il existe deux grandes catégories de mécanismes, stratégies de récupération complexes, qui sont moins opérantes avec l'âge tandis que l'accès épisodique « direct » (reconnaissance « simple ») aux unités stockés semble très stable et ne diminue chez les personnes saines que dans les grands âges.

Différentes théories se sont succédé pour expliquer le vieillissement : déficit de la mémoire de travail, déficit des processus de récupération, etc. ainsi que des hypothèses non spécifiques de la mémoire, déficit de l'attention ou de l'intelligence fluide (Brouillet et Syssau, 1997). Ainsi, parmi les plus connues, Timothy Salthouse, de l'Institut de Technologie de Georgie (1996), propose une théorie selon laquelle la forte baisse de certains processus intellectuels est entièrement due à la diminution de la vitesse de traitement de l'information (vitesse perceptive, vitesse motrice, vitesse de décision). La baisse de l'activité de la dopamine et des circuits nerveux concernés pourrait être une bonne explication à cette baisse de la rapidité. Dans certaines activités comme les jeux vidéo, les papys ont du mal à faire de la résistance...

Mais nous venons de le voir, le paradoxe est essentiellement une grande différence dans le vieillissement entre le rappel qui décline fortement et la reconnaissance qui ne baisse que pour des personnes très âgées. Pour cette raison, nous avons formulé avec Hervé Allain une théorie « intermodulaire » du déclin différentiel en fonction du degré d'intermodularité ou d'interfaçage du stockage (Lieury *et al.*, 1990 ; Allain *et al.*, 1993). Dans le cas d'un stockage relativement unimodal, dont la reconnaissance est l'exemple type, la dégradation avec l'âge serait moindre. À l'inverse, le stockage multimodal nécessite l'intervention de plusieurs modules, interfaces et communications entre modules. Par exemple le rappel des images implique un double codage, ou encore l'organisation nécessite des va-et-vient entre la mémoire à court terme et la mémoire sémantique. Dans certains cas, le rappel nécessite un changement d'hémisphère. Ainsi, le rappel des noms de visages nécessite l'accès au nœud d'identité personnel, puis un recodage lexical et articulatoire en passant vraisemblablement de l'hémisphère droit (visage) au gauche (stockage lexical et articulatoire). Bref, plus une tâche de mémoire nécessite de sous-composants et de mécanismes, et plus le risque d'une défaillance devrait être grand avec l'âge. Le vieillissement normal serait dû à l'addition de microlésions à différents endroits du cerveau, ce qui expliquerait le vieillissement lent et progressif au fil des décennies. À l'inverse, la pathologie correspond à des lésions catastrophiques de zones clés entraînant une cascade d'événements déficitaires, comme la destruction des « usines » de neurotransmetteurs ou bien la destruction de l'hippocampe.

La régression des souvenirs

« Ah, ma grand-mère radote, elle raconte tout le temps ses souvenirs d'enfance mais ne se rappelle pas du film qu'elle a vu la veille... ». Voilà le genre de récit que l'on entend couramment et qui en fait reproduit de façon stéréotypée la loi de régression des souvenirs de Ribot. Dans son livre *Les maladies de la mémoire*, Théodule Ribot (1901) développe une théorie du vieillissement symétrique à la théorie de l'évolution de Darwin. Selon Ribot, la mémoire suit, avec le vieillissement du cerveau, un chemin inverse de l'évolution, c'est l'involution ou la régression. Cette loi de la régression des souvenirs, devenue populaire (notamment dans le milieu médical où on l'appelle « loi de Ribot »), explique que la mémoire vieillissante se dégrade à partir des souvenirs récents pour ne préserver que les souvenirs d'enfance.

Cependant l'étude des souvenirs chez des personnes âgées bien portantes contredit cette loi. Un déclin moyen des souvenirs est observé sur toutes les périodes de vie (par rapport aux sujets jeunes) mais pas plus sur les souvenirs récents que sur les plus anciens. Contrairement à l'idée commune, mais plus logique, ce sont les jeunes gens (30 ans) qui ont le plus de

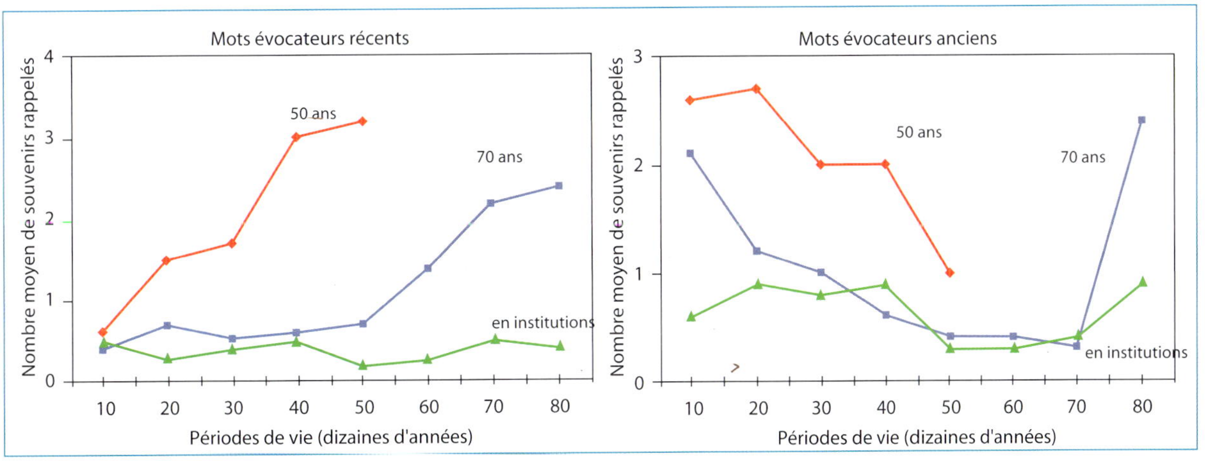

Figure 5.34
Série temporelle des souvenirs en fonction des mots évocateurs anciens ou récents et de l'âge des personnes (d'après Lieury, Aune et Ropartz ; cit. Lieury, 1992).

souvenirs de jeunesse et non les personnes âgées (Lieury, Dallet, Demesse et Queyroux, 1980 ; *cit.* Lieury, 2005). En fait, Ribot fondait son observation sur un patient amnésique (peut-être Alzheimer ?) et si l'on distingue le vieillissement normal du vieillissement pathologique, les souvenirs sont très différents. Dans une expérience (Lieury, Aune et Ropars, 1980 ; *cit.* Lieury, 2005) utilisant la technique des mots associants de Galton, les personnes sont invitées à associer les souvenirs que leur évoquent des mots. Avec cette technique, Galton trouvait que lui-même évoquait beaucoup de souvenirs d'enfance. Mais les mots de Galton étaient des mots anciens comme « train, église, montagne, fleur », si bien que nous avons également utilisé des mots associants récents comme « télévision, fusée, téléphone ». Puis les personnes devaient situer temporellement ces souvenirs en donnant l'âge (approximatif) qu'elles avaient au moment de l'événement. Par exemple, une personne évoque au mot « montagne » un séjour à la montagne lorsqu'elle avait 32 ans. On situe ce souvenir dans la période de vie « 30 ans ». Afin d'égaliser les chances d'avoir autant de souvenirs dans la dernière période de vie, que les personnes aient par exemple 72 ou 78 ans, on compte les souvenirs de la dernière dizaine d'années pour chacun.

Chez les personnes de 50 ans, les mots anciens évoquent plus de souvenirs de jeunesse comme l'avait observé Galton. À l'inverse, les mots associants récents évoquent de plus en plus de souvenirs récents. La série temporelle est presque la même chez les personnes de 70 ans bien portantes quoique avec une diminution ; les personnes de 70 ans rappellent même des souvenirs de leurs dix dernières années avec les mots anciens. L'hypothèse d'une régression des souvenirs chez les personnes âgées est donc fausse et dans la technique « Galton », le grand nombre de souvenirs anciens étaient dus à des mots évocateurs anciens, évoquant plus l'enfance que des événements récents. Pour les personnes âgées (80 ans) et en institution (ayant donc des pathologies diverses), le rappel des souvenirs est pauvre quelle que soit la période.

L'idée que, dans le vieillissement on ne se rappelle que des souvenirs d'enfance, est fausse. Ce n'est que dans le vieillissement pathologique que l'enregistrement récent ne se fait plus.

En reprenant une technique similaire de découpage des souvenirs par période de vie, Piolino (2003) a récemment confirmé le fait que la loi de Ribot ne s'observe que dans les pathologies amnésiques : il n'y a pas de diminution des souvenirs de la dernière année chez des personnes âgées bien portantes alors que des malades, bien identifiés comme Alzheimer sur le plan neurologique, évoquent environ deux fois moins de souvenirs récents (dernière année) que dans leur enfance (0-17 ans).

3. Les maladies de la mémoire

La variété des maladies de la mémoire

La mémoire repose sur des mécanismes cérébraux si variés que ses maladies sont multiples et relèvent du domaine de la neurologie et neuropsychologie (McCarthy et Warrington, 1994; Eustache et Faure, 1996). Il existe ainsi des amnésies partielles dues à des dysfonctionnements des mémoires spécifiques: lexicales (noms ou prénoms), sémantique, imagée, de travail, etc. Par exemple, une des plus curieuses et handicapante, dont l'acteur populaire Thierry Lhermitte est atteint, est l'amnésie des visages.

La prosopagnosie de Thierry Lhermitte

« Thierry Lhermitte est rentré à l'hôpital parce qu'il souffre d'une maladie: la prosopagnosie... C'est une déficience très handicapante dans la vie de tous les jours. La personne, qui en est affectée, souffre d'un trouble de la reconnaissance et de l'identification des visages. Le malade peut ne pas reconnaître le visage de ses proches et parfois ne pas reconnaître le reflet de son propre visage dans un miroir. Mais le patient atteint par cette maladie peut quand même reconnaître une personne si un signe particulier caractérise celle-ci. Comme par exemple le son de sa voix. Cette maladie est très souvent imputable à des traumas accidentels. Elle touche des centaines de personnes en France et nul à l'heure actuelle n'a trouvé de remède pour soigner cette pathologie du cerveau.
Sur France Info, au micro de Philippe Vandel, le comédien s'explique: « Quand pour la troisième fois, je me présente à quelqu'un qui m'a pourtant déjà dit dix minutes avant « Je vous ai déjà vu », c'est horrible. Je mets alors cela sur le compte de la blague. En fait, c'était sincère ». L'acteur n'a même pas reconnu sa sœur, venue le saluer à bras ouverts.
(« extrait de www.come4news.com/thierry-lhermite-lacteur-est-hospitalise »)
C'est le neurologue français Henri Hécaen qui a été le premier à suggérer une amnésie spécifique pour les visages en remarquant chez certains patients une absence de reconnaissance des visages sans qu'elle soit accompagnée d'agnosie (absence de reconnaissance) d'objets ou de mots (Hécaen et Angelergues, 1962). Pour cette raison, l'amnésie spécialisée pour les visages a été appelée la « prosopagnosie » (du nom grec *prosopon* = visage).

Www.
http://lecerveau.mcgill.ca/
Mots clés: amnésie, ictus, potentialisation à long terme

L'amnésie de Korsakoff

L'amnésie la plus spectaculaire est sans doute l'amnésie de Korsakoff ou antérograde générale, car elle interdit tout enregistrement nouveau à partir de l'apparition de la maladie (*cf.* page 161). Elle est qualifiée d'antérograde (vers l'avant) car les malades ne peuvent plus rien apprendre de nouveau à long terme mais sont capables d'un rappel à court terme et d'un rappel d'informations anciennes. L'amnésie antérograde, décrite par le neurologue russe Korsakoff sur des alcooliques chroniques, est provoquée par des lésions bilatérales d'une structure du cortex appelée hippocampe comme l'ont montré William Scoville et Brenda Milner (1957). Sauf traumatisme particulier (accident de voiture) ou accident vasculaire, l'hippocampe est le plus fréquemment détruit par l'alcool ou des drogues (cocaïne par exemple).

Www.
Wikipedia : maladie d'Alzheimer

L'ictus amnésique

Il vous est probablement arrivé un jour d'avoir une petite absence, un bref moment de flottement où vous ne savez plus où vous êtes: c'est un minuscule ictus. L'ictus amnésique, décrit pour la première fois en 1956 par le psychiatre Jean Guyota et le neurologue Jean Courjon, se caractérise par une sorte d'énorme absence le plus souvent à partir de 50 ans dans sa forme importante. Il y a une amnésie antérograde (c'est-à-dire comme dans l'amnésie de Korsakoff), une incapacité de mémoriser ce qui survient et une amnésie rétrograde, c'est à dire un oubli portant sur les événements qui viennent de se dérouler. En général, 4 à 6 heures plus tard, le patient émerge avec pour unique séquelle une amnésie lacunaire de quelques minutes, si bien que la personne ne se souviendra pas des circonstances dans lesquelles l'ictus s'est produit. L'ictus reste mystérieux (Quinette, Noël *et al.*, 2010) : il ne laisse pas de lésions neurologiques, pas de lésions vasculaires permanentes. Mais sachant que l'ictus intervient fréquemment après un effort intense ou une vive émotion, il pourrait s'agir d'une baisse du débit sanguin dans le cerveau notamment au niveau de l'hippocampe. Une hypothèse plus récente se basant sur le fait que l'ictus est plus fréquent chez les migraineux, serait une libération excessive d'un neurotransmetteur, le glutamate, qui provoquerait une sorte de « coupure d'enregistrement » au niveau des hippocampes, comme lorsque vous enregistrez un film par temps d'orage. En effet, le glutamate est un neurotransmetteur qui ouvre des vannes (récepteurs NMDA) au calcium et au sodium, permettant des mécanismes biochimiques assurant l'enregistrement de l'information (potentialisation à long terme).

Maladie d'Alzheimer : décrite par le médecin viennois Alzheimer, cette maladie dégénérative commence par une amnésie de Korsakoff, due à une nécrose de l'hippocampe.

La maladie d'Alzheimer

Le syndrome de Korsakoff s'observe dans l'alcoolisme chronique mais aussi en début de maladie d'Alzheimer (qui se termine par une démence générale). Cette maladie est complexe et associée à de nombreux « accidents » sur le plan neurologique et biochimique. La dégénérescence neuronale est une des principales caractéristiques de cette maladie. Trois mécanismes essentiels semblent être impliqués :

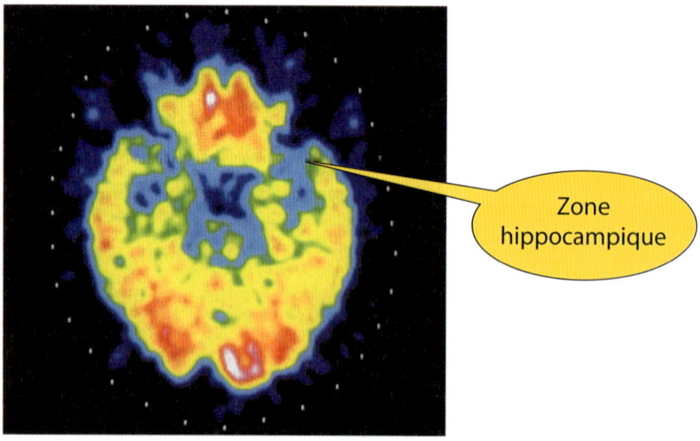

Hippocampes d'un cerveau atteint par l'amnésie de Korsakoff (source : H. Allain et A. Lieury, « Mémoire ou mémoires ? », Euro RSCG Audience, réf. 00A 10942).

- neurofibrilles et protéine Tau : la cellule meurt par accumulation de neurofibrilles (visibles au microscope) produites par un excès de la protéine Tau (Hugon *et al.*, 1995). Celle-ci est naturellement un des constituants des microtubules (rampes sur lesquelles glissent les protéines nouvellement fabriquées) ; produite en trop grande quantité elle génère ces neurofibrilles qui étouffent la cellule ;
- plaques séniles et protéine amyloïde : le deuxième mécanisme caractéristique de la dégénérescence dans la maladie d'Alzheimer est la présence de plaques séniles entre les cellules. Celles-ci sont constituées de la protéine amyloïde (A4)

résultant d'une mutation d'un gène ; produite de façon anarchique, elle perturbe ou bouche les espaces intersynaptiques ;

- perte d'acétylcholine : la maladie d'Alzheimer est également associée à un manque d'acétylcholine, neurotransmetteur fondamental (mais non unique) de l'hippocampe, d'où une nécrose aboutissant à l'amnésie de Korsakoff ; le manque d'acétylcholine est provoqué par la lésion de noyaux de la base du cerveau qui la fabrique, les noyaux de Meynert.

Ces dégénérescences expliquent l'apparition de troubles mnésiques très importants, d'une amnésie de type Korsakoff en début de maladie qui fait que les malades perdent la capacité d'enregistrer les événements récents, ne se remémorant que de souvenirs progressivement plus anciens (loi de Ribot ; Piolino, 2003). Puis par accentuation des nécroses dans différentes parties du cerveau, la maladie aboutit à des troubles variés (Brouillet et Syssau, 1997) en fonction des zones cérébrales atteintes allant jusqu'à la démence.

Www.
http://lecerveau.mcgill.ca/
Mot clé : hippocampe

?
Qu'est-ce que l'hippocampe ?

L'amnésie régrograde et la consolidation mnésique

Un de mes amis d'enfance a repris connaissance un jour dans son lit, avec une jambe ensanglantée. Un tour derrière sa maison lui révéla que sa mobylette était toute tordue. De toute évidence, il avait eu un accident mais ne se souvenait de rien et ne s'en ait plus jamais souvenu. Voici un cas typique d'amnésie rétrograde, ou amnésie sur la période précédent l'épisode accidentel. Cette amnésie est connue depuis fort longtemps et elle est décrite par Théodule Ribot dans les maladies de la mémoire (1901), à propos d'un homme tombé de cheval. Une grande enquête sur 1 000 cas par Russel et Nathan (1946) montrèrent que 700 patients sont victimes d'une amnésie rétrograde portant sur moins d'une demi-heure, quelques instants le plus souvent, et 133 ont une amnésie sur une période d'une durée supérieure. De nombreuses expériences ont été élaborées pour trouver la durée critique au delà de laquelle le souvenir serait conservé. Bloch, Deweer et Hennevin (1970) ont utilisé par exemple une anesthésie chez le rat, et leurs résultats indiquent qu'il y a oubli rétrograde si la narcose intervient d'une minute et demie à six minutes après un apprentissage. Au delà, il n'y a plus oubli. Ces auteurs et d'autres chercheurs ont ainsi supposé que l'enregistrement en mémoire se prolongeait par des mécanismes biologiques de consolidation. Lorsque ceux-ci sont perturbés, il y a amnésie rétrograde.

4. Mémoire implicite et mémoire procédurale

Cependant les amnésiques de Korsakoff n'ont pas perdu toute la mémoire, mais seulement celle exigeant la récupération « consciente » d'informations mémorisées. Les amnésiques montrent en effet des performances préservées dans des épreuves dites « indirectes » de mémoire : identification perceptive (ex. orthographe des mots), complètement de mot ou encore de décision lexicale. Ce type de mémoire a été appelé « mémoire implicite » car les sujets savent mais ne savent pas qu'ils savent (Warrington et Weiskrantz, 1970 ; Graf, Squire et Mandler, 1984). À l'inverse, le rappel et la reconnaissance qui impliquent une impression de « déjà vu » font partie de la « mémoire explicite ». L'illustration entre mémoire explicite et mémoire implicite se fait par une comparaison entre une tâche de complètement de mot et une tâche de rappel indicé. Alors que des sujets amnésiques sont incapables de rappeler « garage » si on leur demande un rappel, y compris en donnant les trois premières lettres « gar »), si on leur demande d'associer le premier mot qui leur vient à l'esprit en voyant ces mêmes lettres « gar », ils répondent « garage ». Ils ont donc enregistré des mots, mais n'en sont pas conscients. Voilà pourquoi les chercheurs parlent de mémoire implicite.

De même, les sujets amnésiques sont capables d'apprentissage moteur, par essais et par erreur, mais ils ne se rappellent pas ce qu'ils ont appris. Ainsi H.M. a pu apprendre le test de l'étoile (suivre avec un crayon le tracé d'une étoile en regardant son tracé dans un miroir, ce qui inverse le haut et le bas). L'apprentissage est long et pénible puisqu'il lui faut deux jours avec dix essais à chaque fois pour passer de 30 erreurs à 4 erreurs, mais le troisième jour la performance se stabilise durablement à une ou deux erreurs. Cependant, Brenda Milner, la neuropsychologue canadienne qui l'a étudié, note « Pourtant, il était tout à fait inconscient d'avoir répété. Pour lui, c'était toujours du nouveau ». C'est la Canadienne Suzanne Corkin (1968; *cit.* Milner, 1970) qui fera la première l'hypothèse qu'une habileté motrice puisse être acquise sans le système hippocampique.

« Faire du vélo ne s'oublie pas ! ». Les apprentissages moteurs font partie d'un système de mémoire différent : la mémoire procédurale.

En synthétisant tous ces faits ainsi que des expériences sur l'animal, le neuropsychologue américain Larry Squire (Squire et Zola-Morgan, 1991) proposa la théorie selon laquelle il existe deux systèmes de mémoire différents reposant sur des structures neurobiologiques distinctes. La mémoire déclarative (ou explicite) comprend le rappel et la reconnaissance consciente de faits ou événements et propose une nouvelle mémoire ; la mémoire procédurale (ou implicite) concerne les apprentissages sensori-moteurs (faire du vélo), le conditionnement, etc. (Figure 5.35).

Sur le plan neurobiologique, la mémoire déclarative nécessite l'intervention du système hippocampique pour donner l'impression de « déjà vu » alors que les recherches récentes montrent que plusieurs parties du cerveau interviennent dans la mémoire procédurale : les corps striés pour les habiletés et apprentissages sensori-moteurs ; le cervelet et l'amygdale pour le conditionnement ; le cortex frontal pour le procédural plus abstrait (amorçage, Tour de Hanoï) (*cf.* chap. 7). C'est ainsi qu'on observe le schéma inverse des hippocampes dans la maladie de Parkinson où les corps striés sont lésés : les malades ont peu de perte en mémoire déclarative (20 %) mais de graves déficits en mémoire procédurale (40 à 80 %) (Thomas et coll., 1996 ; *cf.* chapitre 4).

La différence entre déclin normal et pathologique est donc si considérable qu'il est important de respecter une « écologie » de la mémoire en se préservant par exemple de toute drogue et en évitant une consommation excessive d'alcool. Car, comme l'observait sagement le médecin italien de la Renaissance, Guillaume Grataroli, dans son célèbre traité *Discours notable des moyens pour conserver et augmenter la mémoire* (1555), « avant de chercher à augmenter la mémoire, il faut déjà ne pas la perdre »...

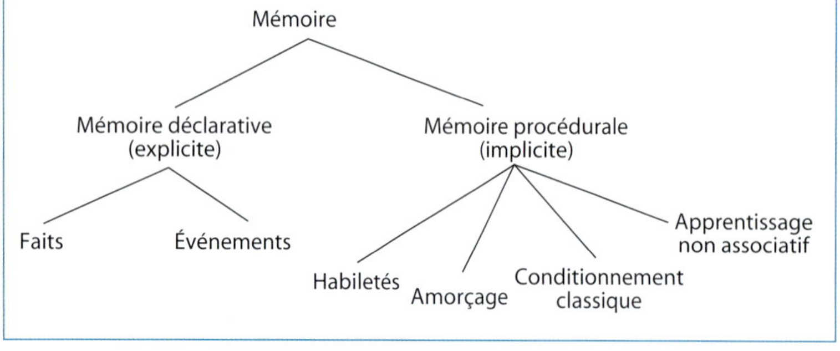

Figure 5.35
Distinction entre deux systèmes de mémoire : la mémoire déclarative et la mémoire procédurale (d'après Squire et Zola-Morgan, 1991).

I. Révision du chapitre

Résumé

Qu'est-ce que la mémoire ? 156

La mémoire est la capacité de stocker (conserver) des informations.

Qu'est-ce que la mémoire iconique? 163

La mémoire iconique est la mémoire sensorielle à très court terme (un quart de seconde).

Qu'est-ce qu'un lapsus ? 168

C'est l'oubli d'un mot ou un mot exprimé par erreur à la place d'un autre.

Qu'est-ce que le rappel ? 170

C'est donner de mémoire les mots présentés, ou les images sous forme de mots.

Qu'est-ce qu'un procédé mnémotechnique ? 188

Il s'agit d'une méthode qui facilite la mémorisation (ou le rappel).

Qu'est-ce que l'hippocampe ? 214

C'est la structure du cerveau, au niveau temporal, dont la lésion produit l'amnésie de Korsakoff.

Lectures conseillées

Brouillet D. et Syssau C. (1997). *La maladie d'Alzheimer: mémoire et vieillissement*, Paris, PUF.

Eustache F. (2005). *Les petites cases de ma mémoire*, Paris, Éditions Le Pommier.

Lieury A. (2012). *Mémoire et réussite scolaire*, Paris, Dunod.

Lieury A. (2005). *Psychologie de la mémoire : Histoire, théories, expériences*, Paris, Dunod.

Lieury A. (2011). *Une mémoire d'éléphant: les méthodes pour la mémoire au banc d'essai*, Paris, Dunod.

Nicolas S. (2002). *La Mémoire*, Paris, Dunod.

Rossi J.-P (2004). *La Mémoire sémantique*, Paris, DeBoeck Université.

Webographie

Www. Maladie d'Alzheimer

www.alzheimer-adna.com

Www. Autistes savants

https://www.wisconsinmedicalsociety.org/_WMS/savant/pdf/resources/articles/savant_article.pdf

EXERCICES ET QCM

QCM (1 point par question)

Cochez la bonne réponse. Attention, les mauvaises réponses sont comptées – 1. Il n'y a pas de pièges ; dans le doute, ne répondez pas.

1. Quelle est la capacité de la mémoire à court terme ?
❑ 3 ❑ 5 ❑ 7 ❑ 9

2. Quel est l'ordre de grandeur de l'oubli à court terme ?
❑ 20 millisecondes ❑ 20 secondes ❑ 20 minutes ❑ 2 heures

3. L'amnésie caractérisée par l'absence d'enregistrements nouveaux s'appelle :
❑ Rimsky ❑ Korsakoff ❑ Kolnikoff ❑ Rimsky-Korsakoff

4. Un synonyme de mémoire sensorielle visuelle à très court terme est :
❑ imagée ❑ visuelle ❑ photographique ❑ iconique

5. Le graphisme et la phonologie des mots sont intégrés dans la mémoire :
❑ morphologique ❑ lexicale ❑ sémantique ❑ intermodale

6. Par rapport à la mémorisation de mots familiers, la mémoire des images familières est :
❑ inférieure ❑ équivalente ❑ supérieure ❑

7. Un mécanisme fondamental de la mémoire imagée s'appelle :
❑ mono codage ❑ double codage ❑ tricodage ❑ quadricodage

8. Un mécanisme fondamental de la mémoire sémantique s'appelle : économie :
❑ cognitive ❑ conceptuelle ❑ inférentielle ❑ hiérarchique

9. Un processus dynamique de l'apprentissage par cœur s'appelle : organisation :
❑ intégrative ❑ cognitive ❑ factuelle ❑ subjective

10. La mémorisation d'un événement dans son contexte s'appelle : mémoire :
❑ sémantique ❑ épisodique ❑ contextuelle ❑ conceptuelle

Mode de correction : + 1 pour les bonnes réponses, – 1 pour les mauvaises. Faire le total algébrique (soustraire les – des +) ; par exemple, s'il y a autant de – 1 que de + 1, cela fait un total de 0 ; dans le doute, il vaut mieux ne pas répondre.

Exercices

De préférence, faites les exercices avec un crayon et une gomme pour les refaire plusieurs fois. La répétition est la base de l'apprentissage (cf. chap. 3 et 4).

Exercice 1 : Complétez les légendes dans les cases correspondantes. *Aide-mémoire* : effets sériels, pourcentage de rappel, rappel immédiat, rappel différé, récence, primauté, position sérielle.

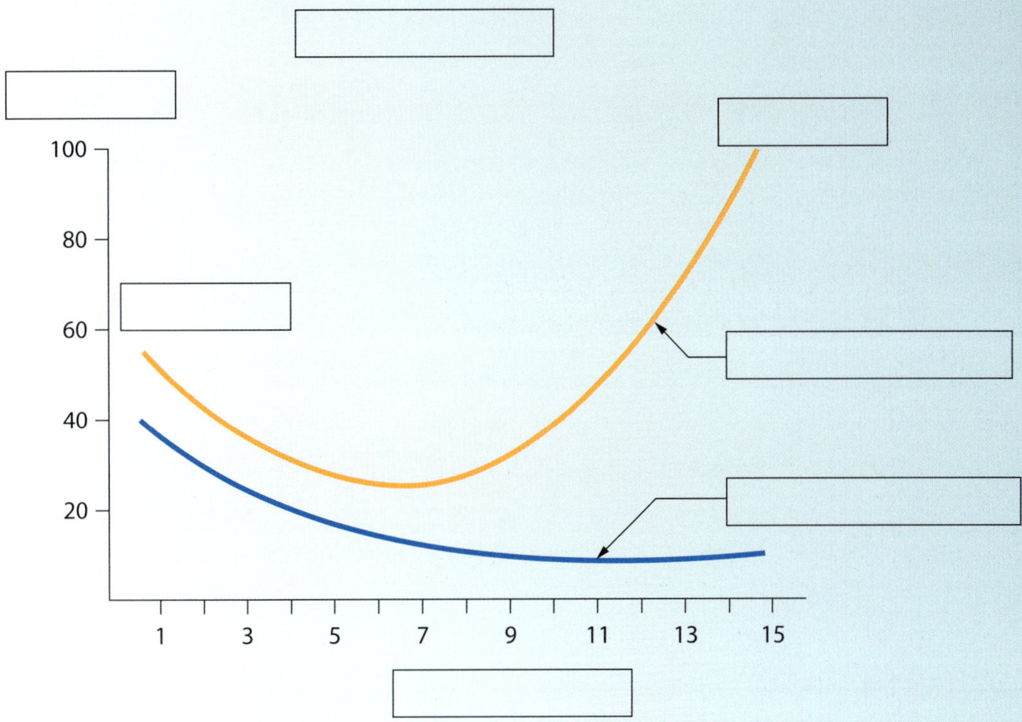

Exercice 2 : Le cas H.M.

1) Qui est H.M. ?

2) Voici la description par Brenda Milner d'une expérience sur les capacités de mémoire de H.M. « Quand je lui demandais de retenir les chiffres 584, il put le reproduire parfaitement au bout de 15 minutes, alors qu'il était resté seul, tranquillement assis et sans être dérangé. Impressionnée par son succès, je voulus savoir comment il avait réussi, et il me donna l'explication suivante : « C'est simple. Il faut se souvenir du 8. Ainsi, 5, 8, 4 font 17. On se souvient du 8. 17 moins 8 égale 9. Divisez 9 en 2 et vous avez 5 et 4. Voilà : 584. C'est très simple ! » Je l'entretins alors d'un autre sujet pendant deux minutes environ. Puis, après cette brève distraction, je vérifiai s'il se souvenait toujours des chiffres... »

La question est la suivante : connaissant la pathologie de H.M., va-t-il se souvenir des chiffres ?

3) Voici les résultats d'un apprentissage sensori-moteur consistant à dessiner un parcours, par exemple une étoile, en regardant son dessin réfléchi dans un miroir (ce qui inverse la verticale). Le dessin modèle comporte une « route » délimitée par deux traits de sorte que chaque sortie est comptée comme une erreur. Voici les résultats de H.M. sur une série de dix essais. Y a-t-il apprentissage ? Si oui, ce type d'apprentissage (moteur) repose-t-il sur les mêmes mécanismes que la mémoire verbale ?

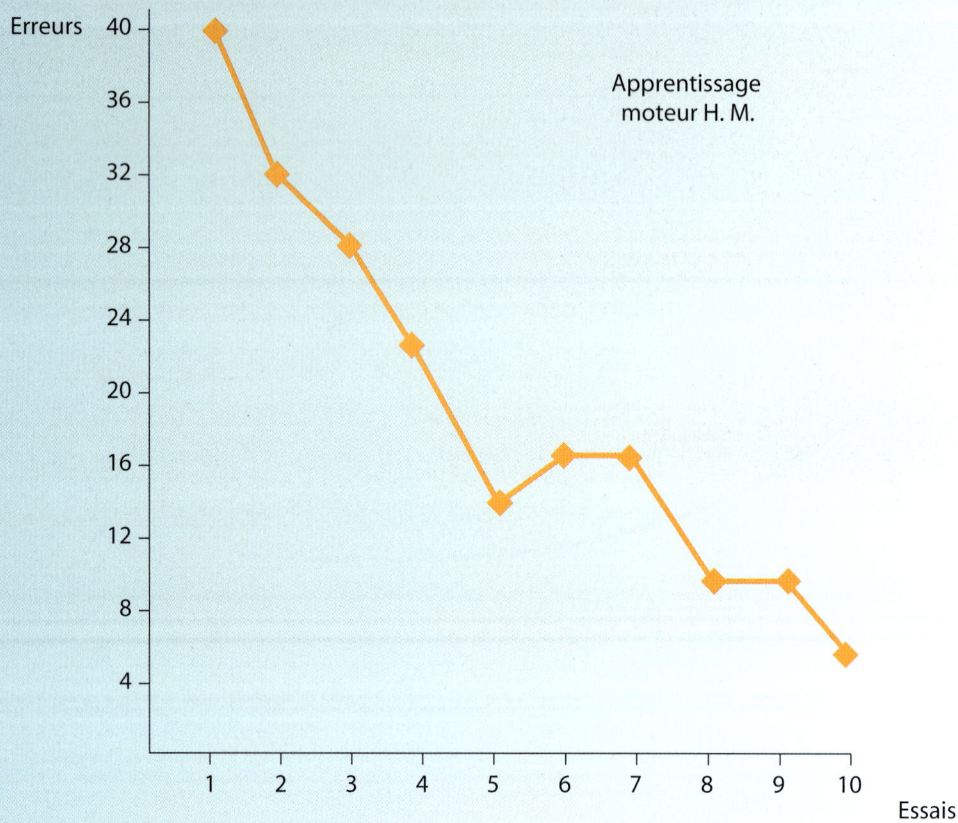

(d'après Milner, 1970)

Exercice 3 : Parlez-vous en lisant ?

L'enregistrement de l'EMG du larynx par rapport à celui du bras pendant la lecture de passages difficiles indiquent les résultats suivants :

	Lecture	
	Facile	Difficile
EMG		
Larynx	0,35	5,25
Bras	1,2	0,34

1) Qu'est-ce qu'un EMG ?

2) Construisez le graphique illustrant les résultats.

3) Commentez les résultats.

4) Certains pédagogues ou auteurs de méthodes de lecture préconisent la lecture « silencieuse ». Qu'en pensez-vous ?

6

CHRONO-PSYCHOLOGIE, ATTENTION ET CONSCIENCE

Depuis des millénaires, l'homme est dépendant des rythmes temporels astronomiques, notamment le rythme jour/nuit et les saisons. Si vous avez fait un long voyage en avion, vous vous êtes aperçu que vous aviez envie d'un café et de croissants lorsque les autres sont à l'heure du dîner. Le cerveau se régule aussi en fonction d'une horloge biologique interne pour créer les phases du sommeil et d'éveil et le décalage horaire. Les recherches en psychologie révèlent, en outre, de nombreux mécanismes qui permettent de se focaliser sur une activité, négligeant largement l'environnement, c'est l'attention dont on distingue plusieurs formes. De même, la conscience n'est pas unique et correspond à plusieurs formes, de la conscience sensible à la conscience historique.

I. Chronopsychologie

?

Qu'est-ce que la chronopsychologie ?

Depuis des millénaires l'homme est dépendant des rythmes temporels astronomiques, notamment le rythme jour/nuit (ou rythme nycthéméral (du grec *nuktos* = nuit et *héméra* = jour, *Larousse encyclopédique*, Larousse-Bordas, 1997)) et les saisons. L'importance du temps est telle chez les Grecs qu'ils en firent un dieu, Chronos, dont la racine est utilisée pour désigner les rythmes biologiques « chronobiologie » ou psychologiques « chronopsychologie » (Lecomte et Lambert, 1991).

Rythme nycthéméral : rythme astronomique de la succession du jour et de la nuit (du grec *nuktos* = « nuit » et *héméra* = « jour »)

Ali Ender Birer– Fotolia.com

Maurizio Pittiglio – Fotolia.co

L'homme est dépendant des rythmes astronomiques, le rythme jour/nuit et les saisons. C'est sans doute pour l'agriculture que les astronomes ont inventé la mesure du temps.

Chronopsychologie : (du dieu grec Chronos) étude de la perception du temps et de l'influence du temps et des rythmes sur l'homme.

1. Rythmes et chronopsychologie

Le rythme circadien

Rythme circadien : c'est la succession veille/sommeil (du latin *circa* = « environ » et dies = « jour »).

Même sans montre, l'homme pouvait se régler sur le rythme jour/nuit mais comment estimer le temps privé de tout repère chronologique ? Paul Fraisse, un des pionniers de la psychologie du temps, a organisé plusieurs expériences avec des spéléologues qui acceptèrent de vivre une longue période, seuls et sans montre, au fond d'une grotte. La tentative la plus longue a été réalisée avec le spéléologue Jean-Pierre Maiteret qui est resté 174 jours soit près de six mois sous terre (Fraisse *et al.*, 1968 ; *cf.* encart « La vie sous terre »). Privé de repères chronologiques, l'homme fait de grossières erreurs. Ainsi, Mairetet estime son séjour à 86 jours d'après ses cycles circadiens (du latin *circa* = environ et *dies* = jour, *Larousse encyclopédique*, Larousse-Bordas, 1997), c'est-à-dire d'après l'alternance veille-sommeil qu'il notait. Cette sous-évaluation énorme du temps confirme des études antérieures : le spéléologue Michel Siffre avait estimé à 33 jours son séjour qui en dura réellement 58 et Fraisse rapporte qu'en 1906 des mineurs coincés dans une galerie pendant trois semaines crurent n'avoir passé que quatre à cinq jours au fond de la mine.

Sommeil : Trois phases peuvent être distinguées par : 1. éveil : caractérisé par une activité électrique (EEG) rapide et de faible amplitude ; 2. endormissement : activité électrique plus lente avec des fuseaux (grande amplitude) et 3. sommeil profond, appelé « paradoxal » car si les muscles sont totalement relâchés l'activité du cerveau produit des ondes rapides comme dans l'éveil ; l'homme réveillé à ce stade est en plein rêve.

La vie sous terre

Ludwig Ferren – Fotolia.com

La tentative la plus longue a été réalisée avec le spéléologue Jean-Pierre Mairetet qui est resté 174 jours soit près de six mois sous terre (Fraisse *et al.*, 1968). Pourtant Mairetet estime son séjour à 86 jours d'après ses cycles circadiens, c'est-à-dire d'après l'alternance veille-sommeil qu'il notait ! Cependant l'étude fine de l'activité du spéléologue montra des paradoxes. Afin de repérer ses cycles veille-sommeil, il était convenu que le spéléologue se mette en tenue de nuit pour repérer la phase de sommeil. Or il s'avéra (figure 6.1) que si la plupart des cycles avaient une période de veille de 10 à 20 heures (plus ou moins 5), un assez grand nombre de cycles (une trentaine au total) sont très longs, couvrant 30 à 40 heures. Maiteret s'était-il mis à hiberner comme les ours ? Non, croyant faire une petite sieste, il faisait une longue nuit !

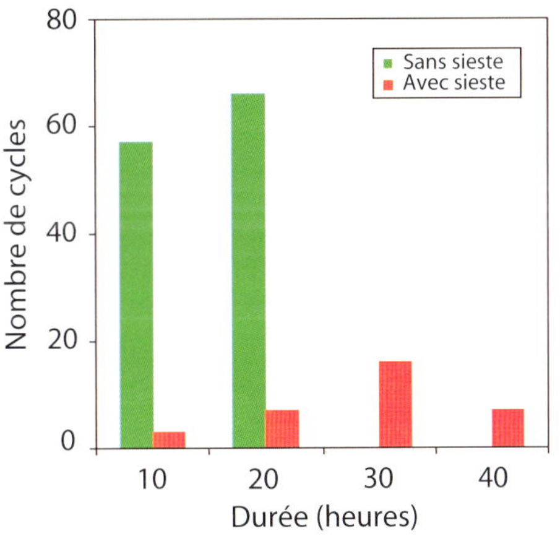

Figure 6.1 – Durée de la veille en fonction des cycles d'un spéléologue lors d'un séjour de six mois dans une grotte (adapté d'après Fraisse *et al.*, 1968).

Au total, il semble qu'il y ait une déconnection entre le temps psychologique (sous-évalué) et le temps physiologique. L'organisme se met lui-même en sommeil et si l'on prend les siestes comme des nuits, le cycle « biologique » est d'environ vingt-cinq heures. Privé de repères, les chercheurs expliquent cette régulation par une « horloge biologique » (*cf.* p. 226).

Horloge biologique : la régulation interne (par exemple, décalages horaires) est due à une horloge biologique, localisée dans l'hypothalamus.

En revanche, l'existence dans le cerveau d'une horloge biologique n'explique pas le temps perçu, ici largement sous-évalué puisque le spéléologue estime qu'il y a un cycle quand il y en a deux en réalité (avec la sieste/nuit).

En se fondant sur des résultats de laboratoire, Fraisse émet l'hypothèse que le temps psychologique est fonction de la densité des événements perçus. Plus il y a de changements perçus et plus nous pensons que l'intervalle de temps a été long (sur-estimation) mais à l'inverse quand rien ne se passe, le temps nous paraît rétrospectivement court (sous-estimation).

Performance au cours de la journée

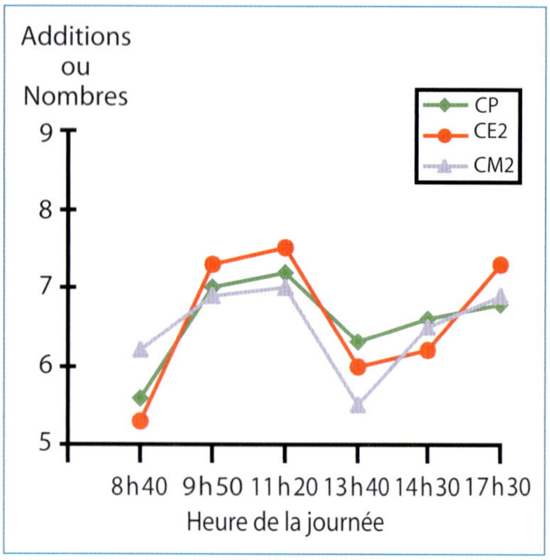

Figure 6.2 – Performance de calcul au cours de la journée pour trois niveaux scolaires (simplifié d'après Testu, 1989). Remarque : l'épreuve est un barrage de nombres pour les CP.

Le deuxième rythme important concerne les variations de performances au cours de la journée. Un spécialiste français, François Testu a beaucoup étudié ces variations en situation scolaire (1989). Dans une de ses études, les plus complètes du point de vue des moments de la journée, les élèves doivent faire des activités de courte durée à différents moments de la journée : trois moments dans la matinée : dès l'arrivée en classe (8 h 40), puis en milieu de matinée (9 h 50), en fin de matinée (11 h 20) ; et trois moments dans l'après-midi : après le repas (13 h 40), en milieu (14 h 30) et à la fin de l'après-midi (17 h 30). Avec des temps plus nombreux et différents âges, les résultats confirment ceux d'autres recherches selon une loi « générale » (Testu, 1989 p. 76).

Après un démarrage difficile, les performances augmentent pour atteindre un pic entre 11 heures et midi (Figure 6.2). L'après-midi est également classique avec une baisse pendant la digestion (période post-prandiale pour les biologistes) et une montée jusqu'à la fin de l'après-midi. Les deux « creux » observés sont déterminés par des causes biologiques, la remise en activité après le sommeil le matin et la digestion l'après-midi. Le remède pour l'après-midi est connu de longue date pour être même une institution dans certains pays méditerranéens, la sieste. On observe ainsi à l'intérieur du rythme circadien, des rythmes plus courts (par exemple ici de 1 h 30 à 2 heures) qui sont dénommés de façon générale des rythmes ultradiens (par exemple les battements du cœur, les cycles du sommeil) ; à l'inverse les rythmes plus lents que le rythme circadien sont les rythmes infradiens (Halberg, cit. Montagner, 1983), par exemple, les saisons.

2. Sommeil et vigilance

Dans la mythologie grecque, Hypnos, le dieu du sommeil donne le sommeil aux mortels en les touchant de la fleur de pavot tandis que son fils Morphée, le dieu des songes, prodigue le rêve aux mortels endormis (Valatx, 1998). Cette légende indique que l'observation courante nous a appris depuis des millénaires le cycle de la veille (ou vigilance) et du sommeil, souvent accompagné du rêve. Une connaissance plus profonde des mécanismes est apportée par les neurosciences.

Neurobiologie du sommeil

Les mécanismes du sommeil et de l'éveil sont tellement complexes qu'il a fallu l'apparition de nombreuses techniques ou découvertes pour les comprendre. L'électrophysiologie a permis de montrer différentes phases du sommeil par des ondes cérébrales spécifiques ; la micro-électrophysiologie, vers les années 1950, a précisé ce fonctionnement par la mesure de l'activité bio-électrique de centres profonds du cerveau ; et enfin la découverte des neurotransmetteurs (après les années 1960) a fourni la « clé » des songes et des circuits de l'éveil et du sommeil.

Le neurobiologiste français Michel Jouvet de l'université de Lyon, a été l'un des grands chercheurs du sommeil avec notamment la découverte du sommeil qu'il a appelé « paradoxal ».

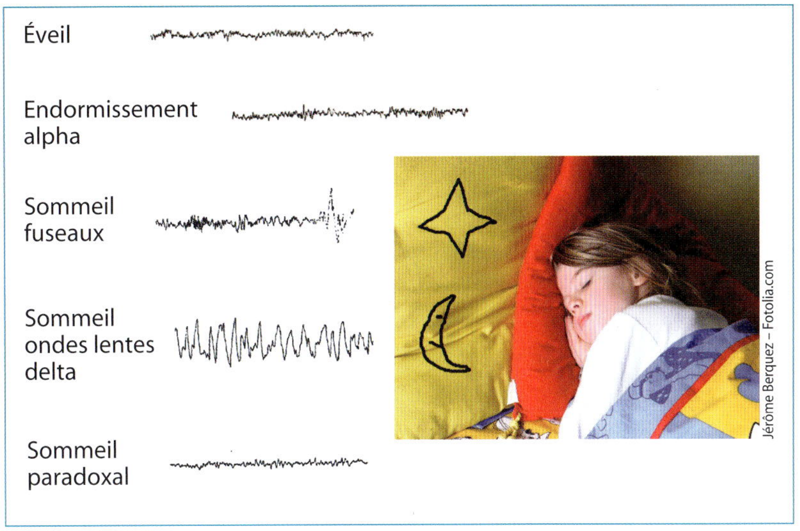

L'électroencéphalogramme a permis de distinguer différentes phases du sommeil, notamment le sommeil paradoxal, période du rêve.

Phases et ondes du sommeil

Trois phases peuvent être distinguées par l'EEG (EEG = électroencéphalogramme) :

- lors de l'éveil, l'activité électrique (EEG) est rapide et de faible amplitude ;
- dans l'endormissement, l'activité électrique est plus lente avec des fuseaux (grande amplitude) alors que l'organisme est détendu avant de plonger dans un sommeil profond ;
- une phase du sommeil profond est « paradoxale » car si les muscles sont totalement relâchés et si l'organisme ne perçoit plus de sensations, à l'inverse l'activité du cerveau produit des ondes rapides et de faible amplitude comme dans l'éveil ; les globes oculaires font de rapides mouvements (REM = *Rapid Eye Movements*) ; l'homme réveillé à ce stade est en plein rêve.

EEG (électro-encéphalogramme) : le cerveau (comme toute partie vivante) produit de l'activité électrique (de l'ordre de milli ou microvolts) ; les enregistrements ont permis de dissocier différentes phases dont le sommeil paradoxal.

Sommeil paradoxal : phase de sommeil, où les muscles sont détendus mais où le cerveau est actif un peu comme lors de l'éveil. C'est la période du rêve.

Les circuits de l'éveil et du sommeil

Après l'épidémie de grippe espagnole en 1918, le médecin viennois Constantin von Economo observa que chez les personnes décédées, celles qui souffraient d'insomnie avaient des lésions de l'hypothalamus (cerveau végétatif, *cf.* chap. 8) antérieur et celles qui avaient souffert de léthargie avaient des lésions de l'hypothalamus postérieur. De cette observation naquit l'idée, confirmée depuis, que l'éveil est déclenché par l'hypothalamus postérieur (puisque la lésion provoque la léthargie) et le sommeil par l'hypothalamus antérieur. La suite des recherches (Jouvet, Valatx, 1998) fait apparaître l'existence de réseaux de neurones excités ou inhibés par de nombreux neurotransmetteurs (encart ci-dessous).

Les circuits de l'éveil et du sommeil

Le centre de l'éveil excite le cerveau par des réseaux de neurones fonctionnant principalement avec deux neurotransmetteurs, la dopamine, d'où la mise en éveil par les amphétamines (qui stimulent la dopamine) et l'histamine (raison pour laquelle les personnes allergiques qui prennent des antihistaminiques ont des réveils difficiles et des risques d'endormissement). Ces circuits prolongent l'excitation du cerveau par des réseaux (formation réticulée) de neurones situés dans le pont de Varole et le bulbe rachidien pour aller, par l'intermédiaire de la moelle épinière (faisceaux de câblages), activer toutes les parties sensitives et motrices du corps.

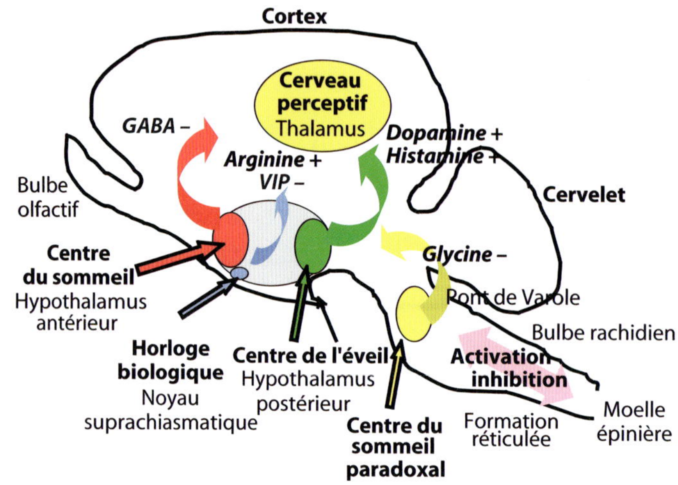

Figure 6.3 – Circuits de l'éveil et du sommeil avec leurs centres et leurs neurotransmetteurs chez le chat (simplifié d'après Jouvet, Valatx, 1998).
Remarque : les noms de neurotransmetteurs sont en italique.

À l'inverse, le centre du sommeil semble principalement utiliser, pour ses circuits, le principal neurotransmetteur inhibiteur le GABA (*Amino-GammaButyric Acid*) ; en particulier, c'est par inhibition du thalamus (cerveau perceptif) qu'il y a blocage de la réception des sensations pendant le sommeil. C'est pourquoi la plupart des somnifères (ou hypnotiques), les benzodiazépines, agissent sur les récepteurs du GABA ; le cannabinol (cannabis, marijuana) agit aussi sur ces sites GABA, d'où son effet tranquillisant voire endormant.

L'horloge biologique

Habituellement, nous sommes rythmés par le jour ou l'absence de lumière la nuit. Néanmoins, les décalages horaires lors de longs voyages en avion indiquent que nous possédons aussi une régulation interne, montrée de façon encore plus spectaculaire par l'isolation dans une grotte pendant de longs mois (*cf.* p. 223). Les recherches neurobiologiques (Denis, 1992 ; Jouvet ; Valatx, 1998) identifient cette horloge également dans l'hypothalamus, au niveau d'un petit noyau (= groupements de neurones) appelé « suprachiasmatique » (**Figure 6.3**) car il est juste au-dessus du croisement des deux nerfs optiques (= chiasma optique : prononcez « kiasma »). Ce noyau reçoit des informations lumineuses de la rétine par mille axones de cellules ganglionnaires (un pour mille). Les neurones agissent eux aussi par des neurotransmetteurs, l'arginine pour l'éveil et le VIP (vaso-active intestinal peptide) pour l'endormissement.

3. Sommeil et mémoire

Apprendre en dormant a été à la mode à une époque. Cette « fausse » méthode pédagogique avait pour nom l'hypnopédie (*hypno* = sommeil en grec et « pédagogue » = esclave qui menait l'enfant à l'école). Mais le rêve ne dura pas longtemps ; des expériences ont montré qu'une liste de chiffres diffusée à des dormeurs ne laisse aucun souvenir à leur réveil (Simon et Emmons, 1956, cit. Boujon et Quaireau, 1997). Déjà, nous l'avons vu, la sieste est un mauvais moment pour apprendre. Tout au contraire, on apprend d'autant mieux qu'on est bien réveillé et attentif.

En revanche, le sommeil est bon pour consolider des apprentissages de la journée. Les expériences faites sur différents animaux révèlent que, pendant le sommeil paradoxal, il existe une forte activité du cerveau. Des mécanismes biochimiques et biologiques permettent la consolidation des souvenirs : probablement en construisant des nouveaux contacts entre neurones. Chez l'animal, le sommeil paradoxal est d'autant long que les nouveaux apprentissages sont nombreux. À l'inverse, la privation de sommeil paradoxal diminue la rétention de l'apprentissage précédent et même l'efficacité des apprentissages antérieurs (Hennevin et Leconte, cit. Leconte et Lambert, 1990). La phase de sommeil paradoxal est d'ailleurs très longue chez les bébés et dans l'enfance ; elle se réduit, en proportion, chez la personne âgée. Des études récentes montrent également que toutes les phases du sommeil sont bonnes, ayant chacune leur rôle à jouer. Par exemple, pendant le sommeil lent profond, les neurones de l'hippocampe s'activent pour trier les informations et les transférer dans le cortex pour un stockage à long terme (Rauchs, 2012).

Lors des révisions pour les examens, il faut donc préserver le sommeil au contraire des nuits blanches du bachotage.

4. Vigilance

Vigilance : intensité de l'éveil permettant certaines performances.

À l'inverse du sommeil, le cerveau est éveillé, mais il faut un minimum d'intensité de l'éveil pour certaines performances. Les physiologistes et psychopharmacologistes emploient le terme de « vigilance » pour désigner ce degré d'éveil. Le concept d'« attention » est plutôt réservé à la nature des processus psychologiques impliqués.

Les épreuves mesurant la vigilance sont nombreuses.

- CFF (*Critical Flicker Fusion*) : un appareil fait clignoter une lumière (comme un néon qui marche mal) en augmentant le nombre de scintillements par seconde (1 scintillement/s = 1 hertz ou Hz), jusqu'à ce qu'on ne distingue plus le scintillement mais une lumière continue (c'est le seuil de fusion). En moyenne, le seuil (ou CFF) est de 28 hertz chez les jeunes de 20 ans et baisse (la fusion arrive plus vite) pour atteindre une valeur moyenne de 25 hertz à 75 ans. Ce paramètre, très étudié en psychopharmacologie (Hindmarch, 1988), est considéré comme très sensible à la vigilance.
- Temps de réaction : le temps de réaction est également très utilisé ; le temps de réaction simple est le temps à réagir à un seul signal (par exemple lumière) et le temps de réaction à choix multiple est le temps à réagir pour un signal donné (par exemple, lumière rouge) parmi un choix (souvent quatre, lumières rouge, verte, jaune, bleue).

L'alcool et certains médicaments baissent la vigilance et sont la cause d'accidents.

- Tâche de barrage : inventé depuis longtemps par les pionniers de la psychologie expérimentale (Bourdon, Piéron), le test consiste à barrer un signe (par exemple un carré, ou la lettre R) parmi des lignes de signes ou de lettres, par unité de temps.
- Tâche de poursuite (*tracking*) : souvent sur ordinateur, il faut, comme dans un jeu vidéo, détecter l'apparition d'une cible donnée, en appuyant sur un bouton (*cf.* p. 229, l'horloge de Mackworth).
- Simulateur de conduite automobile : enfin, parmi diverses tâches, la conduite automobile est très étudiée, du fait du danger occasionné par la prise de médicaments psychotropes (ayant un effet psychologique).

L'équipe de Willumeit et Ott du laboratoire de psychopharmacologie de Berlin a mené de nombreuses études sur simulateur pour tester la baisse de vigilance (somnolence) causée par certains produits.

La figure 6.4 indique la baisse de vigilance mesurée par plusieurs paramètres de conduite sur simulateur en fonction du degré d'alcoolémie et de prises de benzodiazépine (tranquillisants ou somnifères). Les résultats indiquent qu'à partir d'un taux d'alcoolémie de 0,6 % (le taux légal en France est de 0,5 %), la baisse de vigilance est de 12 % et peut atteindre 25 %. Par rapport à un placebo (faux médicament), les benzodiazépines testées ici (le diazépam est plus connu sous son nom commercial, Valium) provoquent une baisse du même ordre de 10 % à 25 %. Alcool et somnifères ne font donc pas bon ménage pour les activités cognitives.

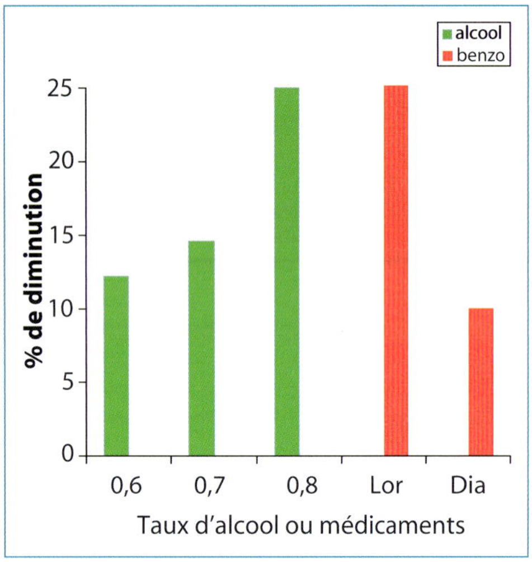

Figure 6.4 – Pourcentage de baisse de la performance sur un simulateur de conduite automobile en fonction du degré d'alcoolémie (g par litre) ou de la prise de tranquillisant (lormetazépam et diazépam) (adapté d'après Willumeit *et al.*, 1993).

II. L'ATTENTION

?

Qu'est-ce que l'attention ?

Attention : capacité de se concentrer sur une activité pendant une durée importante. Les spécialistes en distinguent trois formes principales : l'*attention soutenue* (ou maintenue), l'*attention sélective* (ou focalisée) et enfin l'*attention divisée.*

L'attention revêt plusieurs formes pour les spécialistes (Boujon et Quaireau, 1997) dont les principales sont l'attention soutenue (ou maintenue), l'attention sélective (ou focalisée) et enfin l'attention divisée.

1. L'attention soutenue

Les étudiants connaissent bien la nécessité de maintenir leur attention pendant les cours et l'usage montre qu'au-delà d'une heure, une pause est la bienvenue. De même, la plupart des films durent 1 h 30 à 1 h 40 et les très longs films requièrent un scénario extraordinaire pour maintenir notre attention. Certains comme la société Walt Disney s'adaptent à l'âge de leur jeune public en faisant pour leurs suites (par exemple *Cendrillon 2*) une succession de trois histoires d'environ 20 minutes.

Cependant dans la vie courante, il y a des relâchements de l'attention. Il faut donc avoir recours à des épreuves de laboratoire pour examiner le temps maximum d'une attention soutenue.

Attention soutenue : l'attention soutenue, ou maintenue, est la capacité de traiter une activité pendant une durée importante.

Une des épreuves les plus « contraignantes » est celle des horloges de Norman Mackworth (1958 ; cit. Boujon et Quaireau, 1997). L'aiguille d'une (fausse) horloge fait cent déplacements dans un tour complet mais de temps à autre, l'aiguille saute deux crans. Ce double saut est très rare (six fois pour mille) ce qui nécessite une attention très soutenue. L'attention chute fortement après la première demi-heure pour atteindre un équilibre après une heure et demie.

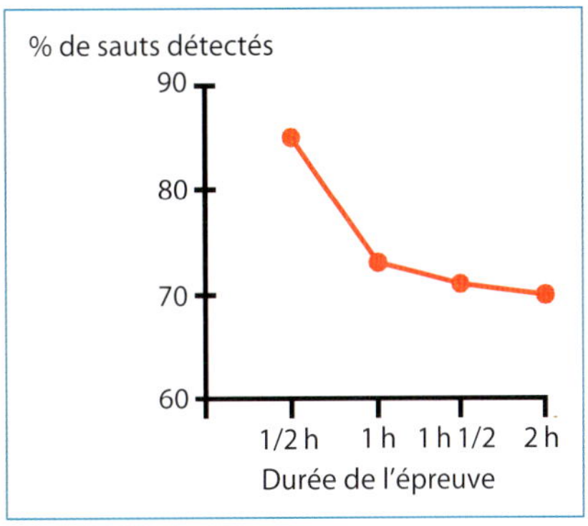

Figure 6.5 – Les « horloges » de Mackworth (1958 ; d'après Boujon et Quaireau, 1997).

2. L'attention sélective

Attention sélective : l'attention sélective ou focalisée correspond dans l'usage courant à la concentration ; c'est la capacité de se focaliser sur une tâche en ignorant les autres.

L'attention sélective ou focalisée est la forme la plus spécifique de l'attention et correspond dans l'usage courant à la concentration. L'attention sélective est parfaitement illustrée par la référence au problème de la « cocktail party » soulevé par l'un des pionniers de l'attention, l'Anglais (quoique travaillant au Massachusetts Institute of Technology) Colin Cherry (1953).

Le problème de la « cocktail party » et le filtre sélectif

L'enregistrement d'une fête avec un caméscope est souvent surprenant, tout le monde parle et rien n'émerge de la cacophonie. Or la réalité psychologique est tout autre car vous ne perdez pas une miette de la conversation de votre interlocutrice (ou interlocuteur) et le brouhaha n'est perçu que comme un fond sonore.

Le filtre attentionnel

Cherry pense donc qu'un processus, l'attention sélective, filtre (pour utiliser le langage des télécommunications) un message et « rejette » les autres. Pour en étudier les caractéristiques, il invente la technique de l'écoute dichotique qui consiste à faire entendre simultanément (grâce à un casque stéréo) deux messages différents aux deux oreilles. Entendre les deux messages est impossible et Cherry note que les sujets ferment les yeux pour mieux se concentrer. En revanche, si l'on prévient les sujets de faire attention à une oreille (par exemple, droite), ce message est bien perçu mais le message non attendu (l'oreille gauche) est très mal rappelé.

pressmaster – Fotolia.com

Lors d'un cocktail, on entend de manière privilégiée notre interlocuteur malgré le bruit ambiant.

Reprenant et prolongeant ces recherches, Donald Broadbent de l'université d'Oxford (1958) présente, sous forme d'un schéma électronique, une théorie expliquant l'attention sélective par un filtre. Historiquement, ce schéma (simplifié ; *cf.* chap. 4) a été le premier modèle modulaire de la mémoire.

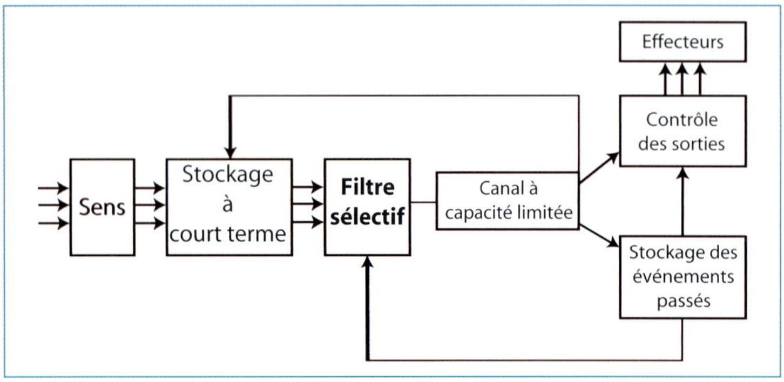

Figure 6.6 – Le modèle de Broadbent (1958).

Dans ce premier modèle (Figure 6.6), les informations provenant des organes sensoriels (sens) sont d'abord stockées à court terme et un filtre attentionnel sélectionne les informations cibles en fonction des préférences du système de stockage des événements passés (= la mémoire à long terme dans les termes actuels). Ce filtre est nécessaire pour ne pas encombrer le système, représenté par un canal à capacité limité (la capacité de la mémoire à court terme était déjà connue à l'époque de Broadbent, *cf.* chap. 4). L'attention est donc principalement représentée par le filtre qui laisse passer les informations et écarte les informations non pertinentes.

La position du filtre

Par la suite, beaucoup de discussions ont eu cours pour savoir où se situe le filtre ? En effet certaines expériences ont révélé que les informations non pertinentes n'étaient pas effacées mais pouvaient être récupérées (Yntema et Trask, 1963, cit. Knight et Parkinson, 1975). Ainsi dans une expérience d'écoute dichotique, les messages envoyés aux deux canaux (pour reprendre l'expression de l'époque qui montre bien le vocabulaire des « télécommunications »), oreille droite ou gauche, sont quatre paires de mot-chiffre (par exemple chat-4 ; 8-rue, jour-3, etc.). Le sujet est prévenu qu'il rappelle d'abord le message d'une oreille (canal attendu) puis l'autre. Dans une condition où le sujet doit rappeler chaque paire, par « oreille » (par exemple, chat-4, 8-rue, jour-3, 9-nid), les résultats sont classiques (Cherry, Broadbent) : le rappel étant très bon de 80 % à 100 %. À l'inverse le message du deuxième canal (oreille non attendue) est désastreux, de 20 % à 60 % (Figure 6.7). En revanche pour ce canal « non attendu », si la consigne est de rappeler par catégorie, c'est-à-dire les mots ensemble et les chiffres ensemble (4, 8, 3, 9, et chat, rue, jour, nid), le rappel est bien meilleur (Figure 6.7). Le filtre (l'attention) n'a donc pas évacué l'information de l'oreille non-attendue, puisque les mots et chiffres peuvent être retrouvés en mémoire. Donald Norman de l'université de Californie à San Diego propose un modèle inverse à celui de Broadbent : l'information est d'abord traitée et stockée en mémoire et c'est ensuite que le filtre de l'attention intervient.

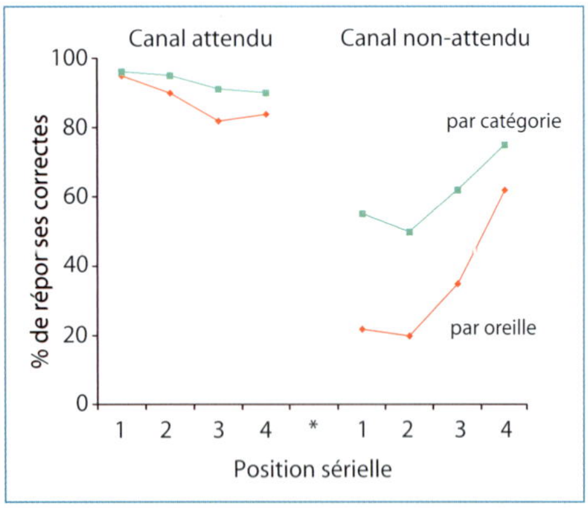

Figure 6.7 – Technique de l'écoute dichotique (d'après Knight et Parkinson, 1975).

L'effet Stroop

Comment opère le filtre attentionnel ? Une hypothèse très plausible est de supposer que le filtre opère par inhibition des informations non pertinentes (*cf.* Boujon, 2002). L'effet Stroop le montre bien.

Du nom de John Ridley Stroop, l'effet a été découvert en 1935. Stroop présentait à des enfants des planches de cinquante mots de couleur écrits en couleur. Dans la condition où la personne doit dire la couleur de l'encre (par exemple, vert, Figure 6.8) d'un mot qui désigne une autre couleur (le mot « rouge » écrit en vert), le temps est presque deux fois plus long que si c'est la même couleur. L'interprétation est basée sur le fait qu'il est plus rapide et automatique de lire le mot que de dénommer la couleur de l'encre (*cf.* lecture et dénomination, chap. 4). Donc quand les deux informations sont en conflit (le mot « rouge » écrit en vert), un processus d'inhibition bloque la lecture du mot et permet de porter l'attention sur la dénomination de l'encre.

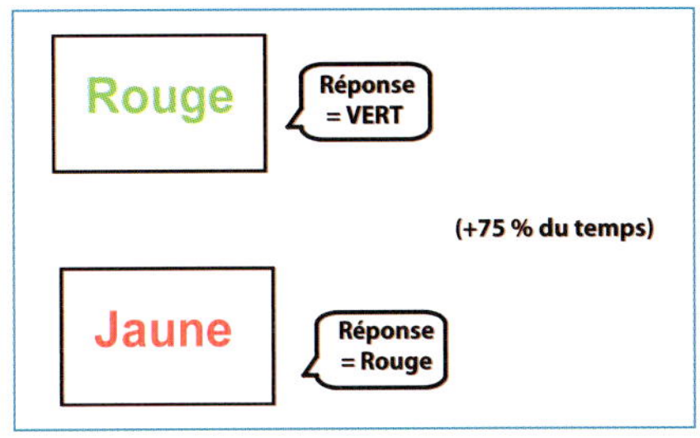

Figure 6.8 – L'effet Stroop.

Mécanismes pré-attentionnels et superviseur attentionnel

Mais qui décide que les informations sont « non pertinentes » ? Dès le début des recherches sur l'attention, des chercheurs ont imaginé diverses solutions à ce problème. Les théories peuvent être divisées en deux grandes catégories.

Mécanismes pré-attentionnels

Pour certains auteurs, chaque système spécifique sélectionne l'information utile en fonction de son organisation propre. Par exemple en mémoire sémantique pour le langage (Dallas et Merikle, 1976) : imaginez qu'on demande de détecter un nom d'animal parmi des plantes, la sélection se fait en mémoire sémantique. Ces mécanismes de sélection se font avant un mécanisme d'attention plus général, et sont donc appelés mécanismes « pré-attentionnels ». Ainsi des immeubles, affiches, voitures, personnes, etc., qui nous entourent et dont nous n'avons pas conscience. Pourtant notre perception les capte et les sélectionne automatiquement : ce sont les mécanismes pré-attentionnels.

Anne Treisman de l'université de Berkeley en Californie a bien documenté de tels processus pour la perception visuelle (1986). Comme elle le fait remarquer, quand on se ballade dans une ville nouvelle, nous voyons des immeubles, des gens et des voitures mais nous n'avons pas conscience de construire ces objets familiers à partir de contours et couleurs ; ce sont donc des mécanismes qui les construisent en dehors de notre attention.

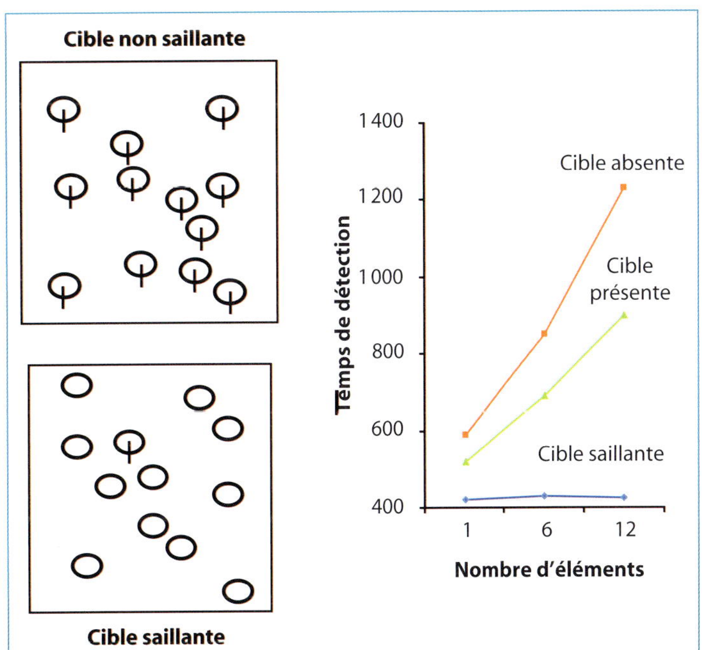

Figure 6.9 – Temps de détection d'une cible visuelle saillante ou non en fonction du nombre de distracteurs et de la présence ou non de la cible (d'après Treisman, 1986).

Dans de nombreuses expériences de détection d'une cible parmi des distracteurs, les résultats montrent que si la cible à détecter est peu saillante (pas de trait distinctif : par exemple, un cercle parmi plein de cercles barrés), le temps de détection est très long et dépend du nombre de distracteurs. Quand la cible est absente, le système visuel doit examiner chaque rond (environ 50 ms par distracteur) tandis que lorsque la cible est présente, la détection est en moyenne de moitié (la recherche visuelle s'arrête dès la détection). À l'inverse, quand la cible est saillante grâce à un trait distinctif (forme nouvelle, couleur, etc.), le temps ne dépend pas du nombre de distracteurs. Que la cible soit présente ou non (ainsi, seule une courbe est présentée figure 6.9), elle « saute aux yeux ». Ces résultats suggèrent à Treisman que c'est le système visuel lui-même qui, de façon pré-attentionnelle, fait son propre travail de sélection.

Superviseur attentionnel et cortex frontal

Mais ce type de sélection intéresse plus les chercheurs du domaine (perception visuelle, mémoire) et moins les chercheurs de l'attention qui s'intéressent à un « arbitre » plus général. Les deux modèles les plus connus sont le modèle de la mémoire de travail et le système attentionnel superviseur (SAS). Le modèle de la mémoire de travail de Baddeley (et Hitch, 1974 ; Baddeley, 2000) est présenté à propos de l'attention divisée (voir p. 225) pour laquelle il a été conçu (voir aussi chap. 4)

En neuropsychologie, la pathologie du cortex frontal présente beaucoup de troubles de type attentionnel. Les patients éprouvent de grandes difficultés ou échouent dans des tâches de planification, de mise en ordre de plusieurs activités, de calcul mental, etc. (*cf.* chap. 7, parag. 4). Le neuropsychologue Tim Shallice de l'université de Londres a proposé la théorie d'un « système attentionnel superviseur » ou SAS (Norman et Shallice, 1980 ; Shallice, 1995). Comme la mémoire de travail, le superviseur attentionnel est un système supérieur qui joue le rôle d'arbitre (c'est le filtre de Broadbent ou Norman) en sélectionnant l'information pertinente (en fonction des informations de la mémoire à long terme) et bloque ou met en attente l'information secondaire ou distractrice.

Le test de classement de cartes du Wisconsin est un très bon exemple de tâche mettant en défaut le déficit du Superviseur chez les patients atteints de lésions du cortex frontal. Ce test (Milner, 1963 cit. Shallice, 1995) est une épreuve d'abstraction de règles comme dans le jeu *Mastermind*. L'épreuve est divisée en cycles. Le patient est prié de classer les cartes d'un paquet en fonction des quatre modèles placés devant lui (Figure 6.10). Comme chaque dessin a trois attributs (forme, couleur, nombre) le classement d'une carte donnée peut se faire de multiples façons. Le test consiste en fait à ce que le patient trouve la règle que l'expérimentateur a en tête ; cette règle peut être tour à tour « forme » ou « couleur » ou « nombre ». Lors du premier cycle (par exemple, six essais), l'expérimentateur considère la règle du patient comme bonne, puis il change de temps en temps la règle.

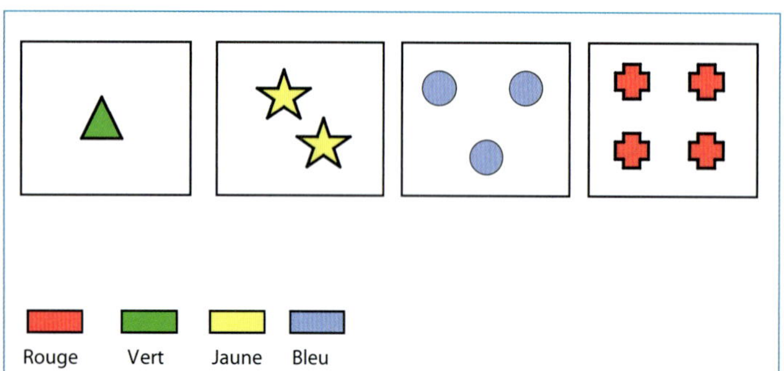

Figure 6.10 – Test de classement de cartes du Wisconsin d'après Milner (cit. Shallice, 1995).

Or les patients frontaux (lésions ou opérés du cortex frontal) montrent de fortes persévérations dans ce test ; ils gardent la même règle. Là où des patients commettent 13 % de persévérations, les patients frontaux en commettent 52 %. Comme les comportements de persévération sont également l'expression d'un manque d'inhibition, le cortex frontal apparaît comme la base biologique probable pour un système attentionnel général, quel que soit son nom, Superviseur, filtre ou mémoire de travail.

Le superviseur serait débordé s'il fallait gérer toutes les activités et nous serions bien fatigués en fin de journée. Heureusement, l'évolution biologique a mis au point deux systèmes différents pour les activités routinières et les situations nouvelles, les processus automatiques et contrôlés.

3. Processus automatiques et contrôlés

Jim Mills – Fotolia.com

Si l'entraînement ne permettait pas des processus automatiques, toutes les tâches seraient en attention contrôlée, ce qui serait irréalisable pour les environnements très complexes comme les interventions techniques dans l'espace !

En analysant des études sur la détection faites par certains auteurs (Sperling puis Briggs et Johnsen), Walter Schneider et Richard Shiffrin (1977) se rendent compte que les temps de détection varient considérablement selon la charge en mémoire. Reprenant la technique, ils mettent en évidence une distinction fondamentale dans notre capacité de traitement de l'information : il existe des processus contrôlés, lents et qui nécessitent une attention soutenue et des processus automatiques, rapides ne nécessitant pas de concentration.

La technique est inspirée de celle de Sperling le découvreur de la mémoire iconique (*cf.* chap. 7). Un cadre cible contenant des lettres est présenté sur ordinateur (temps rapide, par exemple = 40 millisecondes) suivi de vingt autres cadres contenant également des lettres. Le sujet doit appuyer sur un bouton « oui » dès qu'il détecte une lettre qui appartenait au cadre cible (par exemple la lettre D dans la figure 6.11). Deux conditions sont utilisées : une condition « lettres-lettres » où seules des lettres apparaissent dans la cible et dans les cadres de détection et une condition chiffres-lettres où la cible contient des chiffres et les cadres de détection contiennent des lettres sauf le cadre qui contient un chiffre de la cible (par exemple le chiffre 9 dans la figure 6.11).

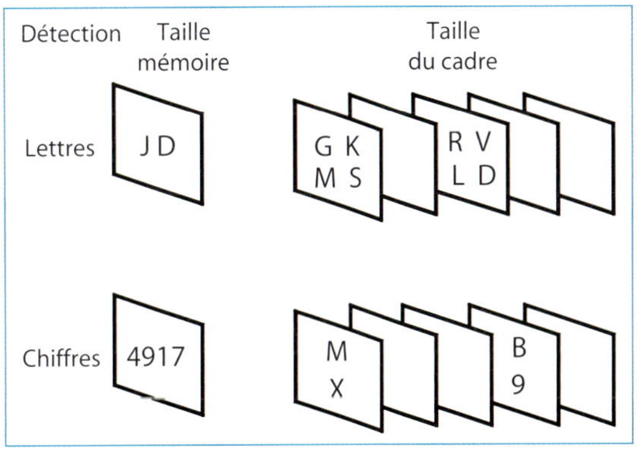

Figure 6.11 – Description de la technique de Schneider et Shiffrin (1977).

En fonction des essais (à chaque essai, les combinaisons de lettres ou chiffres sont changées), le cadre cible peut contenir un, deux ou quatre éléments (lettres ou chiffres) de même pour les cadres de détection. Si bien que l'expérience totalise soixante-douze conditions ce qui fait, à raison de soixante essais par condition, quatre mille trois cent vingt essais ; les auteurs n'utilisent d'ailleurs que quatre sujets.

Les résultats (**Figure 6.12**) changent complètement en fonction de la charge en mémoire résultant de la taille de la cible (1, 2 ou 4 éléments). Lorsque la charge est de 1, le temps de détection est quasiment constant quel que soit le contenu de la cible (lettres ou chiffres) et quel que soit le nombre d'éléments dans les cadres à détecter (1, 2 ou 4). Au contraire, lorsque la charge en mémoire est de 4, les résultats sont différents selon la nature de la cible. Lorsque la cible contient des chiffres, on observe une vitesse constante (en fonction de la taille du cadre) : le sujet peut facilement garder en mémoire à court terme (ou de travail) les 4 chiffres, négligeant les lettres du cadre jusqu'à ce qu'il détecte un chiffre. À l'inverse, lorsque la cible contient des lettres, la détection nécessite des processus d'analyse de tous les cadres (charge accrue en mémoire) et de comparaison des lettres perçues avec les lettres en mémoire à court terme.

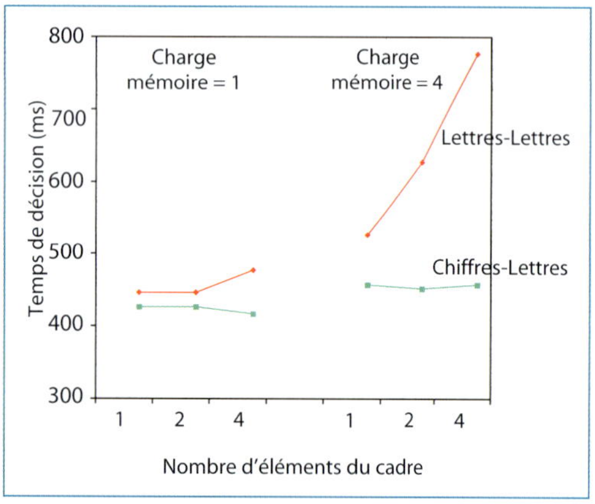

Figure 6.12 – Dissociation entre processus contrôlés (charge mémoire = 4 pour la détection lettres-lettres) et automatiques (soit charge mémoire = 1 ; soit détection chiffres-lettres) (simplifié d'après Schneider et Shiffrin, 1977).

Dans le cas d'un temps de réaction constant, les auteurs pensent que des processus automatiques se sont développés ; par exemple, avec le surapprentissage (quatre mille essais), les sujets ont appris en situation chiffres-lettres que les lettres pouvaient être négligées. Tandis que l'augmentation des temps de réaction montre une charge de travail croissante à laquelle ils donnent le nom de « processus contrôlés ».

La distinction entre processus contrôlés et automatiques permet d'expliquer de nombreux résultats expérimentaux et observations de la vie courante. Dans la vie courante, la marche qui requiert tant d'attention et d'effort de la part de l'enfant ou la conduite automobile pour l'apprenant, deviennent progressivement, mais avec un grand nombre d'heures, des processus automatiques peu fatigants. L'attention peut alors se focaliser sur de nouvelles tâches.

Cette distinction est également très éclairante pour expliquer que les performances en montagnes russes au cours de la journée (Testu, voir p. 214) ne s'observent que pour certaines activités. Dans ses études sur les rythmes scolaires à l'école, Testu avait remarqué une efficience en montagne russe pour des activités difficiles (opérations **Figure 6.13** ; raisonnement, etc.). En revanche, aucun effet du moment de la journée était observé pour d'autres activités (par exemple, conjugaison). Testu a donc adapté l'expérience de Schneider et Shiffrin auprès d'étudiants mais en fonction de quatre moments de la journée avec l'idée que les effets du rythme quotidien ne se feraient sentir que pour les tâches nécessitant des processus contrôlés.

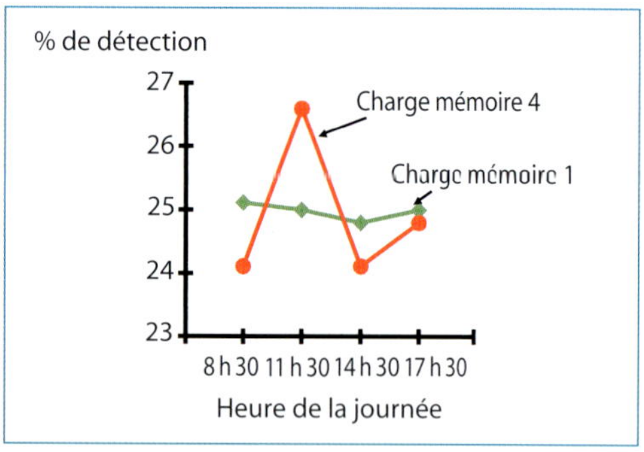

Figure 6.13 – Détection en fonction de la taille en mémoire et de l'heure de la journée (simplifié d'après Testu, 1989).

De fait, les résultats montrent qu'avec une charge élevée en mémoire (4), on trouve la courbe en montagnes russes ; au contraire, la performance est constante en charge minimale quel que soit le moment de la journée, y compris au moment de la « sieste ». On constate d'ailleurs bien le rôle de l'apprentissage dans ses expériences à l'école ; une activité de barrage de nombre subit les effets des moments de la journée en CP (Figure 6.13) tandis que l'efficacité pour cette activité est constante au cours de la journée pour les classes de CE2 et CM2 (non représenté sur la figure, *cf.* Testu, 1989).

Testu propose, en fonction de ces recherches, des applications pour les rythmes scolaires, réservant les activités nouvelles ou difficiles (processus contrôlés) aux heures de vigilance et de préserver les moments de « réveil » (tôt le matin) ou de sieste en donnant des activités plus automatisées.

4. Attention divisée et concurrence cognitive

Attention divisée et concurrence cognitive : c'est la capacité de gérer plusieurs tâches en même temps.

Un des thèmes majeurs de l'ergonomie cognitive ou psychologie du travail, est la concurrence cognitive ou capacité de gérer plusieurs tâches simultanément. Car contrairement à la conception d'un esprit immatériel gérant toute activité mentale sans limite d'espace et de temps, des chercheurs ont montré que des activités entraient bien souvent en concurrence.

L'attention divisée ou partagée

Les chercheurs anglais ont été les premiers à développer ce thème Colin Cherry puis Donald Brodbent qui faisaient écouter des messages différents par les deux oreilles en même temps puis Allan Baddeley du Centre appliqué de Cambridge qui proposa avec Graham Hitch (1974) le concept de mémoire de travail pour interpréter les problèmes de concurrence cognitive. Dans la théorie de Baddeley (*cf.* chap. 5), la mémoire coporte au moins trois structures, un système exécutif central (ou processeur central) assisté de deux systèmes esclaves, la boucle articulatoire, pour expliquer la concurrence vocale et la mémoire « croquis » (visuelle/spatiale) pour expliquer les effets de concurrence imagée.

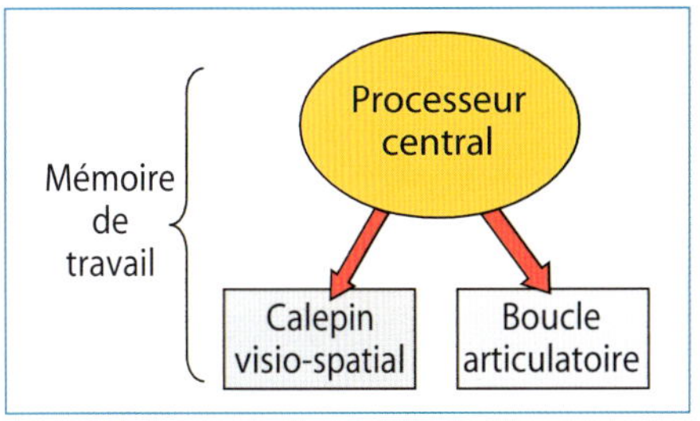

Figure 6.14 – Modèle de la mémoire de travail (d'après Baddeley, 1993).

En effet, Baddeley (1993) et son équipe montrèrent de nombreuses expériences dans lesquelles une tâche secondaire vocale (compter à voix haute) gène une activité principale verbale (mémorisation de chiffres) mais pas une activité principale visuelle (mémoriser des points dans un tableau) ; et symétriquement une tâche secondaire visuelle ne gêne qu'une activité principale visuelle ou spatiale. Quoique le modèle de Baddeley paraisse limité pour expliquer la variété des processus de mémoire (mémoire sémantique, des visages ; *cf.* chap. 5), l'idée d'une plus ou moins grande concurrence en fonction du nombre de sous-systèmes impliqués est fondamentale.

Attention divisée et conduite automobile

Un des thèmes d'application de l'attention partagée est la conduite automobile. Une recherche a été menée conjointement avec le Centre commun d'études pour la télévision et les télécommunications (CCETT) de Rennes (avec Michèle Robert et Jean-François Castell) en 1990, en vue d'une étude préliminaire concernant l'installation d'un ordinateur de bord dans les voitures de la Société Renault. L'expérience consistait à simuler sur ordinateur le temps de réaction à réagir en appuyant sur une touche d'ordinateur, en fonction d'un signal de danger convenu, « bicyclette, ambulance, sens interdit, etc. ». Le temps de réaction pour cette tâche dite principale, était mesuré en fonction de différentes tâches secondaires (ou concurrentes). Une bande-son diffusait selon les conditions, des messages de quatre niveaux de difficultés différents ; du niveau 1, le plus simple (par exemple « Froid, région d'Évreux, toute la semaine »), au niveau 4, le plus complexe (avec phrases longues auto-enchâssées : par exemple, « La prudence est au rendez-vous car on annonce

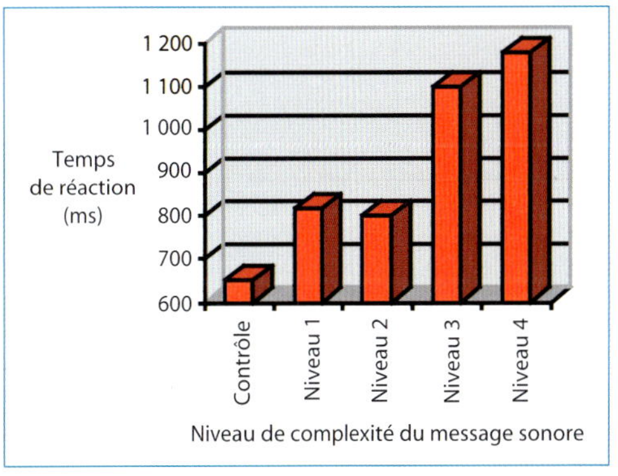

Figure 6.15 – Augmentation du temps de réaction lors de l'écoute de messages sonores (Lieury, Robert et Castell, 1990).

du froid avec du verglas dans la région d'Évreux, surtout sur la route de Dreux qui sera glissante toute la semaine de 18 heures à 11 heures »).

Les résultats sont édifiants (**Figure 6.15**), puisque dans une condition contrôle, silence, le temps de réaction est de 650 millisecondes (millièmes de secondes), la réaction demande environ 800 millisecondes (augmentation de 23 %) pour des messages simples (niveaux 1 et 2) tandis que le temps de réaction atteint presque le double, avec 1 100 et 1 180 millisecondes (augmentation de 80 %) lors de l'écoute de messages sonores complexes, ce qui produit des distances de freinage accrues (encart).

Téléphoner, même avec un kit « main libre », produit une concurrence cognitive qui ralentit les temps de réaction, d'où des carambolages lorsque les voitures sont trop rapprochées (*cf.* encart ci-dessous). C'est surtout d'écouter des paroles qui « captent » l'attention, mais pas facile non plus de conduire en mangeant ou… en se maquillant !

Téléphoner en conduisant est-il sans risque ?

À 90 kilomètres/heure, notre voiture file à 25 mètres par seconde tandis qu'à 130 km/h, la voiture parcourt 36 mètres si bien qu'en traduisant en mètres la distance parcourue pendant le temps de réaction, on obtient les évaluations suivantes (**Figure 6.16**).

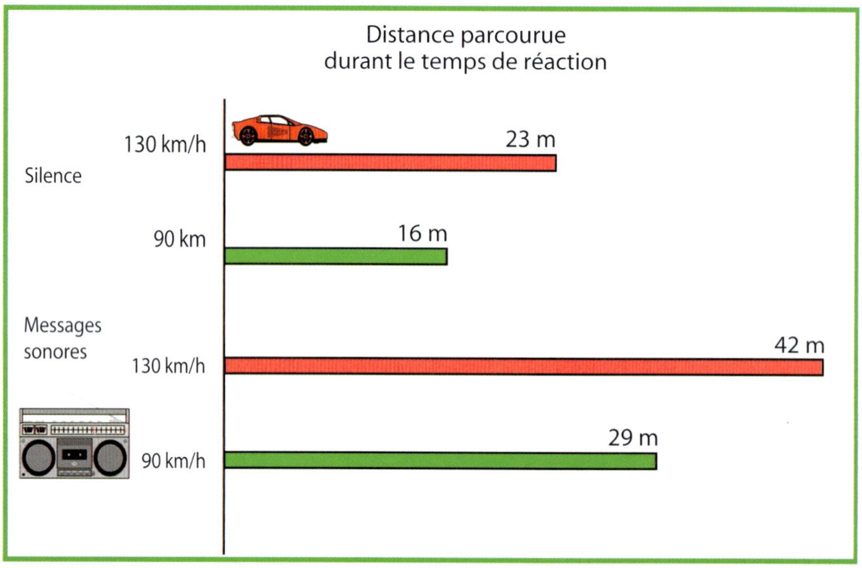

Figure 6.16 – Distance parcourue selon la vitesse en fonction du temps de réaction en condition silencieuse ou d'écoute de messages de niveau 4 (d'après Lieury, Robert et Castell, 1990).

De plus, il faut ajouter le temps de freinage de la voiture elle-même qui par son poids (environ 1 tonne) glisse sur ses pneus, sur 55 mètres à 90 km/h et sur 114 mètres, d'après la sécurité routière, à 130 km/h. Si bien qu'avec des véhicules lancés à grande vitesse et collés aux autres, les carambolages paraissent inévitables. Remarquons dans cette expérience que le sujet n'a pas de manipulation à faire ; c'est donc uniquement le décodage auditif, lexical, sémantique qui produit le retard de réaction et non une manipulation motrice quelconque : la proposition de remplacement du portable par le kit « main libre » ne résout donc pas le problème de la concurrence cognitive.

Cela dit, l'utilisation du téléphone portable ajoute à l'audition et la compréhension du message d'autres tâches concurrentes : faire le numéro implique le système visuel et les réponses motrices... Une expérience de l'Institut de recherche sur le transport dans le Michigan a été programmée pour comparer les effets de l'utilisation du téléphone en voiture, en comparant une situation de conduite réelle avec une situation en simulateur (Reed et Green, 1999). La conduite se fait sur une portion de vingt kilomètres de voie express à une heure de fluidité de la circulation et à la vitesse autorisée (60 *miles*/h = 96 km/h). Par haut-parleur, la consigne est de composer certains numéros avec une main sur le portable tandis que de nombreux capteurs mesurent différents paramètres de la conduite. Les résultats de la conduite réelle sont similaires avec ceux du simulateur et montrent une dégradation plus ou moins élevée des performances par rapport aux conditions contrôle (conduite sans concurrence cognitive) : + 23 % dans les écarts du pied sur l'accélérateur, + 38 % dans les variations de rotation du volant et la vitesse latérale et jusqu'à 118 % (soit plus de deux fois plus) dans la variation de vitesse. La conclusion nous est donnée par un fait divers : le 10 octobre 1998 à Paris, une voiture fauche deux piétons, la conductrice téléphonait en conduisant à vive allure !

L'attention divisée dans le « multi-tâches » avec les nouvelles technologies

Rentrant d'une thèse dans un train bondé de collégiens et lycéens, j'étais à côté d'une ado qui faisait un devoir tout en pianotant sur son smartphone : une ligne de devoir, un texto, un regard sur son devoir, un texto, une nouvelle ligne, un texto... Faire plusieurs activités existe depuis longtemps mais avec les nouvelles technologies miniaturisées, comme les Iphone, Androïd, Smartphone, etc., le multitâche entre dans une nouvelle phase et ses acteurs sont les « multitaskers ».

Www.
attention et multitâches
http://www.brainfacts.org/sensing-thinking-behaving/awareness-and-attention/articles/2013/the-multitasking-mind/

Simone van den Berg – Fotolia.com

Les recherches sur l'attention montrent que de faire plusieurs tâches en même temps dimininue la performance... Avis aux multitaskers !

Les recherches sur l'attention divisée laissant penser que le multitâche ne doit pas être très efficace (Lachaux, 2011), une série de recherches vient d'être réalisée par des chercheurs de l'Université de Stanford aux USA. Une centaine d'étudiants participent à une série de trois tests. Ils sont divisés en deux groupes selon qu'ils sont des « jongleurs high-tech » ou non. Les étudiants multitâches s'avèrent peu performants, car alertés par des indices non pertinents ; tout les distrait. Par exemple, dans une expérience, les expérimentateurs leur montrent des séries de deux rectangles rouges, soit tout seuls, soit entourés par 2, 4, ou 6 rectangles bleus. Chaque série apparaît deux fois, et l'étudiant doit dire si les rectangles rouges sont dans la même position spatiale que dans la première série. On leur dit même d'ignorer les rectangles bleus et les étudiants non multitâches le font très bien. Au contraire, les « multitâches » sont constamment distraits par les rectangles bleus ; leurs performances sont affreuses.

Dans un second test, même résultat. Des séquences de lettres apparaissent et les sujets doivent répondre vocalement lorsqu'une séquence est répétée. Les étudiants multitâches ont les plus grandes difficultés à garder, en mémoire à court terme (ou de travail), les dernières suites de lettres, habitués à se disperser sur de multiples sources d'informations.

Enfin dans une troisième expérience, des chercheurs (Nass, Ophir et Wagner ; cit. Gorlick, 2009) évaluent l'hypothèse que les multitâches sont peut être plus forts pour trier l'information pertinente de l'info non pertinente, et pourraient par exemple être excellents pour basculer rapidement d'une tâche à une autre. Ainsi, sont présentés des images, des lettres et des nombres tandis que la consigne change en cours de route : on leur demande de se focaliser sur les chiffres et de signaler tout chiffre impair, puis on bascule sur les lettres en leur demandant de signaler les voyelles... Mais à nouveau les étudiants multitâches sont moins performants.

Les médias modernes n'ont pas le pouvoir de changer nos capacités naturelles, mais par contre, ils ont le don de compliquer les situations en ajoutant des tâches (parler et écrire sur son smartphone), des modalités (verbal, imagé, son), de la vitesse (voiture). Nouvelles technologies, oui, mais attention à la surcharge attentionnelle !

III. La conscience

? Qu'est-ce que la conscience ?

La conscience a toujours été un thème difficile à appréhender tant il semble correspondre à des facettes variées. Certains philosophes distinguaient jusqu'à sept définitions différentes (Foulquié, 1914). Deux sens sont jugés fondamentaux en philosophie :

- au sens étymologique, la conscience vient de *conscientia* donc de *scientia* qui désigne la connaissance : c'est la conscience sensible, c'est-à-dire de ce qui est perçu ;
- un second sens important des philosophes, c'est la conscience réfléchie, comme si nous étions dans notre corps (ou cerveau) en train de nous regarder penser ou agir. Le sens courant, d'une conscience morale, en est dérivé. Les poètes ont souvent personnalisé cette conscience : Victor Hugo par un œil dans son poème « La Conscience » : « l'œil était dans la tombe et regardait Caïn », ou Jiminy le Criquet dans *Pinocchio*.

La conscience est un thème difficile tant il correspond à des facettes variées : conscience perceptive comme une fenêtre sur le monde, conscience réfléchie, conscience morale…

Après avoir été écarté par Watson et les behavioristes comme le concept introspectif par excellence, les cognitivistes s'y intéressent de nouveau mais rencontrent les mêmes difficultés que les philosophes tant le concept recouvre des fonctionnements variés. De même que pour la mémoire, l'attention et l'intelligence, il y a certainement plusieurs consciences. Plusieurs distinctions théoriques correspondent en effet à la distinction conscient/non conscient ou à des niveaux de conscience.

Conscience : au sens étymologique, la conscience vient de *scientia* qui désigne la connaissance : c'est la conscience sensible, c'est-à-dire de ce qui est perçu. Les recherches modernes font apparaître au moins quatre types de conscience :
- *conscience symbolique ;*
- *conscience verbale ;*
- *conscience historique ;*
- *conscience exécutive.*

1. Conscience et spécialisation hémisphérique

Après que Freud a popularisé l'inconscient, la première distinction neuropsychologique entre conscient et inconscient est dérivée de la découverte de Roger W. Sperry et Myers d'un fonctionnement séparé des deux cerveaux.

Inconscient : ensemble des mécanismes qui ne donnent pas lieu à une impression perceptive ou ne peuvent être descriptibles verbalement (voir conscience).

Alors que l'on dit de façon générique « le cerveau », nous avons « deux » cerveaux ou plutôt hémisphères, reliés par des « câbles ». Sans ces câbles, ces hémisphères fonctionnent séparément. Gazzaniga a observé une patiente au cerveau dédoublé, choisissant de sa main droite (cerveau gauche) une robe chaude (il faisait froid) tandis que sa main gauche ne voulait pas lâcher une robe d'été !

Www.
Wikipedia : split-brain

En effet, le cerveau dont on parle souvent comme d'une entité unique est constitué de deux hémisphères cérébraux reliés entre eux par d'énormes réseaux de « câbles », les corps calleux, les commissures antérieures et postérieures et le chiasma (*cf.* aussi chap. 7). Le câblage des voies nerveuses a ceci de particulier chez les vertébrés que tout est inversé entre le cerveau et le corps : ce qui est présenté dans le champ visuel droit est traité par l'hémisphère gauche qui commande également les membres droits et inversement pour l'hémisphère droit qui gère tout ce qui se passe à gauche. Les expériences de Sperry et Myers sur le chat au cerveau dédoublé (par section des « câblages ») montrèrent que chaque cerveau peut apprendre indépendamment de l'autre. Ainsi, un chat peut être conditionné à appuyer de la patte droite sur un levier pour avoir de la nourriture lorsque qu'un cercle est présenté dans le champ visuel droit et peut également être conditionné à appuyer avec la patte gauche lorsqu'un carré est présenté dans le champ visuel gauche : c'est un chat Mr Jekyll et Mr Hide !
Chez l'homme, une dimension nouvelle apparaît, la spécialisation des deux cerveaux. Le plus souvent, l'hémisphère gauche est dominant (il commande) chez les sujets droitiers qui sont pour cette raison plus habile de la main droite (*dextre* en latin = habile). De plus, le cerveau gauche est le siège du traitement du langage articulé (lexical). Cette différence fondamentale est sans doute responsable d'un niveau de conscience, la capacité de décrire ce qui nous arrive ou ce que nous faisons (vous savez la petite voix dans la tête). Michael Gazzaniga (1970) a observé de troublantes situations de dissociation de la conscience chez des sujets au cerveau dédoublé (opérations pour épilepsie ou tumeur). Chez une patiente, la présentation de diapositives d'objets communs dans l'hémichamp visuel gauche ne suscita aucune réponse (l'hémisphère droit ne parle pas) mais la photo d'une femme nue déclencha un sourire sans qu'elle puisse en expliquer la raison. Une autre patiente, ayant à choisir une robe, a connu un jour un conflit entre ses deux cerveaux. Sa main droite (cerveau gauche) saisit dans la penderie une robe chaude (il faisait froid) tandis que sa main gauche ne voulait pas lâcher une robe d'été ; en l'occurrence l'hémisphère gauche se montrait raisonnable pendant que l'hémisphère droit optait « inconsciemment » pour l'élégance. Cette dissociation (qui fait penser à certaines observations de Freud) montre qu'au moins en partie, la conscience est la capacité, permise par le cerveau gauche, de décrire verbalement ce que nous percevons ou faisons.

2. Processus épisodiques et conscience autonoétique

Depuis Ebbinghaus, le parallèle entre la mémoire et la conscience est souvent fait et Endel Tulving, de l'université de Toronto au Canada, a proposé une classification de trois niveaux de conscience parallèle à trois niveaux de mémoire : la mémoire procédurale, la mémoire sémantique et la mémoire épisodique. Tulving et Daniel Schacter (Tulving, 1985) ont fait des observations minutieuses et des tests de mémoire sur un patient hippocampique N.N. Ce patient a une capacité de mémoire à court terme de 8 mais a un score de zéro dans une épreuve de reconnaissance d'images (le score habituel est 90 %). N.N. a un langage et des connaissances générales intactes (il peut décrire les activités quotidiennes d'un étudiant, etc.) mais contrairement aux patients de type Korsakoff (*cf.* chap. 5), N.N. n'a pas de souvenirs personnels, tout reste impersonnel. Enfin, quoiqu'il connaisse les concepts du temps, il est incapable de se situer dans le passé ou de projeter son activité sur le futur. Quand on lui pose des questions à ce sujet, il répond par des expressions telles que : « J'ai un gros "trou" » (*blank* en anglais) ou : « C'est comme si j'étais dans une pièce vide et que quelqu'un me demande de trouver une chaise » ou encore : « C'est comme si je nageais au milieu d'un lac. » Tulving interprète les troubles de N.N. par un manque de ce qu'il appelle la conscience « autonoétique », ou la conscience de situer des événements mémorisés dans un contexte temporel. Pour Tulving, un deuxième niveau de conscience, appelé conscience « noétique » est lié à la mémoire sémantique et au savoir. Enfin, l'absence de conscience liée à la mémoire implicite (savoir sans savoir qu'on sait, *cf.* chap. 4) est appelée conscience « anoétique » (conscience sans connaissance ; tableau 6.1).

Tableau 6.1
Distinction entre trois niveaux de la conscience (Tulving, 1985) et correspondance avec d'autres systèmes.

<table>
<tr><th>Mémoire Tulving, 1985</th><th>Conscience Tulving, 1985</th><th>Intelligence Piaget, 1974</th><th>Attention Schneider et Shiffrin, 1977</th><th>Mémoire Squire et al., 1991</th></tr>
<tr><td>Épisodique</td><td>Autonoétique</td><td>Opératoire</td><td>Contrôlés</td><td rowspan="2">Déclarative</td></tr>
<tr><td>Sémantique</td><td>Noétique</td><td>Pré-opératoire</td><td rowspan="2">Automatiques</td></tr>
<tr><td>Procédurale</td><td>Anoétique</td><td>Sensori-moteur</td><td>Procédurale</td></tr>
</table>

La distinction de Squire (chap. 4, p. 147) est également faite pour rendre compte de procédures de mémoire non consciente. Ainsi, les amnésiques hippocampiques sont capables de conditionnement, apprentissage sensori-moteur ou mémoire implicite (amorçage) sans qu'ils aient conscience de savoir. L'hippocampe (et les structures liées) est donc un bon « candidat » pour créer une impression de conscience. À l'inverse, le support biologique de la mémoire procédurale, non consciente (ou conscience anoétique chez Tulving), est constitué par plusieurs structures : le cervelet (qui est littéralement un cerveau secondaire comme le pilote automatique des avions) et les noyaux sous-corticaux thalamus (cerveau perceptif), les corps striés (cerveau moteur) et l'hypothalamus (cerveau végétatif).

3. Conscience exécutive et conscience historique

À la suite de Tulving, d'autres chercheurs de l'université de Toronto se sont intéressés à la conscience, en particulier Morris Moscovitch (1992). Ce chercheur confirme sur une base neuropsychologique l'idée d'une conscience autonoétique basée sur les formations hippocampiques. C'est l'hippocampe et les structures reliées qui créeraient une intégration temporelle donnant ce « contexte historique » aux souvenirs (à sa suite, j'appellerai plus simplement « historique », la conscience autonoétique). Mais par rapport à Tulving, il propose un modèle modulaire (Figure 6.17) afin d'expliquer que certains traitements sont conscients et d'autres non, ce qui ne peut être explicable que par des relations entre certains sous-systèmes et pas d'autres (par exemple on n'est pas conscient de la construction visuelle d'un objet).

Cependant, la proposition du groupe de Toronto d'une conscience historique/autonoétique ne correspond pas totalement à d'autres concepts intéressants issus des études sur l'attention. La distinction de Schneider et Shiffrin entre les processus contrôlés (ou attention sélective) et automatiques dans l'attention est parallèle à la distinction conscient/non-conscient. Mais dans cette conception attentionnelle, le conscient/non conscient n'est pas toujours structurel (par exemple un système qui serait toujours non-conscient) car certains processus automatiques peuvent devenir conscients lorsque l'attention sélective s'y focalise : par exemple, je conduis automatiquement mais je peux me focaliser et mes gestes deviennent conscients. Ceci montre une attention sélective « orientable » alors que les amnésiques hippocampiques ne peuvent rendre conscients leurs apprentissages même en concentrant leur attention. Un spécialiste de l'attention, Michael Posner (1990), parlait même de « projecteur visuel », ce qui n'est pas sans rappeler « l'œil » de Victor Hugo. L'attention sélective apparaît donc comme un bon candidat en tant que système conscient mais différent de celui lié à la mémoire. À côté d'une conscience historique, existerait donc une conscience « attentionnelle » ou « exécutive » correspondant par exemple au Superviseur Attentionnel de Shallice (ou attention sélective/focale).

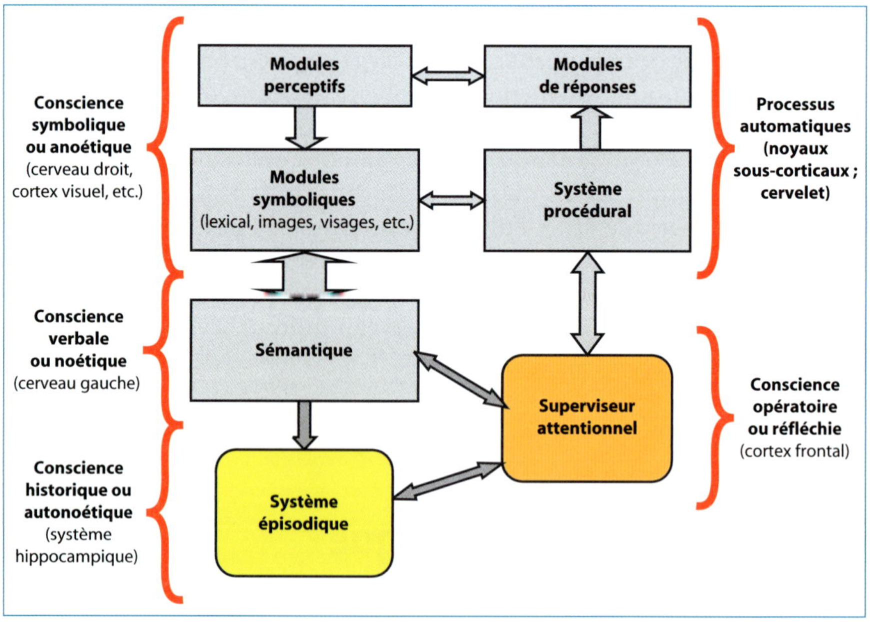

Figure 6.17 – Modèle modulaire de la conscience (synthèse d'après le groupe de Toronto (Tulving, 1985 ; Moscovitch, 1992) et différentes sources (*cf.* texte)).

Comme pour la mémoire, l'intelligence et l'attention, la conscience apparaît donc multiple. En complétant les recherches du groupe de Toronto par d'autres sources notamment issues des études sur l'attention, il apparaît quatre types de conscience et des systèmes non conscients (Figure 6.17). L'inconscient est également multiple et correspond sur le plan physiologique à des noyaux sous-corticaux (thalamus pour la perception, hypothalamus pour la vie végétative, corps striés pour le moteur) et au cervelet (automatismes, habitudes).

Une conscience de base correspondant aux représentations perceptives (formes, couleurs, musique) ou symboliques (phonèmes, images, visages) ; elle correspond à la conscience « connaissance » des philosophes. D'ailleurs en cas de lésions dans les zones correspondantes (cortex occipital/visuel), les neurologues parlent d'agnosie (perte de connaissances). La conscience verbale (ou noétique chez Tulving) correspond essentiellement à la mémoire sémantique avec la capacité de décrire un certain nombre de fonctionnements psychologiques (permettant l'introspection) ; les travaux sur la spécialisation hémisphérique montrent que l'hémisphère gauche est le support biologique de cette capacité. Mais la conscience historique (autonoétique chez Tulving) est celle qui nous procure une sensation d'expérience vécue, produite vraisemblablement par une comparaison des événements récents et des souvenirs anciens. Enfin, à partir des études sur l'attention, il semble qu'il faille ajouter une conscience « exécutive » qui correspond à l'attention sélective ou focale. Cette conscience exécutive donne l'impression subjective d'éclairer une activité particulière par un projecteur et prolonge le concept de conscience réfléchie des philosophes, en donnant l'impression chez certains d'être contrôlé par une âme ou un esprit séparé du corps.

Révision du chapitre

Résumé

Qu'est-ce que la chronopsychologie ? 222

C'est l'étude de la perception du temps et de l'influence du temps et des rythmes sur l'homme.

Qu'est-ce que l'attention ? 228

L'attention est la capacité de se concentrer sur une activité pendant une durée importante.

Qu'est-ce que la conscience ? 237

Au sens étymologique, la conscience vient de *scientia* qui désigne la connaissance : c'est la conscience sensible, c'est-à-dire de ce qui est perçu.

Lectures conseillées

VALATX J.-L. (1998). « Sommeils et insomnies », *Pour La Science*, n° 243, p. 80-87.

LECONTE P., LAMBERT C. (1991). *La Chronopsychologie*, Paris, PUF.

TESTU F. (1991). *Chronopsychologie et rythmes scolaires*, Paris, Masson.

BOUJON Ch., QUAIREAU Ch. (1997). *Attention et réussite scolaire*, Paris, Dunod.

NICOLAS S. (2003). *Mémoire et conscience*, Paris, Armand Colin.

EXERCICES ET QCM

QCM (1 point par question)

Cochez la bonne réponse. Attention, les mauvaises réponses sont comptées – 1. Il n'y a pas de pièges ; dans le doute, ne répondez pas.

1. L'étude des rythmes s'appelle :
❑ sophrologie ❑ temporologie ❑ chronopsychologie ❑ spyrologie

2. Le rythme nycthéméral concerne :
❑ sommeil ❑ veille/sommeil ❑ sieste ❑ jour/nuit

3. Citez un grand chercheur français de la psychologie du temps :
❑ Binet ❑ Fraisse ❑ Piéron ❑ Michotte

4. Comment s'appelle la phase de sommeil profond ?
❑ profond ❑ hypnotique ❑ somnolent ❑ paradoxal

5. Citez les trois principales formes de l'attention :
❑ maintenue ❑ récurrente ❑ sélective ❑ partagée

6. Discuter avec quelqu'un pendant un cocktail est une forme d'attention :
❑ maintenue ❑ récurrente ❑ sélective ❑ partagée

7. Travailler ses cours en écoutant la radio ou la télévision est une forme d'attention :
❑ maintenue ❑ récurrente ❑ sélective ❑ partagée

8. Quelle partie du cortex serait le siège de ce système attentionnel ?
❑ frontal ❑ temporal ❑ pariétal ❑ occipital

9. Le fait de faire deux choses en même temps se nomme la .... cognitive ?
❑ économie ❑ synergie ❑ concurrence ❑ symbiose

10. Les deux formes principales de conscience pour les philosophes étaient :
❑ sensible ❑ personnelle ❑ objective ❑ réfléchie

11. La distinction entre conscient et non conscient a été popularisée par :
❑ Taine ❑ Bergson ❑ Freud ❑ Piaget

12. Le cerveau qui verbalise est :
❑ gauche ❑ droit ❑ cervelet ❑ hypothalamus

13. Citez un intrus dans la théorie de la conscience de Tulving :
❑ anoétique ❑ noétique ❑ autonoétique ❑ kinénoétique

14. L'attention sélective correspond à la conscience :
❑ autonoétique ❑ anoétique ❑ exécutive ❑ procédurale

15. Citez un intrus dans les systèmes inconscients :
❑ hypothalamus ❑ thalamus ❑ cervelet ❑ cortex frontal

Mode de correction : + 1 pour les bonnes réponses, et – 1 pour les mauvaises et faire le total algébrique (soustraire les – des +) ; par exemple, s'il y a autant de – 1 que de + 1, cela fait un total de 0 ; dans le doute, il vaut mieux ne pas répondre.

Exercices

De préférence, faites les exercices avec un crayon et une gomme pour les refaire plusieurs fois. La répétition est la base de l'apprentissage (cf. chap. 3 et 4).

Exercice 1 : La méthode Hypnofil est proposée pour apprendre ses cours pendant le sommeil à l'aide d'un baladeur.

- Question 1 : Que pensez-vous de cette méthode ?
- Question 2 : Peut-on se passer de bien dormir quand on révise les examens ?

Exercice 2 : Dans ses études sur les rythmes scolaires à l'école, Testu avait remarqué une efficience en montagnes russes pour des activités difficiles (par exemple, opérations, raisonnement, etc.). En revanche, aucun effet du moment de la journée était observé pour d'autres activités (par exemple, conjugaison).

- Question 1 : Résumez une théorie qui permet de rendre compte de ces résultats.
- Question 2 : Voyez-vous des applications à ce résultat ?

Exercice 3 : Décrivez en quoi consiste l'effet Stroop et comment l'expliquer.

Exercice 4 : Contrairement au jeu des sept erreurs (chap. sur la perception), si je vous demande de chercher les coccinelles noires, elles sautent aux yeux. Pourquoi et quelle théorie l'explique ?

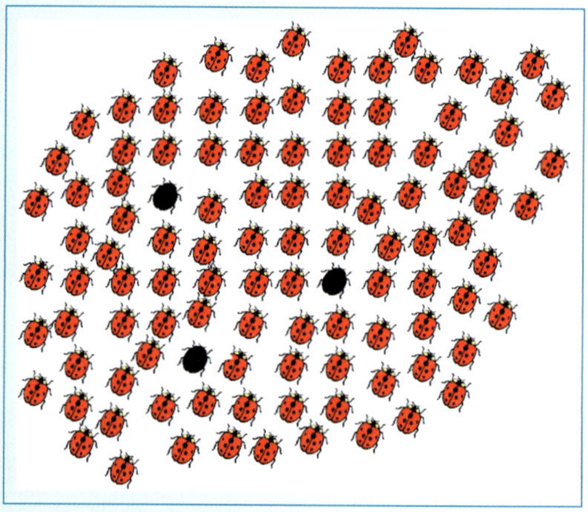

Exercice 5 : Dans un tableau à double entrée, mettez les termes usuels équivalents au niveaux de conscience de la théorie de Tulving ainsi que les structures de mémoire correspondantes.

LANGAGE ET IMAGE

L'homme possède, par rapport à la plupart des animaux, des mécanismes de représentation mentale. Ces représentations servent principalement à la mémoire et à la communication.

Lorsqu'on parle de langage, on pense naturellement à la parole. Mais tout peut servir de représentation : les dessins des idéogrammes chinois et des hiéroglyphes, les gestes, la danse, les dessins sur des masques, etc. Et bien d'autres encore, car lorsque vous conversez par téléphone, les sons du langage sont transformés en un code électronique, et l'ordinateur ne comprend que des suites de zéro et de un… Ce sont ces processus que les linguistes et les psychologues ont cherchés à analyser.

I. Le langage

Qu'est-ce que le langage ?

Le langage est une organisation complexe, à la fois de type hiérarchique montrant une construction des mots à partir des sons et des lettres, mais aussi avec des structures internes, de type syntaxique ou sémantique.

1. Les éléments du langage

Langage : système de représentations servant principalement à la mémoire et à la communication. Les deux grands systèmes sont le langage phonétique et les images.

Phonétique : Le langage usuel (phonétique) apparaît comme une organisation hiérarchique de sons s'organisant en unités phonologiques (phonèmes et syllabes), puis en mots (ou lexèmes).

Syntaxe : correspond aux structures et aux règles qui assemblent les mots pour construire les phrases.

Signe et symbole

Depuis Ferdinand de Saussure, le linguiste du XIXe siècle, les linguistes et les psycholinguistes s'accordent pour définir le langage comme un système de signes, en grec *semios*, d'où le terme de sémiotique pour qualifier ce type de représentation. Le signe permet de représenter un objet, une action, une idée ; il est donc d'une façon générale un signifiant qui représente un signifié. Comme Saussure l'a fait remarquer, le signe code le signifié, disons l'objet pour être concret, par une relation arbitraire ; ainsi, il n'y a aucune espèce de ressemblance phonétique, picturale ou autre entre le mot (écrit ou prononcé) « arbre » et un arbre réel, pas plus qu'il n'existe une quelconque relation entre n'importe quel mot étranger et cet objet : le signe est arbitraire.

Symbolisation phonétique dans les onomatopées.
Les liens entre la phonétique et le sens sont souvent arbitraires mais parfois il y a une ressemblance phonétique comme dans les onomatopées.

Contrairement au signe qui est arbitraire, le symbole est une représentation qui a un rapport de ressemblance avec le signifié, c'est-à-dire l'objet représenté, par exemple, le dessin d'un arbre, les onomatopées comme « cocorico »... Certains auteurs ont également montré l'existence d'un symbolisme phonétique, le son *i* par exemple, évoque assez souvent des choses petites (Peterfalvi, 1966).
La capacité générale de pouvoir représenter des objets (et concepts) par des signes ou symboles, est désignée par le terme de « fonction sémiotique », ou plus usuellement symbolique. Le développement de la fonction symbolique chez l'enfant est évidemment extrêmement important et est un thème fondamental de recherche en psychologie génétique ; nous n'en verrons que quelques illustrations dans le cadre de la psychologie générale.
La fonction symbolique se développe d'emblée selon plusieurs formes, langage, dessin, jeu, imitation symbolique. Certains (Pierre Janet), dans une vision évolutive, ont pensé que ces formes correspondaient à des étapes évolutives de la plus simple (imitation, jeu) à la plus complexe (langage). Mais ces formes se développent en parallèle et le langage n'apparaît pas plus tard ; plus complexe, son développement se prolonge plus tardivement.

Les indices acoustiques du langage

Pour une part, le langage usuel (phonétique) apparaît comme une organisation hiérarchique de sons s'organisant en syllabes, les unités phonologiques, puis en mots (ou lexèmes). Les quelque quarante phonèmes du langage sont différenciés par quelques indices acoustiques, dont les principaux sont les formants et les positions de la langue dans le palais.

Les phonèmes : sons du langage

Pour ce qui concerne le langage oral, l'enregistrement sonore indique des fréquences (*supra*, chap. 2) d'environ 20 hertz (son « ou ») à 8 000 hertz (son *s*). Mais des voix très aiguës peuvent apparaître métalliques du fait d'harmoniques très élevées jusqu'à 15 000 hertz (Lafon, 1963). Les intensités sont variables de sorte que les phonèmes ou sons du langage sont caractérisés par des sons plus forts, appelés « formants » dans certaines bandes de fréquence ; par exemple le son *i* comporte trois formats à 250, 2 500 et 3 000 hertz mais les deux premiers suffisent à distinguer les voyelles (Liberman, cit. Caron, 1989). En simplifiant (Figure 7.1), le son *di* comporte un formant grave vers 200 hertz et un très aigu vers 2 400 hertz et à l'inverse les sons *do* et *du* ne comportent que des sons graves.

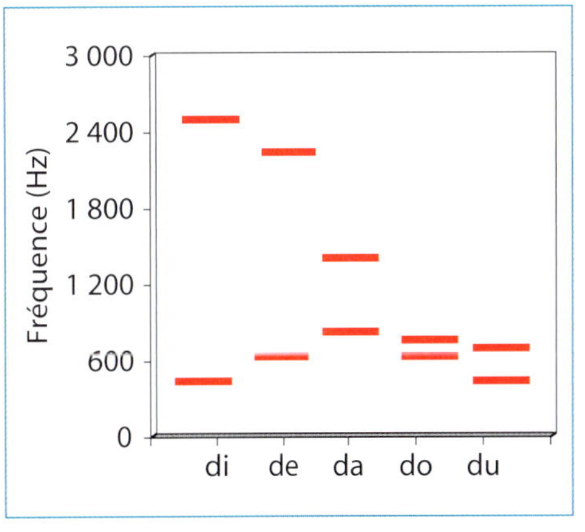

Figure 7.1 – Les phonèmes sont caractérisés par deux formants, bandes de fréquence les plus audibles (simplifié d'après Lieberman *et al.*, 1967 ; cit. Caron, 1989).

Les positions de la langue

Les consonnes représentent des modulations des sons, produites par les positions de langue entre les lèvres (*p*) en haut des dents (*d*) ou en arrière du palais (*k*) (tabl. 7.1).

Tableau 7.1
Classement des sons en fonction du point d'articulation de la langue (labio = lèvres ; dental = dent ; palatal = palais ; vélaire = voile du palais) (d'après Miller, 1956).

	Bilabiale	Labio-dentale	Dentale	Palatale	Vélaire
Occlusives	*p* *b*		*t* *d*		*k* *gu*
Nasales	*m*		*n*		
Fricatives		*f* *v*	*s* *z*	*ch* *j*	*r*
Latérales			*l*		

Des lettres aux phonèmes : la lecture

Cette organisation se complique dans la mesure où elle se connecte sur une construction de représentations à partir des lettres, ce qui donne la lecture. La lecture connaît un énorme développement, notamment à partir des études sur la mémoire, qui ont permis d'identifier un lexique interne. Ce lexique est lui-même complexe (voir Baccino et Colé, 1995 ; Jamet, 1997) et comprend pour l'essentiel un lexique orthographique avec les fichiers lettres, un lexique phonologique avec les fichiers correspondant aux phonèmes et le lexique morphologique comprenant les fichiers mots (ou lexèmes). Enfin, il existe un système vocal ou lexical de sortie qui permet de vocaliser les mots (Figure 7.2).

La pathologie de la lecture montre également la complexité des codes et processus mis en œuvre dans la lecture. Les chercheurs en neuropsychologie ont mis en évidence différentes atteintes de la lecture, qu'on appelle d'une façon générale l'alexie (Patterson et Marcel, 1977 ; Beauvois et Derouesné, 1979). Dans l'alexie pure étudiée sur deux malades D.E. et P.W., l'atteinte concerne à la fois la lecture des graphismes des lettres et celle des mots et leur épellation mais non la dénomination des objets ayant les mêmes réponses vocales, ou l'audition des mots (tabl. 7.2).

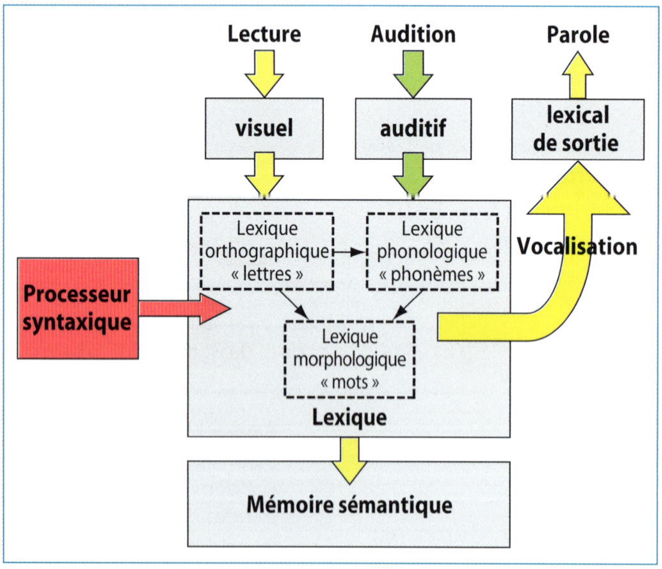

Figure 7.2 – Étapes du traitement du langage (d'après Jamet, 1997).

La lecture est tout d'abord l'apprentissage de la correspondance graphismes-phonèmes.

Tableau 7.2

L'alexie

Dans l'alexie (perte de la lecture), les patients lisent les lettres ou mots avec grande difficulté, ne peuvent épeler, mais dénomment parfaitement les objets ou les répètent après audition, ce qui montre que le système lexical est préservé mais non la voie reliant le système visuel au lexique (d'après Patterson et Marcel, 1977).

	D.E.	P. W
Dénomination d'objets	93	93
Audition de mots	76	74
Lecture de lettres	38	31
Lecture de mots	36	37
Épellation de mots	0	0

Dans l'alexie, l'atteinte se situe au niveau du codage des graphismes en unités lexicales, lettres ou mots, car la capacité de dénommer des objets indique que le traitement sémantique et la programmation de la réponse verbale sont des processus intacts. Il existe par ailleurs une alexie phonologique où les patients peuvent lire des mots entiers (les lexiques orthographique et morphologique sont conservés) mais ne peuvent lire les syllabes ou non-mots (faux mots qui ressemblent comme *caltex*, *volbon*) ; dans ce cas, c'est le système de recodage et de transmission (câblage) entre le lexique orthographique et le lexique phonologique qui est atteint.

2. Mots et associations

L'étendue du vocabulaire

Le développement du langage est très variable selon les enfants mais quelques estimations donnent une idée du développement général. Différents travaux revus par Moshe Anisfeld (1984) indiquent que l'acquisition des premiers vingt mots (testée par exemple au moyen d'images) est lente et prend place de 1 an à 1 an et demi, mais ce vocabulaire augmente d'environ 100 mots au troisième trimestre et de 150 mots au quatrième trimestre de cette seconde année, ce qui porte le vocabulaire moyen à environ 300 mots à la fin de la deuxième année. La mesure de l'émission libre des mots donne des estimations moindres, 120 mots vers 3 ans et 150 à 200 mots vers 4 ans (J. et D. Singer, 1981, p. 45) mais on se souvient que le rappel libre est toujours moins important que le rappel indicé (avec image par exemple) ou la reconnaissance.

Les mots appris à l'école élémentaire

L'école est naturellement un lieu d'apprentissage intensif du vocabulaire ; les estimations de deux études françaises concordent sur ce point. L'étude à partir d'un dictionnaire (Ehrlich, Bramaud du Boucheron et Florin, 1978), sur un total de 2 500 élèves du CE1 au CM2, montre une augmentation spectaculaire de 1 300 mots acquis chaque année, pour un total d'environ 9 000 mots à la fin du Primaire (Florin, 2013) (tabl. 7.3). Une étude plus récente réalisée à partir de la numérisation et de l'analyse informatique de manuels scolaires de l'école élémentaire (manuels des années 1970-1990 ; Déro et Fenouillet, 2014) indique environ 11 000 mots différents dans les manuels et l'interrogation par questionnaire à choix multiple révèle également un nombre de 9 000 mots acquis en fin de l'école élémentaire.

Tableau 7.3
Estimation du vocabulaire (mots estimés par les élèves comme moyennement connus) (simplifié d'après Florin, 2013).

Niveau scolaire	Mots moyennement connus	Mots très bien connus	Total
CE1	3 026	2 393	5 419
CE2	3 913	2 833	6 746
CM1	5 193	2 910	8 103
CM2	6 143	3 300	9 443

Le lexique « encyclopédique » du collège

Nos études (Lieury et coll. ; *cf.* Lieury, 2012) ont porté sur le vocabulaire appelé « encyclopédique » car portant sur la variété des matières, histoire, physique, français, anglais, etc., au collège. Les résultats indiquent l'acquisition, en plus du vocabulaire du primaire, de 2 500 nouveaux en 6e jusqu'à 17 000 en 3e. Si l'on ajoute les 9 000 mots du primaire (*cf.* tabl. 7.3) à ces estimations, on aboutit à 11 500 mots en 6e et 26 000 en 3e soit une croissance vertigineuse correspondant à un doublement du vocabulaire tous les quatre ans au cours de la scolarité.

Ces estimations correspondent aux mots génériques correctement compris (mémoire sémantique) mais si l'on tient compte, comme certains auteurs, des dérivés lexicaux (exemple pour le seul verbe « être » : suis, sommes, étiez, étant, etc.), le vocabulaire porte sur des dizaines de milliers de mots. L'adulte cultivé a donc un vocabulaire immense de plusieurs dizaines de milliers de mots, ce qui est infiniment plus complexe que les règles syntaxiques qui seraient au nombre d'environ trois cents. L'étendue du vocabulaire apparaît ainsi comme un indicateur décisif du développement cognitif et à ce titre est une composante de nombreux tests (chap. 8).

Les associations verbales

Pour Watson et les behavioristes, le langage est acquis par conditionnement, associant une réponse laryngée à un objet. Les renforcements de l'adulte sont nombreux, « c'est bien », sourire, etc. D'autres psychologues ont insisté sur le rôle de l'imitation qui expliquerait, par exemple, l'acquisition des accents phonétiques, comme l'accent régional. L'existence d'un processus de généralisation à différentes étapes de l'acquisition du langage permet effectivement de penser que le langage, au moins au début, est acquis par des mécanismes généraux d'apprentissage, conditionnement ou imitation ; l'enfant désigne par le même son ou mot plusieurs objets, c'est le phénomène de généralisation : « grrr » va désigner les animaux, « cola » désigne « chocolat, biberon, lait, etc. », « voiture » va désigner « voiture, bateau, vélo, avion »...

Depuis Galton, on sait que des mots en associent d'autres (*cf.* chap. 4), et les behavioristes ont particulièrement insisté sur cet aspect qui leur paraissait la nature même du langage. Cependant, la contiguïté étant une condition nécessaire dans les apprentissages associatifs (*supra*, chap. 3) pour les behavioristes, les associations les plus fréquentes devraient être des relations de co-occurrence c'est-à-dire correspondre à des mots qui se suivent dans la langue, « colère-noire, neige-ski... » L'étude génétique du développement des associations montre en fait que les associations ne sont pas les mêmes chez l'enfant et chez l'adulte (Woodworth, 1949). Chez l'enfant, les associations fréquentes sont souvent des co-occurrences : table-manger, homme-travail, sombre-nuit, ce qui est conforme aux mécanismes associatifs ; mais chez l'adulte, ce sont des relations de similitude et d'opposition qui dominent : table-chaise, homme-femme, sombre-lumière, etc. Ce changement a été étudié par les psycholinguistes qui y voient une modification des processus de représentation. David Mc Neill (1966) fait l'hypothèse que ce changement est permis par l'acquisition des propriétés conceptuelles des mots qui permettent de faire des catégories générales.

Les associations sont donc vraisemblablement acquises au début du langage par des mécanismes d'apprentissage associatif, mais des mécanismes d'analyse sémantique se développent avec l'âge et changent la nature des associations. Celles-ci semblent refléter pour l'essentiel des catégories qui préparent l'émission des mots dans le langage, par exemple en diminuant le temps de recherche d'un mot.

3. La théorie de l'information

Shannon et Weaver (1949) ont révolutionné les conceptions des systèmes de communication en montrant que l'information est indépendante de ses apparences, codages différents, mais elle se caractérise par les incertitudes qu'elle permet de lever ; par temps sec, prévoir qu'il fera beau, n'apporte pas beaucoup d'informations ; donner le mot « rose » apporte moins d'information si l'on définit au préalable la catégorie des fleurs. Les recherches de Shannon et Weaver, en grande partie pour les communications téléphoniques, les amènent à proposer de quantifier l'information par une fonction logarithmique du nombre d'éventualités. La quantité d'information augmente mais de plus en plus lentement en fonction du nombre d'éventualités possibles.

Cette approche a stimulé un grand nombre de recherches qui ont conduit en particulier à la description statistique du langage.

Www.
ASCII
http://fr.wikipedia.org/wiki/American_Standard_Code_for_Information_Interchange

Comment parlent les ordinateurs ?

Samuel Morse a inventé le premier langage binaire pour envoyer les premiers messages longue distance. Avant, il fallait de longues courses à cheval ou les signaux de fumée des Indiens, chers aux westerns.

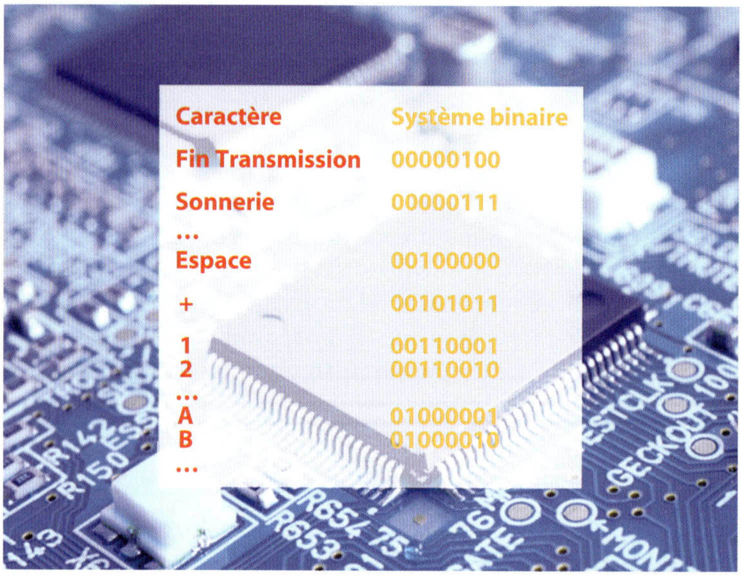

stta - Fotolia.com

Cette idée du code binaire fut reprise pour les ordinateurs, les télécommunications et plus tard les médias informatiques (CD, DVD...) car l'ordinateur ne parle qu'avec deux « syllabes », le « 1 » (le courant passe), et le « 0 » (le courant ne passe pas). C'est ainsi que dans les années 1960 naît le code ASCII (*American Standard Code Information Interchange*) et qui connaîtra des évolutions. Le langage informatique est codé sur des paquets (*chunks*, *cf.* chap. 5) de huit caractères (octets), ce qui permet deux cent cinquante-six combinaisons (2^8). Les premiers octets codent des signaux issus des communications classiques « début » ou « fin de transmission », et les autres représentent les signes de ponctuation, l'alphabet et les chiffres décimaux. C'est ainsi qu'est codé votre rapport de deuxième année ou vos notes de cours, mais aussi vos musiques, photos, etc. Par exemple « psi » en langage ordinateur, c'est « 01110000 01110011 01101001 » ; il lui faut donc une bonne mémoire pour retenir de longs passages !!!

Fréquence et redondance

C'est un procédé connu depuis des siècles pour le déchiffrage des messages secrets que de remplacer les signes les plus fréquents par les lettres les plus fréquentes dans la langue, par exemple, la lettre *e*.

Dans ce contexte d'étude du langage sur le plan informatif, et en particulier pour les applications en télécommunication, la description statistique du langage s'est développée. Il existe de nombreux paramètres statistiques, (Miller, 1956 ; Bresson, 1972). La fréquence est le nombre de fois où un mot, une lettre, un phonème apparaît par rapport aux autres : par exemple, sur quarante-deux phonèmes en anglais, *i* est la plus fréquente des voyelles (8,53 %) et *n* est la consonne la plus fréquente (7,24 %) (Dewey, 1923, cit. Miller, 1956). La fréquence des mots s'appelle la fréquence d'usage et les études peuvent concerner la fréquence d'occurrence des mots dans la langue parlée ou dans la langue écrite. En France, un institut du CNRS à Nancy s'est spécialisé dans le recueil d'un très grand nombre de mots, plus de soixante-dix millions provenant de mille textes des XIXe et XXe siècles. Des linguistes ont fait également une étude de la fréquence d'usage de la langue parlée (Gougenheim et coll., 1956) afin d'établir le vocabulaire courant dans l'usage réel de la langue. Le corpus, établi à partir de conversations parlées est de trois cent mille mots mais seuls huit mille mots différents sont employés ; voici quelques exemples, le mot le plus fréquent étant le verbe être (tabl. 7.4).

Tableau 7.4
Exemple de fréquence de mots dans la langue parlée (extrait de Gougenheim *et al.*, 1956).

Mot	Fréquence
Être	14 083
Avoir	11 552
De	10 503
Je	7 905
Il(s)	7 505
Et	5 082
Chose	477
Maison	278
Voiture	182
Train	98
Journal	71
Restaurant	33
Château	23

Les mots ne se suivent pas au hasard dans la langue et de même qu'il y a une fréquence absolue, il y a des fréquences d'apparition d'un mot en fonction du mot précédent, ou des deux mots précédents, etc., ce sont les dépendances séquentielles (les associations sont des dépendances d'ordre 1 : dépendant du mot précédent). Dans le cas de l'approximation zéro, le hasard, chaque lettre apporte l'information maximum puisque rien ne nous permet de deviner la lettre suivante ; en revanche, plus l'approximation est grande, plus la probabilité de devinement est grande. L'écart entre l'information réellement transmise et l'information maximale (en théorie si la séquence est au hasard) est appelé la redondance. Dans la théorie de la communication, la redondance est nécessaire pour compenser le bruit qui va masquer certaines portions du message ; en télécommunication, le message peut être morcelé (pour compresser le signal électrique par exemple) sans que la compréhension ne soit affectée, seule la voix subit une altération et on observe que les voix ne sont pas toujours facilement reconnues au téléphone.
Les procédés actuels de compression, Jpeg pour la photo, Mpeg pour les DVD, suppriment l'information redondante (par exemple un ciel tout

bleu est « résumé » par une couleur uniforme du même bleu). Le langage courant est très redondant, comme dans le cas des pléonasmes « je monte en haut », « je sors dehors... ». Ce qui a été mis à profit de façon humoristique dans le célèbre langage des Schtroumpfs du dessinateur Peyo : « Comment schtroumpfez-vous la psychologie ? Très schtroumpf. »

La loi du moindre effort

George Zipf s'est spécialisé dans l'étude des statistiques du langage, au niveau des mots, lettres, phonèmes (1974). Un résultat très général est la découverte d'une relation inverse entre la fréquence et la longueur. De même que les plaisanteries les meilleures sont les plus courtes, les mots les plus fréquents sont les plus courts. Zipf cite par exemple un comptage de Kaeding sur un total de 11 millions de mots de textes en allemand (tabl. 7.5).

De même, dans les exemples de fréquence des mots de la langue française parlée (tabl. 7.4), on constate également que les mots les plus fréquents sont très courts, le verbe « être » est souvent monosyllabique, sous sa forme conjuguée « est » ; et il n'est guère possible d'avoir plus court que le verbe « avoir » sous sa forme conjuguée la plus fréquente « a » ; de même, les autres mots les plus fréquents sont des mots de liaison très courts, « le, de, il, et », etc. Ce phénomène, qu'on appelle loi de Zipf, était appelé par lui-même « la loi du moindre effort ».

Cette loi du moindre effort s'observe également dans le phénomène très courant de raccourcissement des mots longs très usités : les étudiants vont au « RU », à la « bibli » ; on dit les « exams », la « psycho », les « psy », la « bio » (ou biolo) les « stats » et on dit toujours la « fac » bien que le terme officiel soit « université » depuis de nombreuses années. Il en est de même dans tous les milieux, et l'on dit, vélo, ciné, télé ; les gens très célèbres deviennent ainsi des sigles comme PPDA...

Tableau 7.5

Nombre de syllabes dans le mot	% d'apparition
1	49,76
2	28,94
3	12,93
4	5,93
5	1,72
6	0,50
...	

« Tu vas au RU ? » « Non, je reste à la BU ! » : voici un exemple courant de phrases de la vie de tous les jours. Vous ne remarquez rien ? Absolument tous les mots sont monosyllabiques ! La loi de Zipf ou loi du moindre effort a mis en évidence ce phénomène de raccourcir les mots les plus fréquemment employés.

Lisa Vanovitch - Fotolia.com

Le SMS

Avec le téléphone portable, son petit écran et la difficulté de manipulation, a été inventé le SMS (*Short Message System*) qui consiste à taper les premières lettres et la bibliothèque de mots de l'ordinateur du téléphone, comble avec les mots les plus fréquents (ou les plus récemment utilisés). Les mots deviennent plus courts que courts...

4. Syntaxe et grammaire générative

La grammaire générative de Chomsky

La description statistique apparaît cependant superficielle et ne rend pas compte du statut des mots, verbe ou nom, etc. ; de plus les dépendances séquentielles ne permettent d'analyser que les relations séquentielles alors que des mots éloignés sont peut-être en relation étroite ; par exemple dans la phrase : « Le ballon rouge avec des étoiles vertes, est tombé dans l'eau », le fait que le ballon soit tombé dans l'eau est plus important que sa couleur alors que du point de vue séquentiel, ce verbe est très loin du sujet de la phrase.
Plusieurs linguistes, en particulier Noam Chomsky (1965), ont donc proposé des modèles dans lesquels il y a une structure de base, la phrase noyau, et des règles de transformation qui permettent de faire différentes dérivations syntaxiques (active, passive, interrogative). Dans le modèle de Chomsky qui a conduit dans les années 1970-1980 à un très grand nombre de recherches et qui a ouvert le domaine de la psycholinguistique, la proposition a comme structure sous-jacente principale un syntagme nominal et un syntagme verbal qui se décomposent eux-mêmes en structures plus différenciées mais plus optionnelles également, l'article ou les qualificatifs. Ainsi, dans l'exemple précédent la phrase noyau est « ballon > tombé » et le reste est dérivation (syntagme nominal = ballon + le + étoiles vertes ; syntagme verbal = tombé + eau + dans + l').
Mais les recherches montrent que les règles (passive ou négative ou interrogative) n'ont pas le même degré de complexité. Savin et Perchonok (1965) ont utilisé une procédure de mémorisation pour tester le modèle transformationnel en supposant que par rapport à la phrase noyau, active-affirmative (par exemple, « le chasseur a tué le lion »), chaque transformation (négative, passive, interrogative) utilise une unité mémoire. Les transformations négative, passive et interrogative (par exemple, « le chasseur ne chasse pas le lion ») utilisent, par hypothèse, une unité mémoire tandis que les transformations passive-négative (« le lion n'est pas chassé par le chasseur »), interrogative-négative, utilisent deux unités-mémoire ; enfin, la transformation passive-interrogative-négative (le lion n'est-il pas chassé par le chasseur ?) en utilise 3. Afin de tester cette hypothèse, les auteurs présentent pour la mémorisation la phrase test suivie de huit mots en supposant que le rappel de mots additionnels baissera d'autant plus que la transformation de la phrase test occupe un nombre plus grand d'unités-mémoire (tabl. 7.6).

Tableau 7.6
Nombre de mots rappelés (sur 8) en fonction de la complexité des transformations syntaxiques (d'après Savin et Perchonok, 1965).

Nombre de transformations	Type de phrase		
0	Noyau : 5,27		
1	Interrogative : 4,67	Passive : 4,55	Négative : 4,44
2	Interrogative-négative : 4,39	Passive-négative : 3,48	
3	Passive-interrogative-négative : 3,85		

La phrase noyau apparaît bien la plus simple des phrases, mais les autres résultats ne sont pas tous conformes au modèle ; dans les phrases nécessitant deux transformations, seule la passive-négative détermine une baisse de rappel très nette par rapport aux phrases nécessitant une transformation, et cette phrase passive-négative n'apparaît pas plus difficile que la phrase à trois transformations.
Les mécanismes sont donc complexes ce qui a conduit à observer le développement du langage chez l'enfant (*cf.* Florin, 1999 ; Lehalle et Mellier, 2005).

Le développement de la syntaxe

L'étude développementale de la syntaxe chez l'enfant confirme qu'un modèle uniquement syntaxique est trop simple pour décrire la réalité psychologique du langage. D'après une synthèse faite par Agnès Florin, spécialiste du langage de l'enfant à l'université de Nantes, le développement des formes syntaxiques s'étale jusqu'à la septième année avec le début des phrases passives (**tabl. 7.7**).

Tableau 7.7
Quelques repères dans le développement syntaxique (simplifié d'après Florin, 1999).

Âge	Acquisitions syntaxiques
2e année 1re étape	L'enfant se sert de l'intonation pour différencier l'affirmatif de l'interrogatif
2e étape	Distinction du négatif par ajout de l'adverbe négatif : « pas dodo » ; « apu (n'a plus) bobo »
3e étape	Intégration des adverbes négatifs : « j'ai pas faim »
3e et 4e années	Dans l'ordre : qui, quand, pourquoi
6e et 7e années	Début d'utilisation des phrases passives

D'autres études chez l'enfant, inspirées cette fois par l'approche « logique » de Piaget, montrent que le sens l'emporte sur la règle syntaxique. Hermine Sinclair a étudié la genèse de la transformation passive chez des enfants de 3 ans et demi à 7 ans et demi, faisant une démonstration avec des poupées et des objets : par exemple « Jean a renversé Lucienne », « Marianne a renversé la tasse ». On induit la transformation passive en demandant à l'enfant : « Dis-moi ce qui s'est passé en commençant par... ». Les réponses des enfants peuvent se classer en quatre stades :

- stade 1 : les enfants les plus jeunes utilisent une seule action indifférenciée « ça roule, ça bouge » ou répètent la phrase active « la fille lave la tasse » ;
- stade 2 : la description est incomplète, par exemple, à l'induction « commence par la tasse » la réponse est « elle est propre ». Pour l'action : « Jean a renversé Lucienne », l'induction « commence par Lucienne » donne la réponse : « Lucienne est tombée » avec une forte fréquence : à 5 ans 50 %, à 6 ans 35 %, et à 7 ans : 15 % ;

- stade 3 : la description est plus du point de vue de l'agent que du patient pour garder une forme active ; et à l'induction passive les enfants répondent par exemple : « La tasse tombe parce que Marianne a renversé la tasse » ; il n'y a pas de pronoms à ce stade ;
- stade 4 : ce n'est qu'à ce stade que l'inversion se fait au moyen du même verbe : « La tasse a été renversée par Marianne ».

L'évolution génétique des transformations indique donc une interdépendance entre la sémantique de la phrase et la forme syntaxique et l'on constate que les enfants, en particulier du stade 2, privilégient la sémantique au point de préférer un changement de verbe « Lucienne est tombée » plutôt que d'opérer une transformation syntaxique. L'analyse sémantique précède donc probablement tout autre type d'analyse.
Mais depuis Molière, on sait que la compréhension résiste à bien des bouleversements syntaxiques : « D'amour, belle Marquise, mourir, vos beaux yeux, me font. »

Jean-Baptiste Poquelin, *dit* Molière (1622-1673).

5. La sémantique

Les catégories, les traits sémantiques et le marquage semblent être les bases de l'organisation sémantique (*supra*, chap. 4). Mais il existe des organisations plus élevées, de séquences de mots entre eux, par exemple les scripts et même des « macrostructures » qui conduisent aux textes.

Les catégories

Depuis Collins et Quillian (1969), on s'est intéressé à la genèse des catégories comme la base de la représentation des connaissances (Gérard, 1974). Dans cette perspective, G. Bramaud du Boucheron (1981) a réalisé de nombreuses expériences, utilisant le « jeu » de l'intrus par exemple pour connaître l'évolution de l'étendue des catégories conceptuelles (Figure 7.3). L'intrus est d'autant plus aisément identifié que la distance sémantique entre l'intrus et les autres mots est grande : par exemple, l'intrus de « tomate-concombre-livre » est trouvé dès l'âge de 4-5 ans alors que l'intrus dans « yaourt-crème-galette » n'est vraiment détecté que chez les 7-8 ans car la catégorie de niveau 3 est commune, les desserts.

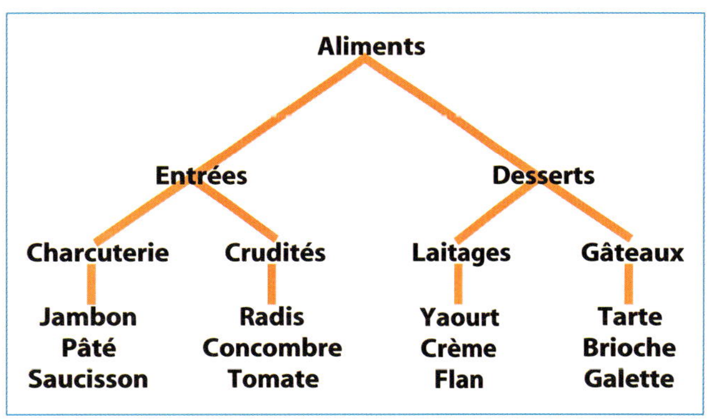

Figure 7.3 – Exemple de hiérarchie catégorielle des connaissances enfantines (adapté d'après Bramaud du Boucheron, 1981).

Les traits sémantiques

Plusieurs chercheurs ont fait l'hypothèse que les concepts sont des complexes de traits sémantiques (Meyer, 1970 ; Le Ny, 1976), les traits étant des propriétés ou des constituants essentiels. À vrai dire une telle conception pose problème et pour ma part je trouve plus réaliste de penser que les images et les mots d'objets ou d'action sont à l'origine de nos connaissances. Cependant cette hypothèse est intéressante pour les concepts complexes qui sont peut-être des agglomérats de concepts plus simples. Dedre Gentner (1975), du laboratoire de Donald Norman à San Diego, a procédé à une analyse de verbes d'une même famille et a observé l'ordre d'acquisition de ces mots. À partir de verbes primitifs comme DONNER et PRENDRE, s'ajoutent des sens supplémentaires (les traits), par exemple, l'idée d'un transfert :

- DONNER + l'idée d'un transfert contre un objet = ÉCHANGER
- DONNER + l'idée de l'argent = PAYER

L'addition d'autres traits, comme l'idée de négociation, générerait des verbes plus complexes comme ACHETER, VENDRE, DÉPENSER.
Les enfants doivent commenter ce que font des poupées représentant Ernie et Bert (marionnettes de la série télévisée *Sesame Street*). L'analyse des mots produits indique bien une diminution avec l'âge des verbes élémentaires (« prendre » et « donner ») et un remplacement progressif par des verbes plus complexes mais plus spécifiques, comme « vendre ».

Le marquage sémantique

Freud avait remarqué que les négations et les contraires n'apparaissent jamais dans les rêves, et c'est l'expérimentation en sémantique qui semble confirmer ces observations. Eve Clark, Patricia Carpenter (1974) ont montré avec différentes techniques, temps de jugement, mémoire, que les adjectifs contraires sont inégaux sur le plan sémantique : l'adjectif positif, « grand, rapide, etc. » est plus rapidement compris ou plus facilement rappelé que son contraire, en général négatif, « petit, lent ». L'idée a donc été émise que l'adjectif négatif existe sous forme du concept positif corrigé par un trait indiquant le contraire, le marqueur (le nouvel adjectif est dit « marqué ») ; l'accès plus lent et la moindre disponibilité en mémoire s'expliquent alors par le fait que l'adjectif contraire est plus complexe structurellement que l'adjectif positif : il correspond au noyau sémantique plus un marqueur sémantique négatif. On observe d'ailleurs couramment chez l'enfant l'utilisation du même adjectif pour signifier une idée et son contraire (« j'ai chaud » pour dire « j'ai froid »).

Raldi Somers - Fotolia.com

Beboy - Fotolia.com

Selon la théorie des adjectifs marqués, seul le concept de l'adjectif positif (grand, chaud…) est stocké et son contraire (petit, froid…) serait simplement une marque ; d'où l'inversion dans l'emploi des contraires chez les petits.

6. Du mot au texte

Les scénarios

Depuis Schank et Abelson (1977) on suppose, qu'à côté des catégories conceptuelles, les actions elles-mêmes sont organisées de façon ordonnée pour préparer notre façon de parler ou de penser, ce sont les scripts ou scénarios. Ainsi, les individus sont capables de produire avec une certaine constance l'ordre des actions généralement impliquées dans des scénarios de la vie courante comme d'aller au cinéma ou au restaurant ; voici pour exemple, les actions du scénario « organiser une fête ».

Tableau 7.8
Exemple des actions d'un scénario (ou script) (d'après Jagot, 1996).

Organiser une fête	
Faire la liste de ses invités	Préparer le repas
Téléphoner à ses amis	Faire le ménage
Choisir le lieu	Disposer la salle
Choisir la date	Décorer la salle
Prévoir la musique	Prévoir des jeux
Faire les invitations	Se préparer
Envoyer les invitations	Installer la musique
Choisir le menu	Dresser la table
Faire les courses	Attendre les invités
Acheter la boisson	Recevoir les invités
Acheter la nourriture	S'amuser

Des expériences montrent les caractéristiques de ces scénarios, dont l'ordre paraît le plus fort par rapport aux catégories qui peuvent être produites. Dans une condition « libre », les sujets sont invités à énoncer des actions (scripts) ou exemplaires (catégories) dans l'ordre où ils leur viennent à l'esprit ; dans la condition « typicalité » on leur demande de produire les mots dans l'ordre du plus typique (par exemple, pigeon pour oiseau et oie comme moins typique) ; enfin on demande de produire les mots dans l'ordre (pour la catégorie c'est du plus petit au plus grand) ou enfin dans l'ordre inverse (Figure 7.4).
Les résultats indiquent bien que l'ordre de stockage des actions est une caractéristique des scénarios.

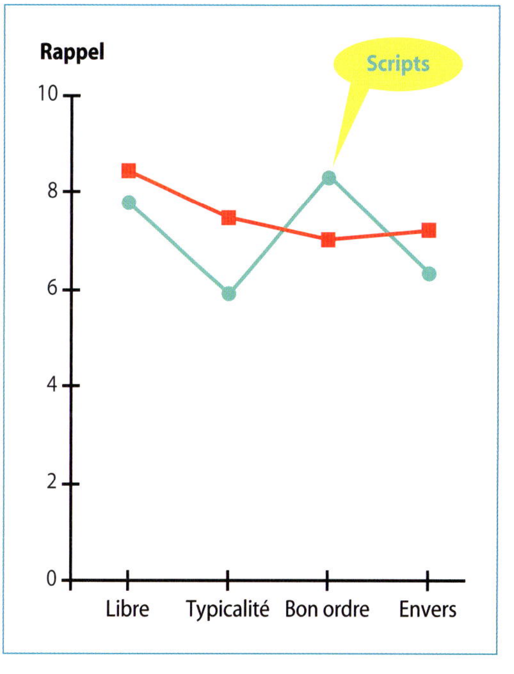

Figure 7.4 – Scénarios et catégories.
Les scénarios sont supérieurs dans le rappel dans l'ordre par rapport aux catégories, ce qui montrerait un stockage spécifique en mémoire (d'après Jagot, 1996).

Les modèles hiérarchiques de la compréhension de récit

Mais les scénarios ne permettent pas d'expliquer des niveaux d'organisation plus élevés qui correspondent à des récits ou aux textes de la littérature. Sous l'influence des modèles hiérarchiques de la mémoire et de la grammaire de Chomsky, le récit est principalement vu comme une macrostructure de type hiérarchique.

Ainsi, Jean Mandler et Nancy Johnson (1977), de l'université de Californie, qui avaient travaillé sur l'organisation des catégories en mémoire, ont proposé une grammaire de récit inspirée de Chomsky mais appliquée à la sémantique de l'histoire. Cette perspective reprend de manière plus analytique une conception fort originale de l'Anglais Frederic Bartlett (1932) qui étudiait la mémoire, non pas sur des choses artificielles mais sur des choses de la vie réelle. Parmi d'autres expériences originales, il avait fait apprendre, à ses étudiants de Cambridge, une histoire tirée des légendes indiennes. Le rappel des étudiants était loin d'un rappel « par cœur » mais était une réduction à des thèmes centraux, avec des mots plus modernes (par exemple, barque au lieu de canoë), etc., ce qui avait conduit Bartlett à considérer le rappel comme une reconstruction mêlant les connaissances du texte aux connaissances antérieures ou assurant une logique causale pour reconstituer des passages ambigus (*cf.* chap. 5). Voici un extrait de ce texte d'une page.

La Guerre des fantômes

Une nuit, deux jeunes hommes d'Égulac descendirent à la rivière pour chasser les phoques, et tandis qu'ils étaient là, le brouillard et le calme s'installèrent. Alors ils entendirent des cris de guerre et pensèrent « Peut-être est-ce une bataille ». Ils s'enfuirent vers la plage et se cachèrent derrière un tronc. Alors des canoës approchèrent, et ils entendirent le bruit des pagaïes… »

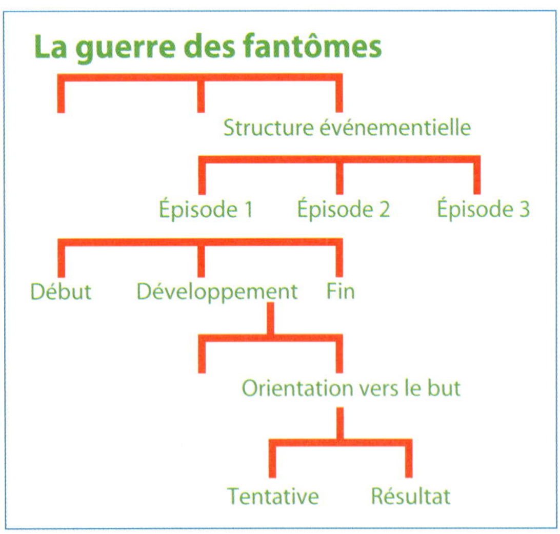

Figure 7.5 – Structure hiérarchique du récit *La Guerre des fantômes* (simplifié d'après Mandler et Johnson, 1977).

Dans la grammaire, le récit se découpe (**Figure 7.5**) en épisodes dont chacun a un début, un développement (avec des tentatives, se cacher, ou des actions, se battre) et une fin (but ou résultat). Le début commence par exemple en un cadre, le bord de la rivière par un temps brumeux, suivent plusieurs épisodes en une structure composée, par exemple le premier qui débute avec les cris entendus et se termine (but) en se cachant derrière un tronc… Certains épisodes peuvent être connectés par une logique de dépendance (si… alors) de type causal ou temporel, d'autres peuvent être des développements secondaires et donc oubliés ou rappelés dans des ordres divers au cours du rappel.

Le rappel de différentes petites histoires montre l'importance de cette structure dans la mesure où les éléments ne sont pas égaux (**Figure 7.6**) en fonction de différents âges. Les jeunes enfants (7 ans) rappellent surtout le cadre (lieu et temps) les débuts et les résultats alors que les actions ou événements intermédiaires ou même la fin (conclusion, généralisation) sont oubliés. D'autres analyses montrent que les récits et les contes sont fortement structurés (Fayol, 1985) ; essayez donc de raconter une histoire à des enfants sans commencer par « Il était une fois... » ou de faire mourir la jolie princesse. L'humour de Shrek se base précisément sur le décalage avec une structure classique.

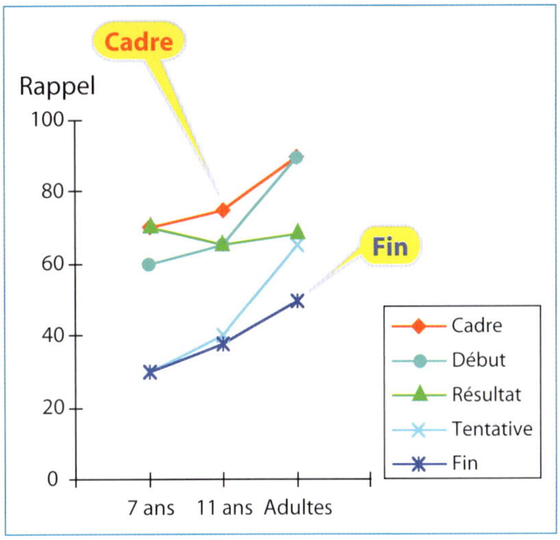

Figure 7.6 – Rappel des éléments du récit en fonction de leur place fonctionnelle dans la structure du récit (simplifié d'après Mandler et Johnson, 1977).

II. L'IMAGE

Une voie de réflexion qui paraît correspondre à des fondements de nos mécanismes de représentation est la distinction entre représentation numérique (digitale qui vient de l'américain *digit* = chiffre) et analogique.

1. Code alphanumérique et code analogique

Cette distinction est familière depuis la commercialisation des disques compacts numérisés. De même, les informations dans les ordinateurs, en particulier les dessins, peuvent être codées de façon analogique ou numérique. Prenons l'exemple d'un cercle : la façon analogique est de construire le cercle par des coordonnées, comme dans une grille de mots croisés, en remplissant en noir ou par une croix les cases qui forment le périmètre d'un cercle ; la façon numérisée est de faire un programme en fonction de la formule : $2 \neq R$. Ces deux types de représentations ont évidemment leurs caractéristiques propres, en particulier sur le plan de l'économie et de la fiabilité : la formule est évidemment plus économique en ce sens qu'elle surcharge moins les mémoires et le décodage est également sans ambiguïté ; le programme par coordonnées est plus lourd mais correspond mieux au signal original. Il semble bien que notre système cognitif soit capable de ces deux grands types de représentations, numérique, ou plutôt alphanumérique, et analogique.
Le principal système de représentation alphanumérique est évidemment le langage phonétique et le principal système analogique est l'image, certains systèmes sont mixtes comme les hiéroglyphes et les idéogrammes chinois. Dans les deux cas, il semble dans l'évolution de ces langues que l'origine soit analogique. Le dragon et le tigre en chinois ancien, vers 2000 ans avant notre ère, étaient représentés par des dessins ressemblant à ces animaux, puis évoluent vers des graphismes standardisés et simplifiés (Wang, 1973). Dans les hiéroglyphes certains objets sont représentés par des dessins,

Bas Photo - Fotolia.com

Les hiéroglyphes constituent un système linguistique très complexe où les signes représentent parfois des concepts et parfois des phonèmes.

comme le soleil par deux ronds concentriques. Mais l'usage a retenu des dessins de mots monosyllabiques pour coder des éléments phonétiques : par exemple, le dessin du soleil se prononçant « Rê » (le dieu du soleil) a été utilisé par la suite pour la syllabe « ré ». Les hiéroglyphes sont donc un langage mixte à la fois pictographique et phonétique, un rébus au sens strict du terme. La difficulté du déchiffrement, réussi par Champollion, est de découvrir si un dessin a une valeur pictographique ou phonétique dans le contexte ; le dessin signifie-t-il, par exemple, le son « Râ » ou le Dieu solaire ? Une suite de hiéroglyphes pourrait ainsi être traduite par : « Tu es beau comme un Dieu », ou : « Tu es fait comme un rat »...

2. Langage, image et spécialisation hémisphérique

L'aphasie

?

Qu'est-ce que l'aphasie ?

Aphasie : perte de la parole

Spécialisation hémisphérique : le cerveau est constitué de deux hémisphères cérébraux reliés entre eux par des « câbles », les corps calleux, etc. Chez l'homme, l'hémisphère gauche est dominant pour le traitement du langage articulé.

Le cerveau est constitué de deux hémisphères cérébraux reliés entre eux par d'énormes réseaux de « câbles », les corps calleux, les commissures antérieures et postérieures et le chiasma (pour les parties les plus visibles anatomiquement ; Sperry, 1964). Le câblage des voies nerveuses a ceci de particulier que les voies controlatérales (allant dans l'hémisphère opposé) sont dominantes par rapport aux voies ipsilatérales (restant du même côté) de sorte que tout est inversé : ce qui est présenté dans le champ visuel droit est traité par l'hémisphère gauche qui commande également les membres droits.

Inversement, l'hémisphère droit gère tout ce qui se passe à gauche. La spécialisation hémisphérique chez l'homme a suscité un très grand nombre de recherches, tant en neurologie chez des sujets qui ont une atteinte des corps calleux ou qui ont subi une opération dans cette région, qu'en psychologie chez les sujets normaux à l'aide de techniques spéciales. Le résultat le plus stable dans ce domaine est la dominance de l'hémisphère gauche, chez les sujets droitiers, pour le traitement du langage articulé ; résultat souvent démontré depuis la célèbre observation de Broca sur l'aphasie (1865, Penfield et Robert, 1949, etc.) montrant qu'une lésion importante dans l'hémisphère gauche entraîne une incapacité de parler et souvent une paralysie plus ou moins importante de la partie droite du corps (hémiplégie droite).

Il faut cependant noter que la dominance hémisphérique ne concerne vraiment que la production du langage et que les recherches sur les patients au cerveau dédoublé (par une section ou une atteinte pathologique des commissures interhémisphériques) sont capables de compréhension à la fois au niveau de l'hémisphère gauche et de l'hémisphère droit (Gazzaniga, 1970). Quant à l'image, elle semble être traitée des deux côtés du cerveau (Ehrlichman et Barret, 1983 ; Lieury et Le Nouveau, 1987 ; Figure 7.7).

Www.
Wikipedia : Paul Broca

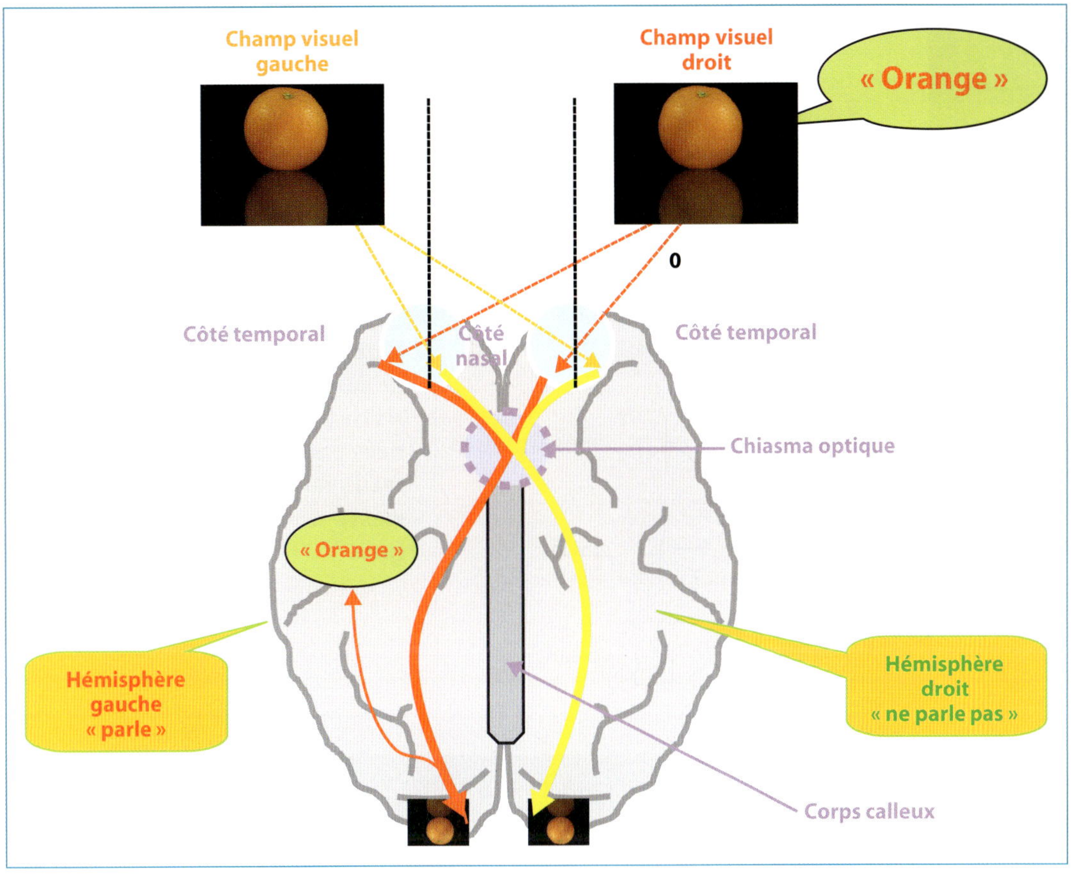

Figure 7.7 – Nous avons deux hémisphères connectés par des gros câbles (corps calleux). L'hémisphère gauche voit le champ visuel droit et « parle » tandis que l'hémisphère droit voit le champ visuel gauche mais ne parle pas.

Image et écriture idéographique

Si la spécialisation hémisphérique empêche (comme chez l'animal) d'utiliser un hémisphère comme « cerveau de secours », les Japonais le peuvent grâce à la connaissance de deux langages, l'un phonétique et l'autre idéographique. En effet, les Japonais possèdent deux systèmes écritures, les caractères *kanji* et les caractères *kana* : l'écriture sous forme de *kanjis* ou idéographique est d'origine chinoise et basée sur un grand nombre de « dessins » qui représentent des objets, des animaux, des idées, au minimum cinq cents (deux mille dans la liste officielle). Pour représenter certains mots, il faut assembler deux idées : ainsi « volcan » est l'assemblage des kanjis de « montagne » et « feu », « livre d'occasion », de « livre » et « vieux » (Figure 7.8). Dans certains cas, on ne peut guère deviner comme repos ou vacances qui s'écrit avec les *kanjis* de « homme » s'adossant à « arbre ». « Psychologie expérimentale » est formé par les deux kanjis « mesure » et « mental ». Les *kanjis* sont difficiles à dessiner et comportent jusqu'à vingt traits.

Le langage basé sur des caractères phonétiques est lui-même subdivisé en deux systèmes de signes, les signes hiragana pour le vocabulaire traditionnel et les signes *katagana* pour les mots étrangers (télévision, bière...).

Patrick Charpiat

Kanji

本	livre	古	vieux	古本	livre d'occasion
木	arbre	人	personne	休	repos, vacances
一	un (chiffre)	月	lune, mois	一月	janvier
火	feu	山	montagne	火山	volcan

Figure 7.8 – Kanjis
L'écriture en *kanjis* est idéographique, il existe des milliers de dessins pour représenter choses et concepts. Certains *kanjis* comportent jusqu'à vingt traits. Des choses sont représentées par deux ou plusieurs *kanjis* de base, comme dans les exemples de la figure.

Plutôt que réellement phonétique (nous assemblons des consonnes et des voyelles, le *a* de *ta* est le même que le *a* de *ka*), l'alphabet *hiragana* est syllabaire, c'est-à-dire que dans les syllabes comprenant le son t, on ne retrouve pas de dessin qui désigne ce son. Dans les syllabes to ou ko, il n'y a pas de signe commun pour le son o. Il faut donc apprendre un syllabaire de soixante et un signes (quarante-six de base plus des sonorités déclinées par des petits ronds ou petits traits supplémentaires). Enfin, il existe un syllabaire pour le *katagana*.

Le langage japonais fait « marcher » nos deux cerveaux !

Le langage écrit est un complexe des trois systèmes puisque l'on trouve dans les livres et journaux des suites mêlant des *kanjis*, et des caractères *hiragana* et *katagana*. Certains cherchent des méthodes de « sport cérébral », ils n'ont qu'à apprendre le japonais et lire des mangas !

Ce langage très complexe a cependant l'avantage d'utiliser les ressources des deux cerveaux, puisque les dessins semblent pouvoir être traités par les deux cerveaux alors que le phonétique ne l'est que par le cerveau gauche. Deux neuropsychologues de Tokyo, Sumiko Sasanuma et Osamu Fujimura (1971), ont montré que des patients atteints de troubles aphasiques et apraxiques du langage conservaient pour une grande part le langage kanji, comme nous pouvons le voir dans un extrait de leurs résultats expérimentaux (**tabl. 7.9**).

Tableau 7.9
Préservation des caractères kanjis chez des aphasiques japonais (d'après Sasanuma et Fujimura, 1971).

Pourcentage d'erreurs	Kanji	Kana
Aphasiques	45	96
Contrôles	16	0

Www.
Wikipedia : Kanji

Les aphasiques échouent complètement (96 % d'erreurs) à écrire sous dictée, en langage phonétique (*kana*), alors que le nombre d'erreurs est moins grand en utilisant les idéogrammes (*kanji*) ; en *kanji*, le nombre d'erreurs est important également dans le groupe contrôle, car le *kanji* est un langage complexe comprenant des milliers de dessins.

Le mode de fonctionnement des hémisphères cérébraux, la compensation des langages, phonétique et idéographique, etc., apparaissent comme des thèmes de réflexion essentiels en psychologie et posent pour la pédagogie la grande question de savoir si nous avons complètement exploité les ressources du cerveau.

Révision du chapitre

Résumé

Qu'est-ce que le langage ? 248

C'est un système de représentations servant principalement à la mémoire et à la communication. Les deux grands systèmes sont le langage phonétique et les images.

Qu'est-ce que l'aphasie ? 264

C'est la perte de la parole.

Lectures conseillées

FLORIN A. (2013). *Le Développement du langage*, Paris, Dunod.

GINESTE M.D., LE NY J.-F. (2002). *Psychologie cognitive du langage*, Paris, Dunod.

GOLDER C., GAONAC'H D. (1998). *Lire et comprendre. Psychologie de la lecture*, Paris, Hachette Éducation

GOMBERT J.E. et coll. (2000). *Enseigner la lecture au cycle 2. Les repères pédagogiques*. Nathan Pédagogie.

JAMET E. (1997). *Lecture et réussite scolaire*, Paris, Dunod.

GAZZANIGA M. (1976). *Le Cerveau dédoublé*, Bruxelles, Mardaga.

Webographie

Www. Ordinateurs

www.commentcamarche.net
www.table-ascii.com

Exercices et QCM

QCM (1 point par question)

Cochez la bonne réponse. Attention, les mauvaises réponses sont comptées – 1. Il n'y a pas de pièges, dans le doute, ne répondez pas.

1. Un exemple du symbolisme phonétique est :
- ❑ pléonasme ❑ allitération ❑ synecdoque ❑ onomatopée

2. Un ordre de grandeur du vocabulaire à la fin du primaire est :
- ❑ 3 000 ❑ 6 000 ❑ 9 000 ❑ 12 000

3. Une grande théorie de la communication et du langage est la théorie :
- ❑ de la communication ❑ de l'information ❑ médiatique ❑ cognitique

4. « Les mots les plus fréquents sont les plus courts » correspond à la loi :
- ❑ du moindre effort ❑ de fréquence inversée ❑ de logarithme ❑ de fréquence multiple

5. La théorie générative de Chomsky concerne :
- ❑ la phonétique ❑ le lexique ❑ la sémantique ❑ la syntaxe

6. Les caractères imagés d'un des langages japonais se nomment :
- ❑ kana ❑ kendo ❑ kanji ❑ koka

Mode de correction : + 1 pour les bonnes réponses, et – 1 pour les mauvaises et faire le total algébrique (soustraire les – des +) ; par exemple, s'il y a autant de – 1 que de + 1, cela fait un total de 0 ; dans le doute, il vaut mieux ne pas répondre.

Exercices

De préférence, faites les exercices avec un crayon et une gomme pour les refaire plusieurs fois. La répétition est la base de l'apprentissage (cf. chap. 3 et 4).

Exercice 1 : Savin et Perchonok (1965) ont utilisé une procédure de mémorisation pour tester le modèle de la grammaire générative supposant que par rapport à la phrase noyau, active-affirmative (par exemple, « le chasseur a tué le lion »), chaque transformation (négative, passive, interrogative) utilise une unité mémoire :
- par exemple, transformation négative, passive et interrogative (« le chasseur ne chasse pas le lion ») = 1 unité mémoire ;
- transformation passive-interrogative-négative (« le lion n'est-il pas chassé par le chasseur ? ») = 3 unités mémoire.

Afin de tester cette hypothèse, les auteurs présentent pour la mémorisation la phrase test suivie de huit mots en supposant que le rappel de mots additionnels baissera d'autant plus que la transformation de la phrase test occupe un nombre plus grand d'unités-mémoire. Voici les résultats :

Nombre de transformation	Type de phrase		
0	Noyau : 5,27		
1	Interrogative : 4,67	Passive : 4,55	Négative : 4,44
2	Interrogative-négative : 4,39	Passive-négative : 3,48	
3	Passive-interrogative-négative : 3,85		

- Question 1 : Qui a formulé cette théorie de la grammaire générative ?
- Question 2 : Quels sont les résultats favorables à la théorie ?
- Question 3 : Quels sont les résultats défavorables ?

Exercice 2 : Les enfants de 7 ans et plus trouvent hilarant ce genre d'histoires :
« La maîtresse demande :
– Toto, conjugue-moi le verbe marcher...
Toto, très lentement :
– Je marche...Tu marches...
La maîtresse :
– Plus vite, Toto !
Toto :
– Je cours, tu cours, il court... ».

Question : Quel est le mécanisme humoristique de cette histoire et à quel phénomène linguistique peut-on le rapprocher ? Commentez brièvement.

8

L'INTELLIGENCE

Mon poisson rouge est-il intelligent ? Nous ne sommes pas de purs esprits et l'intelligence, au sens général de capacités mentales, dépend évidemment du cerveau, en particulier de la proportion entre son poids et celui du corps. Ainsi l'homme a un cerveau de 1 400 g quand notre petit poisson rouge, qui est en bas de l'échelle, a un cerveau miniature d'un dixième de gramme. Sur des problèmes d'apprentissage discriminatif adaptés, il lui faut deux fois plus d'essais que pour le petit rat de laboratoire… Non, notre petit poisson rouge n'est pas *Nemo* !

Mais si l'hérédité joue un rôle crucial en déterminant la taille et les caractéristiques du cerveau, le milieu a aussi un rôle considérable. Depuis 100 000 ans, l'homme a le même volume crânien et pourtant que de chemin parcouru de l'âge de pierre à la conquête de l'espace : c'est là l'effet des apprentissages et de la culture. Pour étudier tout cela, les chercheurs, depuis la fin du XIXe siècle, ont rivalisé d'« intelligence ». Ils ont construit des instruments standardisés, les tests, permettant de comparer objectivement des personnes ou des enfants, maintenant copiés dans les jeux éducatifs y compris les jeux vidéo ; ont également été élaborés des outils statistiques originaux, comme les corrélations, l'analyse factorielle et le célèbre QI. Toutes ces études montrent que l'intelligence est variée ; souvent elle recouvre la cognition tout entière mais dans une acception plus spécifique, elle désigne le raisonnement et la culture.

I. La mesure de l'intelligence

Intelligence : le concept d'intelligence est polysémique (= plusieurs sens). Au sens strict, l'intelligence correspond au raisonnement ou à la culture (connaissances stockées en mémoire). Dans son sens le plus général, l'intelligence est synonyme de cognition et englobe alors toutes les activités cognitives, raisonnement, mémoire, langage, perception.

Contrairement à d'autres fonctions psychologiques comme la perception, la mémoire, où de nombreux mécanismes apparaissent généraux, l'intelligence apparaît comme étant très diversifiée à travers les individus. Ces différences individuelles sont apparues pour certains comme des différences quantitatives ce qui a conduit à une perspective de mesure globale de l'intelligence et sont apparues pour d'autres comme des différences qualitatives basées sur des aptitudes distinctes.

1. Alfred Binet et l'invention du premier test d'intelligence

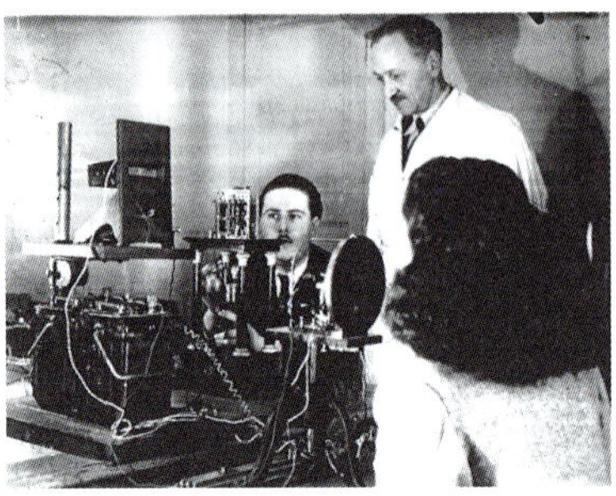

Expérience sur le temps de verbalisation (archives du laboratoire de psychologie expérimentale, université Rennes-II).

Alfred Binet (1857-1911) peut être considéré comme l'inventeur du premier test ayant une certaine valeur prédictive (sur la réussite scolaire). Mais le mot « test » lui-même avait été introduit par James McKeen Cattell (1890). Celui-ci, ayant étudié chez Wundt dans le premier laboratoire de psychologie expérimentale, avait eu l'idée de mesurer l'intelligence par des épreuves, « tests » en américain, issues des études de l'époque, par exemple des temps de réaction. En fait ce type de test s'est avéré être très faiblement en relation avec le niveau culturel réel des individus et fut abandonné. Cet échec est apparu plus tard dû au fait que l'on mesure essentiellement des caractéristiques sensori-motrices ; mais l'idée en soi de mesurer des processus intellectuels était bonne et sera reprise dans le cadre de la perspective du traitement de l'information.

Alfred Binet s'intéressait à l'analyse des processus supérieurs, la mémoire, le raisonnement, etc. ; pour lui, l'intelligence est essentiellement caractérisée par la capacité de bien juger et il observe ses filles, les enfants à l'école, attentifs aux observations des enseignants... Personnalité très riche, ses études sont diverses : la perception des couleurs chez les teinturiers des Gobelins, la mémoire des phrases, les calculateurs prodiges de son époque, Inaudi et Diamandi, les joueurs d'échecs, etc. Binet n'est pas un homme de préjugés et il abordera le problème de la mesure de l'intelligence par des voies multiples, s'attachant entre autres à vérifier des préjugés sociaux comme la phrénologie.

Test : instrument standardisé de mesure des capacités intellectuelles (items définis, barème de correction, référence à des échantillons de sujets du même âge...).

Depuis que le médecin allemand Franz Josef Gall (1758-1828) a émis la théorie de la phrénologie selon laquelle les fonctions psychologiques sont localisées dans le cerveau, l'idée est très populaire. Le développement d'une aptitude détermine un grossissement de la zone correspondante du cerveau et entraîne une déformation du crâne dans cette région ; c'est la théorie des bosses dont les expressions « avoir la bosse des maths » et « avoir la bosse du commerce » en sont une survivance. Bref, on croit à cette époque que le fait d'avoir une « grosse tête » est un signe d'intelligence ; Binet montre que non, mais après y avoir cru lui-même, au point de passer tout un mois d'août à mesurer des têtes...

Www.

Consultez le site du Musée Benjamin-Bourdon de l'université de Rennes (conception par Christophe Quaireau) pour des exemples d'appareillages de cette époque pionnière (mettre « musée Benjamin Bourdon » dans votre recherche). http://www.sites.univ-rennes2.fr/crpcc/lpe/musee/page_accueil.html

Binet, qui n'était pas l'homme d'une seule théorie, entreprenait, parallèlement avec la collaboration du docteur Simon, des études sur l'intelligence de l'enfant en étudiant ses capacités à résoudre des situations de la vie courante, connaissances générales, mémoire de phrases, ou de la vie scolaire, calcul, vocabulaire, etc. Le ministère de l'Instruction publique ayant créé une commission pour le dépistage des arriérés, soumit à Binet le problème des critères de ce dépistage. Il eut l'idée de constituer une série d'épreuves variées dont chacune est caractéristique d'un âge et correspond en quelque sorte aux barreaux d'une échelle d'où le nom d'échelle psychométrique donné au premier véritable test de l'intelligence (paru en 1905, 1908) ; en voici quelques exemples :

- 1 an : discerner les aliments... ;
- 5 ans : comparer deux boîtes et indiquer la plus lourde ; copier un carré... ;
- 8 ans : faire une lecture et en conserver deux souvenirs ; nommer quatre couleurs ; écrire sous dictée ; etc.

L'échelle psychométrique conduit à une mesure empirique de l'intelligence en termes d'âge mental ; on attribue à l'enfant l'âge moyen de réussite à un groupe d'épreuves. C'est la notion d'âge mental.

Sur cette photographie, Alfred Binet (créateur du test d'intelligence) effectue une expérience sur les temps de réaction avec un cylindre de Marey. De gauche à droite : MM. Courtier, Binet, Philippe et Henri, auteur avec sa femme de la première enquête sur les souvenirs d'enfance (archives du laboratoire de psychologie expérimentale, université Rennes-II ; merci à Mlles Binet, petites-filles d'Alfred Binet, pour nous avoir légué plusieurs photos de Binet).

2. La « standardisation » de l'intelligence

Www.
Wikipedia : Alfred Binet

Lewis Terman et la standardisation de l'intelligence

L'échelle psychométrique, bientôt appelée le Binet-Simon, connut très vite un succès retentissant surtout aux États-Unis, dans différents domaines, scolaire, psychiatrique, judiciaire, etc. Cet usage intensif a cependant fait apparaître la nécessité d'améliorations qui ont été essentiellement entreprises par Lewis Terman à Stanford en Californie, dans deux révisions, en 1916 avec l'apparition du célèbre QI, puis en 1937 avec Maud Merrill (Terman-Merrill). Cette épreuve fut ensuite réadaptée en français (Cesselin) en 1959. La dernière réadaptation française, sous la direction de Zazzo, est la NEMI (Nouvelle Échelle métrique de l'intelligence).

?
Qu'est-ce que le QI ?

La révision de Terman en 1916 comprend de nombreuses corrections : le déplacement d'items ; par exemple, nommer quatre couleurs est placé à 5 ans et non à 8 ans ; l'augmentation du nombre total d'items, qui passe à 90 ; l'étalonnage est basé sur des populations plus larges de sujets, et l'on calcule ainsi les moyennes de réussite et les écarts-types sur des distributions plus fiables ; enfin, cette révision intègre une notion nouvelle proposée par Stern, le quotient intellectuel, le célèbre QI. En effet, la notion d'âge mental est très pratique mais un retard n'a évidemment pas la même signification selon l'âge réel (chronologique) ; par exemple, un retard de 2 ans n'a pas la même signification si l'enfant a 3 ans ou 16 ans. Le QI est simplement le rapport multiplié par 100 entre l'âge mental et l'âge réel.

QI (quotient intellectuel) : le QI est le rapport multiplié par 100 entre l'âge mental et l'âge réel.

$$\text{QI} = \frac{\text{Âge mental}}{\text{Âge chronologique}} \times 100$$

Âge mental : mesure empirique de l'intelligence : on attribue, à un enfant particulier, l'âge de réussite moyen d'un groupe d'âge de référence (= échantillon).

Ainsi, dans notre exemple, un retard de 2 ans à l'âge de 3 ans correspond à un QI de 33 alors qu'un même retard à 16 ans donne un QI de 88. D'autres améliorations ont été apportées dans une autre révision, le Terman-Merrill (1937) : addition de nombreux items, découpage en demi-années pour la petite enfance, et subdivision du test en deux formes équivalentes. Ces formes parallèles, L et M (sans doute un clin d'œil aux prénoms des auteurs Lewis et Maud), permettent le test et le « retest » des mêmes enfants dans une perspective de consultation clinique ou dans une étude longitudinale (étude des mêmes enfants sur plusieurs années).

Du QI standard aux « surdoués »

Terman et Merrill avaient déjà remarqué que les distributions ne sont pas équivalentes selon les âges des échantillons ; certaines ont des écarts-types (indice de variabilité des notes de part et d'autre de la moyenne) plus ou moins grands. Dans l'étalonnage français du Terman-Merrill (Cesselin, 1959), on remarque par exemple que l'échantillon des 12 ans a une distribution (la courbe de l'ensemble des QI pour chaque enfant de l'échantillon) ayant une moyenne de 99 avec un écart-type de 17,5 alors que l'échantillon des 16 ans a une moyenne de 108,2 pour un écart-type de 9,5 (schématisé sur la figure 8.1). L'interprétation psychologique va être particulièrement faussée ; ainsi un adolescent de 16 ans qui aurait un QI de 100 pourrait être considéré comme ayant des performances moyennes alors qu'il sera presque à un écart-type en dessous de la moyenne réelle de son âge, ce qui représente un retard important. Pour éviter ce biais, Terman et Merrill (1937) avaient standardisé leur distribution (comme dans l'exemple de la loi normale réduite ; en pratique, des annexes donnent des tables de correspondance) pour que les différents échantillonnages soient comparables. Wechsler a généralisé cet usage dans ses tests (§ suivant). Les distributions des QI sont normalisées pour obtenir une moyenne de 100 et un écart-type de 15. Ainsi, par construction, les distributions à chaque âge ont pour moyenne un QI de 100 et un écart-type de 15. Le QI aura donc la même « signification » statistique pour des âges différents.

Terman avait entamé une étude sur les enfants les plus doués (*brights*) en les définissant, sans ambiguïté, à deux écarts-types au-dessus du QI moyen de 100. L'écart-type retenu dans les tests de Wechsler, étant de 15, deux écarts-types font 30, soit un QI de 130. C'est de là que vient le concept, parfois commercial, de « surdoués » ou enfants précoces qui sont définis comme ayant un QI supérieur à 130. Ils ne correspondent qu'à 2 % d'une tranche d'âge.

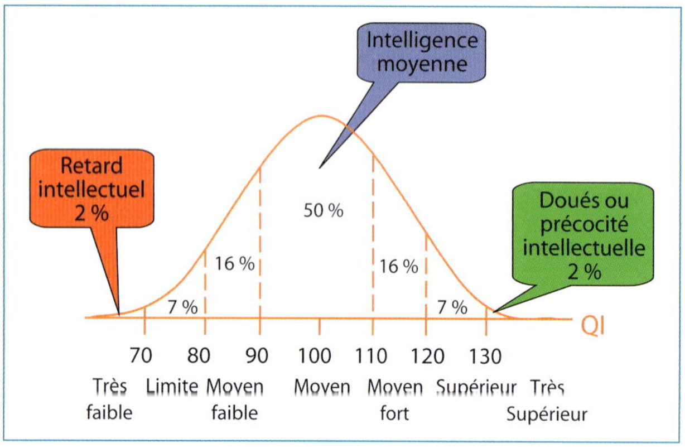

Figure 8.1 – Correspondance entre les QI et des catégories d'enfants (Wechsler, 2005).
Depuis la définition de Terman, les enfants « brillants », doués ou précoces, ont un QI supérieur à 130 (deux écarts-types au-dessus du QI moyen de 100) tandis que le retard mental est défini par un QI inférieur à 70 (deux écarts-types en dessous du QI moyen).

3. David Wechsler : l'apogée du test composite

Le test de Binet-Terman a une valeur empirique que les décennies n'ont pas démentie, mais sa conception pose des problèmes théoriques qu'a tenté de résoudre David Wechsler dans son test pour enfants, le Wechsler-Bellevue (1939) et la version adulte, le WAIS (*Wechsler Adult Intelligence Scale*, 1955).

La conception des tests de Wechsler

Les problèmes théoriques tiennent au fait que le test de type Binet-Terman est extrêmement hétérogène, n'étant pas constitué d'épreuves de même nature à des âges différents ; ce sont des épreuves de jugement, de copie de formes géométriques, des épreuves de mémoire, de calcul, de compréhension, etc., et on ne trouve pas les mêmes épreuves à chaque âge : alors mesure-t-on la même intelligence ? La méthode de Wechsler a été au contraire de fabriquer des séries homogènes d'items avec une difficulté graduée pour tous les âges.

Une autre innovation, particulièrement importante à New York (hôpital Bellevue), où les langues sont multiples, va être d'intégrer des tests non verbaux issus de recherches européennes. En effet, certains ont fabriqué des tests d'intelligence pratique, cubes, puzzle, bandes dessinées à remettre dans l'ordre, etc. (Alexander, Kohs). Wechsler constitue deux échelles, une verbale et une échelle de performance avec la possibilité de calculer un score et un QI spécifique pour chaque échelle. En voici quelques exemples d'une ancienne version (comme les tests sont des échantillons d'activités intellectuelles sur lesquelles il serait aisé de s'entraîner, les exemples communiqués ici sont soit des items de démonstration d'anciennes versions ou des items fictifs ressemblants).

Www.
Wikipedia : David Wechsler

Thurstone et les aptitudes primaires
En.wikipedia : Louis Leon Thurstone

L'échelle verbale

Elle est constituée de 6 subtests contenant des items de difficulté croissante (les exemples sont tirés du WAIS, 1968).

- Information : ce sont des questions de connaissance générale ; par exemple : « Où se trouve le Brésil » (question 2) ; « Quelles sont les quatre mers qui entourent l'Italie » (question 28).
- Compréhension : « Pourquoi un train a-t-il une locomotive ? » « Que signifie le proverbe "une hirondelle ne fait pas le printemps" ? » (question 12).
- Arithmétique : ce sont des opérations basées sur l'arithmétique des quatre opérations ; par exemple combien font 4F + 5F (question 3) ; deux trains partent en même temps de deux villes séparées de 600 km, l'un va à 50 km/h et l'autre à 100 km/h ; au bout de combien d'heures se croiseront-ils ?
- Similitude : trouvez les points communs entre deux concepts « orange-banane » (question 1) et « bois-alcool » (question 13).
- Mémoire immédiate : on mesure la capacité de rappel dans l'ordre d'une série de chiffres de trois à neuf chiffres, puis dans l'ordre inverse.
- Vocabulaire : il faut définir des concepts ; par exemple « fauteuil » (question 1) ; anachorète (question 40).

L'échelle de performance

Elle est constituée de 5 subtests :

- Code : il faut mettre une correspondance, en temps limite, entre des signes et des chiffres (par exemple > pour 2 ; + pour 3).
- Complètement d'image : il faut détecter, en temps limite, une partie manquante d'un dessin ; par exemple, un cochon à qui il manque la queue (item 1) ; un homme qui laisse des traces en marchant alors que son chien n'en laisse pas (item 19).
- Cubes de Kohs : ce test visuo-spatial découvert par Kohs est un très bon test d'analyse abstraite ; à l'origine, les faces étaient colorées dans de nombreuses couleurs mais il n'en reste plus que trois dans le test de Wechsler (rouge, blanc et rouge/blanc séparé par une diagonale) ; l'épreuve consiste à assembler des faces supérieures des cubes pour représenter un modèle, nécessitant un nombre croissant de cubes (4 à 16) en temps limité. Wechsler le considérait comme un des meilleurs subtests, particulièrement sensible à la capacité d'abstraction (déjà des études comme celle de Goldstein avait montré que les malades ayant des lésions des lobes frontaux avaient la plus grande difficulté à résoudre ce type de problème).

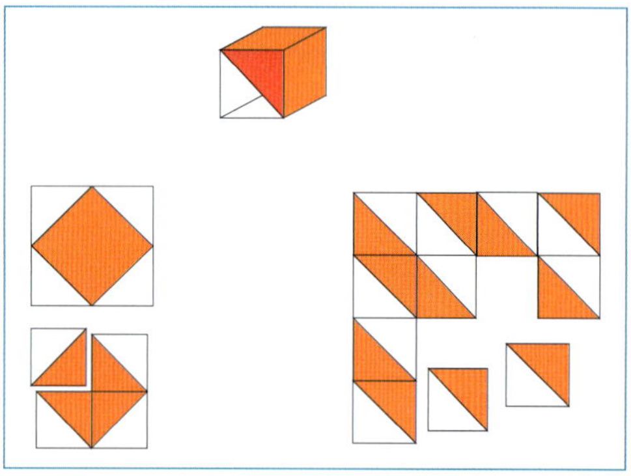

Figure 8.2 – Principe des cubes de Kohs. Exemple simple (à gauche) avec décomposition des 4 cubes nécessaires et exemple complexe (à droite) nécessitant 16 cubes (d'après Wechsler, 1956).

- Arrangement d'images : on demande de sérier des images présentées en désordre, en temps limité ; par exemple une maison qui se construit.
- Assemblage (puzzle) : par exemple un éléphant (temps limité).

Le WISC-IV : une modernisation en termes de « domaines » cognitifs

Conception du test

Attentives aux nouvelles recherches dans le domaine de l'intelligence, des révisions importantes ont été apportées aux tests de Wechsler, notamment dans la dernière version, le WISC-IV (2005) qui tient compte à la fois des recherches factorielles et de la perspective du traitement de l'information (*cf.* parties III et IV).

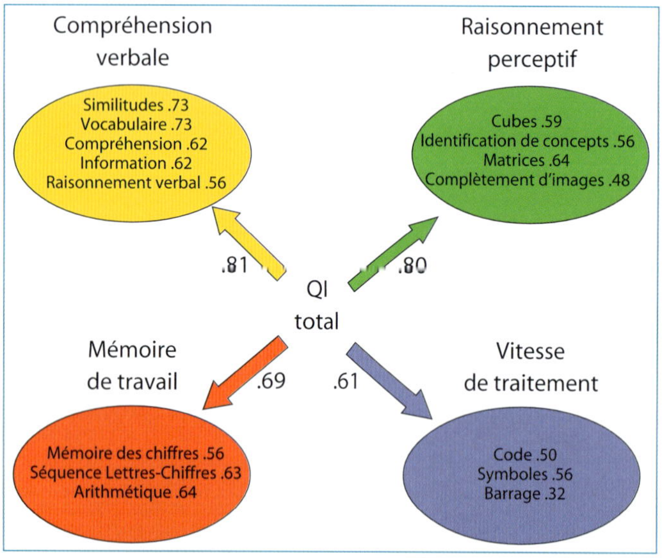

Figure 8.3 – Les quatre domaines cognitifs du Wechsler-IV. Les corrélations ont été ajoutées d'une part entre les épreuves et le QI Total et d'autre part entre les domaines et le QI Total (adapté d'après Wechsler, 2005).

Par approximations successives et à partir du socle des anciennes épreuves, les concepteurs du test ont abouti à quatre grands domaines cognitifs : « Compréhension verbale », domaine qui aurait pu être également appelé, compréhension verbale et mémoire sémantique ; « Raisonnement perceptif » qui correspond au facteur G de Spearman ou au facteur Raisonnement de Thurstone (*cf.* III) ; « Mémoire de travail » ; et « Vitesse de traitement », ce dernier qui aurait plutôt dû être nommé, Attention et coordination sensori-motrice, car tous les mécanismes cognitifs peuvent être mesurés du point de vue de la vitesse (par exemple temps de compréhension, de lecture, etc.), alors que les épreuves retenues correspondent plus à des tests d'attention (barrage) ou de coordination visuo-motrice. Afin de ne pas mesurer chaque domaine par une seule épreuve, les concepteurs ont créé de nouvelles épreuves dont voici quelques exemples.

EXEMPLES

Identification de concepts : inspiré de recherches factorielles (*cf.* § III, p. 290) montrant que l'intelligence générale correspond à l'abstraction de traits communs ou d'un concept supérieur, le test d'Identification de concepts présente des planches avec des rangées d'images. L'enfant doit choisir les deux images qui correspondent au même concept. Dans les cas simples, ce peut être une catégorie (« dinosaure » dans mon exemple) mais aussi des concepts plus abstraits (« fête » dans l'autre exemple à droite).

Figures 8.4 et 8.5 – Exemples (fictifs) illustrant le subtest d'Identification de concepts dans le WISC-IV. Le test consiste à abstraire le concept commun à la ligne d'en haut et celle d'en bas : dans les cas simples, ce peut être une catégorie (« dinosaure » dans le premier exemple) mais aussi un concept plus abstrait (« fête » dans l'autre exemple).

Matrices : le test des matrices est complètement inspiré des recherches de Raven et Penrose ayant inventé le test des matrices comme très bon test de facteur G (cf. III). La matrice correspond de façon pure à l'analogie qui s'exprime ainsi : a : b ; c : d et qui se lit « a est à b, ce que c est à d ». Dans mon exemple, le passage de a à b est le double (de melon) ; en appliquant cette relation à la case « c », on devine qu'il faut deux citrons dans la case manquante. Différentes solutions sont proposées comme dans un QCM, pour faciliter la correction et enlever toute ambiguïté d'interprétation.

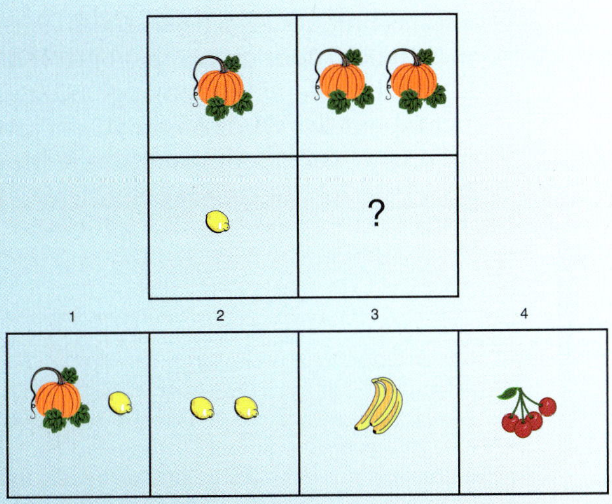

Figure 8.6 – Exemples (fictifs) illustrant le subtest des Matrices dans le WISC-IV. Ce test s'inspire fortement des Matrices de Raven (§ II et III, p. 272 et p. 273) qui est une excellente mesure de l'intelligence abstraite, le raisonnement de type analogique ; il s'exprime de la façon suivante : « A est à B, ce que C est à D », D étant à trouver. Il faut donc abstraire la relation entre A et B (ligne du haut) et appliquer cette relation à C pour trouver D (ici la réponse est le dessin n° 2).

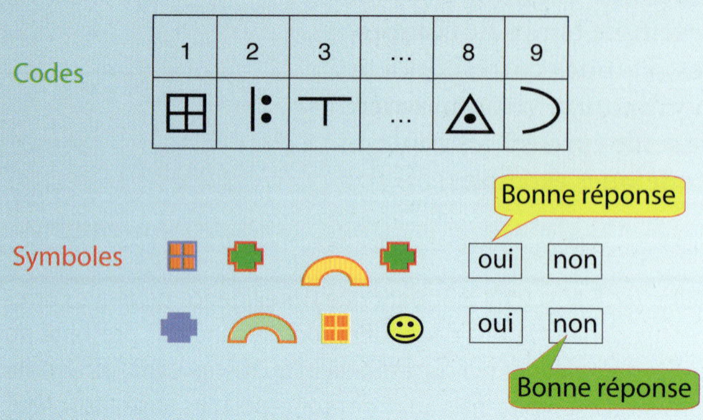

Codes et symboles : dans le test de code, des formes géométriques doivent être appariées le plus vite possible à des rangées de chiffres selon les exemples donnés. Dans le test de symboles, il faut cocher « oui » ou « non » selon que chaque série (rangée) contient ou non deux formes semblables. Ces deux épreuves sont chronométrées (elles sont censées mesurer la vitesse de traitement) ; ce sont des variantes du test de barrage, un test typique d'attention (*cf.* chap. 6).

Figure 8.7 – Exemples (fictifs) illustrant les subtests de Code et de Symboles dans le WISC-IV.
Il faut cocher « oui » lorsqu'on rencontre la même forme ; c'est typiquement un test d'attention.

Validité : la validité d'un test représente ce que le test est censé mesurer. Par exemple, un test d'intelligence est bon s'il peut prédire la réussite scolaire pour les élèves ayant une bonne note au test et inversement l'échec scolaire pour des élèves dont le test révèle un score bas.

Caractère prédictif du WISC-IV

Malgré l'effort de systématisation théorique dans la construction du test (ajout des matrices, de l'identification de concepts), le Wechsler garde, comme à son origine, un très large éventail d'épreuves si bien que la corrélation des épreuves avec le QI Total est assez variable (Figure 8.8). Les tests qui prédisent le mieux le QI Total (c'est-à-dire les corrélations les plus fortes), sont le vocabulaire, les similitudes (mémoire sémantique) alors que le test de barrage n'a qu'une faible corrélation de .32 avec le QI, ce qui indique, comme dans d'autres études, que les activités sensori-motrices sont faiblement liées aux mécanismes cognitifs abstraits (raisonnement, vocabulaire, matrices, cubes...). En somme, le test de Wechsler « ratisse large » mais c'est ce qui lui permet d'être un excellent échantillon d'activités intellectuelles de la vie scolaire et courante, et qui amène une très bonne valeur pronostique (Figure 8.8 et encadré « La mémoire des autistes »).

?

Qu'est-ce que la validité d'un test ?

Dans les études de validité, le WISC-IV a une excellente valeur pronostique sur des échantillons cliniques (Wechsler, 2005). Par rapport au QI de 100 pour un groupe contrôle d'environ 12 ans, des enfants de même âge ayant un retard mental ont des QI de 60 ou 50. À l'inverse, les enfants précoces (pourtant plus jeune d'un an dans l'étude) ont un QI nettement plus élevé (130).

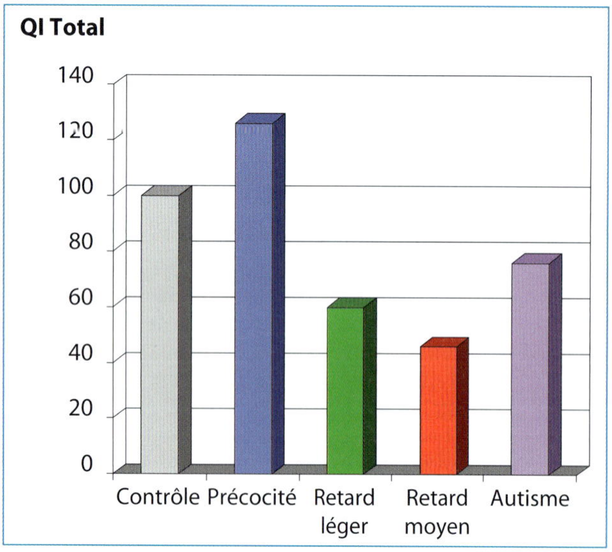

Figure 8.8 – Valeur pronostique (validité) sur des échantillons cliniques (Wechsler, 2005).
Par rapport au QI de 100 pour un groupe contrôle, les enfants précoces (pourtant plus jeunes d'1 an) ont un QI nettement plus élevé (130) alors que des enfants ayant un retard mental ont des QI de 60 ou 50 (adapté d'après Wechsler, 2005).

La mémoire des autistes

Contrairement à une opinion répandue, tous les autistes n'ont pas une mémoire ou des capacités de calcul fabuleuses. Que ce soit pour les épreuves de calcul mental (arithmétique) ou nécessitant une mémoire à court terme (mémoire des chiffres) ou à long terme (information et vocabulaire), les autistes ont en moyenne des scores très faibles au contraire du groupe contrôle et surtout des enfants précoces (pourtant un an plus jeunes). En réalité, ce n'est qu'une infime proportion d'enfants autistes, les autistes savants, qui ont des capacités extraordinaires (*cf.* chap. 5 mémoire). Dans la forme d'autisme appelé « syndrome d'Asperger » (*Mini DSM-IV*), les enfants ont des troubles de communication, des comportements stéréotypés et répétitifs mais sans retard notable sur le plan intellectuel et langagier (QI moyen).

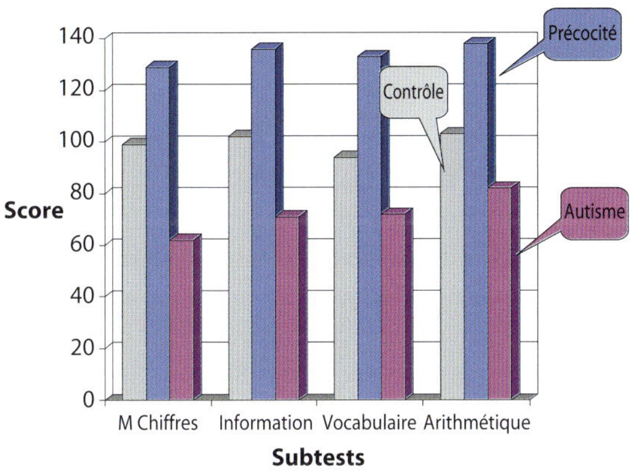

Figure 8.9 – Exemples de subtests du WISC-IV montrant que les enfants autistes ont des scores de mémoire à court ou à long terme bien inférieurs aux enfants du groupe contrôle et plus encore par rapport aux enfants précoces. Note : les scores sont multipliés par 10 pour donner des valeurs comparables au QI (adapté d'après Wechsler, 2005).

Le WISC-IV est également prédictif aux « extrémités » de l'intelligence, c'est à dire soit pour les enfant à haut potentiel (ou doués), soit pour les enfants en retard (ou déficients). En effet, Paulette Rozencwajg de l'université Paris-Ouest Nanterre et ses collègues (Rozencwajg, Aliamer, Ombredane, 2009) ont voulu étudier les caractérisques intellectuelles de ces enfants atypiques (entre 7 et 12 ans). Dans l'ensemble, les résultats indiquent une certaine homogénéité. Les enfants à haut potentiel ont des scores élevés dans les quatre domaines : Compréhension verbale, Raisonnement perceptif, Mémoire de travail et Vitesse de traitement. À l'inverse, les enfants en retard le sont pour les quatre domaines dans l'ensemble.

Mais dans le détail (Figure 8.10), les auteurs confirment d'autres études montrant que les enfants à haut potentiel ont une intelligence cristallisée (*cf.* § 2.4), domaine de la compréhension verbale, plus élevée que les autres domaines tandis que les enfants en retard ont un score moins bas dans les épreuves de vitesse de traitement que dans les autres domaines, ce que confirme également d'autres études.

L'intelligence apparaît donc générale et mais elle se distingue aussi en différents processus. C'est la conception en facteurs qui permet de mieux analyser les composantes de l'intelligence.

Figure 8.10 – Comparaison des scores dans les quatre domaines du WISC-IV pour des enfants à haut potentiel ou en retard (d'après Rozencwajg *et al.* 2009).

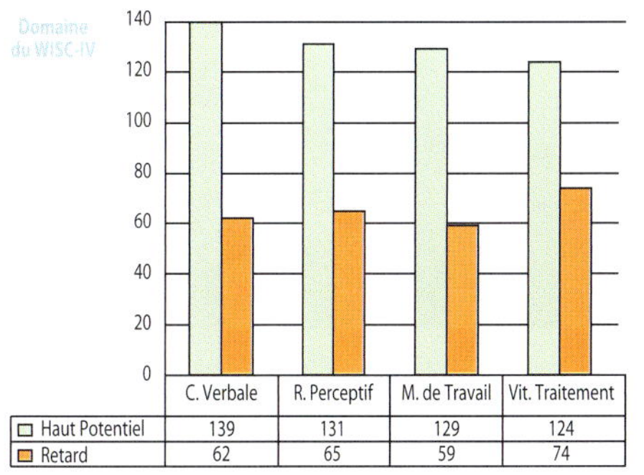

	C. Verbale	R. Perceptif	M. de Travail	Vit. Traitement
Haut Potentiel	139	131	129	124
Retard	62	65	59	74

II. Les facteurs de l'intelligence

Parallèlement aux tentatives de mesure globale de l'intelligence, d'autres chercheurs, notamment Spearman en Angleterre et Cattell aux États-Unis, développaient une perspective plus fondamentale, celle de l'analyse des processus de l'intelligence. Cette analyse est basée sur le constat des différences individuelles, interprétées comme l'expression d'aptitudes distinctes selon les individus. L'objectif de ce courant de recherche est donc d'identifier ces aptitudes et les chercheurs de ce courant ont construit ou utilisé des méthodes statistiques ayant pour fonction d'isoler, d'extraire ces aptitudes : l'analyse factorielle (Reuchlin, 1964) ; les aptitudes extraites d'une analyse factorielle s'appellent les facteurs de l'intelligence.

Analyse factorielle : analyse statistique permettant d'extraire des dimensions communes, à travers de multiples tests, ou questionnaires de personnalité.

1. Notions sur l'analyse factorielle

Corrélations et tableaux de corrélations

Les analyses factorielles se calculent à partir de tableaux de coefficients de corrélation. Le coefficient de corrélation est un indice statistique qui exprime conventionnellement de 0 à 1 (ou – 1 pour une relation inverse) le degré de ressemblance entre deux séries de valeurs, notes, résultats à un test, etc. Par exemple, les vrais jumeaux ont souvent des scores voisins dans les tests, donnant une forte corrélation de l'ordre de .80 (= 0,80 car selon l'usage américain adopté en statistique, la virgule devient un point avec suppression du 0 ; on prononce « point quatre-vingt »).

La deuxième étape de l'analyse factorielle est basée sur l'étude des corrélations 2 à 2 de nombreuses activités, scolaires ou tests, que l'on dispose dans un tableau (ou matrice ; *matrix* en anglais). Le tableau 8.1 en est un exemple avec les corrélations réelles entre quelques matières scolaires extraites d'une expérience de Ann N'Guyen Xuan (1969) réalisée sur 300 élèves de 3e (tabl. 8.1).

Qu'y a-t-il de commun ou de différent entre les matières scolaires traditionnelles, maths, français, sciences de la vie et de la terre, histoire-géographie, dessin ? Avec l'instrument des corrélations, on peut mesurer le degré de ressemblance entre de nombreuses activités, notamment les matières scolaires.

Tableau 8.1 – Intercorrélations entre les matières scolaires chez des élèves de 3e (d'après Anh N'Guyen Xuan, 1969).

	M	SN	O	CF	H. G	D
Mathématiques	–	.35	.01	.08	.28	.12
Sciences naturelles		–	.25	.29	.34	.35
Orthographe			–	.44	.17	–.04
Composition française				–	.41	–.01
Histoire-géographie					–	.01
Dessin						–

Clusters et analyse factorielle

?

Qu'est-ce qu'une analyse factorielle ?

L'examen de la matrice de corrélations révèle des clusters ou familles à l'intérieur desquels les corrélations sont les plus fortes à l'inverse des corrélations d'une famille à l'autre. Par exemple, il existe des corrélations assez fortes entre les mathématiques, l'histoire-géographie et les sciences prises deux à deux : .35 entre maths et sciences, .28 entre maths et géographie, et .34 entre sciences et géographie. Ces matières peuvent donc être regroupées à l'intérieur d'un même cluster. Comme dans un jeu des sept familles, les matières corrélées font partie de la même famille.

Cependant, il faut fixer un critère afin de considérer que deux matières font ou non partie du même cluster. Ce critère est un peu arbitraire. Par exemple la figure 8.11 représente les clusters si je décide que mon critère de rassemblement est .29 : dans ce cas, les Sciences naturelles sont dans la même famille que la Composition française et l'histoire-géographie. Mais si je fixe mon critère à .28, ce n'est plus le cas (exercez-vous en prenant d'autres critères à partir de ce tableau). Or, entre .28 et .29, il n'y a qu'un centième de point et les corrélations ne sont pas aussi précises, il y a donc une part d'arbitraire (sauf si les groupes de corrélations sont très différents).

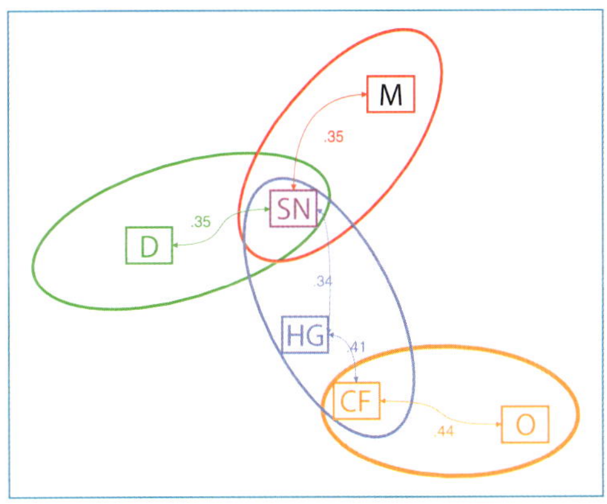

Figure 8.11 – Exemple de clusters réalisés à partir des corrélations supérieures à .29.

Cette limite a conduit Spearman (1904) à inventer l'analyse factorielle. Cette méthode permet d'extraire des facteurs théoriques qui représentent le dénominateur commun aux matières (en gros, le dénominateur commun d'une famille), ce sont les facteurs de l'analyse factorielle. Un facteur est exprimé sous la forme d'une corrélation avec chaque épreuve : cette corrélation spéciale est appelée saturation (mais il n'est pas faux de l'appeler également « corrélation »).

2. Le facteur G de l'intelligence

Facteur G : facteur général, commun à de nombreuses épreuves. Pour Spearman, le facteur G correspond principalement au raisonnement.

L'extraction du facteur G

L'analyse factorielle la plus simple, inventée par Spearman, est basée sur l'extraction d'un facteur général à toutes les épreuves (mais différemment

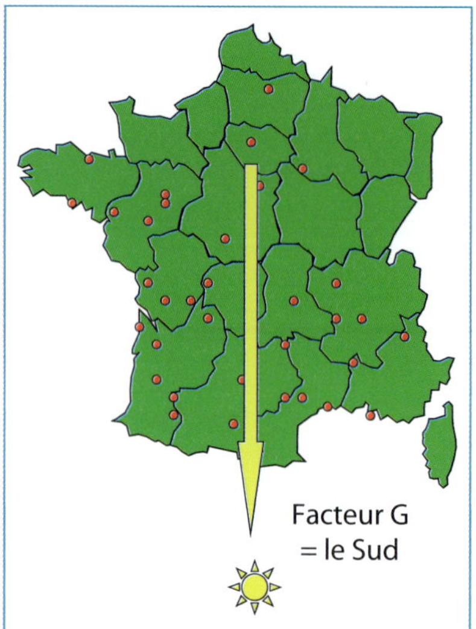

saturé dans chacune) et un facteur spécifique de chaque épreuve. Prenons l'analogie des départs en vacances en été et imaginons qu'une voiture est une corrélation. La direction commune (le facteur commun) à toutes les voitures est le sud. Ce facteur commun est appelé le facteur général, le célèbre facteur G : dans mon exemple ci-contre, le facteur général des départs en vacances, c'est le sud, donc le Soleil.

Si la représentation graphique d'un facteur général se fait assez bien, je sais par expérience que les étudiants ont des difficultés à comprendre comment s'opère l'extraction du facteur G à partir de chiffres, les corrélations. En voici une démonstration simple (encart ci-dessous).

L'extraction des facteurs dans l'analyse factorielle comme l'extraction de l'huile d'olive...

	Test 1	Test 2	Test 3
Test 1	g1g1	g1g2	g1g3
Test 2		g2g2	g2g3
Test 3			g3g3

Tableau 8.2

Le postulat de Spearman est que chaque test (ou épreuve quelconque) est théoriquement constitué d'un facteur G plus un facteur spécifique (S). Le but est d'extraire le facteur G. Prenons l'analogie de l'extraction de l'huile d'olive ; chaque olive contient de l'huile (dans la pulpe) et la peau ; l'huile est le facteur G (dans mon analogie) et la peau est la partie spécifique (par simplicité, on ne s'en occupe pas). En principe, chaque test « contient » une part de G plus ou moins grande de même que chaque espèce d'olive contient plus ou moins d'huile. Par conséquent, la corrélation entre le test 1 et le test 2 contient la part de G du test 1 (G1) multiplié par la part de G du test 2 (G2), et ainsi de suite. Ainsi, dans le tableau de corrélations, on imagine (en négligeant la part spécifique) que les corrélations contiennent les produits suivants.

Si on admet ces postulats, il suffit de prendre un triplet de produits (Reuchlin, 1964). Si on multiplie G1G2 par G1G3 et qu'on divise le tout par G2G3, on obtient par simplification algébrique (rappelez-vous les règles algébriques du collège) G1 multiplié par G1, c'est-à-dire G1 au carré. Il suffit d'en prendre la racine carrée pour avoir la valeur de G1, autrement dit, la part du facteur général dans le Test1.

En théorie :

$$\frac{(g_1g_2)\times(g_1g_3)}{(g_2g_3)} = \frac{(g_1\cancel{g_2})\times(g_1\cancel{g_3})}{(\cancel{g_2}\cancel{g_3})} = (g_1)^2$$

D'où $\sqrt{(g_1)^2} = g_1$

En pratique :

$$\frac{cor.T_1T_2 \times cor.T_1T_3}{cor.T_2T_3} = (g_1)^2 \Rightarrow \sqrt{(g_1)^2} = g_1$$

C'est à dire la saturation de G dans le Test 1

Figure 8.12

Comme on n'a pas ces produits mais qu'ils sont contenus (en théorie) dans les corrélations, il suffit de prendre un triplet de corrélations qui suit la même logique. La multiplication de la corrélation T1T2 et de la corrélation T1T3 divisée par la corrélation T2T3, donne le carré de la part du facteur général contenue dans le test 1. Il suffit d'en prendre la racine carrée et on obtient, sous forme d'une corrélation (ou saturation) la part du facteur G dans le test 1. Voici un exemple en prenant dans le tableau 8.1 des vraies corrélations : si je veux connaître la part du facteur G dans les sciences naturelles, il faut que je multiplie la corrélation « sciences-orthographe » (.25) et la corrélation « sciences-composition française » (.29) le tout divisé par la corrélation « orthographe-composition française » (.44) ; j'obtiens .164 dont la racine carrée est .40. La corrélation entre les Sciences et le facteur général est dans cette expérience de .40. Nous verrons plus loin plusieurs exemples de saturation du facteur G dans différents tests.

En pratique, l'analyse factorielle est fastidieuse car il faut faire tous les produits possibles puis il faut soustraire les estimations de G aux corrélations (pour obtenir la part du facteur spécifique), puis tout recalculer et ainsi de suite afin d'obtenir le G le plus pur, de la même façon que le fabricant d'huile va reprendre la pulpe pour la presser à nouveau pour obtenir le maximum d'huile : ce sont les itérations (= recalculer plusieurs fois). À la main (Spearman en 1900 n'avait pas de calculette) et même avec une calculette (dans les années 1970), les analyses factorielles nécessitaient énormément de patience et voilà pourquoi les postulats de Spearman (un facteur G + un facteur spécifique) étaient simples. Par la suite, l'aide apportée par les ordinateurs permet des postulats plus complexes et des analyses mieux justifiées.

L'interprétation du facteur G

L'interprétation du facteur G par Spearman a évolué tout au long de sa vie (Oléron, 1957), intelligence générale, plasticité du système nerveux, énergie mentale. Enfin, l'analyse des épreuves les plus saturées dans le facteur G le conduit (1923) à définir les processus noégénétiques de l'intelligence dont les plus constructifs sont l'éduction (on dirait actuellement induction ou raisonnement) des relations et l'éduction des corrélats :

- éduction des relations : « Quand un homme a dans l'esprit deux ou plus de deux idées... il est à un certain degré apte à concevoir mentalement les relations essentielles qui existent entre elles. » Ce processus a souvent été utilisé par la suite pour construire des tests de raisonnement verbal. Par exemple : trouver la même relation que dans bateau-navire parmi ces trois propositions : vitesse-célérité – argent-puissance – hauteur-profondeur. La bonne réponse est « vitesse-célérité » ;
- éduction des corrélats : « Quand un homme a dans l'esprit à la fois une idée et une relation, il est à un certain degré, apte à concevoir l'idée qui correspond à son idée initiale dans la relation en question. » Par exemple : compléter la phrase : « La pauvreté est à la richesse ce que la laideur est à la... » La bonne réponse est « beauté ».

Petit test de facteur G : « oiseau est à avion, ce que poisson est à... » (la bonne réponse étant « bateau ») : le facteur G, ou intelligence générale, correspond à l'abstraction. Voir de nombreux exemples dans le paragraphe sur le WISC-IV (§ I, p. 267), qui s'inspire beaucoup de Spearman et de ses successeurs.

Les tests composites apparaissent comme fortement saturés en G, ce qui explique en définitive leur bonne valeur pronostique dans les performances scolaires. Mais ce facteur général est souvent verbal dans les premiers tests (Binet, Terman) alors que Spearman cherchait un facteur encore plus général. C'est pourquoi d'autres tentatives ont été faites pour construire des tests « purs » de facteurs G. Les deux tests les plus connus (**Figure 8.13**), construits dans cette perspective, sont les Matrices progressives, le PM-38 ou PM-47 de Raven et Penrose (1938 et 1947) dont la saturation en G est de .79 (Vernon, 1949 ; *cf.* **tabl. 8.3**) et le célèbre test des dominos utilisé dans l'armée britannique pendant la guerre, le D-48 de Anstey (1943) dont la saturation en G est de .87.

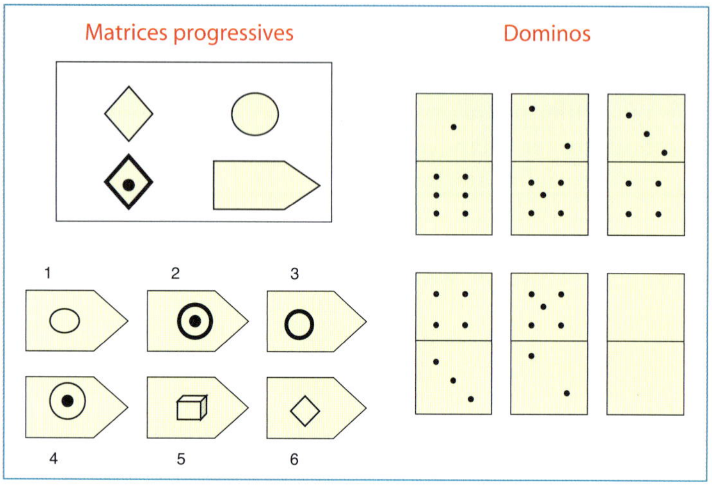

Figure 8.13 – Tests de facteur G de l'intelligence (tests fictifs inspirés des Matrices progressives et des dominos).

Aptitudes : les études de Thurstone le conduisent à trouver 5 grands facteurs qui correspondent aux aptitudes primaires : par exemple V : facteur de signification verbale ; S : facteur spatial...

3. Les aptitudes primaires

En fait, le cas postulé par Spearman de deux facteurs seulement, l'un général pour toutes les épreuves et l'autre spécifique à chacune, est relativement rare. Ainsi dans l'exemple des directions de départ en vacances en France, une observation plus fine montre qu'il y a plusieurs groupes de directions, la Bretagne, la Vendée, l'Espagne, etc. De même, sur un graphique les corrélations apparaissent comme des nuages de points et on pourra chercher un facteur (une direction) passant par chaque nuage. Dans les « nuages » de voitures, on trouverait alors un facteur « Côte d'Azur », un facteur « Espagne » un facteur « Bretagne »..., ce sont les facteurs de groupe.

Les études de l'Américain Thurstone s'appuient sur de telles représentations graphiques. La méthode de Thurstone est de tracer une droite au milieu d'un nuage de points puis par trigonométrie (vous vous souvenez, les sinus et les cosinus...) de transformer les droites selon leur angle en nombres (= les corrélations). Les facteurs s'interprètent mieux sur le plan psychologique puisqu'ils représentent le « centre » d'une famille de corrélations comme dans l'exemple des départs sur une carte de France. Les nombreuses études de Thurstone le conduisent à identifier huit facteurs stables à travers différentes recherches, qui correspondent pour lui aux aptitudes primaires :

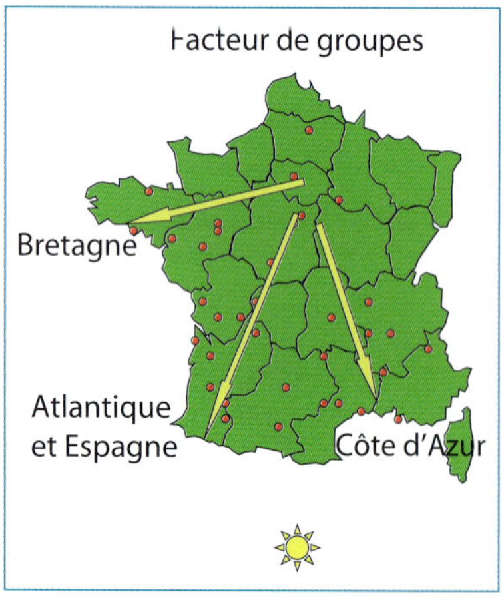

- V : facteur de signification verbale ; compréhension des idées exprimées par les mots ;
- S : facteur spatial ; représentation des objets dans deux ou trois dimensions ;
- R : raisonnement ; problèmes logiques, prévision, plan... ;
- N : facteur numérique ; maniement des chiffres, problèmes quantitatifs ;

- W : ce facteur indépendant du facteur V concerne la fluidité verbale, rapidité et aisance à manier les mots (un individu intelligent peut être éloquent ou pas du tout...) ;
- M : mémoire ; souvenirs des expériences passées... ;
- P : rapidité perceptive ; détection d'identités et de différences ;
- Mo : motricité ; coordination des mouvements des yeux et de la main.

Figure 8.14 – Pour Thurstone, l'intelligence n'est pas unique mais composée de plusieurs intelligences spécialisées, les aptitudes. Les principales, pour Thurstone, sont l'aptitude verbale (V), la fluidité verbale (W), le spatial (S), le numérique (N) et le raisonnement (R) qui correspond au facteur G de Spearman. À sa suite, de nombreuses études conduisirent à identifier des dizaines d'aptitudes, musicales, sensori-motrices, etc.

Thurstone a construit des tests spécifiques pour les cinq premiers facteurs et un test « résumé » portant sur l'ensemble de ces mêmes facteurs, le test PMA (*Primary Mental Abilities*, aptitudes mentales primaires).

Pour Thurstone, l'intelligence n'est pas unique (facteur G) mais il y a plusieurs sortes d'intelligence ou aptitudes : un tel pourra être très intelligent « verbalement », tel autre aura une intelligence « spatiale » ou encore « numérique »... D'autres études conduisent à de nombreuses aptitudes, musicales, etc., et un chercheur français Pierre Oléron en dénombrait déjà plusieurs dizaines (1957) d'après les travaux de son époque. Enfin, les aptitudes mises en évidence par Thurstone ne sont évidemment pas simples ; rappelons simplement à titre d'exemple la mémoire dont les mécanismes sont si complexes qu'ils ne peuvent correspondre à une seule aptitude (le facteur V pourrait correspondre à la mémoire sémantique et le facteur W à la mémoire lexicale) ; à l'évidence, il en est de même pour les autres facteurs, spatial (Juhel, 1988), et numérique.

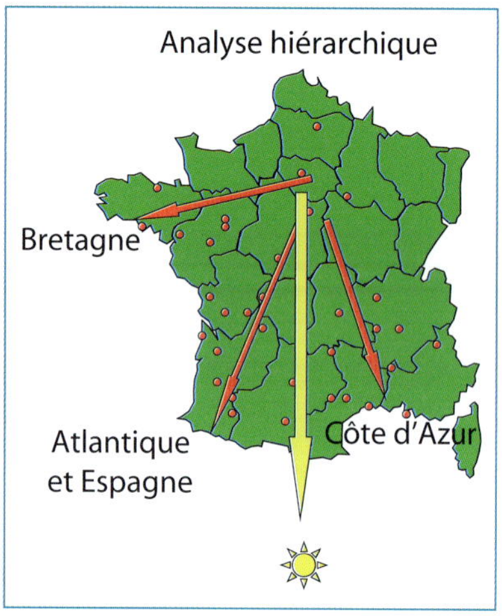

4. Les théories hiérarchiques

Dans l'analogie des départs en vacances, on voit qu'il n'y a pas d'incompatibilité entre le fait de définir des directions « régionales » et une direction « générale ». Il est vrai que les gens vont dans des régions, Bretagne, Vendée, Espagne, etc., mais il est vrai aussi que d'une façon générale, les gens vont plus vers le sud.

Ce raisonnement conciliant le facteur G et des facteurs de groupes a été proposé par un successeur de Spearman, l'anglais Cyril Burt. Sa méthode, l'analyse hiérarchique, est une généralisation de l'analyse de Spearman. Elle permet d'extraire un facteur G, puis ensuite des facteurs de groupes, (approximativement, les aptitudes primaires de Thurstone) et enfin des facteurs spécifiques.

Facteur G et facteurs de groupe

Une recherche de l'anglais Vernon en est un bon exemple. Celui-ci réalise une analyse entre différents tests et épreuves scolaires et trouve une hiérarchie de facteurs : le facteur général, puis des facteurs de groupe et enfin des facteurs spécifiques. C'est dans cette étude (tabl. 8.3), que le test des dominos est apparu le meilleur test de raisonnement, car corrélé à .87 avec le facteur G, issu de cette analyse. Le test apparaît « pur » car non corrélé avec d'autres facteurs (en dessous de .25, les corrélations sont souvent considérées comme négligeables et omises dans les tableaux) alors que le test des matrices progressives est corrélé (mais très faiblement) avec le facteur de groupe « spatial-mécanique » (désigné par K : m). Un des facteurs de groupe est l'aptitude spatiale, par exemple bien corrélée avec les puzzles ; l'autre est un facteur éducatif, bien corrélé avec les épreuves scolaires, dissocié lui-même en un facteur verbal et un facteur numérique.

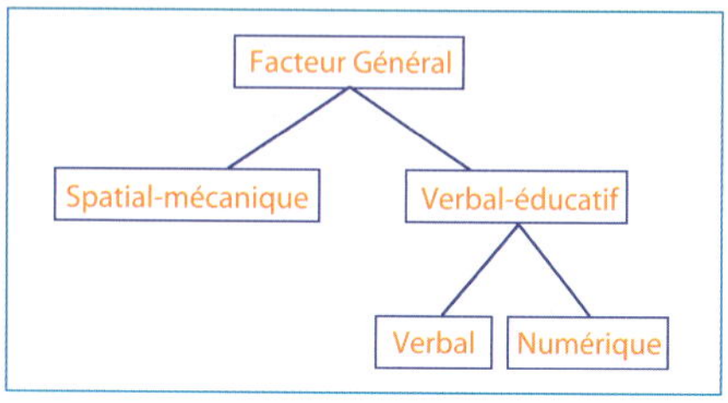

Figure 8.15 – Pour Vernon, l'intelligence est hiérarchique, composée d'un facteur G (raisonnement, abstraction) et d'aptitudes (ou facteurs de groupe), notamment le facteur K : m (kinesthésique : mécanique) et le facteur V : ed (verbal : éducatif) avec les facteurs spécifiques Verbal, et Numérique. Sous d'autres noms, on retrouve les facteurs de Thurstone (G = raisonnement), K : m = spatial, et V et N, à la différence près que le facteur G (raisonnement) est commun à presque toutes les épreuves (sauf puzzle), alors que chez Thustone, il semble indépendant des autres aptitudes mais ce n'est pas le cas. L'aptitude spatiale ou spatial-mécanique mise en évidence dans les études factorielles, est largement sous-estimée dans la vie scolaire.

Tableau 8.3 – Corrélations dans l'étude de Vernon qui le conduisent à sa théorie hiérarchique (simplifié d'après Vernon, 1947).

	Facteurs				
	G	K : m	ed	v	n
Matrices	.79	.17			
Dominos	.87				
Puzzles	.24	.89			
Test mécanique	.66	.31			
Test verbal	.79		.29	.45	
Dictée	.62		.54	.48	
Arithmétique	.72		.49		.39

L'ensemble des facteurs donne une image hiérarchique de l'intelligence (**Figure 8.15**). Cette étude est bien représentative de la plupart des études corrélationnelles sur l'intelligence qui est manifestement synonyme de « cognition » ; par exemple, des études plus récentes permettent d'identifier dans le facteur verbal-éducatif, la mémoire des connaissances (sémantique et lexicale ; Lieury, 1997).

Les niveaux d'intelligence

Actuellement d'autres méthodes d'analyse factorielle existent. La plus fondée sur le plan mathématique est l'analyse en composantes principales de Pearson-Hotelling, l'ACP. Mais très fastidieuse, son emploi n'est devenu courant qu'avec l'introduction des ordinateurs. L'ACP permet d'extraire par ordre d'importance les facteurs en fonction de la part de variance qu'ils représentent. Chez certains auteurs (Jensen, 1980), le facteur 1 (représentant le maximum de variance) est interprété comme le facteur G. Très fastidieuse à la main (avec une calculette, il fallait plusieurs jours), avec les ordinateurs modernes, l'analyse factorielle est très simple : il suffit d'appuyer sur un bouton pour avoir le résultat en une seconde !

Une théorie intéressante est celle de Jensen qui montre une organisation de l'intelligence en quatre niveaux. L'analyse porte sur les tests utilisés dans le recrutement de 4 925 recrues de la marine américaine, la *Navy*. Une comparaison est faite sur une recherche similaire de Moursy (citée et réanalysée par Maxwell, 1972) sur 166 élèves anglais de 10-11 ans. Le facteur G extrait par l'analyse sature de manière très différente les tests selon leur nature et Jensen comme Maxwell reprennent la théorie de Cyril Burt d'une hiérarchie de l'intelligence selon quatre niveaux, sensori-moteur, perceptif, associatif et relationnel dont quelques tests représentatifs sont indiqués ici (**tabl. 8.4**). Le premier niveau d'épreuves est très fortement saturé en G, par exemple un test verbal général et l'électronique ou de trouver des synonymes chez les enfants. Ces corrélations très importantes permettent d'interpréter, pour l'auteur, le facteur G comme un facteur de raisonnement abstrait ou relationnel. Le second niveau appelé associatif présente une corrélation d'environ .30 à .50 dont les épreuves de mémoire sont très représentatives. Le troisième niveau, perceptif, correspond à des épreuves perceptives corrélées aux environs de .30. Enfin le quatrième niveau, sensori-moteur, est bien représenté par des épreuves dont la corrélation est très faiblement saturée en G relationnel, c'est le temps de réaction, la vitesse d'écriture, etc. Ces résultats expliquent la raison de l'échec du premier test historique de James McKeen Cattell. Car en prenant des épreuves des laboratoires de psychologie expérimentale du XIXe, seuils perceptifs, temps de réaction, Cattell ne mesurait en fait que le niveau sensori-moteur et non les niveaux les plus élevés de l'intelligence. On comprend aussi pourquoi la graphologie ne mesure pas l'intelligence mais seulement des caractéristiques sensori-motrices. On le voit de façon spectaculaire dans le domaine du handicap moteur où certains peuvent se révéler de brillants penseurs.

Tableau 8.4 – Hiérarchie des niveaux d'intelligence en fonction de la saturation en G dans des tests variés (adapté d'après Jensen, 1980 et Moursy/Maxwell, 1972).

Niveau d'intelligence	Tests Navy		Tests d'élèves	
Relationnel	Test verbal général	.84	Synonymes	1.00
	Électronique	.79	Séries numériques	.79
Associatif	Mémoire chiffres	.46	Association	.62
	Code radio	.51	Mémoire formes	.51
Perceptif	Mémoire sonar	.36	Perception parties	.35
	Secrétariat	.31	Classement formes	.31
Sensori-moteur	Rapidité manuelle	.06	Vitesse écriture	.25
			Temps de réaction	.22

Cette théorie montre bien le double sens de l'intelligence : au sens strict, elle représente le niveau relationnel et au sens général elle représente la cognition avec ses niveaux, associatifs, perceptifs et sensori-moteurs. De ce point de vue, cette théorie n'est pas éloignée de la conception en stade de Piaget (*cf.* p. 291), le niveau sensori-moteur est identique, le niveau associatif correspond au stade pré-opératoire et le niveau relationnel correspond au stade opératoire.

Cependant, l'examen des tests fortement corrélés au niveau relationnel montre qu'ils ne sont pas tous de raisonnement mais de connaissance (test verbal général qui est un test de connaissance, tests de synonymes qui nécessite des connaissances sémantiques, tests d'électronique). D'autres études, notamment celles de Cattell et ses successeurs, montrent la double facette du facteur G, lui-même.

Intelligence fluide et cristallisée

De quelle nature est donc, ce facteur G, qui apparaît à la fois corrélé avec des épreuves de raisonnement et des épreuves verbales ? Une conception très intéressante de ce point de vue est la théorie de Raymond Cattell (1963, etc.), qui pense qu'il y a deux facteurs *g*, représentant deux intelligences, l'une fluide correspondant en gros au raisonnement et l'autre cristallisée, correspondant à la culture. Cette théorie a donné lieu à de très nombreux travaux notamment par John Horn (Horn et Stankov, 1982). Voici quelques exemples d'épreuves corrélées dans ces deux types d'intelligence à partir d'une étude sur 148 élèves de 15 ans en Norvège (Undheim, 1981).

Les tests les mieux corrélés avec l'intelligence fluide sont ceux de raisonnement et représentent donc le facteur G de la conception de Spearman et le facteur général d'intelligence cristallisée est le mieux corrélé avec des tests d'information et de vocabulaire, ce qui représente la culture (ou la mémoire sémantique, *cf.*chap. 5). Outre que l'on appelle intelligence (cristallisée) ce qui est de la mémoire, une autre à cette théorie est que ces deux facteurs *g* sont fortement corrélés, ce qui signifie qu'ils mesurent beaucoup de mécanismes communs. Ainsi, dans cette étude, les deux intelligences sont corrélées à .60.

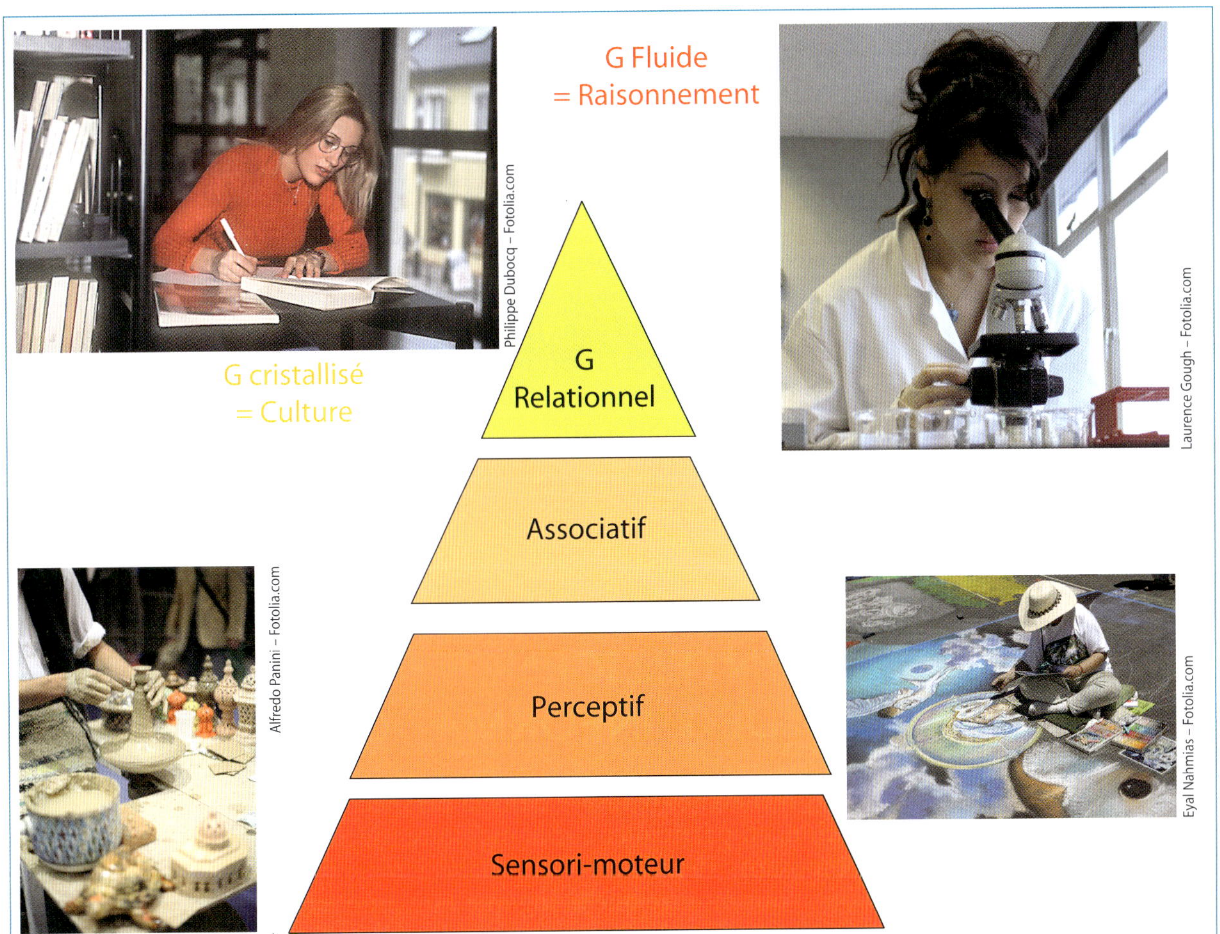

Qu'est donc ce facteur G, fortement présent dans certaines épreuves et pas dans d'autres ? La théorie de Jensen propose 4 grands niveaux de l'intelligence (proches de la théorie de Piaget) : le niveau sensori-moteur (rapidité, précision manuelle, écriture) ; un niveau perceptif représenté par l'organisation perceptive comme la mémoire des formes, des échos sonar, la musique ; un niveau associatif correspondant à la mémoire associative, « par cœur », la fluidité verbale, et enfin le niveau relationnel, l'intelligence abstraite (facteur G). Dans une autre théorie, celle de Cattell, l'intelligence abstraite a deux faces : l'intelligence fluide, le raisonnement et l'intelligence cristallisée, la culture.

Tableau 8.5 – Différenciation entre les deux facteurs généraux d'intelligence fluide et cristallisée (simplifié d'après Undheim, 1981).

	G fluide	G cristallisé
Raisonnement (sur des figures)	.69	.09
Séries (lettres)	.61	.01
Analogies verbales	.66	.03
Vocabulaire	.02	.64
Information	.05	.70

Enfin, cette recherche fait apparaître trois autres facteurs généraux, interprétés par l'auteur comme un facteur de visualisation spatiale (par exemple corrélé à .61 avec un test d'identification d'objets incomplets ou à .42 avec un test de recherche de figures cachées) ; un facteur de rapidité mentale (corrélé à .73 avec des additions) et un test de fluidité (corrélé à .62 avec le nombre de mots fournis dans un critère, par exemple tous les mots rouges) ; notons que les épreuves de fluidité sont vus par certains comme représentant la créativité dans l'intelligence (Guilford, *cf.* Huteau, 1995). Ici encore, on constate que l'intelligence est synonyme de cognition et que l'on peut voir dans certains facteurs d'autres fonctions psychologiques comme le langage et la mémoire lexicale dans la fluidité, la mémoire de travail dans le calcul mental, etc.

En somme, d'après l'approche factorielle, l'intelligence recouvre trois significations : au sens général, c'est la cognition, comme dans les tests composites ; et au sens strict, c'est le raisonnement et la culture. La culture reposant sur la mémoire (vocabulaire, connaissances), l'intelligence est en grande partie de la mémoire et n'est donc pas innée, c'est l'apprentissage qui rend intelligent...

III. Intelligence et traitement de l'information

Les recherches réalisées dans la perspective du traitement de l'information, en particulier sur la mémoire (décomposition des activités en composants élémentaires, recodage, vitesse d'accès, réseaux d'information...) ont montré que la logique humaine est moins formelle que certains l'ont supposé. Plusieurs théories relient l'intelligence à la mémoire, en faisant reposer l'activité d'inférence sur les connaissances, sémantiques des objets, connaissance du monde, etc. (Le Ny *et al.*, 1993). Cela rejoint la conception de l'intelligence comme « culture » et certaines théories factorielles identifiant une partie de l'intelligence comme « cristallisée » (*cf.* § II, p. 280).

1. Logique et intelligence : les opérations intellectuelles

Opération : dans la théorie de Piaget, « la logique est le miroir de la pensée ». Pour lui, une opération est une action intériorisée et réversible (on peut imaginer l'inverse d'une action ; par exemple, imaginer la pomme entière après l'avoir coupée).

Le problème de la diversité des définitions ou conceptions de l'intelligence peut se résoudre en abandonnant l'idée d'une intelligence unique : l'intelligence doit plutôt être conçue comme l'avait pressenti Pierre Janet, avant Jean Piaget, comme une évolution des capacités cognitives au cours du développement de l'enfant.

Les stades de l'intelligence

À la suite de recherches avec de nombreux chercheurs, en particulier Bärbel Inhelder, Piaget définit trois grands stades du développement de l'intelligence :

- le stade sensori-moteur, de 0 à 18 mois : défini par Piaget comme l'absence de représentations mentales (au moins le langage de façon explicite) ;
- le stade pré-opératoire de 18 mois à 6 ans : défini comme une période intermédiaire où l'enfant résout plus par tâtonnement ou dans une logique imparfaite. Cependant, ce terme sous-estime le développement fantastique du langage et de la mémoire sémantique, ce que les néopiagétiens vont réhabiliter ;
- le stade opératoire à partir de 7 ans.

Les structures de l'intelligence sensori-motrice ne sont pas complètement flexibles car elles restent liées aux actions et à l'environnement. Ainsi, le plus souvent les actions ne sont pas réversibles, un récipient qui est renversé par exemple, ne peut se remplir du liquide qui a été répandu sur le sol. Un professeur voulant rendre concret un problème de fraction avait présenté deux pommes coupées : « une demi-pomme plus une demi-pomme égale une pomme » ; mais une petite fille répondit qu'on ne pouvait pas recoller la pomme. Cette observation réelle est un bon exemple d'absence de réversibilité dans la pensée de l'enfant.

L'apparition de la fonction symbolique (ou sémiotique), notamment l'image mentale et le langage, va permettre deux possibilités nouvelles, comme l'avait bien vu Pierre Janet, et après lui Jean Piaget :

- le détachement de l'action et des objets ; selon l'expression de Pierre Janet, le langage permet de rendre « transportables » les objets ;
- la réversibilité des actions : l'inverse d'une action pourra être imaginé ou verbalisé, comme dans un film ou un dessin animé.

D'après les travaux de Piaget et Inhelder, la réversibilité ne serait opérationnelle qu'à partir de l'âge moyen de 7 ans. C'est donc à partir de cet âge qu'apparaît l'opération, définie comme une « action intériorisée et réversible ». C'est en ce sens que le stade qui va de 18 mois à 6 ans est appelé par Piaget, stade préopératoire : il prépare au stade opératoire.

Les opérations concrètes

L'originalité de Piaget a été de penser que les structures mathématiques sont les reflets de notre intelligence. Ces structures dites opératoires apparaissent après 7 ans et caractérisent, dans la théorie de Piaget, le niveau opératoire de l'intelligence. Avec de nombreux collaborateurs, ses recherches ont exploré systématiquement le développement génétique de ces structures. Piaget distingue deux types d'opérations :

- les opérations concrètes portent sur des dimensions perceptibles des objets : couleur, forme, taille ; etc. ;
- les opérations abstraites portent sur des dimensions non perçues, mots, nombres et images mentales.

Piaget a défini un grand nombre d'opérations dont la sériation est une des plus représentatives.

La sériation

Le problème est exposé sous la forme de dix baguettes de 10 centimètres à 16,5 centimètres que l'enfant doit ranger de la plus petite à la plus grande (comme pour faire un escalier, pour les plus petits). Les expérimentateurs (en particulier Inhelder et Vinh-Bang) constatent trois grandes stratégies ou manières de faire :

- pas de sériation : manipulation au hasard ;
- sériation empirique (stade préopératoire) : petits paquets ou petites séries : les petites baguettes ensemble, les grandes ensemble, ou une petite, une moyenne et une grande, etc. ;
- sériation par tâtonnement ; l'enfant en faisant des erreurs, modifie la configuration ;
- sériation systématique ou opératoire : l'enfant pose la plus petite des baguettes, puis la plus petite des baguettes restantes et ainsi de suite jusqu'à la dernière. Les expérimentateurs proposent également une épreuve de vérification consistant pour l'enfant à insérer sans erreur une onzième baguette de taille intermédiaire.

Tableau 8.6 – Répartition des enfants d'âges variés en fonction de leurs stratégies de sériation (d'après Ving-Bang et Inhelder ; cit. par Piaget et Inhelder, 1963).

	Âge des enfants				
	4	5	6	7	8
Non-sériation	53	18	7	0	0
Paquets/Séries	47	61	34	22	0
Sériation empirique	0	12	25	15	5
Sériation opératoire	0	9	34	63	95

On constate (tabl. 8.6) que les enfants de 4 ans ne font aucune tentative de sériation ou opèrent des petites séries (ou paquets) ce que font majoritairement les enfants de 5 ans ; l'âge de 6 ans paraît être de transition et aucune stratégie ne domine tandis qu'à partir de 7 ans, la stratégie de sériation opératoire devient dominante.

L'inclusion logique et les syllogismes

Les études sur les quantificateurs logiques ont leur origine dans l'intérêt de Piaget pour la logique (son premier ouvrage est sur ce thème) et dans l'observation qu'il avait faite à propos d'un test de raisonnement de Burt : les enfants de 9-10 ans ont beaucoup de difficultés à comprendre la différence entre des énoncés tels que « toutes mes fleurs sont jaunes » et « quelques fleurs sont jaunes ». Dans la conception opératoire de Piaget, le problème n'est pas verbal mais est lié à l'émergence de structures d'inclusion logique. Même lorsque les données du problème sont concrètes (par exemple couleur et taille), la résolution de toutes les questions n'est pas atteinte avant 8-9 ans.

Dans une expérience typique, on mélange cinq ronds bleus, deux carrés rouges et deux carrés bleus ; la logique sous-jacente (mais non présentée à l'enfant) est la suivante : l'ensemble des ronds et deux des carrés sont inclus dans l'ensemble des bleus tandis que l'ensemble des rouges et les deux carrés bleus sont inclus dans l'ensemble des carrés (Figure 8.16).

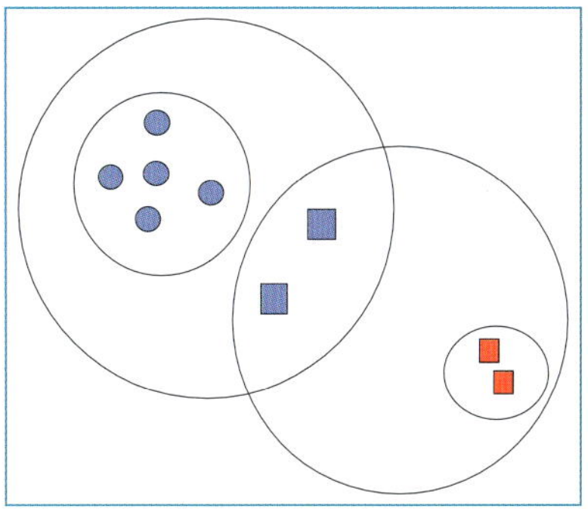

Figure 8.16 – Interprétation des quantificateurs logiques en terme d'inclusion de classes.

L'expérimentateur pose des questions du type : « Tous les ronds sont-ils bleus ? », « Tous les rouges sont-ils des carrés ? », etc. Parfois la réponse est facilitée par des éléments perceptifs (tous les ronds sont bleus) ; mais des questions comme : « Tous les bleus sont-ils des carrés ? » nécessite un réarrangement mental et l'ensemble des réponses correctes n'est donné par une majorité des enfants (75 %) que vers 8-9 ans.

2. Logique formelle ou logique floue

Mais sommes-nous vraiment logiques ? Depuis Aristote, les logiciens ont essayé de définir des règles complexes, comme les règles des syllogismes ; par exemple : « Socrate est un homme. Tout homme est mortel, donc Socrate est mortel ». La théorie de Piaget notamment fait reposer la logique sur des opérations précises ; par exemple le syllogisme sur Socrate se traduit bien par une inclusion de classes : la classe incluse « Socrate » a toutes les propriétés des classes qui l'englobent « homme » et donc « mortel ».

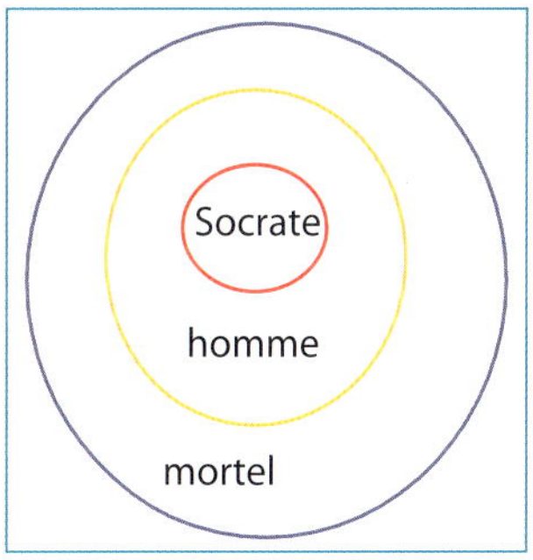

Figure 8.17 – Inclusion de classes dans le syllogisme.

Mais de nombreuses expériences montrent que nous n'avons pas de logique pure.

Logique et mémoire sémantique

Ainsi, Keith Holyoak et ses collègues ont montré dans plusieurs expériences que les réponses à des questions comportant des quantificateurs logiques d'inclusion (tous, quelques, aucun) correspondaient à des stratégies variées s'appuyant sur des connaissances enregistrées en mémoire sémantique. Dans une de leurs expériences, la vitesse pour juger des propositions avec « tous » varie énormément. Par exemple, il est rapide de dire non à « tous les immeubles sont des églises » mais très lent de répondre non à « toutes les fleurs sont des roses ». Ils ont donc calculé la fréquence de production de contre-exemples dans une expérience préliminaire et montré que le temps de réaction dépendait de cette fréquence. Lorsque les contre-exemples sont fréquents (par exemple « maisons » contre « églises » pour « immeubles »), la réponse négative est rapide (tabl. 8.7) alors qu'elle est plus lente lorsque le contre-exemple est moins fréquent (« pensée » pour « rose »).

Tableau 8.7 – Temps de jugement sémantique avec le quantificateur « tous » en fonction de la fréquence d'un contre-exemple (d'après Holyoak et Glass, 1975).

	« Tous les immeubles sont des églises »	« Toutes les fleurs sont des roses »
	Fréquence élevée (maisons)	Fréquence basse (pensées)
Temps de réaction (Réponse Non)	1 373 ms	1 529 ms

Les défaillances du raisonnement humain

Les cartes de Wason

L'une des épreuves les plus étudiées dans la recherche sur le raisonnement humain est le paradigme de sélection de Wason (1966, cit. Evans, Newstead et Byrne, 1993). On montre au sujet une collection de cartes portant d'un côté un chiffre et de l'autre une lettre ; puis on les cache en ne laissant sur la table que deux cartes avec une lettre et deux avec un chiffre comme dans l'exemple suivant. L'expérimentateur demande alors au sujet les (ou la) cartes qu'il faut retourner pour décider si la règle suivante est vraie (ou fausse) :

Figure 8.18 – Paradigme de sélection de Wason.

Règle : Si un A est sur une face alors il y a un 3 sur l'autre côté (Figure 8.18).

Le choix le plus fréquent est de retourner :

- A tout seul ;
- A et la carte 3.

En fait la logique voudrait que l'on retourne A et 7. En effet, la carte A doit avoir un 3 pour respecter la règle mais à l'inverse, la règle ne spécifie pas que toute carte 3 doit avoir un A : un 3 peut donc comporter un B ou un F. En revanche si la carte 7 a un A au dos, ce A n'aurait donc pas de 3 et la règle apparaîtrait comme fausse. Dans ce raisonnement dit « conditionnel » de la forme « si A alors... », seulement 10 % des sujets adultes choisissent les bonnes cartes, ce qui signifie que 90 % des sujets ne sont pas logiques. Ce faible résultat ne dépend pas du niveau éducatif puisque le même score est atteint par des professionnels ayant le doctorat ; seuls des sujets experts en mathématiques ou sciences techniques atteignent un niveau de 50 %, ce qui n'est pas bien élevé encore.

Les schémas pragmatiques

Parmi un grand nombre d'expériences essayant d'élucider ce mystère, plusieurs ont montré que la présentation du problème avec un contenu thématique familier facilite considérablement la solution. Ainsi Griggs et Cox (1982) posent la règle « Si une personne boit de la bière, alors elle a au moins 19 ans » ; cette fois 74 % des sujets sélectionnent correctement la carte « boit de la bière » et la carte « 16 ans » :

boit une bière	boit un coca	16 ans	22 ans

Figure 8.18 – Le contenu familier facilite le raisonnement

Règle : Si une personne boit de la bière, alors elle a au moins 19 ans (Figure 8.18).

De telles facilitations ne se trouvent que chez des sujets familiers d'une telle règle ; ainsi les auteurs trouvent une facilitation chez les étudiants de Floride car dans cet État existe une loi interdisant l'alcool en dessous de 19 ans ; à l'inverse, ces étudiants n'ont pas de facilitation pour des thèmes peu familiers mais qui étaient facilitants pour des étudiants anglais (prix du timbre selon que les enveloppes sont cachetées ou non). Ces auteurs interprètent ce type de résolution par la théorie de « l'indice de mémoire » : le raisonnement est en grande partie facilité par un accès à des informations en mémoire.

Cette théorie est également défendue par Patricia Cheng et Keith Holyoak (1985) dans leur théorie du schéma pragmatique de raisonnement, qui consiste à utiliser un schéma de raisonnement déduit d'une situation déjà connue. Par exemple, dans le cas précédent, les étudiants de Floride ont en mémoire de nombreux exemples d'amis ayant plus de 19 ans et qui ne boivent pas pour autant de la bière ; ils ne peuvent donc pas faire l'erreur qui consisterait à retourner la carte 22 ans en s'attendant à trouver « bière ».

Le schéma pragmatique de raisonnement se construit donc sur des connaissances apprises.

Logique et émotion

Il est courant d'observer combien un état émotionnel biaise notre raisonnement ou jugement. Dans la vie courante, on est parfois de mauvaise foi ; il peut s'agir de parents défendant leur enfant, de joueurs de foot défendant leur équipe... Bref, on ne raisonne pas souvent avec une logique parfaite.

Satori – Fotolia.com

Dans la vie courante, nous ne sommes pas toujours logiques, notamment lorsque les émotions s'en mêlent…

Loin de l'idée d'une intelligence logique comme le proposait Piaget, des recherches récentes s'intéressent de près à l'influence des émotions sur le raisonnement.

Ainsi dans une des expériences d'Isabelle Blanchette (Université du Québec à Trois-Rivières) et Anne Richards (Université de Londres), en 2004, les participants doivent répondre à des propositions de logique formelle, plus particulièrement de raisonnement conditionnel de type « si A alors B », où A est l'antécédent et B le conséquent. Les propositions sont soit neutres « Si un homme est un acteur, alors il est extraverti » soit connotées d'une émotion « Si quelqu'un est sympa, il est aimé » (les propositions émotionnelles sont également connotées à l'anxiété ou à la tristesse). Les réponses ne diffèrent guère lorsque la figure logique est la simple implication « si A alors B », comme dans notre exemple (« Si un homme est un acteur, alors il est extraverti »). Mais lorsque les figures logiques sont plus complexes, l'émotion suscitée par la phrase a un effet. Ainsi dans la figure logique appelée « négation de l'antécédent », la bonne réponse « peut-être » est donnée dans environ 65 % des cas lorsque la proposition est neutre (« Si un homme n'est pas un acteur, alors il n'est pas extraverti »), et seulement dans environ 45 % pour la proposition émotionnelle (« Si un homme n'est pas sympa, alors il n'est pas aimé »).

Les mécanismes de l'influence de l'émotion sont variés ; il peut s'agir de l'influence d'une information émotionnelle traitée en même temps en mémoire de travail, de l'activation de contre-exemples (ou à l'inverse de l'absence de contre-exemples), de la non-sélection d'informations pertinentes, etc. (Blanchette et Richards, 2010). Les études neurologiques montrent en particulier le rôle de l'amygdale (*cf.* chap. 10) qui se déclenche dès que des informations activent des réactions émotionnelles, notamment la peur (ou anxiété).

Au total, beaucoup de mécanismes font que notre intelligence est loin d'être parfaitement logique.

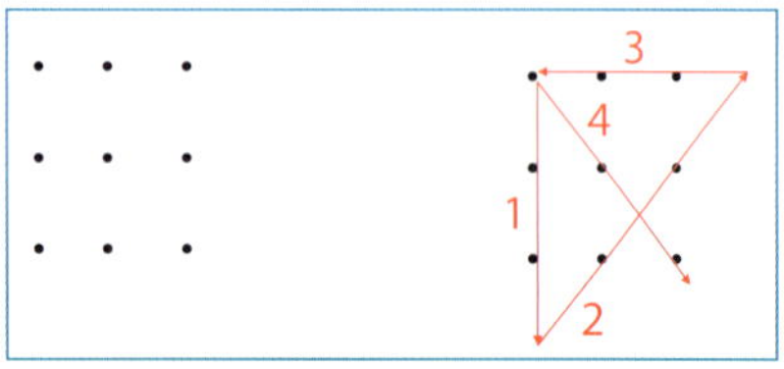

Figure 8.19 – Problème des 9 points de Maier.

3. La résolution de problème : intuition ou apprentissage

La première grande opposition entre les tenants d'une intelligence « raisonnement » et les défenseurs de l'apprentissage (ou mémoire) remonte à l'époque de l'affrontement entre behavioristes et gestaltistes : le raisonnement se fait-il par apprentissage ou intuition (*cf.* Hull et Tolman, chap. 4) ? Un des problèmes très étudié est le célèbre problème des neufs points de Maier, qui fit beaucoup de recherches dans les années 1930 sur le raisonnement chez l'animal et l'homme. Le problème consiste à joindre 9 points sans lever le crayon avec 4 traits seulement.

Dans la conception behavioriste, la résolution de problème se fait par apprentissage (*cf.* chap. 4) alors que l'interprétation gestaltiste suppose une restructuration mentale, en l'occurrence sortir du cadre pour ce problème. Cette expérience a été refaite plus récemment (Weisberg et Alba, 1981) en donnant l'instruction de sortir du cadre à un groupe de sujets mais aucun des sujets n'est toutefois capable de résoudre le problème en 10 essais et seulement 20 % dans 10 essais supplémentaires. L'hypothèse gestaltiste n'est donc pas la bonne.

Dans la perspective behavioriste ou plus récente de récupération des connaissances en mémoire, perspective des auteurs, la résolution dépend des apprentissages similaires antérieurs, ce qui est appelé « transfert ». Un groupe de sujets est donc entraîné sur un problème similaire plus simple ; chez les sujets ayant résolu le problème simple, 43 % d'entre eux résolvent le problème des 9 points, ce qui montre l'effet positif de l'apprentissage.

Dans une autre expérience, les auteurs posent le problème des 6 allumettes : 6 allumettes sont présentées sur une table devant le sujet, on lui donne la consigne de faire 4 triangles équilatéraux dont les sommets se tiennent. La solution est la suivante (Figure 8.20).

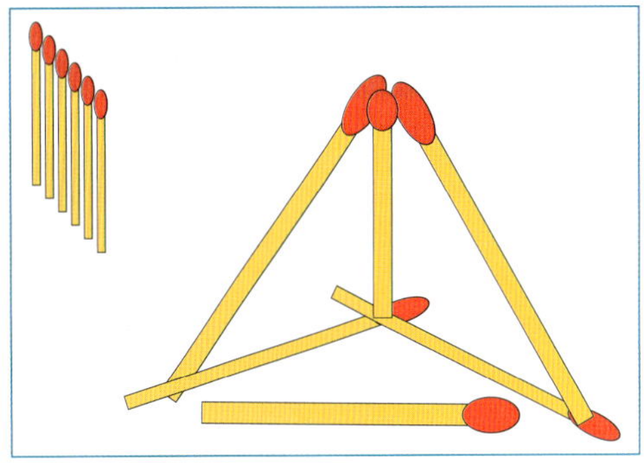

Figure 8.20 – Problèmes des 6 allumettes.

À côté du groupe contrôle dont les sujets n'ont que la consigne précédente, on aide les sujets des deux autres groupes en disant à l'un que la solution est de réaliser une figure en trois dimensions (3D) et l'autre de construire une pyramide avec une base et trois côtés (groupe « pyramide »).

Tableau 8.8 – Pourcentage et temps de résolution du problème des 6 allumettes en fonction des trois types de suggestions (le temps maximal est de 10 minutes) (d'après Weisberg et Alba, 1981).

	Contrôle	3D	Pyramide
Pourcentage de réussite	0	87	100
Temps moyen (mn)	10	3	1,17

Les résultats (tabl. 8.8) montrent que le problème est insoluble pour tous les sujets du groupe contrôle dans le temps limite de 10 minutes (en 20 minutes, seuls trois sujets y parviennent), 87 % des sujets y trouvent la solution lorsqu'on leur suggère que la solution est en trois dimensions tandis que tous les sujets réussissent s'ils font appel à leur connaissance antérieure (ou modèle mental), la forme d'une pyramide, en fonction de la consigne.

La résolution de problèmes est donc en grande partie un réarrangement à partir de connaissances stockées en mémoire.

4. Le raisonnement par analogie

D'ailleurs, d'où nous viennent nos nouvelles idées ; quelles sont les sources de la créativité ? L'histoire des découvertes indique que l'analogie est un des modes de raisonnement les plus communs ; l'analogie consiste à appliquer des relations d'un domaine de connaissance à une nouvelle situation : on imagine l'atome comme un système planétaire avec les électrons qui tournent autour d'un noyau, l'électricité comme des gens qui courent dans un couloir...

Analogie : l'analogie consiste à appliquer des relations d'un domaine de connaissance à une nouvelle situation ; par exemple on imagine l'atome comme un système planétaire avec les électrons qui tournent autour d'un noyau, l'électricité comme des gens qui courent dans un couloir.

Qu'est-ce que la créativité ?

rg60 – Fotolia.com

Archimède et les bateaux et flotteurs qui l'ont inspiré.

« *Euréka, Euréka…* », ce qui signifie : « J'ai trouvé », c'est le mot que criait Archimède, sorti de sa baignoire et courant nu dans Syracuse (capitale de la Sicile). Il venait de trouver la solution à un problème posé par Hiéron, roi de Syracuse au IIIe siècle avant notre ère. Celui-ci s'était fait faire une couronne en or mais doutant de l'honnêteté de son joaillier, il pria Archimède de le vérifier. Le poids de l'or était connu mais la couronne était si ouvragée que son volume paraissait impossible à calculer. C'est en voyant le niveau d'eau monter dans sa baignoire lors de son bain, qu'il eut ce trait de génie d'immerger la couronne pour déterminer, par le volume d'eau déplacé, le volume de la couronne. En rapportant le poids au volume, il trouva ainsi que la couronne n'était pas en or pur… Mais cette belle histoire n'a qu'un rapport légendaire avec la découverte du fameux principe d'Archimède : « Tout corps, plongé dans un liquide, reçoit de la part de celui-ci une force égale au poids du liquide déplacé », car une couronne de ce poids serait tombée à pic au fond de la baignoire au lieu de flotter. En réalité son principe est issu de son livre *Traité des corps flottants* (*Encyclopædia Universalis*, article « Archimède ») qui témoigne d'une longue expérience au contact des gens de la mer, des corps flottants, flotteurs et bateaux ; on retrouve là, des résultats de la recherche montrant le rôle des apprentissages et des connaissances dans le raisonnement et c'est la réflexion autour des flotteurs, des bouées et des bateaux de pêche qui amena Archimède à son fameux principe.

Les composants du raisonnement analogique

Robert Sternberg de l'université de Yale, un chercheur sur l'intelligence, a montré que la résolution d'analogies n'est pas simple (intuition) mais repose sur plusieurs sous-processus qui prennent du temps et nécessitent l'utilisation d'une mémoire spéciale, la mémoire de travail (ou mémoire à court terme, *cf.* chap. 4). Prenons l'exemple de l'analogie suivante.

Dans une analogie, il faut analyser la relation unissant A à B, et l'appliquer à partir de C sur D en choisissant la bonne réponse entre D1 et D2. Dans l'exemple des maisons (**Figure 8.21**), un grand nombre d'attributs peut varier (ce qui constitue une charge en mémoire), la taille, la présence d'un garage, d'une lucarne, d'une cheminée, d'une antenne de télévision, etc. Dans l'exemple ci-dessus deux attributs varient entre A et B, le garage et la grandeur de la maison. Mais C a une antenne de télévision (et pas de lucarne) donc en appliquant la même variation entre A et B mais en la transposant à partir de C, la bonne réponse D doit être une petite maison avec un garage (comme B) et une antenne de télévision à la place de la lucarne (comme C), la bonne réponse est donc D2.

Avec des dessins du même type, Sternberg et Rifkin ont montré que la résolution d'une analogie comprenait plusieurs mécanismes sous-jacents ; ils en distinguent six dont trois importants sont l'encodage des attributs, l'inférence et la correspondance (*mapping*). Dans l'encodage, le sujet doit percevoir les attributs en cause (dans notre exemple, le garage, la lucarne, l'antenne et les garder en mémoire à court terme ; une première analyse leur révèle que le temps d'analyse est d'autant plus long que le nombre d'attributs qui changent est grand (notamment chez les enfants). Dans l'inférence, le sujet découvre la relation qui unie A à B ; dans un autre processus, la correspondance (mapping) le sujet applique la relation de A à C sur C à D.

Pour nous limiter à deux processus par simplification, l'encodage et l'inférence, on constate (Figure 8.22) que le temps global de résolution des analogies se décompose en sous-processus et que chacun ne varie pas de la même façon avec l'âge, notamment chez les enfants en dessous de douze ans. D'une part parce que la mémoire de travail a une capacité limitée et d'autre part, parce que la découverte des attributs dépend des connaissances de la mémoire à long terme. Par exemple, la découverte de l'analogie « pomme » est à « pommier » ce que « cerise » est à « ? » est facile (cerisier) parce que ces arbres et fruits font partie de nos connaissances d'enfant mais une analogie comme « Rome » est à « Italie » ce que « Syracuse » est à « ? » nécessite des connaissances plus étendues (la réponse est dans l'encart p. 287 puisque c'est la ville d'Archimède...

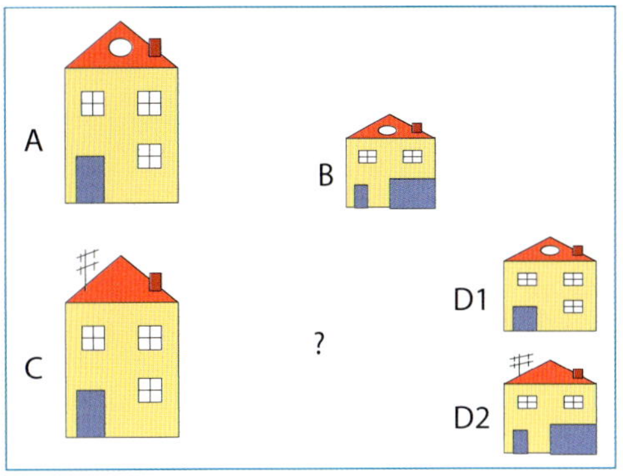

Figure 8.21 – Raisonnement analogique (simplifié d'après Sternberg et Rifkin, 1979).

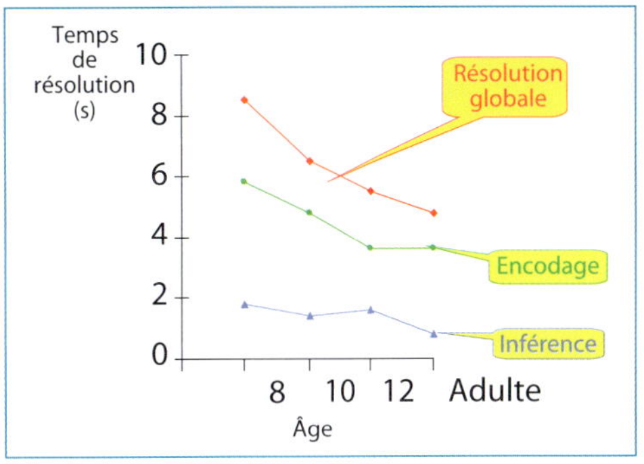

Figure 8.22 – Analyse du temps de chaque composant dans le traitement des analogies (simplifié d'après Sternberg et Rifkin, 1979).

Rôle des connaissances dans le raisonnement analogique

Ce rôle des connaissances antérieures apparaît très nettement dans une des expériences d'une spécialiste française des analogies Marie-Dominique Gineste (1994, cit. Gineste, 1997) de l'université de Paris-Nord-Villetaneuse. L'expérience consistait à demander à des experts (docteurs en biologie ou médecine) ou novices en biologie (étudiants en sciences autres que la biologie) de juger la relation d'analogie entre des concepts de domaines différents. Deux textes sont lus par les sujets pendant un temps égal. Un texte supposé être la source de l'analogie porte sur la fabrication des robots dans une usine ; l'autre « texte cible » correspond à la biologie et donc est nouveau pour les novices, il décrit la synthèse des protéines. Ensuite, des couples de mots sont donnés et les sujets doivent juger le plus rapidement possible si les deux mots présentent ou non une analogie, comme par exemple « usine-cellule », « robot-protéine », « plan-gène », « contremaître-ribosome ». Trois épreuves sont ensuite données, un rappel des concepts, une reconstitution des couples (les concepts étant donnés) et enfin, une explicitation des raisons de l'analogie.

Le pourcentage de bonnes réponses est nettement plus élevé pour les experts, notamment pour l'explicitation de l'analogie (Figure 8.23).

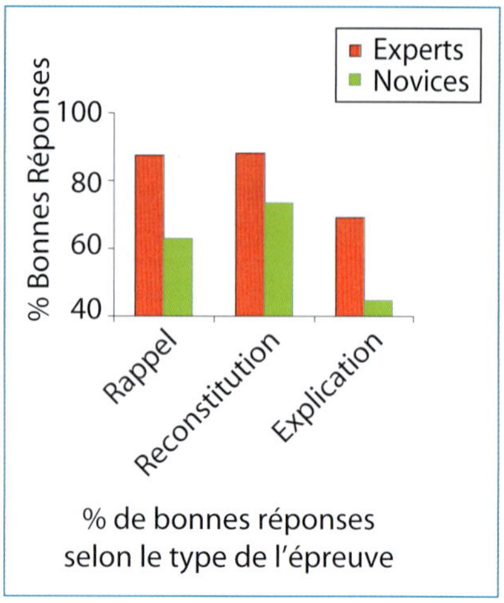

Figure 8.23 – Pourcentage de bonnes réponses selon le type d'épreuves pour les experts et les novices (d'après Gineste, 1994 ; Gineste, 1997).

Marie-Dominique Gineste interprète la supériorité des experts par une plus grande facilité à constituer en mémoire à court terme une représentation des propriétés des concepts, déjà existant en mémoire à long terme, alors que les novices sont obligés de chercher des liens entre concepts ce qui constitue une charge mentale (à court terme) supérieure. Cette différence d'accessibilité en mémoire s'observe d'ailleurs nettement dans le taux de rappel, 60 % pour les novices contre presque 90 % pour les experts.

5. Neuropsychologie et intelligence : les fonctions exécutives

Les recherches neuropsychologiques sur les défaillances de l'intelligence montrent que celle-ci correspondrait à des mécanismes de planification, de formulation d'un but, appelés « fonctions exécutives » ce qui rejoint les recherches cognitives sur les activités de résolution de problèmes (Richard, 1990 ; Julo, 1996). Depuis longtemps le cortex frontal était suspecté avoir un rôle prédominant dans ces activités. Kohs et Goldstein avaient ainsi trouvé un déficit des personnes ayant des lésions du cortex frontal dans la résolution de problèmes de cubes. Wechsler lui-même avait bien montré la baisse de performances dans ce subtest avec l'âge ; pour cette raison, il le considérait comme le meilleur test de l'échelle de performance (Wechsler, 1956, p. 111).

De même, le psychologue russe Luria a été l'un des premiers à attirer l'attention sur le rôle des lobes frontaux dans les activités de planification, par exemple de calcul mental ou de tâche apparemment simple comme de craquer une allumette : les malades frontaux (atteints de lésions du cortex frontal) ne parvenaient pas à ordonner les différents mouvements. De nombreuses tâches sont impliquées par le cortex frontal, labyrinthes (comme dans les tests de Porteus), de structuration de dessins complexes (Lezak, 1982) ; de même une tâche, formalisée comme un programme en intelligence artificielle, appelée « tour de Hanoï » a connu de nombreuses adaptations en neuropsychologie (tour de Toronto, de Londres, de Milan).

Dans le problème de la tour de Hanoï (Richard, 1990), le sujet doit déplacer des disques empilés autour d'une tige, du plus grand au plus petit sur la tige de droite avec deux règles : ne déplacer qu'un seul disque à la fois et ne pas empiler un grand sur un petit.

Voici pour exemple (Figure 8.24), les étapes de résolution pour seulement trois disques : une erreur à ne pas commettre par exemple, est à l'étape 3 de remettre le petit disque sur le grand, ce qui bloque complètement la suite des opérations. Des malades atteints d'une démence (démence de Huntington) opèrent environ 50 déplacements en 3 essais (Saint-Cyr *et al.*, 1988) contre 28 pour des patients témoins du même âge (50 ans), alors que le minimum de

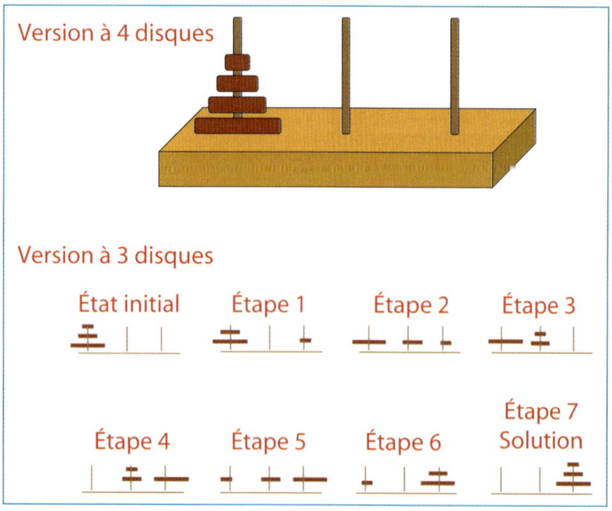

Figure 8.24 – Étape de résolution optimale de la tour de Hanoï (version à trois disques).

déplacements est 7 (Figure 8.24). Avec une version plus compliquée (quatre disques), ces malades n'arrivent pas à apprendre la tâche et opèrent près de 400 déplacements en 10 essais (200 chez les témoins).

Mais toutes ces tâches impliquent non seulement la planification mais aussi des composantes motrices (tour de Hanoï) ou visuo-spatiales (cubes de Kohs) qui créent des différences entre patients. La planification semble correspondre au « cœur » des fonctions exécutives. L'Anglais Tim Shallice a proposé une théorie très intéressante d'un « système attentionnel superviseur » ou SAS. Ce système, lié à l'activité de structures du cortex frontal, « serait impliqué dans la genèse des actions volontaires et serait nécessaire aux situations dans lesquelles la sélection routinière d'actions a été inefficace » (Shallice, 1995, p. 422).

Exemple de tâche de planification

S'inspirant des tâches de planification de Luria, Klosowska (1976 ; cit. Shallice) propose à des malades atteints de lésions frontales et des sujets « contrôles » un problème complexe rappelant bien les tâches de résolution de problèmes des behavioristes et gestaltistes. Plusieurs objets sont placés sur une table :

- un bouchon de liège au fond d'une burette fine (on ne peut attraper le bouchon avec le doigt) ;
- un récipient rempli d'eau mais fermé par un couvercle sans poignée avec un trou ;
- une tasse sans fond ;
- le fond de la tasse (que l'on peut visser) ;
- un crochet métallique ;
- la bouteille d'essence sans bouchon.

Problème : boucher la bouteille.

Note : la burette et le récipient sont fixés au support.

Le problème consiste à trouver comment boucher la bouteille d'essence et il nécessite une planification importante consistant à faire des sous-activités comme vissant le fond de la tasse, déboucher le récipient avec le crochet, pour enfin remplir la burette avec des tasses d'eau pour faire remonter le bouchon. Alors que les trois-quarts environ des patients « contrôles » résolvent le problème sans aide (tabl. 8.9), seulement un quart des sujets atteints de lésions frontales y parviennent ; c'est bien le cortex frontal qui est principalement en cause car des sujets atteints de lésions postérieures ont des performances supérieures, notamment sans aide (tabl. 8.9).

Tableau 8.9 – Pourcentage de résolution d'un problème chez des patients frontaux (lésions frontales) par rapport à des patients contrôles (Klosowska, 1976 ; cit. Shallice, 1995).

	Lésions frontales	Lésions postérieures	Patients contrôles
Sans aide	26	56	74
Avec aide	66	44	26
Échec total	8	0	0

Le modèle des fonctions exécutives, avec un système superviseur basé sur le cortex frontal (celui-ci est complexe et comprend plusieurs structures), est potentiellement riche et permettrait de réconcilier différentes conceptions. Celles notamment des philosophes avec leur abstraction réfléchissante ou de Piaget avec ses structures formelles. Cette structure supérieure trie, planifie, compare, parmi des informations produites par d'autres systèmes, visuo-spatial, mémoire sémantique, structures numériques, et décide. Les fonctions exécutives, quelle que soit leur appellation théorique (SAS, mémoire de travail...), pourraient correspondre au facteur G, que cherchait Spearman et plus particulièrement à l'intelligence fluide des recherches postérieures...

IV. Hérédité et milieu

Le problème de savoir si les différences individuelles, en général mais surtout à propos de l'intelligence, sont déterminées par l'hérédité ou le milieu a donné lieu à de nombreuses polémiques, alimentées par des préjugés idéologiques. Les deux positions extrêmes, héréditaristes ou environnementalistes, sont défendues avec plus ou moins de nuances par différents auteurs mais toute conception extrémiste est intenable car les arguments forts en faveur d'une des thèses sont inévitablement contre l'autre. Étudions donc l'effet de ces deux grands groupes de facteurs puis leur interaction. Dans tout ce chapitre, le terme d'intelligence est pris dans son acceptation large, synonyme de cognition.

1. Le déterminisme génétique

Cerveau et intelligence

Nous ne sommes pas de purs esprits et l'intelligence, au sens général de capacités mentales, dépend évidemment du cerveau. Grâce à Harry Jerison, qui a passé sa carrière à mesurer des cerveaux, on sait que c'est la proportion entre le poids du cerveau et le poids du corps qui est importante. Car l'éléphant (5 kg) et la baleine (7 kg) ont un cerveau plus gros que le nôtre. Quand au célèbre tyrannosaure, il n'avait qu'un tout petit cerveau de 200 grammes pour un poids de 7 tonnes : une vraie cervelle d'oiseau ! Pas étonnant puisque l'on sait maintenant que les oiseaux sont une évolution des dinosaures.

D'une manière générale, on observe avec le développement des vertébrés (poissons, oiseaux, mammifères) et enfin des primates jusqu'à l'homme, une augmentation du poids du cerveau relativement au poids total. L'homme a en moyenne un cerveau de 1 500 g environ pour un poids moyen de 70 kg, ce qui lui fait un poids relatif du cerveau beaucoup plus élevé en comparaison avec des animaux de poids voisins comme le lion ou l'autruche mais qui ont des cerveaux dix à vingt fois moins lourds (**Figure 8.25**). Suzana Herculano-Houzel de l'Institut biomédical de Rio de Janeiro (2009) pense que c'est précisément le nombre énorme de neurones que contient le cerveau des primates, et notamment celui de l'homme, qui leur confère leurs capacités cognitives exceptionnelles. Si le nombre de neurones du cerveau humain a souvent été estimé à cent milliards, des nouveaux comptages revoient un peu à la baisse ce nombre, mais qui reste toujours hors norme. Pour un poids moyen de 1 500 g, le cerveau en contiendrait au total (cerveau et cervelet inclus), environ 86 milliards : 16 milliards pour le cortex (les deux hémisphères), 1 milliard pour le centre du cerveau (hypothalamus, etc.) et 69 milliards pour le cervelet (Herculano-Houzel, 2009). Le cortex est néanmoins très gros car il contient autant de cellules gliales (« nourricières ») que de neurones, ce qui n'est pas le cas du cervelet.

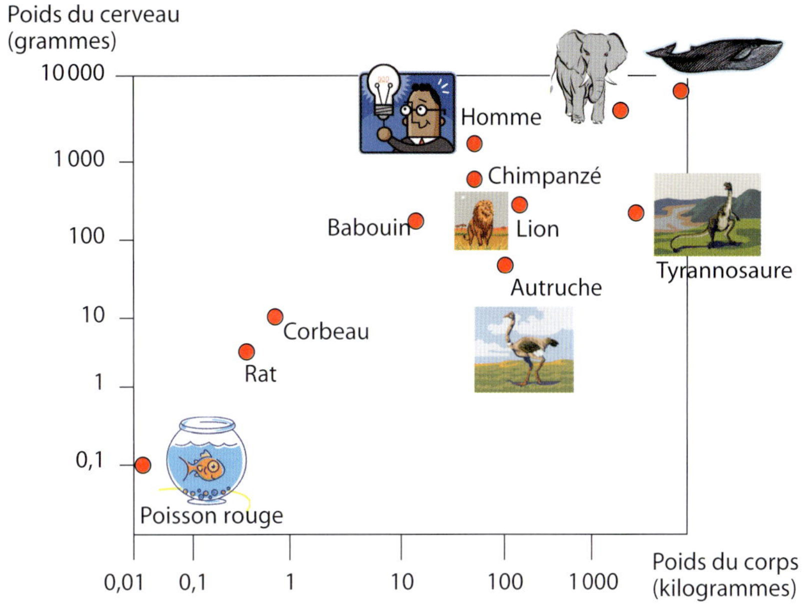

Figure 8.25 – Les capacités mentales correspondent au poids du cerveau relativement au poids du corps (simplifié d'après Jerison, 2001).

L'évolution du cerveau de l'homme

Les peintures dans les grottes, comme celle de Lascaux, sont très récentes dans l'évolution de l'homme ; elles datent de 15 000 ans. C'était déjà le même homme que nous…

L'évolution des ancêtres de l'homme montre également une augmentation saisissante : par comparaison avec le chimpanzé dont le cerveau pèse 400 g pour un volume de 350 cm^3 (De Lumley, 2007), Toumaï le premier hominidé datant de 7 millions d'années a un volume crânien comparable. L'Australopithèque (5 millions d'années) (la célèbre Lucy) a un cerveau d'un volume d'environ 400 à 500 cm^3, les paranthropes 500 à 600 cm^3 (3 millions d'années) ; l'*Homo habilis* 700 cm^3 (2 millions d'années) ; l'*Homo erectus* 800 à 1 000 cm^3 (1 million d'années). Enfin, celui de l'homme moderne (Cro-Magnon, 100 000 ans), qui a domestiqué le feu, atteint 1 500 cm^3 en moyenne (Projet Etic-mad-Lapa Siansa).

Www.

Wikipedia : histoire évolutive des homininés

Mais il existe également de nombreuses différences « qualitatives » de structures. Par exemple, par rapport à un vertébré primitif de taille équivalente, le néocortex du chimpanzé est soixante fois plus grand tandis que celui de l'homme est cent cinquante fois plus grand ; l'hippocampe (rôle dans la mémorisation) est une fois et demie plus grand, l'homme quatre fois plus ; à l'inverse le bulbe olfactif a la même taille. Le néocortex est donc le plus impliqué dans l'intelligence.

Www.
Wikipedia : génétique humaine

Les gènes de l'intelligence

Le fait que l'intelligence soit héréditaire est souvent interprété par l'idée qu'il y aurait un gène de l'intelligence. Non ! Toutes les recherches montrent qu'il y a une multiplicité de gènes.

- Mais il se peut qu'un seul gène ait un rôle déterminant dans une facette intellectuelle. Par exemple, le récepteur NMDA prolonge l'activation au niveau de la synapse (LTP : *Long Term Potentiation*) et le gène permettant de « construire » ce récepteur est situé sur le chromosome 9. Pour certains chercheurs, le gène CHRM2 sur le chromosome 7 pourrait être lié au raisonnement logique et l'abstraction des formes spatiales (Dick *et al.*, 2007). D'autres recherches montrent le rôle déterminant d'un gène dans la dyslexie profonde. Ainsi des orthophonistes ont constaté que dans une famille anglaise, les « KE », la moitié des membres de la famille étaient affectés par de graves troubles du langage articulé, sur trois générations. Après quatre ans de recherches, les généticiens de l'Université d'Oxford (Anthony Monaco) ont fini par identifier le gène responsable sur le chromosome 7 qu'ils sont appelé FoxP2 (pour « forkhead box P2 » car la tête du gène est fourchue ; C. Lai *et al.*, 2001).

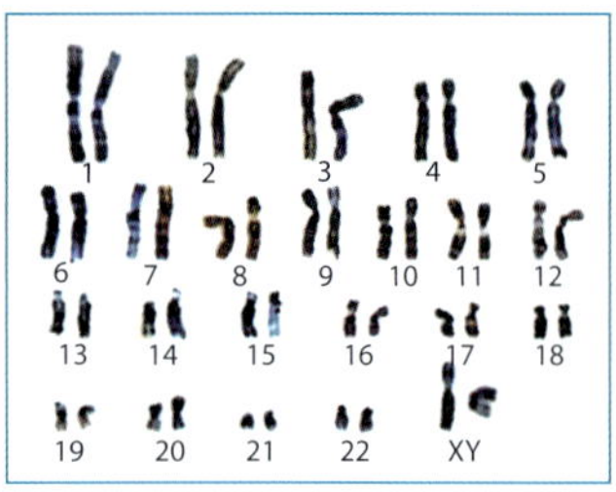

Sandra Gligorijevic – Fotolia.com

46 chromosomes contiennent 30 000 gènes codés par l'ADN, tous les plans de notre organisme. La moindre défaillance a des conséquences physiologiques et psychologiques.

- Mais le phénomène des anomalies génétiques montre qu'il peut s'agir de mécanismes très basiques entraînant un très bon ou un très mauvais fonctionnement général. Ainsi, la maladie génétique la plus connue dans le domaine de la déficience mentale est le mongolisme ou syndrome de Down. Les études biologiques ont montré que le mongolisme est associé à un nombre anormal de chromosomes, 47 au lieu de 46. C'est la paire 21 (les chromosomes vont par deux et sont numérotés de 1 à 23 des plus grands aux plus petits) qui comprend cette fois 3 chromosomes. En raison de cette particularité, on appelle maintenant cette déficience la trisomie 21. Outre des déficits physiologiques, la déficience mentale est en général très grave puisque le QI moyen dans une étude portant sur 474 sujets trisomiques est de 60 à 3 ans et 35 à 15 ans.

Des recherches neurobiologiques permettent de comprendre certains des mécanismes déficitaires. Un chromosome est constitué de séquences chimiques d'ADN, séquences qui sont les plans pour fabriquer certaines molécules ; ces séquences sont appelées sous-bandes et sont également numérotées. Ainsi, la sous-bande numérotée 21-22 du chromosome 21 contient les gènes qui fabriquent un enzyme impliqué dans le métabolisme de l'oxygène; mais un excès de ces dérivés de l'oxygène est très dangereux car ils se fixent n'importe où : ce sont les « radicaux libres », connus des magazines féminins, parce qu'ils produisent le vieillissement des cellules et entre autres, des cellules de la peau. Or les enfants trisomiques vieillissent terriblement vite et certains chercheurs ont noté des ressemblances entre ce vieillissement accéléré et la maladie d'Alzheimer. D'autres recherches indiquent que les bandes 21-22 contiennent également un gène dupliquant le précurseur d'une protéine (appelée A4), jouant un rôle dans la régénération des membranes cellulaires. Or cette protéine est en excès dans le cerveau des sujets trisomiques et dans la démence de type Alzheimer, et cet excès « bouche » les espaces entre les neurones empêchant leurs transmissions (Sinet, Lamour, Christen, 1988).

Un deuxième cas de déficience est connu sous le nom d'oligophrénie phénylpyruvique (ou phénylcétonurique), oligophrénie voulant dire « petit esprit ». Un seul gène est ici responsable d'une déficience mentale profonde. Ce gène altère la production d'un enzyme de transformation d'un acide aminé, la phénylalanine, en un autre acide aminé, la tyrosine; les acides aminés, au nombre de vingt, sont les constituants élémentaires des protéines qui sont les briques avec lesquelles sont fabriqués les os, les muscles, le système nerveux, etc. Or la tyrosine est le précurseur de deux neurotransmetteurs essentiels du cerveau, la dopamine et la noradrénaline. Le cerveau ne peut donc plus fonctionner normalement, un peu comme si l'on coupait l'électricité dans une maison.

L'intelligence est donc déterminée par l'hérédité mais cette détermination est multiple. Certains gènes sont spéficiques et peuvent être déterminants pour une facette de l'intelligence. Mais d'autres gènes sont si basiques, comme l'électricité d'une maison, que leur défaillance peut aboutir à un dysfonctionnement intellectuel général.

La sélection animale

La sélection en élevage et dans l'agriculture est utilisée depuis des siècles et fait actuellement l'objet de procédures scientifiquement contrôlées ; on sait ainsi que de nombreux facteurs sont sous la dépendance de facteurs génétiques, allant de la résistance des céréales au froid à la production laitière. Pourquoi les gènes ne détermineraient que des paramètres morphologiques ? Tryon fut le premier à faire des expériences de sélection animale sur des caractéristiques comportementales, de 1927 à 1940 (Roubertoux et Carlier, 1976) en utilisant l'apprentissage d'un labyrinthe à 17 branches par des rats. Chaque animal est soumis à 19 essais et on mesure leur performance par le total d'erreurs (entrées dans les impasses) ; les rats qui commettent le moins d'erreurs sont appelés « brillants » (*brights*) et ceux qui commettent le plus d'erreurs sont les « cancres » (*dulls*).

Les rats brillants de cette population parente sont croisés entre eux pour la reproduction tandis que les rats cancres sont également croisés entre eux . Les rats issus de ces croisements forment la première génération, G1 ; après apprentissage des rats G1, on opère une nouvelle sélection en croisant les nouveaux brillants entre eux et les nouveaux cancres entre eux et ainsi de suite jusqu'à la dix-huitième génération (pendant onze ans). Une différenciation s'opère par la sélection, aboutissant à une nette séparation de deux variétés génétiques à la génération n° 7. Ceci montre que la détermination génétique est complexe et repose, même sur une tâche simple comme le labyrinthe, sur plusieurs gènes.

Certains laboratoires d'élevage continuent d'ailleurs cette sélection, parmi d'autres, et les chercheurs peuvent acheter des souches de rats brillants ou cancres.

Degré de parenté et intelligence : le cas des jumeaux

Beaucoup de travaux ont été faits sur les corrélations intra-paires de personnes de degré de parenté génétique croissant, allant de la corrélation entre deux personnes sans lien de parenté aux vrais jumeaux, qui ont les mêmes chromosomes. De nombreuses recherches similaires ayant été faites, certains auteurs sélectionnent, dans des revues de synthèse, les recherches les plus fiables sur certains critères, par exemple lorsque le niveau intellectuel est mesuré par un test (et non sur une estimation subjective) et quand les jumeaux sont identifiés par des critères biologiques. La revue la plus complète a été faite par Thomas Bouchard et Matthew McGue (1981) de l'université du Minnesota à Minneapolis ; cette synthèse porte sur cent onze études ; dans cette revue, par exemple, trente-quatre études ont été sélectionnées sur les vrais jumeaux élevés ensemble ce qui fait un total de quatre mille six cent soixante-douze paires de jumeaux étudiées. L'ensemble des travaux porte sur des groupes variés du point de vue ethnique, socio-économique, de l'âge, etc., et les études sont faites dans des pays différents.

Vrais et faux jumeaux

Le diagnostic établissant que les jumeaux sont monozygotes (ou jumeaux vrais) est fait sur la base de tests biologiques (mêmes antigènes dans les groupes sanguins) de façon à s'assurer que les jumeaux viennent d'un même œuf (= zygote en biologie) ; ils ont par conséquent le même patrimoine génétique contrairement aux jumeaux dizygotes (ou faux jumeaux), biologiquement issus de deux œufs différents, et ne présentant donc pas plus de ressemblance génétique qu'entre frères et sœurs ; les faux jumeaux ne sont que des frères et sœurs nés au même moment.

Tableau 8.10 – Corrélation entre le degré de parenté et le niveau intellectuel. Remarque : la mesure indiquée est la moyenne de plusieurs études (d'après Bouchard et McGue, 1981).

Parenté génétique		Parenté non génétique	
Jumeaux monozygotes		Parents adoptifs et enfants adoptés	.24
Élevés ensemble	.86		
Élevés séparément	.72		
Jumeaux dizygotes	.60	Homogamie (entre conjoints)	.33
Frères et sœurs	.47		
Parents et enfants	.50		
Cousins	.15		

On constate (**tabl. 8.10**) que la corrélation moyenne se situe de .00 pour des personnes sans relation et élevées dans des milieux familiaux différents à .86 pour les jumeaux monozygotes élevés ensemble ; les frères et sœurs, ou parents/enfants, jumeaux dizygotes présentent des corrélations moyennes d'environ .50.

Parmi de nombreuses recherches sur les jumeaux celles de l'école de médecine de l'université de Louisville sont remarquables. Commencé par Falkner en 1957, un programme systématique d'étude des jumeaux de la région comprend des visites et des tests à des périodes régulières depuis la naissance. Ce programme continué par Vandenberg, puis par Ronald Wilson (1983), porte sur 494 paires de jumeaux âgés de 3 mois à 15 ans, avec l'addition d'une trentaine de nouvelles paires de jumeaux chaque année. Les jumeaux sont testés tous les trois mois la première année, tous les six mois jusqu'à la troisième année et annuellement jusqu'à 9 ans ; un examen final est fait à l'âge de 15 ans. Les jumeaux sont identifiés comme MZ et DZ sur la base de 22 antigènes du sang, sauf bien entendu lorsque les jumeaux sont de sexe différent, ce qui prouve qu'ils sont DZ. Les tests sont ceux qui offrent les meilleures garanties notamment pour la standardisation (Stanford-Binet, Wechsler, WPPSI, WISC, etc.).

Les résultats sont spectaculaires pour les MZ puisque les corrélations ne cessent d'augmenter de .66 à l'âge de 3 mois jusqu'à .88 à 15 ans (**Figure 8.26**). Les corrélations sont si élevées que Wilson remarque que le score d'un jumeau est un aussi bon prédicteur du score de son co-jumeau que de son propre score au test suivant (.80 entre 9 ans et 15 ans). Les jumeaux DZ offrent un tableau nettement différent puisque les corrélations sont aussi fortes à trois mois .67, mais déclinent après trois ans pour atteindre la corrélation d'environ .50 des frères et sœurs. Il semble donc que le milieu, utérin et à la naissance, accentue les ressemblances au cours

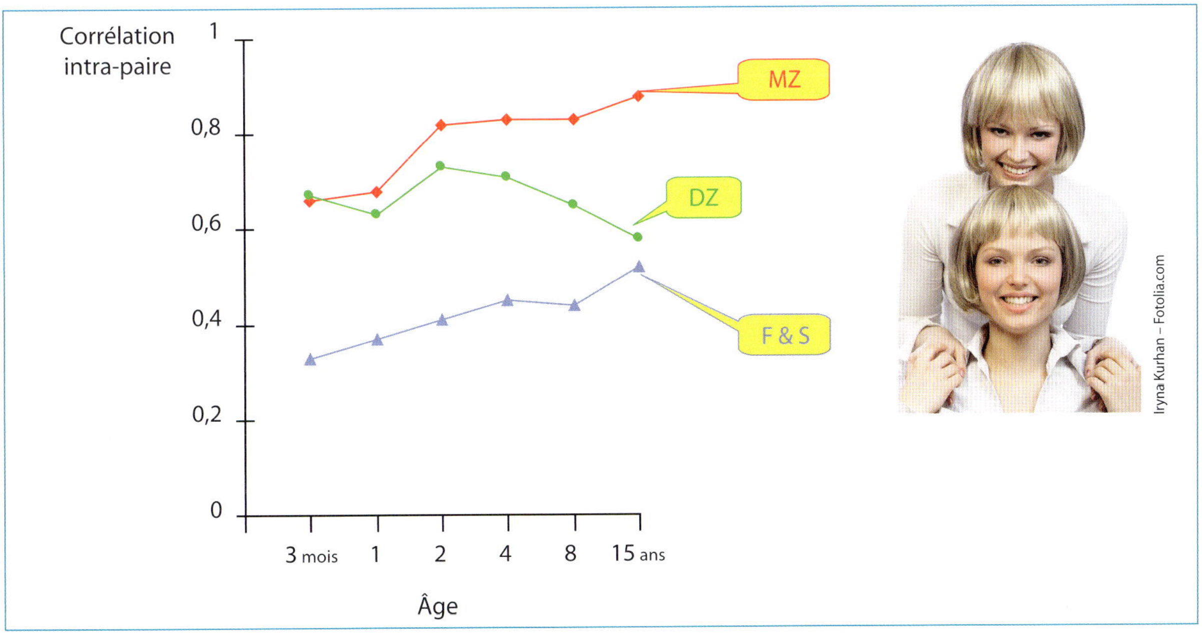

Figure 8.26 – Évolution des corrélations entre jumeaux ou frères et sœurs, au fur et à mesure qu'ils grandissent (étude longitudinale). Plus les vrais jumeaux grandissent et plus ils se ressemblent, y compris intellectuellement, ce qui montre que les potentialités intellectuelles sont déterminées par l'hérédité (d'après Wilson, 1983).

des premiers mois puisque les jumeaux DZ se ressemblent entre eux autant que les MZ ce qui n'est pas le cas de frères et sœurs (*siblings*) des jumeaux, qui ont pourtant le même degré de parenté génétique que les DZ. Mais le développement des jumeaux suit des voies différentes, les MZ se ressemblant entre eux de plus en plus tandis que les corrélations entre DZ convergent vers les corrélations entre frères et sœurs. Les généticiens y voient l'effet d'une pression génétique, les gènes exerçant leur rôle de commande dans la fabrication des molécules qui entreront dans la fabrication des constituants élémentaires du cerveau (protéines, neurotransmetteurs...). Les jumeaux MZ sont sur le plan génétique des clones, c'est-à-dire que leurs chromosomes sont des duplicatas ; dès lors, il n'est pas étrange de constater que leur ressemblance ne fait que s'accentuer : trouver le contraire serait une incompréhensible exception aux lois biologiques de la reproduction et de la croissance.

Le cas des jumeaux séparés

Retrouver des jumeaux MZ qui ont été élevés séparément fournirait des résultats décisifs pour la comparaison des facteurs génétiques et de milieu. Malheureusement, cette méthode est difficile et a en outre été marquée par un scandale retentissant autour du célèbre Cyril Burt. Dans des publications consécutives, Burt complète le nombre de paires de jumeaux séparés, 21 paires, puis 30, puis 53 mais à chaque fois la corrélation intra-paire s'avère curieusement inchangée : .771 (Burt, 1958, 1966). L'Américain Léon Kamin (1984) a attiré l'attention sur ces résultats vraisemblablement truqués et qui, depuis, sont retirés des synthèses sur les jumeaux.

Cependant, même pour des résultats dignes de foi, les corrélations entre jumeaux séparés sont fortes, .75 en moyenne sur plusieurs tests avec 38 paires de jumeaux (Shields, 1962), .71 dans l'étude de Newman, Freeman et Holzinger sur 19 paires (1973) et .69 sur 12 paires dans une recherche danoise (Juel-Nielsen, 1963). La recherche faite sur le plus grand nombre de jumeaux est celle de l'université du Minnesota (Bouchard *et al.*, 1990). Par rapport à des variables biologiques qui apparaissent très corrélées en dépit de la séparation (**tabl. 8.11**), les résultats à différents tests comme les échelles de Wechsler, le test de raisonnement de Raven ou un test de vocabulaire (Mill-Hill) apparaissent fortement corrélés chez les jumeaux séparés.

Tableau 0.11 – Corrélation entre des vrais jumeaux (MZ) élevés ensemble ou séparément (d'après Bouchard et al., 1990).

	Séparés	Ensemble
Empreintes digitales	.97	.96
Taille	.86	.93
Poids	.73	.83
WAIS verbale	.64	.88
WAIS performance	.71	.79
Raven + Mill Hill (vocabulaire)	.78	.76

Néanmoins, même pour ces résultats dignes de foi, le concept de « séparation » en terme de milieu est à envisager avec précaution car les jumeaux sont parfois élevés par des branches collatérales de la même famille et, de toute façon, sont baignés dans la même culture, école, télévision, mode... D'après les résultats de Shields, Kamin a relevé que certains jumeaux séparés étaient élevés par des membres de la même famille (la mère et la tante), dans la même école – comme deux garçons que leurs camarades trouvaient si semblables, qu'ils ne se quittaient plus...

Dans des conditions méthodologiquement incontestables (plan factoriel ; *cf.* Cooper et Zubeck en conclusion), il faudrait faire varier les conditions d'éducation de façon aussi extrême, par exemple en imaginant qu'un des jumeaux soit élevé dans une société moderne et l'autre dans des conditions sauvages, comme si par exemple Tarzan et Mowgli avaient chacun un frère jumeau, c'est ce que j'appellerai le modèle de « Tarzan et son frère jumeau ». La ressemblance intellectuelle entre jumeaux serait cette fois très faible : un Tarzan non hollywoodien ne saurait pas parler...

2. Le rôle de l'environnement

L'environnement est en fait très complexe, regroupant des facteurs très différents de nature physiologique et psychologique.

Malnutrition et développement intellectuel

Les nombreux facteurs physiologiques, nutrition, vitamines, hygiène, alcoolisme de la mère pendant la grossesse, etc., sont évidemment déterminants pour le développement intra-utérin, le développement pendant la petite enfance et pendant la maturation dans le développement ultérieur.

De nombreuses recherches ont été faites sur les effets de la malnutrition chez l'animal, notamment chez le rat (Levitsky et Strupp, 1995) et montrent un mauvais développement du cerveau, neurones moins gros, moins de dendrites, etc. Si certains effets peuvent être compensés par une meilleure nutrition par la suite, des dommages semblent subsister notamment au niveau de l'hippocampe (dont on sait le rôle prépondérant dans la mémorisation).

En Afrique par exemple, la malnutrition produit des maladies spécifiques qui ralentissent fortement le développement intellectuel (Tapé, 1987). Un certain nombre d'études ont été faites avec les organismes internationaux. Un très vaste projet a été conduit dans quatre villages du Guatemala par l'INCAP (Institute of Nutrition of Central American and Panama) sur 636 enfants avec un suivi scolaire et sur différents tests au bout de huit ans (de 1969 à 1977). Deux types de rations supplémentaires sont testés, toutes deux contenant des vitamines et sels minéraux, mais l'une riche en protéines, Atole (ressemblant à une boisson chocolatée) et l'autre Fresco (ressemblant à une boisson fraîche) ne contenant pas de protéines.

Les résultats (Figure 8.27) indiquent un effet du supplément en protéines (Atole) sur différents tests,

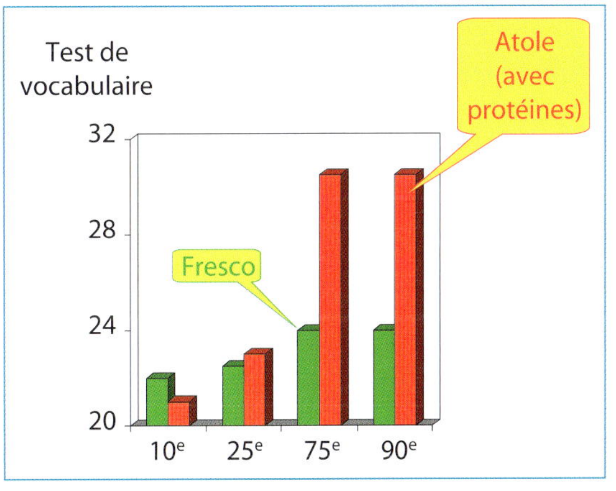

Figure 8.27 – Effets positifs d'un supplément riche en protéines sur le développement du vocabulaire (d'après Pollitt *et al.*, 1995).

les matrices de Raven, tests d'arithmétique, de connaissance, l'effet le plus marquant étant sur le vocabulaire. En fonction du niveau socio-économique, les effets nutritifs agissent seulement sur les enfants de catégories défavorisés ou moyennes, ce qui est interprété par le fait qu'il n'y a pas d'effet de malnutrition chez les classes plus élevées. On constate que les effets d'une meilleure nutrition sont d'autant plus efficaces que le niveau scolaire augmente (école primaire).

Sachant par ailleurs que des acides aminés (provenant des protéines) sont les précurseurs de neurotransmetteurs (la tyrosine est le précurseur de la dopamine et de la noradrénaline et le tryptophane est le précurseur de la sérotonine, etc.), on comprend les effets négatifs de la malnutrition sur le développement intellectuel. Ce problème ne concerne évidemment pas que les pays moins développés, il existe encore de très nombreuses familles qui souffrent de malnutrition dans les pays au niveau économique élevé.

L'évolution historique des connaissances

Adam et Ève étaient-ils intelligents ? Dans la boutade de Binet « l'intelligence c'est ce que mesure mon test », la réponse serait non. Les premiers *Homo sapiens*, il y a quelque 100 000 ans, avaient la même capacité crânienne que la nôtre ; les performances intellectuelles de l'individu actuel ne sont dues qu'à l'environnement, langage, lecture, mathématique, etc., et sont le produit de longs apprentissages au cours des millénaires, transmis par l'éducation familiale, scolaire, sociale...

Milieu et stimulations précoces

L'expérimentation animale confirme l'importance cruciale du milieu et permet de contrôler différentes variables ; de même l'étude des déficits sensoriels chez l'homme permet indirectement d'évaluer l'importance de certaines stimulations pour le développement cognitif.

Période critique : période pour laquelle le système nerveux est programmé pour se développer en fonction des stimulations de l'environnement ; au delà, il y a risque de dégénérescence des voies nerveuses.

Enrichissement sensori-moteur et période critique

Maria Montessori (1870-1952) avait montré dès la fin du XIXe siècle que les enfants des quartiers pauvres sont « débiles » par manque de stimulations. Elle crée une école de quartier pour y remédier en instaurant une éducation par des stimulations multi-sensorielles, avec des formes, objets, couleurs, sens variés. Elle sera suivie par le psychiatre anglais Spitz (1945) qui avait décrit sous le terme d'hospitalisme le fait que les enfants confinés en hôpital présentaient une apathie générale et un retard dans le développement qui pouvaient être attribués à un manque affectif mais aussi à un manque de stimulations sensorielles, les murs et les draps des hôpitaux étant généralement à cette époque de couleur blanche. L'expérimentation animale a permis d'analyser ces phénomènes et en particulier de mettre en évidence que les stimulations ont un rôle décisif dans le développement à l'intérieur de certaines périodes, c'est la notion de période critique. Chez le chat, dont le système perceptif est physiologiquement voisin du nôtre, la privation sensorielle totale (paupières cousues) entraîne des dégénérescences nerveuses irréversibles, les chats restent aveugles. La privation peut être spécifique (Blakemore et Cooper ; cit. Blakemore, 1973) et les cellules du cortex ne réagissent pas (enregistrement par micro-électrodes) pour des lignes horizontales si les chatons ont été élevés dans un univers de verticales (*supra*, « hypercolonnes » chap. 3). La période critique se situe pour la vision entre la troisième semaine et le troisième mois. Des recherches biochimiques ont permis de découvrir qu'une grosse protéine serait en cause, les chercheurs l'ont appelée « MAP » (carte) : synthétisée dans la rétine par l'effet des stimulations photoniques, MAP voyage au sein des axones des voies optiques pour délivrer des messages de construction nerveuse.

Milieu appauvri et milieu enrichi

Des recherches sur la biologie du cerveau démontrent que des changements profonds se déroulent en fonction des stimulations précoces, comme par exemple les travaux de Rosenzweig, Bennet et Diamond (1972 ; Rosenzweig, 1976) sur l'environnement enrichi et l'environnement appauvri. Mark Rosenzweig de l'université de Californie (1976) raconte l'origine de cette découverte : dans les années 1950, les chercheurs de son laboratoire (notamment David Kretch) tentaient d'établir une corrélation entre les différences individuelles des rats dans les résolutions de problèmes et une enzyme du cerveau, l'acétylcholinestérase, enzyme régulateur qui détruit l'excédent d'acétylcholine, un neurotransmetteur très important. Or les mesures ont indiqué que l'activité de l'enzyme était plus importante dans le cerveau, surtout dans le cortex et notamment le cortex occipital, pour les rats qui avaient servi dans les expériences de résolution de problèmes. Cette découverte a conduit Rosenzweig et ses collègues à constituer des environnements différents pour l'élevage des rats.

Www.
Wikipedia : enrichissement environnemental

Sachant que l'environnement d'élevage standard est une petite cage avec un biberon d'eau pour trois rats, on constitue un environnement appauvri en élevant un rat seul dans ce type de cage et un environnement enrichi par une grande cage avec douze rats, des objets différents (échelle, roue...) changés chaque jour ; la nourriture et l'eau sont fournies en permanence.

Feng Yu – Fotolia.com

Andreas Resch – Fotolia.com

Les rats élevés en milieu enrichi, à plusieurs par cage et avec des jeux renouvelés tous les jours (non représentés sur les photos), ont plus tard un cerveau plus développé que les rats élevés en milieu appauvri. D'autres expériences révèlent des capacités d'apprentissage améliorées pour les animaux élevés en milieu enrichi.

Les rats ayant été élevés de quatre à dix semaines dans cet environnement enrichi ont des cerveaux qui présentent des différences par rapport à ceux des rats élevés en milieu appauvri :

- le cortex cérébral est plus lourd et plus épais ;
- l'activité d'enzymes est plus grande (cholinestérase et acétylcholinestérase) ;
- les cellules gliales (cellules nourricières des neurones) sont plus nombreuses.

Toutes ces recherches attestent de l'extrême importance des stimulations précoces. Désormais, les crèches, les écoles, les services de l'enfance sont pleins de couleurs et de formes, les activités doivent être les plus variées possibles (sans atteindre le surmenage).

L'environnement culturel

L'environnement regroupe également des facteurs psychologiques concernant les stimulations sensori-motrices, linguistiques, affectives, sociales, le rôle des attitudes parentales (Lautrey, 1980 ; Esperet, 1979), du niveau socio-économique, des cultures sociales et ethniques (Tapé, 1987), du milieu cognitif et culturel, télévision (Singer et Singer, 1980), musique, littérature, jeux vidéo, etc.

L'effet Flynn

Tomasz Trojancwski – Fotolia.com

Depuis les recherches sur les stimulations précoces, les crèches, les écoles, les services de l'enfance et les chambres d'enfants sont pleins de couleurs et de formes et les activités doivent être les plus variées possibles. Attention toutefois de préserver l'enfant du surmenage : jeux, sorties dans la nature, sports, sont aussi des stimulations…

Le rôle des changements culturels dans les sociétés est très visible dans ce qu'on appelle l'effet Flynn. James Flynn de l'université d'Otago en Nouvelle-Zélande a réalisé une remarquable synthèse des scores obtenus, dans les tests d'intelligence, par différentes générations sur 35 pays. Les tests sont les grands tests classiques pour lesquels des données sont disponibles depuis leur création (ou adaptation) soit parfois sur trente ans. Les résultats sont spectaculaires puisque, d'une manière générale, les enfants et adolescents se montrent plus intelligents qu'autrefois. En Hollande, les jeunes de 18 ans en 1952 ont obtenu en moyenne un QI de 100 au test des matrices de Raven (QI = 100 en moyenne par construction) alors que la génération des 18 ans, trente ans plus tard, a obtenu un QI de 121, soit un gain de 21 points de QI. Les gains sont variables d'un pays à l'autre mais relativement importants. Cependant, grâce à ces comparaisons systématiques, Flynn remarque que les gains sont plus élevés pour les tests de raisonnement que pour les tests de connaissances (souvent verbal et maths). Par exemple en France, de 1949 à 1974 chez les recrues de l'armée (18 à 22 ans), le gain au test de Raven est de 25 (Girod et Allaume, 1976, cit. Flynn), de neuf points à un test verbal et 9,6 à un test de maths.

Le test de Wechsler permet cette comparaison du fait de sa double fonction, de test verbal et de test de performance. D'une façon générale, l'échelle de performance permet, comme le test de Raven, les plus gros écarts de QI (sur trente ans) avec presque un point de QI gagné chaque année. En revanche, l'échelle verbale est moins sensible aux effets de génération avec des écarts de 3 pour la France (**tabl. 8.12**) mais jusqu'à vingt points pour l'Autriche et le Japon.

Tableau 8.12 – Gain en points de QI pour différents tests sur des périodes de 30 ans (ou plus) dans quelques pays (d'après Flynn, 1987).

	Wechsler Verbal	Wechsler Performance	Wechsler Total
France	3	19	11
États-Unis	8	10	9
Allemagne	12	28	22
Japon	20	22	25
Autriche	20	28	25

Globalement on ne peut que se satisfaire de tels résultats, les enfants et adolescents sont de plus en plus intelligents. Sur le plan pratique de la psychométrie, ces résultats doivent inciter à la plus grande prudence si on se rappelle (*cf.* p. 273) que c'est par convention que le QI de 100 correspond à la moyenne du score d'une tranche d'âge. Or, si le test n'est pas révisé, un enfant paraîtra plus intelligent qu'il ne l'est en réalité (par rapport à sa génération).

À quoi est due cette amélioration de l'intelligence générale. Le gain est sans doute dû à des causes variées comme une meilleure santé et une meilleure alimentation (protéines, vitamines) comme on le voit dans l'augmentation de la taille (le cerveau en profite aussi). Mais sans doute doit-on ce phénomène plus encore à une culture plus complète, grâce à une scolarisation précoce et généralisée. André Flieller de l'université de Nancy qui a observé l'effet Flynn sur des épreuves opératoires inspirées de la théorie de Piaget (1987), note que la scolarisation au collège est passée de 60 % en 1967 à 90 % en 1993. Cependant, comme l'amélioration est plus importante dans les tests de résolution de problèmes, comme préfère les appeler Flynn (par exemple test de Raven), que dans les tests d'apprentissage de connaissance (vocabulaire...), on peut penser que l'éducation précoce aux jeux d'éveil à la maison ou la crèche a un rôle décisif.

Un autre facteur améliorant est l'environnement culturel produit par le développement extraordinaire des médias, télévision, livres et des nouvelles technologies basées sur l'électronique, l'ordinateur et les jeux vidéo. Par exemple, un jeu vidéo simple comme *Tétris* (qui consiste à faire tourner des blocs qui tombent pour les insérer dans des emplacements vides) nécessite une vitesse de détection (*cf.* chap. 6), des rotations mentales et

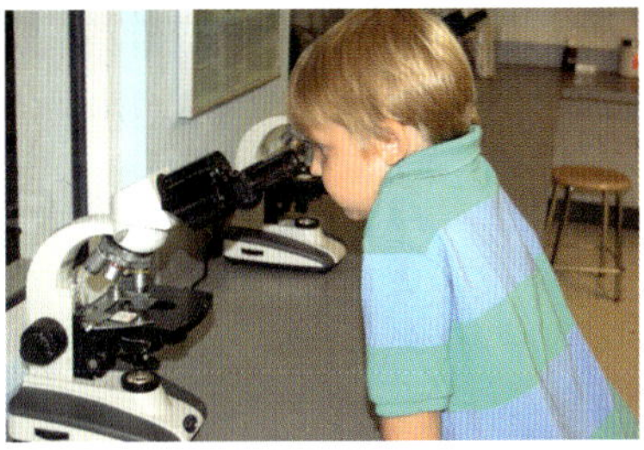

Si les enfants et ados sont plus intelligents que les générations précédentes, c'est du fait de la scolarisation massive et du développement extraordinaire des stimulations cognitives, des jeux éducatifs aux jeux informatiques...

une vitesse de réaction, nécessaires dans différents tests, par exemple, puzzle, cubes de Kohs, etc. De plus, les tests de raisonnement/performance sont souvent chronométrés (*cf.* p. 276). Ainsi Okagaki et Frensch (1996, cit. Greenfield, 1998) montrent une augmentation de performance sur ce genre de test après 6 heures d'entraînement sur *Tétris*. De même Patricia Greenfied (1998) trouve des améliorations grâce à des jeux vidéo variés qui selon elle améliorent le traitement de l'information imagée et les rotations mentales. On pourrait ajouter les jeux éducatifs, les magazines pour enfants (*Mickey Jeux*, etc.) qui comportent des jeux directement inspirés des tests, comme les rébus, le jeu des différences, les labyrinthes, les énigmes.

Les anciens ne peuvent plus dire « de notre temps, on était meilleur » !

L'éducation familiale et les effets de l'adoption

Les effets de la famille s'observent bien dans l'adoption. Une récente recherche française sous la direction de Michel Duyme de l'Inserm (Institut national de la santé et de la recherche médicale) montre très nettement le rôle de l'éducation familiale par une étude sur les effets de l'adoption selon le milieu socio-économique de la famille d'accueil.

Tableau 8.13 – Effets de l'adoption sur le QI d'enfants adoptés en fonction du milieu socio-économique de la famille d'adoption (*condition absente dans l'étude) (d'après Duyme, Dumaret et Tomkiewicz, 1999).

Statut socio-économique	Avant adoption Âge = 4 à 6 ans	Après adoption Âge = 11 à 18 ans	
		Adoption tardive	Adoption précoce
Bas	78	85	92
Moyen	76	92	*
Élevé	78	98	104

Parmi les registres d'enfants adoptés, l'étude s'est consacrée aux enfants, entre 4 ans et 6 ans, qui avaient été maltraités ou abandonnés et de ce fait adoptés définitivement par décision judiciaire. Les enfants ont été sélectionnés lorsqu'ils avaient fait l'objet d'un examen psychométrique et avaient un QI faible d'environ 77 (tabl. 8.13). À l'époque de l'étude, où un deuxième examen psychologique a été réalisé, ils avaient entre 11 et 18 ans. Non seulement ce second examen montre une nette amélioration du QI (tabl. 8.13) mais cette augmentation est plus importante selon le statut socio-économique de la famille d'adoption, le QI passant à 85 et jusqu'à 98 (quasiment 100, c'est-à-dire la moyenne de tout test de QI, par convention). Cette recherche montre également que cette éducation familiale profite d'autant aux enfants adoptés de façon précoce puisque le QI s'élève à 92 au lieu de 85 pour le statut socio-économique bas tandis que le QI des adolescents dépasse la moyenne (104) lorsqu'ils ont été adoptés tôt dans une famille de niveau socio-économique élevé. Sachant par d'autres recherches que le statut socio-économique est lié au QI des parents, à un environnement plus favorable, maison, livres, télévision, on constate combien la qualité de l'environnement est décisive dans l'éducation de l'intelligence.

L'éducation scolaire

Harold Skeels (1966) a démontré l'influence essentielle d'un environnement scolaire précoce. Son étude est partie de l'observation que le QI d'enfants laissés en orphelinat de l'âge de 16 mois à l'âge de 4 ans passe de 90 à 60. Pour vérifier plus directement ce rôle, il constitua un groupe expérimental d'enfants délaissés et déficients dont le QI médian était de 65 au même âge médian de 16 mois. Le groupe contrôle de QI moyen (90 à 16 mois : *contrast group* chez Skeels) est laissé à l'orphelinat pendant que les enfants du groupe expérimental étaient envoyés dans une école spécialisée, pour enfants déficients, disposant d'un personnel qualifié. Le niveau intellectuel a très vite progressé dans ces conditions, le QI médian atteignant 93 à l'âge médian de 3 ans ; dans le même temps, le QI des enfants laissés à l'orphelinat baissait jusqu'à 60 à l'âge de 4 ans. L'environnement cognitif et social est donc décisif.

L'environnement modèle-t-il pour la vie les capacités de l'individu ? Pour le savoir, Harold Skeels, de l'Institution de recherche sur la protection de l'enfant en IOWA, s'est lancé dans une recherche des enfants... vingt ans après. Comme il le dit lui-même, les vertus d'une étude longitudinale sont la flexibilité et la ténacité. Dans un style qui n'est pas loin d'un roman policier, Skeels raconte sa recherche des enfants : « Le 20 octobre 1961, je m'arrête à Bradshaw (les noms des personnes et des villes sont changés), 355 habitants, pour essayer de trouver la famille Ted Mitchell. Leur fille, Ruth, est une des 13 enfants du groupe expérimental et le dernier contact date de 1941... » Il se rend à la poste ; l'employée ne connaît pas l'adresse mais pense que le dentiste se rappellerait peut-être de cette famille. Le dentiste le renvoie à des fermiers voisins des Mitchell ; l'un des fermiers du voisinage lui déclare que les Mitchell ont divorcé mais que Ruth serait restée en contact avec une Mrs Marshall. La fille de celle-ci était une amie d'une des sœurs de Ruth qui s'est mariée à un certain Ralph Strand résidant à Des Moines. Il est localisé par l'annuaire et dès lors la recherche est plus facile...

Tableau 8.14 – Devenir après vingt ans, d'enfants laissés à l'orphelinat (groupe contrasté) en comparaison avec des orphelins pris en charge dans une école spécialisée (groupe expérimental) (d'après Skeel, 1966). Remarque : les valeurs rapportées sont des médianes.

	Vingt ans après			
	Années de scolarité	**Index profession**	**Revenus annuels**	**Situation familiale**
Groupe expérimental	12	63	4 200 $(2)	11/13 mariés
Groupe contrasté	2,75	18 (1)	1 200 $	2/11 mariés

(1) Trois sont laveurs de vaisselle.

(2) Correspond à la moyenne des revenus dans l'Iowa.

Les résultats (tabl. 8.14) montrent sans ambiguïté que les conséquences d'une éducation déficiente sont catastrophiques et définitives. Les jeunes enfants, laissés en orphelinat au départ, puisqu'ils avaient un niveau intellectuel normal, sont devenus plus tard des inadaptés sociaux avec un niveau éducatif très bas, une profession non qualifiante (trois d'entre eux sont simplement laveurs de vaisselle), non mariés et avec des salaires misérables ; un seul est parvenu à avoir une bonne situation (imprimeur).

Les conditions d'éducation déterminent de façon définitive le statut intellectuel et social de l'individu. L'environnement est certainement sous-estimé la plupart du temps dans la mesure où les recherches se font fréquemment dans des pays où l'éducation est largement répandue. Les recherches menées dans des pays où la scolarité n'est pas toujours assurée sont donc précieuses. Ainsi, en Afrique, Patricia Greenfield a comparé la réussite sur des épreuves de conservation des liquides sur des enfants de brousse scolarisés ou non. L'absence de scolarisation détermine un retard très important : 100 % des enfants scolarisés de 11 à 13 ans réussissent les épreuves contre seulement 40 % à 50 % des enfants du même âge mais non scolarisés.

Les jeux vidéo peuvent-ils remplacer l'école ?

Dans la perspective de simulations précoces, différents auteurs ont proposé des outils visant à améliorer les performances intellectuelles. Au gré des modes, certains ont proposé des outils logiques lorsqu'on pensait que l'intelligence était logique par exemple: les ARL (Ateliers de Raisonnement Logique) ou le PEI (Programme d'Enrichissement Instrumental). Mais les résultats sont très décevants. Lorsque les résultats sont positifs, ils sont en général modestes comme le note Coulet (1999) dans une synthèse de nombreuses évaluations. Une recherche très méthodique sur le PEI, pourtant très utilisé dans des formations, a montré une inefficacité dans différents tests (Loarer, Chartier, Huteau et Lautrey, 1995). Il n'existe pas de logique « universelle » qui, acquise, permettrait de tout comprendre comme par magie.

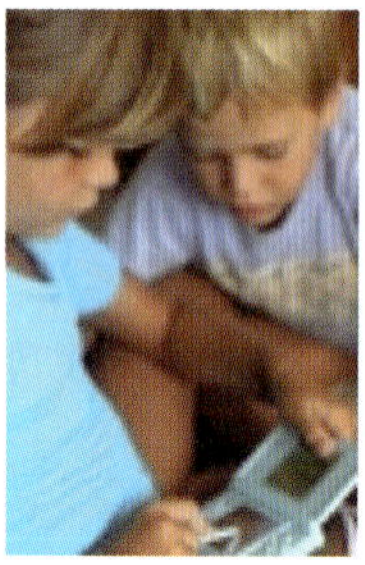

Si les programmes d'entraînement cérébral fleurissent sur les ordinateurs et consoles, ils ne sont que des jeux. Rien ne remplace l'école…

Mais l'éducabilité cognitive ou la Gym-Cerveau, c'étaient les années 1990. Depuis, les technologies ont connu une véritable explosion : téléphone portable, jeux sur ordinateur et sur consoles. Dans une recherche pour étudier deux jeux vidéo (Lorant-Royer, Spiess, Goncalvez et Lieury, 2008), l'expérience compare quatre groupes d'élèves de CM1 (âgés d'environ 10 ans). Les deux premiers groupes bénéficient d'un entraînement, pendant 11 semaines, à deux jeux vidéo : l'Entraînement Cérébral de Kawashima ou la Cérébrale Académie ; le deuxième groupe réalise des jeux Papier-Crayon (type *Mickey Jeux*) tandis que le quatrième groupe est une groupe contrôle ne bénéficiant d'aucune séance particulière. Un prétest et un post-test sont utilisés avec trois épreuves de types scolaires : mémorisation d'un texte de sciences de la vie et de la terre, apprentissage en trois essais d'une carte de géographie et des épreuves de calcul (multiplications), ainsi que des tests cognitifs.

Alors, les jeux vidéo permettent-ils d'être meilleurs à l'école ? Pour le montrer, il faut voir si les élèves sont meilleurs dans un test après entraînement (post-test) par rapport à un test équivalent avant l'entraînement (pré-test). Le changement est calculé en soustrayant le score du post-test à celui du pré-test ; et pour le traduire en pourcentage, cette différence est divisée par le maximum possible pour un test et multiplié par cent. Les résultats ne montrent aucun effet d'entraînement dû aux jeux vidéo de cette étude (Figure 8.28) ! Par exemple, pour le programme d'Entraînement Cérébral de Kawashima, les résultats sont nuls (faiblement négatifs) pour les Sciences de la Vie et de la Terre (– 1 %) et la Géographie (– 5 %). Le seul bénéfice apparent concerne le calcul (Maths) mais le progrès est faible entre le pré-test et le post-test (+ 8 %) et les groupes Papier-Crayon et contrôle font autant (+ 10 %

et + 9 %) ; il s'agit donc d'une simple familiarisation au test grâce au pré-test.

Le jeu ludique « Cérébrale Académie » provoque même une diminution entre le pré-test et le post-test (– 15 %) probablement causée par la présentation différente des jeux de calcul et des tests : par exemple, un des jeux de calcul est une estimation globale d'un nombre de pièces (pièces de différentes tailles), ce qui ne nécessite pas de calcul mais une simple comparaison perceptive de taille ; un autre jeu de calcul donne l'énoncé en mots (ex. « trois multiplié par deux égale »), ce qui peut perturber les élèves habitués au calcul numérique (3 x 2 =), d'où le score négatif.

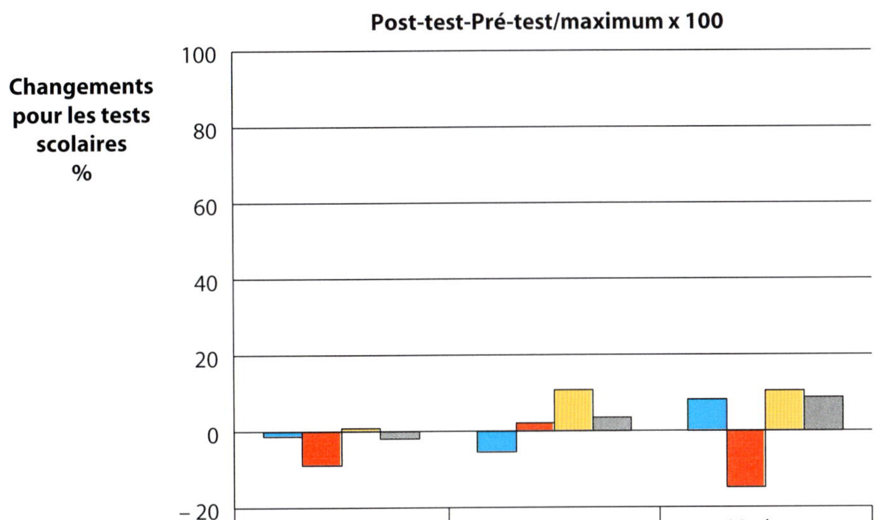

	Sciences	Géographie	Maths
Ent. Cérébral	– 1,25	– 5,45	8,35
Cérébrale Acad.	– 8,9	2,1	– 14,8
Papier-crayon	0,9	10,8	10,6
Contrôle	– 1,9	3,55	8,75

Figure 8.28 – L'Entraînement Cérébral (Kawashima) ne permet qu'un faible effet positif (+ 8 %) dans l'épreuve de Calcul mais les groupes « Jeux Papier-Crayon » (*Mickey* Jeux) ou le groupe Contrôle font aussi bien. La Cérébrale Académie avec ses jeux sympas mais loufoques, produit plutôt des effets négatifs (adapté d'après Lorant-Royer, Spiess, Goncalvez et Lieury (2008 ; Lorant et Lieury, 2014).

Au total donc, un seul effet positif, faible, moins de 10 % et qui est équivalent au groupe « jeux papier-crayon » ou au groupe contrôle. Il s'agit donc d'une simple familiarisation. Des résultats similaires sont obtenus pour des tests cognitifs (ex. : attention, mémoire, raisonnement) ou d'autres tests scolaires (Lorant et Lieury, 2014 ; Lieury, 2009).

S'il n'est pas douteux qu'il faille, dès la naissance, stimuler le cerveau pour le développement intellectuel et continuer à le faire à tout âge, les méthodes « tout en un », de la Gym Cerveau aux programmes d'entraînement sur consoles, ont une efficacité faible ou nulle, du même ordre d'efficacité que de simples jeux papier-crayon des magazines pour enfants. Pour les élèves, rien ne vaut l'école, qui par sa durée (12 années d'études jusqu'au baccalauréat) et la variété des domaines étudiés assurent vraiment un enrichissement du cerveau.

Les mêmes résultats négatifs sont trouvés pour des soi-disants programmes d'entraînement cérébral pour des adultes. Grâce à un programme télévisé de la télévision britannique, une équipe de Cambridge (Owen *et al.*, 2010) a comparé un entraînement dans deux groupes expérimentaux à un groupe contrôle qui répondait à des questions, totalisant 11 430 participants d'âges variés (âge moyen d'environ 40 ans). Les participants sont entraînés trois fois dix minutes dans la semaine pendant six semaines. Le groupe expérimental 1 (4 678 sujets) s'entraîne à des tâches de raisonnement et planification, le groupe expérimental 2 (4014 participants) s'exerce à des épreuves plus variées, d'attention, mémoire, traitement visuo-spatial et mathématiques tandis que le groupe contrôle (2738 participants) répond à des questions. Une série de quatre tests, raisonnement, mémoire verbale à court terme, mémoire visuo-spatiale et apprentissages de paires de mots, est donné en pré-test et en post-test (après l'entraînement). Alors que les participants augmentent leur performance au cours de l'entraînement sur les épreuves entraînées (effet d'apprentissage), aucune amélioration n'est trouvée entre le pré-test et le post-test pour aucun des tests (effet nul de transfert). Les auteurs notent même avec humour que la différence entre le pré-test et le post-test pour la mémoire à court terme de chiffres est de trois centièmes d'un chiffre et qu'il faudrait (à supposer qu'il y ait une augmentation linéaire de l'effet de transfert) quatre ans d'entraînement pour augmenter la performance d'un seul chiffre !

S'il est évident qu'il faut continuer à stimuler le cerveau à tout âge, toute activité intellectuelle est bonne, comme le confirme une étude de l'INSERM (Institut National de la Santé et de la Recherche Médicale). Une équipe, conduite par Tasnime Akbaraly et Claudine Berr (2009) sur 6000 personnes de plus de 65 ans, suivies pendant 4 ans, montre que les personnes âgées qui pratiquaient régulièrement des activités stimulantes intellectuellement (mots croisés, jeux de cartes, contacts sociaux, etc.) présentaient deux fois moins de risques de pathologies du cerveau que d'autres.

3. L'interaction hérédité-milieu

L'interaction est une notion méthodologique et statistique exprimant le fait qu'un facteur ne joue pas le même rôle en présence d'un autre facteur ; les facteurs n'ajoutent pas leurs effets, ils se modifient réciproquement. Cette notion est très importante dans le problème de l'hérédité et du milieu et rend fausse l'idée d'un pourcentage d'intelligence qui serait imputable à l'hérédité. La démarche expérimentale adéquate est de modifier en même temps l'hérédité et l'environnement afin d'en rechercher les interactions. En fait, les deux facteurs sont difficiles à manipuler ensemble et, seule l'expérimentation animale permet le contrôle des interactions. Cooper et Zubeck ont réalisé une telle expérience en élevant des souches de rats brillants et cancres de Tryon dans les environnements, appauvri, standard ou enrichi de Rosenzweig.

Tableau 8.15 – Nombre d'erreurs dans l'apprentissage d'un labyrinthe chez des rats sélectionnés génétiquement et en fonction de leur milieu d'élevage (d'après Cooper et Zubeck, 1958).

	Appauvri	Normal	Enrichi
Brillants	169	117	111
Cancres	169	164	119

La performance est mesurée par le score d'erreurs dans un labyrinthe (sur un graphique, les meilleurs résultats iraient vers le bas) et on constate que le génotype, ou patrimoine génétique, ne s'exprime que dans un milieu moyen, les conditions d'élevage standard (**tabl. 8.15**). Lorsque le milieu est appauvri, les rats brillants font énormément d'erreurs tout comme les cancres tandis qu'à l'inverse, en milieu enrichi, les cancres « rattrapent » les brillants. Plus spectaculairement, on observe que les cancres élevés en milieu enrichi réussissent mieux que les rats brillants élevés en milieu appauvri ; c'est un renversement de l'effet génétique par l'effet du milieu.

Toutes proportions gardées, nous retrouvons la démonstration expérimentale du renversement de l'effet génétique causé par des modifications extrêmes du milieu.

En conclusion, l'hérédité joue un rôle crucial – nous ne sommes pas des purs esprits – tout comme le milieu a un rôle considérable – nous ne sommes plus à l'âge de pierre. De plus, les interactions sont à ce point importantes, qu'un génotype très défavorable peut annuler des effets très favorables de milieu (mongolisme, phénylcétonurie...) tandis qu'à l'inverse un milieu très défavorable (orphelins) peut annuler les potentialités génétiques les plus puissantes du règne animal.

Enfin la conception d'un modèle polygénétique aboutit à des conséquences inattendues du rôle du milieu. Par exemple, dans les modèles statistiques de génétique (Roubertoux et Carlier, 1976) l'intelligence est déterminée par plusieurs gènes (modèles multigénétiques) de sorte que la distribution des phénotypes (expression des caractères héréditaires) se fait selon une courbe binomiale qui elle-même tend vers une courbe gaussienne (courbe en cloche). L'idée que les aptitudes sont distribuées comme une courbe de Gauss (*cf.* p. 274) n'est pas partagée par tous ; néanmoins, il est très vraisemblable que les aptitudes moyennes sont beaucoup plus répandues que les aptitudes très fortes ou très faibles, le génie ou le handicap mental. Dans ce cas, les données du problème hérédité ou milieu changent car l'hérédité donnant énormément plus de cas moyens que de cas extrêmes, il devient évident que ce sont les différences de milieu, en particulier d'éducation qui sont décisives pour la majorité d'une population. Ainsi, dans la distribution normale (prise comme standard dans beaucoup de tests), 68 % des individus sont compris entre un écart-type de part et d'autre de la moyenne : ils ont ainsi un QI compris entre 85 et 115 dans les tests de Wechsler (dont l'écart-type est de 15 par convention). C'est donc plutôt le milieu qui va exercer son influence sur la majorité des individus.

La seule position réaliste est l'interactionnisme, l'hérédité et le milieu jouant en interaction un rôle considérable. Avec quelques centaines de gènes en moins (sur trente mille gènes chez l'homme), nous serions pithécanthrope ou chimpanzé mais sans éducation, nous serions des hommes préhistoriques.

RÉVISION DU CHAPITRE

Résumé

Qu'est-ce que le QI ? 283

Le QI est le rapport multiplié par 100 entre l'âge mental et l'âge réel.

Qu'est-ce que la validité d'un test ? 289

La validité d'un test représente ce que le test est censé mesurer.

Qu'est-ce qu'une analyse factorielle ? 291

C'est une analyse statistique permettant d'extraire des dimensions communes, à travers de multiples tests.

Lectures conseillées

AROLES S. (2007). *L'Énigme des enfants-loups : une certitude biologique mais un déni d'archives 1304-1954*, Paris, Publibook.

PIAGET J., INHELDER B. (1966). *La Psychologie de l'enfant*, Paris, PUF, coll. « Que Sais-Je ».

BERNAUD J.-L. (2013). *Les Tests d'intelligence*, (2e éd.) Paris, Dunod, coll. « Topos ».

HUTEAU M., LAUTREY J. (1997). *Les Tests d'intelligence*, Paris, La Découverte.

HUTEAU M. (2006). *Psychologie différentielle : Cours et exercices* (3e éd.), chap. 2 et 4, Paris, Dunod.

Webographie

WWW. BENJAMIN BOURDON

Mettre dans votre recherche « Musée Benjamin Bourdon ».

Exercices et QCM

QCM (1 point par question)

Cochez la bonne réponse. Attention, les mauvaises réponses sont comptées – 1. Il n'y a pas de pièges, dans le doute, ne répondez pas.

1. L'intelligence est logique dans la conception de :
❑ Binet ❑ Piaget ❑ Wechsler ❑ Tolman

2. Le QI fut introduit la première fois dans le test de :
❑ Raven ❑ Terman ❑ Simon ❑ Alexander

3. Un test typique d'intelligence pratique (performance) du test de Wechsler est :
❑ arithmétique ❑ casse-tête chinois ❑ nœuds de Ranvier ❑ cubes de Kohs

4. Le facteur général de l'intelligence a été proposé par :
❑ Galton ❑ Spearman ❑ Pearson ❑ Gauss

5. Citez l'intrus dans les aptitudes primaires de Thurstone :
❑ numérique ❑ fluidité visuelle ❑ fluidité verbale ❑ spatiale

6. Citez l'intrus dans les stages de la théorie de Piaget :
❑ sensori-moteur ❑ pré-opératoire ❑ opératoire ❑ post-opératoire

7. Citez un bon exemple de test des fonctions exécutives :
❑ Pont de Wheaston ❑ Tour de Hanoï ❑ Aqueduc de Sylvius ❑ Pont de Varole

8. Le mongolisme est l'addition d'un chromosome à quelle paire :
❑ 20 ❑ 21 ❑ 22 ❑ 23

Mode de correction : + 1 pour les bonnes réponses, et – 1 pour les mauvaises et faire le total algébrique (soustraire les – des +) ; par exemple, s'il y a autant de – 1 que de + 1, cela fait un total de 0 ; dans le doute, il vaut mieux ne pas répondre.

Exercices

De préférence, faites les exercices avec un crayon et une gomme pour les refaire plusieurs fois. La répétition est la base de l'apprentissage (cf. chap. 3 et 4).

Exercice 1 : Voici quelques épreuves (on dit « items » avec l'influence américaine) de l'échelle primitive de Binet-Simon :
1 an : discerner des aliments ;
2 ans : marcher, exécuter une commission ;
3 ans : montrer sa bouche ; répéter 2 chiffres ; donner son nom ;
4 ans : nommer une clé, un couteau... ; répéter 3 chiffres ;
5 ans : comparer 2 boîtes et indiquer la plus lourde ; copier un carré ;

8 ans : faire une lecture et en garder 2 souvenirs ; nommer 4 couleurs ; écrire sous la dictée.

Question 1 : Quelle est la logique des items et leur statut dans le test Binet-Simon ? A quelle notion importante de la mesure de l'intelligence conduisent-ils ?

Question 2 : Quelles principales critiques ont pu être faites sur ces items ? Quelles en sont les principales implications ?

Question 3 : Comment peut-on considérer ce type de test et quelle sorte d'intelligence mesure-t-il ?

Exercice 2 : Décrivez le problème de la Tour de Hanoï.

Question 1 : Quels mécanismes mentaux sont concernés par ce problème ?

Question 2 : Citez un autre test impliquant les mêmes mécanismes.

Exercice 3 : James Flynn, de l'université d'Otago en Nouvelle-Zélande, a réalisé une remarquable synthèse des scores obtenus, dans les tests d'intelligence, par différentes générations sur 35 pays.

Par exemple, en Hollande, les jeunes de 18 ans en 1952 ont obtenu en moyenne un QI de 100 au test des matrices de Raven (QI = 100 en moyenne par construction) alors que la génération des 18 ans, trente ans plus tard, a obtenu un QI de 121, soit un gain de 21 points de QI. Les gains sont variables d'un pays à l'autre mais relativement importants.

Cependant, grâce à ces comparaisons systématiques, Flynn remarque que les gains sont plus élevés pour les tests de raisonnement que pour les tests de connaissances (souvent verbal et mathématiques). Par exemple en France, de 1949 à 1974 chez les recrues de l'armée (18 à 22 ans), le gain au test de Raven est de 25 (Girod et Allaume, 1976, cit. Flynn), de 9 points à un test verbal et 9,6 à un test de maths.

Question : Qu'est-ce que le test de Raven et qu'est-il censé mesurer ? Quel autre test mesure plutôt les connaissances ?

9 La motivation

Besoin, instinct, pulsion, mobile, envie, intérêt, volonté, défi, découverte : de nombreux termes sont employés pour parler des mécanismes qui déclenchent nos comportements. Hérité de la vie courante ou de la littérature, ce vocabulaire illustre deux grandes conceptions extrêmes. Une conception humaniste, avec des termes comme « intérêt, volonté, défi, etc. » où l'homme contrôle ses actions et ses émotions ; à l'inverse, une conception biologique où l'homme est vu comme un animal, plus intelligent que les autres certes, mais partageant les mêmes mécanismes biologiques, avec des termes comme « besoin, pulsion, envie, etc. » évoquant des besoins difficilement contrôlables. Les deux conceptions ne sont pas à opposer car elles sont toutes deux vraies : les deux sortes de besoins, cognitifs et biologiques, existent. Il faut même ajouter, à la suite des behavioristes, les besoins appris et les besoins symboliques des cognitivistes. Une même motivation, comme l'amour, est un mélange de plusieurs besoins. La motivation apparaît ainsi comme une pyramide de besoins qui cohabitent… pour le meilleur et pour le pire !

Définitions

?

Qu'est-ce que la motivation ?

Motivation : ensemble des mécanismes qui déterminent le déclenchement d'un comportement.

Motivation extrinsèque : motivations contrôlées par les renforcements, les notes, les prix, l'argent.

D'une manière générale, la motivation peut être définie, à la suite du Canadien Robert Vallerand et Edgar Thill, de l'université de Clermont-Ferrand, comme l'ensemble des mécanismes biologiques et psychologiques qui déterminent :

- le déclenchement d'un comportement ;
- l'orientation du comportement, attirance vers un but ou au contraire rejet ou fuite ;
- l'intensité de la mobilisation énergétique, émotion, attention ;
- et enfin la persistance du comportement dans le temps.

Les mécanismes de la motivation sont variés et complexes. En simplifiant, elle apparaît comme une pyramide de besoins en interaction, les besoins biologiques (faim, sexe...), les besoins appris (télévision, téléphone, voiture...), les besoins symboliques (prix, argent) et les besoins cognitifs (intérêt, découverte)...

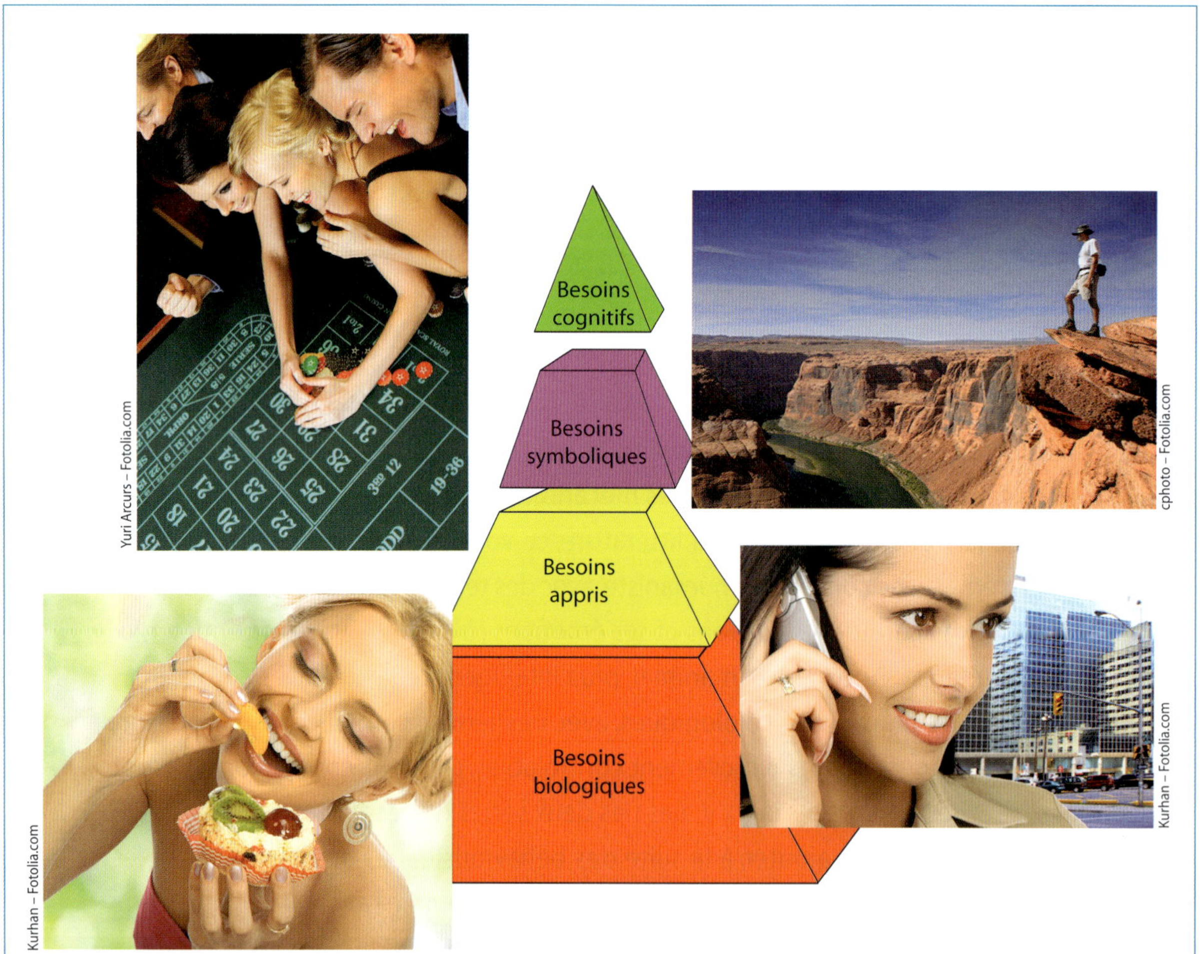

La motivation est multiple, elle apparaît comme une pyramide de besoins en interaction : les besoins biologiques (faim, sexe...), les besoins appris (télévision, téléphone, voiture...), les besoins symboliques (prix, argent...) et les besoins cognitifs (intérêt, découverte).

I. Les besoins biologiques

Historiquement, l'idée la plus simple pour expliquer le déclenchement d'une activité est de dire qu'il s'agit d'un instinct, c'est-à-dire d'un mécanisme inné. Mais cette idée devient vite caricaturale car on ne peut pas imaginer autant d'instincts que de besoins : il n'y a pas d'instinct pour acheter le téléphone portable dernier cri ou la dernière console vidéo. Il y a bien des mécanismes biologiques innés mais ils sont « purs » chez les espèces dotées d'un système nerveux rudimentaire. Chez nous, beaucoup de nos besoins résultent d'apprentissages ou se compliquent avec les apprentissages, comme les behavioristes ont été les premiers à le souligner. Les éthologistes ont montré par ailleurs, grâce à leurs fines observations, qu'il était difficile de dissocier instinct et apprentissage et que bien souvent un comportement possède des composantes innées et des composantes acquises.

Motivation intrinsèque : recherche d'une activité pour l'intérêt qu'elle procure en elle-même ; elle correspond à l'intérêt, la curiosité, c'est-à-dire au sens courant de la motivation.

Amotivation : perte de motivation ; synonyme de résignation apprise.

1. Les mécanismes innés de déclenchement

Chez des espèces primitives, la programmation innée l'emporte sur les capacités d'adaptation, cette fois il s'agit vraiment d'instinct. Par exemple la guêpe solitaire lors de la ponte met un œuf dans le nid qu'elle a construit ; si l'on fait un trou au fond du nid, l'œuf tombe et la guêpe le ramasse et le remet indéfiniment jusqu'à épuisement, il y a donc programmation sans possibilité d'adaptation.

?

Qu'est-ce que l'éthologie ?

Les déclencheurs innés

Niko Tinbergen, qui a eu le prix Nobel pour ses travaux, a particulièrement observé des chaînes de comportement chez le goéland argenté et les épinoches, petit poisson de nos mares. Par exemple, le bébé goéland tape sur une tache rouge située sur le bec de la mère et ce tapotement déclenche une régurgitation chez la mère ; ces comportements sont innés car le bébé goéland tape sur la tache rouge d'un bâton et de son côté, la mère régurgite lorsque l'expérimentateur tape sur le bec.

Ce sont des mécanismes innés de déclenchement (IRM : *innate releasing mechanism*, Tinbergen, 1966). Les stimulus ou signaux de déclenchement sont tellement puissants que les éthologistes ont fabriqué des signaux pièges aussi efficaces que les signaux naturels. D'ailleurs, l'homme les avait déjà inventés pour la chasse sous le nom de « leurres » ; par exemple les « mouches » à la pêche, les « appeaux » à la chasse (petits sifflets qui imitent le chant ou le cri des oiseaux). Les patientes études des éthologistes ont montré que l'animal réagit plus intensément pour des signaux (mêmes faux) plus gros, plus colorés. Ainsi un oiseau va délaisser ses propres œufs pour couver des « faux » œufs plus gros. Nos propres comportements, à nous les humains, ressemblent étrangement à ceux de nos cousins les animaux comme on peut l'observer dans le maquillage, l'habillement, les signes d'appartenance à un groupe, un territoire...

Véronique El Youssfi/Poret – Fotolia.com

Lorsque vous vous promenez au bord de la mer ou dans les ports, notamment en Bretagne, vous pourrez voir un gros oiseau peu farouche, le goéland argenté (souvent confondu avec la mouette qui est plus petite). Si vous vous approchez, vous vous apercevrez que son gros bec a une tache rouge. Ils ont tous une tache rouge et c'est l'éthologiste Tinbergen qui a montré que l'oisillon tapote sur ce rond rouge, signal inné de régurgitation pour nourrir le petit.

Kelpfish – Fotolia.com

Darren Baker – Fotolia.com

Éthologie (*ethos* = mœurs) : étude du comportement animal.

Plus gros, plus coloré, mieux ça fonctionne ! Les éthologistes ont montré que les signaux déclencheurs marchent mieux lorsqu'ils sont plus gros, plus colorés. Ça a l'air de bien marcher chez nous aussi… que ce soit pour la dominance, la défense du territoire, le sexe !

Les phéromones

Une gamme particulière de ces stimulus déclenchants ou attractifs est constituée par des molécules odorantes, les phéromones ; certaines phéromones sont attractives, par exemple dans les comportements alimentaires ou sexuels. L'existence d'une industrie du parfum nous laisse supposer qu'il existe des phéromones sexuelles chez l'homme : une molécule appelée « androstenol » provoquerait selon certaines expériences une excitation sexuelle mais d'autres expériences trouvent des résultats négatifs (Benton et Wastell, 1986). Il faut se rappeler à ce sujet (*supra*, chap. 2) que les humains n'ont pas un odorat développé. Chez les rongeurs (la souris), il existe même des phéromones de peur secrétées par des glandes situées dans la plante des pieds, comme l'a montré Philippe Ropartz (1977) de l'université de Strasbourg.

Les composantes innées et acquises : l'exemple des migrations d'oiseaux

Les migrations des oiseaux (Dorst, 1956) fournissent un excellent exemple de la complexité de ce qu'on appelle trop superficiellement un instinct, dans ce cas l'instinct de migration. Tout d'abord, tous les oiseaux ne migrent pas, certains hivernent sur place comme les merles, les mésanges, d'autres font simplement une dispersion hivernale se répartissant pour les oiseaux du nord de l'Europe vers le sud-ouest mais sur un large front géographique. Lorsqu'il y a migration, celle-ci n'obéit pas à un déterminisme simple. Les oiseaux septentrionaux (Scandinavie) migrent plus que des espèces voisines vivant à des latitudes plus basses donc moins froides. Par ailleurs, le « style » des migrations est très variable, les cigognes paraissent suivre des lignes de relief ou des côtes, ne survolant que les étendues d'eau les plus courtes tandis qu'à l'inverse les grands voiliers comme la stern arctique, le puffin australien se laissent porter comme des planeurs sur des milliers de kilomètres par les grands courants aériens.

Les migrations des oiseaux sont un très bon exemple de mélange entre mécanismes innés et appris dans les comportements.

L'une des migrations les plus étonnantes est celle du pluvier doré car, se reproduisant au nord du Canada en été, les pluviers s'envolent en automne pour un très long voyage vers leur aire d'hivernage en Amérique du Sud, en traversant environ 3 800 kilomètres d'océan ; au printemps, le retour se fait par une autre route passant à l'intérieur du continent. Il est difficile de penser que ce comportement complexe est inné et l'hypothèse la plus séduisante (Dorst, 1966) est d'imaginer que cette migration actuelle est une complication d'un trajet plus ancien appris de génération en génération au cours des glaciations. Les oiseaux sont descendus de plus en plus bas « poussés » par le refroidissement de leurs aires d'hivernage en fonction des glaciations du quaternaire (qui débutent il y a un million d'années).

Les mécanismes de la navigation sont eux-mêmes différents, les jeunes suivent les oiseaux les plus âgés (comme les oies et canards sauvages qui volent selon un V pour suivre un « chef ») et apprennent ainsi différents repères géographiques (le Mississippi par exemple) ou des repères astronomiques comme les étoiles. Stephen Emlen (1972) a montré par des expériences en planétarium avec un autre grand migrateur, le bruant indigo, que les jeunes se guident par rapport à l'axe de rotation apparent de la voûte céleste et se trompent de direction si l'on donne artificiellement un autre axe de rotation dans le planétarium tandis que les oiseaux les plus âgés ne se trompent pas et se guident d'après des constellations, qu'ils ont apprises lors de voyages antérieurs. Il y a donc une sorte de transmission d'une « tradition » de voyage par un apprentissage par observation des jeunes au contact des plus âgés au cours de plusieurs voyages (les oiseaux ont une excellente acuité et mémoire visuelle).

2. Les bases neurobiologiques

Le déterminisme physiologique d'un besoin correspond généralement à une chaîne complexe de mécanismes allant du cerveau aux glandes endocrines qui produisent les hormones dont les effets terminaux sont les plus immédiatement observables.

Besoin : au sens strict, le terme de besoin désigne plutôt les motivations élémentaires, biologiques. Mais par extension le terme de besoin est synonyme de motivation.

Les hormones

Alors que les phéromones sont des molécules qui servent de signaux entre des individus, abeilles dans la ruche par exemple, les hormones sont des molécules qui servent de signaux internes véhiculés par le sang. Il en existe de nombreuses dont le rôle est varié mais crucial dans le déclenchement du besoin.

Dans l'impulsion migratoire chez les oiseaux, on remarque une augmentation de la thyroxine (glande thyroïde) entraînant la libération d'énergie à partir des dépôts graisseux, qui permet les vols parfois très longs, effectués lors des migrations. Le rôle des hormones sexuelles est plus connu. Les éleveurs de bétail utilisent couramment la castration, le taureau sans glandes sexuelles devient le bœuf, le cheval devient hongre, etc. La castration annule le comportement sexuel (il y a parfois des simulacres, par exemple chez le bœuf) et les eunuques étaient castrés pour garder les femmes dans les harems de l'Orient selon une pratique qui remonte, dit-on, à Sémiramis. En élevage, les animaux sont castrés car ils forment plus de graisse, moins de muscles durs et leur comportement est moins agressif. L'expérimentation démontre que c'est le taux d'hormone qui détermine directement le comportement sexuel, l'activité et le comportement agressif (Beach, 1951).

Hypothalamus : centre sous-cortical (sous le cortex) qui est l'ordinateur de la vie végétative, la faim, la soif, la sexualité, le sommeil…

L'hypothalamus : « cerveau végétatif »

Les hormones des glandes endocrines sont régulées par une structure mixte du cerveau : l'hypophyse. La partie inférieure est de nature endocrine, plusieurs parties sécrètent des hormones qui elles-mêmes n'ont qu'un rôle de stimulation des glandes endocrines spécifiques, c'est pour cette raison que l'hypophyse est appelée le « chef d'orchestre » des glandes endocrines. La partie supérieure est de nature nerveuse et fait la transition entre l'hypophyse et un centre sous-cortical spécialisé dans la régulation des fonctions végétatives : l'hypothalamus (Figure 9.1). Lié à de nombreuses autres formations nerveuses complexes, cortex, thalamus (« ordinateur » de la vie perceptive) bulbes olfactifs, etc., l'hypothalamus peut être considéré comme un véritable ordinateur de la vie végétative qui programme les composantes physiologiques de la faim, la soif, la sexualité, l'ovulation, les rythmes de base du sommeil, etc. L'impulsion migratoire pourrait par exemple être provoquée par l'hypothalamus en fonction d'un déterminisme complexe ayant pour origine la quantité d'ensoleillement ; la quantité de lumière stimulerait chez les oiseaux, à travers la voûte osseuse plus mince au sommet du crâne, une structure qui serait une sorte d'œil fossile, l'épiphyse, correspondant à ce que les anciens appelaient la glande pinéale. Descartes pensait que Dieu communiquait avec l'âme par la glande pinéale qui était ainsi le point de départ des esprits animaux qui rendaient mobiles les différentes parties du corps. Il n'avait pas tout à fait tort mais comme pour les Incas et les Égyptiens, Dieu est ici le soleil et les esprits animaux sont constitués de molécules qui sont des neurotransmetteurs, des hormones ou encore des substances neurocrines. Ces substances sont des molécules intermédiaires découvertes par le prix Nobel français Guillemin, dans la partie supérieure de l'hypophyse et ce sont ces molécules qui feraient la liaison entre les neurotransmetteurs de l'hypothalamus et la partie endocrine de l'hypophyse.

Ainsi la stimulation chimique ou électrique de l'hypothalamus déclenche différents besoins et comportements végétatifs ; l'injection en microquantité d'hormones sexuelles chez le rat déclenche une hypersexualité : Vaughan et Fisher déclenchent chez le rat par stimulation électrique des coïts complets avec éjaculation quarante-quatre fois successivement. Des comportements similaires d'hyperphagie sont obtenus, l'ovulation chez la lapine, etc. (Donnet, 1969). Des médicaments (par exemple chlomide) permettent l'ovulation chez les femmes qui ne parviennent pas à avoir d'enfant, ce qui augmente d'ailleurs la fréquence de faux jumeaux, car la molécule agit sur les deux ovaires.

L'hypothalamus est en étroite relation avec d'autres centres dans un système général appelé système limbique dont le lien avec le déterminisme de l'agressivité a particulièrement été étudié, notamment par Pierre Karli de l'institut de neurochimie de Strasbourg (1971). La suppression des bulbes olfactifs chez les rats transforme ceux-ci en véritables tueurs, tuant et dévorant les souris laissées dans leur cage ; apparemment, les stimulations olfactives très importantes chez le rat, servent à moduler, à contrôler par des inhibitions, l'activité programmée de l'hypothalamus. C'est le monde souterrain des pulsions puissantes que Freud avait découvert les appelant du nom vague d'« inconscient » en fonction des connaissances médicales de son époque et qu'on appelait autrefois le Diable ou les puissances du mal.

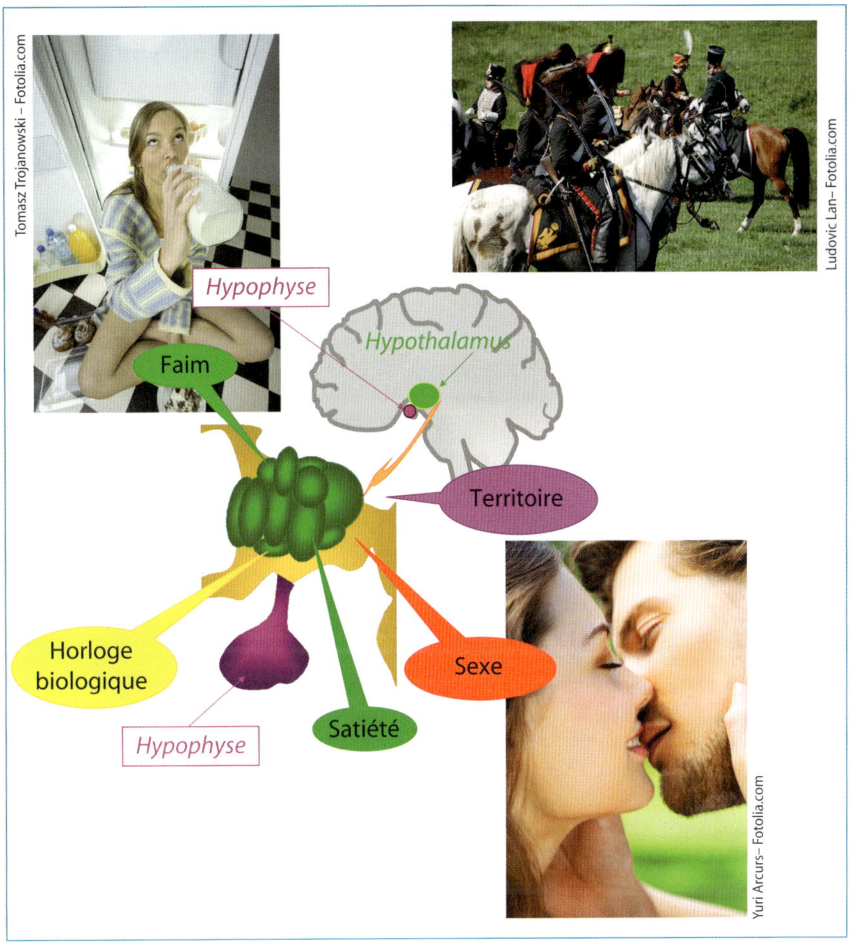

Figure 9.1. — L'hypothalamus est le centre végétatif (anciennement « inconscient » ou « ça » chez Freud) qui impulse nos besoins primaires par des neurotransmetteurs spécifiques qui déclenchent dans l'hypophyse la production d'hormones. L'hypothalamus regroupe une dizaine de noyaux contenant des zones précises pour la faim, pour le sommeil, le sexe, etc.

L'homme n'admet pas la Bête qui est en lui et a tendance à attribuer à des entités extérieures l'apparition de ces comportements qui inspirent parfois honte et crainte. Ainsi les rescapés de la campagne de Russie pendant les guerres napoléoniennes se rappelaient avec honte des actes de cannibalisme dont ils avaient été témoins.

Les systèmes de récompense : le centre du plaisir

James Olds et Peter Milner (1954) ont découvert que la stimulation électrique (impulsions de l'ordre de l'électricité cérébrale naturelle) dans certains sites du cerveau faisait le même effet qu'une récompense alimentaire. Leur méthode consiste à implanter à demeure (rats chroniques) des électrodes dans certains sites du cerveau et la stimulation électrique peut être produite par l'appui sur le levier dans une boîte de Skinner de sorte que l'animal se stimule lui-même. L'effet est spectaculaire, les rats appuient jusqu'à épuisement, jusqu'à cinq mille fois par heure, s'endorment et recommencent au réveil. Les rats vont même jusqu'à passer sur une grille électrifiée pour appuyer sur le levier. Des singes macaques rhésus se laissent mourir de faim pour s'autostimuler.

Après avoir appelé ces sites le centre du plaisir, on préfère actuellement le terme de systèmes de récompense car il existe de nombreux sites dans des régions parfois différentes du cerveau (hypothalamus, bulbe, cortex frontal...). Chez l'homme (Sem-Jacobsen et Torkildsen, 1960 cit. Kretch et Crutchfield, 1969), des sujets humains qui peuvent s'auto-stimuler de cette façon (au cours d'opérations du cerveau), disent qu'ils se sentent bien, sourient et apparaissent contents mais ne peuvent identifier ce plaisir ou le relier à des expériences antérieures, l'essence même du plaisir n'est pas sexuelle comme le pensait Freud dans sa conception de la libido (pulsion sexuelle).

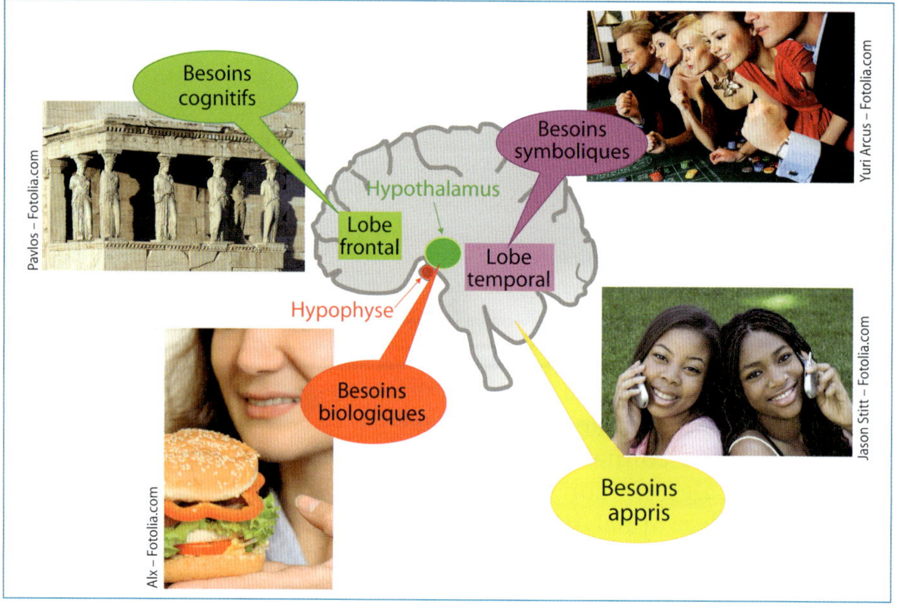

Figure 9.2 – Comme l'apprentissage, la motivation dépend d'étages du système nerveux qui s'est construit au cours de l'évolution. Les besoins biologiques (faim, sexe...) sont déclenchés par l'hypothalamus, les besoins appris (voiture, téléphone...) dépendent du cortex et du cervelet ; les besoins symboliques et les besoins cognitifs, propres à l'homme, dépendent du cortex temporal (sémantique) et frontal (conscience, volonté...).

II. Les besoins appris

1. La loi du renforcement

Loi du renforcement : l'apprentissage le plus efficace nécessite à la fois un besoin (par exemple rat affamé) et un renforcement (nourriture).

Les premières recherches quantitatives sur la motivation sont apparues dans le cadre des recherches sur l'apprentissage animal. Or le rat, animal de laboratoire privilégié, ne travaille que s'il est affamé puis récompensé.

Parmi de nombreuses expériences, celle, représentative, de Tolman et Honzik (1930) : au cours de l'apprentissage d'un labyrinthe chez le rat, le nombre d'erreurs (= le rat va dans une impasse) ne diminue vraiment que si les rats sont affamés et s'ils reçoivent en fin de parcours une récompense (petite boulette de nourriture ou bout de biscuit) à l'arrivée du labyrinthe (Figure 9.3).

Drive : le *drive* (littéralement « mobile ») pousse l'organisme à agir ; cette première version de la motivation dans les théories de l'apprentissage est basée sur un besoin physiologique ; le manque, par exemple la faim, déclenche le drive.

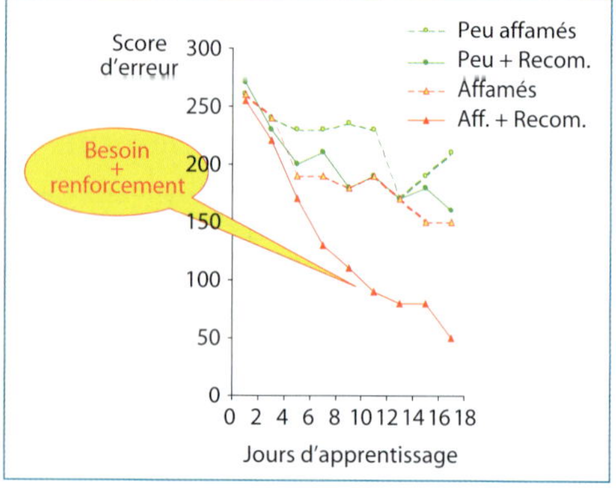

Figure 9.3 – Double effet du besoin et de la récompense chez le rat dans un labyrinthe (simplifié d'après Tolman et Honzik, 1930).

De telles expériences ont incité Clark Hull, théoricien behavioriste, à proposer une formule que l'on peut simplifier sous le nom de loi du renforcement : pour agir, un organisme doit avoir un besoin et le résultat de son action doit être renforcé (= récompense ; ou punition si le comportement ne donne pas le résultat désiré) (**Figure 9.4**).

Pshenichka – Fotolia.com

Motivation
=
Besoin + Renforcement

Figure 9.4. – La loi du renforcement de Hull.
L'apprentissage est plus efficace si l'organisme a un besoin satisfait à chaque bonne réponse par un renforcement (diminuant le besoin). Appliquée au commerce, les vendeurs ont un faible salaire (besoin) mais des primes (renforcement) pour chaque vente.

Application

La loi du renforcement dans la vente

Cette formule a été appliquée dans le système commercial : le vendeur n'est payé qu'avec un salaire minimum insuffisant (= besoin) et il reçoit une prime (= renforcement), ou un bénéfice lors de chaque vente.
Par exemple, le vendeur immobilier qui reçoit un pourcentage de la vente d'un appartement mais dont le salaire est faible s'il ne fait aucune vente dans le mois.
Le meilleur vendeur est récompensé par un voyage, une voiture…
Cependant, les renforcements ont toujours existé dans la vie sociale, c'est le principe de la carotte et du bâton dans l'éducation, des médailles chez les militaires, mais se développent avec l'influence du modèle « américain » : les prix littéraires, les Oscars, les Awards, etc. Les renforcements négatifs existent aussi, notamment dans la conduite automobile, amendes, permis à points…

Jakub Niezabitowski – Fotolia.com

Loin de l'idéal de Coubertin (« l'essentiel est de participer »), les renforcements sont nombreux dans le sport : primes, voyages gratuits, équipements... Les primes étant parfois délirantes ; un lingot d'or pour battre un record, une raquette de diamant, vingt millions de dollars pour le marathon féminin au Japon... De nos jours, l'idéal de Coubertin est bien malmené.

Galina Barskaya – Fotolia.com

Sportifs, militaires, étudiants, artistes, scientifiques, académiciens… Les humains semblent très sensibles aux récompenses. Pour le sport, course automobile, football, tennis, golf, les primes sont telles qu'on est loin de l'idéal de Coubertin, l'essentiel est de participer… mais financièrement !

Résignation apprise : apprentissage à ne plus répondre.

2. La résignation acquise

D'où vient la perte de motivation ou amotivation (le « a » est souvent privatif comme dans « amnésie » = perte de mémoire). L'interprétation fréquente est souvent faite en termes de personnalité ; tel élève n'est pas motivé car il est paresseux, tel collègue n'est pas motivé parce qu'il est dépressif... Les recherches dans l'apprentissage animal ont permis de découvrir un mécanisme fondamental, la résignation acquise (ou apprise) : Martin Seligman et son équipe (Maier et Seligman, 1976), ont montré dans une expérience célèbre que la perte de motivation peut venir des apprentissages antérieurs.

Dans une expérience de Martin Seligman et son équipe (Maier et Seligman, 1976), trois groupes sont constitués avec des chiens qui, individuellement, sont attachés dans un harnais. Dans le premier groupe appelé « évitement », les chiens reçoivent soixante-quatre chocs électriques douloureux espacés (une à deux minutes). Si le chien appuie sur un panneau placé juste devant son museau durant le choc, alors ce dernier s'arrête, sinon il continue pendant 30 secondes. Vingt-quatre heures plus tard, les chiens sont mis dans une boîte à navette (*shuttle box*, *cf.* chap. 4) ; ce dispositif de la navette avait été inventé par d'autres chercheurs pour étudier le stress et il est couramment employé chez le rat pour étudier l'effet de médicaments, par exemple anti-stress. La navette est constituée de deux compartiments séparés par une barrière ; un signal sonore retentit annonçant (10 secondes plus tard) l'arrivée d'un choc électrique dans le compartiment où se situe le chien. Dans ce dispositif, appelé aussi « conditionnement d'évitement » le chien est prévenu de sorte que, s'il saute la barrière pour aller dans l'autre compartiment dès le signal, il évite complètement le choc électrique ; sinon, 10 secondes après le signal, il reçoit le choc électrique. Un deuxième groupe dit « contrôle » ne passe pas la période pré-expérimentale dans le harnais, mais seulement la deuxième dans la boîte à navette. Enfin, le troisième groupe est tout à fait spécial puisqu'il reçoit un entraînement pré-expérimental dans le harnais mais l'appui du museau sur le panneau ne permet pas d'arrêter le choc. Vingt-quatre heures plus tard ce troisième groupe est mis dans la boîte à navette dans les mêmes conditions que les premier et deuxième groupes.

Si le temps passé (en moyenne) dans l'autre compartiment dépourvu de choc est d'environ 27 secondes dans le groupe « évitement » ou dans le groupe contrôle, le troisième groupe met en moyenne près du double de temps pour s'échapper (48 secondes). Sachant que le choc arrive dix secondes après le signal, plus de 75 % des chiens de ce troisième groupe n'arrivent pas à éviter au moins neuf chocs sur les dix alors qu'aucun chien du groupe évitement n'arrive jamais à une telle extrémité. Les chiens sont passifs et pour cette raison, Seligman les a appelés « résignés » : c'est le phénomène, désormais célèbre de « résignation apprise ».

De nombreuses expériences ont confirmé ce phénomène tant chez l'animal que chez l'homme (Overmier et Blancheteau, 1987) par exemple avec un bruit strident (Hiroto, 1974). De même, différentes situations d'apprentissage très difficiles ou impossibles amènent la résignation, ou découragement chez les élèves (Dweck et Leggett, 1988, Ehrlich et Florin, 1989, Lieury et Fenouillet, 1996).

III. Les besoins symboliques

1. Représentations mentales et anticipation du renforcement

Le langage et l'image mentale permettent d'imaginer, y compris des situations qui ne se réalisent pas. Albert Bandura de l'université de Stanford (et coll., 1974) en a déduit que l'homme pouvait intérioriser un renforcement, sans le recevoir réellement.

Certaines expériences montrent par exemple que si des enfants voient dans un film que des comportements agressifs permettent d'obtenir des jouets, ils les reproduisent eux-mêmes. Toutes ces recherches indiquent que l'apprentissage social chez l'homme repose sur des mécanismes complexes largement différents de l'apprentissage animal. Ainsi, le renforcement a toujours une importance chez l'homme mais étant donné le rôle des processus symboliques, l'anticipation du renforcement agit pratiquement comme un véritable renforcement. L'argent devient ainsi un renforçateur universel pouvant médiatiser n'importe quelle satisfaction ; c'est le grand renforçateur de la vie sociale, le salaire, les primes, les allocations... Ces représentations prennent un sens tout particulier dans les phénomènes sociaux, notamment en situation de comparaison sociale (Monteil, 1993) et amènent de nouveaux besoins, symboliques.

Yuri Arcurs – Fotolia.com

Dans beaucoup de manuels américains de psychologie, la machine à sous est souvent citée comme illustration du conditionnement opérant. Cependant, les deux situations sont très différentes car dans les jeux d'argent, le joueur perd plus souvent que le casino. Si c'était du conditionnement opérant, il y aurait donc extinction expérimentale. Il s'agit en fait d'un apprentissage symbolique, le joueur imagine que le coup d'après, il va gagner !

2. L'anticipation du renforcement

Si le mécanisme de renforcement est incontestable, Albert Bandura de l'université de Stanford a montré que l'apparition des mécanismes de représentations mentales chez l'homme, élargissait de façon imprévue le concept de renforcement. En effet, certains comportements comme le jeu s'expliquent mal par la théorie du renforcement de Hull. Car dans les jeux d'argent, le joueur perd en moyenne (casino, tiercé, loto...) plus souvent que les sociétés de jeu, puisqu'elles gagnent de l'argent et payent des impôts. Si c'était du conditionnement opérant, il y aurait extinction expérimentale.

Exemples

La Française des Jeux ne distribue à ces joueurs que 58 % dont le slogan est « Banco banque illico ».
Or, sur 360 000 tickets de 1 € distribués, seuls environ 11 % des joueurs gagnent plus que leur mise initiale de 1 € ; 77 % perdent tout simplement leur mise alors que 12 % ne regagnent que leur mise initiale de 1 €. Au total donc, 89 % des joueurs ne gagnent pas. Sur les 11 % de veinards, la chance de gagner le gros lot de 1 000 € est de deux pour cent mille (8 tickets sur les 360 000). La devise du Banco devrait plutôt être « avec Banco tu perds illico » !!!

Comment expliquer qu'un joueur qui ne gagne pas (ou peu) continue à jouer. Dans la théorie de Bandura, le joueur continue à jouer car il anticipe le renforcement : il gagne dans « sa tête ». Ce mécanisme de l'anticipation du renforcement apparaît dans bon nombre de fables ou de dictons, « Perrette et le pot au lait », « Il y a loin de la coupe aux lèvres », « Il ne faut pas vendre la peau de l'ours avant de l'avoir tué »...

3. La théorie hiérarchique de Maslow

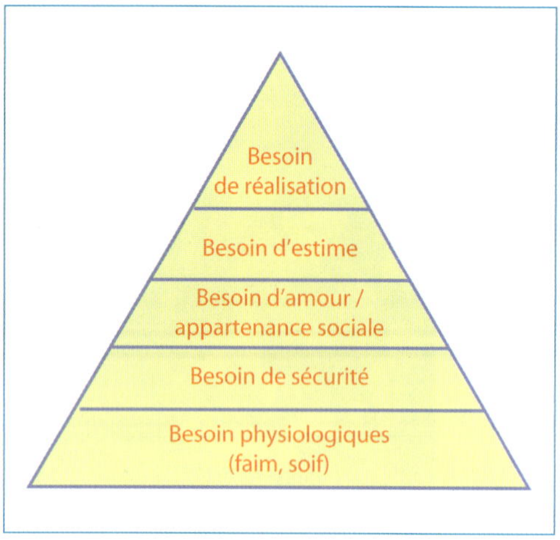

Figure 9.5 – Pyramide des besoins selon Maslow.

Parmi plusieurs théories ou classifications, celle de Maslow a connu un succès dans le marketing car dépassant une analyse simpliste en besoin unique.

Cinq besoins fondamentaux : pour Maslow (1943), les besoins peuvent être regroupés en cinq catégories principales qui sont hiérarchisées de sorte qu'un besoin supérieur ne s'exprime que lorsque les besoins du niveau immédiatement inférieur sont satisfaits (**Figure 9.5**). La théorie de Maslow se résume bien dans le dicton « Ventre vide n'a pas d'oreille ».

Maslow a été le premier a proposé une théorie dépassant l'analyse simpliste en besoin unique. Un même comportement, par exemple d'achat (encart ci-dessous) peut obéir à des besoins variés. Si cette idée reste vraie, d'autres éléments de la théorie de Maslow s'avèrent inexacts. En particulier, les besoins ne sont pas hiérarchisés mais en interaction.

Si les besoins physiologiques, faim, soif, désir sexuel, besoin de sommeil, etc., sont satisfaits, d'autres besoins apparaissent, ceux de sécurité et de confort matériel : le besoin d'avoir un chez-soi, un moyen de locomotion. Ce niveau satisfait laisse apparaître les besoins d'affection, ou d'amour, ou d'appartenance sociale (dans le marketing). Une fois réalisée cette « couche » de besoins, apparaissent des motivations plus sociales qu'on peut regrouper sous le terme de besoin d'estime, ce qu'on appelle dans la vie courante « l'ambition ». Enfin, le niveau le plus élevé de la hiérarchie des besoins, selon Maslow, serait la réalisation de soi, de ses intérêts, aptitudes et valeurs.

La théorie de Maslow appliquée dans la psychologie de la vente

Un intérêt de la théorie de Maslow est d'expliquer que le même achat peut correspondre à des besoins multiples. Par exemple dans un ouvrage d'économie d'entreprise (Longatte et Muller, 2001), l'achat d'un vêtement répond à des besoins variés :
- des besoins physiologiques : se protéger du froid ou à l'inverse ne pas souffrir de la chaleur ;
- des besoins d'appartenance à un groupe (= besoin d'affection) : être à la mode, c'est-à-dire être habillé comme les autres du groupe ;
- des besoins d'estime : se valoriser par sa tenue, par exemple avoir une tenue originale.

Cette théorie était séduisante mais elle est contredite sur de nombreux points : il n'y a pas toujours de différences tranchées entre les catégories de Maslow ; notamment entre le besoin d'estime et le besoin d'appartenance : dans l'exemple précédent (achat d'un vêtement), « être à la mode » correspond aussi bien au besoin d'appartenance à un groupe qu'au besoin d'estime. D'autre part les études éthologiques (plus récentes que la théorie de Maslow) suggèrent que le besoin de sécurité est un besoin biologique (nidification, défense du territoire). De même le besoin d'appartenance sociale ou d'amour existe bel et bien chez les animaux, notamment nos ancêtres les singes chez qui les relations sont très hiérarchisées (par exemple babouins) ; à cet égard le fait que nos besoins biologiques se compliquent par les apprentissages, ne changent pas leur origine biologique ; certes l'amour ou les relations sociales sont complexes chez l'homme mais pas moins que l'art culinaire ou la défense du territoire (des querelles de voisinage à l'arsenal militaire des superpuissances)...

La satisfaction d'un besoin supérieur n'apparaît pas toujours quand le besoin inférieur est réalisé. Ainsi, dans une grande entreprise américaine, structurée avec des niveaux de hiérarchie très nombreux (Hall et Nougaim, 1968), les cadres montrent un besoin de réussite toujours très fort même chez ceux qui ont bénéficié de nombreux avancements. Il semble donc qu'il y ait des profils selon les individus ou en fonction des différents âges de la vie, avec différentes priorités. L'observation ou les biographies montrent que certaines personnalités ont un besoin de réalisation si fort qu'il n'y a même pas satisfaction des besoins physiologiques : Marie Curie fut trouvée plusieurs fois inanimée par le manque de nutrition au cours de ses études de médecine ; le contre-exemple flagrant de la hiérarchie des besoins est celui des « martyrs » qui acceptent de mourir pour leurs idées.

IV. Les besoins cognitifs

Les théories récentes mettent en valeur moins de mécanismes mais plus généraux, impliqués dans des buts variés : notamment (sans compter les besoins biologiques) le besoin d'estime et le besoin d'autodétermination. Voyons trois théories importantes, la théorie de l'auto-efficacité perçue de Bandura, celle de l'évaluation cognitive de Deci et Ryan et enfin la théorie de l'ego de Nicholls.

?

Qu'est-ce que l'auto-détermination ?

Autodétermination : sentiment de choisir ou libre arbitre ; opposée à la contrainte, la pression sociale, la situation d'évaluation.

1. La théorie de l'auto-efficacité perçue de Bandura

Auto-efficacité perçue : selon la théorie de Bandura, l'auto-efficacité perçue (ou efficacité personnelle perçue) est l'évaluation par l'individu de son niveau d'efficacité.

Besoin d'estime : besoin d'une bonne image de soi (ego). Avec des nuances, l'estime est aussi appelée « compétence perçue » ou auto-efficacité perçue dans différentes théories de la motivation.

Ego (théorie de l') : Selon la théorie de Nicholls (1984), la motivation est régie par deux orientations : une motivation orientée vers l'ego, d'évaluation de soi par rapport aux autres et une orientation vers la tâche valorise l'intérêt pour la tâche.

Besoin d'estime

Primitivement proposé par William James et Freud, le concept du moi ou ego, a été vu comme un mécanisme puissant de la motivation par plusieurs chercheurs :

- Murray parle d'« estime de soi » ;
- Deci et Ryan, de « compétence perçue » ;
- Nicholls reprend le terme d'« ego ».

Cependant le concept d'estime a été élaboré de manière originale par Bandura comme un développement de sa première théorie sur l'anticipation du renforcement.

But et auto-efficacité perçue

But et feedback : pour Bandura, la motivation est essentiellement régie par l'auto-efficacité perçue ou sentiment d'efficacité personnelle (= besoin d'estime).

Du fait de ses capacités de représentations mentales, l'individu est capable d'anticiper des satisfactions provenant de ses réussites ou de ses échecs.

Le ressort de la motivation serait donc de se fixer des buts par rapport à des standards personnels.

Cet intervalle à combler déclenche un besoin et le feedback (= connaissance des résultats) constitue l'anticipation du renforcement : c'est le sentiment d'auto-efficacité.

Autoefficacité perçue
= But – Standard personnel

Figure 9.6 – Théorie de l'auto-efficacité perçue de Bandura.
L'individu se fixe un but par rapport à un standard personnel (ce qu'il est capable de faire habituellement). Selon Bandura, l'écart entre le but et le standard personnel, crée un manque qui déclenche le besoin de se dépasser, c'est la notion de défi ou pour Bandura d'auto-efficacité perçue.

Dans une expérience d'aérobic, des étudiants doivent s'entraîner à soulever des poids dans trois conditions :

- but seul : un groupe a un but seul : ils doivent soulever à chaque séance 40 % de plus qu'à leur essai précédent. Par exemple, pour un étudiant qui soulevait à son premier essai (= standard personnel) 100 kg, on lui dit (résultat fictif) qu'il doit se donner pour but d'atteindre 140 kg ;
- feedback seul : après chaque séance, on dit à chaque étudiant qu'il a progressé de 24 % (chiffre fictif mais fait pour « encourager ») ;
- but + feedback : enfin dans le troisième groupe, on donne le but (40 %) et le feedback.

Les résultats montrent (Figure 9.7) que par rapport à un groupe contrôle (qui s'entraîne sans consignes) seul le groupe qui a le but et le feedback, progresse. Mais il progresse de façon très importante, augmentant sa performance initiale de 60 % (initialement ce sont des étudiants non spécialistes de ce sport).

Par sa grande généralité, la théorie de Bandura s'applique à des domaines variés et explique l'infinie diversité des « passions » qu'on ne peut expliquer par autant de besoins. Tel enfant ou telle personne fera une activité par hasard (mode, incitation des parents, imitation, etc.) ; s'il se trouve (mentalement) satisfait (= auto-efficacité), il va se fixer des défis de plus en plus importants : l'enfant qui fait des legos de plus en plus compliqués ; l'alpiniste qui se donne comme défi d'escalader des pics sans cesse plus élevés ; le collectionneur de timbres, de maquettes, d'insectes, de voitures, de motos...

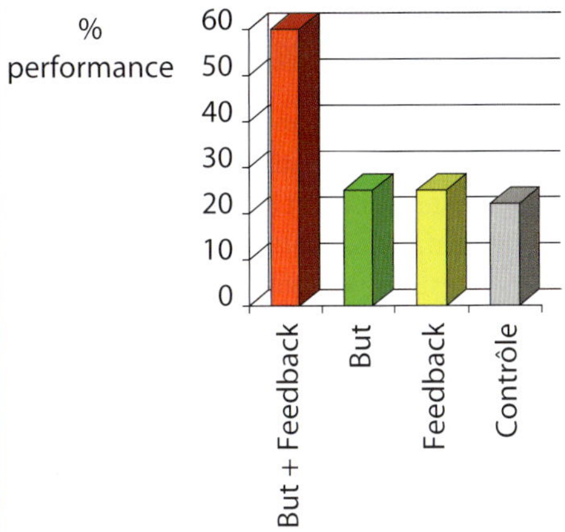

Diego Cervo – Fotolia.com

Figure 9.7– Seule la conjonction but + feedback est efficace (d'après Bandura et Cervone, 1983).

kmit – Fotolia.com

Olivier Mansiot – Fotolia.com

Toujours plus haut, toujours plus… Par sa grande généralité, la théorie de Bandura s'applique à des domaines variés et explique l'infinie diversité des « passions » ou des « défis » qu'on ne peut expliquer par autant de besoins : l'alpiniste qui se donne comme défi d'escalader des pics sans cesse plus élevés ; le collectionneur de timbres, de maquettes, d'insectes, de voitures, de motos qui veut… toujours plus !

Le sentiment d'efficacité personnelle

Un développement et une application de la conception de Bandura sont les questionnaires du Sentiment d'Efficacité Personnelle ou SEP (1997/2003). Le sentiment d'efficacité personnelle explique l'engagement dans l'action par le renforcement interne du sentiment d'efficacité. Un questionnaire développé par Bandura (1990, 1993), l'échelle d'efficacité scolaire perçue, montre que, chez des élèves de 10 à 15 ans, leurs croyances relatives à leur capacité à réguler leur propre apprentissage et à maîtriser différents domaines scolaires affectent leur niveau de motivation et de réussite scolaire. De plus, leurs sentiments d'efficacité relatifs à la capacité de créer et de maintenir des relations sociales, et de résister à la pression des pairs exercée pour s'engager dans des activités transgressives, affectent leur conduite prosociale et réduisent leur implication dans des activitées antisociales et la prise de drogue.

Ce questionnaire, adapté en français, a été présenté dans le cadre d'une évaluation du ministère de l'Education nationale (DEPP) auprès de 31 120 élèves de 6e de collège (11,6 ans). Des items représentatifs sont par exemple : « Vous sentez-vous capable de vous concentrer sur le travail scolaire ? » pour le SEP Scolaire ; « Vous sentez-vous capable de vous faire des copains ? » pour le SEP Social, et enfin « Vous sentez-vous capable de résister à l'influence de vos camarades qui vous pousseraient à fumer des cigarettes ? » pour le SEP d'Autorégulation. Le questionnaire est présenté sous la forme d'une échelle de Lickert (encart).

L'échelle de Lickert

L'échelle de Lickert (*Lickert Scale*) anglais est universellement utilisée dans les questionnaires de motivation et personnalité, ainsi qu'en psychologie sociale. Elle a été inventée par le psychologue Rensis Lickert (1903-1981) qui s'intéressait particulièrement aux styles de management. Le caractère général de l'échelle tient au fait qu'elle permet de transformer des questions « qualitatives » en données numériques (quantitatives) faciles à traiter en statistiques. En général, il y a une graduation en cinq échelons, quantitativement codés de 1 à 5. L'échelle de Lickert vous sera très probablement utile dans vos études et votre profession.

Pour chaque question, cochez la case qui correspond à ce que vous pensez.
Vous sentez-vous capable de réussir en mathématiques ?
1. ❑ très peu/pas du tout 2. ❑ peu 3. ❑ assez/moyennement
4. ❑ bien 5. ❑ très bien/toujours (ou presque)

Vous sentez-vous capable de réussir en géographie ?
1. ❑ très peu/pas du tout 2. ❑ peu 3. ❑ assez/ moyennement
4. ❑ bien 5. ❑ très bien/toujours (ou presque)

Tableau 9.1 – Corrélations entre les dimensions motivationnelles et les tests cognitifs et de connaissances scolaires (d'après Blanchard, Lieury, Le Cam, Rocher, 2012).

	SEP scolaire	SEP Social	SEP d'autorégulation
Textes lacunaires	0.37	0.22	0.44
Maths	0.34	0.23	0.42
Lecture/Compréhension	0.35	0.24	0.40
Mémoire Encyclopédique	0.34	0.25	0.44
RCC Raisonnement Cartes	0.24	0.16	0.30

Les résultats scolaires sont corrélés au Sentiment d'Efficacité Personnelle (SEP) notamment le SEP scolaire et le SEP d'autorégulation.

Tomasz Trojanowski – Fotolia.com

Différents tests cognitifs de cette évaluation, Lecture/Compréhension, Mémoire des connaissances scolaires (mémoire encyclopédiques) et Raisonnement sont corrélés avec le Sentiment d'Efficacité. Les résultats (tab. 9.1) montrent des corrélations plus élevées avec le sentiment d'efficacité relatif à l'autorégulation et avec le sentiment d'efficacité scolaire ; en revanche, le sentiment d'efficacité relatif au domaine social est peu corrélé (les corrélations en dessous de .25 sont considérées comme faibles). Le sentiment d'efficacité des élèves est donc un bon prédicteur de leur réussite.

2. Motivation intrinsèque et auto-détermination : la théorie de Deci et Ryan

Motivation intrinsèque et motivation extrinsèque

Alors que les behavioristes fondaient toute motivation sur le renforcement, Harry Harlow montra que des singes pouvaient travailler sur des jeux (puzzle) pendant une longue période sans aucune récompense, simplement pour l'activité elle-même. Ce besoin de manipulation n'était guère assimilable à un mobile ordinaire puisque ne correspondant pas à un renforcement externe. Harlow a donc proposé de classer ces besoins cognitifs, de curiosité et de manipulation comme des motivations « intrinsèques », par opposition aux motivations extrinsèques, dépendant des renforcements externes. De plus, Harlow et ses collègues ont montré que les renforcements diminuaient la motivation intrinsèque chez leurs singes. Ainsi, les singes qui sont récompensés (motivation extrinsèque) pour la réussite à des puzzles, jouent moins par la suite s'il n'y a plus de récompenses, alors qu'un groupe non récompensé, continue à jouer (= motivation intrinsèque).

Les expériences de Harlow amènent donc une distinction essentielle entre deux catégories de motivations, les motivations extrinsèques qui sont régies par les renforcements (loi de Hull, etc.) et les motivations intrinsèques (curiosité, manipulation...) qui n'auraient de but, que l'intérêt pour l'activité en elle-même, la recherche de sensation, la découverte...

Jerome Berquez – Fotolia.com

Ali Taylor – Fotolia.com

Ben – Fotolia.com

La motivation intrinsèque n'a de but que le plaisir de l'activité en elle-même, la recherche de sensation, la découverte...

La théorie de l'évaluation cognitive (Deci et Ryan)

Edward Deci de l'université de Rochester (1971) a confirmé ces résultats chez l'homme. Dans une tâche de puzzle, les sujets d'un groupe sont renforcés par une récompense (1 dollar par puzzle) tandis qu'un autre groupe joue sans récompense (= motivation intrinsèque). Dans une phase test de libre choix, où les sujets sont laissés seuls dans une pièce avec différentes activités (magazines, puzzles, etc.), c'est le groupe non renforcé qui joue le plus longtemps aux puzzles. Les joueurs renforcés ne jouent plus pour

Www.
http://www.selfdeterminationtheory.org/theory

Kristian Setzulic – Fotolia.com

Pour Deci et Ryan, la motivation intrinsèque est liée à un fort sentiment d'autonomie

l'intérêt du jeu (motivation intrinsèque) mais pour l'obtention d'une récompense (= motivation extrinsèque).

D'autres expériences ont confirmé ce résultat en montrant que, non seulement un renforcement (argent, récompense) baissait la motivation intrinsèque mais que des formes variées de *contrainte ou de contrôle* (surveillance, temps limite, compétition ; voir Lieury et Fenouillet, 1996) diminuent aussi la motivation intrinsèque. Edward Deci et Richard Ryan en ont déduit que l'homme avait un besoin de se sentir autodéterminé (= indépendance, liberté) et que ce besoin était une composante non seulement de la motivation intrinsèque mais de toutes les motivations. En revanche, la résignation apprise qu'ils dénomment « amotivation » correspond à une absence d'autonomie, voire de contrainte. La dernière version de leur théorie appelée théorie de l'autodétermination (*Self-Determination Theory* ou SDT ; Ryan & Deci, 2001) est très élaborée et reprend différentes formes de motivation extrinsèque qu'ils avaient distinguées ; En outre, ils pensent que le sentiment d'autonomie est modulé par deux autres besoins, le besoin de compétence perçue (qui ressemble au sentiment d'efficacité personnelle de Bandura) et le besoin d'appartenance sociale (*relatedness*), ou plus brièvement le besoin social. Voici une brève présentation de leur théorie (Figure 9.8).

Selon cette théorie, les trois types de motivations correspondent à des degrés sur un continuum du sentiment d'autonomie. Lorsque l'individu (ou l'élève) a choisi lui-même son activité uniquement pour le plaisir de pratiquer cette activité, il a un fort sentiment d'autonomie : c'est la motivation intrinsèque. Lorsqu'à des degrés divers, l'individu est régulé par le contexte extérieur, il est en motivation extrinsèque et enfin lorsque l'individu ne voit plus de relations entre ce qu'il fait et les résultats de son activité ou que cette activité n'a aucun sens pour lui, il est en amotivation. Selon cette théorie, l'amotivation est en bas du continuum d'autodétermination. Deci et Ryan pensent qu'il existe quatre formes de motivation extrinsèque selon le continuum d'autonomie. Lorsque l'individu est régulé par les renforcements extérieurs (l'élève va à l'école par pure obligation légale), c'est la

Monregard – Fotolia.com

Figure 9.8 – Illustration de la théorie de l'autodétermination de Deci et Ryan : les différentes formes de motivation sont déterminées par un continuum d'autodétermination (sentiment d'autonomie). Les besoins de compétence et d'appartenance sociale, modulent ce sentiment d'autonomie.

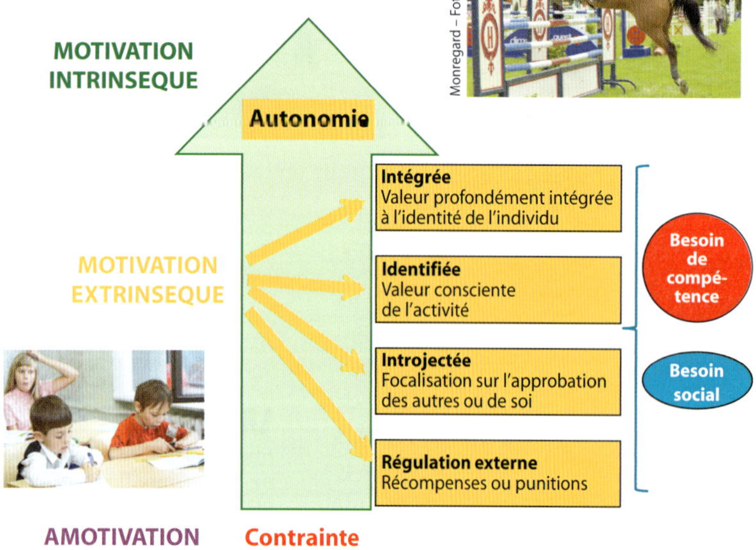

régulation externe ; lorsque l'individu ou l'élève se contrôlent par des règles internes de la société (je fais ça, sinon j'aurai honte de moi ; je travaille à l'école pour que mes parents soient fiers), c'est la régulation introjectée. La troisième forme est la régulation identifiée dans laquelle l'individu identifie l'activité comme ayant la valeur pour lui (j'essaie d'avoir de bonnes notes car cela a de la valeur pour le métier que je voudrais faire plus tard). La dernière forme de motivation extrinsèque ou régulation intégrée est totalement autodéterminée et se retrouve quand l'individu réalise une activité peu intéressante qui fait partie de ses valeurs profondes comme par exemple le tri sélectif chez les écologistes.

Le besoin d'autonomie n'est pas le seul à déterminer les motivations pour Deci & Ryan et les besoins de compétence et d'appartenance sociale (*relatedness*) ont aussi un rôle de « catalyseurs » pour permettre une augmentation du sentiment d'autonomie. Pour eux, contrairement à Bandura, la compétence perçue ne peut produire les motivations seule sans l'autonomie. Le besoin social, quant à lui, permet, grâce à la vie en groupe (famille, école, copains), de créer des valeurs influençant le type de motivations.

Robert Vallerand, de l'Université du Québec à Montréal, se situe globalement dans la perspective de Deci & Ryan, mais apporte des modifications dans son modèle hiérarchique de la motivation (HMIEM : *Hierarchical Model of Intrinsic and Extrinsic Motivation*) (Vallerand, 1997 ; cit. Sarrazin *et al.*, 2001) très opérante pour le sport et notamment dans l'explication de la persistance ou des abandons dans le sport. Vallerand ajoute par exemple trois formes de la motivation intrinsèque, une motivation orientée vers la connaissance (découverte), orientée vers l'accomplissement (satisfaction d'atteindre des objectifs personnels) et orientée vers la recherche de sensations (excitation, nouvelles sensations...).

Motivation intrinsèque et coopération

La motivation intrinsèque semble favoriser la coopération ; puisque le but est la réalisation de la tâche, il y a coopération. À l'inverse, une situation de compétition génère une motivation extrinsèque avec le renforcement de gagner (une récompense, ou gagner sur l'autre). Ainsi, dans une expérience, Robert Vallerand et ses collègues (1996) ont demandé à des étudiants placés en couples de trouver des lettres cachées dans des dessins. Dans le couple, un des étudiants est un compère qui fait exprès de perdre ou gagner.

Tableau 9.1 – Persistance dans la tâche (en *s*) en fonction des conditions de motivation (d'après Vallerand *et al.*, 1996 ; (cit. Thill, 1999).

	Coopération	Compétition
Persistance dans la tâche (en secondes)	333	136
Persistance selon l'issue		
Succès	204	207
Échec	245	82

Dans une *phase-test de libre choix* après la phrase « officielle », on note le temps passé par les étudiants qui retournent librement à cette activité.

Cette persistance mesure l'intensité de la motivation intrinsèque. En situation de coopération, la motivation est intrinsèque (pour le plaisir de l'activité) et dans la phase de libre choix, les étudiants passent deux fois plus de temps que ceux qui étaient en situation de compétition (motivation extrinsèque puisque la compétition créée une contrainte ou une perspective de renforcement : gagner).

De plus, les résultats changent complètement en fonction de l'issue des essais (succès ou échecs). S'il y a succès, les étudiants, en compétition, se sentent renforcés et donc continuent à jouer. À l'inverse, s'il y a échec, leur perception de compétence diminue et ils abandonnent plus vite. En motivation intrinsèque, l'étudiant ne perçoit pas l'échec comme un renforcement négatif (= motivation extrinsèque) mais de façon informative (= n'est pas la bonne direction) ou comme un défi de découverte d'une solution plus sophistiquée.

Persistance ou abandon dans la compétition sportive

Les effets des motivations se voient très bien dans la compétition sportive comme le montre cette recherche de Luc Pelletier, Robert Vallerand et leurs collègues (2001), menée sur des nageurs au Canada. Sur 369 nageurs suivis, des questionnaires permettent d'établir comment ils ressentent leur motivation et leur coaching. Le coaching favorisant l'autonomie correspond à des items tels que « Mon coach me donne l'occasion de réaliser mes décisions personnelles » ; à l'inverse, pour le coaching contrôlant, « Mon coach fait pression sur moi pour obtenir ce qu'il/elle désire ».

En deux ans de compétition, près de la moitié des athlètes abandonnent la compétition. L'analyse des relations entre les formes de motivation, le coaching et la persistance dans la compétition (ou au contraire les abandons au cours des deux ans), montre clairement (Figure. 9.9) que le coaching favorable à l'autonomie des athlètes favorise la persistance. À l'inverse, les athlètes qui travaillent sous la contrainte ou la pression (coaching contrôlant) sont soit en motivation extrinsèque et une bonne partie abandonnent ou bien sont démotivés (amotivation), ce qui entraîne le plus d'abandons.

Figure 9.9 – Le coaching favorable à l'autonomie conduit à une motivation intrinsèque qui facilite la persistance après deux ans de compétition, à l'inverse du coaching contrôlant qui conduit plus à l'abandon (relation négative) (simplifié d'après Pelletier, Fortier, Vallerand, Brière, 2001).

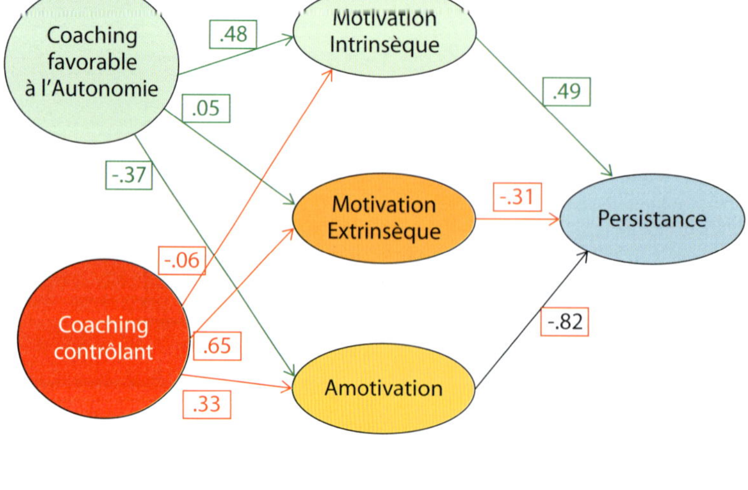

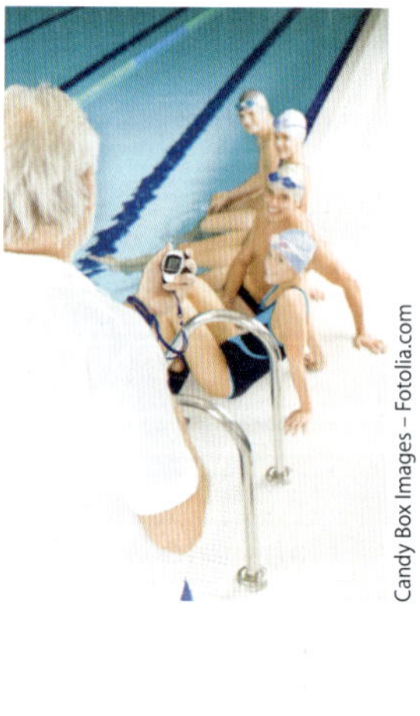

Une anecdote illustre cette recherche. La fille d'un ami faisait de la natation en compétition et avait un niveau national ; elle abandonna car son entraîneur (coach) était typiquement « contrôlant ». S'attendant à des félicitations après une victoire régionale, son entraîneur lui dit « Oui, tu as gagné... mais tu es la meilleure des nulles ! »...

Application

Motivation intrinsèque et pédagogie

En pédagogie comme dans d'autres activités professionnelles, valoriser la motivation intrinsèque est préférable pour obtenir des comportements plus persévérants (passionnés ; impliqués dans une implication ou pour une cause) et des attitudes coopératives.

3. De la motivation à la rébellion

Www.
Site de la Self-determination theory de Deci et Ryan http://www.selfdeterminationtheory.org/theory

Cependant, les violences à l'école nous montrent que certains élèves ne sont pas simplement démotivés mais se rebellent. Avec Fabien Fenouillet de l'université de Paris-Nanterre et Sonia Lorant de l'université de Strasbourg, nous avons proposé une variante de la théorie de Deci & Ryan, dans laquelle la motivation négative ne se réduit pas à la démotivation (amotivation) mais qu'il en existe d'autres formes : la rébellion et la fuite.

La plupart des expériences sur la motivation sont réalisées à l'aide de questionnaires, si bien que nous avons adapté une échelle de motivation existante en incluant des items de rébellion et de fuite chez une centaine d'élèves de 3e du collège (Lorant *et al.*, sous presse). Par exemple, un item de rébellion est « Je comprends que certains élèves s'opposent aux professeurs » tandis qu'un item de fuite est « Je fais semblant d'être malade pour éviter l'école ». L'élève doit répondre dans une case parmi 5 choix (1. pas du tout vrai ; 2. un peu vrai ; 3. plutôt vrai ; 4. vrai ; 5. tout à fait vrai) comme dans les enquêtes d'opinion (échelle de Lickert). Or il s'avère que les différentes motivations qui animent les élèves ont de fortes implications sur leurs résultats scolaires. Pour les motivations positives, motivations intrinsèque et extrinsèque, plus les élèves sont sûrs de leur réponse (vrai) et plus leur moyenne scolaire est élevée.

Les résultats sont inverses pour les motivations négatives. La moyenne scolaire baisse nettement pour les élèves qui se déclarent plus nettement en démotivation, rébellion ou fuite (Figure 9.10).

Figure 9.10 – Effet très négatif de la démotivation, rébellion et fuite sur les performances scolaires (n = 115).

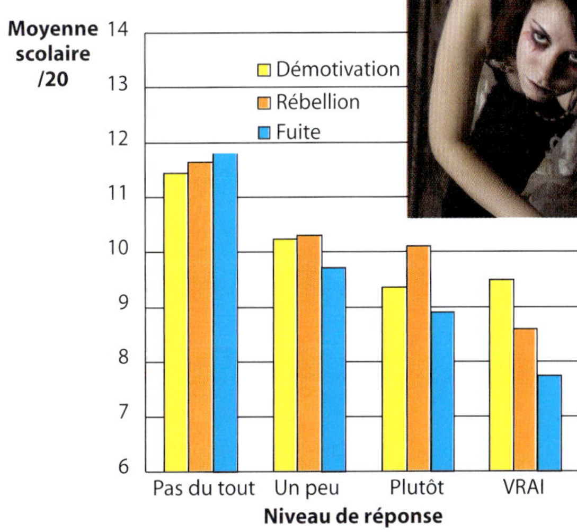

Dancer 01 – Fotolia.com

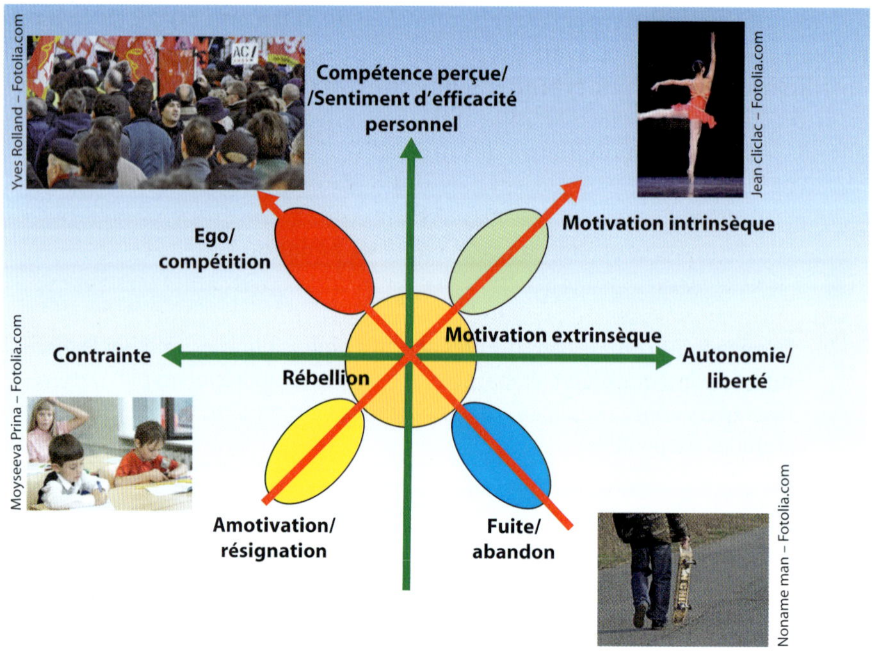

Figure 9.11 – Les formes de motivation seraient la résultante de deux besoins, l'autodétermination et la compétence perçue (ou sentiment d'efficacité).

Le fait que les motivations, positives (motivation intrinsèque et motivation extrinsèque) et négatives (rébellion, fuite et amotivation), soient déterminées à la fois par la compétence perçue et l'autodétermination nous a amené à proposer une théorie mixte entre celle de Bandura et celle de Deci & Ryan. Pour Bandura, seule l'efficacité détermine la performance tandis que Deci & Ryan privilégient le sentiment d'autonomie. Or nos résultats montrent que le SEP scolaire et la compétence perçue sont similaires. Dans notre modèle, les deux besoins sont aussi importants et c'est leur résultante qui produit la diversité des motivations (Figure 9.11). Par exemple, les élèves rebelles se sentent relativement plus compétents que les élèves amotivés (Lieury, Lorant, Trosseille, Vourc'h et Fenouillet, 2014). La motivation de fuite est associée à un sentiment de liberté seulement chez les étudiants qui se sentent libres de rester ou de quitter les études ; mais chez les élèves (l'école est obligatoire jusqu'à 16 ans), la fuite a des caractéristiques proches de l'amotivation (sentiment de contrainte).

Motiver par des récompenses et punitions, notes, diplômes, prix… est efficace mais néglige d'autres besoins, spécifiquement humains comme le besoin de se sentir libre et compétent. Les valoriser aboutit à une motivation beaucoup plus persistante (intrinsèque) et évite des désagréments sociaux comme la rébellion ou la résignation…

4. La théorie de l'implication par rapport à l'ego de Nicholls

Puisque la compétence perçue dépend des résultats de notre activité (feedback), on pourrait penser que plus le sentiment d'effort est grand et plus le sentiment de compétence l'est également. Cependant, il existe des cas inverses. Comment l'expliquer ?

Implication par rapport à l'ego

John Nicholls a proposé une théorie selon laquelle l'individu était motivé selon deux types d'implication :

- *implication par rapport à l'ego :* un individu, impliqué par rapport à l'ego, selon le concept de Freud (« Sa Majesté le Moi » écrivait Freud), aura tendance à fournir peu d'effort pour un niveau de réussite donné car dans ce cas, il attribue la réussite à ses dons naturels : c'est le cas typique de l'étudiant qui dit avoir réussi son examen sans avoir travaillé (sous-entendu « je suis génial »). L'implication par rapport à l'ego se développe avec l'âge, les jeunes enfants ne différenciant pas leur implication ;
- *implication par rapport à la tâche :* c'est la motivation intrinsèque ; l'implication par rapport à la tâche inclut l'intérêt pour la tâche, la nouveauté et la curiosité : dans ce cas, l'individu ne trouve pas dévalorisant de travailler pour progresser.

La théorie de l'ego trouve dans la compétition sportive un excellent « terrain » d'application. Edgar Thill et son équipe, de l'université de Clermont-Ferrand, ont réalisé de nombreuses recherches dans le sport notamment dans la perspective de la distinction ego/tâche. Le sport est en particulier approprié pour réaliser une situation de comparaison sociale spéciale, la compétition. Dans une expérience en contexte réel d'entraînement aux tirs de penalty (tirs au but), les joueurs, jeunes de 8 ans, adultes amateurs et professionnels, sont partagés en fonction de deux consignes destinées à les mettre dans une implication différente :

- implication par rapport à la tâche : on leur dit que l'entraînement a pour but de découvrir une nouvelle façon de s'entraîner aux tirs ;
- implication par rapport à l'ego : on demande aux joueurs de tirer dans le but de surpasser les autres.

Pour les résultats, différents indicateurs sont relevés, notamment les joueurs doivent estimer (sur une échelle en sept points) le niveau d'effort qu'ils ont ressenti. On s'aperçoit que l'estimation de l'effort change complètement en fonction du type d'implication et du type de joueur (Figure 9.12):

- *implication par rapport à la tâche :* tous les joueurs estiment avoir donné le maximum d'effort (niveau entre 6 et le maximum 7) ; il n'y a aucune différence entre le type de joueurs ;
- *implication par rapport à l'ego :* tout change en revanche quand il est dit de surpasser les autres (compétition) : les jeunes de 8 ans

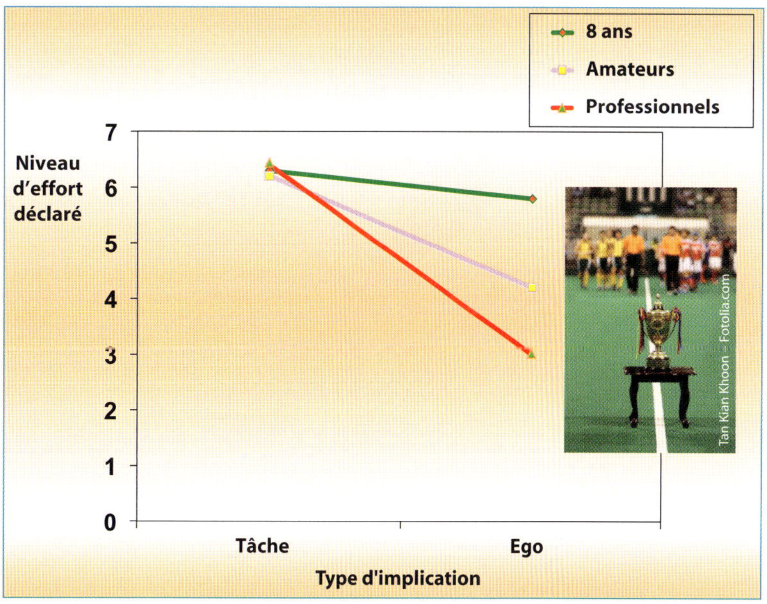

Figure 9.12 – Niveau d'effort déclaré en fonction du type d'implication chez différents joueurs de football (note maximale = 7) (adapté d'après Brunel et Thill, 1993/1995 ; cit. Thill, 1999).

ne sont pas sensibles à l'ego et continuent à déclarer qu'ils ont fait le maximum d'effort. En revanche, les adultes amateurs et surtout *les professionnels, déclarent avoir fourni peu d'effort* (la note 3 correspond à 40 % du maximum) ; ce qui sous-entend que la précision est due à leurs aptitudes naturelles : « Je suis très doué ! ».

Comme le note Thill, on voit bien que les différences ne sont pas dues au degré d'expertise puisque les joueurs professionnels ont des réponses complètement différentes selon le type d'implication.

Implication par rapport à l'ego et résignation

Comme d'autres auteurs l'ont montré (Dweck, 1975), l'implication par rapport à l'ego peut avoir des conséquences très négatives puisque l'individu pense réussir grâce à ses dons. Si bien qu'à l'inverse, quand l'individu échoue, il se croit nul et incapable de progresser car selon lui, le succès est dû à ses dons naturels et non aux efforts fournis. Des échecs répétés peuvent ainsi mener à la résignation, ce qui explique bon nombre de dépressions ou d'abandons chez les sportifs comme dans d'autres professions (vendeurs, artistes, etc.) dans une société qui valorise de plus en plus la compétition.

L'affirmation de soi en thérapie comportementale et cognitive

Dans le cadre des théories de l'ego, l'affirmation de soi est décisive et des techniques de thérapie comportementale et cognitive sont adaptées pour augmenter l'affirmation de soi. Par exemple, dans des jeux de rôle, le thérapeute joue le rôle d'un DRH (directeur de ressources humaines) pour un patient anxieux ou ayant un faible sentiment d'estime de soi (Cariou-Rognant, Chaperon et Duchesne, 2014).

Comment s'y retrouver dans toutes ses théories ? Sachant que pour Nicholls, l'implication par rapport à l'ego se retrouve plus probablement dans les situations de comparaison sociale, je la représente comme dépendante d'une dimension de contrainte dans un schéma récapitulatif (Figure 9.13). L'implication par rapport à l'ego serait un cas particulier de résultante entre la comparaison sociale (= contrainte) et le besoin d'estime (ou compétence perçue ou auto-efficacité perçue). À l'inverse, lorsque l'individu se sent « nul » mais libre, il peut abandonner (Lieury *et al.*, 1997).

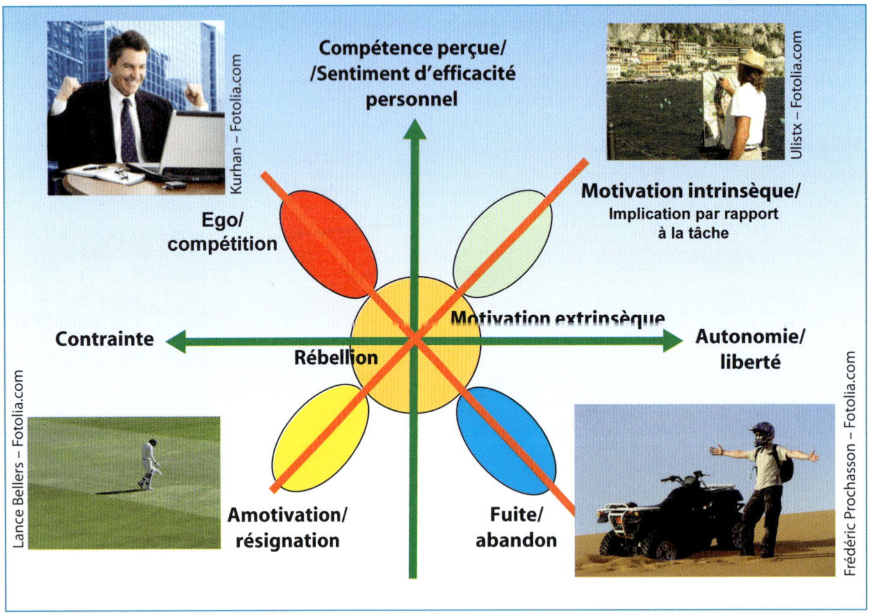

Figure 9.13– Synthèse de plusieurs théories de la motivation.
Différentes motivations interprétées par des théories diverses peuvent s'expliquer par deux principaux besoins cognitifs, le besoin d'estime (compétence perçue) et le besoin de liberté (autodétermination).

Révision du chapitre

Résumé

Qu'est-ce que la motivation ? 322

La motivation est l'ensemble des mécanismes qui déterminent le déclenchement d'un comportement.

Qu'est-ce que l'éthologie ? 323

L'éthologie est l'étude du comportement animal.

Qu'est-ce que l'auto-détermination ? 333

L'auto-détermination est le sentiment de choisir ou libre arbitre.

Lectures conseillées

Famose J.-P. (2001). *La Motivation en éducation physique et en sport*, Paris, Armand Colin.

Fenouillet F. (2012). *La Motivation*, Paris, Dunod, Coll. « Topos », 2e édition.

Lieury A., Fenouillet F. (2013). *Motivation et réussite scolaire*, Paris, Dunod, 3e édition.

Vallerand R.-J., Thill E. (1993). *Introduction à la psychologie de la motivation*, Québec, Vigot.

Thill E. (1999). *Compétence et effort*, Paris, PUF.

Webographie

Www. Les motivations

Site français de Fabien Fenouillet
www.lesmotivations.net

Www. Motivation intrinseque

Site des auteurs de la motivation intrinsèque consacré à l'éducation (en anglais) : www.psych.rochester.edu/SDT/publications/pub_edu.html

Www. Auto-efficacité

Site sur l'auto-efficacité ou sentiment d'efficacité personnel (en anglais) : http://des.emory.edu/mfp/self-efficacy.html#bandura

Exercices et QCM

QCM (1 point par question)

Cochez la bonne réponse. Attention, les mauvaises réponses sont comptées – 1. Il n'y a pas de pièges, dans le doute, ne répondez pas.

1. Les odeurs qui peuvent déclencher des comportements sont les :
❑ déclencheurs ❑ hormones ❑ incitateurs ❑ phéromones

2. Le cerveau végétatif est :
❑ thalamus ❑ hypothalamus ❑ corps striés ❑ hippocampe

3. La théorie de la motivation de Hull met l'accent sur le (ou la) :
❑ gradient ❑ généralisation ❑ différenciation ❑ renforcement

4. Entourez les deux besoins fondamentaux dans la théorie de Deci et Ryan :
❑ compétence ❑ autodétermination ❑ autoefficacité ❑ résignation

Mode de correction : + 1 pour les bonnes réponses, et – 1 pour les mauvaises et faire le total algébrique (soustraire les – des +) ; par exemple, s'il y a autant de – 1 que de + 1, cela fait un total de 0 ; dans le doute, il vaut mieux ne pas répondre.

Exercices

De préférence, faites les exercices avec un crayon et une gomme pour les refaire plusieurs fois. La répétition est la base de l'apprentissage (cf. chap. 4 et 5).

Exercice 1 : La théorie de Maslow.

Question 1 : Décrivez cette théorie à l'aide d'un schéma.

Question 2 : Énoncez au moins une critique qu'on peut lui faire.

Exercice 2 : Dans une recherche du Canadien Richard Vallerand et son équipe, des enfants (10/12 ans) ont pour tâche de tenir en équilibre sur une planche pivotant autour d'un axe. Deux conditions sont prévues, l'une où les enfants doivent se maintenir en équilibre le plus longtemps possible avec le but de découvrir une activité nouvelle et l'autre où on les met dans une situation de compétition avec le but de battre les autres. Lors d'une phase test d'activités libre où on observe (à leur insu) les enfants, on mesure le temps passé à nouveau à cette activité (sans en avoir eu la consigne) :

	Découverte	Compétition
Persistance dans la tâche (en secondes)	151 s	62 s

Question 1 : À quelle théorie se réfère cette expérience ; quelles en sont les auteurs ?

Question 2 : Interprétez le résultat.

10

Les émotions

De Shakespeare à Marivaux, le vocabulaire de la littérature et du théâtre est d'une immense richesse et subtilité : joie, plaisir, extase, colère, irritation, suspicion, jalousie, peur, anxiété… Et le cinéma, d'Hollywood à Bollywood, n'en finit pas de nous sortir des nouvelles combinaisons d'amours tout d'abord malheureux pour finir en happy end, ou inversement (*Roméo et Juliette* et *West Side Story*) pour créer le maximum de contraste et accentuer le plaisir et les larmes. Mais c'est notre imagination littéraire et la culture romantique qui compliquent les émotions car, en définitive, elles sont peu nombreuses et déclenchées par des mécanismes nerveux et chimiques, certes complexes, mais déjà complètement présents chez nos ancêtres les animaux, notamment les vertébrés (ce qu'avait bien compris Charles Darwin).

I. Réactions et expressions des émotions

De nombreuses théories ont donné des classifications variées (Fraisse, 1965 ; Izard, 1992 ; Ekman, 1992) faisant presque concurrence au riche vocabulaire de la littérature et du théâtre, de Shakespeare à Marivaux : joie, plaisir, colère, jalousie, peur, anxiété, etc.

Émotions : réactions très intenses, face à des situations d'alarme, d'urgence ou liées à de très fortes motivations.

1. Principales émotions

Caroll Izard, un des chercheurs les plus productifs dans ce domaine, a présenté une théorie des émotions différentielles (en anglais DET) et une échelle correspondante basée sur des analyses des termes employés (dans différentes cultures) pour différentes expressions de visages dans des photographies (Izard, 1971, 1992, 1993). Des recherches successives étalées sur une dizaine d'années, utilisant l'analyse factorielle, aboutissent à plusieurs versions de l'échelle des émotions, de 10 dans la première version puis 12 dans la quatrième version (DES-IV, tableau 1). Le tableau 10.1 présente ces émotions de base avec quelques items représentatifs (fortement corrélés).

Tableau 10.1 – Les émotions de base dans la théorie d'Izard avec des items représentatifs (fortement corrélés avec le facteur issu de l'analyse factorielle) (adapté d'après Izard, Libero, Putnam et Haynes, 1993).

	Exemples d'items des échelles « Dans votre vie quotidienne, vous sentez-vous souvent... »	Saturation
I. Intérêt	Très intéressé par ce qu'on est en train de faire	.77
II. Joie	Joyeux, tout va dans le bon sens, tout est rose	.79
III. Surprise	Étonné quand on ne comprend pas ce qui se passe, c'est si inhabituel	.72
IV. Tristesse	Découragé, rien ne va	.87
V. Colère	En colère, irrité, énervé	.88
VI. Dégoût	Dégoûté comme pour quelque chose d'écœurant	.99
VII. Mépris	Comme quelqu'un qui n'est bon à rien	.86
VIII. Peur	Apeuré, comme si vous étiez en danger, très tendu	.85
IX. Culpabilité	Avoir des regrets, désolé à propos de quelque chose que vous avez fait	.81
X. Honte	Comme lorsque les gens rient de vous	.66
XI. Timidité	Timide, comme si vous vouliez vous cacher	.51
XII. Hostilité vers soi	Malade à votre sujet	.61

Dans cette théorie, on remarque que sont inclus ce qui est souvent considéré comme des sentiments, comme le mépris, ou des comportements liés à la motivation, comme les intérêts. Nous verrons que des théories neurobiologiques ont tendance à restreindre les émotions à quelques grands systèmes et que des théories psychologiques expliquent la diversité des émotions par l'analyse cognitive, qui apparaissent alors comme des sentiments, c'est le cas par exemple de la culpabilité.

Une analyse factorielle sur les émotions elles-mêmes indique seulement deux grands facteurs qui correspondent à la grande dichotomie biologique des émotions (*infra*), les émotions positives avec l'intérêt, la joie et la surprise et les autres correspondant aux émotions négatives.

Selon la théorie d'Izard, ce qui rejoint des théories neurobiologiques, les émotions sont liées à des dimensions de la personnalité et une de ses études montre leurs liens notamment avec les trois dimensions de l'Inventaire de personnalité d'Eysenck (EPI, *cf. infra*).

Tableau 10.2 – Corrélations entre un inventaire de personnalité (EPI) et quelques émotions (simplifié d'après Izard, Libero, Putnam et Haynes, 1993). Note : seules les corrélations significatives, supérieures à .30 sont présentées.

	Extraversion	Névrosisme	Psychoticisme
I. Intérêt	.35		
II. Joie	.36	-.32	
III. Surprise			
IV. Tristesse		.44	
V. Colère		.32	
VI. Dégoût		.34	
VII. Mépris		.46	
VIII. Peur		.40	
IX. Culpabilité		.41	
X. Honte	-.33	.41	
XI. Timidité		.46	
XII. Hostilité vers soi		.46	.30

Les résultats sont simples puisque l'on retrouve les deux émotions positives, joie et intérêt (tabl. 10.2), corrélées avec l'extraversion (sauf la surprise qui n'est que faiblement corrélée,.20) tandis que les autres sont corrélées avec la dimension d'instabilité émotionnelle appelée « névrosisme » par Eysenck. Seule l'hostilité vers soi est liée à un facteur de prédisposition psychotique.

2. Les réactions émotives

Les réactions physiologiques

L'observation commune nous permet de distinguer les grandes émotions, la joie comme étant détendu, la colère comme étant rouge et le cœur

?

Qu'est-ce les émotions ?

battant, etc. Le tableau 10.3 présente, par exemple, les réactions les plus intenses données par des sujets devant décrire leurs émotions.

Tableau 10.3 – Principales réactions physiologiques pour quatre grandes émotions (simplifié d'après Rimé *et al.* ; cit. Kirouac, 1994).

Joie	**Peur**
Cœur qui bat plus vite	Cœur qui bat plus vite
Muscles détendus, relâchés	Muscles tendus, rigides
Sensations de chaleur diffuse	Modification de la respiration
Colère	**Tristesse**
Cœur qui bat plus vite	Boule dans la gorge
Sensations de chaud, joues brûlantes	Cœur qui bat plus vite
Modification de la respiration	Sensation dans l'estomac

D'emblée, on remarque (tabl. 10.3) que certaines réactions sont spécifiques comme les muscles détendus dans la joie, ou la boule dans la gorge de la tristesse, mais d'autres réactions comme les battements de cœur se retrouvent dans toutes les émotions. C'est pourquoi certains ont nié qu'il y ait des réactions spécifiques et que la différence se fait par une interprétation cognitive d'une activation émotionnelle indifférenciée. Dans la célèbre expérience de Schachter et Singer (1962), des sujets recevaient une injection d'adrénaline et selon qu'un compère dans la salle d'attente simulait la gaieté ou la colère, les sujets exprimaient les mêmes sentiments. En fait, depuis cette expérience, l'analyse plus fine des réactions physiologiques montre des différences. Ainsi Paul Ekman et ses collègues analysent l'augmentation cardiaque et la température du corps en fonction de photos exprimant différentes émotions ou en faisant imaginer des situations émouvantes.

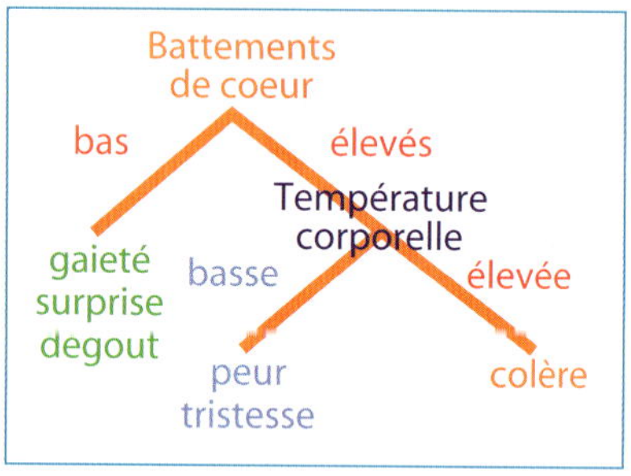

Figure 10.1 – Des réactions physiologiques différencient certaines émotions. Par exemple, la colère est associée à une augmentation des battements du cœur tandis que le dégoût déclenche un abaissement des pulsations cardiaques et une baisse de la température corporelle (d'après Ekman, Levenson et Friesen, 1983).

Ainsi la colère est associée à une augmentation des battements du cœur et forte augmentation de la température corporelle (Figure 10.1). La gaîté et la surprise sont associées à une faible augmentation cardiaque mais seule la gaîté produit une petite augmentation de température ; la peur et la tristesse produisent une augmentation cardiaque sans augmentation de température tandis que le dégoût déclenche un abaissement des pulsations cardiaques et une baisse de la température corporelle.

En fait, grâce aux recherches neurobiologiques, nous verrons que les émotions déclenchent à la fois des réactions différenciées, dont beaucoup sont biochimiques et donc non accessibles à la subjectivité mais aussi des réactions communes, comme les pulsations cardiaques produites par l'activation du système sympathique. Ces réactions communes sont en particulier (*cf. supra*) que toutes les émotions négatives expliquent corrélées avec un facteur d'instabilité émotionnelle.

Le détecteur de mensonge

Les films et séries policières américaines nous ont familiarisés avec l'utilisation du détecteur de mensonge ou polygraphe par le système judiciaire américain. De quoi s'agit-il ? Tout simplement de l'enregistrement de réactions physiologiques émotionnelles. Depuis les débuts de l'électrophysiologie (années 1950), les physiologistes peuvent recueillir (capteurs, électrodes) et amplifier les variations électriques des réactions physiologiques, battements du cœur, transpiration, etc., si ténues (de l'ordre de micro ou millivolts) que le sujet n'en est pas conscient.

Détecteur de mensonge ou polygraphe : certains appareils peuvent enregistrer plusieurs réponses (électriques) physiologiques, rythme cardiaque, transpiration, respiration… d'où le terme technique de « polygraphe » (*poly* = « plusieurs » en grec) ; utilisé dans un contexte judiciaire, c'est le détecteur de mensonge.

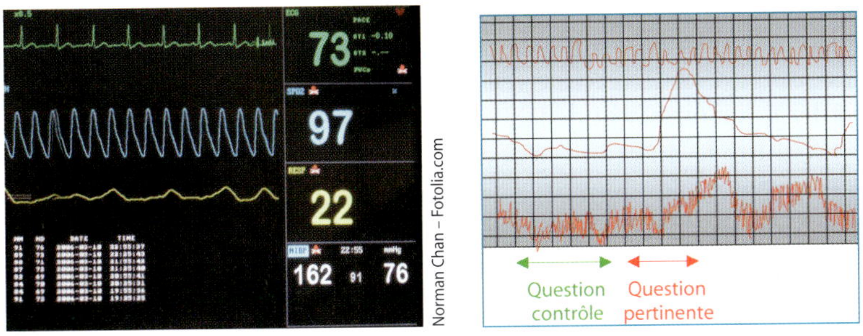

Figure 10.2 – Exemple d'augmentation des réactions physiologiques chez une personne accusée de meurtre en réponse à une question contrôle ou à une réaction pertinente (« la victime menaçait-elle de vous blesser… ? ») (simplifié d'après Raskin, 1982 ; cit. Myers 1997).

Ainsi lorsque la personne ment, elle peut manifester des réactions émotives (Figure 10.2). Cependant, la personne peut également être angoissée par la situation. Une expérience (Kleinmuntz et Szucko, 1984) a été faite auprès de 50 personnes ayant avoué plus tard leur vol comparées à 50 autres, innocentées par l'appréhension du vrai voleur.

Les résultats (Figure 10.3) indiquent que près de 40 % des innocents ont été jugés à tort coupables par le détecteur de mensonge. À l'inverse, si 75 % des voleurs étaient bien détectés, 25 % des coupables ont menti sans être détectés. Le détecteur de mensonge doit donc rester une aide à l'enquête sans être considéré comme une preuve absolue de culpabilité.

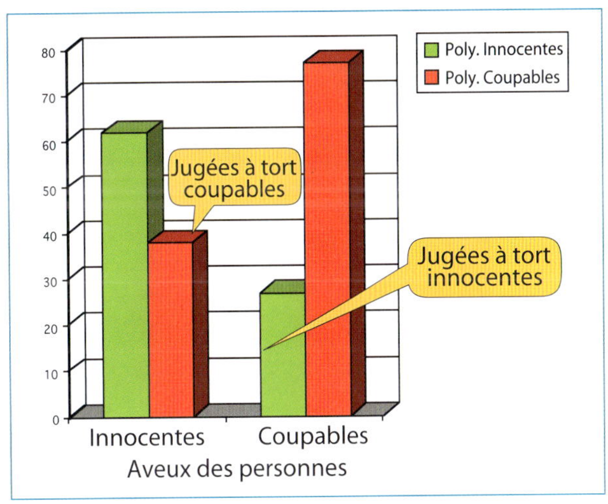

Figure 10.3 – Le polygraphe (« Poly » dans la légende) détecte bien le mensonge de 80 % des coupables mais fait 25 % d'erreurs sur les coupables et près de 40 % sur les innocents (Kleinmuntz et Szucko, 1984 ; cit. Myers 1997).

3. Les expressions du visage

Déjà Léonard de Vinci (1452-1519 ; cit. Munn, 1956) distinguait les visages plaisants des visages déplaisants par l'orientation des extrémités des sourcils et des lèvres vers le haut (visage souriant) ou vers le bas (visage triste ou renfrogné). Un siècle plus tard, Descartes montrait aussi les différences dans le visage apeuré (contracté) et en colère (très contracté). C'est Darwin dans son traité *L'Expression des émotions chez l'homme et chez l'animal* (1872) qui exprimera nettement l'idée, déjà contenue dans les fables (La Fontaine) d'une ressemblance entre les émotions humaines et animales,

les émotions étant en quelque sorte des dérivations de comportements ayant une finalité dans la compétition vitale. Par exemple, la colère (et le rire moqueur) sont des réactions de préparation au combat ; le tressautement de la surprise est peut-être l'ébauche d'un saut en arrière.

Paul Ekman, psychologue à l'université de San Francisco, a essayé de comprendre les mécanismes de l'expression émotive des visages (Ekman, 1989, 1992). Il rend justement hommage à Guillaume Duchenne (Ekman, 1989) neurologue à La Salpêtrière qui fut le pionnier de l'analyse du rôle de chaque muscle dans l'expression du visage dans son livre *Le Mécanisme de la physionomie humaine* (1862). Duchenne excitait, sur des patients volontaires, chaque muscle séparé par un courant électrique et analysait ainsi leur action dans les émotions. Un de ses résultats les plus frappants, souligné par Ekman, est la différence entre un vrai sourire et un sourire faux (de convenance) : « L'émotion de la joie franche s'exprime sur la face par la contraction combinée du grand zygomatique et de l'orbiculaire inférieur ; que le premier obéit à la volonté, mais que le second (muscle de la bienveillance, de l'amitié et des impressions agréables) est seulement mis en jeu par les douces émotions de l'âme ; enfin, que la joie fausse, le rire menteur, ne sauraient provoquer la contraction de ce dernier muscle » (Duchenne, 1862 ; cit. Ekman, 1989).

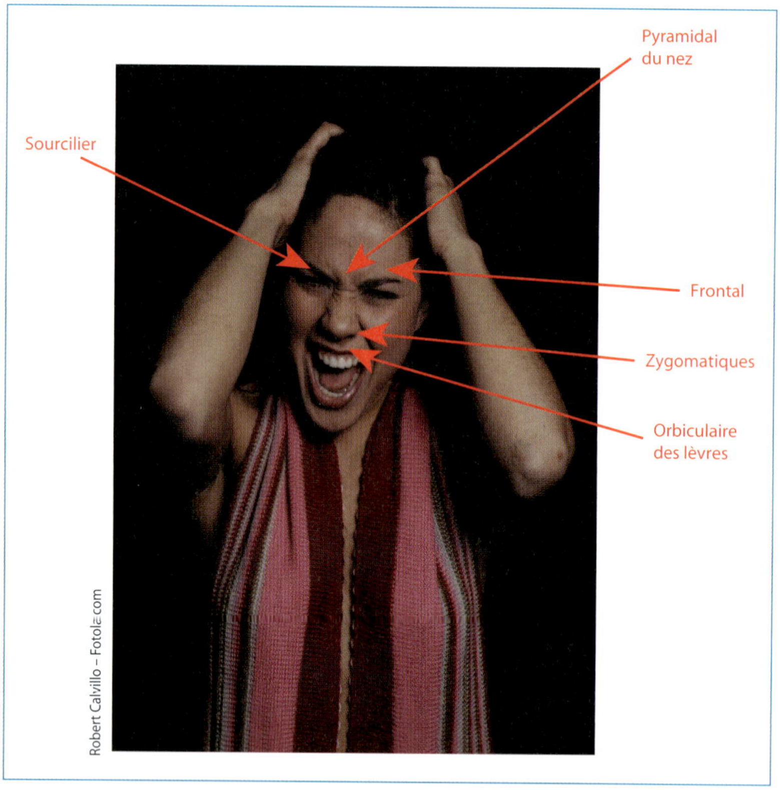

Principaux muscles impliqués dans les expressions du visage.

En analysant, avec ses collègues, des expressions simulées par des acteurs, Ekman a retrouvé ce résultat que certains muscles peuvent être commandés volontairement (comme les zygomatiques du faux sourire) mais pas d'autres comme le pyramidal du nez, qui agit dans la colère. Enfin, Ekman a montré, en décomposant certaines unités d'action, que certaines expressions correspondent à une unité d'action musculaire tandis que d'autres émotions sont des combinaisons d'unités. Par exemple, l'étonnement correspondrait à une unité d'action, la contraction des parties latérales du muscle frontal, tandis que l'air sévère (faire les gros yeux aux enfants) ferait intervenir en plus la contraction du muscle sourcilier.

Quand le corps exprime les émotions... la danse

jeancliclac - Fotolia.com

Dans la vie courante, les gestes expriment souvent des émotions et ces expressions gestuelles sont magnifiées dans la danse, notamment la danse classique. Joel Aronoff, Barbara Voike et Lester Hyman de l'université d'État du Michigan, ont réalisé une expérience très originale en demandant à leurs sujets d'évaluer si un pas de danse leur paraît « chaleureux » ou « menaçant ». Différents pas de danse extraits de ballets ont été préalablement cotés par d'autres sujets d'après la géométrie des bras ou des déplacements, soit anguleux soit arrondis. Des extraits de ballets classiques sont choisis comme la fée des Lilas dans *La Belle au bois dormant* ou Clara dans *Le Casse-noisette* pour les danses chaleureuses ou au contraire des extraits menaçants comme les apparitions de la fée Carabosse dans *La Belle au bois dormant* ou Odile dans *Le Lac des cygnes*.

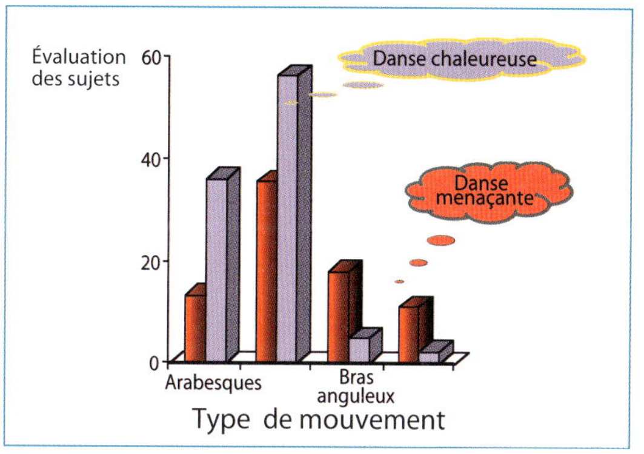

Figure 10.4 – Interprétation de pas de danse comme menaçants ou chaleureux selon le type arrondi ou anguleux des mouvements (adapté d'après Aronoff, Voike et Hyman, 1992).
Remarque : les scores sont mesurés en pourcentage de mouvements des bras ou mouvements et nombre d'arabesques par tranche de 10 minutes.

Les résultats indiquent que les mouvements anguleux sont plus fréquents dans les pas de danse qui sont jugés « menaçants » alors que les mouvements arrondis et déplacements en arabesque (arrondis) sont plus nombreux dans les pas de danse qui sont jugés « chaleureux ».

II. Les systèmes des émotions

Les philosophes et les premiers psychologues se sont souvent posés la question de savoir ce qui des réactions physiologiques ou des sentiments étaient les premiers, les seconds en étant une simple conséquence (Fraisse, 1965).

1. Le système limbique : cerveau émotif

Dans la perspective moderne, la double face de l'émotion peut s'expliquer en termes de processus parallèles. Différents centres de traitements sont alertés par une situation émouvante et déclenchent en parallèle à la fois des mécanismes végétatifs et des mécanismes cognitifs, éventuellement en interaction. Il n'est pas nécessaire de penser que c'est une catégorie qui déclenche l'autre. En revanche, la vitesse n'étant pas la même, les réactions n'apparaissent pas dans le même ordre. Les travaux contemporains intégrant les recherches en micro-électrophysiologie et pharmacologie (Karli, 1971 ; Lappuke, Schmitt et Karli, etc.) confirment la théorie de Darwin selon laquelle il y a une filiation entre les émotions chez l'animal et chez l'homme. Les émotions seraient en quelque sorte les fossiles de systèmes de réaction ayant une utilité biologique chez nos ancêtres les bêtes. Chez les mammifères (rat, chat, etc., et vraisemblablement l'homme), il existe au niveau du système limbique, sorte de « cerveau émotif » (hypothalamus, hippocampe, amygdale, bulbe olfactif, une partie du thalamus, etc. ; Karli, 1969) des systèmes de commande des émotions. Ce centre déclenche des réactions correspondant pour une activité modérée aux motivations et correspondant aux émotions lorsque le système est activé à un niveau de grande intensité.

2. Les circuits des émotions

www.
Les émotions primaires (Panksepp) http://discovermagazine.com/2012/may/11-jaak-panksepp-rat-tickler-found-humans-7-primal-emotions

Durant trente ans (1977, 2005, 2011), Panksepp et ses collègues ont synthétisé de nombreux travaux, éthologiques, neurobiologiques, neurochimiques, qui ont conduit à distinguer sept systèmes émotionnels de base, communs à tous les mammifères. Dans une première théorie, il en avait distingué quatre : l'exploration (*Seeking* : faim, soif...), la peur (*Fear*), le combat et la colère (*Rage*), et la panique/détresse (*Panic/tenderness*). Dans ses travaux ultérieurs, il ajoute la sexualité/amour ou « luxure » (*Lust*), l'instinct nourricier (*Care*), et le jeu (*Play*) associé au rire. Au total, il y aurait, selon lui, sept circuits primaires des émotions, communs aux mammifères et donc présents chez nous, les humains (Figure 10.5).

Chaque système est préprogrammé génétiquement et répond à un nombre réduit d'incitateurs naturels (stimulus inconditionnels) qui déclenchent des réactions spécifiques.

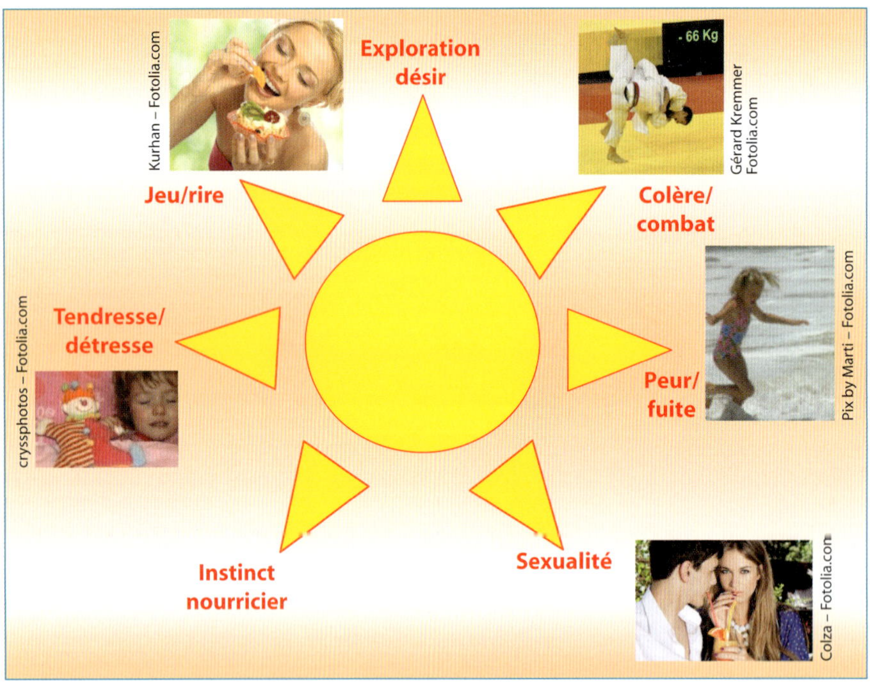

Figure 10.5 – Les sept systèmes d'émotion dans la théorie neurobiologique de Jaak Panksepp (2005, 2011).

Exploration et désir

Le système d'exploration (*Seeking system*) correspond au système général des motivations appétitives, étudiées par de nombreux auteurs, couvrant les besoins primaires de la faim, de la soif, du sexe, etc. Ce système est très complexe sur le plan neurobiologique et inclut notamment l'hypothalamus et le noyau accumbens (centre de la récompense, *cf.* VI) et de nombreux neurotransmetteurs comme la dopamine. Sur le plan comportemental, ce système est caractérisé par une exploration et une excitation actives, dans le but de chercher par exemple la proie dans le comportement de recherche de nourriture. C'est le comportement de chasse chez l'animal et chez l'homme pendant des millénaires. L'équivalent moderne est sans doute la consommation : le shopping ou la compulsion à acheter nouveaux vêtements, nouvelle voiture, nouveau smartphone, etc. Mais Panksepp s'appuie aussi sur les recherches cognitives et pensent que ce système est à la base de la curiosité, de l'intérêt, donc de la motivation intrinsèque en terme de motivation. Comme ce système déclenche des neurotransmetteurs de plaisir, dopamine et opioïdes, le système de recherche correspond aussi en termes humanistes au désir et au plaisir, les besoins hédonistes des philosophes.

Gina Smith – Fotolia.com

L'équivalent moderne de la chasse chez l'animal est sans doute la consommation : le shopping ou la compulsion à acheter nouveaux vêtements, nouvelle voiture, nouveau smartphone, etc.

La colère

Le système de la colère (rage, agressivité, etc.) a été le premier découvert. L'ablation du cortex chez le chat (Magoun, 1954), du bulbe olfactif chez le rat (Karli, 1971) ou la stimulation électrique de certaines régions du système limbique déclenchent chez l'animal un état de colère d'une violence intense, appelée rage et qui aboutit à tuer des congénères se trouvant dans le voisinage, ce sont les célèbres rats « tueurs » (Karli, 1971). À l'état normal, les incitateurs naturels sont l'irritation (blessures, douleur) et la frustration. Les réactions correspondantes sont l'attaque et le combat avec notamment chez l'animal des morsures. Le cortex, comme certaines stimulations (olfactives chez le rat, certainement visuelles chez l'homme) modulent, inhibent les réactions paroxystiques de rage pour produire la colère ou ce qu'on appelle agressivité.

La peur

Le système de commande de la peur (angoisse, etc.) peut aussi être déclenché également par des stimulations intracérébrales, et faire naître la peur d'une souris chez un chat. Les incitateurs naturels paraissent être la douleur et le danger de destruction. Les réactions déclenchées sont soit la fuite lorsque c'est possible, soit l'immobilité ; on connaît les diverses expressions employées pour désigner cet état chez l'homme, les jambes en coton ou les jambes flageolantes. La finalité biologique de la fuite est évidente, elle permet d'échapper à un prédateur, mais on discerne mal la finalité de l'immobilité (la politique de l'autruche). Les éthologistes ont montré par leurs observations qu'en fait l'immobilité pouvait être un mécanisme de survie. Beaucoup d'animaux ont des couleurs qui leur permettent de se confondre avec leur environnement, c'est le mécanisme de l'homochromie, par exemple le phasme ressemblant à une brindille, ou certains papillons, grenouilles, serpents qui, immobiles, se confondent avec l'écorce de l'arbre, l'herbe ou le sable. Chez les oiseaux, Tinbergen (1966) a par exemple montré qu'une ombre projetée déclenche une immobilité chez des oiseaux, comportement de protection lorsque l'oiseau est survolé par un rapace.

Chez les mammifères, l'immobilité peut avoir ce rôle, l'homochromie étant parfois particulièrement réussie comme chez le zèbre (dont le système de fuite est également très au point). Konrad Lorenz a montré, dans les combats entre loups ou chiens (1969), que l'animal dominé devient immobile offrant sa gorge et ce stimulus de soumission arrête l'agression. Ces réactions de base sont sans doute la lointaine origine de comportements humains, se cacher quand on a peur, se « faire tout petit »... Par sa fonction de survie biologique, la peur, ou sa forme plus chronique chez l'homme, l'angoisse, l'anxiété, est certainement un système très puissant et générateur de troubles comportementaux ou mentaux nombreux ; d'après les psychologues cliniciens, indépendamment de toute école ou théorie, l'angoisse semble être le dénominateur commun de la maladie mentale.

Parmi divers mécanismes biochimiques, les circuits gabaergiques faisant intervenir le neurotransmetteur GABA (*gamma-aminobutyric acid*) ont un rôle clé (chez les mammifères, 45 % des neurones sont gabaergiques) dans la modulation de l'humeur en inhibant de nombreuses synapses. Le blocage des récepteurs GABA produit la peur et à l'inverse les benzodiazépines (dont le célèbre diazépam ou son nom commercial le valium) favorisent leur action, et sont tranquillisantes ou hypnotiques. Le GABA diminue notamment l'action de l'hypothalamus, donc les réactions de stress. Ces circuits pourraient donc correspondre à l'axe instabilité émotionnelle/stabilité des théories de la personnalité (*cf. infra*).

La détresse et la tendresse

Krista 1006 – Fotolia.com

cryssfotos – Fotolia.com

Découvert par Panksepp, un système spécifique aux singes et à l'homme concerne le contact social dont le stimulus inné est le contact doux et chaud (à l'origine, le pelage animal) qui amène chez nous le besoin de tendresse, câlins, bisous, massages… et chez les petits le nounours. La perte du contact génère les plaintes et les pleurs.

Le système de la détresse (tristesse) s'observe plus chez le singe et l'homme. La bonne marche de ce système correspond aux activités sociales, dont le fameux grooming chez les singes (s'épouiller mutuellement) et les contacts chez l'homme (tape sur l'épaule, poignée de main), jusqu'aux caresses de l'amour. Sur le plan biochimique, plusieurs hormones de l'hypothalamus se répandent dans le cerveau et créent la variété des états émotifs ; par exemple la vasopressine pourrait être l'hormone du désir sexuel (chez les mâles castrés, la vasopressine diminue de moitié dans le cerveau) tandis que l'ocytocine serait l'hormone de l'instinct maternel (et du comportement nourricier chez le mâle) et du plaisir sexuel. Ainsi des grandes quantités d'ocytocine et de neurotransmetteurs opiacés sont produites dans le cerveau au moment de l'orgasme.

Le comportement animal. N. Tinbergen. Time-Life

À l'inverse des comportements sociaux, la détresse sociale est provoquée par le manque de contact social et déclenche des pleurs, des plaintes et l'angoisse existentielle connue sous le nom de panique. Harry Harlow avait déjà montré (1959) que « l'amour » n'était pas un besoin conditionné à la nourriture et que si on élevait des petits singes (macaque Rhésus) sur des « mamans » en grillage contenant un biberon, sitôt rassasiés, les petits singes se précipitaient sur une « maman peluche » recouverte d'un tissu doux comme un nounours.

Ce système correspond également à des sites nerveux car des stimulations intracérébrales chez le cochon d'Inde provoquent des

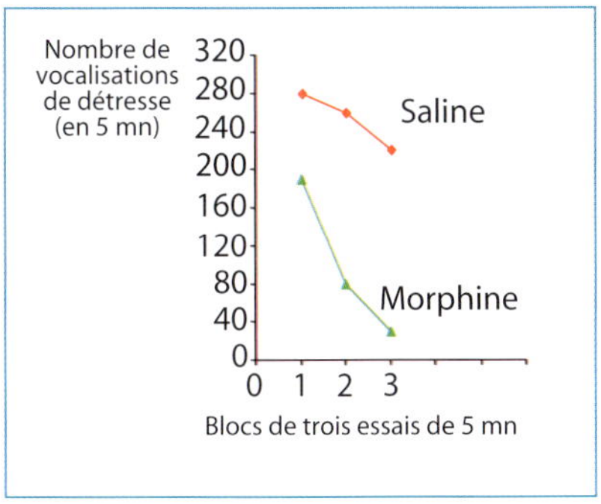

Figure 10.6 – Diminution des vocalisations de détresse chez des chiots par injection de morphine (d'après Panksepp et al., 1980).

cris de détresse. Panksepp qui a travaillé avec des collègues sur ces émotions pense que les mécanismes biochimiques du système de la détresse (tristesse et chagrin chez l'homme) sont étroitement liés aux sites des endorphines (neurotransmetteurs ressemblant chimiquement aux morphines et agissant naturellement comme système anti-douleur, Guillemin ; Rossier et Chapouthier, 1982). Dans une série d'expériences sur différents jeunes animaux (chiots, cochons d'Inde, etc.), l'auteur a montré que le nombre de vocalisations de détresse diminue fortement par injection de morphine (**Figure 10.6**).

Ceci expliquerait la ressemblance comportementale entre la dépendance affective et la dépendance aux opiacées, perte d'appétit, tristesse, bien connue à chaque rentrée des classes dans le comportement des enfants à l'école et dans le comportement amoureux : comme le dit Frère Laurent à Roméo : « L'amour des jeunes gens, en vérité, n'est pas dans leur cœur mais dans leurs yeux... combien d'eau salée versée en vain pour assaisonner l'amour qui n'en garde point le goût ! » (Shakespeare, *Roméo et Juliette*).

L'amour et la sexualité

Dans ses travaux ultérieurs (2005, 2011), Panksepp ajoute trois circuits nouveaux : la sexualité, l'instinct nourricier et le jeu associé au rire. Pour Panksepp, l'amour ici est sexuel (*Lust*) et nous verrons plus tard que l'amour humain est complexe et comporte plusieurs facettes, notamment l'amour sexuel et la tendresse présentes dans la théorie de Panksepp. Mais l'amour ayant fait l'objet de nombreuses études, autant sur le plan psychologique que neurobiologique, il est développé plus loin (*cf.* partie VI, « L'Amour »).

L'instinct nourricier

Par rapport aux millions d'œufs que les poissons doivent produire pour assurer leur descendance, l'évolution a permis des progrès extraordinaires chez les mammifères. Cette fois il y a peu de bébés mais avec des mécanismes assurant leur sécurité pendant la gestation jusqu'à la première période du développement des petits, en général dévolu à la mère ; c'est l'instinct nourricier (*Care*). Ces mécanismes sont liés à des changements intense à la fin de la grossesse : déclin de la progestérone, augmentation des œstrogènes, de la prolactine et de l'ocytocine, le neurotransmetteur de l'attachement (*cf.* partie VI, « La chimie de l'amour »). Ces hormones et neurotransmetteurs (ocytocine) déclenchent un lien fort entre la mère et son enfant ; ce sont les fondements neurochimiques de l'amour mère-enfant (Panksepp, 2011).

Le jeu et le rire

Contrairement à ce que disait Rabelais, rire n'est pas le propre de l'homme, ni même celui des primates. Dans leurs dernières recherches, Panksepp et ses collègues ont trouvé un système de Jeu chez les animaux (*Play*), qui est associé au rire (gazouillis chez le rat). Les circuits neuronaux sont complexes et mettent en jeu des parties variées du cerveau ; sur le plan neurochimique, les neurotransmetteurs les plus importants sont les opioïdes, le glutamate et les cannabinoïdes. On comprend dès lors la tentation de certains, notamment chez les jeunes, d'augmenter par le cannabis ces sensations. Ces mécanismes expliquent aussi les phénomènes d'addictions de certains jeunes (environ 8 %) qui ne peuvent se détacher de leurs jeux, notamment les jeux vidéo, ou de leurs émissions de télé préférées comme si c'était une drogue (Gentile, 2009). Mais en dehors de ces extrêmes, le jeu est une activité à part entière, étudié depuis longtemps par les psychologues. Certains, comme Claparède et Piaget, y ont vu de nombreuses fonctions, l'exercice d'une aptitude par exemple, mais aussi chez Piaget notamment, une fonction symbolique permettant de se représenter une activité passée, comme le jeu de la poupée, censé représenter l'activité de la mère et de son enfant.

Gajatz-Fotolia.com

Si le rire n'est pas le propre de l'homme et se retrouve assez souvent chez les mammifères, les recherches de Panksepp montrent que le rire est associé au jeu et qu'il est donc un système émotif de base, et non un mécanisme secondaire d'extériorisation. D'où la recherche, notamment chez les enfants et les adolescents, de jeux, notamment vidéos, d'histoires drôles et de films comiques.

Si le rire n'est pas le propre de l'homme, contrairement aux dires de Rabelais, il a beaucoup intéressé philosophes (Bergson) et psychologues, sans que sa fonction soit bien définie. Or, avec les recherches de Panksepp et ses collègues, nous découvrons que le rire est associé au jeu, et permet la détente, le bien-être en tant qu'activité propre et non seulement comme une représentation symbolique d'autres activités. Ce système inné expliquerait donc la recherche par l'homme et l'enfant à la fois de jeux et de sources de rires, les histoires drôles, les blagues, les films ou séries comiques, qui sont très fréquents dans les loisirs des adolescents (Lieury, Lorant et Champault, 2014).

III. Le stress : « syndrome général d'adaptation »

1. La découverte du stress par Selye

Stress : situation d'urgence de l'organisme, produisant des modifications physiologiques graves

Le Canadien Hans Selye (prononcez « sélié ») a mis en évidence que des événements désagréables produisent des modifications organiques considérables, qu'il appelle « syndrome général d'adaptation », plus connu sous le nom de stress. L'hypothalamus réagit aux situations d'alarmes en déclenchant (voir *infra*) des hormones qui vont mobiliser les réserves énergétiques pour les muscles (glucose), accélérer le débit sanguin, pour faire face (Dixon, 1989).

Ces faits confirment l'observation populaire qu'un grand malheur rend malade, voire cause la mort, par exemple la perte d'un conjoint. Les études médicales ont ainsi abouti à une échelle du stress, dont le tableau 10.4 présente quelques exemples.

Tableau 10.4 – Exemples de l'échelle du stress dans une enquête américaine (d'après Dixon, 1990).

Échelle du stress	
Décès du conjoint	1
Divorce	2
Maladie ou accident grave	7
Perte d'emploi	9
Disputes avec un conjoint	16
Mort d'un ami proche	17
Départ d'un enfant	22
Ennui avec un supérieur au travail	26
Vacances	41

Depuis, de nombreuses recherches ont permis de préciser les mécanismes en cascade qui sont en cause ; ils intéressent principalement le système nerveux autonome et les hormones secrétées par les glandes cortico-surrénales (au-dessus des reins).

2. Neurobiologie du stress : le système nerveux autonome

Le système nerveux est composé de deux grands systèmes, le système nerveux central avec la plus grande partie du cerveau et la moelle épinière qui conduit à l'intérieur de la colonne vertébrale les informations par les nerfs aux muscles : c'est l'activité volontaire, marcher, courir, etc. Le second système, appelé autonome, car il est peu ou non contrôlé volontairement, dirige notre vie végétative et émotionnelle. Il est lui-même composé de deux voies, le système sympathique (ou orthosympathique) et le système parasympathique. Les physiologistes ont tout d'abord cru que les systèmes sympathique et parasympathique étaient antagonistes (« par » veut dire contre). Mais les recherches (notamment Cannon) ont montré qu'ils étaient relativement indépendants et avaient leur spécificité propre, chacun ayant son système accélérateur et modérateur : par exemple, la suppression du système sympathique chez l'animal ne perturbe pas ses fonctions essentielles (Donnet, 1969). En résumé, les fonctions du parasympathique servent principalement aux fonctions végétatives, mise en réserve d'énergie de l'organisme (salivation, sécrétions gastro-intestinales), ou d'économie

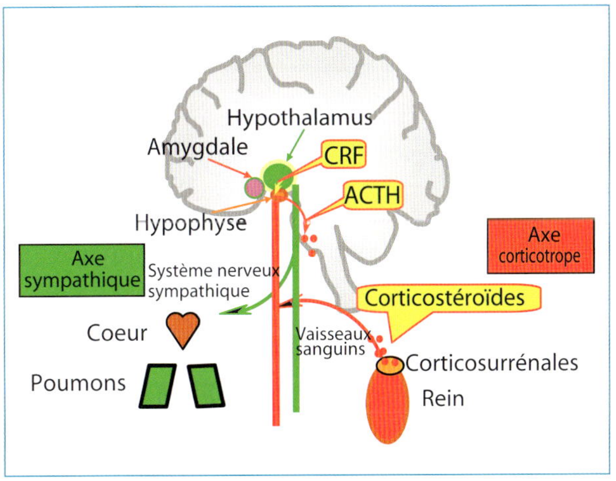

Figure 10.7 – Les deux grands axes des réactions émotives et du stress : sympathique (nerveux) et corticotrope (hormones) (simplifié d'après Mormède, 1989).

du rythme cardiaque et d'évacuation (vessie, rectum). Alors que le sympathique agirait plutôt comme régulateur, par exemple de maintien contre le froid, et serait actif selon Cannon dans les « circonstances critiques », exercice violent, peur, colère, etc., ce qui est actuellement appelé « stress » (Figure 10.7).

?

Qu'est-ce le stress ?

L'axe sympathique

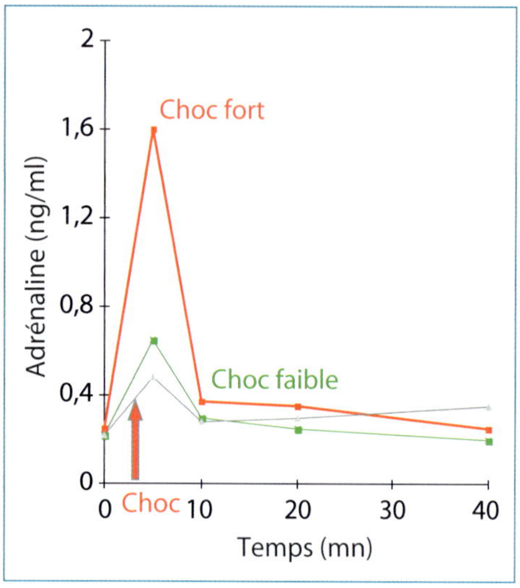

Figure 10.8 – La libération d'adrénaline est beaucoup plus intense chez les rats qui ont subi un choc électrique intense par rapport à des rats contrôle (simple manipulation) ou qui ont subi un choc faible. Dans tous les cas, la diffusion est rapide (moins de 5 minutes) ainsi que le retour à la normale (d'après McCarty et Gold, 1981 ; cit. Dantzer).

Le système sympathique agit par l'intermédiaire des nerfs passant par la moelle épinière et libère au niveau de leurs terminaisons des neurotransmetteurs, adrénaline et noradrénaline, de la famille des « catécholamines » (prononcez « catékolamine »). Cet axe sympathique « adrénergique » libère les réserves énergétiques du foie, augmente le rythme cardiaque et dilate les vaisseaux, pour préparer en quelques minutes les muscles à l'action, dans la colère ou la peur, mais aussi dans l'acte sexuel (Figure 10.8).

Axe corticotrope

Mais il existe un autre axe de commande, appelé « corticotrope ». Plus lent car hormonal, il lui faut un quart d'heure pour se mobiliser car les hormones voyagent dans le sang plus lentement que la vitesse de l'influx nerveux. L'hypothalamus produit le CRF (*Cortico Releasing Factor* ou en français « corticolibérine ») qui commande à l'hypophyse (« chef d'orchestre » des glandes hormonales) la sécrétion de la corticotrophine (ou avec les abréviations anglaises ACTH) ; cette dernière va se déverser dans la circulation sanguine et déclencher d'autres hormones dans les glandes cortico-surrénales (placées sur les reins). Ce sont finalement ces hormones des cortico-surrénales (d'où le nom d'axe corticotrope) qui vont fabriquer à nouveau des catécholamines (agissant cette fois comme hormones dans le sang) et les hormones du stress, les cortico-stéroïdes, notamment les gluco-corticoïdes dont le cortisol (ou hydrocortisone) chez l'homme. Ces hormones cortico-stréroïdes (le cortisol) libèrent de l'énergie, du glucose, mais à partir des protéines des muscles, des os (provoquant l'ostéoporose) et du tissu lymphoïde des os permettant les défenses immunitaires. Ce mécanisme est donc très dangereux. De plus des travaux récents (JIM, 1990) révèlent des récepteurs des corticoïdes dans l'hippocampe, modulant la sécrétion d'ACTH mais de fortes doses « tuent » les neurones, réduisant donc les capacités de mémoire. Le système du stress est donc un système de réserve d'énergie de la dernière chance, car il détériore l'organisme.

Voici un excellent exemple de processus en parallèle, qui se déclenchent en même temps dans l'hypothalamus mais dont les réactions n'apparaissent pas en même temps : les réactions nerveuses ainsi que la diffusion de l'adrénaline (par exemple, palpitations cardiaques) sont rapides tandis que les réactions hormonales (ACTH et cortisol) sont plus lentes (10 à 30 minutes, *cf.* p. 368, loi de Yerkes et Dodson).

3. Stress et mémoire

Des recherches montrent des atteintes plus spécifiques, notamment au niveau de l'hippocampe dont la lésion provoque une amnésie générale (*cf.* chap. 4). Ainsi a-t-on montré chez le rat que le stress amène une atrophie de l'hippocampe par la lésion de certains neurones spécifiques, qui servent à enregistrer à long terme. D'autres chercheurs ont montré les mêmes effets chez l'homme (Figure 10.10) en fonction des dizaines de mois de combat chez les soldats (Bremner, cit. Rapin, 1997) (Figure 10.9).

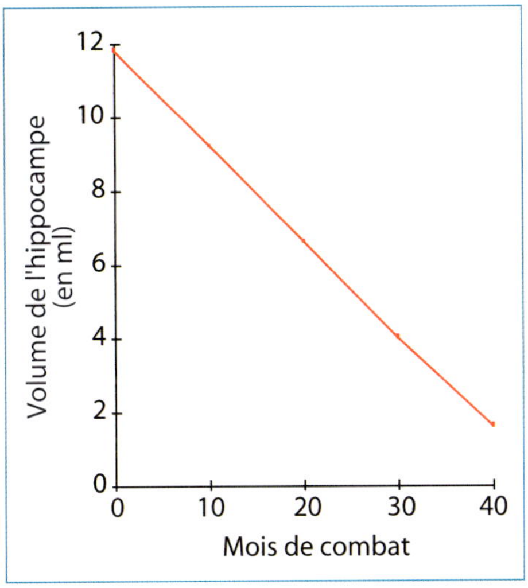

Figure 10.9 – Atrophie de l'hippocampe en fonction du stress (mois de combat) (simplifié d'après Bremner *et al.*, 1995).

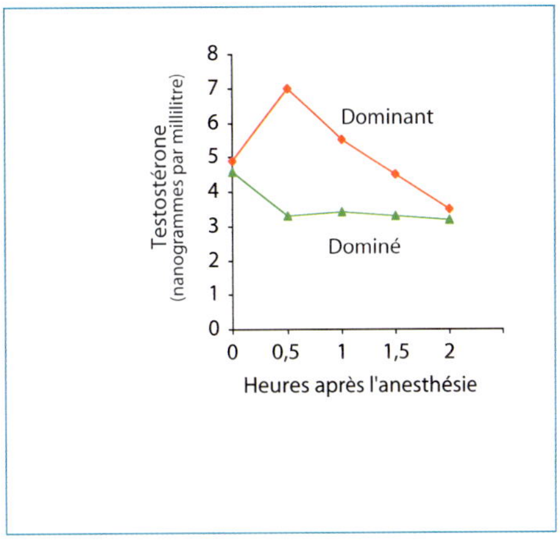

Figure 10.10 – Niveaux de testostérone en réponse au stress pour les dominants et dominés chez les babouins (d'après Sapolsky, 1990).

4. Stress et dominance

La réponse au stress est elle-même modulée par des facteurs psychobiologiques, notamment la dominance comme l'a montré Robert Sapolsky au cours de ses études sur les babouins du Kenya. Afin de les étudier sur le plan médical, les animaux sauvages sont anesthésiés à distance par une seringue, tirée avec un fusil spécial, situation évidemment stressante. Par ailleurs, les singes, notamment les babouins, ont une organisation sociale développée et les éthologistes ont depuis longtemps montré que certains mâles sont dominants : plus agressifs, ils se servent en premier pour la nourriture, ont un harem plus important, mais à l'inverse sont aux premières lignes pour protéger la troupe ; d'autres sont dominés.

Or Sapolsky remarqua que les dominants récupéraient plus vite au stress et leur taux de cortisol diminuait plus vite. L'analyse des hormones du sang révéla que dans la première demi-heure (Figure 10.10) suivant le stress (la piqûre anesthésiante), le taux de testostérone s'élève très nettement chez les dominants au contraire des dominés chez qui il baisse. Sachant que le taux de cortisol basal (à l'état normal) est plus élevé chez les dominés (ils sont en quelque sorte un peu stressés en permanence), Sapolsky en a déduit que la testostérone avait un effet inhibiteur en retour sur l'hypothalamus diminuant ainsi le stress. À l'inverse, l'hormone anti-

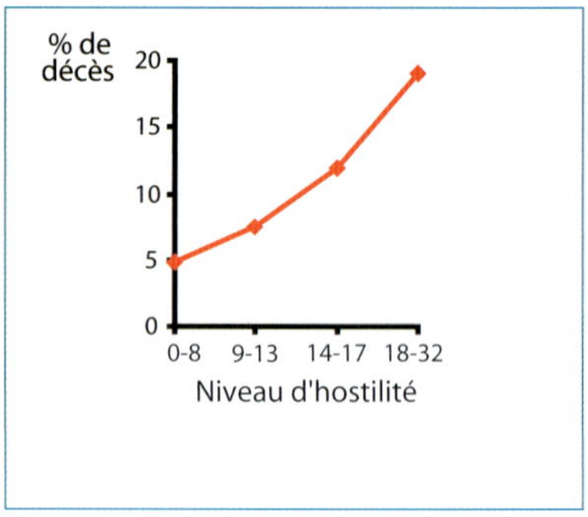

Figure 10.11 – Pourcentage de décès lié au niveau d'hostilité (Dembrowski et Costa ; cité par Henry, 1989).

douleur de l'hypothalamus, les béta-endorphines, rend passif à la douleur, passivité contrecarrée par la testostérone chez les dominants (la testostérone libère entre autre, l'énergie musculaire).

Cette découverte converge avec une étude faite dans une université sur de futurs avocats chez qui l'hostilité avait été mesurée dans des questionnaires. Leur suivi a révélé que le taux de mortalité était plus élevé chez ceux dont le taux d'hostilité était le plus grand (**Figure 10.11**).

5. La psychologie positive

Psychologie positive : La psychologie positive est l'étude des conditions et processus qui contribuent à l'épanouissement ou au fonctionnement optimal. La psychologie recentre la personne sur ses émotions positives (joie, intérêt…) à l'inverse des émotions négatives (colère, tristesse…).

À l'inverse des études montrant l'effet néfaste de l'hostilité, d'autres auteurs ont attiré l'attention sur une psychologie qui se centre plus sur les émotions positives. C'est ainsi que Martin Seligman de l'université de Pennsylvanie est reconnu, après avoir montré le phénomène de la résignation apprise (chap. 9, § 2), comme l'initiateur d'un nouveau courant, la psychologie positive (Seligman, 1999). La psychologie positive peut se définir comme « l'étude des conditions et processus qui contribuent à l'épanouissement ou au fonctionnement optimal des gens, des groupes et des institutions » (Gable et Haidt, 2005 ; cit. Lecomte, 2009).

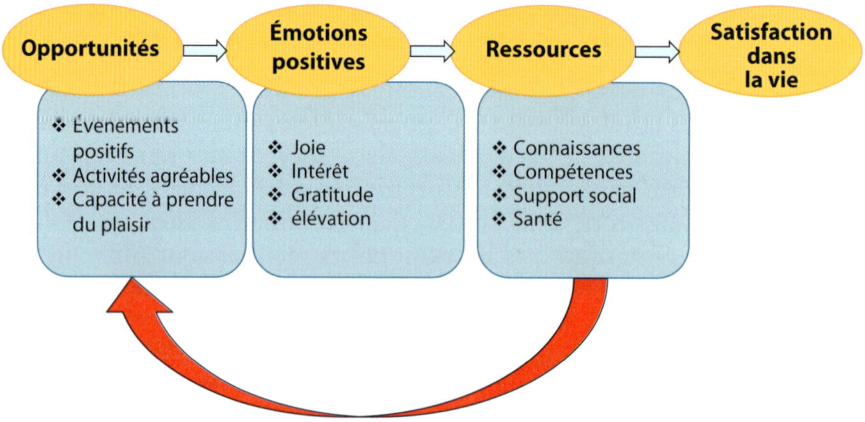

Figure 10.12 – Le cycle des émotions positives : la capacité à prendre du plaisir en privilégiant les activités agréables, déclenchent des émotions positives, sources de compétences, support social et santé (adapté d'après Quoidbach, in Lecomte, 2009).

Des auteurs comme Barbara Fredickson (Quoidbach, in Lecomte, 2009) ont montré que les émotions négatives (peur, colère, tristesse, etc.) sont restrictives et obligent l'individu à se centrer sur l'élément menaçant. À l'inverse, les émotions positives (joie, fierté, intérêt...) orientent la personne vers l'ouverture, la découverte d'autres situations ou d'autres personnes. Les recherches montrent ainsi que les émotions positives sont associées à une meilleure santé et une plus grande espérance de vie, et l'inverse pour des personnes centrées sur des émotions négatives. Selon Jordi Quoidbach, chercheur en sciences affectives à l'université de Liège, positiver les émotions engendre un cycle qui favorise la créativité et l'intérêt (ou motivation intrinsèque ; *cf.* chapitre 9), cycle susceptible d'élargir les compétences et de créer des opportunités sociales. Ces compétences et opportunités sociales augmentent en retour la satisfaction, source d'émotions positives (**Figure 10.12**).

Elena Pokrovskaya – Fotolia.com

Pour être plus positif, ayez un meilleur contrôle sur vos émotions négatives et valorisez vos émotions positives... Pour mieux vivre, soyez zen !

Ces résultats sont appliqués dans les thérapies comportementales et cognitives (TCC) qui apprennent au patient à se centrer sur ses émotions positives, à avoir un meilleur contrôle sur ses émotions négatives, à chercher un style de vie convivial, coopératif et à l'inverse moins compétitif, moins hostile (Cariou-Rognant, Chaperon et Duchesne, 2014)... Pour mieux vivre, soyez zen !

IV. Émotion et apprentissage

1. Le conditionnement des émotions

Le conditionnement pavlovien paraît être le mode privilégié d'apprentissage des réponses viscérales et glandulaires. Dans l'évolution animale, c'est d'ailleurs le mode d'apprentissage le plus primitif du système nerveux, avec le système nerveux autonome qui contrôle les réactions viscérales et glandulaires, sécrétion gastrique, miction (faire « pipi »), sudation, dilatation des vaisseaux sanguins, rythme cardiaque, pression artérielle, etc. Ce sont ces réactions qui sont la face neurobiologique des émotions (*cf.* les phobies, chap. 4).

Dans ses recherches sur les émotions, Watson avec Rosalie Rayner puis avec Mary Cover Jones (Watson, 1930) a montré, contrairement à l'opinion générale de son époque qui attribuait aux enfants des peurs multiples envers les serpents, souris, chat noir, etc. (beaucoup de ces préjugés sont encore vivaces), que les réactions émotionnelles sont très peu nombreuses chez les enfants sains et éduqués normalement. Ainsi, l'observation en crèche montre que les jeunes enfants (environ 1 an) ont des réactions positives envers les divers animaux de laboratoire qu'on leur présente, lapin, rat blanc, chien, chat, pigeon, grenouille. De même, en présence du feu, les enfants n'ont aucune crainte et tentent d'attraper les flammes. Watson montre sa surprise de voir des réactions positives face au « proverbial chat noir », de même la peur des souris chez les filles n'apparaît pas...

Rongeur, serpent, araignée, scarabée… Généralement, les enfants n'ont pas spontanément peur des animaux. Watson pense que c'est par conditionnement, par exemple par association avec les cris de la maman, que l'enfant est conditionné à la peur.

La vie émotionnelle se complique donc, notamment, par des conditionnements comme l'a démontré Watson, par exemple en provoquant un grand bruit lorsqu'un enfant prend son animal familier (rat blanc ou lapin). Le rat (ou lapin) étant ici le stimulus neutre, le bruit est le stimulus inconditionnel de peur ; à chaque bruit, l'enfant sursaute, pleure, et se cache derrière son matelas. Après plusieurs présentations, la seule vue du rat provoque la peur. Sans le savoir, les parents en poussant parfois des grands cris dans certaines situations provoquent donc de pareilles phobies, notamment pour les araignées ou les souris… Des réactions de généralisation, caractéristiques du conditionnement (*supra*, chap. 4), sont également apparues et celles-ci permettent d'expliquer la grande complication des émotions dans la vie courante : dans l'expérience de Watson, la réaction de peur s'est généralisée à tout animal blanc, fourrures et lainages blancs. Ainsi explique-t-on mieux les phobies dans le cadre du conditionnement : « chat échaudé craint l'eau froide »…

2. Conditionnements négatifs et émotions

Au cours de recherches sur le conditionnement au temps, Liddell (1954) a découvert par hasard que la répétition d'un stimulus provoquait une névrose expérimentale : un mouton (animal pourtant peu « nerveux », ne dit-on pas « doux comme un mouton ») reçoit un stimulus électrique de faible intensité (sensation de picotement) sur une patte après 5 secondes de battement d'un métronome. La réponse conditionnelle permettant d'éviter le choc est une flexion de la patte et on observe la flexion de la patte après le quatrième ou cinquième clic du métronome. Mais, après plusieurs jours, l'animal présente des troubles violents, tics musculaires, respiration difficile, bêlements, mictions et défécations répétées. Une névrose expérimentale se produit donc en fonction du caractère chronique d'une stimulation désagréable mais non obligatoirement douloureuse, c'est l'émotion chronique (stress) : c'est le célèbre supplice de la goutte d'eau ou le tic-tac du réveil.

Des expériences beaucoup plus sophistiquées ont permis de déterminer les mécanismes de ces troubles. Joseph Brady notamment a étudié le développement de l'ulcère gastro-intestinal chez le singe. La situation qui provoque le plus rapidement un ulcère est un conditionnement d'évitement à un choc électrique (douloureux) ; le choc (SI) est délivré toutes les 20 secondes et l'animal peut l'éviter en appuyant (réponse opérante) sur un bouton (conditionnement opérant) dans l'intervalle des 20 secondes. Le singe apprend facilement à éviter le choc, de sorte que l'expérience n'est pas douloureuse ; cependant si les séances de travail et de repos alternent toutes les 6 heures, les singes meurent en quelques dizaines de jours, l'autopsie révélant de larges perforations du duodénum (partie de l'intestin joignant l'estomac). En revanche, un groupe contrôle de singes « passifs » qui ne peuvent rien faire pour éviter les chocs, deviennent apathiques mais n'ont jamais d'ulcère.

Une fistule gastrique est posée chez les animaux d'expériences et on constate alors qu'une sécrétion gastrique (Brady, 1958) se déclenche pendant la période de repos de 6 heures et atteint son maximum au début de la période de travail ; ce sont donc des réactions viscérales conditionnées de préparation à l'action (comme le trac qui disparaît au moment de l'action) qui sont dangereuses si l'action est retardée. L'expérience de Brady met en évidence la sécrétion gastrique mais les nombreuses expériences du laboratoire de Bykov (continuateur de Pavlow) ont montré que toutes les réactions végétatives sont conditionnables : les émotions chroniques provoquent donc de nombreuses réactions négatives, secrétions biliaires, hypertension, sécrétion d'hormones, rythme cardiaque etc., certainement en grande partie responsables des maladies psychosomatiques de la vie moderne, hypertension, ulcère gastro-intestinal, maladies cardio-vasculaires, etc.

3. La Loi de Yerkes et Dodson

Loi de Yerkes et Dodson : il faut une certaine motivation pour déclencher un comportement efficace (par exemple apprentissage) mais trop d'émotions diminuent l'efficacité.

Les travaux anciens mais toujours actuels de Robert Yerkes et John Dodson (1908 ; Fraisse, 1968) montraient déjà un effet paradoxal de l'intensité de la punition (choc électrique) dans l'apprentissage discriminatif. Des souris doivent apprendre, dans un box d'1 mètre sur 30 centimètres, à choisir le couloir marqué par un carton blanc plutôt que par un carton noir. Chaque fois que la souris s'engage dans le couloir « noir », elle reçoit un choc électrique. Dans une tâche standard, la luminosité est habituelle ce qui fait une difficulté moyenne, tandis que dans une autre tâche « facile », l'éclairage est plus intense, facilitant la discrimination (blanc/noir) ; et enfin dans une tâche « difficile », le dispositif est sombre ce qui rend la discrimination plus difficile.

Les résultats, désormais célèbres, indiquent une loi à « optimum » : la performance est optimale lorsque la difficulté est moyenne quand la motivation est moyenne ; à l'inverse la performance diminue lorsque la motivation est faible (choc faible) ou au contraire lorsque le choc d'intensité élevée déclenche des réactions émotionnelles qui perturbent la performance. De plus, la difficulté de la tâche augmente le niveau émotionnel si bien que l'optimum est atteint pour un choc moins intense. Cette loi de Yerkes et Dodson a été retrouvée chez différents animaux, et chez l'homme dans des tâches stressantes où le sujet doit ouvrir le plus rapidement possible une parmi quatre portes, avec changement au hasard.

Voici d'ailleurs pourquoi, il n'est pas bon de prendre d'excitant (café) pour un examen qui est déjà en lui-même une situation stressante.

Ainsi, la loi de Yerkes et Dodson permettrait de rendre compte de l'effet paradoxal des souvenirs en fonction de l'émotion, bon enregistrement ou au contraire mauvais encodage du fait du stress (Figure 10.13, Christianson, 1992*b*).

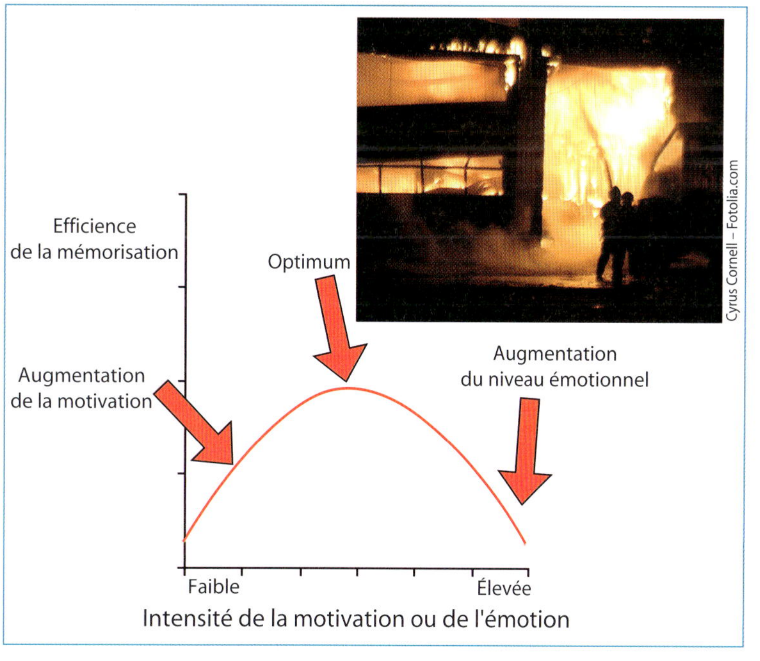

Figure 10.13 – Loi de Yerkes et Dodson (1908) et interactions entre émotion et mémoire (adapté d'après Christianson, 1992*b*).

La loi de Yerkes et Dodson expliquée par la biochimie

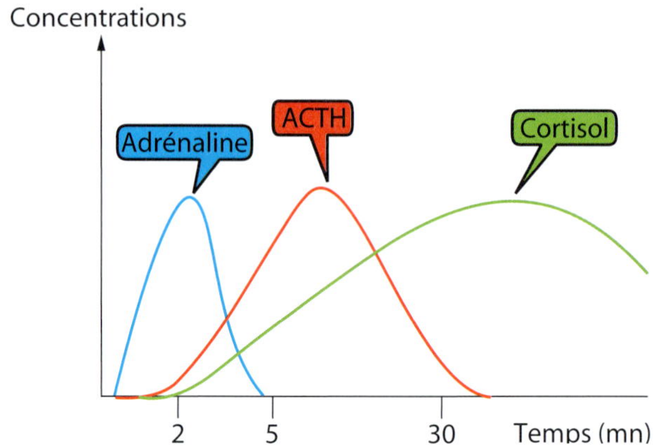

Figure 10.14 – Les pics de concentrations des différentes molécules sont atteints à des vitesses très variables de 2 à 30 minutes (d'après Bentue-Ferrer, Reymann et Allain, 1994).

Presque un siècle plus tard, les recherches en biochimie expliquent la célèbre loi de Yerkes et Dodson (1908). La diffusion des molécules se fait plus ou moins rapidement dans l'organisme, atteint un pic puis diminue, selon une courbe en cloche qui explique bien la loi de Yerkes et Dodson. De même, les vitesses de diffusion expliquent différentes phases des émotions, l'adrénaline explique les palpitations cardiaques (par exemple colère ou fuite) et la rapidité musculaire tandis que les réactions hormonales qui produisent les effets végétatifs de la peur (pâleur, jambes en coton, envie de vomir) et le stress sont lentes (ACTH et cortisol).

V. Émotion et cognition

1. Émotion et mémoire affective

Dès 1896, Victor et Catherine Henri montrent dans leur enquête sur les souvenirs anciens qu'ils sont fréquemment associés à des émotions fortes, honte, joie intense, etc. (voir aussi chap. 5, § VI, p. 203). Le développement de ces recherches sous le nom de mémoire autobiographique l'a confirmé dans les souvenirs d'événements traumatiques (accident, terrorisme…) ou de ce qui a été appelé « souvenirs flashs » (Brown et Kulik,1977 ; Christianson, 1992, *cf.* chap. 5). Dans ces souvenirs, les gens se rappellent les circonstances dans lesquelles ils ont appris un événement dramatique, par exemple, la mort du président Kennedy, la mort de De Gaulle.

Le parallèle a été fait avec l'apprentissage rapide et la faible extinction des conditionnements aversifs, notamment la peur. Le neurobiologiste Ledoux a beaucoup travaillé sur cette question avec des souris placées dans une situation de conditionnement à la peur avec un son. Il montre à travers plusieurs recherches, une interaction entre différentes structures du cerveau, le thalamus (pour le son), l'hypothalamus (déclenchement des réactions de peur) mais aussi de l'hippocampe (*supra*, chap. 5) et d'une structure qui lui est étroitement associée, l'amygdale. Ainsi après conditionnement, une opération détruisant l'hippocampe, montre que le son produit la peur mais dans n'importe quel contexte, et pas forcément dans le box où a été appris le conditionnement. En revanche, s'il y a destruction de l'amygdale, il y a oubli que le son et la pièce sont associés au choc électrique. L'amygdale serait donc responsable de la signification émotionnelle de la situation. D'autres chercheurs ont montré que l'amygdale pourrait agir en envoyant des neurotransmetteurs à l'hippocampe qui va enregistrer plus durablement. Le neurologue Damasio (1995) cite le cas d'une femme, S.M., qui, ayant une lésion de l'amygdale, est incapable de lire la peur sur un visage.

L'amygdale, couplée avec l'hippocampe, serait donc la mémoire des émotions. Ainsi s'expliquerait que l'on trouve sur le plan psychologique un axe puissant opposant les émotions positives aux négatives.

2. Émotion et raison

« Le cœur a ses raisons que la raison ne connaît point ». Cette célèbre formule de Pascal a donné l'impression à des générations que raison et émotion étaient indépendantes et que l'idéal de l'homme intelligent serait celui d'un individu froid, dénué d'émotions. Mais l'observation de cas cliniques par les neurologues Antonio et Hanna Damasio (Damasio, 1995) montrent leur interaction, ce qui va dans le sens des théories cognitives (*infra*). Le point de départ de la théorie de Damasio est l'observation d'un jeune homme « Elliot » qui, à la suite d'une lésion dans le cortex frontal, ne ressentait aucune émotion, était froid et détaché même si on lui posait des questions personnelles. Alors que son intelligence apparaissait normale dans des tests et parfaitement au courant de l'actualité, sa vie était un désastre, faillite et divorce, à cause de ses mauvais choix et de ses réactions. Or ce cas rappela un célèbre cas répertorié en neurologie, le cas Phinéas Gage. Travaillant à la construction d'une voie ferrée, une barre de mine de 1,80 mètre lui transperça le crâne en 1848. Il guérit de ce terrible accident, mais devint d'une extrême grossièreté, perdant tout sens de la morale. La reconstruction en imagerie cérébrale de son cerveau, à partir de son crâne conservé, révéla que la lésion occupait à peu près la même région frontale que chez Elliot, la région ventrale et médiane du cortex frontal. Damasio en conclut que cette zone du cortex frontal intègre les valeurs émotionnelles aux connaissances et permet la prise de risque, la responsabilité, ce qui rejoint le superego de Freud et les valeurs de la psychologie sociale cognitive.

Www.

Faire « Phineas Cage » : il existe de nombreuses photos de reconstitution en 3D de l'emplacement de la barre de fer traversant le crâne.

3. L'aspect cognitif des émotions

Modèles de réponses

Mis à part les modèles de réponses génétiquement programmés (par exemple le bruit pour la peur), les apprentissages, des conditionnements aux apprentissages sociaux (imitations, rumeurs, histoires...) fournissent des modèles de réponses qui agiraient par le biais de l'amygdale et l'hypothalamus pour provoquer les réactions physiologiques.

Une expérience célèbre a bien montré le rôle initiateur de ces « modèles » cognitifs de réponse grâce à des compères (Schachter et Singer, 1962). Des sujets reçoivent une injection d'adrénaline mais sont placés individuellement parmi des compères (personnes jouant un rôle en fonction des consignes de l'expérimentateur). Les compères simulent soit la colère soit la gaîté. Les sujets, interrogés plus tard sur ce qu'ils ressentent, attribuent leur état physiologique à l'ambiance spécifique qu'ils viennent de rencontrer : l'émotion qu'ils ressentent est en fait celle des compères. Quoique cette expérience soit limitée par les réactions physiologiques qu'elles déclenchent (seulement les effets du système nerveux sympathique ; par exemple l'adrénaline ne joue pas sur l'anxiété, Erdmann et Janke, 1978), les auteurs montraient néanmoins l'importance de modèles cognitifs qui modulent ou déterminent l'interprétation de ces réactions physiologiques.

Rejoignant les philosophes stoïciens, les chercheurs anglais Ellis et Dryden pensent que « les gens ne sont pas dérangés par les choses mais par leur vue des choses » (cit. Dryden, Ferguson et McTeague, 1989) et ont mis au point une thérapie rationnelle-émotive basée sur ce principe. Ainsi, dans une expérience de Windy Dryden et ses collègues, on demande aux sujets d'imaginer soit qu'ils ont une peur terrible des araignées (croyance de type irrationnel) ou non (rationnel) puis d'imaginer qu'ils vont entrer dans une pièce. On leur demande ensuite de prévoir un certain nombre d'éléments et de les cocher sur des échelles (en neuf points), sur la probabilité de voir une araignée, sur sa grosseur, ou en centimètres, la distance de l'araignée, etc.

Tableau 10.5 – Inférences sur les araignées en fonction du type de croyance induite par la consigne (irrationnelle ou rationnelle) (d'après Dryden, Ferguson, McTeague, 1989).

	Irrationnel	Rationnel
Probabilité de voir une araignée dans la pièce	8,54	4,31
Grosseur de l'araignée (max = 9)	4,06	2,13
Distance entre l'araignée et le sujet (en cm)	55	77
L'araignée vient vers eux (max = 9)	7,73	3,40
Nombre d'araignées dans la pièce	28,83	8,04

Les résultats (tabl. 10.5) indiquent la force des croyances sur les inférences, les sujets s'imaginant irrationnels, expriment en général deux fois plus fortement leurs craintes, et imaginent ensuite trouver jusqu'à une trentaine d'araignées dans la pièce.

VI. L'amour

La double face des émotions, origine biologique et aspect cognitif, fait que la plupart des émotions de la vie courante sont complexes. L'amour, qui envahit notre vie personnelle et sociale (littérature, films, chansons, etc.), en constitue un exemple remarquable.

L'amour est une émotion envahissante caractérisée à la fois par des sensations biologiques fortes et aussi une coupure avec la raison ; les amoureux sont tout seuls, comme déconnectés du monde qui les entoure…

1. Neurobiologie de l'amour

De l'amour mythique de Paris pour Hélène dans l'histoire de la guerre de Troie, aux émissions de télé comme « Plus belle la vie », la littérature, le théâtre, le cinéma, la télévision, les chansons n'en finissent pas de broder autour de ce thème envahissant qu'est l'amour… Si l'amour est raffiné, compliqué par la cognition et la socialisation, les lettres, les règles, les fêtes, etc., son caractère envahissant sur le plan physiologique vient des mécanismes biologiques. Vous vous souvenez sans doute un peu des vers de Racine qui décrivent si bien cet envahissement dans la bouche de Phèdre :

« Je le vis, je rougis, je pâlis à sa vue
Un trouble s'éleva dans mon âme éperdue ;
Mes yeux ne voyaient plus, je ne pouvais parler
Je sentis tout mon corps et transir et brûler. »

Les structures cérébrales de l'amour

Parmi d'autres synthèses, celle de Semir Zeki (2007) est particulièrement éclairante et ses recherches personnelles l'amènent à expliquer pourquoi les amoureux perdent la raison (*cf.* encadré).

L'amour est une émotion qui crée un plaisir intense, une euphorie qui est caractérisée sur le plan biologique par l'activation du système de récompense (notamment l'hypothalamus et le noyau accumbens). Son neurotransmetteur est la dopamine, neurotransmetteur de l'excitation, du plaisir notamment dans l'orgasme, mais aussi dans l'addiction. Dans le système de récompense, le noyau accumbens semble jouer un rôle central en produisant un plaisir intense. Non seulement son activation augmente la dopamine mais il diminue la concentration en sérotonine, autre neurotransmetteur qui produit plutôt la satiété et l'inhibition. Ainsi s'explique que l'amoureux transi n'a souvent pas d'appétit.

Deux autres structures cérébrales sont particulièrement impliquées aussi bien dans l'amour que l'excitation sexuelle (**Figure 10.15**) : le cortex cingulaire antérieur et l'insula. Le cortex cingulaire est une zone en forme de croissant entourant le cerveau primitif (hypothalamus) ; cette partie du cerveau contient des neurones « miroirs », qui s'activent à la vue de quelqu'un d'autre qui se fait piquer. Le cortex cingulaire correspond, dans les théories de l'esprit, à la capacité d'imaginer ce que

Www.
Le cerveau à tous les niveaux, McGill
http://lecerveau.mcgill.ca/

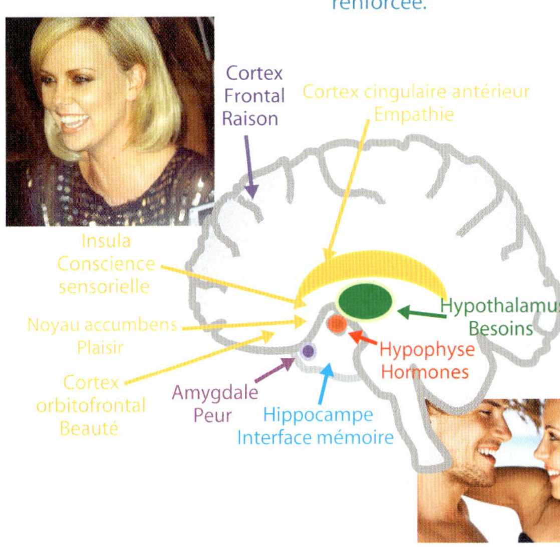

Yuri Arcurs – Fotolia.com

Figure 10.15 – Principales structures du cerveau impliquées dans l'amour : l'amour est déclenché par la beauté, mais si la personne est connue, sa valeur est renforcée.

ressent l'autre, l'empathie. Le cortex cingulaire joue un rôle d'interface entre la cognition et l'émotion dans la transformation de nos sentiments en actions ou intentions. Quant à l'insula, elle se situe au centre du cerveau, entre le cortex frontal et le thalamus (qui décode les signaux sensoriels; *cf.* chap. 3). Elle aurait un rôle d'intégration des informations sensorielles notamment provenant du corps, pour les intégrer dans les processus cognitifs et émotionnels. Elle est également impliquée dans la recherche active de nourriture ou drogue et dans les désirs conscients.

La folie de l'amour

De la légende de la guerre de Troie à la chanson de Jean Ferrat et Aragon « Aimer à perdre la raison », les observations personnelles, les poètes et scénaristes soulignent tous la folie qui accompagne l'amour romantique. Cette folie va de l'embarras, la maladresse, jusqu'au crime. La littérature est pleine de ses folies, avec des extrêmes comme *l'Iliade* où les armées grecques sont mobilisées pour reprendre Hélène aux Troyens. Et tout aussi fou, le docteur Faust offre son âme au diable pour les beaux yeux de Marguerite. Comment expliquer cette folie ? Les recherches en neuroimagerie de Semir Zeki (2007), de l'University College à Londres, montrent que l'amour n'est pas dû qu'à l'excitation de structures, mais aussi en parallèle, de désactivations en particulier du cortex frontal et de l'amygdale. L'amygdale (*cf.* § 5.1) est le centre de déclenchement de la peur, et en la désactivant, l'amoureux ou l'amoureuse n'a plus peur d'aborder quelqu'un qui lui plaît, d'envoyer un texto, de proposer un rendez-vous. De même, le cortex frontal est engagé dans différentes fonctions que l'on peut résumer sous le nom de raison, ce qui explique le comportement irrationnel caractéristique de l'amour. Afin d'expliquer cette folie, les poètes en étaient réduits à invoquer des dieux comme Aphrodite ou Cupidon ou des philtres magiques comme dans la légende de *Tristan et Yseult*, magnifié dans l'opéra de Wagner *Tristan et Isolde*.

Tristan doit chercher Yseult, promise à son oncle le Roi, mais en chemin, ils tombent éperdument amoureux l'un de l'autre au mépris du danger. Bien sûr, ce n'est pas de leur faute, mais celle de la servante qui leur a donné un philtre d'amour au lieu du filtre de mort...

Enfin, le cortex orbitofrontal est peut-être le lieu où naît l'amour ou le coup de foudre, c'est-à-dire lorsqu'on est séduit par un joli visage. Comme son nom l'indique, le cortex orbitofrontal est placé au dessus des orbites des yeux et aurait un rôle d'intégration entre les sensations et les émotions, donnant une valeur aux stimulations; il participe ainsi au traitement des récompenses et punitions (Kringelbach & Rolls, 2004). Le cortex orbitofrontal réalise une intégration de toutes les modalités sensorielles en leur donnant une valeur émotionnelle. Ainsi certaines études ont montré une grande activation du cortex orbitofrontal lors de la présentation de beaux visages. Mais cette structure est complexe et si une partie s'active pour la beauté, une autre s'active pour les punitions et une autre pour les récompenses, y compris monétaires. De cette complication vient peut-être que chez nous les humains, il ne suffit pas d'être beau mais que la célébrité compte aussi, comme le montre l'attrait pour les stars chez les groupies. C'est déjà bien d'être beau mais si on est connu comme Megan Fox ou Justin Bieber, c'est encore mieux...

La chimie de l'amour

Deux autres neurotransmetteurs sont associés à l'amour, l'ocytocine et la vasopressine, très proches sur le plan chimique, et secrétées par l'hypothalamus (*cf.* chap. 9). Ces neurotransmetteurs, déclenchés également par les opiacées ou la cocaïne, seraient les molécules de l'attachement et de l'amitié. L'ocytocine est sans doute liée aussi à l'attachement au territoire et rend les animaux mâles et les hommes agressifs en cas de perte de territoire. C'est un des aspect « macho » que les femmes n'aiment pas chez les hommes, de se sentir leur propriété. Mais c'est aussi la défense de l'enfant dans l'amour maternel. Les récepteurs de ces deux neurotransmetteurs sont très répandus dans le cerveau, ce qui explique le caractère envahissant de l'amour. Ils sont secrétés par l'hypothalamus et stockés dans la partie nerveuse de l'hypophyse (le « chef d'orchestre » des hormones) et relachés lors de plaisir intense comme l'orgasme mais aussi lorsque la maman allaite son bébé.

Sans jeu de mots, il est difficile de désenlacer l'amour romantique de l'excitation sexuelle : à la fois par les structures et par les neurotransmetteurs impliqués, ils sont inextricables. (Zeki, 2007).

2. Typologie de l'amour

Sur le plan psychologique, plusieurs auteurs ont essayé de démêler les différentes facettes de l'amour : excitation sexuelle, camaraderie, arrangements sociaux... Pamela Regan de l'Université d'Etat Californie a écrit plusieurs livres sur l'amour et la sexualité et cite différents auteurs qui ont essayé de distinguer les formes de l'amour (2008). Plusieurs auteurs en citent de nombreuses comme l'amour vrai, l'amour sentimental, l'amour platonique, la camaraderie et l'amour sensuel, tandis que d'autres ajoutent l'amour familial, parental, religieux, l'amour des choses, etc. La liste est donc longue. Parmi ces différents essais, Robert Sternberg (1986), plus connu comme spécialiste de l'intelligence (*cf.* chap. 8, § III), a présenté une classification en forme de triangle qui part de trois dimensions : en se combinant, elles donnent huit formes de l'amour.

Le triangle de l'amour

Dans ce modèle, tout amour est composée de trois éléments : l'intimité, la passion et la responsabilité. L'intimité implique la proximité, l'entraide et le soutien affectif. La passion fait référence aux états d'excitation émotionnelle, d'origine biologique. Elle comprend l'excitation sexuelle et l'attraction physique. L'engagement implique la responsabilité (ou l'engagement) et la décision de maintenir cet amour au fil du temps. En utilisant les différentes combinaisons de ces trois éléments, Sternberg décrit huit différents types d'amour (**Figure 10.16**) : l'absence d'amour (faible niveau sur les 3 éléments ; non représenté sur la figure), l'affection (élevée sur l'intimité seulement), l'amour passionné (passion uniquement), l'amour « vide » (engagement uniquement), l'amour romantique (l'intimité et la passion), l'amour compassion (intimité et responsabilité), et l'amour fou ou brûlant, qui additionne les trois dimensions (au centre du triangle).

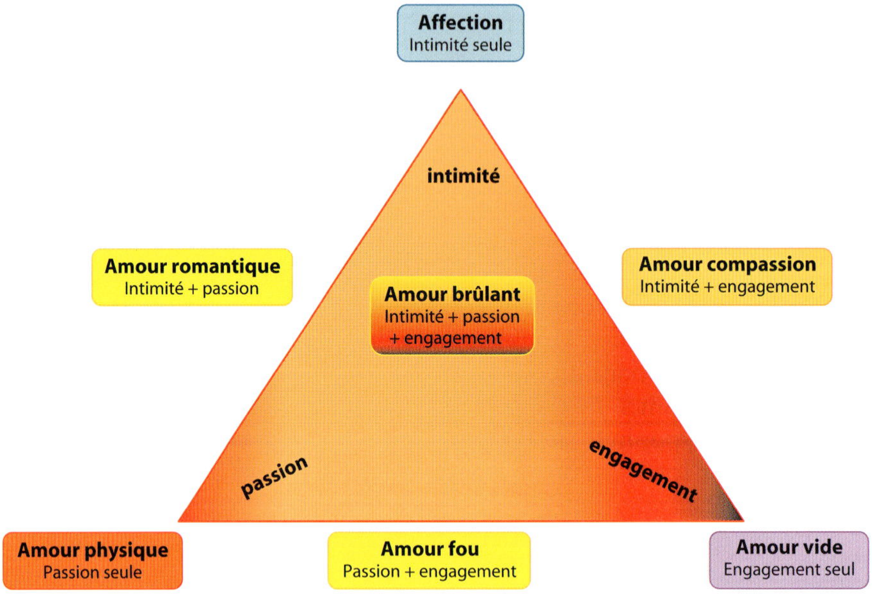

Figure 10.16 - La théorie du triangle de l'amour selon Sternberg : la combinaison de trois dimensions produit huit formes de l'amour (en comptant l'absence d'amour, non représentée sur la figure) (adapté selon Sternberg, 1986).

www. http://en.wikipedia.org/wiki/Triangular_theory_of_love

Cette théorie a connu un certain succès, notamment du fait de son élégance visuelle, l'amour sous la forme d'un triangle. Cependant des recherches ultérieures ne retrouvent pas cette variété de combinaisons, mais plutôt certaines formes d'amour comme des catégories. Ainsi Carlos Yena de l'université de Madrid (2006) trouve quatre dimensions d'amour : la responsabilité (ou engagement), l'intimité, l'amour érotique et l'amour romantique.

Tableau 10.6 – Exemples d'items dans le questionnaire à quatre dimensions de la théorie de Carlos Yena (2006).

Engagement / responsabilité	– Je considère ma relation comme permanente – Je suis sûr(e) de mon amour pour...
Intimité	– Je pense qu'il/elle me comprend – Je communique bien avec...
Passion érotique	– Je me sens sexuellement très excité(e) quand je l'embrasse – Parfois, mon corps tremble d'excitement quand je le(la) vois
Passion romantique	– Souvent je me surprends en train de penser à lui/elle – Il y a quelque chose de magique dans ma relation

Cependant, les corrélations indiquent que intimité et engagement se ressemblent (.71 entre les items ; tab. 10.7), que l'amour romantique est corrélé avec les trois autres dimensions et donc intègre l'amour érotique et l'engagement/intimité ; tandis que l'amour érotique est peu corrélé avec les autres dimensions. L'amour romantique pourrait donc être l'addition de l'amour érotique (sexuel) et de la relation intimiste (attachement).

Tableau 10.7 – Corrélations entre les catégories d'items de la théorie en quatre dimensions (d'après Yena, 2006)

	Engagement	Intimité	Passion érotique	Passion romantique
Engagement	1			
Intimité	.71	1		
Passion érotique	.43	.34	1	
Passion romantique	.82	.65	.61	1

Et si l'amour était simple ?

Robert Courtois de l'université de Tours et ses collègues trouvent plus simple dans leurs recherches. À partir d'un questionnaire chez les adolescents, leurs résultats indiquent seulement trois dimensions (tab. 10.8) : Sortir avec quelqu'un, l'amour (au sens romantique) et draguer (l'amour sexuel ou érotique). Sortir correspond à la fois au lien social, se faire des amis, mais aussi à l'intimité des précédentes recherches. L'intimité est probablement un besoin proche de l'attachement que l'on retrouve dans l'amour maternel. Draguer correspond à l'amour sexuel (ou érotique). Quant à l'amour romantique, Courtois et ses collègues confirment comme dans les résultats de Yena, que l'amour romantique correspond à une dimension spéciale et non à la somme de plusieurs dimensions comme dans la théorie de Sternberg (soit « amour romantique » soit « amour brûlant »).

Tableau 10.8 – Les trois dimensions de l'amour dans l'échelle de sexualité chez les adolescents de Courtois *et al.* (2011) avec des items représentatifs (fortement corrélés) (300 collégiens de 12 à 15 ans).

	Facteurs		
	Sortir/ Intimité	Amour romantique	Draguer (amour sexuel)
– Je suis souvent sorti(e) avec des filles/garcons – On s'est déjà retrouvé seuls dans l'intimité une ou plusieurs fois	.75 .67		
– Je pense qu'on doit être amoureux(se) avant d'envisager d'avoir des rapports – Lorsque je sors avec quelqu'un, je suis fidèle		.72 .55	
– Je prévois d'avoir un rapport sexuel quand l'occasion se présentera. – Je pense que c'est bien que les garçons et les filles s'embrassent… se touchent.			.65 .64

La recherche montre également des différences entre garçons et filles, qui confirment l'idée courante selon laquelle les filles préfèrent l'amour romantique tandis que l'amour sexuel est prédominant chez les garçons. Leur enquête indique ainsi, chez les adolescents de 15 ans, que les garçons préfèrent sortir et surtout draguer !

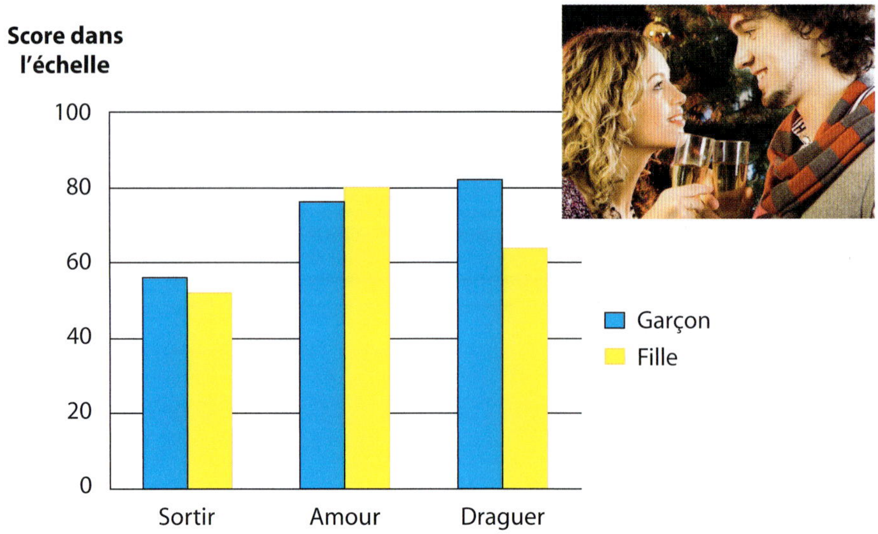

Figure 10.17 – Si les filles préfèrent légèrement l'amour romantique, les garçons préfèrent sortir et draguer (surtout chez les adolescents de 15 ans (adapté d'après Courtois *et al.*, 2011).

En conclusion, l'amour est peut-être plus simple qu'on le croit, et n'est composé que de trois dimensions. Rappelez-vous que l'harmonie toute entière des couleurs n'est déterminée finalement que par trois cônes (chap. 3, § II) et voyez l'infinité de tableaux, de peintures et films qui en résultent. Malgré la richesse de la littérature romantique et des feuilletons télé, les dimensions de base de l'amour sont peut-être en réalité moins nombreuses que dans les catalogues de certains auteurs ou même que les huit formes d'amour de Sternberg. Dans les recherches récentes, l'amour aurait trois grandes dimensions ou facettes : l'intimité, l'amour sexuel et l'amour romantique. D'ailleurs sur le plan évolutif, la nature ne devait pas prévoir un mécanisme trop compliqué pour assurer une bonne reproduction des espèces !

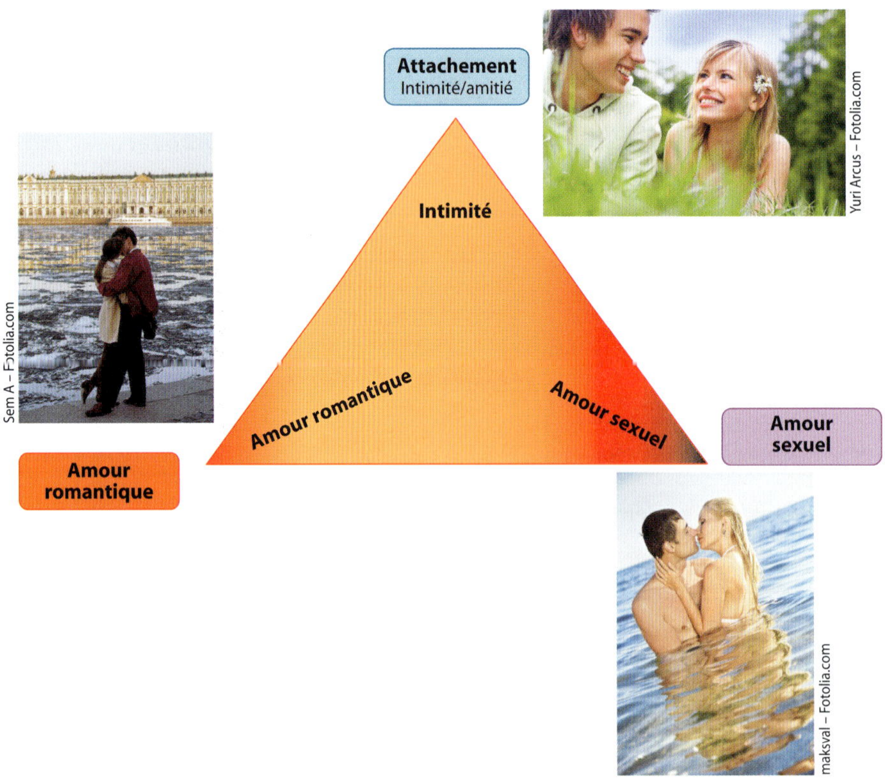

Figure 10.18 – Dans les recherches récentes, l'amour aurait trois grandes dimensions ou facettes, l'intimité, l'amour sexuel et l'amour « romantique. »

Révision du chapitre

Résumé

Qu'est-ce que les émotions ? 345

Les émotions sont des réactions très intenses, face à des situations d'alarme, d'urgence ou liées à de très fortes motivations.

Qu'est-ce que le stress ? 353

Le stress est une situation d'urgence de l'organisme, produisant des modifications physiologiques graves.

Lectures conseillées

Bruchon-Schweitzer M., Boujut É. (2014). *Psychologie de la santé : Concepts, méthodes et modèles*, Paris, Dunod, 2e édition.

Bruchon-Schweitzer M., Quintard B. (sous la dir. de) (2001). *Personnalité et maladies : stress, copying et ajustement*, Paris, Dunod.

Lecomte J. (sous la direction de) (2014). *Introduction à la psychologie positive*. Paris, Dunod.

Rusinek S. (2004). *Les Émotions : du normal au pathologique*, Paris, Dunod.

EXERCICES ET QCM

QCM (1 point par question)

Cochez la bonne réponse. Attention, les mauvaises réponses sont comptées – 1. Il n'y a pas de pièges, dans le doute, ne répondez pas.

1. Les réactions émotives sont le plus souvent :
❑ spécifiques ❑ générales ❑ Spécifiques + générales ❑ neutres

2. Dans l'expression émotive du visage, le cerveau gauche déclenche le (la) :
❑ mépris ❑ honte ❑ joie ❑ tristesse

3. Qui a découvert le stress ?
❑ Hebb ❑ Selye ❑ Bykov ❑ Harlow

4. Le stress déclenche (au final) la sécrétion de ou des hormone(s) :
❑ insuline ❑ glucagon ❑ corticoïdes ❑ amyloïdes

Mode de correction : + 1 pour les bonnes réponses, et – 1 pour les mauvaises et faire le total algébrique (soustraire les – des +) ; par exemple, s'il y a autant de – 1 que de + 1, cela fait un total de 0 ; dans le doute, il vaut mieux ne pas répondre.

Exercices

De préférence, faites les exercices avec un crayon et une gomme pour les refaire plusieurs fois. La répétition est la base de l'apprentissage (cf. chap. 3 et 4).

Exercice 1 : Une étude a été faite dans une université sur de futurs avocats chez qui l'hostilité avait été mesurée dans des questionnaires. Leur suivi a révélé que le taux de mortalité était plus élevé chez ceux dont le taux d'hostilité était le plus grand.

Question 1 : Quel phénomène émotionnel est en cause et qui l'a découvert ?

Question 2 : Décrivez succinctement les mécanismes en jeu et pourquoi ils entraînent des problèmes de santé allant jusqu'à la mort.

Exercice 2 : Les chercheurs anglais Ellis et Windy Dryden pensent que « les gens ne sont pas dérangés par les choses mais par leur vue des choses » et ont mis au point une thérapie rationnelle-émotive basée sur ce principe. On demande aux sujets d'imaginer soit qu'ils ont une peur terrible des araignées (croyance de type irrationnel) ou non (rationnel) puis d'imaginer qu'ils vont entrer dans une pièce. On leur demande ensuite de prévoir un certain nombre d'éléments et de les cocher sur des échelles (en neuf points), sur la probabilité de voir une araignée, sur sa grosseur, ou en cm, la distance de l'araignée, etc.

	Irrationnel	Rationnel
Probabilité de voir une araignée dans la pièce	8,54	4,31
Grosseur de l'araignée (max = 9)	4,06	2,13
Distance entre l'araignée et le sujet (en cm)	55	77
L'araignée vient vers eux (max = 9)	7,73	3,40
Nombre d'araignées dans la pièce	28,83	8,04

Question 1 : D'après ces résultats, les phobies vous paraissent-elles innées ?

Question 2 : Citez un mécanisme fréquent des phobies et décrivez succinctement une expérience.

11

LA PERSONNALITÉ

Sympa, désordonné, bohème, anxieux… des milliers de mots décrivent la personnalité telle un puzzle. Mais difficile aussi de penser qu'il y a autant de caractères. Dans l'Antiquité, les médecins Hippocrate et Galien pensaient qu'il y avait quatre grands caractères : colérique, mélancolique, flegmatique et sanguin. Encore de nos jours, beaucoup pensent que ce sont les prénoms, l'écriture ou les astres qui déterminent ou révèlent notre personnalité. Mais si les signes du zodiaque n'ont aucune influence sur le caractère, le soleil, délaissé par les astrologues, a un effet très puissant. Les recherches scientifiques ont récemment mis un peu d'ordre et révèlent que la personnalité se réduirait à cinq grands traits de personnalité, d'extraverti à gentil. Mais ces traits sont gradués, un tel étant très extraverti, comme les présentateurs ou moyennement, ou peu… Au total, la combinaison de ces traits gradués produit des milliers de facettes qui font la richesse de la personnalité humaine.

?

Qu'est-ce la personnalité ?

Personnalité : dans son sens le plus général, ensemble de toutes les caractéristiques de l'individu : sensori-motrices, cognitives, émotives. Dans un sens plus restrictif, la personnalité ne décrit que les aspects affectifs (motivations et émotions) et sociaux, c'est le tempérament ou caractère.

Définitions

La personnalité dans son sens le plus général désigne l'ensemble de toutes les caractéristiques de l'individu :

- sensori-motrices : les aptitudes sportives ou artistiques ;
- cognitives : les aptitudes ou intérêts intellectuels ;
- émotives : tempérament anxieux (peureux) ou colérique...

et enfin les attitudes sociales et les valeurs qui dépendent de la société (Asiatiques et Occidentaux ont des grandes différences de valeurs et de comportements).

Dans un sens plus restrictif, la personnalité ne décrit que les aspects affectifs (motivations et émotions) et sociaux, c'est le tempérament ou caractère, avec l'idée que les individus ont une façon assez stable de se comporter dans les situations.

gajatz – Fotolia.com

pressmaster – Fotolia.com

Philippe Dubocq – Fotolia.com

Dans un groupe de copains, tout le monde n'a pas le même caractère, il y a le gars sympa à qui on peut toujours demander un conseil en informatique, la fille extravertie qui danse sans arrêt, la copine gentille mais à qui il ne faut pas prêter un cours sous peine de ne pas le retrouver et… il y a Maman, toujours anxieuse pour son poids… Les caractères sont très variés, extraverti, sympa, anxieux, buté, désordonné… Il y a ainsi des milliers de mots décrivant la personnalité et que les chercheurs ont analysés pour essayer d'y voir un peu clair !

I. Les approches non scientifiques

1. Morphologie et caractère

Si l'habit fait le moine (influence des stéréotypes sociaux, Bruchon-Schweitzer, 1990), la morphologie varie beaucoup avec l'âge, prise de poids, perte de cheveux, alors que le caractère apparaît stable dans les recherches. À l'extrême, le tempérament ne change pas avec la chirurgie esthétique, ce qui rend non crédible la morpho-caractérologie ; celle-ci n'est plus abordée dans le cadre de la psychologie scientifique.

2. Le caractère et les prénoms

Certains pensent que c'est le prénom qui détermine le caractère. Il ne faut pas inverser les rôles, ce serait plutôt le caractère des parents qui déterminerait les prénoms. Mais les prénoms sont principalement le fait de modes sociales : en des temps religieux, l'usage était aux prénoms de Marie (Marie-France, Marie-Claire...), des apôtres (Jean, Pierre, Jacques, etc.) et des saints (Catherine, Alain).

Puis il y eut l'époque des princesses, Caroline et Stéphanie, Diana ; de nos jours, ce sont plutôt les stars de la chanson et de la Star Academy qui inspirent les parents (Jimmy, Jennifer, Nolwenn, Maureen...), sans compter les prénoms régionaux. Les prochains viendront certainement de *Desperate Housewives* (Linette, Susan, Gaby) !

L'ouverture sur le monde à d'autres religions, à d'autres cultures, nous montre bien que les prénoms sont liés à une histoire culturelle nationale (ou régionale) ; en Chine, les Chang et les Li peuvent correspondre aux mêmes caractères que les Christophe ou les Véronique, les John et les Marylin...

L'astrologie et la graphologie sont des croyances plus répandues et seront abordées plus loin.

II. Les traits élémentaires de la personnalité

Traits : la description en types est par tout ou rien, on est anxieux ou calme, tandis que dans la notion de trait, le caractère est gradué ; en général de 1 à 10 dans les tests de personnalité.

Types : profils très caractérisés de personnalité, l'avare chez Molière, le jaloux chez Shakespeare, le paranoïaque ou l'hystérique du psychiatre ou du psychanalyste.

Historiquement, les littéraires comme les psychologues ont commencé par décrire des types, c'est-à-dire des profils très caractérisés de personnalité, l'avare chez Molière, le jaloux chez Shakespeare, le paranoïaque ou l'hystérique du psychiatre ou du psychanalyste. Dans les recherches contemporaines, il apparaît que les jaloux ou les avares parfaits sont rares et que les individus ont une pluralité de facettes, qu'on tente de différencier par l'analyse factorielle, les traits (pour un approfondissement voir Huteau, 2006).

1. La théorie d'Eysenck

Les principales recherches procèdent à l'inventaire des traits de personnalité par auto-questionnaires, le sujet s'évaluant lui-même en répondant à de nombreuses questions. L'analyse factorielle permet de mettre en évidence différents facteurs que le chercheur retient ou écarte selon certains critères et ces études aboutissent éventuellement à une amélioration du questionnaire. De nombreux inventaires existent mais commençons par la théorie d'Eysenck qui a le mérite de faire le « pont » entre la personnalité normale et la personnalité pathologique et dont la simplicité (en nombre de facteurs) est pédagogique.

Eysenck est psychiatre et expérimentaliste. Il ne sépare pas le pathologique du normal et il essaye de faire le lien entre ses résultats et des tentatives plus anciennes de description du tempérament (Eysenck, 1979). Eysenck, comme d'autres, a trouvé différents facteurs au cours de ses recherches ; parmi ceux-ci deux facteurs très généraux et stables émergent, représentés graphiquement par deux axes (Figure 11.1), celui de l'introversion et de l'extraversion, et l'axe opposant le névrosisme à la stabilité émotionnelle (dans une version plus récente, Eysenck inclut un facteur psychotique).

Les concepts d'introversion et d'extraversion avaient été proposés par le psychanalyste Carl Jung mais correspondaient chez lui à des types purs (comme le jaloux et l'avare).

Yuri Arcurs – Fotolia.com

Hugues Argence – Fotolia.com

Les extravertis sont peu inhibés, aiment l'animation, la foule, la fête...
À l'inverse, les introvertis typiques sont effacés et rêveurs, aiment la tranquillité et une vie bien réglée.

Tableau 11.1 – Caractéristiques de l'extraverti et de l'introverti.

L'extraverti typique est :	• non inhibé ; • sociable (aime les réunions) ; • recherche les émotions fortes ; • insouciant ; • aime les grosses plaisanteries.
L'introverti typique est :	• tranquille ; • effacé ; • réservé (amis intimes) ; • prend les choses au sérieux ; • a tendance à prévoir ; • aime une vie bien réglée ; • contrôle ses émotions.

Contrairement à Jung qui ne considérait que ces deux types, la conception en traits signifie que les individus se distribuent statistiquement le long d'un axe extraversion-introversion (comme une courbe de Gauss ; *cf.* chap. 8), la majorité des individus ayant à la fois des tendances introverties et extraverties. Le second axe correspond au névrosisme, désignant chez Eysenck à la fois l'instabilité émotive et l'hyperactivité.

Tableau 11.2 – Caractéristiques du névrosisme dans la théorie d'Eysenck.

Les individus ayant un fort névrosisme :	• sont très anxieux ; • se plaignent de maux divers (troubles digestifs, maux de tête...) ; • ont une prédisposition aux troubles névrotiques.

Eysenck a construit différentes versions d'un test (EPI : *Eysenck Personality Inventory*) et a fait différentes études de validité ; la validité est la qualité d'un test selon laquelle le test correspond à ses objectifs de mesure : on distingue la validité empirique, où l'objectif est mesuré à l'aide de paramètres de la situation réelle (individus dont on connaît certaines caractéristiques à l'avance ; par exemple **Figure 11.1**) de la validité factorielle qui consiste à confronter les facteurs du test à d'autres facteurs issus d'autres tests (on en verra un exemple plus loin) ; nous verrons les deux autres qualités essentielles d'un test, fidélité et homogénéité avec d'autres exemples.

On constate que des groupes typés d'individus se répartissent sur les axes d'introversion et de névrosisme comme on s'y attend d'après la théorie d'Eysenck. Les vendeurs sont des individus peu émotifs et extravertis tandis que les cadres, tout aussi stables (ou contrôlés) émotivement, sont plus introvertis ; les individus anxieux ou hystériques sont ceux qui ont les plus forts scores de névrosisme.

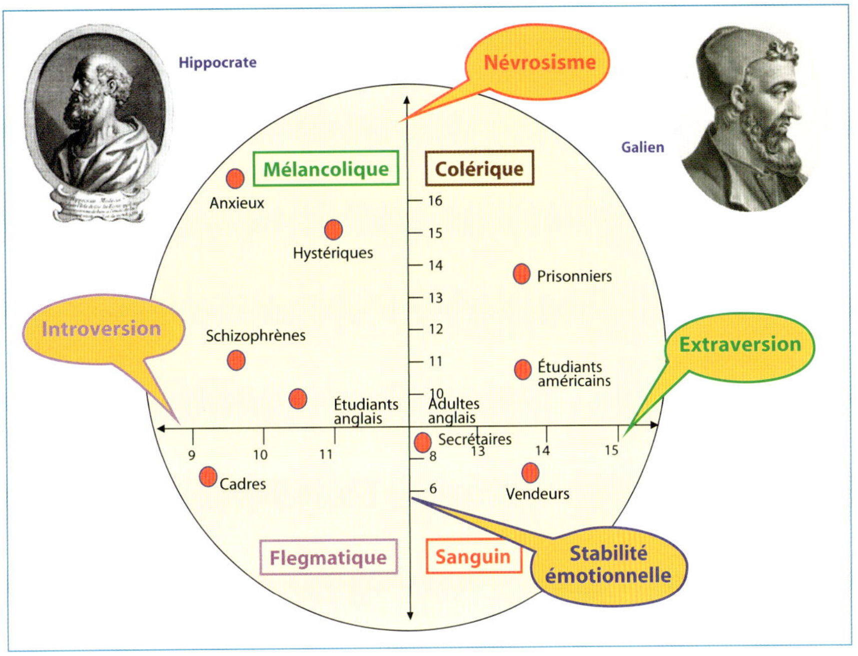

Figure 11.1 – Théorie d'Eysenck en deux facteurs, névrosisme et extraversion et correspondance avec les théories antiques d'Hippocrate et Galien (d'après Eysenck, 1979).

Des humeurs aux théories modernes

Eysenck a essayé de mettre en relation les facteurs de sa théorie avec les anciennes typologies. La plus ancienne, attribuée au médecin grec Hippocrate (ve siècle avant notre ère) et reprise par Galien (médecin grec du IIe siècle de notre ère), est basée sur l'idée d'une prédominance chez chaque individu d'une des quatre humeurs fondamentales, le sang, la bile, la pituite (ce qui coule du nez) ou phlegme et l'atrabile ou bile noire, pour donner quatre caractères, sanguin, colérique, flegmatique et mélancolique. Diverses expressions sont un vestige fossile de ces théories, « être de mauvaise humeur, se faire du mauvais sang, caractère bilieux ». Ces humeurs ne sont évidemment pas liées au caractère mais Hippocrate et Galien préfigurent la tradition de recherche d'une correspondance entre le caractère et des dispositions physiologiques dont la biochimie et la psychopharmacologie commencent à nous donner la clé.

2. Regroupements des traits ou éclatement ?

À l'inverse, d'autres chercheurs ont abouti à des systèmes plus complexes de traits. Le test 16 PF (*Personality Factors*) de Raymond Cattell regroupe par exemple seize facteurs, dont ceux de conservateur, émotif, confiant, indiscipliné, relaxé, réservé (pour prendre les termes modernes de Baird, 1981, plutôt que les noms parfois incompréhensibles de Cattell, par exemple rhathymie).

Lorsqu'un système théorique propose de nombreux facteurs, on doit se poser la question de leur persistance dans le temps, c'est ce qu'on appelle la fidélité du test : le test mesure-t-il la même chose après un long délai ? Or les études récentes expriment quelques doutes à ce sujet. Ainsi, parmi d'autres, une étude de John Baird (1981) sur des élèves gardes de sécurité révèle des corrélations irrégulières entre un test et un retest après neuf mois : réservé .60, relaxé .55, émotif .35, naïf .31, etc.

III. Cinq grands traits de personnalité

Théorie des cinq grands (facteurs) : Dans les recherches factorielles (analyse factorielle), cinq grands facteurs ont été trouvés : extraversion ou bouillonnant (facteur I), agréable (facteur II), consciencieux (III), stabilité émotionnelle (IV) et ouverture d'esprit (V).

?

Qu'est-ce la théorie des cinq grands facteurs ?

1. La théorie des « Cinq Grands »

Cette oscillation entre des conceptions minimalistes comme les deux facteurs d'Eysenck et celles qui comprennent de nombreux facteurs comme la théorie de Cattell, a abouti à un compromis qui conduit pour beaucoup de spécialistes à identifier cinq grands facteurs, ce qui a été appelé la théorie des « Cinq Grands » (*Big Five*). Ce courant, marqué notamment par les études pionnières de Costa et Mc Crae (1985), s'appuie sur une méthode ancienne développée par Allport (1936), la méthode lexicale, dont le principe était que les mots, notamment les adjectifs, ont cristallisé au cours des siècles les multiples facettes de notre personnalité : gentil, sérieux, sentimental, agressif... La méthode moderne (De Raad, 1994) consiste, à partir de plusieurs milliers de termes, à sélectionner les mots désignant des états relativement stables, d'enlever les synonymes, etc., ce qui réduit la liste à quatre cent trente. Des questionnaires sont ensuite construits pour désigner des comportements aussi précis que possible, par exemple (Mc Crae, 1994) :

- « Je m'éveille d'un rêve à l'autre » (corrélation de .49 avec le trait « fantaisie ») ;
- « Parfois, je me suis senti comme si je venais d'ailleurs » (.42 avec « dépression ») ;
- « Je suis quelqu'un de très sensible » (.29 avec « sentiments ») ;
- « Je suis quelqu'un d'ouvert » (.46 avec « chaleureux »).

Afin de se préserver contre la subjectivité (et la non-sincérité) des sujets, les questionnaires sont également remplis par des camarades pour vérifier si les individus répondent assez objectivement. La plupart des études récentes convergent vers quatre facteurs, englobant les deux facteurs d'Eysenck. En revanche, il n'y a pas accord total sur le cinquième, celui-ci pourrait être l'« ouverture d'esprit », le côté créatif de la personnalité (Mc Crae, 1994). En voici un bon exemple dans une recherche allemande sur trois cents sujets d'environ 26 ans et de professions variées et des deux sexes (Borkenau et Ostendorf, 1989) corrélant plusieurs tests entre eux. Les corrélations (tabl. 11.3) sont établies entre un test de personnalité comprenant quatorze facteurs (PRF), un test plutôt centré sur des aspects pathologiques (sensibilité au stress, plaintes somatiques) de onze facteurs (FPI), l'inventaire d'Eysenck (EPI) et un des tests les plus représentatifs de la théorie des « Cinq Grands », le *NEO Personnality Inventory* (NEO-PI) de Costa et Mc Crae (1985) ; l'étude intègre enfin des échelles de désirabilité sociale (*cf. infra*).

Tableau 11.3 – Corrélations entre différents inventaires de personnalité et les Cinq grands facteurs (simplifié d'après Borkenau et Ostendorf, 1989).

	Facteurs				
Tests	**1 Névrosisme**	**2 Extraversion**	**3 Consciencieux**	**4 Agréable**	**5 Ouverture**
PRF					
Ambitieux	-	-	.76	-	
Agression	.34	.48	-	-58	
Dominance	-	.63	.36	-.36	
Persévérance	-.25	-	.75	-	
Impulsivité	.29	.39	-.61	-	
Éducatif	-	-	-	.73	
Ordonné	-	-	.60	-	-.47
Joueur	-	.69	-44	-	
Compréhensif	-	-	-	-	.71
FPI					
Social	-			.69	.31
Réservé	.39	-.64	-	-	-
Irritable	.69	-	-	-	-
Sujet au stress	.71	-	-	-	-
Plaintes somatiques	.70	-	-	-	-
Émotionnel	.91	-	-	-	-
Centré sur sa santé	-	-	.30	-	-.39
EPI					
Extraversion	-	.86	-	-	-
Névrosisme	.89	-	-	-	-
NEO-PI					
Extraversion	-	.84	-	-	-
Névrosisme	.80	-	-.32	-	-
Ouverture	-	-	-	-	.72
Agréable	-	-	-	.81	-
Consciencieux	-	-	.75	-	-36

Note : les corrélations inférieures à .25 sont omises par souci de clarté.

L'analyse factorielle sur les corrélations entre tous les tests (le tableau 11.3 ne présente pas la totalité des tests à quatorze et onze facteurs) fait apparaître seulement cinq facteurs, qui correspondent à la théorie des « cinq grands » : névrosisme, extraversion, consciencieux, agréable et ouverture. On retrouve également les deux grands facteurs d'Eysenck ; tout en constatant que cette théorie est incomplète, cette recherche confirme cependant que la plupart des tendances pathologiques, irritabilité, plaintes somatiques, sujet au stress, etc., correspondent bien à un facteur d'instabilité émotionnelle, ou de trop forte émotivité (appelé « névrosisme » par Eysenck).

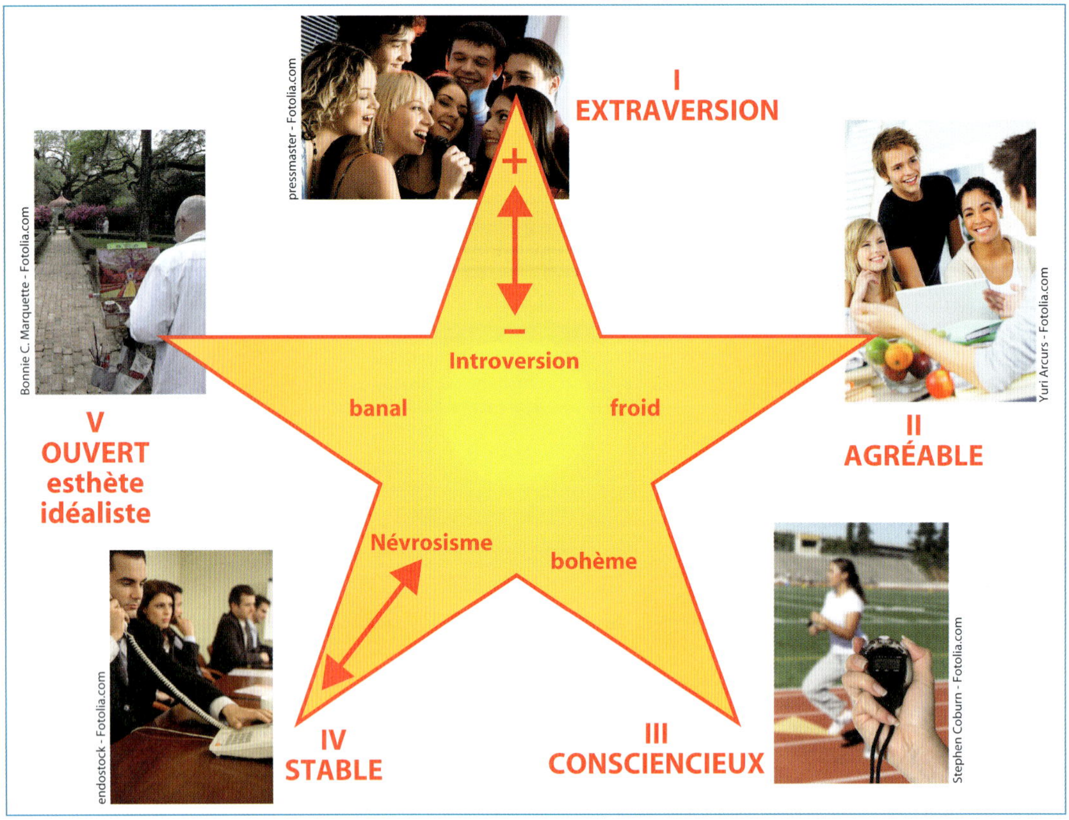

Figure 11.2 – Les cinq grands traits.
L'analyse de milliers de mots décrivant le caractère a abouti à un accord entre chercheurs au niveau international pour cinq grands traits de personnalité : extraverti opposé à introverti ; agréable/froid, consciencieux/boheme, instable emotionnellement (ou nevrosisme) opposé à stable, et ouvert opposé à banal. Contrairement aux types, les personnes ont un trait de personnalité de manière graduée : en moyenne nous sommes à demi-extraverti et à demi-introverti, à demi-ordonné, etc.

Il est intéressant de noter que certains aspects du caractère apparaissent fortement corrélés avec un trait simple (par exemple ambition ou besoin de réussite avec « consciencieux ») mais certains sont des combinaisons de plusieurs traits élémentaires : ainsi « agressif » est une combinaison du caractère désagréable, extraverti avec une touche d'instabilité émotionnelle.

2. Les facettes de la personnalité

D'après de nombreuses recherches, les cinq grands facteurs de notre personnalité, également désignés par leur numéro, seraient donc : extraversion ou bouillonnant (facteur I), agréable (facteur II), consciencieux (III), stabilité émotionnelle (IV) ou son inverse instabilité émotionnelle (ou névrosisme) et ouverture d'esprit (V). Comme dans les théories modernes de la personnalité, ces cinq grands facteurs de la personnalité sont conçus comme des dimensions avec un pôle positif et un pôle opposé négatif, l'individu pouvant se situer plus ou moins loin le long de cette dimension bipolaire. Par exemple, le facteur IV est la stabilité émotionnelle lorsqu'il est positif et correspond au Névrosisme pour les individus de caractère opposé (facteur IV –). Un individu peut ainsi être très anxieux, modérément anxieux ou très peu anxieux...

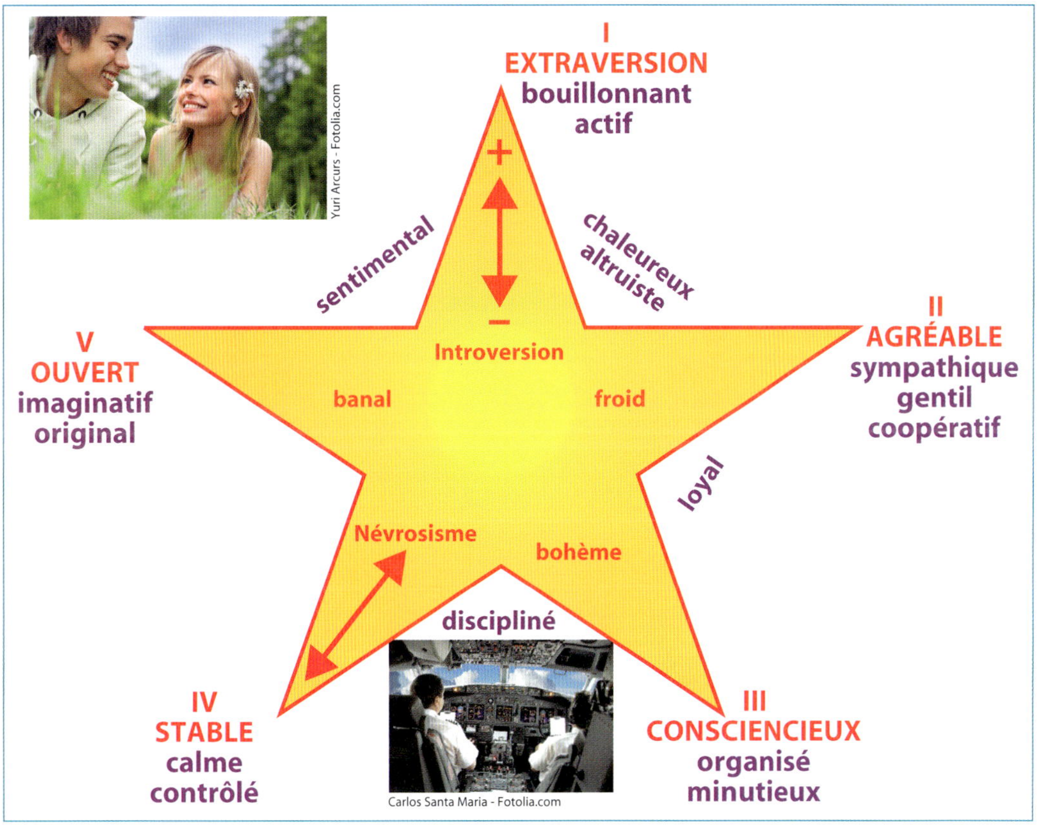

Figure 11.3 – Les cinq grandes dimensions du caractère (illustration d'après les données de Johnson, 1994). Les extrémités de l'étoile représentent le pôle positif et le centre, le pôle négatif ; le « mélange » des dimensions donne une grande variété de facettes, chaleureux, discipliné...

Tableau 11.4 – Exemples de facettes de personnalité résultant de la combinaison de deux facteurs : chaque facteur a un pôle positif (par exemple I + = extraversion) ou négatif (par exemple I - = introversion) (simplifié d'après Johnson, 1994

Facteurs	Saturation	Facettes
I Extraversion		
Chaleureux	.76	I + II +
Social	.66	I + IV +
Actif	.68	I + III +
II Agréable		
Digne de confiance	.66	II + IV +
Loyal	.71	II + III +
Altruiste	.74	II + I +
Modeste	.61	II + IV -
Tendre	.67	II + I +
III Consciencieux		
Compétent	.76	III + IV +
Ordonné	.70	III + V -
Discipliné	.82	III + IV +
IV Névrosisme		
Anxiété	.81	IV -
Colérique	.79	II -
Dépressif	.82	IV - III -
V Ouvert		
Fantaisiste	.66	V + III -
Esthète	.73	V +
Sentimental	.60	V + I +
Idéaliste	.75	V +

Certaines facettes de notre personnalité correspondraient dans cette théorie soit à des facteurs purs soit à des combinaisons de deux facteurs (tabl.11.3 et Figure 11.3). L'anxiété, tempérament très fréquent dans la pathologie et les états limites, correspond au facteur pur car il est corrélé à .81 avec le facteur d'instabilité émotionnelle (ou névrosisme). De même, « esthète » ou « idéaliste » correspond de façon pure au facteur d'ouverture d'esprit (V). Mais d'autres traits de caractère apparaissent comme des combinaisons. Être chaleureux, tendre ou altruiste, serait être à la fois extraverti et agréable. Les gens aimant l'ordre seraient consciencieux (III +) et peu ouverts, peu créatifs (V -) (Johnson, 1994)...

IV. Le rôle de l'apprentissage et de l'influence sociale

Que le caractère soit assez stable dans le temps n'exclut pas d'autres influences. Est-ce que seuls les anxieux fuient lors d'un incendie ? De même comment ne pas être déprimé lors de circonstances graves de la vie, mort d'un proche, chômage, etc. Le même individu ne se comporte pas de la même façon en fonction de la situation, on est plus introverti en situation d'examen et plus extraverti après avoir bu un apéritif... Ainsi les études sur la motivation ont-elles montré que le caractère incontrôlable de la tâche amène à la résignation ; de même, on peut être dominant lorsqu'on se sent compétent et soumis lorsque l'on est avec des amis plus compétents dans un autre domaine.

La personnalité est donc également déterminée par l'apprentissage et les influences sociales. En voici seulement quelques exemples (voir manuels de psychologie sociale)

1. L'influence sociale

Dans le champ de la psychologie sociale cognitive (Joule et Beauvois, 2002 ; Guéguen, 2002), des chercheurs ont bien démontré le rôle de l'influence sociale sur l'autorité et l'agressivité.

Les expériences de « soumission à l'autorité »

Dans les célèbres expériences de Milgram sur les effets de l'autorité, un expérimentateur en blouse blanche ordonne à un étudiant observateur de punir un sujet travaillant mal, par des chocs électriques. Naturellement, les chocs électriques sont fictifs et le sujet est un acteur qui mime la douleur, mais l'observateur croit vraiment administrer des chocs réels. Milgram avait ainsi montré que « couverts » par l'autorité, la plupart des individus ne se sentent pas personnellement responsables du mal qu'ils provoquent.

Les déterminants sociaux de l'agression

Dans des expériences de Bandura, les « victimes » sont présentées comme des gens clairvoyants et compréhensifs (humains), ou à l'inverse comme des gens frustres et grossiers (procédé de « déshumanisation »). Les résultats dans des expériences de type Milgram indiquent que la déshumanisation de la victime joue un rôle énorme dans la détermination du comportement agressif : le faux choc électrique délivré varie de 2 volts à environ 4,5 volts lorsque la victime est déconsidérée ; l'effet est encore plus fort (comme Milgram l'a montré) lorsque l'individu ne se sent plus individuellement responsable mais « couvert » par le groupe puisque l'intensité du choc varie de 3 à 7.

Au cours de plusieurs recherches, Bandura a mis en évidence d'autres déterminants sociaux de l'agression, comme la justification morale, l'euphémisme qui consiste à diminuer la portée de l'action agressive, la mauvaise représentation des conséquences (Bandura, 1973)...

2. De l'influence à la manipulation

Quel que soit leur caractère, la plupart des gens se font manipuler par des techniques de ventes, dont les psychologues sociaux ont analysé les ressorts (Joule et Beauvois, 2002 ; Guéguen, 2002). Ainsi la fameuse technique du « pied dans la porte » au sens figuré consiste à demander un petit service à quelqu'un (vous avez l'heure ?) pour lui vendre quelque chose. Ce mécanisme est expliqué par la théorie de l'engagement : plus un individu est engagé dans un acte, plus il aura tendance à continuer des actes en lien avec l'engagement premier.

Le « pied dans la porte »

Une expérience de Joule, Tamboni et Tafani (2000, cit. Guéguen, 2002) montre bien que le caractère honnête se manipule autant que l'agressivité ou la soumission. L'expérience consiste à voir si un sujet ayant ramassé un billet (50 F, soit environ 10 euros) va le rendre à un compère déclarant l'avoir perdu. Quatre conditions sont mises en œuvre en fonction des relations préalables entre le sujet et le compère :
- condition contrôle : pas de relation sujet/compère ;
- pied dans la porte : le compère a demandé au sujet (avant la perte du billet) de se repérer sur un plan : trois sous-conditions selon le type de remerciement ;
- pied dans la porte « simple » : simple remerciement ;
- pied dans la porte + cause externe : le remerciement fait état d'une justification du service rendu (rendez-vous pour un emploi) ;
- pied dans la porte + cause interne : le remerciement est centré sur les qualités intrinsèques du sujet (gentil, serviable).

À la suite de cette relation, le compère fait remarquer qu'il a perdu un billet et on compte le nombre de sujets qui le rendent en disant qu'il n'est pas à eux. Les résultats indiquent que l'individu devient plus « honnête » s'il a été « engagé » par le service (guidage sur le plan) ; il l'est encore plus s'il y a un « étiquetage » d'un trait de caractère conduisant le sujet à une meilleure estimation de lui-même (motivation par rapport à l'ego ; désirabilité sociale ; **Figure 11.4**).

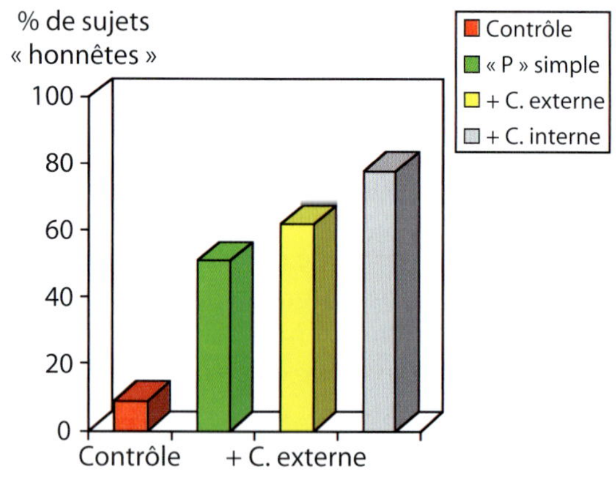

Figure 11.4 – Manipulation de l'honnêteté par la technique du pied dans la porte (d'après Joule, Tamboni et Tafani, 2000, cit. Guéguen, 2002).

La personnalité n'est donc pas simplement une question de tempérament, de caractère mais dépend des influences et apprentissages sociaux, d'où les modes culturels de réactivité, les Orientaux, les diplomates, etc. De même, les médias changent les valeurs ; la télévision change ses styles de héros : le héros moderne n'a plus de cigarette à la bouche et de verre de whisky à la main.

Tempérament et situation sont donc en interaction pour créer la variété des comportements sociaux.

V. Les astres et le caractère

La personnalité, sans doute parce qu'elle est très liée à tous les instants de la vie (amour, argent, santé, travail), a été également abordée par des explications totalement irrationnelles, comme l'astrologie ou la graphologie... Si, selon un sondage (Sofres pour *Figaro-Magazine*, 1993), peu de gens croient que les astres déterminent notre avenir (29 % des personnes interrogées y croient contre 68 % qui n'y croient pas), en revanche, près de la moitié des personnes interrogées (46 %) pensent que les caractères s'expliquent par les signes astrologiques (contre 49 %), et 58 % pensent que l'astrologie est une science !

Www.
Astrologie devant les scientifiques
http://www.pseudo-sciences.org/spip.php/rubrique30

1. Les signes du zodiaque et le caractère

Astronomie et caractère

Quels astres prédisent le caractère ? Peu, puisque parmi les milliards d'objets célestes, galaxies, quasars, nébuleuses, etc., ce ne sont que les douze constellations du zodiaque (éventuellement quelques planètes et la Lune chez les astrologues professionnels) qui influenceraient le caractère. Pourquoi ces constellations et pourquoi pas, la Grande Ourse, la Petite Ourse, Cassiopée et le Dragon, qui dans notre hémisphère, sont toujours au-dessus de notre tête ?

Boris Katsman – Fotolia.com

Quels astres prédisent le caractère pour les astrologues? Très peu, puisque parmi les milliards d'objets célestes, galaxies, quasars, nébuleuses, etc., ce ne sont que les douze constellations du zodiaque (éventuellement quelques planètes et la Lune) qui influenceraient le caractère. Pourquoi seulement ces constellations… Mystère ou plutôt ignorance ?

Écliptique et zodiaque

Les premiers astronomes assyriens et mésopotamiens (Irak), appelés alors astrologues, ont répertorié les groupes d'étoiles qui semblaient liées entre elles et leur ont donné des noms qui ont survécu de nos jours, des ours, une vierge, des poissons, etc. Parmi toutes les constellations de notre ciel (hémisphère nord), certaines ont un statut particulier depuis que les astronomes égyptiens ont découvert l'écliptique, ou cercle apparent de la course du soleil dans le ciel. Vu de la terre au cours de l'année, le soleil semblait apparaître le matin là où une constellation disparaissait. Cette levée héliaque se fait pour douze constellations (pour les astronomes modernes, les Anciens en ont oublié une, Ophiuchus, entre le Scorpion et le Sagittaire (Cannat, 2000)), les fameuses constellations du zodiaque. Cette particularité est due au fait que la terre tourne autour du soleil à peu près dans le même plan que ces constellations (**Figure 11.5**).

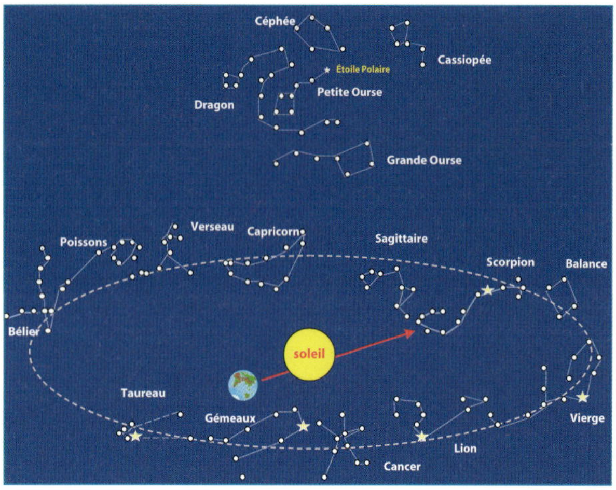

Figure 11.5 – Les 12 constellations du zodiaque. La Terre tourne autour du Soleil dans le même plan que les constellations, du zodiaque. Mais pourquoi ces seules constellations agiraient sur la personnalité et non la Grande Ourse, la Petite Ourse, Cassiopée et le Dragon, qui sont toujours au-dessus de nous (dans l'hémisphère Nord) (adapté d'après Zim *et al.*, 1963).

Mais, de ce fait, les constellations du zodiaque se trouvent situées à hauteur de notre horizon et sont peu visibles dès qu'on monte vers le nord. Si le Scorpion est très visible dans les pays méditerranéens (la Mésopotamie est l'actuelle Irak) comme en Grèce et assez visible dans le sud de la France, cette constellation est quasiment invisible au-dessus de la Loire pour peu qu'il y ait des immeubles ou des arbres à l'horizon. Quelle influence pourraient avoir de telles constellations ?

Sous nos latitudes (notamment au-dessus de la Loire), la belle constellation du Scorpion est invisible dès qu'il y a des arbres, des montagnes ou des immeubles. Dans ces conditions, comment la lumière des étoiles du Scorpion pourrait-elle nous influencer ?

Ces formes (approximatives, la Grande Ourse ressemble plus à une casserole) n'existent d'ailleurs que vues de la Terre car les étoiles d'une constellation sont parfois fort éloignées les unes des autres. Ainsi pour reprendre l'exemple de la constellation du Scorpion, Alpha (Antarès) est à 520 années-lumière tandis que l'étoile Bêta est à 600 années-lumière et l'étoile Nu (= lettre grecque) est à 400 années-lumière. Par comparaison, cent années lumière, c'est dix millions de fois plus loin que la distance Terre-Soleil. Vues d'un vaisseau spatial venant d'une autre direction, nos constellations n'existeraient plus...

Www.
www.astrosurf
Faire « scorpion » pour voir la vraie et magnifique constellation du Scorpion avec l'étoile géante Antarès.

Les faux jumeaux ont-ils le même caractère ?

À ceux qui ne sont pas sensibles aux arguments astronomiques, la méthode psychologique des jumeaux est plus spécifique. Par définition, les jumeaux sont des enfants nés à la même date, *donc sous le même signe zodiacal*, les vrais jumeaux (monozygotes : de « zygote » qui signifie « œuf » en biologie) mais aussi les faux jumeaux (dizygotes). Et pourtant, les vrais jumeaux se ressemblent parfaitement sur le plan biologique, très fortement pour l'intelligence alors que les faux jumeaux ne se ressemblent pas plus que de simples frères et sœurs entre eux, nés sous des signes différents.

Zeno – Fotolia.com

pmphoto – Fotolia.com

Si les signes du zodiaque influençaient le caractère, les jumeaux nés à la même date, *donc sous le même signe zodiacal*, devraient avoir le même caractère, les vrais jumeaux comme les faux. Ce n'est pas le cas pour les faux jumeaux qui ne se ressemblent pas plus que de simples frères et sœurs nés à des dates différentes.

Sur le plan du caractère, des études, portant parfois sur des milliers de paires de jumeaux, ont établi la ressemblance (corrélations) des deux jumeaux entre eux, pour les cinq grands facteurs du caractère (§ II, p. 362).

Tableau 11.5 – Corrélations entre vrais et faux jumeaux pour les cinq grands facteurs de personnalité (d'après Plomin *et al.*, 1990, cit. Huteau, 2006).

	Jumeaux monozygotes	Jumeaux dizygotes
Extraversion	.51	.18
Névrosisme	.48	.20
Ouverture	.51	.14
Conscience	.41	.23
Caractère agréable	.47	.11

Les résultats (tabl. 11.5) montrent que les vrais jumeaux se ressemblent (.50 environ) et que les faux jumeaux ne se ressemblent pas (les corrélations en dessous de .25 sont négligeables). Quoique nés sous les mêmes astres, les faux jumeaux ne se ressemblent pas du tout.

Ce ne sont pas les étoiles qui prédisent la personnalité mais l'hérédité et l'éducation.

2. La Lune a-t-elle un effet sur le caractère ?

Que n'a-t-on pas dit de l'influence de la pleine Lune sur les loups-garous, l'augmentation des crimes, des naissances. Pourtant, pleine, premier ou dernier quartier, ou même invisible lors de la nouvelle Lune, elle est toujours là et dans le cas contraire, il n'y aurait pas de marées (encart). Sur le plan astronomique, et des forces gravitationnelles, on ne voit donc pas ce qui pourrait causer plus de naissances lors de pleine Lune.

Les phases de la lune

La Lune fonctionne pour la Terre comme un miroir, elle renvoie la lumière du Soleil : la Lune est pleine (pleinement lumineuse) lorsque le Soleil, derrière la Terre, se reflète sur la Lune. Quand la Lune est entre le Soleil et la Terre, elle ne lui renvoie aucune lumière : c'est la nouvelle Lune (non visible). Enfin, lorsqu'une partie de la Lune est éclairée, ce sont les premiers et derniers quartiers ainsi que tous les intermédiaires ou croissants de Lune.

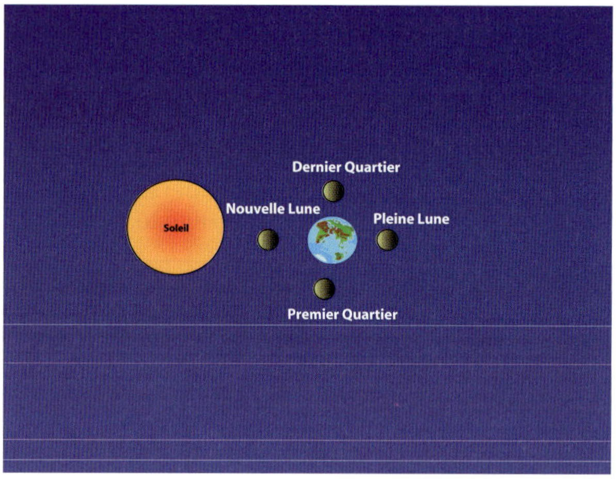

Figure 11.6 – La Lune fonctionne comme un miroir.

En revanche, sur le plan psychologique, on pourrait supposer que, du fait de peurs ancestrales (loup-garou...), la pleine Lune déclenche une anxiété accélérant l'accouchement...

Une analyse des vingt-six études réalisées depuis 1923, portant parfois sur des millions de cas, indique que dans 29 % des cas, la proportion d'accouchements est équivalente quelle que soit la lunaison (pas d'influence, Figure 11.6) ; lorsque les études trouvent une proportion supérieure à la moyenne dans certaines phases (une ou plusieurs), c'est en fait un peu partout et pas spécialement pendant la pleine Lune (seulement dans 15 % des cas). La lune ne déclenche ni les naissances, ni l'anxiété des mamans.

En revanche, les statistiques nous apprennent que lors de la grande panne d'électricité à New York ou lors des grèves de télévision, on enregistre une augmentation de naissances... neuf mois plus tard !

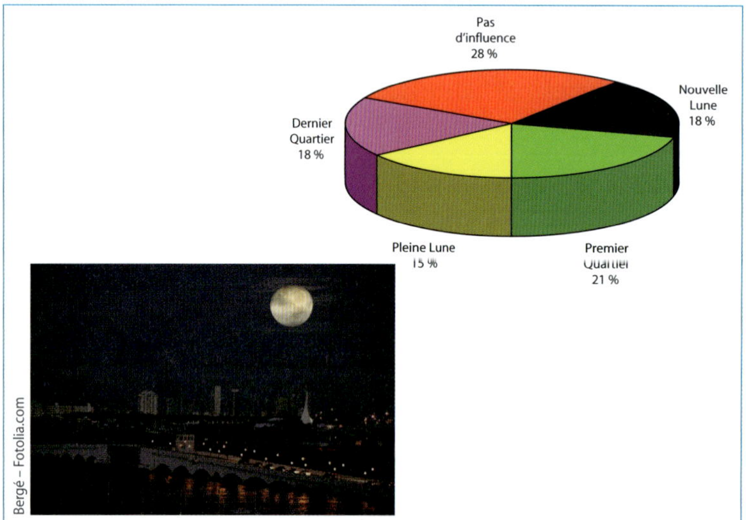

Figure 11.7 – La pleine Lune n'influence pas plus les accouchements que les autres phases (d'après Kerleau-Malinge, 1987 (thèse pour le doctorat de médecine, faculté de médecine de Rennes ; merci à Michel Kerbaol, statisticien, à la faculté de médecine pour m'avoir communiqué cette étude).

3. Le Soleil : un astre qui agit vraiment sur le caractère

Délaissé des astrologues, il y a pourtant bien un astre qui agit sur notre caractère, c'est le soleil. Et pourtant, c'est lui qui apporte la vie (= la chlorophylle des plantes synthétise l'énergie grâce aux photons). C'est encore lui qui apparaît comme la seule ressource d'énergie propre et inépuisable. De plus, les recherches récentes ont montré que notre vie végétative dépend, elle aussi directement, du soleil, tout comme chez les végétaux.

En effet, l'hypothalamus est l'ordinateur de la vie végétative et programme les composantes physiologiques de la faim, la soif, les rythmes veille/sommeil, la sexualité, etc. Or l'hypothalamus (on l'a découvert afin d'expliquer les migrations des oiseaux) est modulé par une autre structure du cerveau, l'épiphyse : c'est une sorte d'œil fossile (avec de vrais photorécepteurs) d'où son nom médiéval de « troisième œil » (ou glande pinéale chez Descartes).

La stimulation de l'épiphyse par les photons déclenche une hormone, la mélatonine, qui stimule toutes les fonctions de l'hypothalamus. Chacun sait combien le Soleil nous stimule. À l'inverse, la grisaille et pire, les longues nuits des régions subpolaires amènent des dépressions hivernales si bien que des photothérapies sont pratiquées dans les crèches et les écoles. Des prescriptions de mélatonine peuvent être données contre la dépression hivernale (notamment aux États-Unis).

Eastwest Imaging – Fotolia.com

Découverts dans les recherches sur les migrations des oiseaux, les photons agissent sur l'épiphyse qui stimule l'hypothalamus, déclenchant une cascade d'hormones dans tout l'organisme. Les agences de voyage l'ont bien compris, c'est la règle des 3 S « Sea, Sex and Sun ». Et la série *Lost* n'aurait peut-être pas eu tant de succès sans la plage et les cocotiers !

VI. La graphologie et le caractère

1. Graphologie et recrutement

L'exception « culturelle » française

Au pays de Proust et de Colette, la graphologie est reine, un peu moins au pays de la bande dessinée, quant au pays du cinéma hollywoodien, la lecture du caractère dans l'écriture n'a guère de succès. Voici quelques exemples des pays utilisateurs de la graphologie dans le recrutement du personnel, d'après une synthèse très documentée réalisée par Michel Huteau, spécialiste français de la personnalité (tabl. 11.6).

Tableau 11.6 – Usage de la graphologie dans le monde (synthèse d'après différentes sources citées par Huteau, 2004, p. 30-33).

Pays	Effectif du sondage	Pourcentage utilisant la graphologie
France	42 grandes entreprises et 60 cabinets	93 %
Suisse	800 responsables du personnel	41 % à 77 %
Belgique	64 entreprises et 25 cabinets	36 %
Israël	Tous les responsables du personnel du pays	25 %
Angleterre	158 entreprises	3 %
Hollande	744 entreprises	3 %
Norvège	61 entreprises	3 %
États-Unis	Enquête de 1980 Enquête de 1997	2,8 % rare
Allemagne	88 entreprises	2 %

Www. http://www.pseudo-sciences.org/spip.php/article1644

Comme Huteau le note (p. 32), l'usage de la graphologie est freiné aux États-Unis du fait d'une législation qui oblige à faire la preuve de l'efficacité d'une méthode (ce qui est appelé « validité empirique » en psychométrie).

Graphologie et aptitudes professionnelles

Or les recherches depuis le début du XXe siècle se sont accumulées pour démontrer que la graphologie prédit au hasard (corrélation de 0), l'adaptation au travail : en voici une synthèse faite par des chercheurs américains sur un grand nombre d'études (tabl. 11.7). Aurait-on l'idée de recruter un médecin sur la base de son écriture ?

Tableau 11.7 – Validité des méthodes de recrutement (adapté d'après Robertson et Smith, 1989, cit. Huteau, 2004).

Méthodes	Corrélation
Échantillon de travail	.38 à .54
Tests d'aptitude	.53
Évaluation par les pairs et supérieurs	.43
Tests d'intelligence générale	.25 à .45
Références	.17 à .26
Entretien	.14 à .23
Questionnaire de personnalité	.15
Intérêts	.10
Auto-évaluation	.15
Graphologie	.00

Notons au passage (tabl. 11.7) que les questionnaires de personnalités et d'intérêt ne prédisent pas mieux (une corrélation inférieure à .25 est négligeable) l'adéquation du profil d'une personne à un emploi. Ce sont essentiellement *les aptitudes cognitives* qui prédisent le mieux la réussite dans un emploi. Qu'importe qu'un architecte ou un ingénieur soit timide ou extraverti, s'il réalise d'excellents travaux.

XH – Fotolia.com

Stephen Coburn – Fotolia.com

On comprend que pour certains métiers, comme enseignant, il faille une écriture nette et lisible, mais pour quantité de métiers quels rapports y a-t-il entre les compétences et la qualité de l'écriture… ? Les recherches montrent qu'il n'y en a aucun !

2. Graphologie et personnalité

L'écriture ne prédit pas la réussite au travail mais peut-être que l'écriture révélerait simplement le caractère ? Comme l'analyse bien Michel Huteau, les relations entre graphisme et caractère ne sont pas établies scientifiquement mais sont symboliques et analogiques. Huteau relève ainsi dans le manuel de graphologie de Jacqueline Peugeot des analogies purement intuitives entre la qualité perçue de l'écriture et le caractère (tabl. 11.8).

Tableau 11.8 – Exemples de correspondance naïve entre écriture et caractère (d'après J. Peugeot, cit. Huteau, 2004, p. 117).

Écriture	Caractère
Écriture veloutée	« Affectivité ouverte…, sensibilité »
Écriture fine	« Discrétion…, attitude d'accueil…, prudence… »
Trait flou	« Image d'une personnalité incertaine »
Écriture emportée	« Passion…, excès… »
Etc.	

Dans ce type de présentation, le caractère correspond sémantiquement au qualificatif attribué de l'écriture. Si l'écriture est fine, la personne est discrète, l'écriture est emportée et le caractère l'est aussi... C'est un pur jeu de synonymes.

Dès 1919, des recherches ont été conduites pour examiner la relation entre l'écriture et le caractère. Dans l'étude de Hull et Montgomery (1919, cit. Huteau, p. 175), qui selon Huteau a beaucoup contribué à discréditer la graphologie, une série de traits de caractère est corrélée avec dix aspects de l'écriture, la corrélation moyenne est nulle : -.16. Les mêmes résultats se sont accumulés dans différentes recherches jusqu'à nos jours.

Ainsi, dans une synthèse de Dean ne retenant que les études satisfaisant à certains critères (calcul d'une corrélation ; contenu neutre de la lettre), la corrélation moyenne sur onze études est de .08 (Dean, 1992, cit. Huteau, p. 183).

L'écriture n'indique rien des processus supérieurs, ni l'intelligence, ni le caractère... Par la naïveté de ses principes, la graphologie ne révèle que le manque de formation scientifique de ceux qui l'emploient. Huteau note (p. 25) que la durée totale de la formation d'un graphologue est de 180 heures, contre 2 500 environ pour la formation d'un psychologue à l'université (master professionnel = bac + 5).

Révision du chapitre

Résumé

Qu'est-ce que la personnalité ? 370

Dans son sens le plus général, la personnalité désigne l'ensemble de toutes les caractéristiques de l'individu : sensori-motrices, cognitives, émotives. Dans un sens plus restrictif, elle ne décrit que les aspects affectifs (motivations et émotions) et sociaux, c'est le tempérament ou caractère..

Qu'est-ce que la théorie des cinq grands facteurs ? 374

Les cinq grands facteurs ont été trouvés : extraversion ou bouillonnant (facteur I), agréable (facteur II), consciencieux (III), stabilité émotionnelle (IV) et ouverture d'esprit (V).

Lectures conseillées

HUTEAU M. (2004). *Écriture et personnalité : approche critique de la graphologie*, Paris, Dunod.

HUTEAU M. (2013). *Psychologie différentielle : Cours et exercices* (4e édition), chap. 3, Paris, Dunod.

BERNAUD J.-L. (2014). *Les Méthodes d'évaluation de la personnalité*, Paris, Dunod, 2e édition.

Joule R.V., Beauvois J.-L. (2002). *Petit Traité de manipulation à l'usage des honnêtes gens*, Grenoble, Presses universitaires de Grenoble.

GUÉGUEN N. (2014). *Psychologie de la manipulation et de la soumission*, Paris, Dunod, 2e édition.

Exercices et QCM

QCM (1 point par question)

Cochez la bonne réponse. Attention, les mauvaises réponses sont comptées – 1. Il n'y a pas de pièges, dans le doute, ne répondez pas.

1. Quel astre influence le caractère ?
❑ Soleil ❑ Vénus ❑ Mars ❑ Lune

2. Quel est l'ordre de grandeur de la corrélation entre écriture et caractère ?
❑ .00 ❑ .40 ❑ .60 ❑ .90

3. Quelles grandes dimensions de la personnalité les études d'Eysenck ont-elles montré ?
❑ dominance ❑ extraversion ❑ névrosisme ❑ timidité

4. Citez l'intrus dans la théorie actuelle de la personnalité :
❑ Extraverti ❑ Agréable ❑ Agressif ❑ Consciencieux

5. Les expériences de Milgram montrent l'influence sociale sur la :
❑ motivation ❑ persévérance ❑ peur ❑ soumission

6. La technique du « pied dans la porte » s'explique par la théorie de :
❑ l'engagement ❑ la déshumanisation ❑ la sympathie ❑ la concordance

Mode de correction : + 1 pour les bonnes réponses, et – 1 pour les mauvaises et faire le total algébrique (soustraire les – des +) ; par exemple, s'il y a autant de – 1 que de + 1, cela fait un total de 0 ; dans le doute, il vaut mieux ne pas répondre.

Exercices

De préférence, faites les exercices avec un crayon et une gomme pour les refaire plusieurs fois. La répétition est la base de l'apprentissage (cf. chap. 3 et 4).

Exercice 1 : Johnson (1994) a montré par une analyse corrélationnelle que certains caractères correspondaient à plusieurs traits.

Question 1 : À quelle théorie cette expérience se rattache ?

Question 2 : Quels sont les traits de base dans cette théorie et leur numéro ?

Question 3 : Faites un tableau à double entrée pour placer les caractères du tableau de résultats.

Traits	Facettes
Chaleureux	I+ II+
Social	I+ IV+
Actif	I+ III+
Loyal	II+ II+
Altruiste	II+ I+
Modeste	II+ IV-
Tendre	II+ I+
Compétent	III+ IV+
Ordonné	III+ V-
Discipliné	III+ IV+
Anxiété	IV-
Colérique	IV- II-
Dépressif	IV- III-
Fantaisiste	V+ III-
Esthète	V+
Sentimental	V+ I+
Idéaliste	V+

Bibliographie

AKBARALY T., BERR C. *et al.* (2009). « Leisure activities and the risk of dementia in the elderly », *Neurology*, vol. 13.

ALLAIN H., LIEURY A. et GANDON J.M. (1993). « Psychopharmacology of memory components », in I. Hindmarch et P.D. Stonier (éds.), *Human Psychopharmacology*, Chichester, New York, John Wiley & Sons, 9, 142-164.

AMOORE J.E., PELOSI P. et FORRESTER L.J. (1977). « Specific Anosmias to 5 Alpha-Andost-16-en-3 One and Omega-Penta-decalactone : the Urinous and Musky Odors », *Chemical Senses and Flavor*, 2, 401-425.

AROLES S. (2007). *L'énigme des enfants-loups : une certitude biologique mais un déni d'archives 1304-1954*, Paris, Publibook.

ARONOF J., WOIKE B.A. et HYMAN L.M. (1992). « Wich are the Stimuli in Facial Displays of Anger and Happiness ? Configurational Bases of Emotions Recognition », *Journal of Personality and Social Psychology*, 62, 1050-1066.

ATKINSON R.C. et SHIFFRIN R.M. (1968). « Human Memory : a Proposed System and its Control Processes », in K.W. SPENCE, J.T. SPENCE (éd.), *The Psychology of Learning and Motivation*, vol. 2, New York, Academic Press.

BACCINO T., COLÉ P. (1995). *La Lecture experte*, Paris, PUF.

BADDELEY A. (1993). *La Mémoire humaine, théorie et pratique*, Presses universitaires de Grenoble.

BADDELEY A.D. (2000). « The Episodic Buffer : A New Component of Working Memory », *Trends in Cognitive Sciences*, 4, 417-423.

BADDELEY A.D. et HITCH G. (1974). « Working Memory », in G.A. BOWER (éd.), *Recent Advances in Learning and Motivation*, vol. 8, New York, Academic Press.

BAHRICK H.P., BAHRICK P.O., WITTLINGER R.P. (1973). « Fifty Years of Memory for Names and Faces : a Cross-Section Approch », *Journal of Experimental Psychology : General*, 104, 54-75.

BANDURA A. (1979). « Psychological Mechanisms of Agression », in M. VON CRANACH, K. FOPPA, W. LEPENIES et D. PLOOG (éd.), *Human Ethology : Claims and Limits of a New Discipline*, Cambridge University Press.

BANDURA A. (1980). *L'Apprentissage social*, Bruxelles, Mardaga.

BANDURA A., CERVONE D. (1983). « Self-Evaluative and Self-Efficacity mechanisms governing the motivational effects of goal systems », *Journal of Personality and Social Psychology*, 45, 1017-1028.

BANDURA A. (1990). *Multidimensional scales of perceived academic efficacy*, Stanford, CA, Stanford University.

BANDURA A. (1993). « Perceived self-efficacy in cognitive development and functioning », *Educational Psychologist, 28*, 117-148.

BEACH F.A. (1951). « Instinctive Behavior : Reproductive Activities », in S.S. STEVENS, *Handbook of Experimental Psychology*, New York, John Wiley.

BEAUVOIS M.-F. et DÉROUESNÉ J. (1979). « Phonological Alexia : Three Dissociations », *Journal of Neurology, Neurosurgery and Psychiatry*, 42, 1115-1124.

BEKESY G. VON (1957). *The Ear*, Scientific American.

BERGSON H. (1896). *Matière et mémoire*, Paris, Alcan, 1917, 3e éd., p. 75-75.

BENTUE-FERRER D., REYMANN J.-M., ALLAIN H. (1994). *Aspects biologiques du stress*, document du laboratoire de pharmacologie expérimentale et clinique, faculté de médecine, Rennes.

BIAGGIO M.K., SUPPLEE K., CURTIS N. (1981). « Reliability and Validity of Four Anger Scales », *Journal of Personality Assessment*, 45, 639-648.

BIEDERMAN I. (1987). « Recognition by Components : a Theory of Human Image Understanding », *Psychological Review*, 94, 115-147.

BINET A. (1900). « Recherches sur la technique de la mensuration de la tête vivante », *L'Année psychologique*, 7, 314-429.

BINET A. (1902). « Nouvelles recherches de céphalométrie », *L'Année psychologique*, 8, 341-429.

BINET A. (1904). « La graphologie et ses révélations sur le sexe, l'âge et l'intelligence », *L'Année psychologique*, 9, 179-210.

BINET A. (1908). « Essai de chiromancie expérimentale », *L'Année psychologique*, 13, 390-404.
BINET A., SIMON T. (1905). « Sur la nécessité d'établir un diagnos-tic scientifique des états inférieurs de l'intelligence », *L'Année psychologique*, 11, 193-217.
BINET A., SIMON T. (1908). « Le développement de l'intelligence chez les enfants », *L'Année psychologique*, 14, 1-94.
BLAKEMORE C. (1978). « Environemental Constraints on Development in the Visual System », in R.A. Hinde, *Constraints in Learning*, New York, Academic Press.
BLANCHARD S., LIEURY A., LE CAM M. & ROCHER T. (2012). « Motivation et sentiment d'efficacité personnelle chez les élèves de 6e de collège », *Bulletin de Psychologie*. sous presse.
BLANCHETEAU M. (1982). *L'Apprentissage animal*, Bruxelles, Mardaga.
BLANCHETTE I., RICHARDS A. (2004). « Reasoning about emotional and neutral materials: Is logic affected by emotion ? », *Psychological Science, 15*, 11, 745-751.
BLANCHETTE I., RICHARDS A. (2010). « The influence of affect on higher level cognition: A review of research on interpretation, judgement, decision making and reasoning », *Cognition and Emotion, 24*, 4, 561-595.
BLOCH V., DEWEER B HENNEVIN E. (1970). « Suppression de l'amnésie rétrograde et consolidation d'un apprentissage à essai unique par stimulation réticulaire », *Physiology a Behavior*, *5*, *11*, 1235-1241.
BLODGETT H.C. (1929). « The Effect of the Introduction of Reward upon the Maze Performance of Rats », *University California Publishing Psychology*, 4, 113-134.
BONNET V (1969). *Audition in Physiologie*, t. II, Ch. KAYSER (sous la dir.), t. II, *Système nerveux, muscle*, Paris, Flammarion.
BORING E.G. (1950). *A History of Experimental Psychology*, New York, Appleton-Century-Crofts.
BORKENAU P., OSTENDORF F. (1989). « Descriptive Consistency and Social Desirability in Self and Peer Reports », *European Journal of Personality*, 3, 31-45.
BOTWINICK J., STORANDT M. (1974). *Memory, related functions and age*, Springfield, Ill., Charles C. Thomas.
BOUCHARD T.J. et MCGUE M. (1981). « Familial Studies of Intelligence : A Review », *Science*, 212, 1055-1059
BOUCHARD T.J., LYKKEN D.T., MCGUE M., SEGAL N.L. et TELLEGEN A. (1990). « Sources of Human Psychological Differences : the Minnesota Study of Twin Reared Apart », *Science*, 250, 223-228.
BOUJON Ch. et QUAIREAU Ch. (1997). *Attention et réussite scolaire*, Paris, Dunod.
BOWER G. (1970). « Imagery as a Relational Organizer in Associative Learning », *Journal of Verbal Learning and Verbal Behavior*, 9, 529-533.
BOWER G.H., CLARK M.C., LESGOLD A.M. et WINZENZ D. (1969). « Hierarchical Retrieval Schemes in Recall of Categorized Word Lists », *Journal of Verbal Learning and Verbal Behavior*, 8, 323-343.
BRADY J.V. (1958). *Ulcers in « Executive » Monkeys*, Scientific American.
BRAMAUD DU BOUCHERON G. (1981). *La Mémoire sémantique de l'enfant*, Paris, PUF.
BREMNER *et al.* (1995)., *American Journal of Psychiatry*, p. 973.
BROADBENT D. (1958). *Perception and Communication*, London, Pergamon Press.
BROUILLET D. et SYSSAU C. (1997). La maladie d'Alzheimer: mémoire et vieillissement, Paris, PUF.
BROWN L., POLLITT E. (1996). « Malnutrition, pauvreté et développement intellectuel », *Pour la Science*, 223, 90-94.
BROWN R.W., MCNEILL D. (1966). « The "Tip of the Tongue Phenomenon" », *Journal of Verbal Learning and Verbal Behavior*, 5, 325-327.
BRUCE V., YOUNG A. (1986). « Understanding Face Recognition », *British Journal of Psychology*, 77, 305-327.
BRUTSCHE J., CISSE A., DELEGLISE D., FINET A., SONNET P., TIBERGHIEN G. (1981). « Effets de contexte dans la reconnaissance de visages non familiers », *Cahiers de psychologie cognitive*, 1, 85-90.
BRUYER R. (1983). *Le Visage et l'Expression faciale*, Bruxelles, Mardaga.
BULLIER J. (2001). « Les trajectoires cérébrales de l'information visuelle », *L'œil et la vision, Science & Vie*, hors série, n° 216, 54-59.
BULLIER J., NOWAK L.G. (1995). « Parallel *versus* Serial Processing : New Vistas on the Distributed Organization of the Visual System », *Current Biology*, 5, 497-503.
BURBAN V. (2000). *La Mémoire des visages et des noms de personnes*, thèse de doctorat (sous la dir. A. Lieury), université de Haute-Bretagne, Rennes.
BURT C. (1958). « The Genetic Determination of Differences in Intelligence : a Study of Monozygotic Twins Reared Together and Apart », *British Journal of Psychology*, 57, 137-153.
BURTON M. et BRUCE V. (1992). « I recognize your face but I can't remember your name : a simple explanation », *British Journal of Psychology*, 83, 45-60.
BUTLER R.A. (1954). *Curiosity in Monkeys*, Scientific American.
BYKOV C. (1956). *L'Écorce cérébrale et les organes internes*, Moscou, Éditions en langues étrangères.
CANNAT G. (2000). *Le Guide du ciel*, Paris, Nathan.
CARIOU-ROGNANT A.-M., CHAPERON A.-F., DUCHESNE N. (2014). *L'affirmation de soi par le jeu de rôle en thérapie comportementale et cognitive*. Paris, Dunod.
CARPENTER P.A. (1974). « On the Comprehension Storage and Retrieval of Comparative Sentences », *Journal of Verbal Learning and Verbal Behavior*, 13, 401-411.
CESSELIN F. (1959). *Comment évaluer le niveau intellectuel (adaptation française du test Terman-Merrill, 1937)*, Paris, Bourrelier-Armand Colin.
CHARLES A., TARDIEU H. (1977). *Tables de fréquence des éléments de vingt-huit catégories*, Laboratoire de psychologie expérimentale, Paris.
CHANDRASHEKAR J., HOON M.A., RIBA N.J.P., ZUKER C.S. (2006). « Encoding taste qualities at the

periphery », *Nature*, 444, 288-294.

CHASTRETTE M., ELMOUAFFEK A., ZAKARYA D. (1986). « Étude statistique multidimensionnelle des similarités entre 24 notes utilisées en parfumerie », *Comptes rendus de l'Académie des sciences*, 303, 13, 1209-1214.

CHERRY E.C. (1953). « Some Experiments on the Recognition of Speech, with One and with Two Ears », *Journal of the Acoustical Society of America*, 25, 975-979.

CHOMSKY N. (1965). *Aspects of the Theory of Syntax*, Cambridge, Massachusetts, MIT Press.

CHRISTIANSON S.A. (éd.) (1992*a*). *The Handbook of Emotion and Memory : Research and Theory*, Hillsdale, New Jersey, Lawrence Erlbaum Associates.

CHRISTIANSON S.A. (éd.) (1992*b*). « Emotional Stress ans Eyewitness Memory : a critical review », *Psychological Bulletin*, 1992, 112, 284-309.

COHEN-SALMON C. et BLANCHETEAU M. (1968). « Indices d'orientation dans le labyrinthe et transport de la nourriture chez le rat blanc », *L'Année psychologique*, 68, 1-10.

COLLINS A. et QUILLIAN R.M. (1970). « Does the Category Size Affect Categorization Time ? », *Journal of Verbal Learning and Verbal Bhavior*, 9, 432-438.

CONRAD C. (1972). « Cognitive Economy in Semantic Memory », *Journal of Experimental Psychology*, 92, 149-154.

CONRAD R. (1964). « Acoustic Confusions in Immediate Memory », *British Journal of Psychology*, 55, 75-84.

COOPER R.M., ZUBEK J.P. (1958). « Effects of Enriched and Restricted Early Environments on the Learning Ability of Bright and Dull Rats », *Canadian Journal of Psychology*, 12, 159-164.

CORNU L. (1967). « Données biochimiques et électropsychologiques récentes sur la vision chromatique », *L'Année psychologique*, 67, 532, 548.

COULET J.C. (1999). *Eduquer l'intelligence*, Paris, Dunod.

CRAIK F.I.M. (1970). « The Fate of Primary Memory Items in Free Recall », *Journal of Verbal Learning and Verbal Behavior*, 9, 143-148.

CRAIK F.I.M., BYRD M. (1982). « Aging and cogitive deficits : the role of attentional resources », in F.I.M. Craik et S. Trehub, *Aging and Cogitive Processes*, Plenum Publishing Corporation.

DALLAS M., MERIKLE Ph. (1976). « Semantic Processing of Non-Attended Visual Information », *Canadian Journal of Psychology*, 30, 15-21.

DAMASIO A. (1995). *L'Erreur de Descartes*, Paris, Odile Jacob.

DANTZER R. *Psychobiologie des émotions*.

DARLOT C. (2001). *Le Cervelet*, Paris, Pour la Science, n° 285.

DARWIN C. (1970). *De l'origine des espèces par sélection naturelle ou des lois de transformation des êtres organisés*, Paris, Guillaumin et Cie, Victor Masson et fils (1re éd. anglaise, 1859).

DAVIDSON R. (1989). « Des humeurs bien partagées », *Les Émotions, Science et Vie*, n° 168, hors série, p. 51-57.

DE LUMLEY H. (2007). *La Grande Histoire des premiers hommes européens*, Paris, Odile Jacob.

DE RAAD B. (1994). « An Expedition in Search of a Fith Universal Factor : Key Issues in the Lexical Approach », *European Journal of Personality*, 8, 229-250.

DECI E., RYAN R. *et al.* (1982). « Effects of Performance Standards on Teaching Styles : Behavior of Controlling Teachers », *Journal of Educational Psychology*, 74, 852-859.

DELMAS A. et DELMAS A. (1965). *Voies et centres nerveux*, Paris, Masson.

DENIS M. (1975). *Représentation imagée et activité de mémorisation*, Paris, Éditions du CNRS.

DENIS M., POUQUEVILLE P. DE (1976). « Le réalisme de la figuration dans la mémoire d'actions concrètes », *Bulletin de psychologie*, 30, 328, 543-550.

DENIS P. (1992). « Neuropeptides et œil », in Y. CHRISTEN *et al.* (éd.), *Neurobiologie de la rétine, Les Séminaires ophtalmologiques d'IPSEN*, t. IV, Paris, Elsevier. P. 19-35.

DÉRO M., FENOUILLET F. (2014). « Estimation du vocabulaire encyclopédique scolaire mémorisé à l'école élémentaire », *Bulletin de Psychologie*, 67, 2, 127-141.

DESOR J.A., BEAUCHAMP G.K. (1987). « Longitudinal Changes in Sweet Preference in Human », *Physiology & Behavior*, 39, 639-641.

DICK D.M. ALIEV F., KRAMER J., WANG J.C., HINRICHS A., BERTELSEN S., KUPERMAN S., SCHUCKIT M. *et al.* (2007). « Association of CHRM2 with IQ : converging evidence for a gene influencing intelligence », *Behavior genetics, 37*, 2, 265-72.

DIXON B. (1990). *Le Corps humain. Le Monde des sciences*, Oxford, Equinox/Paris, France Loisirs.

DODWELL P.C., BESSANT D.E. (1960). « Learning without Swimming in a Water Maze », *Journal of Comparative and Physiological Psychology*, 53, 422-425.

DONNET V. (1969). « Système nerveux autonome », in *Physiologie*, t. II, Ch. Kayser (sous la dir. de), *Système nerveux, muscle*, Paris, Flammarion.

DORST J. (1956). *Les Migrations d'oiseaux*, Paris, Payot.

DOTY R.L. (1981). « Olfactory Communications in Humans », *Chemical Senses*, 6, 351-376.

DOTY R.W. (1961). « Conditionned Reflexes Formed and Evoked by Brain Stimulation », in K. PRIBRAM, *Brain and Behavior 2*, Penguin Books, 1969.

DRYDEN W., FERGUSON J. et MCTEAGUE S. (1989). « Beliefs and Inferences : a Test of a Rationale-Emotive Hypothesis : 2. On the Prospect of Seeing a Spider », *Psychological Reports*, 64, 115-123.

DUCHARME R. et FRAISSE P. (1965). « Étude génétique de la mémorisation de mots et d'images », *Canadian Journal of Psychology*, 19, 253-261.

DUYME M., DUMARET, TOMKIEWICZ (1999). *How can we Boost IQs of « Dull Children » : A Late Adoption Study*, INSERM, Université Paris-VII.

DWECK C. et LEGGETT E. (1988). « Social-Cognitive Approach to Motivation and Personality », *Psychological Review*, 95, 256-273.

EBBINGHAUS H. (1964). *Memory : A Contribution to Experimental Psychology*, New York, Dover publications (éd. allemande originale, 1885).

EHRLICH S et FLORIN A. (1989). « Ne pas décourager l'élève », *Revue française de pédagogie*, 35-48.

EHRLICH S. (1972). *La Capacité d'appréhension verbale*, Paris, PUF.

EHRLICH S., TULVING E. (1976). « La mémoire sémantique », *Bulletin de psychologie*, numéro spécial.

EHRLICH S., BRAMAUD DU BOUCHERON G. et FLORIN A. (1978). *Le Développement des connaissances lexicales à l'école primaire*, Poitiers, PUF/Laboratoire de psychologie de Poitiers.

EHRLICHMAN H., BARRETT J. (1983). « Right Hemispheric Specialization for Mental Imagery », *Brain and Cognition*, 2, 55-76.

EKMAN P. (1992). « Are there Basic Emotions », *Psychological Review*, 99, 550-553.

EKMAN P., LEVENSON R.W., FRIE-SEN W.V. (1983). « Autonomic Nervous System Activity Distinguishes among Emotions », *Science*, 221, 1208-1210.

EKMAN P. (1989). « Histoire d'un homme qui faisait sourire », in *Les Émotions, Science et Vie*, n° 168, hors série, p. 12-23.

EKMAN P. (1989). « La mesure de l'expression faciale », in *Les Émotions, Science et Vie*, n° 168, hors série, p. 24-31.

EMLEN S.T. (1972). « L'énigme des oiseaux migrateurs », *Psychologie*, 34.

ERDMANN G., JANKE W. (1978). « Interaction between Physiological and Cognitive Determinants of Emotions : Experimental Studies on Schachter's Theory of Emotions », *Biological Psychology*, 6, 61-74.

EUSTACHE F., FAURE S. (1996). *Manuel de neuropsychologie*, Paris, Dunod.

EWERT J.P. (1974). *The Neural Basis of Visually Guided Behavior*, Scientific American.

EYSENCK H.J. (1979). *La Névrose et vous*, Bruxelles, Mardaga.

FAYOL M. (1985). *Le Récit et sa construction*, Neuchâtel, Delachaux & Niestlé.

FESTINGER L. (1962). *Cognitive Dissonance*, Scientific American.

FLIELLER A. (1999). « Comparison of the Development of Formal thought in Adolescent Cohorts Aged 10 to 15 Years (1967-1996 and 1972-1993) », *Developmental Psychology*, 35, 1048-1058.

FLORÈS C. (1964). *La Mémoire. Traité de psychologie expérimentale*, Fraisse et Piaget éd., Paris, PUF.

FLORIN A. (2013). *Le développement du langage*, Paris, Dunod.

FLYNN J.R. (1987). « Massive IQ Gains in 14 Nations : What IQ Tests really Measure », *Psychological Bulletin*, 101, 171-191.

FONTAINE R. (1999). Manuel de psychologie du vieillissement, Paris, Dunod.

FOULQUIÉ P. (1914). *Traité élémentaire de philosophie*, t. I : *Psychologie*, lieu d'édition, Éditions École.

FRAISSE P. (1965). « Les émotions », in *Traité de psychologie expérimentale*, Paris, PUF.

FRAISSE P. (1967). « L'évolution de la psychologie expérimentale », in *Traité de psychologie expérimentale*, Paris, PUF.

FRAISSE P. (1968). « L'intégration et le masquage de lettres présentées en succession rapide », *L'Année psychologique*, 68, 321-345.

FRAISSE P. (1971). « L'intégration temporelle des éléments des illusions optico-géométriques et l'inversion de l'illusion de Muller-Lyer », *L'Année psychologique*, 71, 53-72.

FRAISSE P. (1974). « Mémoire de dessins et de phrases en fonction de la durée de présentation », *L'Année psychologique*, 74, 145-156.

FRAISSE P. (1976). « Y a-t-il des illusions perceptives en vision réduite ? », *Bulletin de psychologie*, 327, 212-219.

FRAISSE P. et CONSTANTIAL G. (1968). « La durée de transformation négative d'adjectifs isolés », *L'Année psychologique*, 68, 409-420.

FRAISSE P. et LÉVEILLÉ M. (1975). « Influence du codage visuel de phrases sur leur mémorisation à court terme », *L'Année psychologique*, 75, 409-416.

FRAISSE P., SIFFRE M., OLÉRON G., ZUILI N. (1968). « Le rythme veille-sommeil et l'estimation du temps », in *Cycles biologiques et psychiatrie*, Symposium Bel-Air, Paris, Masson 257-265.

FREUD S. (1901). *Psychopathologie de la vie quotidienne*, Paris, Payot, 1973.

FREUD S. (1917). *Introduction à la psychanalyse*, Paris, Payot, 1965.

FREUD S. (1925). *Ma vie et la psychanalyse*, Paris, Gallimard, 1950.

FREUD S. (1954). *Cinq psychanalyses*, Paris, PUF, 1954 (1re trad. fr. du « Petit Hans » en 1909).

FREY P.W., ADESMAN P. (1976). « Recall Memory for Visually Presented Chess Posi-tions », *Memory and Cognition*, 4, 541-547.

FRISBY J.-P. (1979). *De l'œil à la vision*, Paris, Fernand Nathan.

FRISCH K. VON (1927). *Vie et mœurs des abeilles*, Paris, Albin Michel, 1969.

GAILLARD J.-P., BOURGES, P. (1999). « Effet du filtrage spatial sur la reconnaissance de paysages », *L'Année psychologique*, 99, 415-445.

GARDNER A., GARDNER B. (1969). « Teaching Sign Language to a Chimpanzee », *Science*, 165, 664, 672.

GAZZANIGA M. (1976). *Le Cerveau découblé*, Bruxelles, Mardaga.

GENTILE D.A. (2009). « Pathological video game use among youth 8 to 18 : A national study », *Psychological Science*, *20*, 594-602.

GENTNER D. (1975). « Evidence for the Psycho-logical Reality of Semantic Components : the Verbs of Possession », in D.A. NORMAN et D.E. RUMELHART, *Explorations in Cognition*, San Francisco, Freeman and Company.

GÉRARD C. (1974). *Aspects figuratifs et opératifs de l'activité mnémonique chez l'enfant*, thèse de doctorat de 3e cycle, Paris.

GLEITMAN H. (1963). *Place-Learning*, Scientific American.

GOEBEL B.L., BROWN D.R. (1981). « Age Differences in Motivation Related to Maslow's Need Hierarchy », *Developmental Psychology*, 17, 809-815.

GORLICK A. (2009). *Media multitaskers pay mental price*, Stanford University News.

GOT C., DELHOMME P., LASSARRE S. (2007). « La mortalité routière en France peut encore reculer », *Population & Sociétés*, INED, n° 434.

GOUGENHEIM G., MICHÉA R., RIVENC P. et SAUVAGEOT A. (1967). *L'Élaboration du français fondamental*, Paris, Didier.

GRATAROLUS, GULIELMUS. *De memoria reparanda... Basiliae*, 1554 ; trad. fr. Estienne Coppe, 1555, The British Library, British Museum, Londres.

GRATAROLUS G. (1555). *De memoria reparanda*, Basiliae, 1554 ; traduction française Estienne Coppe, The British Library, British Museum, Londres, 1555.

GREENFIELD P.M. (1998). « The Cultural Evolution of IQ », in U. NEISSER (éd.), *The Rising Curve : Long Term Gains in IQ and Related Measures*, Washington D.C., American Psychological Association.

GREGORY R.L. (1966). *L'Œil et le Cerveau*, Paris, Hachette.

GRIBENSKI A. (1964). *L'Audition*, Paris, PUF.

GUEGUEN N. (2002). *Psychologie de la manipulation et de la soumission*, Paris, Dunod.

GUIDA A., TARDIEU H., NICOLAS S. (2009). « Mémoire de travail à long terme : quelle est l'utilité de ce concept ? », *L'Année Psychologique, 109*, 83-122.

GUILLEMIN R. et BURGUS R. (1972). *The Hormones of the Hypothalamus*, Scientific American.

GUINGOUAIN G. (1999). *Psychologie sociale et évaluation*, Paris, Dunod.

HALL D.T., NOUGAIM K.E. (1968). « An Examination of Maslow's Need Hierarchy in an Organizational Setting », *Organizational Behavior and Human Performance*, 3, 12-35.

HARDYCK C.D., PETRINOVITCH L.F. (1970). « Subvocal Speech and Comprehension Level as a Function of the Difficulty Level or Reading Material », *Journal of Verbal Learning and Verbal Behavior*, 9, 647-652.

HARLOW H. (1959). *Love in Infant Monkeys*, Scientific American.

HEBB D.O. (1949). *Organization of Behavior*, New York, Wiley.

HEBB D.O. (1966). *A Textbook of Psychology*, Philadelphia, Saunders Company.

HÉCAEN H., ANGELERGUES (1962). « Agnosia for Faces », *Archives of Neurology*, 7, 92-100.

HENRY J.-P. (1989). « Quelles thérapies pour le stress ? », *Les Émotions, Science et Vie*, hors série, 168, 85-93.

HERCULANO-HOUZEL S. (2009). « The human brain in numbers : a linearly scaled-up primate brain », *Frontiers in Humain Neuroscience, 3*, 31, 1-11.

HINDMARCH I. (1988). « Information Processing, Critical Flicker Fusion Threshold and Benzodiazepines : Results and Speculations », in I. HINDMARCH, H. OTT (éd.), *Benzodiazepine Receptor Ligands, Memory and Information Processing : Psychometric, Psychopharmacological and Clinical Issues*, Berlin, New York, Springer-Verlag, 79-89.

HINTZMAN D.L. (1967). « Articulatory Coding in Short-Term Memory », *Journal of Verbal Learning and Verbal Behavior*, 6, 312-316.

HONZIK M.P. (1957). « Developmental Studies of Parent-Child Resemblance in Intelligence », *Child Development*, 28, 215-228.

HUANG L., SHANKER G., DUBAUSKAITE J., ZHENG J.Z., YAN W., ROSENZWEIG S., SPIELMAN A., MAX M., MARGOLSKEE R.F. (1999). « Gγ13 Colocalizes with Gustducin in Taste Receptor Cells and Mediate IP_3 Responses to Bitter Denatonimum », *Nature Neuroscience*, 2, 1055-1062.

HUBEL D. (1963). *The Visual Cortex of the Brain*, Scientific American.

HUBEL D. (1988). *Eye, Brain and Vision*, New York, American Scientific Library.

HUBEL D. et WIESEL T. (1979). « Les mécanismes cérébraux de la vision », *Pour la science*, 25, 79-93.

HUGON J., LESORT M., SINDOU Ph., ESCLAIRE F., COURATIER Ph. (1995). *L'Année gérontologique*, supplément « La maladie d'Alzheimer ».

HULL C.L. (1943). *Principles of Behavior*, New York, Appleton-Century-Crofts.

HULL C.L. (1952). *A Behavior System*, New Haven, Yale University Press.

HUTEAU M. (1973). « L'étude de l'hérédité du comportement chez l'animal. Problèmes généraux », in M. REUCHLIN, *L'Hérédité des conduites*, Paris, PUF.

HUTEAU M. (2006). *Psychologie différentielle : Cours et exercices* (3e éd.), Paris, Dunod.

INSINGRINI M., HAUER K, FONTAINE R. (1996). « Effet du vieillissement sur les réponses basées sur la familiarité et sur la recherche en situation de reconnaissance », *L'Année Psychologique, 96*, 255-273.

ISHIHARA S. (1966). *Tests for Color-Blindness*, Tokyo, Kanehara Shuppan, Co, LTD ; Paris, Luneau & Coffignon.

ITTELSON W.H., KILPATRICK F.P. (1951). *Experiments in Perception*, Scientific American, 65-76.

IZARD C.E. (1992). « Basic Emotions, Relations among Emotions and Emotions-Cognition Relations », *Psychological Review*, 99, 561-565.

IZARD C.E., LIBERO D.Z., PUTNAM P., HAYNES O.M. (1993). « Stability of Emotions Experiences and their Relations to Traits of Personnality », *Journal of Personnality and Social Psychology*, 64, 847-860.

J.I.M.(1990). « Stress et dépression, supplément VIIIe congrès mondial de psychiatrie », *Le Journal international de médecine*, n° 145, 15-31.

JACUBOWITZ C. (1968). « La durée de la transformation grammaticale des phrases », *L'Année psychologique*, 68, 421-429.

JAGACINSKI C., NICHOLLS J. G. (1984). « Competence and Affect in Task Invol-vement and Ego Involvement : the Impact of Social Comparison Information », *Journal of Educational Psychology*, 79, 107-114.

JAGOT L. (1996). *Critères de configuration des connaissances de type scrip*, thèse de doctorat, université de Nantes.

JAMET E. (1997). *Lecture et réussite scolaire*, Paris, Dunod.

JAMET E., LE BOHEC O. (2007). « The Effect of Redundant Text on Multimedia Instruction », *Contemporary Educational Psychology*.

JAMET E. (2008). *La Compréhension des documents multimédia : de la compréhension à la production*, Marseille, Solal.

JEANNEROD M. (1974). « Les deux mécanismes de la vision », *La Recherche*, 24-32.

JENSEN A.R. (1980). *Bias in Mental Testing*, Londres, Methuen & Co.

JERISON H. (2001). « On Theory in comparative psychology », in R.J. Sternberg & JC. Kaufman (eds.), *The Evolution of Intelligence*, Mahwah, NJ, Lawrence Erlbaum Associate.

JODELET F (1972). *L'Association verbale. Traité de psychologie expéri-*

mentale, Fraisse et Piaget (éd.), Paris, PUF.

JOHNSON J.A. (1994). « Clarification of Factor Five with the Help of the AB5C Model », *European Journal of Personnality*, 8, 311-334.

JOULE R.V., BEAUVOIS J.-L. (2002). *Petit Traité de manipulation à l'égard des honnêtes gens*, Grenoble, PUG.

JOUVET M. (sans date, postérieur 1995). « Structures et mécanismes responsables du cycle veille-sommeil », *Encyclopedia Universalis*. In Site Internet : ura 1195-6.univ-lyon1.fr.

JUHEL J. (1989*a*). « Analyse confirmatoire des relations entre aptitudes spatiales et mémoire visuospatiale », *Psychométrie et psychologie*, 10, 21-41.

JUHEL J. (1989*b*). « Analyse des aptitudes intellectuelles : revue de quelques travaux récents », *L'Année psychologique*, 89, 63-86.

KAMIN L. (1984). « IQ : the Rank Ordering of the World », in S. ROSE, J. KAMIN, R.C. LEWONTIN (éd.), *Not in our Genes*, Harmonds worth England, Penguin Books.

KARLI P. (1969). « Le système limbique », in C. KAYSER, *Traité de physiologie*, t. II, Paris, Masson, 1081-1122.

KARLI P. (1971). « Les conduites agressives », *La Recherche*, 18.

KAWAÏ M. (1965). « Newly-Acquired Pre-Cultural Behavior of the Natural Troop of Japanese Monkeys on Koshima Islet », *Primates*, 6, 1-30.

KIROUAC G. (1994). « Les émotions », in *Traité de psychologie expérimentale* (sous la dir. de Richelle, Requin, Robert), Paris, PUF.

KNIGHT M.V., PARKINSON S.R. (1975). « Stimulus Set and Response Set : Influence of Instructions on Stimulus Suffix Effects in Dichotic Memory », *Journal of Experimental Psychology : Human Learning and Memory*, 104, 408-414.

KÖHLER W. (1964). *La Psychologie de la forme*, Paris, Gallimard.

KÖHLER W. (1973). *L'Intelligence des singes supérieurs*, Paris, CEPL (1re éd. 1924 ; éd. fr. 1927).

KORSAKOFF S. (1889). « Étude médico-psychologique sur une forme des maladies de la mémoire », *Revue philosophique*, 28, 501-530.

KRETCH D., CRUTCHFIELD R.S., LIVSON N. (1969, 2e éd.). *Elements of psychology*, New York, Alfred A. Knopf.

KRINGLEBACH M.L., ROLLS E.T. (2004). « The functional neuroanatomy of the human orbitofrontal cortex : evidence from neuroimaging and neuropsychology », *Progress in Neurobiology, 72*, 341-372.

LABOWS J.N., WYSOCKI C.J. (1984). « Individual Differences in odor perception », *Perfumer an Flavorist*, 9, 21-25.

LACHAUX J.P. (2011). *Le cerveau attentif*, Paris, Odile Jacob.

LAI C., FISHER S. E, HURST J. A, VARGHA-KHADEM F., MONACO A.P. (2001). « A forkhead-domain gene is mutated in a severe speech and language disorder », *Nature, 413* (6855), 519-523.

LANCET D. (1991). « The Strong Scent of Success », *Nature*, 351, 275-276.

LAPPUKE R., SCHMITT P., KARLI P. (1982). « Discriminative Properties of Aversive Brain Stimulation », *Behavior and Neural Biology*, 34, 159-179.

LAUTREY J. (1978). « Structuration de l'environnement familial et développement cognitif », *Cahiers de psychologie*, 21, 99-110.

LECOMTE J. (sous la direction de) (2014). *Introduction à la psychologie positive*, Paris, Dunod.

LE MAGNEN J. (1969*a*). « Olfaction », in C. KAYSER (sous la dir.), *Traité de physiologie*, t. II, Paris, Masson, 749-802.

LE MAGNEN J. (1969*b*). « Gustation », in C. KAYSER (sous la dir.), *Traité de physiologie*, t. II, Paris, Masson, 803-820.

LE NY J.-F (1993). « Les réactions conditionnelles », in FRAISSE P., PIAGET J., *Traité de psychologie expérimentale*, t. IV, Paris, PUF.

LE NY J.-F (sous la dir. de) (1993). *Intelligence naturelle et intelligence artificielle*, Paris, PUF.

LE NY J.-F. (1967). *Apprentissage et activités psychologiques*, Paris, PUF.

LECOMTE, LAMBERT (1991). *La Chronopsychologie*, Paris, PUF.

LEDOUX J. (1994). « Emotion, Memory and the Brain », *Scientific American*, 270, 34-39.

LEHALLE H., MELLIER D. (2005). *Psychologie du développement : Enfance et adolescence*, Paris, Dunod.

LEVITSKY D.A., STRUPP B.J. (1995). « Malnutrition and the Brain : Changing Concepts, Changing Concerns », *The Journal of Nutrition*, supplement, 125, 2212-2220.

LÉVY-SCHOEN A. (1967). « Les mouvements oculaires d'exploration », *L'Année psychologique*, 67, 569-599.

LÉVY-SCHOEN A. (1976). « Exploration et connaissance de l'espace visuel sans vision périphérique », *Le Travail humain*, 39, 63-72.

LEZAK M.D. (1982). « The Problem of Assessing Executive Functions », *International Journal of Psychology*, 17, 281-297.

LIDDELL H.S. (1954). *Conditioning and Emotions*, Scientific American.

LIEURY A. (1979). « La mémoire épisodique est-elle emboîtée dans la mémoire sémanti-que ? », *L'Année psychologique*, 79, 123-142.

LIEURY A. (2005). *Psychologie de la mémoire : histoire, théories, expériences*, Paris, Dunod.

LIEURY A. (2009). *Doper son cerveau : réalité ou intox ?*, Paris, Dunod.

LIEURY A. (2010) *Une mémoire d'éléphant : les méthodes pour la mémoire au banc d'essai*, Paris, Dunod.

LIEURY A. (2012, 4e éd.). *Mémoire et réussite scolaire*, Paris, Dunod.

LIEURY A., CALVEZ F. (1986). « Le double codage des dessins en fonction du temps de présentation et de l'ambiguïté », *L'Année psychologique*, 86, 45-61.

LIEURY A., FENOUILLET F. (2006). *Motivation et réussite scolaire*, Paris, Dunod, 2e éd.

LIEURY A., LE NOUVEAU N. (1987). « Spécialisation hémisphérique et double traitement des dessins en mémoire », *L'Année psychologique*, 87, 169-183.

LIEURY A., FOREST D. (1994). « La mémoire et le concept : les épisodes de la connaissance », *Le Langage et l'Homme*, 29, 125-146.

LIEURY A., IFF M., DURIS P. (1976). *Normes d'associations verbales*, Laboratoire de psychologie expérimentale, Paris.

LIEURY A., RAOUL P., GANDON J.M., DECOMBE R., REYMANN J.M. et ALLAIN H. (1990). « Profil des capacités mnésiques dans les maladies de Parkinson et d'Alzheimer », *Psychologie Médicale, 22, 12*, 1210-1217.

LIEURY A., TREBON P., BOUJON C., BERNOUSSI M., ALLAIN H. (1991). « Le vieillissement des composants de la mémoire : analyse factorielle de 17 scores de mémoires », *L'Année psychologique*, 91, 169-186.

LIEURY A., LORANT S., CHAMPAULT F. (2014). « Loisirs numériques et performances cognitives et scolaires : une étude chez 27 000 élèves de la 3e des collèges », *Bulletin de Psychologie, 67*, 2, 99-125.

LIEURY A., LORANT S., TROSSEILLE B., VOURC'H R., FENOUILLET F. (2014). « Motivation, rébellion, climat de la classe et popularité perçue : une étude sur 23 000 adolescents du collège », *Bulletin de Psychologie, 67*, 4, 274-294.

LOARER E., CHARTIER D., HUTEAU M., LAUTREY J. (1995). *Peut-on éduquer l'intelligence ?*, Peter Lang, Bern.

LOGIE R.H.(2011). « The functional organization and capacity limits of working memory », *Current directions in Psychological Science, 20*, 4, 240-245.

LOO R. (1979). « A Psychometric Investigation of the Eysenck Personality Questionnaire », *Journal of Personnality Assessment*, 43, 54-58.

LORANT-ROYER S., LIEURY A. (2003). « Quelle mémoire mesurent les tests visuospatiaux ? », *Psychologie & Psychométrie*, 24, 5-33.

LORANT-ROYER S., SPIESS V., GONCALVES J. et LIEURY A. (2008). « Programmes d'entraînement cérébral et performances cognitives : efficacité ou marketing ? De la Gym-cerveau au programme du Dr Kawashima », *Bulletin de Psychologie, 61*, 531-549.

LORANT S., LIEURY A., FENOUILLET F., KAPLAN J. (2012). « Rebellion and Escape : Negative Motivations and School Achievement in Middle School », en préparation.

LORANT S., LIEURY A. (2014). « Efficiency of Brain Training Vs. Recreational Video Games for Cognitive/Academic Performance : A Synthesis of 3 Experiments », in *Video Games : Parents' Perceptions, Role of Social Media and Effects on Behavior*, New York, Nova Science Publishers, Inc., p. 29-73.

LORENZ K. (1968). *Il parlait avec les mammifères, les oiseaux et les poissons*, Paris, Flammarion.

LORENZ K. (1969). *L'Agression*, Paris, Flammarion.

LURIA A. R. (1970). *Une prodigieuse mémoire*, Neuchâtel, Delachaux et Nestlé.

MACNICHOL E.F. (1964). *Three Pigments Color Vision*, Scientific American.

MAIER S.F., SELIGMAN M.E.P. (1976). « Learned Helplessness : Theory and Evidence », *Journal of Experimental Psychology : General*, 105, 3-46.

MALSON L. (1964). *Les Enfants sauvages, mythe et réalité*, Paris, Union générale d'éditions.

MANDLER G., PEARLSTONE Z. (1966). « Free and Constrained Concept Learning and Subsequent Recall », *Journal of Verbal Learning and Verbal Behavior*, 5, 12, 6-131.

MANDLER J. et JOHNSON N. (1977). « Remembrance or Things Parsed : Story, Structure and Recall », *Cognitive Psychology*, 9, 111-151.

MASLOW A.H. (1943). « A Theory of Human Motivation », *Psychological Review*, 50, 370-396.

MATRAS J.-J. (1961). *Le Son*, Paris, PUF.

MAXWELL A.E. (1972). « Factor Analysis : Thomson Sampling Theory Recalled », *British Journal of Mathematical and Statistical Psychology*, 25, 1-21.

MCCARTHY R.A., WARRINGTON E.K. (1994). *Neuropsychologie cognitive*, Paris, PUF.

MC CRAE R.R. (1994). « Openness to Experience : Expanding to the boudaries of factor V », *European Journal of Personality*, 8, 251-272.

MCGEOGH J.A., MCDONALD W.T. (1931). « Meaningful Relation and Retroactiv Inhibition », *The American Journal of Psychology*, 18, 579-588.

MÉDIONI J., ROBERT M.-C. (1969). « L'apprentissage chez les invertébrés », *L'Année psychologique*, 69, 161-208.

MEYER D. (1970). « On the Representation and Retrieval of Stored Semantic Information », *Cognitive Psychology*, 1, 242-299.

MEYER C *et al.* (2005). *Le Livre noir de la psychanalyse*, Paris, Éditions des Arènes.

MILGRAM S. (1974). *Soumission à l'autorité*, Paris, Calmann-Lévy.

MILLER G.A. (1956*a*). « The Magical Number Seven, Plus or Minus Two : Some Limits of our Capacity for Processing Information », *Psychological Review*, 63, 81-97.

MILLER G.A. (1956*b*). *Langage et Communication*, Paris, PUF.

MILLER N.E. (1944). « Experimental Studies of Conflict, in Personnality and the Behavior Disorders », *J. Mc V. Hunt*, 431-465.

MILLER N.E. (1948). « Studies of Fear as an Acquirable Drive : Fear as Motivation and Fear Reduction as Reinforcement in the Learning of New Responses », *Journal of Experimental Psychology*, 38, 89-101.

MILLER N.E., DOLLARD J. (1941). *Social Learning and Imitation*, New Haven, Yale University Press.

MILNER B. (1970). « Pathologie de la mémoire », in *La Mémoire*, symposium, Paris, PUF.

AMERICAN PSYCHIATRIC ASSOCIATION, *Mini DSM-IV, Critères diagnostiques*, Washington DC, 1994 ; trad. fr. par J.-D. Guelfi *et al.*, Paris, Masson, 1996.

MIRABEL-SARRON C., VERA L. (2014). *L'entretien en thérapie comportementale et cognitive*. 4e édition, Paris, Dunod.

MISHKIN M., APPENZELLER T. (1987). *The Anatomy of Memory, Readings from Scientific : The Workings of the Brain, Development, Memory and Perception*, Llinas R.R. (éd.), New York, Freeman & Cie, 88-102.

MONTAGNER H. (1983). *Les Rythmes de l'enfant et de l'adolescent*, Paris, Stock-Laurence Pernoud.

MONTEIL J.-M. (1993). *Le Soi et le Contexte*, Paris, Armand Colin.

MONTMOLLIN G. (1977). *L'Influence sociale*, Paris, PUF.

MORMÈDE P. (1989). « Les hormones des émotions », *Les Émotions, Science et Vie*, hors série, n° 168, 43-49.

MORTON J. (1970). « Functional Model of Memory », in D. NORMAN (éd.), *Models of Memory*, New York, Academic Press.

Moscovitch M. (1992). « Memory and Working-with-memory : a component process model based on modules and central systems », *Journal of Cognitive Neuroscience*, 4, 257-267.

Mueller C.G., Rudolph M. (1966). *L'Œil et la Lumière*, Time-Life.

Mueller F.L. (1968). *Histoire de la psychologie : de l'Antiquité à nos jours*, Paris, Payot.

Munn N.L. (1956). *Traité de psychologie*, Paris, Payot.

Murdock B.B. Jr (1962). « The Serial Position Effect of Free Recall », *Journal of Experimental Psychology*, 64, 482-488.

Myers W.A. (1970). « Observational Learning in Monkeys », *Journal of the Experimental Analysis of Behavior*, 14, 225-235.

Myers D.G. (1997). *Psychologie*, Paris, Flammarion.

N'Guyen Xuan A. (1969). *Étude pour le modèle factoriel d'une hypothèse sur les processus de développement : recherche expérimentale sur quelques aptitudes intellectuelles chez les élèves du premier cycle de l'enseignement secondaire*, thèse de 3e cycle, Paris, Laboratoire de psychologie différentielle.

Nathans J. (1989). *The Genes of Color Vision*, Scientific American, 28-35.

Nicholls J. (1984). « Achievement Motivation : Conceptions of Ability, Subjective Experience, Task Choice and Performance », *Psychological Review*, 91, 328-346.

Nicolas S. (1998). « Benjamin Bourdon (1860-1943) : Fondateur du Laboratoire de Psychologie et de linguistique expérimentales à l'université de Rennes (1896) », *L'Année psychologique*, 98, 271-293.

Nicolas S. (2001). *Histoire de la psychologie*, Paris, Dunod, 2001.

Norman D. (1968). « Toward a Theory of Memory and Attention », *Psychological Review*, 75, 522-536.

Norman D., Shallice T. (1980). « Attention to Action : Willed and Automatic Control of Behavior », *Center for Human Information Processing (Technical Report n° 99)*.

Noton D., Stark L. (1971). *Eye Movements and Visual Perception*, Scientific American.

O'Reagan K. et Lévy-Schoen A. (1978). « Les mouvements des yeux au cours de la lecture », *L'Année psychologique*, 78, 459-492.

Oatley K. et Jenkins J. (1996). *Understanding Emotions*, Cambridge, Blackwell Publishers.

Olds J. (1956). *Pleasure Centers in the Brain*, Scientific American.

Oléron G. (1964). *Le Transfert. Traité de psychologie expérimentale*, Fraisse et Piaget (éd.), Paris, PUF.

Oléron P. (1957). *Les Composantes de l'intelligence d'après les recherches factorielles*, Paris, PUF.

Onfray M. (2010). *Le crépuscule d'une idole. L'affabulation freudienne*, Paris, Grasset.

Overmier B., Blancheteau M. (1987). « La résignation acquise », *L'Année psychologique*, 87, 73-92.

Overton W., Wiener M. (1966). « Visual Field Position and Word-Recognition Threshold », *Journal of Experimental Psychology*, 71, 249-253.

Owen A.M., Hampshire A., Grahn J.A., Stenton R., Dajani S., Burns A.S., Howard R.J. et Ballard C.G. (2010). « Putting brain training to the test », *Nature*, Letters, 1-4.

Paivio A. (1971). *Imagery and Verbal Processes*, New York, Holt, Rinehart & Winston.

Paivio A., Csapo K. (1969). « Concrete Image and Verbal Memory Codes », *Journal of Experimental Psychology*, 80, 279-285.

Pallaud B. (1977). *L'Apprentissage par observation chez la souris et le rat*, thèse de doctorat ès sciences naturelles, Strasbourg.

Panksepp J. (1977). « Toward a General Psychobiological Theory of Emotions », *The Behavioral and Brain Sciences*, 5, 407-467.

Panksepp J. (1989). « Les circuits des émotions », in *Les Émotions, Science et Vie*, n° 168, hors série, p. 58-67

Panksepp J. (2005). « Affective consciousness : Core emotional feelings in animals and humans », *Consciousness and Cognition, 14*, 30-80.

Panksepp J. (2011). « The basic emotional circuits of mammalian brains : do animals have affective lives ? », *Neuroscience and Behavioral Reviews, 35*, 1791-1804.

Parot F., Richelle M. (1992). *Introduction à la psychologie : histoire et méthodes*, Paris, PUF.

Parot F. (1994). « Le banissement des esprits : naissance d'une frontière institutionnelle entre spiritisme et psychologie », *Revue de synthèse*, 1994, n° 3-4, 417-443.

Patterson K.E. et Marcel J. (1977). « Asphasia, Dyslexia and the Phonological Coding of Written Words », *Quaterly Journal of Experimental Psychology*, 29, 307-318.

Pavlov I. (1963). *Réflexes conditionnels et inhibitions* (recueil de textes), Genève, Gonthier, Bibliothèque Médiation.

Pelletier L., Vallerand R.J. (1993). « Une perspective humaniste de la motivation : les théories de la compétence et de l'autodétermination », in Vallerand R. J. et Thill E., *Introduction à la psychologiede la motivation*, Québec, Vigot.

Pelletier L.G., Fortier M.S., Vallerand R.J., Brière N.M. (2001). « Associations among perceived autonomy support, forms of self-regulations and persistence : A prospective study », *Motivation and Emotion, 25*, 4, 279-306.

Penfield W., Roberts L. (1963). *Langage et mécanismes cérébraux*, Paris, PUF.

Peterfalvi J.-M. (1966). « Symbolisme phonétique » et arbitraire du signe (linguistique), *Bulletin de psychologie*, numéro spécial, *Aspects du langage*, 247, 632-635.

Peterson L.R., Peterson M.J. (1959). « Short-Term Retention of Individual Verbal Items », *Journal of Experimental Psychology*, 193-198.

Pettigrew J.D. (1972). *The Neurophysiology of Binocular Vision*, Scientific American.

Piaget J. (1961). *Les Mécanismes perceptifs*, Paris, PUF.

Piaget J. (1964). *La Construction du réel chez l'enfant*, Neuchâtel, Delachaux et Niestlé.

Piaget J. (1974). *La Prise de conscience*, Paris, PUF.

Piaget J., Inhelder B. (1962). *Le Développement des quantités physiques*, Neuchâtel, Delachaux et Niestlé.

PIAGET J., INHELDER B. (1963). « Les opérations intellectuelles et leur développement », in P. FRAISSE, J. PIAGET, *Traité de psychologie expérimentale*, t. VII, Paris, PUF.
PIAGET J., INHELDER B. (1966). *La Psychologie de l'enfant*, Paris, PUF.
PIÉRON H. (1966). « Les besoins », in P. FRAISSE, J. PIAGET, *Traité de psychologie expérimentale*, Paris, PUF.
PIÉRON H. (1967). *La Sensation*, Paris, PUF.
PIOLINO P. (2003). « La mémoire autobiographique : modèles et évaluation », in T. MEULEMANS, B. DESGRANGES, S. ADAM, F. EUSTACHE (éd.), *Évaluation et prise en charge des troubles mnésiques*, Marseille, Solal Éditeur.
POLLITT E., GORMAN K.S., ENGLE P.L., RIVERA J.A., MARTORELL R. (1995). « Nutrition in Early Life and the Fulfillment or Intellectual Potential », *The Journal of Nutrition*, supplement, 127, 1111-1118.
POSNER M.I. (1990). « The Attention System of the Human Brain », *Annual Review of Neurosciences*, 13, 25-42.
POSTAL V., LIEURY V. (1994). *Tables de fréquence des éléments de 221 catégories*, Laboratoire de psychologie expérimentale, université Rennes-II.
POSTMAN L., KEPPEL G. (1969). *Verbal Learning and Memory*, England, Penguin books.
PREMARK A.J., PREMARK D. (1972). *Teaching Language to an Ape*, Scientific American.
PRITCHARD R.M. (1961). *Stabilized Images on the Retina*, Scientific American.
PURVES D., AUGUSTINE G.J., FITZPATRICK D., HALL W.C. (2005). *Neurosciences*, Bruxelles, de Boeck.
QUAIREAU C. (1995). *Les Effets d'amorçage en mémoire : de l'activation aux mécanismes attentionnels*, thèse de doctorat, université Rennes-II.
QUILLIAN M.R. (1969). « The Teachable Language Comprehender : A Simulation Program and Theory of Language », communications of the ACM, 12, 459-476.
QUINETTE P., NOËL A., DAYAN J., DESGRANGES B., PIOLINO P., DE LA SAYETTE V., EUSTACHE F. et VIADER F. (2010). « L'ictus amnésique idiopathique », *Neurologie Pratique*, 54.
RABINOWITZ J. (1992). « Les effets physiologiques du bruit », *La Recherche*, 22, 178-187.
RAPIN J.-R. (1997). « Pourquoi le stress est mauvais pour le cerveau », *Neuro-psychiatrie*, n° 36, 18-19.
RATLIFF F. (1972). *Contour and Contrast*, Scientific American.
RAUCHS G. (2012). « Dormir pour mieux apprendre », *Cerveau & Psycho*, L'Essentiel n° 11, « L'Envie d'apprendre », 84-87.
REED M.P., GREEN P.A. (1999). « Comparison of Driving Performance On-Road and in a Low-Cost Simulator Using a Concurrent Telephone Dialling Task », *Egonomics*, 42, 1015-1037.
REGAN P. (2008). *The mating game : a primer on love, sex and marriage*, Sage Publications.
RENNEVILLE M. (2000). *Le Langage des crânes : une histoire de la phrénologie*, Paris, Institut d'Edition Sanofi-Synthelabo.
RESCORLA R.A., SOLOMON R.L. (1967). « Two-Processes Learning Theory : Relationships Between Pavlovian Conditionning and Instrumental Learning », *Psychological Review*, 74, 151-182.
REUCHLIN M. (1964). *Méthodes d'analyse factorielle à l'usage des psychologues*, Paris, PUF.
REUCHLIN M. (1966). *Histoire de la psychologie*, Paris, PUF.
REUCHLIN M. (1974). *La Psychologie différentielle*, Paris, PUF.
REUCHLIN M. (1977, 4e éd.). *Psychologie*, Paris, PUF.
REUCHLIN M. (dir.) (1973). *L'Hérédité des conduites*, Paris, PUF.
REUCHLIN M. (dir.) (1978). *Culture et conduites*, Paris, PUF.
RIBOT T. (1881). *Les Maladies de la mémoire*, Paris, Armand Colin.
RIBOT T. (1901). *Les maladies de la mémoire*, Paris, Félix Alcan.
RICHELLE M. (1966). *Le Conditionnement opérant*, Bruxelles, Mardaga.
ROBERT L. (1998). *Vieillissement du cerveau et démences*, Paris, Flammarion.
ROCKLIN T. et REVELLE W. (1981). The Measurement of Extraversion : a Comparison of the « Eysenck Personality Inventory and the Eysenck Personnality Questionnaire », *British Journal of Social Psychology*, 20, 279-284.
ROEHRS T., ZWYGHUIZEN-DOORENBOS A., SMITH D., ZORICK F., ROTH T. (1988). « Reversal by Caffeine of Triazolam-Induced Impairment of Waking Function », in I. HINDMARCH, H. OTT (éd.), *Benzodiazepine receptor ligands, memory and information processing : Psychometric, psychopharmacological and clinical issues*, Berlin, New York, Springer-Verlag, 79-89.
ROPARTZ P. (1968). « Le rôle de l'olfaction dans le comportement social des souris mâles », *Revue du comportement animal*, 2, 1-39.
ROSENZWEIG M.R. (1976). *Biologie de la mémoire*, Paris, PUF.
ROSENZWEIG M.R., LEIMAN A.L., BREEDLOVE S.M. (1998). *Psychobiologie*, Bruxelles, De Boeck Université.
ROSSETI Y., PISELLA L. (2001). « Une vision à deux vitesses », in *L'œil et la vision, Science & Vie*, hors série, n° 216, 68-73.
ROSSI J.-P. (1975). « Inhibition latérale et métacontraste », *L'Année psychologique*, 75, 7-21.
ROSSI J.-P. (1983). *L'Identification des mots écrits*, Lille, Atelier national de reproduction des thèses.
ROSSI J.-P. (2004). *La Mémoire sémantique*, Paris, DeBoeck Université.
ROUBERTOUX P., CARLIER M. (1976). *Génétique et comportements*, Paris, Masson.
ROZENCWAJG P., ALIAMER V., OMBREDANE E. (2009). « Le fonctionnement cognitif d'enfants atypiques à travers leur QI », *Pratiques Psychologiques*, *15*, 343-365.
RYAN R M., DECI E.L. (2000). « Intrinsic and Extrinsic Motivations : Classic definitions and New directions », *Contemporary Educational Psychology*, *25*, 54-67.
SALTHOUSE T.A. (1996). « The processing-speed theory of adult age differences in cognition », *Psychological Review*, *103*, 403-428.
SANDS S.F., WRIGHT A. A (1980). « Primate Memory : Retention of Serial List Items by a Rhesus Monkey », *Science*, 209, 22, 938-940.

SAPOLSKY R.M. (1990). « Stress in the Wild », *Scientific American*, 106-113.

SAPOLSKY R.M. (1996). « Why Stress is Bad for your Brain », *Nature*, 273, 749-750.

SARRAZIN P., VALLERAND R., GUILLET E., PELLETIER L., CURY F. (2001). « Motivation and dropout in female handballers : a 21-month prospective study », *European Journal of Social Psychology*, *31*, 1-24.

SASANUMA S., FUJIMURA O. (1971). « Selective Impairement of Phonetic and Non-Phonetic Transcription of Words in Japanese Aphasic Patients : Kana *Versus* Kanji in Visual Recognition and Writing », *Cortex*, 7, 1-18.

SAVAGE-RUMBAUGH S. (1993). *Kanzi, le singe aux mille mots*, production vidéo, NHK.

SAVIN H.B., PERCHONOCK E. (1965). « Grammatical Structure and the Immediate Recall of English Sentences », *Journal of Verbal Learning and Verbal Behavior*, 4, 348-353.

SCHACHTER S. et SINGER J.E. (1962). « Cognitive, Social and Physiological Determinants of Emotional States », *Psychological Review*, 69, 379-399.

SCHACTER D. (2003). *Science de la mémoire*, Paris, Odile Jacob.

SCHANK R.C. (1980). « Language and Memory », *Cognitive Science*, 4, 243-284.

SCHONFIELD D., ROBERTSON B. (1966). « Memory storage and aging », *Canadian Journal of Psychology*, *20*, 228-236.

SCOVILLE W.B., MILNER B. (1957). « Loss of recent memory after bilateral hippocampal lesions », *Journal of Neurol. Neurosurg. Psychiat.*, 20, 11-21.

SCHNEIDER W., SHIFFRIN R.M. (1977). « Controlled and Automatic Human Information Processing : I. Detection, Search and Attention », *Psychological Review*, 84, 1-66.

SELIGMAN M. (1999). « Positive social science », *Journal of Positive Behavior Interventions*, *1* (3), 181-18

SHALLICE T. (1995). *Symptômes et modèles en neuropsychologie*, Paris, PUF.

SHAPIRO M. (1962). « Temporal Relationship Between Salivation and Lever Pressing with Differential Reinforcement of Low Rates », *Journal of Comparative and Physiological Psychology*, 55, 201-210.

SHIFFRIN R.M., ATKINSON R.C. (1969). « Storage and Retrieval Processes in Long-Terme Memory », *Psychological Review*, 76, 179-193.

SINCLAIR H., FERREIRO E. (1970). « Étude génétique de la compréhension, production et répétition des phrases au mode passif », *Archives de psychologie*, 40, 1-42.

SINGER J.-L., SINGER D.G. (1981). *Television, Imagination and Agression*, Hillsdale, Lawrence Erlbaum Associates.

SKEELS H.M. (1966). « Adult Statuts of Children with Contrasting Early Life Experience, Monographies of Social Research », *Child Development*, 31, 105.

SKINNER B.F. (1951). *How to Teach Animals*, Scientific American.

SMALL W.S. (1900). « An Experimental Study of the Mental Processes of the Rat », *The American Journal of Psychology*, 11, 133-165.

SMALL W.S. (1901). « An Experimental Study of the Mental Processes of the Rat II », *The American Journal of Psychology*, 12, 206-239.

SOLOMON R.L. et WYNNE L.C. (1953). « Traumatic Avoidance Learning Acquisition in Normal Dogs », *Psychological Monographs*, 67, 1-19.

SPEARMAN C. (1904). « "General Intelligence" Objectively Determined and Mesured », *American Journal of Psychology*, 15, 201-292.

SPERRY R.W. (1964). *The Great Cerebral Commissure*, Scientific American.

SPITZ R.A. (1949). « The Role of Ecological Factors in Emotional Development in Infancy », *Child Development*, 20, 145-156.

SPITZ R.A. (1968). *De la naissance à la parole, la première année de la vie*, Paris, PUF.

SQUIRE L.R., ZOLA-MORGAN S. (1991). « The Medial Temporal Lobe Memory System », *Science*, 253, 1380-1386.

STERNBERG R.J. (1966). « A triangular theory of love. », *Psychological Review*, *93*, 119-135.

STEVENS C.F. (1979). « The Neuron. In The Biology of the brain : from neurons to networks », *Scientific American*, New York, Freeman & Company.

STEVENS C. (1979). *The Neuron*, Scientific American.

STEVENS S.S., WARSHOFSKY F. (1966). *Le Son et l'Audition*, Time-Life.

TAPÉ G. (1987). *Milieu africain et développement cognitif*, thèse de doctorat d'État, Caen.

TERMAN L.M., MERRILL M.A. (1937). *Measuring Intelligence*, Londres, George G. Harrap & Compagny LTD.

TEST D-48 (1965). (Anstey), Paris, Centre de psychologie appliquée.

TEST EPI (1971). *Inventaire de personnalité d'Eysenck*, Paris, Centre de psychologie appliquée.

TEST PM-47 (1953). *Progressives Matrices (Penrose & Raven)*, Paris, Éditions scientifiques et psychotechniques.

TEST PMA (1964). *Manuel d'application (Thurstone)*, Paris, Centre de psychologie appliquée.

TESTU F. (1991). *Chronopsychologie et rythmes scolaires*, Paris, Masson.

THOMAS V., REYMANN J.-M., LIEURY A., ALLAIN H. (1996). « Acessment of procedural memory in Parkinson's Disease », *Progress in Neuro-Psychopharmacology & Biologic Psychiatry*, 20, 641-650.

THOMPSON (1986). « The Neurobiology of Learning and Memory », *Science*, 233, 941-947.

THOMPSON R.K.R., HERMAN L.M. (1977). « Memory for Lists of Sounds by the Bottle-Nosed Dolphin : Convergence of Memory Processes with Humans », *Science*, 195, 501-502.

THONDIKE E.L. (1898). « Animal Intelligence », *Psychological Review. Monographs*, supp. vol. 2, 1-9.

THORPE S., FIZE D., MARLOT C. (1996). « Speed of Processing in the Human Visual System », *Letters to Nature*, 381, 520-522.

TIBERGHIEN G. et LECOCQ P. (1983). *Rappel et reconnaissance : encodage et recherche en mémoire*, Lille, Presses universitaires.

TINBERGEN N. (1966). *Le Comportement animal*, Time-Life.

TOLMAN E.C. (1951). *Purposive Behavior in Animals and Men*, Berkeley et Los Angeles, University of California Press.

TOLMAN E.C. (1951). « Sign-Gestalt or Conditionned Re-flex ? », *Psychological Review* ; 1933, in E.C. TOLMAN, *Purposive Behavior in Animals and Men*.

TOLMAN E.C., HONZIK C.H. (1930). « Introduction and Removal of Reward, and Maze Performance in rats », *University California Publications of Psychology*, 4, 257-275 (figure cit. in Hull, 1952).

TREISMAN A. (1986). « Features and Objects in Visual Processing », *Scientific American*, novembre (trad. fr. dans *Pour la Science*, janvier 1987).

TULVING E. (1962). « Subjective Organization in Free-Recall on Unrelated Words », *Psychological Review*, 69, 344-354.

TULVING E. (1972). « Episodic and Semantic Memory », in E. TULVING et W. DONALDSON (éd.), *Organization of Memory*, New York, Academic Press.

TULVING E. (1985). « Memory and Consciousness », *Canadian Psychology/Psychologie canadienne*, 26, 1-12.

TULVING E. (1985). « How Many Memory Systems are There ? », *American Psychologist*, 40, 385-398.

TULVING E., PEARLSTONE Z. (1966). « Availability *Versus* Accessibility of Information in Memory for Words », *Journal of Verbal Learning and Verbal Behavior*, 5, 381-391.

TULVING E., PSOTKA J. (1971). « Retroactive Inhibition in Free Recall : Incaccessibility of Information Available in the Memory Store », *Journal of Expe-rimental Psychology*, 87, 1-8.

TULVING E., THOMSON D.M. (1971). « Retrieval Processes in Recognition Memory : Effects of Associative Context », *Journal of Experimental Psychology*, 87, 116-124.

UNDERWOOD B.J. (1957). « Interference and Forgetting », *Psychological Review*, 64, 49-60.

UNDHEIM J.O. (1981). « On Intelligence I : Broad Ability Factors in 15-Year-Old Children and Cattell's Theory of Fluid and Crystallized Intelligence », *Sandinavian Journal of Psychology*, 22, 171-179.

VALATX J.-L. (1998). « Sommeils et insomnies », *Pour la Science*, n° 243, 80-87.

VALLERAND R. J. (1993). « La motivation intrinsèque et extrinsèque en contexte naturel », in VALLERAND R. J. et THILL E., *Introduction à la psychologie de la motivation*, Québec, Vigot.

VALLERAND R. J. et THILL E. (1993). *Introduction à la psychologie de la motivation*, Québec, Vigot.

VAN LAWICK-GOODALL J. (1970). *Les Chimpanzés et moi*, Paris, Stock, 1971.

VAN RILLAER J. (1981). *Les Illusions de la psychanalyse*, Bruxelles, Mardaga.

VAUCLAIR J. (1980). « Le rôle de la propriomotricité dans l'apprentissage d'un labyrinthe chez le hamster doré », *L'Année psychologique*, 80, 331-351.

VAUGAN E., FISHER A.E. (1962). « Male Sexual Behavior Induced by Intracranial Electrical Stimulation », *Science*, 137, 758-760.

VERNON P.E. (1947). « Research on Personnel Selection in the Royal Navy and the British Army », *American Psychologist*, 2, 35-51.

VERNON P.E. (1965). *The Measurement of Abilities*, Londres, University of London Press LTD.

VURPILLOT E. (1974). « Le monde visuel des enfants », *La Recherche*, 43.

WANG W.S.Y. (1973). *The Chinese Language*, Scientific American.

WATSON J. (1913). « Psychology as the Behaviorist Views It », *Psychological Review*, 20, 158-177.

WATSON J.B. (1924). *Le Behaviorisme*, Paris, CEPL, 1972 ; trad. de l'édition revue de 1958.

WECHSLER D. (1956). *La Mesure de l'intelligence*, Paris, PUF.

WEISBERG R.W., ALBA J.W. (1981). « An examination of the alleged rôle of « fixation » in the solution of several "insight" problems », *Journal of Experimental Psychology : General*, 10, 169-192.

WIENER N. (1948). *Cybernetics*, John Wiley.

WILLUMEIT H.P., OTT H., KUSCHEL Ch. (1993). « Driving Performance Models : Comparison of a Tracking Simulator and an Over-the-Road Test in Relation to Drug Intake », in I. HINDMARCH, P.D. STONIER (éd.), *Human Psychopharmacology*, 9, 142-164. Chichester, New York, John Wiley & Sons.

WILSON R.S. (1983). « The Louisville Twin Study : Developmental Synchronies in Behavior », *Child Development*, 54, 298-316.

WOLFE J.B. (1936). « Effectiveness of Token-Rewards for Chimpanzees », *Comparative Psy-chological Monographs*, 12, 60.

WOLFORD G. et HOLLINGSWORTH S. (1974). « Evidence that Short-Term Memory is not the Limiting Factor in the Tachistoscopic Full-Report Procedure », *Memory & Cognition*, 2, 796-800.

WOLPE J. (1975). *Pratique de la thérapie comportementale*, Paris, Masson.

WOOD G. (1969). « Retrieval Cues and the Accessibility of Higher-Order Memory Units in Multi-Trial Free-Recall », *Journal of Verbal Learning and Verbal Behavior*, 8, 782-789.

WOODWORTH R.S. (1949). *Psychologie expérimentale*, Paris, PUF.

YATES F. (1966). *L'Art de la mémoire*, Paris, Gallimard, 1975.

YELA C. (2006). « The Evaluation of Love : simplified version of the scales for Yela's tetrangular model based on Sternberg's model », *European Journal of Psychological Assessment, 22*, 1, 21-27.

YERKES R.M., DODSON J.D. (1908). « The Relation of Strength of stimulus to rapidity of Habit-Formation », *Journal of Comparative Neurology and Psychology*, 18, 459-482.

ZAJONC R.B. (1967). *Psychologie sociale expérimentale*, Paris, Dunod.

ZEKI S. (2007). « The neurobiology of love », *Federation of European Biochemical Societies*, 2575-2579.

ZIM H.S., BAKER R.H. (1963). *Étoiles*, Paris, Hachette, coll. « Le Petit Guide ».

ZIPF G.K. (1935). *La Psychologie du langage*, Paris, Retz-CEPL, 1974.

Corrigés

1. Histoire et panorama

Corrigé des questions

1. Psyché.
2. XIXe.
3. Aristote.
4. Associationniste.
5. Hume.
6. Wundt.
7. Watson.
8. Comportement.
9. Köhler.
10. Wiener.

Corrigé des exercices

Corrigé 1

Pourquoi sont-ils célèbres ? Même si toutes les dates ne sont pas à apprendre, il est utile d'en mémoriser quelques-unes, ou au moins quelques périodes comme repères.

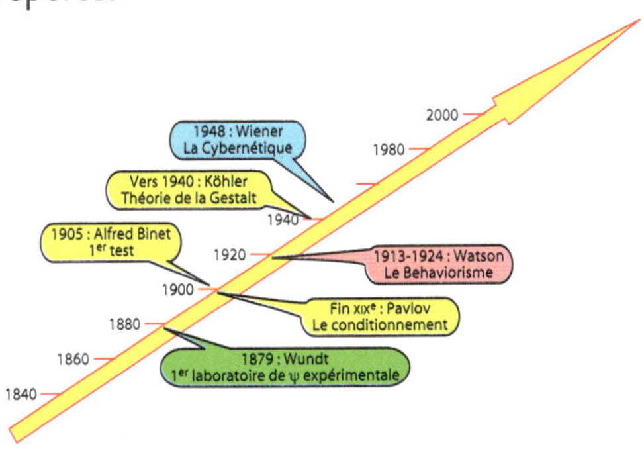

Corrigé 2

Mots croisés

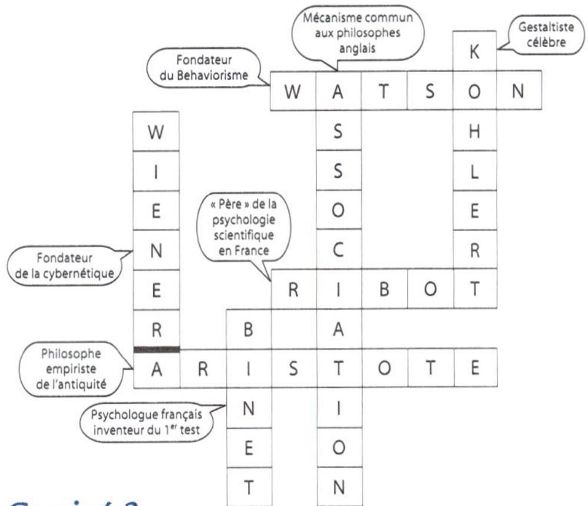

Corrigé 3

Décrivez les principaux secteurs de la psychologie à l'aide d'un schéma en forme de mappemonde. Voir le schéma dans le cours, chap 1. Une bonne note est obtenue si huit à dix secteurs sont cités et approximativement placés.

Corrigé 4

Imaginez un autre type de schéma pour décrire les grands secteurs de la psychologie.

– Le schéma en mappemonde est une possibilité parmi d'autres, par exemple.

– Un schéma en carré, ne représentant que les quatre grands secteurs de la psychologie, en ajoutant par exemple la dimension « enfance » et en supprimant le « biologique » :

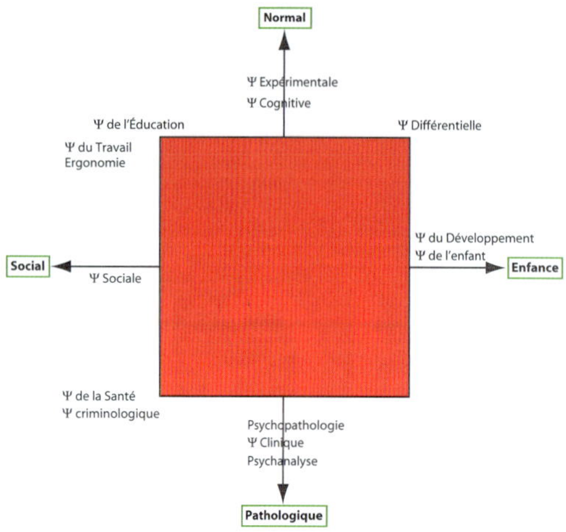

– Ou un schéma en pentagone permet d'ajouter la dimension « enfance » sans supprimer le biologique ; dans un tel schéma, on peut alors déplacer le secteur « Psychologie de l'éducation » pour le rapprocher du pôle « Enfance ».

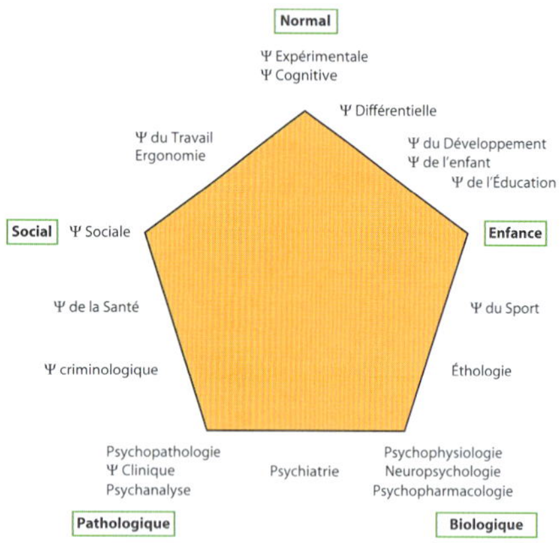

Mais on n'intègre toujours pas des secteurs comme la psychologie de la musique, ou la psychométrie (mesure des tests), etc. Le but d'un schéma est de représenter les choses simplement, donc il ne faut pas trop en exiger !

Corrigé 5

Définissez les domaines suivants (non par cœur mais par le sens principal) en quelques mots :

– psychologie cognitive/expérimentale : étude des mécanismes mentaux fondamentaux, perception, mémoire, etc. ;

– psychologie différentielle : étude des différences entre individus, par exemple pour l'intelligence et la personnalité ;

– psychologie du développement : étude des grandes fonctions, langage, intelligence au cours du développement de l'enfant ;

– psychologie sociale : étude des relations entre l'individu et le groupe ou les influences des représentations sociales mentales sur l'individu ;

– psychologie pathologique : étude des troubles du comportement ou du mental des personnes ;

– neuropsychologie : étude des mécanismes cérébraux reliés à un fonctionnement mental.

2. La variété des sens

Corrigé des questions

1. Toucher (ou tact), douleur, froid, chaud.
2. Seuil absolu.
3. Salé, sucré, acide, amer.
4. 10 000 odeurs.
5. Par exemple, fruitées, florales, animales, éthérées, etc.
6. Phéromone.
7. Oreille interne.
8. Organe de Corti (contenu dans la cochlée ou limaçon).
9. Fréquence et intensité.
10. 100 dB.
11. Hertz.
12. Harmoniques.

Corrigé des exercices

Corrigé 1

Voir la figure dans le cours mais la dessiner plus simplement ; ce n'est pas l'aspect esthétique qui est noté mais l'aspect fonctionnel.

Voici un exemple pour la description des 3 parties de l'oreille (le placement des organes de l'équilibre est optionnel) :

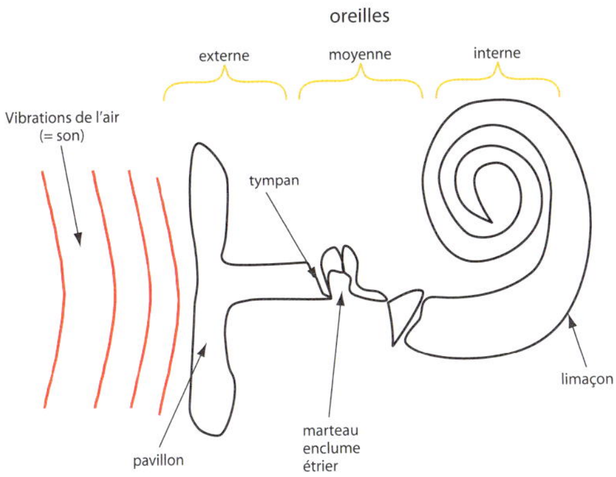

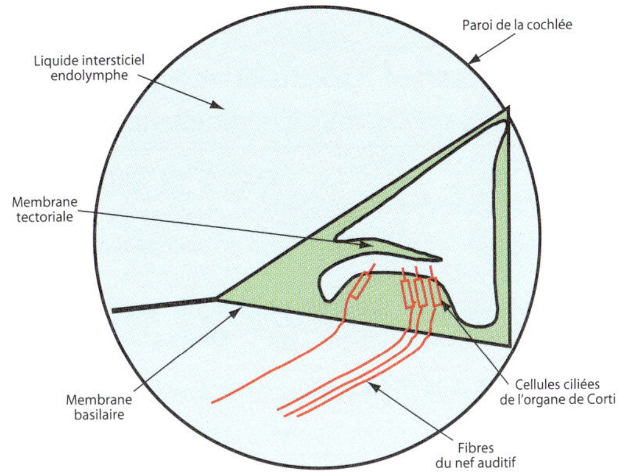

Exemple de commentaire : l'oreille est composée de 3 parties : l'oreille externe (pavillon) canalise les ondes sonores qui font vibrer le tympan ; l'oreille moyenne est composée de trois petits osselets, qui amplifient les vibrations et les communiquent à une membrane (fenêtre ovale) au départ de la cochlée (ou limaçon). C'est dans la cochlée que les vibrations sont analysées.

Voici un schéma simplifié de la coupe du limaçon ; l'essentiel n'est pas l'esthétique du dessin, mais de placer toutes les légendes et de représenter les principaux organites qui permettent de comprendre le fonctionnement ; les couleurs peuvent aider à la clarté du schéma mais ne sont pas obligatoires.

Remarque : Nous n'avons pas de mémoire visuelle photographique, donc pour mémoriser un schéma, il faut le dessiner plusieurs fois (sans regarder le modèle) et en se corrigeant à chaque essai.

Voici l'exemple d'un commentaire concis : Les vibrations communiquées (fenêtre ovale) au départ de la cochlée font bouger le liquide contenu dans le tube de la cochlée par deux « aqueducs » ; au milieu, l'organe de Corti contient des cellules ciliées (ou stéréocils) qui frottent la membrane tectoriale au gré des vagues du liquide ; l'excitation des cellules ciliées en fonction de leur position dans le limaçon, produit les sensations auditives, aiguës au départ de la cochlée, graves au plus haut (apex).

Étudiants, attention ; si le limaçon de l'oreille interne a la forme d'une coquille d'un coquillage de mer ou d'un escargot, il n'a quand même pas la forme du gastéropode vivant ! Voici un extrait d'une de mes copies d'examen, où un étudiant a bien confondu le limaçon avec l'escargot de nos jardins !

QCM (8 points ; 1 point par question)

Cochez la bonne réponse. Attention, les mauvaises réponses sont comptées -1
Il n'y a pas de pièges , dans le doute, ne répondez pas

1. Entourez le nom d'un philosophe associationniste
☐ Platon ☐ Descartes ☐ Hume ☐ Janet

2. Qui a fondé le Laboratoire de Psychologie expérimentale de Rennes en 1896 ?
☐ Binet ☐ Bourdon ☐ Piaget ☐ Piéron

3. Désignez un leader de la théorie de la Gestalt?
☐ Werner ☐ Weermer ☐ Köhler ☐ Von Braun

4. Citez les quatre types de sensations gustatives ?
☐ Sucrée ☐ Salée ☐ amère ☐ acide

5. Les unités de fréquence dans l'audition sont en ? :
☐ Watt ☒ Hertz ☐ Ampère ☐ Tesla

6. Les odeurs qui déclenchent un comportement (notamment sexuel) s'appellent ?
☐ hormones ☐ andromones ☐ libidomones ☒ phéromones

7. La notion d'apprentissage par essai et par erreur a été introduit par ?
☐ Thorndike ☐ Small ☐ Hull ☐ Tolman

8. Les grand leaders des théories associatives dans l'apprentissage animal étaient Watson et ?
☐ Woodworth ☐ Hull ☐ Underwood ☐ Miller

Exercice 1 (3 points) : Faites un schéma de l'oreille interne et expliquez rapidement son fonctionnement dans l'audition :

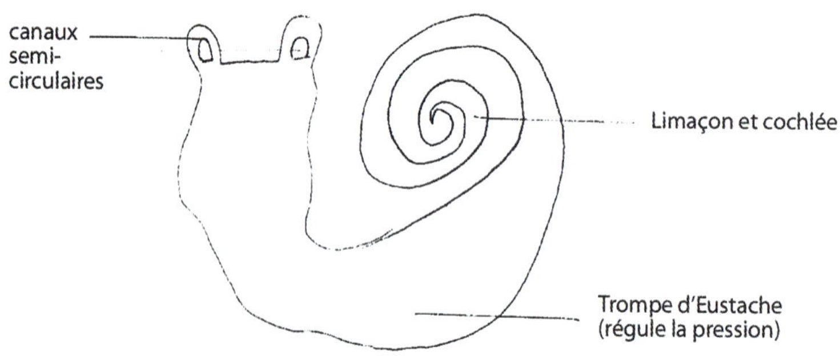

tournez la page

Corrigé 2

Le rapport différentiel (*cf.* sensibilités tactiles) se calcule, par exemple, pour do et si, comme indiqué ci-dessous.

Question 1 : On remarque que ce rapport est approximativement constant, d'environ 6 %. Nous sommes donc sensibles seulement à des augmentations différentielles relatives. Ce sont les demi-tons qui forment la gamme des notes de musique.

Question 2 : Non, ce n'est qu'un rapport moyen alors que le seuil différentiel relatif, le rapport de Weber, est le rapport le plus bas que puisse percevoir un individu donné. Si Bach avait pris son seuil différentiel, beaucoup de gens n'auraient pas pu apprécier la musique !

Question 3 : Le rapport entre le do du haut et celui du bas est 523 / 262 = 1,996 soit environ 2.
Le do du haut est donc la fréquence double du do du bas, c'est l'octave.

Remarque : Pour toutes les notes, la note d'un octave plus haut est à chaque fois le double de la fréquence de la même note inférieure.

$$\frac{523 - 494}{494} = .058$$

do = 523 Hz
.058
si = 494 Hz
.06
la# = 446 Hz
.059
la = 440 Hz
.06
sol# = 415
.058
sol = 392
.059
fa# = 370
.06
fa = 349
.057
mi = 330
.061
ré# = 311
.061
ré = 294
.061
do# = 277
.057
do = 262

Corrigé 3

Question 1 : Rappelons tout d'abord qu'1 kHz = 1 000 Hz (1 kilo faisant 1 000 pour toutes les unités de mesure ; exemple : 1 km = 1 000 mètres).
Bien entendu, il ne faut pas se laisser abuser par les performances étonnantes des chauves-souris qui perçoivent, selon les espèces, de 50 à 100 kHz, c'est-à-dire jusqu'à 100 000 Hz alors que le dauphin peut entendre des sons jusqu'à 150 000 Hz. Modestement, l'homme ne perçoit en moyenne que jusqu'à 20 kHz (1re case du schéma).

Question 2 : Moins modestement, on appelle « ultra-sons » les sons de fréquence supérieure à celle que peut entendre l'homme, c'est-à-dire au dessus de 20 kHz.

Question 3 : Même si Radio-Psi existait, cette station ne pourrait évidemment pas être située sur un tel schéma car les ondes radio sont des ondes électromagnétiques basées sur l'émission de photons (comme la lumière). Elles n'ont donc rien à voir avec les ondes sonores qui sont des pressions de molécules dans l'air (ou dans l'eau).

3. La perception visuelle

Corrigé des questions

1. Nanomètres (milliardième de mètres).
2. Cristallin.
3. Rétine.
4. Cônes et bâtonnets (comme les glaces...).
5. Fovéa.
6. Jaune.
7. Saccades.
8. 250 millisecondes.
9. Un mot (de quatre ou cinq lettres).
10. Disparité (indice binoculaire) et parallaxe (indice monoculaire).

Corrigé des exercices

Corrigé 1

Voici un schéma simplifié tel que l'étudiant doit l'apprendre ; voir le cours pour des commentaires, qui doivent être brefs dans le cadre d'un examen.

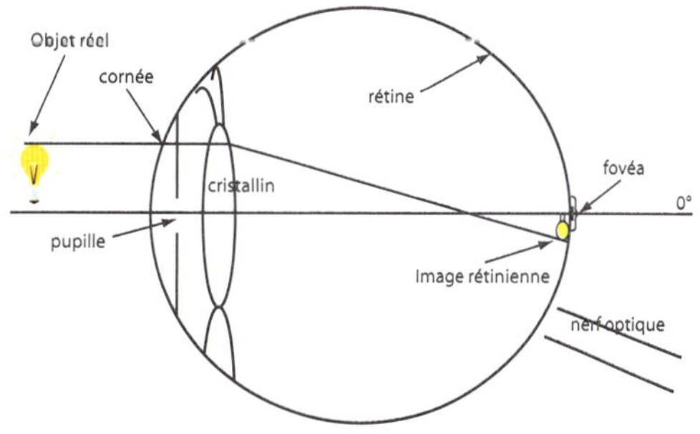

Corrigé 2

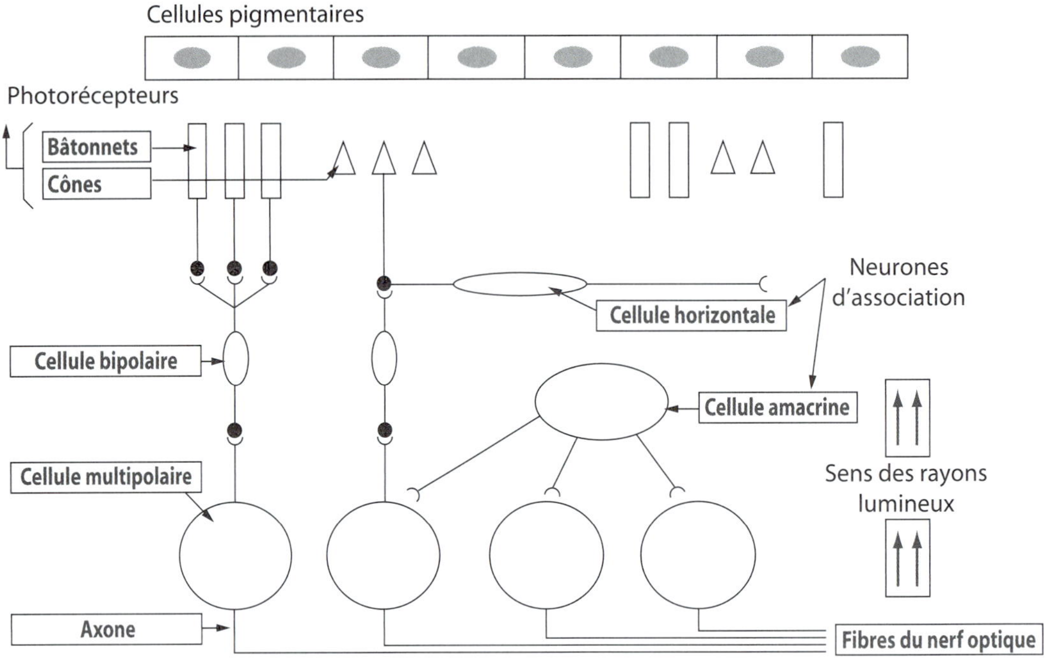

Corrigé 3

Question 1 : Construction de la courbe.

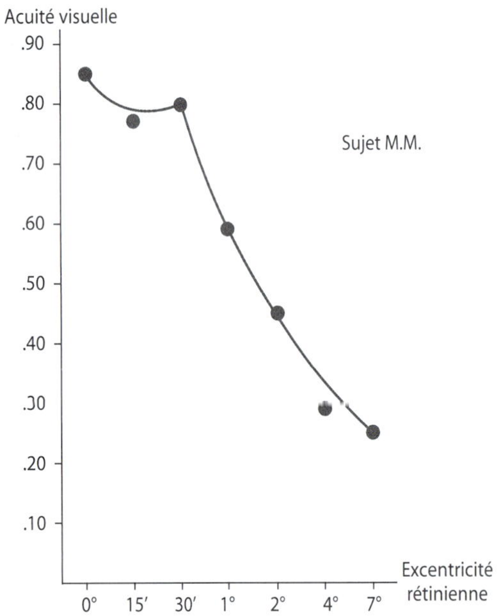

Question 2 : L'acuité visuelle ne diminue pas régulièrement. Elle est très bonne jusqu'à 30' (1' = 1 minute = 1/60e de degré) mais diminue avec une pente plus vive ensuite.

Question 3 : En se basant sur l'évolution de cette courbe, l'angle visuel correspondant à une très bonne acuité est de 30 × 2 (c'est-à-dire à droite et à gauche du centre fovéal), soit environ 1 degré. Ainsi, lorsqu'on estime à 2° l'angle fovéal utile, on se base sur une acuité supérieure à .50 et non sur une acuité complètement efficace.

Corrigé 4

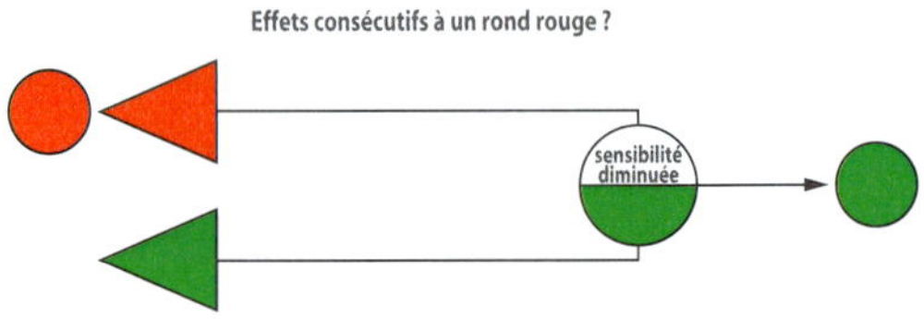

L'effet consécutif est un rond vert. Les effets consécutifs sont supposés être provoqués par un système antagoniste (ici rouge/vert) situé après les récepteurs trichromatiques. La stimulation prolongée « rouge » provoque une sensibilité diminuée de la partie « rouge » du système antagoniste (probablement par une diminution de réactivité des récepteurs élémentaires « rouges »). Quand le système est stimulé par la lumière blanche, le signal bio-électrique du vert l'emporte, créant un halo « vert » de la même forme que la stimulation originale.

Corrigé 5

Tout est plus long chez l'enfant, la durée des fixations, le nombre de fixations par ligne et le nombre de régressions :

- les fixations durent sept fois plus longtemps ;
- mais le nombre de fixations est presque deux fois plus grand ;
- et enfin, les régressions sont presque cinq fois plus nombreuses.

C'est donc plus la nature de l'exploration oculaire qui est en cause que la durée de fixation (d'autant que dans cette étude ancienne, les fixations au même endroit ont été confondues dans ce qu'on appelle la durée du regard).

4. L'APPRENTISSAGE

Corrigé des questions

1. Pavlov.
2. Inhibition.
3. Skinner.
4. Primaires.
5. Par essais et par erreurs.
6. Apprentissage latent.
7. Gestes.
8. Transfert.

Corrigé des exercices

Corrigé 1

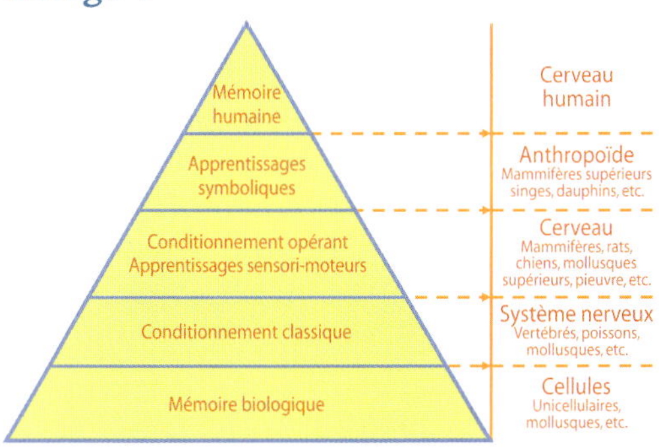

Corrigé 2

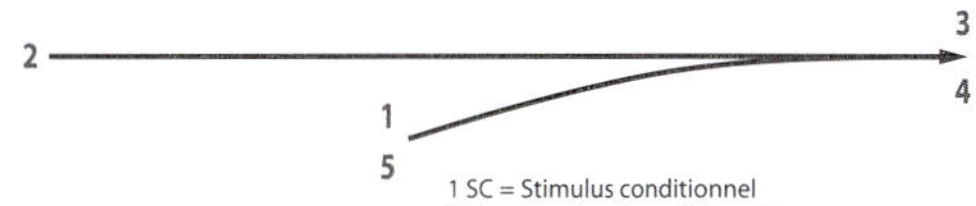

1 SC = Stimulus conditionnel
2 SI = Stimulus inconditionnel
3 RC = Réponse conditionnelle
4 RI = Réponse inconditionnelle
5 SN = Stimulus neutre (avant conditionnement)

Corrigé 3

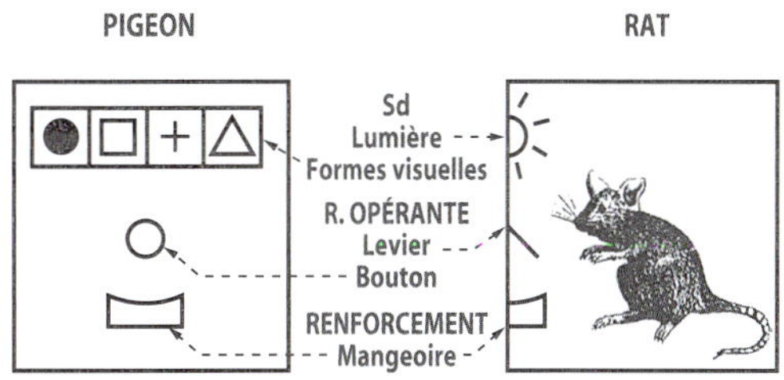

Les bons numéros étaient donc :

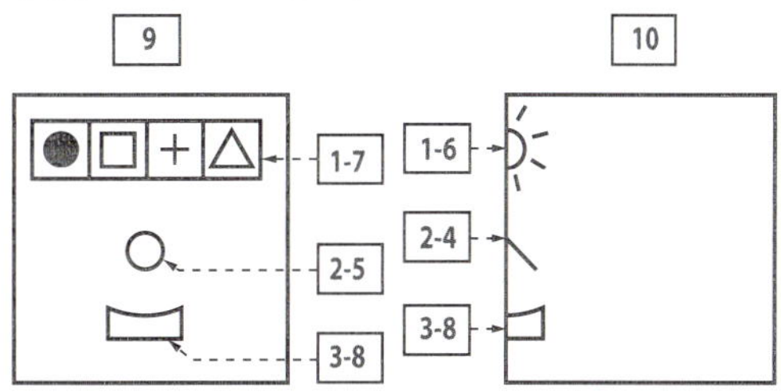

1. Sd
2. R. Opérante
3. Renforcement
4. Levier
5. Bouton
6. Lumière
7. Formes visuelles
8. Mangeoire
9. Pigeon
10. Rat

5. LA MÉMOIRE

Corrigé des questions

1. 7.
2. 20 secondes.
3. Korsakoff.
4. Iconique.
5. Lexicale.
6. Supérieure.
7. Double codage.
8. Cognitive.
9. Subjective.
10. Épisodique.

Corrigé des exercices

Corrigé 1

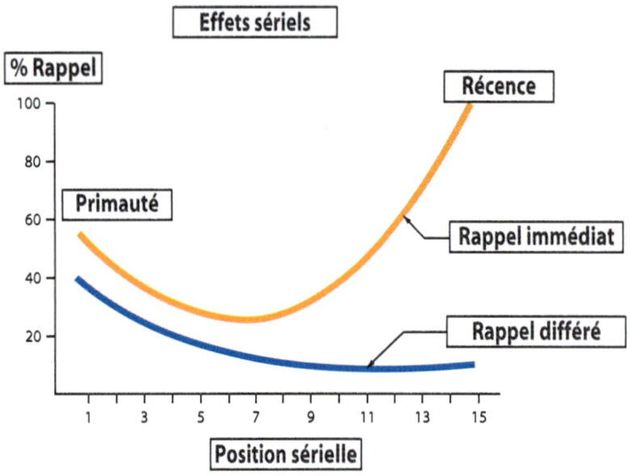

Corrigé 2

Question 1 : H.M., épileptique, a subi une opération bilatérale de l'hippocampe.

Question 2 : La réponse est non. Voici la suite de la description de Brenda Milner : « ...Après cette brève distraction, je vérifiai s'il se souvenait toujours des chiffres. Il s'étonna : "Des chiffres ? Quels chiffres ?" ». Dans les lésions (bilatérales) de l'hippocampe, il n'y a plus de stockage à long terme pour les informations verbales ou imagées. En revanche, la mémoire à court terme est sauvegardée, et si le malade n'est pas distrait, il peut autorépéter l'information ; les calculs qu'il a fait reviennent en fait à une répétition qui aurait également été efficace.

Question 3 : Oui, il y a un apprentissage. H.M., qui ne peut plus mémoriser de mots, visages ou images, est capable d'acquisitions nouvelles s'il s'agit d'apprentissages sensori-moteurs. C'est une remarquable découverte de Brenda Milner que d'avoir montré que les apprentissages sensori-moteurs sont possibles chez les « hippocampiques », ce qui prouve qu'il existe un autre circuit de mémoire (appelé mémoire procédurale) pour ces apprentissages. Ce circuit a été identifié depuis par d'autres recherches (chez les animaux), et repose en grande partie sur le cervelet (conditionnement) et les corps striés (impliqués dans le contrôle des mouvements).

Corrigé 3

Question 1 : EMG signifie Electro-Myo-Gramme (myo = muscle) ; c'est l'enregistrement des muscles du larynx qui sont actifs dans la vocalisation, même inaudible (subvocalisation).

Question 2

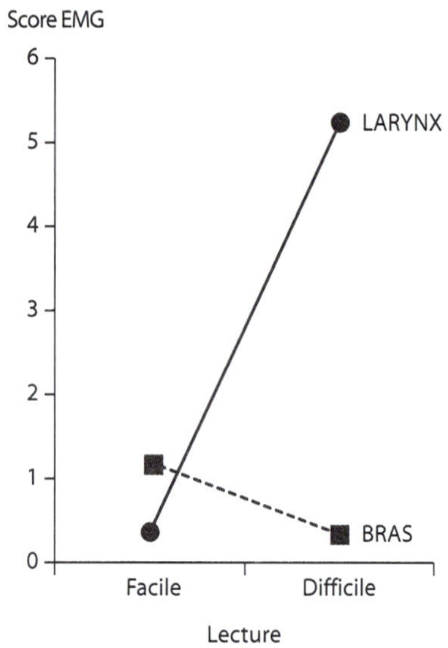

(d'après Hardyck & Petrinovitch, 1970)

Question 3 : Même si l'on ne s'en rend pas compte (échec de l'introspection), l'EMG du larynx révèle une activité qui est supérieure à celle de l'activité musculaire au repos (le bras pris comme contrôle), ce qui démontre la subvocalisation (montrée également par des techniques psychologiques). En revanche, la subvocalisation n'apparaît pas pour les textes faciles (chez les lecteurs faibles, il n'en serait pas de même).

Question 4 : Contrairement à certaines méthodes qui sont basées sur des observations superficielles (ou l'introspection), la subvocalisation facilite la mémorisation.

6. Chrono-psychologie, attention et conscience

Corrigé des questions

1. Chrono.
2. Jour/nuit.
3. Paul Fraisse.
4. Sommeil paradoxal.
5. Maintenue (ou soutenue), sélective (ou focalisée), partagée.
6. Sélective.
7. Partagée.
8. Frontal.
9. Concurrence (cognitive).
10. Sensible et réfléchie.
11. Freud.
12. Gauche.
13. L'intrus est kinénoétique.
14. Autonoétique
15. Cortex frontal

Corrigé des exercices

Corrigé 1

La méthode Hypnofacile.

Question 1 : Cette méthode est sans fondement ; on ne peut apprendre pendant le sommeil ; à l'inverse il faut être vigilant (attentif).

Question 2 : Cependant le sommeil est bon et nécessaire après les apprentissages, notamment pendant le sommeil paradoxal où l'on estime une période de consolidation (biologique). Pendant les examens, il est donc indispensable de privilégier la qualité du sommeil.

Corrigé 2

Les rythmes scolaires à l'école

Question 1 : ces résultats s'interprètent en termes de processus contrôlés (pour les activités difficiles) et automatiques (activités faciles) ; seules les activités difficiles, nécessitant des processus contrôlés (sélection de l'information, charge en mémoire à court terme, etc.) subissent les effets des rythmes journaliers en « montagnes russes » : notamment une baisse d'efficience tôt le matin et après le repas.

Question 2 : Testu a appliqué ces résultats en suggérant de réserver des activités pédagogiques en rapport avec la demande attentionnelle et de réserver les tâches difficiles ou nouvelles dans les pics d'attention et des activités faciles (de loisirs, révisions...) dans les périodes de baisse.

Corrigé 3

L'effet Stroop est le ralentissement dans la dénomination de la couleur (par exemple, jaune) d'un mot annonçant une autre couleur (par exemple, le mot « vert » écrit en jaune). Ce ralentissement est expliqué par le fait que la lecture est plus rapide que la dénomination (chap. sur la mémoire) et que pour répondre à la tâche (dénomination de la couleur), il faut inhiber la lecture (ne pas lire le mot « vert »). L'effet Stroop est ainsi un très bon exemple illustrant un mécanisme d'inhibition dans l'attention.

Corrigé 4

Les coccinelles noires.

C'est la théorie des processus attentionnels de Treisman qui expliquent cette facilité à détecter les coccinelles noires. Les processus perceptifs possèdent la propriété (avant un processus attentionnel général) de détecter des traits saillants ; un trait est saillant surtout lorsqu'il change de dimension ; ainsi, il serait difficile de repérer des coccinelles avec moins de points car la forme générale est la même ; tandis qu'ici, il y a un changement de dimension, de la forme à la couleur.

Corrigé 5

Niveaux de conscience	Termes usuels	Systèmes de mémoire
Anoétique	Symbolique	Procédurale
Noétique	Verbale	Sémantique
Autonoétique	Historique	Épisodique

7. Le langage

Corrigé des questions

1. Onomatopée.
2. 9 000.
3. Théorie de l'information.
4. Moindre effort.
5. Syntaxe.
6. Kanji.

Corrigé des exercices

Corrigé 1

Question 1 : c'est la théorie de Chomsky.

Question 2 : le rappel doit décroître en fonction des niveaux de complexité (puisque une transformation est censée occuper une unité mémoire). Les résultats favorables à la théorie : la phrase noyau apparaît bien la plus simple des phrases ; les phrases du niveau 1 sont moins bien rappelées que la phrase noyau.

Question 3 : mais il y a des résultats défavorables : l'interrogative-négative (niveau 2) n'est pas inférieure au niveau 1 ; la passive-négative (niveau 2) est égale au niveau 3. Au total, c'est surtout la phrase passive qui est très mal mémorisée (parce que mal comprise.) L'étude du développement chez les enfants (voir partie cours) montre, de fait, que les formes passives sont comprises très tard (9/10 ans).

Corrigé 2

Le mécanisme du rire est basé sur le fait que Toto (qui fait toujours des bêtises) ne comprend pas que la maîtresse a une exigence syntaxique (conjuguer plus vite) et répond par une transformation sémantique. Si les enfants de 7 ans trouvent cela risible, c'est qu'à cet âge, ils comprennent (depuis peu) la consigne syntaxique. L'humour de ce type d'histoire est à rapprocher de ce que les petits (5 ans) préfèrent un changement sémantique (changement de verbe) plutôt qu'un changement syntaxique. Ces résultats montrent que la sémantique précède la structuration de la syntaxe dans le développement du langage.

8. L'intelligence

Corrigé des questions

1. Binet.
2. Terman.
3. Cubes de Kohs.
4. Spearman.
5. Fluidité visuelle.
6. Post-opératoire.
7. Tour de Hanoï.
8. Paire de chromosome n° 21.

Corrigé des exercices

Corrigé 1

Question 1 : Les items sont conçus comme des échelons (d'où le nom d'« échelle » donné aux tests) de développement mental. Leur objet est de définir « statistiquement » (en moyenne) un niveau mental puisque la réussite à un item correspond à la réussite d'au moins 50 % des enfants d'un âge donné. La construction d'items vus comme « échelons » conduit à la notion d'âge mental.

Question 2 : Diverses critiques peuvent être faites :

– on ne connaît pas les mécanismes qui font que les items sont réussis à un âge donné (contrairement aux épreuves piagétiennes où l'on sait, par exemple, que les opérations formelles sont acquises après les opérations concrètes) ; il y a donc nécessité de vérifier sur des échantillons (étalonnage) que les items correspondent toujours (dans un pays ou à une époque) aux mêmes âges. Par exemple, l'étalonnage de Terman aux USA a conduit à déplacer des items (ex. : nommer 4 couleurs à 8 ans était réussi par les enfants américains à 5 ans) ;

– les items sont de nature très variée selon les âges. Certains items contiennent des épreuves perceptives, d'autres de vocabulaire, d'autres de mémoire. On ne mesure donc pas la même « intelligence » aux mêmes âges. Cette critique a conduit David Wechsler à construire un test basé sur des échelles homogènes ;
– la différence d'âge mental (ex. : un retard de 2 ans) n'a pas la même signification à différents âges réels. C'est pourquoi Terman, dans l'adaptation américaine du Binet-Simon, a adopté le notion de quotient intellectuel (proposé par Stern).

Question 3 : La grande hétérogénéité des items fait que le type de test « composite » est plutôt un test de développement mental, ou pour prendre un concept plus moderne, un test cognitif. D'autres auteurs ont cherché à identifier des capacités plus homogènes : les aptitudes (Thurstone), ou même une intelligence au sens strict, le raisonnement (Spearman) ou les opérations (Piaget).

Corrigé 2

Décrivez le problème de la tour de Hanoï. Voir cours p. 287.

Question 1 : Ce sont les fonctions exécutives basées principalement au niveau du cortex frontal, d'où la difficulté de telles épreuves chez les patients atteints de lésions à ce niveau et dans le vieillissement pathologique (démences en particulier).

Question 2 : Un autre test célèbre est le problème des cubes de Kohs qui précisément est difficile à réaliser chez les sujets âgés et qui révèlent en neurologie des problèmes du cortex frontal.

Corrigé 3

Le test de Raven est un bon test de raisonnement de même que le test des Dominos. Il est censé mesurer le facteur g, donc le raisonnement. Le test de vocabulaire, par exemple, mesure plutôt les connaissances.

9. La motivation

Corrigé des questions

1. Phéromones.
2. Hypothalamus.
3. Renforcement.
4. Compétence (perçue) et autodétermination.

Corrigé des exercices

Corrigé 1

La théorie de Maslow.

Question 1

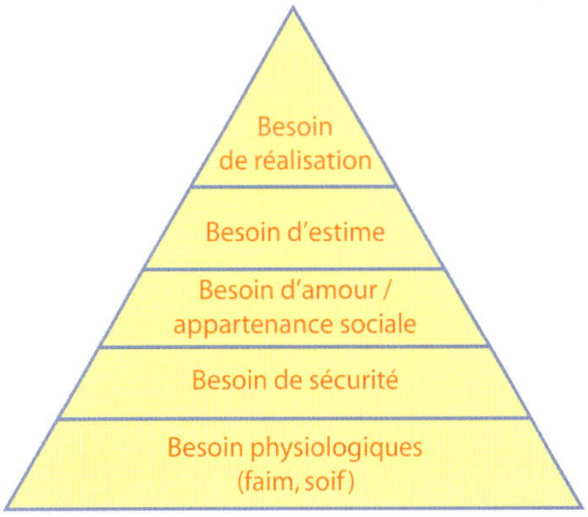

Question 2 : Les besoins d'appartenance sociale, de sécurité sont aussi des besoins d'origine biologique (*cf.* les recherches en éthologie).

Corrigé 2

	Découverte	Compétition
Persistance dans la tâche (en secondes)	151 s	62 s

Question 1 : Le cadre théorique est la théorie de la motivation intrinsèque de Deci et Ryan (théorie de l'évaluation cognitive) dont Robert Vallerand est un partenaire très actif.

Question 2 : En situation de découverte, les enfants travaillent en motivation intrinsèque, pour l'intérêt de la tâche : dans une situation de libre choix, ils continuent plus longtemps à jouer ; la persistance est un signe de la motivation intrinsèque : on joue pour le plaisir. À l'inverse la situation de compétition place en situation de motivation extrinsèque ; on joue pour gagner ; quand la tâche « officielle » s'arrête et qu'il n'y a rien à gagner, les enfants s'arrêtent plus vite.

10. Les émotions

Corrigé des questions

1. Spécifiques + générales.
2. Joie.
3. Selye.
4. Corticoïdes.

Corrigé des exercices

Corrigé 1

Le taux d'hostilité.

Question 1 : Le phénomène émotionnel en cause est le stress, découvert par Selye ; une notion équivalente est l'émotion chronique (= permanente).

Question 2 : En cas de perception d'événements traumatiques, l'hypothalamus déclenche une cascade d'hormones avec au final la sécrétion, par les glandes surrénales, du cortisol (hormone corticoïde) ; celle-ci décompose les protéines (par exemple, muscles) pour les transformer en énergie (glucose) ; cette atteinte des tissus produit un cortège de maladies, notamment des maladies cardio-vasculaires chez les hommes agressifs, pouvant entraîner la mort (par exemple, crise cardiaque).

Corrigé 2

La phobie des araignées.

Question 1 : Les phobies n'apparaissent guère comme innées car les résultats indiquent la force des croyances sur les inférences : les sujets s'imaginant irrationnels, expriment en général deux fois plus fortement leurs craintes, et imaginent ensuite trouver jusqu'à une trentaine d'araignées dans la pièce.

Question 2 : Un mécanisme fréquent des phobies est le conditionnement à la peur ; voir le cours : expérience de Watson ; revoir aussi la partie sur le conditionnement dans le chapitre sur l'apprentissage (cas du petit Hans).

11. La personnalité

Corrigé des questions

1. Soleil.
2. .00 (hasard).
3. Extraversion et névrosisme.
4. Agressif.
5. Soumission.
6. Engagement.

Corrigé des exercices

Corrigé 1

Question 1 : C'est la théorie des cinq grands facteurs (*Big Five*).

Question 2 : Les traits ou dimensions sont :
- I : extraversion/introversion ;
- II : agréable/désagréable ;
- III : consciencieux/désordonné ;
- IV : stabilité émotionnelle/instabilité (ou névrosisme) ;
- V : ouverture/banal.

Question 3

Traits	I Extraverti (+) introverti (–)	II Agréable (+) désagréable (–)	III Consciencieux (+) désordonné (–)	IV Stable (+) Très émotif (–)	V Ouvert (+) Banal (–)
I		chaleureux altruiste tendre	actif	social (IV+)	
II			loyal	modeste (IV–)	
III				compétent (IV+) discipliné (IV+)	ordonné (V–)
IV		colérique (II–)	dépressif (III–)	anxiété (IV–)	
V	sentimental (I+)		fantaisiste (III–)		esthète (V+) idéaliste (V+)

CORRIGÉS DES EXERCICES

Crédits photographiques

Couverture : © Stephen Coburn-Fotolia.com.

© Yuri Arcurs-Fotolia.com. © Alain Lieury.

© Jim Mills-Fotolia.com.

Page IV : © Valérie Le Parc-Fotolia.com.

Page XI : © Philippe Dubocq-Fotolia.com.

Page 1 : © Stephen Coburn-Fotolia.com.

Page 29 : © MerMonde-Fotolia.com.

Page 63 : © Igor Negovelov-Fotolia.com.

Page 113 : © Godfer-Fotolia.com.

Page 155 : © Diego Cervo-Fotolia.com.

Page 221 : © Digital Vision.

Page 247 : © Philippe Leridon-Fotolia.com.

Page 271 : © Lemonade-Fotolia.com.

Page 323 : © Photodisc.

Page 349 : © Yuri Arcurs-Fotolia.com.

Page 379 : © Yvonne Bogdanski-Fotolia.com.

Page 401 : © Stephen Coburn-Fotolia.com.

Page 413 et pages d'exercices et QCM : © Anne Pachiaudi.

80118 – (I) – CSB90° – PCA – BTT
Dépôt légal : mars 2020
Imprimé en Espagne par Macrolibros, S. L.